宋法制因唐律、令、格、式，而随时损益则有《编敕》，一司、一路、一州、一县又别有《敕》。

（元）脱脱等撰
《宋史·刑法志》

中國法制通史

【第五卷】宋

总主编 张晋藩

本卷主编 张晋藩 郭成伟

本卷副主编 陈景良

中国法制出版社
CHINA LEGAL PUBLISHING HOUSE

撰稿人（以撰写章节为序）

张晋藩	绪言，第二章
郭成伟	第五章
陈景良	第一章，第四章第三节
赵晓耕、陈景良	第四章第一、二节
季怀银	第三章第一、二、三节；第六章第一节，第二节一、二（三），第三节一
屈超立	第三章第四节；第六章第二节二（一）、（二），第三节二、三、四
王宏治	第七章

CONTENTS

目录

绪　言

一、宋朝的历史背景与法制的特点

（一）历史背景

宋朝是在经过五代十国的大分裂和百年藩镇割据之后建立起来的汉族封建政权。宋初，统治者深感大分裂和藩镇割据给华夏民族和中央政府造成的灾难和威胁，因此，将巩固统一，加强中央集权，防止“方镇太重、君弱臣强”①局面的再现，作为基本国策。

在宋朝统治期间，先是与辽对峙，后又与金、西夏并立，其疆域远不及汉唐，但中央集权制度的完备程度却超过了汉唐。不过从总体上看宋却营造了较为宽松的政治环境，因而为社会经济与科技文化的高度发展提供了重要的条件。尤其是田制改革成为宋经济发展的直接诱因。

自汉魏以来，封建的生产关系经过一千余年的发展，已经臻于成熟，与此相适应的阶级构成也主要表现为地主阶级与农民阶级的对立。宋初，针对国家占有土地的实际状况，已无力推行唐时的均田制度，只能因势利导实行比较彻底的封建地主土地所有制度，而且采取“不立田制”“不抑兼并”的政策，允许土地自由买卖，使得土地的转移空前加快，中小地主与自耕农数都有不同程度的增长。特别是佃农摆脱了部曲制下依附于主人

① （宋）李焘:《续资治通鉴长编》卷2，太祖建隆二年七月戊辰。

的私属身份，成为租佃制下的国家“编户”。他们人身是自由的，可以按时“起移”，并与地主约定按期交纳定额地租，从而大大提高了生产积极性，有力地推动了农业的恢复和发展。耕地面积迅速扩大，单位面积产量显著提高，经济作物全面发展。但是，不抑兼并的土地政策的恶性发展，必然带来土地占有关系的极端不合理，使得农民与地主的阶级矛盾处于不断激化的状态。虽然宋朝也曾颁发过以官员为对象的“限田令”，但实际是一纸具文。终宋之世，农民起义此伏彼起，连绵不绝。

农业的发展为手工业和商业提供了必要的物质基础。宋时，无论矿冶、造船、纺织、制瓷、造纸都取得了前所未有的发展。宋瓷和纺织品远销日本、朝鲜、南洋诸国和印度洋沿岸。由于手工业生产的分工细密，品类齐全，产品丰富，促进了商业的繁荣，出现了十分繁华的商业城市。以宋都开封为例，店铺竟达六千四百余家。城镇农村集市贸易也蓬勃兴起，以致商税成为宋朝财政的一大来源。

为了满足商品流通的需要，真宗时出现了世界上最早的纸币——交子。

与此同时，海外贸易也达到了中国封建社会最辉煌的水平。从宋初起，政府便派遣专人到南洋诸国，招徕商人，创造了以“朝贡”“回赐”为名目的官方交易和民间贸易的各种方式。当时，广州、杭州、明州、泉州、密州、秀州、温州等港口的商品吞吐量居于世界先列，航线远及欧非大陆。为了管理海外贸易，在主要港口专设市舶司，负责管理舶商，征收舶税，收买舶货。

社会经济的繁荣也推动了科学技术的发展，造纸、火药、活字印刷、指南针、天文、医学、算学都取得了巨大的成就。淳祐七年宋慈撰著的《洗冤集录》是世界上第一部系统的以实践经验为基础的法医学著作，被译成英、法、德、荷兰等国文字，广为流传。

至于学术思想也在政治宽松的环境中十分活跃，既有代表宋学的程朱理学，又有陈亮、叶适的重商学派，它们不仅对当时，也对后世发挥着重要的影响作用。

总之，经过五代十国大动乱以后，国家统一的实现，为社会经济的发展和科学文化的进步提供了重要的条件。而全国经济联系的加强，又有利于专制主义中央集权制度的强化。

但是，有宋一代一直受到北方辽、金和蒙古的侵扰。由于宋统治者对外采取守势，不惜输币、输帛，屈辱求和，从而必然加重了对百姓的压榨，激化了阶级矛盾。而且专制制度的日益强化也限制了社会经济的进一步发展。不过总的来看宋时封建经济仍处于缓慢上升的势头，中华文明（包括法制文明）依然居于世界的前列。

（二）法制特点

宋朝所处的历史背景和推行的基本国策，决定了法制的特点。

1. 强化了中央集权的行政立法

宋朝为了强化专制主义中央集权的行政体制，有效地管理庞大的行政机关和官僚群体，积极从事行政立法。《宋刑统·职制律》二十二门是其集中体现。除《宋刑统》外，保留至今的还有《吏部七司法》残卷、《景定吏部条例》，特别是《庆元条法事类》可以说是有宋一代行政立法的总汇。

不仅如此，宋朝尚书省和有关部对下级官署发布的指令，称作“指挥”，也具有指导处理公务的行政法律效力。

宋朝从督励百官勤职治事出发，发展了职官监察法，扩大了监察御史的职权，形成了考课官吏的“磨勘”和“历纸”制度，而且制定了一系列考课之法，如《考课令》《考课敕》《考课格》等。

专制主义的强化，在司法制度上也有所体现。宋初，曾于宫中建置审刑院以便于皇帝控制最高司法权。神宗以后，虽然裁撤审刑院，但仍可特命非司法官吏共同评议大案、疑案。尤其是经皇帝批准而由中书颁发的敕，具有“丽刑名轻重”[①]“比事依条断遣”[②]的最高效力，既可以补充律，也可

---

① 《宋史》卷199，《刑法志》1。

② （宋）黎靖德编：《朱子语类》卷128。

以修改律。不仅如此，皇帝还常常以“御笔”断罪，置法律条文于不顾，任意轻重予夺。如表示异议，则按“违御笔论”治罪。

2. 民事法律显著发展

民事法律的发展与商品经济是分不开的。宋时商品经济的发展所引起的财产关系的复杂化，将民事法律推向中国法制史上的高峰。

第一，随着部曲制逐渐向租佃制过渡，佃农即所谓“客户”摆脱了依附于主人的私属地位，成为国家的编户齐民，在身份上是自由的，可以作为独立的民事主体，参与各种民事活动。从而扩大了民事权利主体的范围。

第二，从法律上划分业主权（不动产所有权）和物主权（动产所有权），出现了官府确认土地所有权的凭证——红契，即所谓“印契”，“凡人论诉田业，只凭契照为之定夺”。[①] 如买卖土地，还需缴契纳税，即所谓“税契”，以示“过割”，即所有权的合法转移。印契和税契制度反映了法律对变动中的所有权的确认和保护。

第三，作为债的发生的契约形式，取得了明显发展。无论买卖、借贷、租赁、抵押、典卖、雇佣等活动，都普遍订立契约，契约形式日趋多样化，尤其是租佃契约和典卖契约，在各种形式的契约中，占有相当的比重，显示了民事法律关系的新发展。有关契约的标的、价格、期限、担保，不履行的责任及债的消灭等，都作出了明确的规定。由于宋时宗族伦理关系具有较强的约束力，因此买卖、典卖田宅均需家长出面，方成交易。如果蒙蔽家（尊）长，专擅典卖、质举、倚当，或伪署家（尊）长姓名，“其卑幼及牙保引致人等，并当重断，钱业各还两主”。[②]

第四，对于个人所有权进行多方面的保护。根据《名公书判清明集 · 户婚门》所载：“诸同居卑幼私辄典卖田地，在五年内者，听尊长理诉。”但同时也规定尊长盗卖卑幼产业，允许卑幼“不以年限陈乞”，这是不见于唐，

① 《名公书判清明集》卷 9，《户婚门 · 取赎 · 伪作坟墓取赎》，中华书局 1987 年版。

② 《宋刑统》卷 13，《户婚律 · 典卖指当论竞物业》，法律出版社 1999 年版，第 231 页。

也不见于明清的。又如，对于户绝之家的立继和命继，以及财产分割办法，都作出了详细的规定，以保护家庭私有财产不致流失。对于遗嘱继承不仅要求死者亲书遗嘱，而且需要“经官给据”“经县印押”，否则不予承认。

第五，婚姻与继承法基本沿袭唐旧，但较之唐律细致而又饶有时代特色。譬如，婚姻不重门第而重财富，所谓“观今之俗，娶其妻不顾门户，直求资财”[①]。同时，也不限制妇女离婚与再嫁，宋律中便没有寡妇改嫁之禁。早在宋初，太祖之妹燕国长公主便曾因夫死而再嫁。宋理学家虽然诋毁寡妇改嫁为“失节”，但其舆论的约束力很小，著名理学家程颐的侄媳也于夫死之后改嫁。

宋时由于民族关系复杂，因此法律禁止边境地区的少数民族与汉人通婚，即使归附宋朝的辽、金人，也只许在内地与汉人通婚，不许在边地与汉人通婚。这个禁令更多的是着眼于国家安全而不纯属于民族歧视。

两宋继承法除详定子女、兄弟、夫妻的继承权外，还专列遗腹子、私生子、义子及赘婿的继承权。尤其是从保护家庭私有财产出发，制定了户绝继承法，其中包括户绝继养法、户绝出嫁女法、遗嘱财产法等方面内容。在户绝法中还附有处理外商遗产的规定，这反映了云集于中国的外国商人或有客死的实际情况。

3. 实行《盗贼重法》，划分重法地，规定重法之人

宋初，虽然标榜“临下以简，必务哀矜”，但对危害社会国家的强盗罪的处刑远较唐律为重。太宗时期，爆发了王小波、李顺起义，凡是“辄行抗拒者，尽加杀戮”。仁宗时期，土地的大量兼并和频繁的对外战争，使得农民不堪忍受，以致“天下盗贼横行”。为此，仁宗嘉祐七年首立“窝藏重法”，严惩盗贼窝藏犯，并将京畿所属诸县划为“重法地”，凡于重法地犯贼盗罪者，加重处刑，以维持京师地区的治安。仁宗以后，英宗、神宗朝迭颁“贼盗重法”，扩大了适用重法的地区。与此同时，还将武装反

① （宋）蔡襄：《端明集》卷 34，《福州五戒文》。

抗的农民或反叛者定为“重法人”，不仅本人处死，而且株连家属。

与实行盗贼重法相联系的是加重了刑罚镇压，复活了古代的某些肉刑。例如，免死的强盗于额上刺“强盗”二字。有些在刺字、杖脊之后，还要配役边州，称作“刺配”。对于反逆谋叛大罪，则或腰斩，或凌迟，或夷族。以道统纲常相标榜的宋理学家朱熹、张载等人，竟然鼓吹恢复肉刑，从中可以窥见阶级矛盾极其尖锐的历史背景。

南宋著名诗人陆游曾经上奏请求“慈特命有司除凌迟之刑”，[①]但南宋政府非但没有废除，而且在宁宗时创制的《庆元条法事类》中，竟然正式将凌迟与绞、斩并列，成为法定的死刑。

两宋统治者企图以盗贼重法与酷刑镇压人民的反抗，而不从改善其衣食着眼，结果正如时人所批评的是“止水而不塞源”，[②]只能是愈压愈厉，不可收拾。

4. 鞫谳分司与民事诉讼进一步制度化

为了确保司法官援法定罪的准确性，宋朝实行鞫谳分司的制度，即由一官负责审理犯罪事实，另一官负责检法议刑，所谓“狱司推鞫，法司检断，各有司存，所以防奸也”[③]。宋朝由于律敕并存，法令杂芜，数量庞大，难于遍睹，因此责有专司，研核法律，以保证准确地援法断罪，同时也可以收到鞫谳互相监督之效。

宋时与私有财产权的广泛确立相联系的民事诉讼也进一步制度化。譬如，设立书铺代写民事词状；每年十月一日至次年正月三十日为受理民事词状的“务期”；以书证为首要证据；重视先行调解息讼；民事案件应于三日内作出“断由”，等等。两宋的民事诉讼制度为明清树立了较为完整的模式。

除此之外，值得提出的是，在司法官的任用上注重儒士，改变了五代

---

① （宋）陆游：《渭南文集》卷5，《条对状》。

② （宋）刘敞：《公是集》卷40，《患盗论》。

③ （明）黄淮、杨士奇编：《历代名臣奏议》卷217，《慎刑 · 周林奏推司不得与法司议事劄子》。

时期武官执掌司法的状况。儒士经过“律义”与“案例”考试合格者，方可为司法官。为此，于太学中专设律学；科举中专设明法科。有时地方官也要试问法书，“如全不知者，量加殿罚”。[1] 同时规定不通律义者不得外放为官。由于读书读律被看作致君尧舜之术，所以“天下争诵律令”，[2] 促进了学习法律知识的社会风气。

二、宋朝立法的成就与法学的发展

（一）立法成就

宋朝代表性的法典，是建隆四年由窦仪等人制定的《宋建隆详定刑统》，并且首次刻版摹印，颁行天下。《宋刑统》的体例来源于唐末《大中刑律统类》以及五代《同光刑律统类》和《显德刑律统类》，它以刑律为主，附以刑事性质的敕令格式。这种律、敕合编的休例不同于唐，却对明清时的律、例合编有着一定的影响。

《宋刑统》的篇目与基本内容大体因袭唐律，但于每篇下分门，十二篇共分二百一十三门。

随着专制主义的发展，经由皇帝批准颁发的敕，既具有灵活性，又可以弥补律文的不足，因而得到广泛的应用。朝廷之外，“一司、一路、一州、一县又别有《敕》”。[3] 敕指导着国家的各种运作和司法实践，具有最高的法律效力。为了把数量众多而又驳杂矛盾的敕令分类整理加以编定，使之成为一种法律形式，建隆四年完成《建隆编敕》，与《宋刑统》并颁天下。此后，编敕成为宋朝经常的一项立法活动，《宋史·刑法志》说：“宋法制因唐律、令、格、式，而随时损益则有编敕。”有宋一代共编纂了《太平

---

① （清）徐松辑:《宋会要辑稿》选举 13 之 11，中华书局 1957 年影印版。

② （宋元）马端临:《文献通考》卷 38,《选举考》11。

③ 《宋史》卷 199,《刑法志》1。

兴国编敕》十五卷，《淳化编敕》三十卷，《咸平编敕》十二卷，《大中祥符编敕》三十卷，《天圣编敕》十二卷，《庆历编敕》二十卷，《嘉祐编敕》三十卷等。在律和敕的关系上，神宗以前律、敕并行，以律为主；神宗以后，敕的地位开始上升，“……律不足以周事情，凡律所不载者，一断以敕”，①进入了以敕破律、以敕代律的时期。

除敕、令、格、式外，作为成例的“断例”，也适用于司法，并由初期的“法所不载，然后用例”，发展到引例破法。南宋时期已然是“法令虽具，然吏一切以例从事，法当然而无例，则事皆泥而不行”。②在这中间，奸猾胥吏玩例行私是不言而喻的。

随着例的广泛适用，也产生了编例的问题。神宗时有《熙宁法寺断例》，哲宗、徽宗时有《元符刑名判例》《崇宁断例》，南宋有《绍兴刑名疑难断例》《乾道新编特旨断例》《开禧刑名断例》等。

南宋孝宗时期，还以“事”为类编纂了《淳熙条法事类》。而最具有代表性且部分保留至今的是宁宗时编纂的《庆元条法事类》，共四十八卷，十六门。

在有宋一代的法律体系中，除行政立法、民事立法外，财政立法也具有一定的价值。

宋朝由于采取输币安边的对外政策，同时又需要支付庞大的官俸和兵饷，因此对国家财政收入极为关注。神宗时期，王安石变法的重点就在于理财，他说：“夫合天下之众者财，理天下之财者法，守天下之法者吏也。吏不良，则有法而莫守；法不善，则有财而莫理。”③为了维持财政收入，财政立法也相应地有所发展，颁行了《商税则例》，以调整商税的征收；规定了四十种账籍的法定标准格式，以便于监督检查。而作为朝廷管理财政的机关——三司使，称为计相，可见其地位的显赫。

---

① 《宋史》卷 199，《刑法志》1。
② 《宋史》卷 199，《刑法志》1。
③ （宋）王安石：《王文公文集》卷 1，《上皇帝万言书》。

（二）法学的发展

宋朝由于政治环境相对宽松，而且提倡读书读律，使得法律思想较为活跃，一些著名的法学著作相继问世。例如，律学博士傅霖撰写的《刑统赋》，将建隆四年颁布的《宋刑统》以音韵的形式编成通俗易懂便于记忆的律学读本，并且亲自作注。此书在当时很有影响，金元时期仍有人为《刑统赋》作注，注本近十种之多。

仁宗时期著名的经学家、曾任国子监直讲的孙奭撰著《律文音义》、《律令释义》二书。孙奭撰著以上二书，说明当时国子监中对于教授法学的重视。

由于宋人十分注意分析案例，总结经验，因而出现了《折狱龟鉴》和《棠阴比事》二书。《折狱龟鉴》为郑克撰，是一部汇集历史上有关决狱、断狱和司法检验的案例，并作出分析评述与总结的学术著作，表达了作者“尚德缓刑”“明慎用刑”，严防枉滥的主张，以及对于昏官酷吏“深文峻法，务为苛刻”的痛恨。该书是研究中国古代司法的重要参考资料。

《棠阴比事》为桂万荣编，该书以《折狱龟鉴》为基础，“凡一百四十四条，皆古来剖析疑狱之事”[①]。《棠阴比事》从执法、断狱、量刑、司法检验等各方面，总结历代司法审判的经验与教训。该书受到理宗皇帝的褒奖，流传很广，影响较大，而且很早就被译成日文出版。

此外，《名公书判清明集》也保存了珍贵的法制史料。

宋时科技的进步，也使法医学取得突破性的进展。宋慈采撷前人著作中有关法医检验的案例，结合自己的实践经验，编成《洗冤集录》一书。

《洗冤集录》共五卷、五十三目，[②]是宋慈对中国古代法医学的全面总

---

① （清）纪昀总纂:《四库全书总目提要》卷101,《子部十一·法家类·棠阴比事》。

② 据《四库全书总目提要》卷101《子部十一·法家类存目》记载,《洗冤录》成书于宋理宗淳祐七年（1247年）。原书共十卷，宋刻版早已佚散。现存最早版本为元刻本《宋提刑洗冤集录》，共为五卷、五十三目。

结，既是中国最早的一部比较完整的法医学专著，也是世界上第一部法医学专著。其书一出，立即由钦命颁行全国，成为南宋办理命案官员必读之书，而且被后世“奉为金科玉律”和“圭臬”。

《洗冤集录》先由明代朝鲜使臣译成朝鲜文。此后，日本、法国、英国、德国、荷兰先后翻译出版，这充分说明中华民族对于世界法文化的卓越贡献。

此外，宋时理学学派与改革家和功利主义学派，还围绕立法的宗旨、变法、法令宽严以及恢复肉刑等问题，进行了尖锐的论辩驳诘，也促进了法律思想与文化的发展。《宋史 · 艺文志》著录的刑法类书籍达到二百二十一部，为《新唐书 · 艺文志》著录同类书籍的近四倍。

三、宋朝法制的历史地位

宋朝所处的历史背景使其立法不囿于旧律，司法不囿于旧制，崇尚务实，多所变革，因而在立法上出现了专门化的趋向，在司法上创立了一系列新制度，在法学上钩沉爬梳，产生了许多传世的不朽之作。可以说两宋法制在中国法制史上是继唐之后成就最辉煌的朝代，有些规定既不见于唐，也为明清所未能企及。其所以如此，绝非偶然。首先，社会生活的新发展向法制提出新要求，经过立法者的研究、认可，使这种要求获得法律的形式，纳入法典中去。例如,《宋刑统》卷十二《户婚律》中《户绝资产》门、《死伤钱物诸蕃人及波斯附》门；卷十三《户婚律》中《典卖指当论竞物业》门、《婚田入务》门，均不见于唐律，而是根据令敕编入的。如果不是商品经济、海外贸易和租佃关系的新发展，以及由此而产生的新问题亟须立法予以调整，便不会产生相关的令敕，并最后编入法典的。

其次，统治者从总结隋唐以来的历史经验中，进一步认识到法制对治理国家的重要性。认为“法制立，然后万事有经，而治道可必”[①]，由于法

① （宋）李焘:《续资治通鉴长编》卷 134，庆历三年九月丙戌。

律是“理国之准绳，御世之衔勒”，因此“立法不贵太重，而贵力行”[①]。由于立法着眼于执法，使得立法者避免空谈，既有助于发挥法律的调整功能，也树立了法律的权威。不仅如此，统治者也深知“食禄居官之士，皆亲民决狱之人”[②]，官员如缺乏法律素养，将不可能明法慎断。为此神宗朝规定：铨试，“概令试法，通者随得注官”。[③] 直至南宋，铨试仍以律义与断案为重要的内容之一。

最后，长期的法制历史的经验和法文化的积淀，为宋法制的成就提供了重要基础。以法官回避制度为例，唐律中并无法官回避的规定，只是见于《唐六典·刑部》，而回避的范围也只限于法官与犯人之间有亲属关系、仇嫌及业师。宋时，随着门阀制度的消失和法官成分的复杂化，初期虽仍沿袭唐制，《宋刑统》卷二十九《狱官令》所规定的回避范围大体同于《唐六典》。但太宗以后，扩大了回避的范围，譬如，禁止制勘法官“往本乡里制勘勾当公事”[④]。推勘院法官所到推勘处，州府不得接待，也严禁到推勘院相见。[⑤] 推勘、录问官如系“同年同科目及第”者，例应回避。[⑥] 移司重审案件，“后来承勘司狱与前来司狱，有无亲戚，令自陈回避”[⑦]，等等。宋朝实行的严格回避制度，对于司法官屈法伸情、贪婪枉滥起到了一定的防范作用。

综上所述，宋朝是一个重视以法为治的朝代。陈亮说：“汉，任人者也；唐，人法并行也；本朝，任法者也。”[⑧] 但是专制制度的强化，必然导致皇帝

---

① 《宋会要辑稿》帝系 11 之 4。
② 《宋史》卷 158，《选举志》4。
③ 《宋史》卷 158，《选举志》4。
④ 《宋会要辑稿》刑法 3 之 53。
⑤ 《宋会要辑稿》刑法 3 之 53。
⑥ 《宋会要辑稿》刑法 3 之 55。
⑦ 《宋会要辑稿》刑法 3 之 70。
⑧ （宋）陈亮：《陈亮集》卷 11，《人法》。

以个人意志为法，使敕令凌驾于一切法律形式之上，导致了法治秩序的紊乱。不仅如此，由于以法防内，动辄有禁，也产生了使民众无所措手足的消极影响。譬如，宋朝一方面提倡官员读书读律，另一方面却严禁民间抄写刻印法典，更不准私授律学，犯者或处杖责，或编管邻州。统治者极力造成官知法、民不知法的状态，以肆行其专制统治。专制主义的不断强化是宋朝由盛转衰、终至灭亡的重要原因。

第一章　立法思想与立法活动

第一节　专制主义中央集权的强化

厉行专制主义的中央集权制，是中国古代社会自秦汉以来，历代封建王朝都十分重视的问题。赵宋王朝自然亦不例外，只不过与汉唐诸朝相比，宋朝中央集权的强化程度更高、更富有特色罢了。概括说来，其特点有三。

其一，宋不同于汉唐，太祖赵匡胤靠政变夺取天下，虽然也曾有过与其弟赵匡义征北汉、灭南唐之举，但与汉武帝、唐太宗相比，他既没有李世民那样一战而使四夷服的英武与威望，也不具备刘彻那样远征异域的雄姿与胆魄，故其重点在于文而不在于武。

其二，宋惩唐末五季之弊，对国家分裂所造成的灾祸，宋初君臣感受尤深。著名宋史专家邓广铭先生说："当赵匡胤夺取到政权之日，他所接受的实际上只是一个烂摊子。就这个政权本身来说，所继承的是五个短命王朝，即在五十三年的时间内，改换了五个朝代和八个姓氏的十三个君主。如何能免于再成为第六代的短命王朝，这是他处心积虑想加以解决的一个问题。"[①]史称：在一个大雪纷飞的夜晚，太祖走访赵普，求教治国之策。他问道：

① 邓广铭、漆侠：《两宋政治经济问题》，知识出版社 1988 年版，第 15 页；另见邓广铭：《邓广铭全集》第 7 卷，《史论・中国古代史・宋朝的家法和北宋的政治改革运动》，河北教育出版社 2005 年版，第 287 页。

"天下自唐季以来，数十年间，帝王凡易十姓，兵革不息，苍生涂地，其故何也？吾欲息天下之兵，为国家建长久之计，其道何如？"①

赵普回答说：

"唐季以来，战斗不息，国家不安者，其故非他，节镇太重，君弱臣强而已矣。今所以治之，无他奇巧也，惟稍夺其权，制其钱谷，收其精兵，天下自安矣。"②

这一番君臣对话十分重要，它道出了有宋一代加强中央集权的三项重大措施。

1. 稍夺其权，即采取各种措施削弱节度使（官名）驻地方上的权力。首先，把节度使驻地以外的州郡即"支郡"直属京师。其次，派遣中央政府的文臣出任知州、知县，即"文臣知州事"。③这样一来，宋初虽保留了节度使之名，但事实上已降为某一州郡的长官，后来，更是徒具空名，享其俸禄而已。

2. 制其钱谷。唐中叶以来，藩镇经常以"留州""留使"名目截留中央的财政，待势力强大，不听从中央政府的命令。为改变此种状况，宋初于州县之上置路，各路设置转运使，将一路所属州县财赋，除"诸州度支经费外"，全部运至宋统治者中心——开封。地方再也无经济实力与中央抗衡。

3. 收其精兵，即采取措施剥夺藩镇的兵权。宋太祖继承了周世宗的许

① （宋）司马光：《涑水记闻》卷1，"杯酒释兵权"条。

② （宋）司马光：《涑水记闻》卷1，"杯酒释兵权"条。

③ 又称"儒臣知州事"。始于太祖开宝年间，见（宋）李焘：《续资治通鉴长编》卷13，开宝五年十二月末记事。

多做法，派遣使臣到各地，选拔藩镇所辖军队中的精兵及有特殊技能者，收补为中央禁军，聚之于京师，以备宿卫。藩镇的兵权逐步被剥夺殆尽。

削弱地方割据势力的权力，是解决“外重”问题。待中央与地方政权的关系理顺以后，宋王朝厉行中央集权的重点则由“外重”而转向“内忧”，[①] 即在中央建立一套“上下相维、内外相制”[②] 的制度以分割宰相及朝中大臣的权力。具体说来，宋王朝为限制宰相的权力，专置参知政事、枢密使、三司使以分割其政权、兵权与财权。参知政事与宰相轮班知印、押班奏事，几无正副之分。枢密使则与中书长官（人们所称的宰相）先后上殿，所奏互不相知，皇帝由此知其异同。枢密院与宰相府对称“二府”。然而，枢密使虽有发兵计权，但无权直接掌管军队。中央禁军与厢军由殿前司侍卫马军司和侍卫步兵司分别领导，史称“三衙”。换句话说，枢密使有发兵之权，而无握兵之重；三衙有握兵之重，而无发兵之权。三司由盐铁司、户部司、度支司三个机构组成，号为“计省”，三司使则号为“计相”。

这样一来，宰相的职权便是极其有限的。司马光《涑水记闻》卷三称：

“太祖时，赵韩王普为相，车驾因出，忽幸其第。时两浙钱俶，方遣使致书及海物十瓶于韩王，置在左庑下。会车驾至，仓卒出迎，不及屏也。上顾见，问何物，韩王以实对，上曰：‘此海物必佳。’即命启之，皆满贮瓜子金也。韩王惶恐，顿首谢曰：‘臣未发书，实不知。……’上笑曰：‘但取之，无虑。彼谓国家事皆由汝书生耳。’因命韩王谢而受之。韩王东京宅，皆用此金所修也。”

---

① 这里的“外重”指地方的割据势力大于中央。“内忧”则指宰相与朝中大臣权力过重。此提法见于（宋）苏轼撰，（明）茅维编，孔凡礼点校：《苏轼文集》卷25，《奏议·上神宗皇帝书》，中华书局1986年版，第740页；另见（宋）杨仲良编：《长编纪事本末》卷62，《苏轼诗狱》。

② 范祖禹说：“唯本朝之法，上下相维，轻重相制，如身之使臂，臂之使指。”见《范太史集》卷22《转对条上四事状》。另可参见南宋汪应辰之奏议，载《历代名臣之奏议》卷217。

其三，右文重儒，以振传统文化之三纲。汉儒刘向在《说苑 · 指武》中说："文化不改，然后加诛。"加强中央集权，历来有两手，一是用武力征服，二是用教化熏染。太祖、太宗昆仲本出身武夫，固于"马上得天下"之道理不谓不知，因此，伐南唐征北汉当是其武力征服之举，然而他们的武功若与汉武帝、唐太宗相比，则相形见绌，独于文教方面，则史可称焉。太祖建国之后，很快由一介武夫变成尊儒重文之君，享有"性好艺文"[①]的称誉；太宗更以"锐意文史"而见著史册；[②]真宗则"道遵先志，肇振斯文"[③]；于是右文崇儒便成为宋廷的基本国策。

这项基本国策从客观上来说，当然是极大地推动了宋代文化的发展，但从问题的实质看，右文崇儒意在通过对唐末五代以来"王风寖微"[④]"三纲不立"世风的矫正，重新振兴传统文化中的"兴王攘夷"之道，重建以三纲五常为核心的儒家伦理道德之权威，以重整和稳定社会秩序。[⑤]对此，太宗父子其言甚明，宋太宗说：

"丧乱以来，经籍散失，周孔之教将坠于地。朕即位之后，多方收拾，抄写购募，今方及数万卷，千古治乱之道，并在其中矣。"[⑥]

---

① （宋）吴曾：《能改斋漫录》卷4，《辩误 · 崇政殿说书》，上海古籍出版社1979年版，第71页。

② （宋）江少虞：《宋朝事实类苑》卷2，《祖宗圣训 · 太宗皇帝》。

③ 《册府元龟》序。

④ （宋）李焘：《续资治通鉴长编》卷79，大中祥符五年十月辛酉。

⑤ 宋廷的右文政策，具体表现为：尊师重道，优礼儒生；网罗人才，选拔俊彦；勤奋好学，刻苦读书。参见姚瀛艇主编：《宋代文化史》第一章，河南大学出版社1992年版。借鉴李唐覆灭之教训，复兴儒学、重振纲常是宋初君臣的共同认识，范祖禹在《唐鉴》卷11《肃宗》中说："唐有天下几三百年，由汉以来，享国最为长久。然三纲不立，无父子君臣之义，见利而动，不顾其亲，是以上无教化，下无廉耻。"石介对此也有批评，见《徂徕石先生文集》卷18，《唐鉴序》。

⑥ （宋）孙逢吉：《职官分纪》卷15，《秘阁》；（宋）程俱：《麟台故事》卷1，《储藏》。

李焘《续资治通鉴长编》卷七十九“大中祥符五年十月辛酉”条载宋真宗所撰《崇儒术论》称：

“儒术污隆，其应实大；国家崇替，何莫由斯。故秦衰则经籍道息，汉盛则学校兴行。其后命历迭改，而风教一揆。有唐文物最盛，朱梁而下，王风寖微。太祖、太宗丕变弊俗，崇尚斯文。朕获绍先业，谨遵圣训，礼乐交举，儒术化成。”

应当说，厉行中央集权，本是先秦诸子中儒、法两家所共同倡导的思想。然就程度而言，儒法相较，倒是后者更甚。秦汉之际，封建专制主义的中央集权制从建立到进一步巩固，体现中央集权精神的郡县制终于取代分封制而牢固地确立下来。与此相适应，汉儒董仲舒以“天人感应”“阴阳五行说”对先秦儒学进行重大改铸。从此，原来那些为诸侯分封制度服务的“礼乐”“名分”，衍化为较为系统的、为中央集权大一统服务的“三纲五常”，其精神成为封建正统儒家学说的核心内容，也对国家的统一和民族凝聚力的维系起了重大的作用。

然而，自汉以来，佛学东浸，道教大兴，其声势骎骎然凌驾于儒家之上。盛唐以雍容大度之态优容佛老二学，固然从文化的繁荣方面言之，具有不可磨灭之功。但是，释老两家在伦理道德方面，毕竟与儒家的人伦之道存在着根本的分歧。尤其是唐末五代以来，王道寖微，君臣之义不彰，社会动乱不止，危害封建中央集权制的社会离心力愈演愈烈。因此，重振儒学，收拾人心，吸取佛老学说之精要，重塑儒学之理论，便是宋人的当务之急。

由此而论，宋廷的右文崇儒政策，其立意实为厉行中央集权而设，它客观上一方面促进了宋代文化的繁荣，另一方面也为宋代理学的产生提供了政治上的条件和保证。当然，理学的产生和确立经历了一个漫长的历史过程，其间不乏曲折和波动。但统治阶级于此过程中所倡导的人伦教化之风，视三纲五常为宇宙之根本，民彝之大节，每每以“天理”呼之，的确对宋王朝中央集权制的维护，于人心教化方面起到了不容忽视的作用。

综上，宋代统治者吸取唐、五代“弊政”的历史教训，严密防范文臣、武将、女后、外戚、宗室、宦官等六种人专权独裁，“事为之防，曲为之制”①，制定了一整套集政权、兵权、财权、司法权于中央的“祖宗家法”②，基本上消除了造成封建割据和威胁皇权的种种因素，使中央集权达到了前所未有的程度，以至于使范祖禹倍加赞赏，他说：

“唯本朝之法，上下相维，轻重相制，如身之使臂，臂之使指……藩方守臣，统制列城，付以数千里之地，十万之师，单车之使，尺纸之诏，朝召而夕至，则为匹夫。是以百三十余年，海内晏然。”③

应当说，宋王朝为加强中央集权制而实行的主要措施：收地方上的政权、财权（钱谷）、兵权悉归中央，以及后来实行的加强禁军制度，以文臣知州、建立通判、转运使制度等，的确既为统一政治局面的形成和经济、文化的高度发展创造了良好条件，也对有宋一代的立法及法律形式的多样化产生了深远的影响。当然，由此而产生的弊端，南宋时已为叶适、陈亮、朱熹等人所诟病。如晦翁朱子对学生讲解历代承袭之弊，感发时事说：

“本朝鉴五代藩镇之弊，遂尽夺藩镇之权，兵也收了，财也收了，赏罚刑政一切收了，州郡遂日就困弱。靖康之祸，虏骑所过，莫不溃散。”④

---

① 宋太宗以阴谋取代了其兄的皇位后，第二天就在一道诏书中说：“先皇帝创业垂二十年，事为之防，曲为之制。纪律已定，物有其常。谨当遵承，不敢逾越。”见《续资治通鉴长编》卷17，太祖开宝九年十月乙卯。

② （宋）李焘:《续资治通鉴长编》卷480，元祐八年正月丁亥。

③ （宋）范祖禹:《范太史集》卷22,《转对条上四事状》。

④ （宋）黎靖德编:《朱子语类》卷128，中华书局1986年版，第3070页。

第二节　法律思想

宋朝既是我国封建统治者十分重视法制建设的一个重要历史时期，也是法律思想十分活跃的时代。著名法律史学者徐道邻先生说："宋朝的皇帝，懂法律和尊重法律的，比中国任何其他的朝代都多。北宋的太祖、太宗、真宗、仁宗、神宗，南宋的高宗、孝宗、理宗，这八位皇帝，在法律制度和司法制度上，都曾经有不少的贡献。有这么多皇帝不断的在上面督促，所以中国的法治，在过去许多朝代中，要推宋朝首屈一指。"①

《比较法律传统》一书的作者格伦顿说："当著名的社会学家马克斯·韦伯将其注意力转向世界法系的研究时，他看到每一法系的形成都曾决定性地受一批特定的领头人物的影响。他把这些人称为'法律名流'。伊斯兰、犹太和印度世俗社会的宗教法系，则是由神学家们形成的。英国的普通法却是法官们的作品，布莱克斯通称这些法官为法律的'活的宣示者'。另外，如同我们所了解的，欧洲大陆法律通过优秀法学家的成果也获得了独有的特征。"②中国古代固然不具有专门的职业法学家及西方法学意义上的"法律名流"，但与此相映成趣的是，宋代的统治者及士大夫们恰恰有着类似的功能。宋代法制作为社会的上层建筑，当然是该社会政治、经济、文化及社会结构的反映，但法律的制定毕竟是人们有意识、有目的的活动。故此，对宋代法制的考察不仅要揭示其产生的客观基础，同时也要注意统治者的法制意识及其立法思想。

---

① 徐道邻：《中国法制史论集》，台湾志文出版社 1975 年版，第 89—90 页。

② [美]格伦顿、戈登、奥萨魁：《比较法律传统》，米健、贺卫方、高鸿钧译，中国政法大学出版社 1993 年版，第 55 页。

就宋王朝而言，由于儒家知识分子——士大夫以群体的姿态登上了历史的舞台，成为左右宋王朝政治局势的决定性力量，因此，对其法律思想，尤其是立法思想及其法律意识的考察，必然涉及宋朝皇帝及其士大夫两个方面，现分述如下。

一、皇帝的法律思想

有宋一代，懂法和讲究法律是自太祖、太宗到南宋高宗、孝宗、理宗的一个悠久传统。就其法律思想的范围而言，可分为三大类：一是直接论说如何立法的理论；二是有关治世安邦的法的一般理论，如对法制建设的重视、重惩贪墨等；三是有关调整某些社会关系的部门法思想。这三者之间既有一定的区分，又互相关联。它们作为一个整体，共同制约着宋王朝的立法活动，并对宋朝的法制建设发挥着重要的指导作用。现择其要者，申说为六个方面。

（一）“事为之防，曲为之制”，从法律上肯定强化中央集权制的措施

所谓“事为之防，曲为之制”，语出李焘《续资治通鉴长编》卷十七，意为制定一些条条框框。把人们的手脚加以束缚，并使之互相牵制和制约，以利于中央集权制的强化。这一指导思想的贯彻表现为两个方面：第一，从理论上总结五代十国以来君权旁落的历史教训，从思想上高度重视法制在加强中央集权制中的重要作用；第二，把厉行中央集权制的思想一一贯彻到政治、经济、军事、文化、司法诸方面的制度之中。

宋朝初建之时，太祖、太宗对五代以来统治者内部的篡夺之风甚为担忧，为防范其重演，太祖赵匡胤在即位之后，于政治、军事、财政经济诸方面的立法都贯穿着一个总原则：以防弊之政，为立国之法。史称：“国朝

立法，以洗晚唐五季之末习，历变多而虑患深。”①

太宗在他的即位诏书中称：“先皇帝创业垂二十年，事为之防，曲为之制，纪律已定，物有其常。谨当遵承，不敢逾越。”② 这几句话是对太祖在位期间所有政治、军事设施的微妙用意，即精神实质的概括。邓广铭先生说：“（太宗）诏书中‘谨当遵承、不敢逾越’两语，并不表明宋太宗对其令兄要做一个‘善继人之志、善述人之事’的人。而是他也体会到：‘事为之防、曲为之制’，实在是巩固政权最可取的一个法宝。所以他不但继承了这一法宝，而且还从各个方面加以发展。”③

牵制作用的充分利用，表现在行政立法上为中央和地方行政体制的建立和改革，如中央的“二府”“三司制”，地方上的知州、通判连署制及“儒臣知州”等，内容已如前述。现再就宋王朝厉行中央集权制于立法、司法上的表现略加申说。

先就立法而言，宋王朝强化中央集权的典型表现是编敕活动的增加及敕在法律体系中的极高地位。《宋史·刑法志》称：“宋法制因唐律、令、格、式，而随时损益则有编敕。”敕的地位、敕与律的关系留待下面详述（参见立法活动），但就敕的特点而言，由于它是对特定的人和事临时发布的诏旨，故其有着鲜明的灵活性，也是体现皇帝意志的极好表现形式，故敕令的广泛适用是中央集权制强化在立法上的极好说明。

再就司法而言，宋王朝为强化中央集权制而采取的措施有五点。

第一，加强对地方上死刑案件的复查与审理。《宋史·刑法志》称：

“先是，藩镇跋扈，专杀为威，朝廷姑息，率置不问，刑部按复之职废矣。建隆三年，令诸州奏大辟案，须刑部详复。寻如旧制，大理寺详断，

---

① 《宋会要辑稿》帝系 11 之 12。

② （宋）李焘：《续资治通鉴长编》卷 17，太祖开宝九年十月乙卯。

③ 邓广铭、漆侠：《两宋政治经济问题》，知识出版社 1988 年版，第 16 页。

而后复于刑部。凡诸州狱，则录事参军与司法掾参断之。自是，内外折狱蔽罪，皆有官以相复察。”

第二，中央和地方均设置专门的机构以控制司法权。中央除由刑部详复外，太宗时，特于禁中置审刑院，专门负责审复各类重大案件。史称：

“帝（指太宗）又虑大理、刑部吏舞文巧诋，置审刑院于禁中，以枢密直学士李昌龄知院事，兼置详议官六员。凡狱上奏，先达审刑院，印讫，付大理寺、刑部断复以闻。乃下审刑院详议申复，裁决讫，以付中书省。当，即下之；其未允者，宰相复以闻，始命论决，盖重慎之至也。”①

地方上，则于各路置提点刑狱公事，负责监督州县的司法活动。《宋史·刑法志》说：

“淳化初，始置诸路提点刑狱司，凡管内州府十日一报囚帐，有疑狱未决，即驰传往视之。州县稽留不决，按谳不实，长吏则劾奏。佐史、小吏许便宜按劾从事。”②

第三，皇帝躬自折狱虑囚。所谓“虑囚”，又称“录囚”，指皇帝或其指派的司法官员对已审未决或审理已决的案件进行梳理，平反冤屈、纠正错案的制度。虑囚，始于汉，盛于唐宋。尤其是有宋一代，虑囚之风犹盛。通过虑囚，一是可使最高统治者了解狱情，并通过对案件的审理及对冤假错案的纠正，借以彰显皇帝的仁慈与圣明。二是虑囚就其实质来说，乃是皇帝自断案件。在一定意义上说，某些冤假错案确因最高统治者的参与而

① 《宋史》卷199,《刑法志》1。
② 《宋史》卷199,《刑法志》1。

得以纠正。但就其深意来说，宋之虑囚的盛行更应从厉行中央集权制的方面去理解，因为它向人们召示着这样一个事实，皇帝作为最高司法官，其轻重取舍是不受法律限制的。史称："律令者，有司之所守也。太祖以来，其所自断，则轻重取舍，有法外之意焉。"①

第四，为防止胥吏"旁缘为奸"，宋王朝除皇帝亲自决狱外，还严令各州长官亲审重大案件。《宋史·刑法志》称：

"太宗在御，常躬听断。在京狱有疑者，多临决之，每能烛见隐微。太平兴国六年下诏曰：'诸州大狱，长吏不亲决，胥吏旁缘为奸，逮捕证佐，滋蔓逾年而狱未具。自今长吏每五日一虑囚，情得者即决之。'""帝（指宋太宗）尝谓宰相曰：'御史台，阁门之前，四方纲准之地。颇闻台中鞫狱，御史多不躬亲，垂帘雍容，以自尊大。鞫按之任，委在胥吏，求无冤滥，岂可得也？'乃诏御史决狱必亲躬，毋得专任胥吏。"②

第五，为防止朝中大臣专权，于监察制度上实行"台谏合一"的原则，许御史台"风闻言事"，用人上则使具有不同意见的人互相牵制，名之曰"异论相搅"。台谏乃是御史台与谏院的并称。御史台创立于秦，机构独立于汉，经三国两晋南北朝数百年的发展，于唐日臻完善。史称：御史台长官为御史大夫，其职责为"掌邦国刑宪、典章之政令，以肃正朝列"③，下设御史若干人，具体工作程序是："凡中百僚之事应弹劾者，御事言于大夫，大事则方幅奏弹，小事则署名而已。"④其实，无非是代表君主纠察百官。谏院则设自唐，但北宋之前，机构不独立，其成员左右谏议大夫、

① 《宋史》卷200，《刑法志》2。

② 《宋史》卷199，《刑法志》1。

③ 《唐六典》卷13，《御史台》。

④ 《唐六典》卷13，《御史台》。

左右补阙、左右拾遗等，则为宰相衙门中书省、门下省的属官，其职责是“规谏讽谕”[①]。唐时，谏官主要是以皇帝为监督对象，故其监察制度的侧重点在于防止皇帝犯错误。宋则不然，至少到宋仁宗时期，谏院已成独立机构，谏官亦由皇帝亲自挑选和除授，[②]其职责为“凡朝政阙失，大臣至百官任非其人，三省至百司事有违失，皆得谏正”[③]。这说明，宋时谏官的职责，已由唐时的监督皇帝而转向本朝的监督宰相和百官，其职权大为扩展。

概括说来，宋代谏院的变化有三：一是谏院独立，其事权与御史台混同，在宋人的眼光中，“台谏”两字几成同义语，如真宗时，以同知院迁兵部员外郎、兼侍御史知杂事的吕诲在奏章中说：“台谏者，人主之耳目，期补益聪明，以防壅蔽。”[④]仁宗嘉祐元年（1056年）因“进不以道”而“深疾言事官”的宰相刘沆说：“自庆历后，台谏用事，朝廷命令之出，事无当否悉论之，必胜而后已。”[⑤]二是职权扩大，监督对象由皇帝转为宰相及百官。三是兼有御史传统的“风闻言事”之特权。

台谏事权混一，在政事堂之外，俨然另立一个中心，以至于史有“考宋之立国，元气在台谏”之语。[⑥]

之所以出现上述现象，根本的原因仍应从宋初的立国大计“以防弊之政，为立国之法”中去寻找。宋初，厉行中央集权，侧重点在于削减地方藩镇的割据势力，这是解决外重的问题。史书中所谓的“稍夺其权”，其

---

① 《唐六典》卷8，《门下省》。

② 史载：庆历三年（1043）三月和四月，御笔亲自除授欧阳修、余靖、王素、蔡襄为谏官。见李焘《续资治通鉴长编》卷140，庆历三年三月、四月记事；洪迈《容斋随笔·三笔》卷14“亲除谏官”条。

③ 《宋史》卷161，《职官志》1。

④ 《宋史》卷321，《吕诲传》。

⑤ （宋）李焘：《续资治通鉴长编》卷184，嘉祐元年九月癸卯条。

⑥ 《宋史》卷390，《沈作宾传》附论。

实就是悄悄地剥夺地方节度使兵权、财权、政权的意思。待中央与地方政权的关系理顺后，宋廷解决问题的重点必然由外重而转向内忧。所谓内忧，意指两点：一是朝中大臣擅权，二是朝中发生政变。对此，太宗忧虑重重，史有明言，他说："国家若无外忧，必有内患。外忧不过边事，皆可预防。惟奸邪无状，若为内患，深可惧也。"①

正是为了解决内忧，亦即内重的问题，宋廷才奉行台谏合一的原则，许言官风闻言事。对此，苏轼说得十分明白，他在《上神宗皇帝书》中写道：

"古者建国，使内外相制，轻重相权。如周如唐，则外重而内轻。如秦如魏，则外轻而内重。内重之弊，必有奸臣指鹿之患。外重之弊，则有大国问鼎之忧。圣人方盛而虑衰，常先立法以救弊。我国家租赋籍于计省，重兵聚于京师，以古揆今，则似内重。恭惟祖宗所以深计而预虑，固非小臣所能臆度而周知。然观其委任台谏之一端，则是圣人过防之至计。历观秦汉以及五代，谏诤而死，盖数百人。而自建隆以来，未尝罪一言者，纵有薄责，旋即超升，许以风闻，而无官长，风采所系，不问尊卑，言及乘舆，则天子改容，事关廊庙，则宰相待罪。故仁宗之世，议者讥宰相但奉行台谏风旨而已。圣人深意，流俗岂知。台谏固未必皆贤，所言亦未必皆是，然须养其锐气而借之重权者，岂徒然哉，将以折奸臣之盟，而救内重之弊也。"②

有宋一代，可以说最高统治者最为害怕的，是在朝的大臣之间或大臣和一般士大夫之间结合成派系或朋党，以致成为中央集权的一个分割力量。仁宗曾嘱咐辅臣说："所下诏，宜增朋党之戒。"③故在中央高级官僚的任用

① 《续资治通鉴长编》卷32，淳化二年八月丁亥；另见邓广铭主编：《中国大百科全书·中国历史·辽宋西夏金史》，中国大百科全书出版社1988年版，第23页。

② 《苏轼文集》卷25，《奏议·上神宗皇帝书》，中华书局1986年版，第740页。

③ （宋）李焘：《续资治通鉴长编》卷17，天圣七年三月癸未条。

中，宋廷一贯奉行互相牵制的原则。如真宗朝既重用丁谓、王钦若，又用其对头寇准。史载："真宗用寇准，人或问真宗，真宗曰：'且要异论相搅，即各不敢为非。'"①

对于这套赵宋家法，宋人体会颇深，吕公弼就曾说过："谏官、御史，为陛下耳目，执政为股肱。股肱耳目，必相为用，然后身安而元首尊。"②

（二）"王者禁人为非，莫先法令"

翻开史书，人们会发现一个有趣的历史现象，即宋王朝的开国皇帝太祖、太宗兄弟虽以武开国，却以重视法律、推崇法制建设而为后人称道，以至于当代的法律史专家徐道邻先生说："中国的传统法律，到了宋朝才发达到最高峰。"③

宋朝皇帝对法律的重视表现为以下几个方面：

第一，太祖、太宗、仁宗等十分重视和懂得法律，对法制的作用，认识十分清晰。宋太祖说："王者禁人为非，莫先于法令。"④太宗则反复告诫臣下说："法律之书，甚资政理，人臣若不知法，举动是过，苟能读之，益人知识。"⑤李焘《续资治通鉴长编》卷一四三"庆历三年九月"条记载宋仁宗的话说："法制立，然后万事有经，而治道可必。"宋神宗则说："法出于道，人能体道，则立法足以尽事。"⑥意即法来源于理，如果人们能体道通理，则立法就可以对付天下所有的事情了。宋神宗所说的"道"，是一个抽象的法理概念，其具体内容何指，史籍并无明文记载，但若结合当时的社会形势，可大体判断，宋神宗的这番话是为他支持王安石变法修律、

① （宋）李焘：《续资治通鉴长编》卷213，熙宁三年七月壬辰条。这是曾公亮想推动神宗起用司马光为枢密使以牵制王安石，引真宗朝故事时所追忆的一段话。

② 《宋史》卷311，《吕夷简传附公子弼传》。

③ 徐道邻：《中国法制史论集》，台湾志文出版社1975年版，第89页。

④ 《宋大诏令集》卷200，《政事五十三·刑法上·改窃盗赃计钱诏》，中华书局1962年版。

⑤ （宋）李攸：《宋朝事实》卷16，《兵刑》，第241页，出自《丛书集成初编》，商务印书馆印行。

⑥ 《宋史》卷199，《刑法志》1。

实行新政服务的。或许，这个“理”就是指的变法图强之理。结合宋神宗熙宁、元丰年间大规模的立法实践活动，可以说宋神宗是十分重视和懂得法律的。

第二，于法律修定之时，多所是正。从《宋史·刑法志》的记载看，从北宋到南宋，都有皇帝直接参与法律的订正。史称：宋神宗“元丰中，始成书二千有六卷，复下二府参订，然后颁行。帝（指宋神宗）留意法令，每有司进拟，多所是正。……又曰：‘禁于已然之谓敕，禁于未然之谓令，设于此以待彼之谓格，使彼效之之谓式，修书者要当识此。’”

元丰修法定律，规模宏大，卷帙浩瀚，但由于律文内容散佚，我们已无法详知神宗是怎样亲自修正和裁定法律的，但从这段仅存的史料看，说宋神宗重视法律且有法律的专门知识，大概是不为过的。

再看南宋。史称：

“孝宗究心庶狱，每岁临轩虑囚，率先数日令有司进款案披阅，（意谓孝宗尽心于百姓狱讼的事，每年亲自复审狱案，总是事先就命令该管官吏呈上有口供的案卷阅览）然后决遣。法司更定律令，必亲为订正之。丞相赵雄上《淳熙条法事类》，帝读至收骡马、舟船、契书税，曰：‘恐后世有算及舟车之讥。’（这段话的意思是说，司法部门更定律令，必定亲自为它订正。丞相赵雄呈上《淳熙条法事类》，孝宗读到征收骡马、车船以及订立契约文书等税时，说：‘恐怕后世对我有征税扩及车船的讥笑。’）《户令》：‘户绝之家，许给其家三千贯，及二万贯者取旨。’帝曰：‘其家不幸而绝，及二万贯乃取之，是有心利其财也。’又《捕亡律》：‘公人不获盗者，罚金。’帝曰：‘罚金而不加罪，是使之受财纵盗也。’又：‘监司、知州无额上供者赏。’帝曰：‘上供既无额，是白取于民也，可赏以诱之乎？’并令削去之。其明审如此。”[①]（这段话的意思是说，按照户令：“绝户人家，准许留给其家

① 《宋史》卷200，《刑法志》2。

三千贯，其家产到二万贯的，留给多少，奏请皇帝裁决。”孝宗说：“人家不幸成了绝户，家产到二万贯就给取过来，是有心贪图人家的财产。”又《捕亡律》规定：“管捕盗的官吏如捕不到盗贼，就罚款。”孝宗说：“对不尽职责的官吏只罚款而不治罪，是促使他们受财而故意放走盗贼。”又：“监司和知州等额外上供者受赏。”孝宗说：“上供既无限额，是白取人民的财物，可以用奖赏诱使他们这样做吗？”遂诏令一并删除。孝宗明察如此。）

第三，倡导律学考试，注重司法官员的法律素养。

司法审判工作关系到人的生命、财产、名誉和地位，其质量的良窳直接关系社会的稳定及封建国家命运的长短，所谓此“生民之司命，天心向背，国祚修短系焉”。故宋朝最高统治者对司法官员的选拔格外重视。王应麟《玉海》与李焘的《续资治通鉴长编》载有宋真宗的三段话，可以视为天水一朝最高统治者重视司法官员选拔质量及政刑的典型材料。真宗说：

“列辟任人，治民为要，群臣授命，奉法居先。”①

“法官之任，人命所悬。太宗常降诏书，诸州司理、司法峻其秩，益其俸。”②

“邦家之事，刑政而已。政令一出，为安危之基；刑辟一施，有死生之法，人以为小，吾以为大。”③

宋代，士大夫从事司法工作的途径大略有四条：第一，名公巨卿奉旨参加朝中重大疑难案件的讨论和定断，如宋神宗时对“阿云之狱”的争论；第二，州、县长官作为亲民之官，直接参与案件的审理；第三，作为中央

① 《宋大诏令集》卷191,《政事四十四·诫饬二·文臣七条并序》。

② （宋）李焘:《续资治通鉴长编》卷47，咸平三年五月乙亥。

③ （宋）王应麟:《玉海》卷32,《圣文·祥符勤政论》。

三大司法机关和专职官员及州县“法司”“狱司”的官员专门负责司法工作；第四，临时被差遣，负责审理或纠察、复核朝廷指派的案件。

由于宋朝十分重视法律教育和法律考试，故士大夫不论从以上哪一种途径参与司法，都必须具备一定的法律知识和参加宋朝的法律教育及法律考试。

史称，雍熙三年（986年）九月十八日，宋太宗下诏说：

“夫刑法者，理国之准绳，御世之衔勒。重轻无失，则四时之风雨弗迷；出入有差，则兆人之手足何措。念食禄居官之士，皆亲民决狱之人。苟金科有昧于详明，则丹笔若为于裁处。用表哀矜之意，宜行激劝之文。应朝臣、京官及幕职、州县官等，今后并须习读法，庶资从政之方，以副恤刑之意。其知州、通判及幕职、州县官等，秩满至京，当令于法书内试问。如全不知者，量加殿罚。”[①]

这就是说，朝官、京官、幕职、州县官等，都要学习法律。各处的知州、通判、幕职和州县官，秩满到京，都要经过一番考试。如果一无所知，就要受相应的处分。

徐道邻先生说：“中国的考试制度，从唐朝起就有‘明法’一科，专门用以选拔法律之才。到了宋朝——这是中国过去最讲究法律的一个朝代——法律考试，更进入鼎盛时期。”[②]之所以说宋朝统治者最为重视法律考试，主要是说：第一，就科举考试来说（入仕的资格考试），进士科最为殊荣，此科虽以诗赋、经义为主，但策论、律义也是其考试内容之一。第二，在进士之外的其他诸科之中，“明法”虽仅为其一，但是，前有宋初太宗时开“明法科”为其他诸科公共科之举（史称，太宗太平兴国四年十

① 《宋会要辑稿》选举13之11。

② 徐道邻：《中国法制史论集》，台湾志文出版社1975年版，第188页。

一月，诏“以明法科于诸书中所业非广，遂废之”，而学究“仍兼习法令”，“进士及诸科引试日，并以律文疏卷问义”[①])，后有宋神宗罢诸科，以“新科明法”为取士标准之措。一时使天下之士争习法令，史谓“务从朝廷之意，而改应新科者，十有七八”[②]。第三，对于那些已经获取做官资格，但尚未被任用的官员，则进行专门的法律考试，史称“出官试”。第四，对现任及任满待迁转的官员，若去做专门的司法官员，则要参加刑法的考试。迁转其他官员，也要检查其法律知识，史称“当令于法书内试问”。[③]第五，对于那些由皇帝亲自差遣的临时法官及监司选差的临时推勘官来说，固然没有规定专门的法律考试，但由于宋之法律中对复核案件的官员有着明确的奖惩规定，故这些官员往往也对法律十分娴熟。第六，对于司法机关的低级办事人员——法吏，诸如书吏、书令史、手分、帖司、内进、主事等，也规定了法律考试。如宋神宗时，规定三年一次试法。[④]

宋朝皇帝对法律的重视引起了社会价值取向的重大变化，当时的“士人务从朝廷之意，而改应新科者，十有七八”[⑤]。士大夫的法律观念由此转变，争言法令成为一种时尚。史称（宋神宗时彭汝砺语）：“异时士人未尝知法律也，及陛下以法令进之，而无不言法令。”[⑥]苏辙也有“天下争诵法令”之语。

（三）“临下以简，必务哀矜”

宋朝初建之时，太祖、太宗面临的社会形势有两个显著的特色：一是社会动荡，天下分裂，地方割据势力非常严重；二是从政刑方面来看，五代以来所造成的苛政酷刑之局面严重影响着新建政权的稳定与发展。为了

① （宋）李焘：《续资治通鉴长编》卷20，太平兴国四年十一月丙戌。
② 《宋会要辑稿》选举14之3。
③ 《宋会要辑稿》选举13之11。
④ （宋）李焘：《续资治通鉴长编》卷264，熙宁八年五月乙亥。
⑤ 《宋会要辑稿》选举14之3。
⑥ 《历代名臣奏议》卷116，《风俗》。

收拾人心，树立新政权的威信，太祖、太宗昆仲一方面严格实行中央集权制，加重对贪墨赃吏、流寇盗贼的处罚（这是严的一面，详见下），另一方面则十分注意树立新君仁厚宽恕的形象。对此，《宋史·刑法志》以极其简明的语言概括道：

“宋兴，承五季之乱，太祖、太宗颇用重典，以绳奸慝，岁时躬自折狱虑囚，务底明慎，而以忠厚为本。海内悉平，文教寖盛。士初试官，皆习律令。其君一以宽仁为治，故立法之制严，而用法之情恕。”

这里所说的宽与严，实际上是宋朝最高统治者立法思想的一个问题的两个方面。看似矛盾，实乃一致。所谓宽，是说，太祖、太宗为改变五代以来诸侯跋扈、恣意杀人的局面，特别注意恤狱慎刑，临政以宽，力争做到赏罚严明，狱无冤滥。所谓严，是就立法、司法两方面而论的。立法之制严，指宋之立法于加强中央集权制、惩治贪墨、镇压贼盗三方面，决不姑息。其实，宽严的目的是一个，即收强干弱枝之效，使国运长治久安。

天水一朝“以忠厚为本”的思想反映在立法、司法上，具体表现为以下几点。

第一，“立法不贵太重，而贵力行”[①]。这是宋仁宗告诫大臣立法时所说的话。这里的“重”是中国法律史自春秋战国以来经常使用的一个术语，意指“重刑峻罚”。中国古代统治者常于危乱之时以重刑治国。宋朝固然亦于初建之时，“颇用重典以绳奸慝”，但这只不过是政权甫定之时的权宜之计。即便如此，太祖、太宗为纠刑法过严之偏，常以情恕补救于司法活动之中。至仁宗，天下安定，文教寖盛，立法崇尚宽平而能得到切实执行，自然成为宋朝皇帝的立法指导思想。

这种思想发展到南宋，孝宗论述得更加明白，他认为“立法贵乎中制”，

① 《宋会要辑稿》帝系11之4。

“立法贵乎中”。他说：“先王立法贵在中制，所以决可行也。”[①]“夫法太重而难必行，则立法贵乎中。”[②]乾道年间，“上曰（孝宗）：‘甚好，立法不贵太重而贵必行，法必行则人莫敢犯矣。’……夫欲重则必难行，欲行则不必重。设之太重，而行之不顾此，惟商鞅能之，圣人不能也”[③]。

孝宗对立法的论述，其含义有三：首先，立法重在合乎制度，即必须符合赵宋祖宗家法之精神；其次，立法贵在宽严适中；最后，立法贵在能贯彻执行，若不能严格执行，严法重刑于世无益，所谓“法令奉行不虔，申严无益”。[④]

以此段史料印证《宋史·刑法志》的有关记载，说南宋孝宗是一个具有法律素养的皇帝，诚不为过。

第二，宽缓刑罚，以简待民。宋太祖在位十七年，关心民瘼，为政以简，多次下诏，要求地方官吏“薄赋轻徭，念农人之疾苦”[⑤]。史载，太宗在即位赦天下制中说：“先皇帝勤劳启国，宵旰临朝，万机靡倦躬亲，四海方成于开泰。念农民之疾苦，知战士之辛勤。”[⑥]太祖下诏要求地方“务从省约，无令劳烦，诸道州、府不得以进奉为名，辄有率敛”[⑦]。这种思想反映在刑罚制度上，表现为宋初“折杖法”（详见立法活动）的制定。史载，太祖“尤注意刑辟，尝读《二典》(《尧典》和《舜典》）叹曰：‘尧、舜之罪四凶，止从投窜，何近代法网之密邪！’故定为折杖法，以递减徒杖笞之刑”[⑧]。

第三，恤狱慎刑，务存仁恕。太祖以一介武夫，统一天下，他右文崇儒，

① 《宋会要辑稿》帝系 11 之 2。
② 《宋会要辑稿》帝系 11 之 12。
③ 《宋会要辑稿》帝系 11 之 4。
④ 《宋会要辑稿》帝系 11 之 4。
⑤ 《宋大诏令集》卷 7，《帝统七·谥议上·太祖谥议》。
⑥ （宋）彭叔融：《太平治迹统类》卷 2，《太祖太宗授受之懿》。
⑦ 《宋大诏令集》卷 118，《典礼三·南郊一·建隆四年有事南郊诏》。
⑧ （清）吴乘权等：《纲鉴易知录》卷 64，《宋纪》，“太祖神德皇帝”条。

强干弱枝，一改五代以来君弱臣强之局面，不仅奠定了两宋三百多年之基业，也对其后的中国历史产生了重大影响。太祖在重视法律、法令、“禁人为非”镇压作用的同时，还十分注意恤狱慎刑，临政以宽。宋太祖下诏说：“禁民为非，乃设法令，临下以简，必务哀矜。”①

这种思想反映到司法上，具体措施有二。其一，选用儒臣治州郡之狱。五代以来多用武人主狱讼，官吏严酷、恣意用法的现象十分严重。宋朝初建之时，自太祖、太宗到真宗三朝都力图纠正司法活动中的弊端，注重改革司法官吏的选拔制度。史谓：“五季衰乱，禁网繁密。宋兴，削除苛峻，累朝有所更定。法吏浸用儒臣，务存仁恕。”② 王应麟《玉海》卷六十七载有一语说：“太祖始用士人治州郡之狱”，接着王应麟在此卷的“淳化刑部详覆”条中又说：“开宝六年壬子朔始以士人为司寇参军，改诸州马步院为司寇院”，选用官员以律书试判。③ 太宗时改司寇院，设司理参军，以历任清白、能够审断案件的官员充任，④ 并选用儒士为判官。⑤ 真宗时，对于审刑院的详议官、大理寺的详断官、刑部的详覆官和三司的法直官，都试以断案几十道，须引用法律和判断详明，才认为合格，予以任用。⑥ 其二，皇上躬自折狱虑囚，以示哀矜。

史称：

---

① 《宋史》卷199，《刑法志》1。

② 《宋史》卷199，《刑法志》1。

③ （宋）王应麟:《玉海》卷67，《诏令·赦宥》，“淳化刑部详覆”条。

④ 《文献通考》卷63，《职官考》17，《录事参军》记载：“后改为司理。掌狱讼勘鞫之事，不兼他职。”《宋史》卷4，《太宗本纪》1记载：“[太平兴国四年十二月]丁卯，畋近郊。置诸州司理判官。”《宋史》卷160，《选举志》6记载：“[太宗]又令阅属部司理参军，廉慎而明于推鞫者，举之。”

⑤ 《宋史》卷158，《选举志》4记载：“狱官关系尤重，新及第人为司理参军……”《文献通考》卷62，《职官考》16，《总论州佐》“推判官”条记载：“盖太宗以诸州戎幕缺官，选朝士补之，俾分理事，且试其才，此签判所由始也。盖选人则为判官，京官则为签判。”

⑥ （宋）李焘:《续资治通鉴长编》卷60，景德二年六月己卯。

“开宝二年五月，帝以暑气方盛，深念缧系之苦，乃下手诏：‘两京诸州，令长吏督狱掾，五日一检视，洒扫狱户，洗涤杻械。贫不能自存者给饮食，病者给医药，轻系即时决遣，毋淹滞。’自是，每仲夏申敕官吏，岁以为常。帝每亲录囚徒，专事钦恤。凡御史、大理官属，尤严选择。尝谓侍御史知杂冯炳曰：‘朕每读《汉书》，见张释之、于定国治狱，天下无冤民，此所望于卿也。’”[①]

录囚，作为一项制度，始自汉代，指皇帝或其指派的司法官员疏理滞狱、平反冤屈的活动。录囚既较好地体现了皇帝对刑狱的仁恕之心，又使皇帝通过复审案件加强了对司法的控制，故自汉至唐，录囚之事，不绝史书。宋立法、司法以宽厚、仁恕为本，故录囚之风于前犹盛。史称，宋太宗在位时，经常亲自审断案件，京城有疑难的狱案，他常亲临审判处理，总是能洞见隐微之处。太平兴国六年（981年），太宗下诏说：“诸州大狱，长吏不亲决，胥吏旁缘为奸，逮捕证佐，滋蔓逾年而狱未具。自今长吏每五日一虑囚，情得者即决之。”[②]太宗常说：

“朕于狱犴之寄，夙夜焦劳，虑有冤滞耳。”[③]

“十月，亲录京城系囚，遂至日旰。近臣或谏劳苦过甚，帝曰：‘傥惠及无告，使狱讼平允，不致枉桡（冤屈），朕意深以为适，何劳之有？’因谓宰相曰：‘中外臣僚，若皆留心政务，天下安有不治者。古人宰一邑，守一郡，使飞蝗避境，猛虎渡河。况能惠养黎庶，申理冤滞，岂不感召和气乎？朕每自勤不怠，此志必无改易。或云有司细故，帝王不当亲决，朕意则异乎是。若以尊极自居，则下情不能上达矣。’自是祁寒盛暑或雨雪

① 《宋史》卷199，《刑法志》1。
② 《宋史》卷199，《刑法志》1。
③ 《宋史》卷199，《刑法志》1。

稍愆，辄亲录系囚，多所原减（从此以后，每逢严寒酷暑或雨雪稍有反常，他就亲自复审狱囚，大多施以宽大减免）。”①

“仁宗听断，尤以忠厚为主。陇安县民诬平民五人为劫盗，尉悉执之，一人掠死，四人遂引服。其家辨于州，州不为理，悉论死。未几，秦州捕得真盗，陇州吏当坐法而会赦。帝怒，特贬知州孙济为雷州参军，余皆除名流岭南，赐钱粟五家，复其役三年。因下诏，戒敕州县。广州司理参军陈仲约误入人死，有司言：‘仲约公罪，应赎。’帝谓审刑院张揆曰：‘死者不可复生，而狱吏虽废，复得叙官。’命特治之，会赦勿叙用，尚书比部员郎师仲说请老，自言恩得任子，帝以仲说尝失入人死罪，不与。其重人命如此。”②

上述是北宋太祖、太宗、仁宗的恤刑思想及虑囚的活动，下面再来看南宋高宗、孝宗、理宗的司法实践，以便对有宋一代皇帝的恤刑思想有一个系统的了解。

史称：

“高宗性仁柔，其于用法，每从宽厚，每临轩虑囚，未尝有送下者，曰：‘吾恐有司观望，锻炼以为重轻也。’吏部员外郎刘大中奉使江南回，迁左司谏，帝寻以为秘书少监。谓宰臣朱胜非曰：‘大中奉使，颇多兴狱，今使为谏官，恐四方观望耳。’其用心忠厚如此。后诏：‘用刑惨酷责降之人，勿堂除及亲民，止与远小监当差遣。’”③

南宋高宗在宋代历史上并非一个有作为的皇帝，尤其是他指令秦桧构陷、谋害岳飞父子，更为后世所诟病。然若不以人废言，高宗对法律还不

① 《宋史》卷199，《刑法志》1。

② 《宋史》卷200，《刑法志》2。

③ 《宋史》卷200，《刑法志》2。

失为一个有见解的皇帝。至于南宋皇帝孝宗，可在中国法律史上大树一笔。史称，他尽心于老百姓的狱讼之事，特别关心刑狱的轻重，他在乾道二年（1166 年）的诏书中说：

"狱，重事也。用法一倾（执行法律稍不公正），则民无所措手足。比年（近年）以来，治狱之吏，巧持多端，随意轻重之，朕甚患焉。其自今革玩习之弊，明审克之公，使奸不容情，罚必当罪，用迪于刑之中（迪，开导。在惩罚的措施中常有教导的作用），勉之哉，毋忽！"①

乾道三年（1167 年），诏曰：

"狱，重事也。稽者有律，当者有比，疑者有谳（有律文可以稽查以作根据，有断例可以参照，有疑难则申请复审）。比年顾以狱情白于执政，探取旨意，以为轻重甚亡谓也。自今其祗乃心，敬于刑，惟当为贵，毋习前非。不如吾诏，吾将大置于罚，罔攸赦。"②

这段话的意思是说，狱讼，大事情。办案，有律文可以核对，有判例可供参考，有疑难狱案则可复审。近年只把狱情上报给执政官员，探求他们的意旨作为用法轻重的标准，是很不应该的。今后你们应该从思想上重视起来，谨慎用刑，以处罚得当为好，不要因袭过去的错误。如不遵照我的命令，我将处以重罚，决不赦免。③

史又载："理宗起自民间，具知刑狱之弊。初即位，即诏天下恤刑，又

① 《宋史》卷 200，《刑法志》2。

② 《宋史》卷 200，《刑法志》2。

③ 此段写作参考了上海社会科学院政治法律研究室编《宋史刑法志注释》一书及高潮、马建石主编《中国历代刑法志注译》一书中的《宋史刑法志注译》一文，特此致谢。前一本书由群众出版社 1979 年出版，后一本书由中国政法大学出版社 1994 年出版。

亲制《审刑铭》，以警有位。每岁大暑，必临轩虑囚。”[①] 这里是说，宋理宗于民间长大，对刑狱的弊端知之深详。理宗即位之初，便诏令天下，谨慎施用刑罚，又亲自制定关于谨慎施用刑罚的韵文，以警戒在职官吏，并于淳祐四年（1244 年）发表《谨刑铭》：“民吾同胞，疾痛由己。报虐以威，刑非得已。仰惟祖宗，若保赤子。明谨庶狱，恻怛温旨。金科玉条，豪析铢累。夫何大吏，蔑弃法理。逮于郡邑，滥用箬箠。典听朕言，式克钦止。”[②]

宋朝最高统治者的恤狱慎刑思想并非都是粉饰政治的虚言，它不仅在一定程度上缓和了社会矛盾，澄清了吏治，还对南宋司法实践中郑兴裔《检验格目》、宋慈《洗冤集录》的问世起到了极大的推动作用。史称：“淳熙初，浙西提刑郑兴裔上《检验格目》，诏颁之诸路提刑司。”[③] 宋宁宗嘉定中，湖广广西宪司刊印《正背人形检验格目》，嘉定四年（1211 年），江西提刑徐似道言于朝，将湖南提刑司的格式“下诸路提刑司，体效实行”[④]。淳祐中，官至湖南提刑的宋慈，便撰集了中国、也是世界上的第一部法医检验专著——《洗冤集录》。该书一经梓刻问世，立即被颁行全国，成为当时和后世审理案件官员案头必备之书。

（四）重惩贪墨

贪墨，古谓苞苴，意指以荷叶包以肉糜馈赠于人也，后引申为官吏贪赃受贿的行为。官吏贪赃枉法既侵害了封建社会所保护的财产所有权关系，又危害了封建统治者的正常法律秩序，从当今的刑法理论出发，此种犯罪侵害的是社会关系的双重客体，危害性极大，故中国历代封建王朝为了巩固其统治，都把此类犯罪作为严厉打击的重点对象之一。宋初也不例外。赵翼在《廿史札记》卷二十四《宋初严惩赃吏》中说：“宋以忠厚开国，凡

---

① 《宋史》卷 200，《刑法志》2。

② 《咸淳临安志》卷 4，第 25 页，载《宋元方志丛刊》第 4 册，中华书局 1990 年版，第 3391 页。

③ 《宋史》卷 200，《刑法志》2。

④ 《宋会要辑稿》刑法 6 之 7。

罪罚悉从轻减，独于治赃吏最严。”

之所以如此，原因有三：其一，“吏不廉则政治削”。[①] 官吏贪赃严重危害着朝廷的统治基础和效能，统治者要整顿吏治，不能不把防止官吏犯赃问题置于首位。其二，官吏贪赃，使社会秩序不稳，阶级矛盾激化。杨简说，官吏贪赃，使“民怨吏，卒怨官，遂怨及朝廷。臣大惧中外积怨之久，一夫大呼，从之者如归市”[②]。现实危害如此之重，宋统治者不得不严惩贪墨之罪。其三，五代十国以来，官吏贪墨之风盛行，统治者要建立稳固的政权，也必须对这种世风加以纠正。否则，新政权的威信就无从树立。《宋史 · 刑法志》说：“时郡县吏承五季之习，黩货厉民，故尤严贪墨之罪。”太祖曾不止一次地告诫臣下说：“朕……固不吝惜爵赏，若犯吾法，唯有剑耳。”[③]

太宗于即位之时，也下令重申说：“诸职官以赃致罪者，虽会赦不得叙，永为定制。”并亲笔写下了《戒石铭》：“尔俸尔禄，民膏民脂，下民易虐，上天难欺。”[④]

为了惩治官吏贪黩厉民的行为，宋代于政权初建之时，对职官坐赃多弃市或杖毙于朝。史载，太祖时，“大名府永济主簿郭颢坐赃弃市”，“蔡河纲官王训等以糠土杂军粮，磔于市”，“将军石延祚坐监仓与吏为奸赃弃市”，[⑤] 并规定，对贪赃枉法之官，不得适用“请”“减”“赎”“官当”之法。太宗时，诏诸职官以赃论罪虽遇赦不得叙，永为定制。

当然，历史的发展是曲折的，宋代惩贪的实践也出现过周折。从北宋真宗起，“贪赃”或“监守自盗”虽罪至极法，但“率多贷死”。史称：“真宗时，弃市之法不复见，惟杖流海岛。”[⑥] 自徽宗崇宁、大观以来，赃吏特多。

① 《宋大诏令集》卷178，《政事三十一 · 俸赐 · 幕职官置俸户诏》。

② 《历代名臣奏议》卷60，《治道》。

③ （宋）李焘：《续资治通鉴长编》卷12，开宝四年十一月壬戌。

④ （宋）洪迈：《容斋续笔》卷1，《戒石铭》。

⑤ 《宋史》卷1—2，《太祖纪》。

⑥ （清）赵翼：《廿二史札记》24，《宋初严惩赃吏》。

高宗南渡，重建政权，继续严惩贪官污吏。初诏赃罪明白者，不许堂除及亲民差遣。建炎二年（1128年）正月诏，自今犯枉法自盗赃人，令中书省籍记姓名。罪至徒者，永不叙用。按察官失于检劾者，并取旨科罪，不以去官原免。同年二月又诏，自今犯枉法自盗赃抵死者，籍其赀。建炎四年（1130年）秋，诏自今犯赃免死者，杖脊，流配。同年冬，湖口令孙成坐赃，黥隶连州。①

《宋史·刑法志》称：建炎、绍兴年间，"至待贪吏则极严，应受赃者，不许堂除及亲民；犯枉法自盗者，籍其名中书，罪至徒即不叙，至死者，籍其赀。诸文臣寄禄官并带'左''右'字，赃罪人则去之，是年（绍兴元年，1131年）申严真决赃吏法"。

宋代，官制有寄禄官和职事官两类。寄禄官是一种官阶，根据官阶品级高低，分别官禄的多少，和实职办事的职事官不同。如宋神宗改定官制后，以金紫左右光禄大夫等为寄禄官，以吏部尚书等为职事官。后来文臣寄禄官又按官员有无出身（原来资格）而分"左""右"，有出身的带"左"字，无出身的带"右"字，"左"优于"右"。若有犯赃情事，则不许带"左""右"字。另外，上述引文中所谓"申严真决赃吏法"，意思是说，重申前朝严格而如实地处置贪官污吏的法令。

根据法律史学界的研究成果，宋朝的真决赃吏包含着三层意思。

第一，限制适用"议、请、减、赎"之法。议请减赎为中国古代法律规定的特权，是统治者优待官宦显要的一项法定权利。然而，在宋代，若官吏犯赃，这项特权将受到一定程度的限制。例如，哲宗于绍圣年间诏：重禄人受乞财物虽有官印并不用请、减、当、赎法。②

第二，自首原免之原则因官员受赃而限制使用。《庆元条法事类》规定：

---

① 《建炎以来系年要录》卷12—13，又《建炎以来朝野杂记》甲集卷6，《朝事二·建炎至嘉泰申严赃吏之禁》。此段写作参考了《宋史刑法志注释》（续集），上海社会科学院法学研究所编，群众出版社1982年版，第29页。

② 《宋会要辑稿》刑法1之17。

州县起发上京钱物，管押人侵盗移易入己，不以自首原免。[①]

第三，不以赦降原减。如太宗曾诏："犯入己赃……逢恩赦不在放还之限。"[②] 宝祐四年规定："诛求百姓者，罪无赦。"[③]

官员贪赃是封建社会的固疾，惩贪历来是有作为的开明君主澄清吏治的重要措施。两宋之际，最高统治者为维护国家的长治久安，缓和社会矛盾，历来强调对贪墨之罪的严厉惩处。尽管社会生活中，惩贪的不平衡性依然存在，有时甚至贪墨现象仍十分严重，如北宋徽宗年间，蔡京当国，"贿赂公行"，"廉吏十一，贪吏十九"[④]；南宋贾似道专权，"赂相浊乱，贪焰烁天"[⑤]。但是，两宋皇帝能够不断总结历史经验，始终把惩贪思想贯彻于司法实践中，的确是难能可贵的，就连以变法著称的王安石也说："今朝廷之法所尤重者，独贪吏耳。"[⑥]

（五）通商惠工，招徕远人

宋代既是我国历史上文化、科学成就十分突出的朝代，也是一个商品经济十分活跃、海外贸易极为发达的历史时期。在这个历史时期内，不仅在士大夫中间形成了一股冲击秦汉以来传统的贱商抑末思想的力量，而且就宋代的最高统治者皇帝来说，也从唐末五代以来"掊克斯甚、交易不行"的惨痛教训中，认识到了"通商惠工"，保护商人利益的重要性。宋太宗说："当职之吏，恣为烦苛，规余羡以市恩宠，细碎必取，掊克斯甚，交易不行，异夫通商惠工之旨也。"[⑦] 为此，他允许商人若遇地方官吏刁难，可越级上告。

① 《庆元条法事类》卷 30，《财用门一 · 上供 · 随敕申明 · 厩库》。
② 《文献通考》卷 173，《刑考》12，《赦宥》。
③ （清）陈梦雷：《古今图书集成》第 766 册，《经济汇编 · 祥刑典》卷 23，《律令部汇考九》。以上参见江必新：《宋代"严贪墨之罪"述论》，载《西南师范大学学报》1986 年第 2 期。
④ 《历代名臣奏议》卷 43，《治道》。
⑤ 《历代名臣奏议》卷 62，《治道》。
⑥ （宋）王安石：《临川先生文集》卷 39，《书疏 · 上仁宗皇帝言事书》。
⑦ 《宋会要辑稿》食货 17 之 13。

宋朝，也是我国封建社会中一个十分重视运用法律手段来促进海外贸易不断发展的朝代。鼓励外商来华经营并保护他们的合法权益，以期从中获得丰厚的收入，是宋王朝在海外贸易方面最为基本的方针。具体说来，其立法思想有二。第一，“招徕远人，以通货贿”。北宋时，太宗、仁宗及神宗，频频发放敕令，要求各级地方官员用心招诱外商来华贸易，而且还专门制定了管理海外贸易的《元丰条法》。[①]此后，每每受到南宋皇帝的赞美与回顾。宋高宗说：“市舶之利，颇助国用，宜循旧法，以招徕远人，阜通货贿。”[②]孝宗则于隆兴二年（1164年）七月二十五日发布敕令，要求各州县“推明神宗皇帝立法之意，使商贾贸迁，以助国用”。第二，创法讲求，以获厚利。宋神宗于熙宁二年（1069年）九月在给发运司副使薛向的诏令中说：“东南利国之大，舶商亦居其一焉。”[③]因此，他要求臣下在制定法律时应用心体察朝廷鼓励蕃商来华贸易之苦心，以便更多地增加财政收入。他说：“卿宜创法讲求，不惟岁获厚利，兼使外蕃辐辏中国，亦壮观一事也。”

在此种思想指导下，宋王朝以单行敕令及单行法规的形式，制定了大量的管理海外贸易、鼓励外商来华、奖励有功官员的法规，史称“市舶条法”（详见第四章第三节宋朝的海外贸易法规）。

（六）扩大越诉范围，注重对民事权利的保护

宋初，统治者承唐律之精神，对越级诉讼严加禁止。太祖乾德二年（964年）正月诏曰：“若从越诉，是紊旧章。自今应有论诉人等，仰所在晓谕，不得蓦越诉状。违者，先科越诉之罪，却送本属州县，据所诉依理

---

① 又称《广州市舶条法》。参见《宋会要辑稿》职官44之6，另见（宋）李焘：《续资治通鉴长编》卷275。

② 《宋会要辑稿》职官44之24。

③ （清）黄以周：《续资治通鉴长编拾补》卷5，熙宁二年九月壬午条，上海古籍出版社影印本1986年版，第76页。

区分。”[①]此后，太宗、真宗屡次下诏，禁止越诉。[②]北宋末年，统治者针对朝廷内外贿赂公行、横征暴敛的现实，特在官吏违法科民时，允许民户越诉。南宋初，金兵南侵，官兵沦为“游寇”，抢粮掠物，洗劫城池，南宋政权岌岌可危，而州郡官吏却“歌乐自若，殊无忧国念民之心”。[③]这种情况如果继续下去，势必危及南宋统治者政权的安全。为了革除弊端，整饬吏治，南宋统治者一方面设立“民事被罪法”，[④]重处官吏额外讲求、肆意科配的行为；一方面增置越诉之法，扩大百姓的诉讼权利，以越诉说百姓之心，从而达到宽恤民力、恢复生产、巩固政权的目的。

宋代允许人户及商人越诉的条法甚多，但其核心在于重民事、恤民力、保护商人及下层民户的私有权及诉讼权利。大体说来，有以下几类。

第一，官吏擅自科敛百姓，许人户越诉。南宋高宗时，曾多次下诏，要求“诸路监司，广加询访，凡民间利病，官吏侵渔，无有巨细，咸得以闻。”[⑤]在这种思想的指导下，南宋法律规定，官吏受纳租税不依法律，许人户越诉。《建炎以来系年要录》卷一六九称：民户合纳税租，“不得合零就整……如违，许经尚书省越诉”。这类诏令甚多。此其一。其二，凡州县官吏擅自科敛财物，无偿役使百姓者，亦允许人户越诉。《建炎以来系年要录》卷一六二称：凡州郡以“献助为名而下科率之令”，“以助州钱为名而科取属邑”，“县官替罢率于所部以借夫为名而取其直”，皆许民户越诉。

第二，官吏审理案件不依法，许人户越诉。州县受理民事案件，各有结绝时限，依法律规定，三日内须给当事人以断由，“如过限不给，许人户陈诉”。[⑥]

① 《宋大诏令集》卷198，《政事五十一·禁约上·禁越诉诏》。
② 《宋会要辑稿》刑法3之13。
③ 《宋会要辑稿》刑法2之97。
④ （宋）李心传：《建炎以来系年要录》卷159，绍兴十九年三月庚戌。
⑤ 《宋会要辑稿》刑法2之153；《建炎以来系年要录》卷171，绍兴二十六年二月癸酉朔。
⑥ 《宋会要辑稿》刑法3之38。

第三，下户为豪强侵夺，州县不受理者，许人户越诉。以南宋之“务限法”，凡官府受理民间田宅、婚姻、债负案件时，“以二月一日后”为入务，“十月一日后为务开”，入务后，不得审理。但是，富豪之家往往以此为借口，拖延时间，侵吞贫民小户田产。对此，南宋孝宗隆兴元年（1163年）大理卿李洪言：

“务限之法大要，欲民不违农时，故凡入务而诉婚田之事者，州县勿得受理，然虑富强之家来时恣横，豪夺贫弱，于是又为之制使交相侵夺者，受理，不拘务限。比年以来，州县之官务为苟且，往往借令文为说。入务之后，一切不问，遂使平民横被豪夺者，无所伸诉，欲望明饬州县，应婚田之讼，有下户为豪强侵夺者，不得以务限为拘，如违，许人户越诉，从之。”①

第四，凡豪奸公吏因战火寇盗而侵占百姓物业时，许人户越诉。南宋初，因金兵入侵，民多弃产逃移，豪强大户往往趁机侵占民田，据为己业，待兵火之后，百姓多思复习，而豪强大户百般阻挠，“专以贪图人户田业致富”。对此，南宋法律规定：凡因兵火逃亡而弃田产，后欲复习者，若豪强之家从中阻挠，则法司应依法重行断遣，复民之业。若官司占田不还者，许越诉。②

第五，禁止权贵及市舶官员利用职权和买蓄商货物，若遇非法，外商有权越诉。宋代，官吏及市舶官员利用职权对外商财物进行侵夺克扣。其方式有二：一是在管理海外贸易的活动中直接购买外商货物。此种情况下，外商往往因害怕官吏的权势而不敢按正常价格出售，只能“择其

① 《宋会要辑稿》刑法3之48。

② 《宋会要辑稿》食货69之49。此处对郭东旭先生《南宋的越诉之法》一文多有参考，见漆侠主编：《宋史研究论丛》第二辑，河北大学出版社1993年版。

精者，售以低价”，[①] 甚至分文不敢收取。二是假公行私，名曰和买，实不给一钱。对此，宋王朝不仅三令五申，严加禁绝，而且允许外商越级陈诉。史载：

“（南宋宁宗）开禧三年（公元 1207 年）正月七日，前知南雄州聂周臣言：‘泉广各置舶司以通蕃商，比年蕃船抵岸，既有抽解，合许从便货卖。今所隶官司，择其精者，售以低价。诸司官属复相嘱托，名曰和买。获利既薄，怨望愈深，所以比年蕃船颇疎，征税暗损。乞申饬泉、广市舶司照条抽解、和买入官外，其余物货不得毫发拘留，巧作名色，违法抑买。如违，许蕃商越诉，犯者计赃坐罪，仍令比近监司专一觉察。’从之。”[②]

这段材料是宋王朝重视保护外商合法权益的极好说明。

第六，保障商品流通，严禁刁难商人，违者，商旅可越级陈告。为了促进经济的发展，保障商品经济的繁荣，有宋一代非常关心商品流通的速度，法律严禁各级官吏在行使职务时借机侵夺商旅和阻滞商品的流通。宋太祖建隆元年（960 年）四月，太宗淳化四年（993 年）九月都下诏，严禁非法滞留和搜索商旅。敕令称：“诸州勿得苛留行旅赍装，除货币当输算外，不得辄发箧搜索。”[③]“禁两京诸州不得挟持搜索，以求所算之物。”[④] 南宋时，《庆元条法事类》严禁公人兵级邀阻留难商旅，禁止拦头用法锥锥插箱笼，以防损坏衣物及布帛。对于非法者，规定了明确的处罚条例，并且允许商人越级告发官员的违法行为。这类法令的出现，不仅是当时经济

① 《宋会要辑稿》职官 44 之 33。
② 《宋会要辑稿》职官 44 之 33、之 34。
③ 《宋会要辑稿》食货 17 之 10。
④ 《宋会要辑稿》食货 17 之 13。

关系的反映，也是商品经济思想发展，私有权观念深化在法律制度上的必然体现。

两宋之所以制定越诉法，向百姓洞开越诉之大门，就其实质而言，是为了稳定和巩固其封建政权，但在客观上却扩大了百姓的诉讼权利，促进了社会生产力的发展，有利于社会的进步，是值得肯定和认真研究的。

二、士大夫的法律思想

（一）士大夫的演变及宋代士大夫的主导精神

以创造“理解的社会学”闻名于世的马克斯·韦伯（1864—1920）[①] 在研究近代法制合理化的过程中，曾提出过一个著名的观点：法律的发展不仅受经济条件及权力结构的影响，而且有一个不可忽视的因素是，在世界上各个法系传统形成的历史进程中，“法律名流”[②] 作为该传统中法律文化的维系者，其活动及有意识的创造将直接导致不同类型的法律传统模式的出现。

马克斯·韦伯的观点带给我们如下启示：在考察具体的法制模式及法文化的结构时，绝不应忽视对影响此一模式产生的某一类具有共同价值准则和特殊文化涵养的人的研究。中国古代固然不具有专门的职业法学家及西方法学意义上的“法律名流”，但与此相映成趣的是，在 10 世纪末叶到 13 世纪中叶，这块中华古老帝国的土地上，却有着一个既饱读四书五经、

---

① 韦伯既是德国当代著名的社会学家、历史学家，也是现代文化比较研究的先驱人物。他一生致力于考察“世界诸宗教的经济伦理观”，亦既试图从比较的角度，去探讨世界主要民族的精神文化气质与该民族的社会经济发展之间的内在关系。参见其代表作《新教伦理与资本主义精神》，于晓、陈维刚等译，生活·读书·新知三联书店 1987 年版。

② 或称职业法学家，在中国古代，视之为士大夫。

裒衣博带、俨然儒雅，又能吟诗唱和、熟谙律令、工于吏事的知识阶层（或群体），史称之为“士”。这个群体兼文章、经术、吏事于一身，融行政、司法、教化于一炉。他们在文化上涵摄儒释道之精华，出入佛老，援佛入儒，以“民胞物与”的普世精神，言必中当世之过，行必有补于世，尊奉着“此天下，虽一人，吾往也”的精神信念，乐以天下，忧以天下，营造着中华文明的真精神。

在中国的历史上，先前士与大夫本不连称。就“士”而言，中国之“士”阶层向来是学界讨论的重要课题，也是一个意指众多的复杂概念。“士”本指壮年男子，故士、女每可并称。《诗郑风》称：“女曰鸡鸣，士曰昧旦。”孔颖达疏曰：“士者，男子之大号。”对于士大夫颇有研究的阎步克教授说：“士之初义，为男子之大号，即士族男性正式成员；它又可用为首领之称，故‘士’、‘王’初本一字。后来因社会的复杂化和分层化，‘士’繁衍出国士之称、贵族之称、贵族官员之称、贵族官员之最低级之称等含义。它们在不同场合指称按等级高下排列的不同群体。春秋末年和战国时代贵族制解制，社会职能分化得到长足发展，由此而产生的文士、学士、志士、方士、辩出、术士等称谓，则已是基于道德才艺的分类了。”①

“士大夫”是战国之际出现的一个新概念，在此之前，“士”一般位于“大夫”之后，战国时期，典籍称之为“大夫士”。《荀子 · 礼论》曰：“大夫士有常宗。”《吕氏春秋 · 上农》谓：“是故天子亲率诸侯耕帝籍田，大夫士皆有功业。”“大夫士”与“士大夫”的称谓，不仅仅是字面位置前后之差，而且蕴含着深刻的时代内涵。“大夫士”强调的是等级；士大夫指的是阶层，它是知识分子和官僚的混和体。“大夫”本指有一定官职和爵位的人，其社会地位远比士高。战国时，随着官僚制度的兴起，一些出身士的人不必像过去那样，按照台阶一层一层地晋升，而是靠着自己的才能，平步青云，士阶层大显身手，一大批布衣卿相出现，大夫中多数不再靠宗亲分封，

① 阎步克：《“士”形义源流衍变说略》，载《学人》第一辑，江苏文艺出版社 1991 年版。

一般的也不再世袭，他们中的多数由士上升而来。刘泽华先生说，从时代看，“士大夫”这一概念在战国中叶才流行开来。从内涵上看，士大夫主要包含两方面的内容：其一，指居官和有职位的人。《周礼·考工记》云：“坐而论道，谓之王公，作而行之，谓之士大夫。”其二，指有一定社会地位的文人。《韩非子·诡使》说：“今士大夫不羞污泥丑辱而宦。”意思是说，士大夫无德行而任官。在这里，士大夫与官宦是两个含义。①

士大夫在中国古代是礼法文化的维系者，它的社会功能主要有三个方面：其一，它是国家政策与行政管理的参与者；其二，它是维系中国传统思想文化的载体；其三，士大夫于听讼之时，不仅仅在于执行国家的法令，更重要的在于兴教化、定条教。在中国历史早期贵族体制的历史舞台上，“士”集族、事、学于一身。这与两周时期的宗教等级、政治等级、文化等级是一致的。在宗法奴隶制下，政治与行政都和亲族血缘紧密相连。国事、家事相通，礼乐法令融为一体。此时，士的社会功能尚未充分分化出来，一个独立的知识群体尚未形成。随着私有制的深入发展，各国的变法活动导致了政治制度的官僚化。旧的宗法等级制演变为新的官僚等级制，官僚阶层中，一个独立的知识群体应运而生，担负社会功能的百官文吏也从士大夫之中分离出来。过去，家国不分，治国即是治家，而战国时，国事高于家事，国家的行政事务成为一个独立的专门领域，这样那种起于阡陌、发于卒伍，因能而授官、治人理事的专职官员——吏，也就产生了，“吏生于事也”。战国之后，父道（宗法血缘关系）、吏道（政治行政关系）、师道（文化教育关系）出现了分离之势。《国语·晋语》称：“民生于三，事之如一，父生之，师教之，君食之。”

士大夫阶层的社会分化是一种巨大的历史进步，秦继战国之后而一统天下，治国以“明法重刑”为指导，司法行政则崇尚政统，独尚吏道，所谓专任“刀笔之吏”。然而，片面的深刻虽曾使秦帝国辉煌于一时，但缺

① 刘泽华主编：《士人与社会》（先秦卷），天津人民出版社1988年版，第115—116页。

乏使权利利益之分配合于“仁义”的价值指导，以“功利”为最高准则的专制机制必然无法使“国祚”长久。汉继秦后，纠其偏狭，吸取教训，当属历史的必然。阎步克教授在《“礼治”秩序与士大夫政治的渊源》中指出：“汉以‘明经’、‘孝廉’这样的科目取士，由儒生、文吏相结合而形成的‘士大夫’取代了单纯的文吏。君子们在朝则‘美政’，在乡则‘美俗’，由此把发达的官僚体制与同样发达的文化活动与原生性人际关系依然浓重的社区有机地整合起来了。‘士大夫’一词，也因之再次获得了较为确定的含义。在此，我们显然可以看到，汉人（主要是儒生）是从周之‘礼治’中取得了解决秦政之失的政治文化模式，从周之‘君子’那里找到了‘士大夫’之原型的。”[①] 应当说，自汉武帝采纳儒生董仲舒的建议后，一方面，儒生源源不断地进入朝廷，形成“士”与“吏”并列朝廷的局面；另一方面，“士”与宗族的关系日益加深，出现了士族化倾向。所谓士族化，是指士人与宗族结合而形成的家族。它的出现主要是因为汉武帝的崇儒政策使士人取得了稳固的社会地位。士族化的一个直接后果是文道与师道的再度结合，从而产生了中国古代社会中乡绅兼学者的特殊集团，成为中国古代士大夫阶层的基本特征。瞿同祖先生说：“士必须理解为两个集团，‘学术绅士’与‘官僚绅士’。所谓‘学术绅士’，是指持有学衔，但无官职仍居乡里，利用自身的身份学识、财富及有关掌握村社或宗族事务的‘士’。‘官僚绅士’则是指任职官府、远离故乡的‘士’。”[②]

揆诸史籍，我们将会发现，自汉以来，“儒通文法，吏服训雅”确乎成为“士大夫”阶层发展的一大趋势。换句话说，“士”这一战国之后独立出来的知识群体在汉之后，又以某种方式与行政、文吏群体及血缘宗法群体再度结合。文道、吏道、师道又重新在士的身上找到了一体化的载体。这是一个总的发展趋势，它经历了秦汉、三国两晋南北朝、隋唐直至两宋，

① 袁行霈主编:《国学研究》第1卷，北京大学出版社1993年版，第313页。

② 瞿同祖:《中国社会与中国法律》，中华书局1984年版，第432页。

才告完成。

我国台湾地区著名学者赵铁寒先生说：“元、明、清以来的政教大经，以至社会现象、人群的生活意识形态，除去近百年来受到西方文化的冲击变动的成份不算，若在我国文化史上找它的根源，那么，宋代的三百二十年，便是中继线上一个新的起点了。严几道（严复）的几句话道出实情，一点也不过分。”①这是就赵宋王朝乃中国史上“人心政俗之变”之转折点而言，就宋代士大夫而论，其最为显著的时代风貌是它“以天下为己任”的自觉精神。史以真（宗）仁（宗）之际，庆历新政的主持者范仲淹为其代表。他那句“先天下之忧而忧，后天下之乐而乐”的名言在历史上成为宋代士大夫时代风貌的生动写照。钱穆先生说：“所谓‘自觉精神者’，正是那辈读书人渐渐从自己内心深处涌现出的一种感觉，觉得他们应该起来担负着天下的重任（并不是望进士及第和做官）。范仲淹为秀才时，便以天下为己任。他提出两句最有名的口号来，说‘士当先天下之忧而忧，后天下之乐而乐’，这是那时士大夫社会中一种自觉精神之最好的榜样。”②

关于宋代士大夫的性格，日本学者岛田虔次氏有如下说明：“宋学的主体，到底是谁呢？不是别的，就是士大夫，宋学也就是士大夫之学，士大夫的思想。士大夫又是什么呢？那是与唐代科举制度的确立同时产生的，到了宋代，其地位已确立不动的独特的统治阶级，他们通常在经济上是地主身份，但这并不是其必须条件。士大夫的特征，不管怎么说，乃在于其为知识阶级一点上。换句话说，即具有儒家经典涵养的读书人这一点上。如果再周密一点来说的话，那就是因具有儒家经典的涵养（这同时意味着道德能力）十全十美的形态，通过科举而顺理成章地成为当政者（官僚），或期待成为当政者的阶级。”③

① 姚瀛艇主编:《宋代文化史》，河南大学出版社 1992 年版，第 562 页。

② 钱穆:《国史大纲》（修订本）下册，商务印书馆 1994 年版，第 558 页。

③ 刘俊文主编:《日本学者研究中国史论著选译》第 2 卷，中华书局 1993 年版，第 190 页。

对北宋文化研究卓有成就的陈植锷先生认为，宋代士大夫集文字、经术、吏事于一身，既综文字、器业、时用之优，又是儒家的传承者——知识分子，作为一个群体在政事活动中起决定性作用的典型代表。故他认为，北宋既是儒学的繁荣时代，也是中国古代知识分子的黄金时代。这一点既为以关中武士集团为本位的唐人所不及，也为首先给了儒家文化独尊待遇的汉武帝时期所不能比拟。在两汉，官僚队伍主要有文吏与儒生两个部分构成。东汉王充《论衡》尝辨之曰："儒生擿经，穷竟圣意；文吏摇笔，考迹民事。"[①] 又曰："文吏以事胜，以忠负；儒生以节优，以职劣。"[②] 可知，在汉代主要承担政事的是文吏，儒生主要从事精神方面的活动（研究经书，阐明圣人微言大义；提倡节义，进行儒家伦理道德方面的示范和教育），并不直接处理民事与政务，儒生本人也瞧不起吏事，自谓"通大道以骄文吏"，失于"知古不知今"。[③] 朝廷对两者的要求也分别是"诸生试家法，文吏课笺奏"[④]，而不须相兼。[⑤]

宋代则不然，士大夫作为赵宋政权的广泛参与者，同时也是时代精神的典型体现，已同汉唐儒生、文吏迥然有别，乃是一种以天下为己任，通经术、明吏事、晓法律、重现实的复合型人才，疑经论政，批判现实，忧国忧民既是士大夫内心深层之意识，也是天水一朝宋学之主导精神。换言之，中国的礼治文明，发展到赵宋一朝，进入了一个新的高峰，宋代的知识分子——士大夫，以儒学为主导，涵摄佛老之精神，建构了其独特的思想体系。他们在学术上疑经非圣，鄙薄雷同；在治国上奋励而有矫世变俗之志；在立身之道上，把忧以天下、乐以天下的境界作为自学的行为规范，其光明坦荡、豁达剔透、品格端方、俯仰有度的举止，昭示着中国文化的向上一路，这既是中

① 《论衡·程材篇》。
② 《论衡·程材篇》。
③ 《论衡·谢短篇》。
④ 《后汉书》卷61，《左雄传》。
⑤ 陈植锷：《北宋文化史述论》，中国社会科学出版社1992年版，第12页。

国古代知识分子的独立人格，也奠定了此后中国知识分子的主导精神。

这种精神反映到司法实践上，史学家陈智超先生把它概括为两种现象的出现。他说：一种现象是一些士大夫将前代敏敬断狱、平反冤案的记载汇集成书。较早的有五代末、北宋初和凝、和㠓父子的《疑狱集》，后来有郑克的《折狱龟鉴》，再后有桂万荣的《棠阴比事》等。据桂万荣为《棠阴比事》所写的后序，宋理宗曾经看过他的书，并加以赞扬。可见这类书籍已引起最高统治者的注意和重视。这类书籍取材于正史和笔记，所以每一案例记载都比较简单。

另一种现象是一些士大夫将自己的判词收集保存起来，甚至编入自己的文章，传之后世。如范应铃，《宋史》卷四一〇“本传”说他知崇仁县时，夙兴，冠裳听讼，发擿如神，故事无不依期结正，虽负者也无不心服。真德秀扁其堂曰“对越”。之后他又任广西和浙东提点刑狱，有《对越集》四十九卷，专收他的“断讼语”，即判词。《对越集》早已不传，但《清明集》中收有他的书判，大概是从《对越集》选录的。又如刘克庄的文集《后村先生大全集》中一九二、一九三两卷就是他任江东提刑时的书判。他在开庆元年（1259 年）为这两卷书判写了跋语：

“两陈臬事，每念欧公夷陵阅旧牍之言，于听讼折狱之际，必字字对语乃取下笔，未敢以私喜怒参其间，所决滞讼疑狱多矣，性懒收拾，存者惟建溪十余册、江东三大册。然县案不过民间鸡虫得失，今摘取臬司书判稍深切者为二卷，附于续稿之后，昔曾南丰《元丰类稿》五十卷，续稿四十卷，末后数卷……微而使院行遣呈复之类，皆著于编，非儒学吏事，粗言细语，同一机枢，有不可得而废欤？收存之以示子孙。”①

其实，这不仅仅是陈智超先生以史家之眼光于此书中看待宋代法律所

① 《名公书判清明集》附录七陈智超写的校后介绍，第 661—662 页。

得出来的观感，在笔者看来，宋代士大夫以天下为己任、“挟道自重”的时代精神委实与宋代法律思想有着密不可分的关联，就士大夫而言，可以概括为：重法晓律的观念，批判实用的精神，权利诉讼的意识。

（二）士大夫的法律思想

第一，“工吏事，晓法律”。所谓“工吏事”，意指士大夫群体从自觉的社会责任心出发，强烈要求参政并对典章法令十分娴熟。“晓法律”，意谓精通法律及律义。

先说参政意识。宋不同于汉唐，士大夫作为左右宋王朝政治局势的决定性力量，其社会构成以庶族地主为主体。[①]宋代科举制度的完备及其所倡导的竞争意识及平等精神砥砺了宋代士大夫的矫世变俗之志。《宋史 · 范仲淹传》称：“仲淹泛通六经，长于《易》，每感激论天下事，奋不顾身，一时士大夫矫厉尚风节，自仲淹倡之。”欧阳修《居士集》卷五《述怀》诗云：“顾我实孤生，饥寒谈孔孟，壮年犹勇为，刺口论时政。”南宋陆放翁（陆游）则说：“忧国孤臣泪，平胡壮士心。”[②]王安石则说：“四方有志之士，諰諰然常恐天下之久不安。”[③]

天水一朝，前有范仲淹、欧阳修掀起的“庆历新政”，后有王安石以“三不畏”气概厉行的“熙宁新政”。可以说，危难之中的忧患意识是宋代士大夫参政、奋发图治的思想基础。而“工于吏事，通晓法律”则是士大夫立法修令、参政革新的必备条件。

“工于吏事”包含两方面的内容：一是士大夫群体对吏事的关注，二是士大夫从政司法对法律典章制度的娴熟。宋之士大夫不同于汉唐之儒生。

① 据《宋史》记载，在有传的1953人中，布衣入仕者占55.12%。参见陈植锷：《北宋文化史述论》，中国社会科学出版社1992年版，第66页。

② 转引自《孔子诞辰2540周年纪念与学术讨论会论文集》上册，上海三联书店1992年版，第155页。

③ （宋）王安石：《王文公文集》卷1，《上皇帝万言书》。

汉之儒生长于经义，疏于吏事，而“宋取士兼习律令，故儒者以经术润饰吏事，举能其官”[①]。文吏、儒生合为一体，文章、经术、吏事融为一炉。宋之士大夫完全成为一种复合型人才。

王安石在论述本朝人才之构成时说：

“所谓文吏者，不徒苟尚文辞而已，必也通古今，习礼法，天文人事，政教更张，然后施之职事，则以详平政体，有大议论使以古今参之是也。所谓诸生者，不独取训习句读而已，必也习典礼，明制度，臣主威仪，时政沿袭，然后施之职事，则以缘饰治道，有大议论则以经术断之是也。”[②]

这是王安石对宋之士大夫习礼法、通政事、崇经术、重文章，从而具有实践经验的典型描述。就王安石本人来说，除以文章、经术闻名于世外，而于政绩、吏道尤为精通。至和三年（1056 年），欧阳修在向宋仁宗推荐王安石时说：“太常博士群牧判官王安石，学问文章，知名当世，守道不苟，自重其身，论议通明，兼有时才之用，所谓无施不可者。”[③]熙宁二年（1069 年），宋神宗在反驳唐介阻挠起用王安石的决定时说：“（安石）文学不可任耶，吏事不可任耶，经术不可任耶。”[④]再就范仲淹、欧阳修、曾巩而言，他们对吏事的关注和精通，史有明载。如天圣六年（1028 年）晏殊向朝廷推荐范仲淹时下的总评语是：“为学精勤，属文典雅，略分吏局，亦著清声。”晏殊的评语证之于其后的“庆历新政”，始信其不误。再就欧阳

① 《宋史》卷 330，《王吉甫传》附论。

② 这是王安石对宋之士大夫习礼法、通政事、崇经术、重文章的概况，参见《唐宋名家文集·王安石集》。

③ （宋）欧阳永叔：《欧阳修全集·奏议集》卷 14，《翰苑·再论水灾状》，中国书店 1986 年影印版，第 865 页。

④ 《宋史》卷 316，《唐介传》。

修、苏轼、曾巩而言，向以文章、道德著称于世，然据张舜民称：欧阳修逢人所谈多是吏事。吴曾《能改斋漫录》卷十三“欧阳公多谈吏事”条称：

张云叟言：“初游京师，见欧阳文忠公，多谈吏事。张疑之，且曰：‘学者之见先生，莫不以道德文章为欲闻者，今先生多教人吏事，所未谕也。’公曰：‘不然。吾子皆时才，异日临事，当自知之。大抵文学止于润身，政事可以及物。吾昔贬官夷陵，彼非人境也。方壮年未厌学，欲求史、汉一观，公私无有也。无以遣日，因取架阁陈年公案，反覆观之。见其枉直乖错，不可胜数，以无为有；以枉为直，违法徇情，灭亲害义，无所不有。且以夷陵荒远偏小，尚如此，天下固可知矣。当时仰天誓心，自尔遇事，不敢忽也。迨今三十余年，出入中外，忝尘三事，以此自将。今日以人望我，必为翰墨致身；以我自观，亮是当年一言之报也。’”张又言：“自得公此语，至老不忘。”是时，老苏父子，间亦在焉，尝闻此语。其后子瞻亦以吏能自任。或问之，则答曰：“我于欧公及陈公弼处学来。”

这里说的是著名公卿兼文学家的情况。再就一股士大夫而言，工于吏事，明习法令也于史屡有所闻。仅以《宋史》卷三〇四的部分记载看，周谓、梁鼎、范正辞、刘师道、王济诸人，皆著政声。故《宋史》在总结此五人业迹时说：“渭有清节，临事多从便文。鼎好规画。师道喜论世务。正辞按贪吏，辨冤狱。济议论挺特，无所畏避。五臣者，仕不过监司、郡守，而名称甚茂，可尚哉。”苏轼在起草的赵瞻赠官敕中说：“具官赵瞻明于吏事，辅以经术，忠义之节，白首不衰。”[①] 他又在《送章子平诗》叙中说：“子平以文章之美，经术之富，政事之敏，守之以正，行之以谦，此功名富贵之所迫逐而不赦者也。”[②]

①（宋）苏轼:《经进东坡文集事略》卷39,《外制·太常少卿赵瞻可户部侍郎敕》。

②《苏轼文集》卷10,《序·送章子平诗》，中华书局1986年版，第324页。

宋代士大夫对吏事的关注，还可从南宋著名的司法官员刘克庄的一段话中加以印证，他说："宝庆初元，余有民社之寄，平生嗜好，一切禁止，专习为吏，勤苦三年。"①

再说对法律的重视和通晓。从实用的角度出发，重视法律在治理国家中御民惩暴、定分止争的作用，本是中国的一个古老传统。《管子·任法》有言："万物百事，非在法之中者，不能动也。故法者，天下之至道也，圣君之实用也。"宋代，由于私有制的深化，商品经济的繁荣，统治阶级对法律在治理国家中的作用更加重视，以至于宋太宗下诏说："夫刑法者，理国之准绳，御史之衔勒。""应朝臣、京官及幕职州县官等，今后并须习读法。"② 宋自太宗之后，法律考试遂成为选拔各级司法官员的必备途径。在此等形势下，宋代士大夫的法律观念与汉唐儒生相较，遂有两点鲜明的时代特色。

一是在士大夫中间，通法晓律、争言法令成为一种时尚。史称，宋神宗时，彭汝砺说："异时士人未尝知法律也，及陛下以法令进之，而无不言法令。"③ 苏辙也有"天下争诵法令"④ 之语。

宋代士大夫对法律的谙熟和重视，可通过曾肇为其家兄所写的行状加以说明，曾肇称："其材虽不大施（指曾巩），而所治常出人上。为司法，论决重轻，能尽法意，繇是明习律令，世以法家自名者有弗及也。"⑤《宋史·曾巩传》赞曰："曾巩立言于欧阳修、王安石间，纡徐而不烦，简奥而不晦，卓然自成一家，可谓难矣。宋之中叶，文学法理，咸精其能。"

二是宋代士大夫从忧国忧民的悲愤意识出发，特别重视狱讼，关心民

---

① （宋）刘克庄：《后村先生大全集》卷94，《陈敬叟集序》。

② 徐道邻：《中国法制史论集》，台湾志文出版社1975年版，第199页。

③ 《历代名臣奏议》卷116，《风俗》。

④ 《文献通考》卷38，《选举考》11。

⑤ （宋）曾巩：《曾巩集》下册，《附录·传记资料·行状》，陈杏珍、晁继周点校，中华书局1984年版，第792页。

间疾苦。

两宋士大夫在听讼断狱时，既把刑狱视为生民司命、人心向背、“国祚修短系焉”的大事，也从不把民事诉讼视作民间细故。这既是与其他封建王朝的最大差异之处，也是宋王朝民商立法尤为发达的原因所在。刑狱，民之大命，婚田之争士人所重，乃是士大夫自上而下的共同意识。南宋时，法官吴雨岩的判词代表了宋之士大夫处理婚姻、田土、财产之讼时的基本思想，他说：“此其有关于朝廷上下之纪纲，未可以细故视之。”[①]

宋代，士大夫在处理地方政务时，不仅娴熟朝廷法令，而且往往还从关心民间疾苦的角度出发，向朝廷提出依法免除苛捐杂税的建议，苏轼就是这方面一个典型的事例。他在知杭州、扬州期间，对朝廷的“五谷力胜钱”进行了批评，甚至提出了“以法活人”的口号，即依据法律、法令减轻民间疾苦。

宋制，商船不论载货与否，据载重量收力胜钱，惟贩运粮食不收。宋神宗时各州军为增加商税收入，对贩粮船也征税，称“五谷力胜钱”。北宋晚期以后，不少地方对非商船也收力胜钱，给老百姓带来了不堪忍受的重负。

苏轼认为，朝廷应体恤民力，遵守法令，免除不该征收的苛捐杂税，以解商贾庶民之苦。他说：

“臣闻谷太贱则伤农，太贵则伤末。是以法不税五谷，使丰熟之乡，商贾争糴，以起太贱之价，灾伤之地，舟车辐辏，以压太贵之直。自先王以来，未之有改也。而近岁法令，始有五谷力胜钱，使商贾不行，农末皆病。废百王不刊之令典，而自古所无之弊法，使百世之下，书之青史，曰：‘收五谷力胜钱，自皇宋某年始。’臣窃为圣世病之。……臣闻以物与人，物尽而止，以法活人，法行无穷。……须是尽削近日之弊法，专用《天圣附令》

① 《名公书判清明集》卷12，《豪民越经台部控扼监司》，第459页。

指挥，乃为通济，谨具逐条如后。”①

于是苏轼在奏状中尽列《天圣附令》《元丰令》《元祐敕》的有关规定，以求朝廷依法免除此项税收。

熟悉法典敕令，本是宋代地方官员为政的一项基本要求。值得玩味的是，苏轼从忧国忧民的悲愤意识出发，把法令的贯彻落实到减轻民间疾苦上，这既从一个侧面反映了他的法律素养及人文情怀，同时也说明了忧患意识、法律观念与立法从政的密切关系。

第二，批判实用的精神。自得和创新是宋代士大夫为学精神的两个方面，前者根源于怀疑古人、针砭时弊的批判意识，后者植根于“人自一说”的个体性格。程颐在论学时说：“君子之学必日新，日新者日进也。不日新者必日退，未有不进而不退者。”② 朱熹则说：“唐初诸儒作为疏议，因为踵陋，百千万言，而不能有以出乎二氏（指毛、郑）之区域。至于本朝，刘侍读（敞）、欧阳公（修）、王丞相（安石）、苏（轼）、黄（庭坚）与河南程氏、横渠张氏，始于己意，有所发明。”③

这种“人自一说”，以异于古人、他人为荣的独得意识及对现实的激烈批判精神，也反映在宋代士大夫的法律思想及司法实践中。

疑圣非经，断以己意本是宋代士风所系。苏轼评价王安石说：“少学孔孟，晚师瞿聃，网罗六艺之遗文，断以己意；糠秕百家之陈迹作新斯人。”④ 批判先修、指陈时弊遂为天水一朝士大夫立法、司法之精神。

洪迈《容斋续笔·张于二廷尉》称：

① 《苏轼文集》卷35，《奏议·乞免五谷力胜税钱劄子》，中华书局1986年版，第990—991页。

② （宋）程颢、程颐：《二程集·河南程氏遗书》卷25。

③ 陈植锷：《北宋文化史述论》，中国社会科学出版社1992年版，第305页。

④ 肖萐父、李锦全主编：《中国哲学史》下册，人民出版社1983年版，第35页。

"张释之为廷尉，天下无冤民。于定国为廷尉，人自以不冤。此《汉史》所称也。两人在职皆十余年。周勃就国，人上书告勃欲反，下廷尉逮捕，吏稍侵辱之，勃以千金与狱吏，吏使以公主为证，太后亦以为无反事，乃得赦出。释之正为廷尉，不能救，但申理犯跸、盗环一二细事耳。杨恽为人告骄奢不悔过，下廷尉案验，始得所予孙会宗书，定国当恽大逆无道，恽坐要斩。恽之罪何至于是？其徇主之过如此，传所谓决疑平法，务在哀矜者，果何为哉！"①

张释之、于定国为汉代之著名廷尉，司法以公平无冤滥著称，洪迈于此举史事以证其谬，可谓于别人不疑处而有疑，宋人好疑之精神，由此可见一斑！

更为耐人寻味的是郑克，他在《折狱龟鉴》一书中，不仅搜寻了上起春秋、战国，下至北宋大观、政和年间历代有关平反冤滥、决擿奸慝的案例故事，而且以宋人独有的议论精神及胆识，记下了包拯司法的失误及政和年间里胥滥杀之事例，其言足以警世。郑克说：

"善察奸者，吏不能欺，至远是也。虽然小人为奸，亦颇难防，包拯副枢知开封府，号为严明。有民犯法，罪当杖脊，吏受赇。与之约曰'今见尹，必付我责状。汝第号呼自辨，我与汝分罪。汝决杖，我亦决杖'。既而拯引囚问毕，果付吏责状。囚如吏言，分辩不已，吏大声呵之曰'但受脊杖出去，何用多言'。拯谓其招权，捽吏于庭，杖之十七。特宽囚罪，止从杖坐，以折吏势。不知乃为所卖，卒如素约。此盖防其招权，不防其见卖也。大抵察奸不可有意，吏果招权，杖之可矣；矫枉过正，遂宽囚重，为彼窥测，以至见卖，失在有意折吏之势也。然则善察奸者，可不鉴于此哉。"②

① （宋）洪迈：《容斋续笔》卷2，上海古籍出版社1978年版，第232—233页。

② （宋）郑克：《折狱龟鉴》卷5，《察奸·李至远识奸（包拯一事附）》。

包拯决狱，号称严明，世人称之。郑克以独具匠心之笔记下这则案例，一反常人之所议。这从一个侧面反映了宋人的怀疑精神及批评勇气，从汉代之张释之、于定国到唐朝李世民，直至本朝包侍制，无不在其视觉之内。

关于宋之士大夫的实用精神，具体说来有五层意思。一是重视实际从政能力的培养，即文中所说的"工于吏事"。二是重视从经典中寻求治国的依据。如王安石，他在变法改制中便以《周官》为据。他在《周礼义序》中说："其人足以任官，其官足以行法，莫盛乎成周之时；其法可施于后世，其文有见于载籍，莫具乎《周官》之书。"①《郡斋读书志》卷一上《新经周礼义》按语评论说："熙宁中设经义局，介甫自为《周官义》十余万言，不解《考工记》。按：秦火之后，《周礼》比他经最后出，论者不一……离去人情远甚，施于文则可观，措于事则难行……介甫以其书理财者居半爱之，如行青苗之类，皆稽焉。所以自释其义者，盖以其所创新法，尽傅著经义，务塞异议者之口。"②三是士大夫在司法审判实践中，重视调查研究，重视判别书证的真伪、物证的收集、证人的采访等，这在《清明集》中有大量的案例可兹证明。四是重视总结前人办案经验，把实践中获取的药理、人体解剖、外科、骨科、检验等方面的知识直接汇集成书，宋慈的《洗冤集录》是个典型的代表。此外，民间检验、代理诉讼机构——书铺的出现，茶食人的助讼活动，李元弼《作邑自箴》的问世，朱熹《约束榜》、黄震《词诉约束》、胡太初《昼帘绪论》的收集、撰写，都是宋人实用精神在法律文化方面多层面的反映。五是讲求实用的士风，"二程"在夸奖关学学风时曾讲过下面的话，可谓名言："关中之士，语学而及政，论政而及礼乐兵刑之学，庶几善学者。"③

宋代士大夫批判实用的精神，反映到立法活动上，大大促进了宋代立

① （宋）王安石：《王文公文集》卷36，《周礼义序》。

② 陈植锷：《北宋文化史述论》，中国社会科学出版社1992年版，第309—310页。

③ 《河南程氏粹言》卷1，《论学》。

法的发展，制定了大量反映商品经济发展、适应社会发展需要的单行法规和各类敕令，著名者如调整海外贸易的《市舶条法》、反映财产继承关系的《户绝条贯》《财产遗嘱条法》《景德农田编敕》《元丰司农敕令格式》《熙宁常平敕》等。

梁启超则对实用风气之下编纂法典的壮观，作了如下的描述：

“宋代法典之多，实前古所未闻，每易一帝，必编一次，盖终宋之世，殆靡岁不从事于编纂法典之业。然莫不裒然成一巨帙，少者亦数十卷，多者乃数百卷。亦可谓极千古之壮观矣。”①

第三，权利诉讼的意识。学界通常认为：在中国封建时代，儒家传统文化虽然一直占主导地位，但儒学的传承者知识分子（本文中所说的“士大夫”）作为一个群体在政事活动中起决定性作用，只是到了 11 世纪前后的北宋时代。②之所以如此，皆植根于宋代的社会经济背景及科举取士制度的变革中所体现的平等精神。据陈义彦先生的研究，《宋史》有传的人约 1953，其中布衣入仕者占 55.12%。③

士大夫的社会结构比例由魏晋、隋唐以来的门阀士族，转向以庶族地主为主体的儒家知识分子，此对有宋一代士风的转变产生了深刻的影响。士大夫们从社会的低层走向政权的各个部门，贫苦的经历使他们从青少年时代就养成了个人奋斗的自觉精神，真（宗）仁（宗）之际的科举改革，便使他们这种自由、平等的竞争意识转化为对国家大事的关心，当他们从事立法、司法的实际工作时，关心民瘼，批判现实，维护私权，便成了宋代士大夫价值观念中的应有之义。

---

① 《饮冰室合集》第 2 册，中华书局影印本，第 27 页。

② 陈植锷：《北宋文化史述论》，中国社会科学出版社 1992 年版，第 12 页。

③ 参见《北宋文化史述论》第 66 页，注⑤。

一代文豪欧阳修及南宋真西山的两首诗便是这个问题的极好说明。欧阳修《居士集》卷九《读书》称："吾生本寒儒，老尚把书卷，眼力虽已疲，心意殊未倦。正经首唐虞，伪说起秦汉。篇章异句读，解诂及笺传。是非自相攻，去取在勇断。"真德秀诗云："从来官吏与斯民，本是同胞一体亲。既以脂膏供尔禄，须知痛痒切吾身。此邦素号唐朝古，尔辈当知汉吏循。今日湘亭一杯酒，便烦散作十分春。"①

宋代，因商品经济的发展和土地私有制的深化，农民对地主的人身依附关系较为松懈。封建士大夫对下层民户的利益及权利要求，表现出了极大的同情和关注。这表现为两个方面：首先，封建士大夫已经认识到"客户乃主户之本"②。这里的客户是指"借人之牛，受人之土，佣而耕者"③的下层农户。主户则是泛指整个地主阶级。袁采说，只有存恤客户，才能悉籍其身，保"我衣食之源"。④司马光说："彼（按：指主户与客户）皆编户齐民，非有上下之势。"⑤其次，士大夫与最高统治者都把民事作为治国之急，司法官员在审理民事案件时，再也不把它视为民间细故。史称，南宋高宗时曾下诏："诸路监司，广加询访，凡民间利病，官吏侵渔，咸得以闻。"⑥

吕大钧说："为国之计，莫急于保民，保民之要，在于存恤主户，又招诱客户。"⑦南宋时，士大夫已经普遍认识到，在内忧外患、江河残破的社会形势下，若不把宽恤民力作为治国的大计，把恢复和发展生产放在首位，其统治就难以为继，更谈不上中兴大业，故士大夫们特别强调"治道以民

① 《湖海新闻夷坚续志》后集卷2，《文华门·诗·诗勉邑宰》。

② 《苏文忠公文集》卷33，《乞净捐弱米贷上户令赈济佃客状》。

③ （宋）石介：《徂徕集》卷下，《录微者言》。

④ （宋）袁采：《袁氏世范》卷3，《存恤佃客》。

⑤ （宋）江少虞：《宋朝事实类苑》卷15，《顾问奏对·司马温公》。

⑥ 《宋会要辑稿》刑法2之153；《建炎以来系年要录》卷171，绍兴二十六年二月癸酉朔。

⑦ （宋）吕祖谦编：《皇朝文鉴》卷106，《民议》。

事为急”①。

商品经济的发展，社会形势的变化及统治者对民事的重视，改变了士大夫的诉讼观念，增强了他们在司法实践中对民事权利的保护意识。

有宋一代，商品经济活跃，私有制深入发展，民间的诉讼意识在江南一带十分兴盛。社会关系的复杂和经济利益的多元化需要法律加以调整，统治秩序的稳固需要司法官员把人们之间集中体现社会关系的权利义务关系调整到一个合适的程度，这既是一项审判艺术，也是衡量司法官员素质良窳的标准。

宋之士大夫诉讼观念的转变主要表现为如下几个方面：

其一，注意保护当事人私有财产的合法权益，其中尤其值得注意的是，在司法实践中注重保护商人、孤幼的私有财产权。宋之士大夫于听讼断狱时所说的“参以人情，酌以法意”，不像学界以往所认为的那样，是指宗法人伦之情与法官之喜怒。从《清明集》中大量的案例来看，所谓“人情”指的是案件的具体情况，重点是对私有财产合法权益的维护。宋代能在内忧外患的时代危机中，维持统治长达320余年，且创造出了灿烂的物质文化和精神文化，其中的因素固然很多，但从法思想的角度审视，士大夫诉讼观念的转化，不能不说是一个重要的因素。这也是宋不同于汉唐及明清的最大不同之处。

其二，重视狱讼，关心民间疾苦。

其三，商品经济、功利主义思想突出，个人意识觉醒。在受理民事诉讼时，打破常规，允许越诉，这是其他朝代很少见到的。

其四，通晓法律，工于吏事。有宋一代，不仅最高统治者——皇帝重视法律，士大夫也自上而下养成了“争习法令，以明法为荣”的主导意识。律学考试是士大夫跻身于司法的必备途径，善决狱讼、勇于争辩是宋代士大夫独领风骚于历史舞台的典型例证。

① 《建炎以来系年要录》卷159，绍兴十九年四月己未。

其五，士大夫有着强烈的现实批判精神。以天下为己任，挟道自重，勇于批判现实，是宋代士大夫特有的自觉精神和个体意识。反映在司法上，一是指陈法令得失；二是揭露刑狱黑暗，官场腐败；三是从司法原则到时贤判案皆在宋人的批判议论之内。如果说，中国古代律学因注重注疏而在宋代有所没落的话，那么，中国古代法律文化则因宋代士大夫的批判精神而焕发出了勃勃向上的生机。

其六，忧国忧民的悲愤意识，这是宋代士大夫独有的时代风貌，从这种意识出发，宋代士大夫在诉讼审判活动中特别注意体察民情，注重审判艺术和对当事人的情感疏导。因此，在宋代士大夫的判词中，即便是宣扬教化，也不是干巴巴的道德说教，而是融教育与情感艺术的疏导之中，宋代士大夫判词的优美，完全可以从接受美学的角度去欣赏。

两宋士大夫的上述精神推动了宋代法制的发展。宋代法律注重保护工商、海商的合法权益，法律的体系和技术都有着长足的进步，这与士大夫的参政意识、批判精神、诉讼观念的转变有着千丝万缕的联系。同时，士大夫也通过具体的司法实践活动营造了中国传统法律文化的个性，宋代法律文化呈现出实用、向上的品格。

以上，从横的方面，对宋代士大夫与最高统治者——皇帝的法律思想，分别进行了叙述。其实，就社会的实际情况而言，二者的法律思想是一个密不可分的整体。中国封建社会，皇帝的法律思想对立法活动的影响自然起着决定性的作用，但宋代，士大夫作为一支群体的力量，在政治舞台上具有举足轻重的作用，其法律意识及主导精神对立法和司法的影响也是不可忽视的，以至于有“君主与士大夫共天下之语”①。

下面，为了线索的清晰，再从纵的方面，即时间的线索上，对两宋的

① 语出（宋）李焘:《续资治通鉴长编》卷221，熙宁四年三月戊子条:“上曰:‘更张法制，于士大夫诚多不悦，然于百姓何所不便？’彦博（指文彦博）曰:‘为与士大夫治天下，非与百姓治天下也。’”

法律思想作一概括。

两宋的法律思想大致可分为三个时期。

第一个时期（北宋初年至仁宗末年）。此时期的法律思想大体可包括三个方面。其一，从法律上肯定强化中央集权的措施，重在行政体制的改革和建立；其二，恤狱慎刑，临政以简；其三，严行考课，重惩赃吏。

第二个时期（宋仁宗庆历年间至北宋末）。历史发展到宋仁宗时期，宋初为实行中央集权所采取的种种措施都在朝着他的相反方向发展，官员设置叠床架屋，军队兵员虽众，却缺乏战斗力，由冗官、冗兵而带来冗费。“三冗”的出现，加剧了社会矛盾。政治上，北宋王朝经历了“庆历新政”和“元祐党争”之后，神宗年间，以王安石为首进行的一场大规模的改革运动即将产生。形势的变化促使宋王朝统治者立法思想的转变。其最大不同，就是由以法律强化中央集权，变为以法律来摆脱财政危机。宋神宗下诏说：“政事之先，理财为急。”① 王安石则说：“理天下之财者莫如法。”② 对此，宋王朝颁布了一系列调整财政关系及适应封建经济发展的法律、法令，如“青苗法”“方田法”“农田水利法”等。

第三个时期（南宋）。南宋时期，朱熹则在承袭“二程”③ 思想的基础上，创立了“道学”，或称为“理学”，理学的重点在于用哲学的语言来阐述儒家人伦道德的至上与合理，从而说明现存社会秩序的合理性。朱熹认为：“礼字，法字，实理字。”理学对南宋王朝法制的影响，并非直接体现于立法活动中，而是通过士大夫的司法审判活动去展现其精神。就南宋来说，尽管朱熹、陈亮、叶适、杨万里等诸多士大夫对法律的宽严、刑罚的轻重、法与人的关系等方面发表了不少的意见，但真正被朝廷接受下来并以一贯之奉行于世的，则是“因时适变，度时制法”的思想。在此种思想指导下，

① 《宋史》卷186，《食货志下》8。

② （宋）王安石：《王临川全集》卷49，《外制一·召试三道·翰林学士除三司使制》。

③ 指程颐、程灏。

南宋统治者制定了“民事被罪法”以惩罚科挠百姓的贪官，并把“宽恤民力”作为中兴大业的大计方针。为使法律更好地体现统治阶级的意志，南宋王朝还不惜以例破法，因例立法，以加强其统治。南宋的编例活动异常频繁，各朝编有《绍兴刑名疑难断例》《乾道新编特旨断例》《开禧刑名断例》等。

第三节　立法活动与特点

一、北宋前期的立法活动

这一时期的立法活动主要以《宋刑统》的颁行为代表。

宋太祖高度重视法制建设，于立国之初，即在强化专制主义中央集权的思想指导下，开始了法典的编纂工作。

太祖建隆三年（962 年），乡贡明法张自牧、工部尚书窦仪奏请更定刑统，得到太祖的批准，并令窦仪主其事。窦仪，字可象，蓟州渔阳人，晋天福中举进士，史称其刚直，忠于职守。[①] 参加刑统制定的有苏晓、奚屿、张希逊、冯叔向等人。这些人大都具有丰富的司法实践经验，且通晓律意。以苏晓为例，《宋史》卷二百七十《苏晓传》称：“苏晓，字表东，京北武功人，权大理少卿，懂法律，严文少思，曾与居可久共同制定《后周刑统》。”

建隆四年（963 年），律成，刻版模印，颁行天下，史称《宋建隆重详定刑统》（简称《宋刑统》）。这既是有宋一代最为基本的一部法典，也是我国封建社会第一部刊版印行的法典。

《宋刑统》的体例，仿自唐末至五代以来的刑律统类，如唐宣宗时的《大中刑律统类》、后周的《显德刑律统类》等。《宋刑统》共十二篇、三

---

① 《宋史》卷 263，《窦仪传》。

十卷、五百零二条。其编纂的体例变化有二点。一是以刑律为主，律敕合编。《宋刑统》律文之后，附有经过选录的，自唐开元二年至建隆三年之间带有刑事规范的敕令。二是篇下设门，十二篇共分二百一十三门。所谓“门”，就是把调整大体同一类社会关系的法律条文汇编为一个单元。《宋刑统》的篇目与内容大体因袭唐律。其中一个较大的变化，是规定了“折杖法”。

所谓“折杖法”，实际上是徒流杖笞的代用刑。始见于建隆三年三月二十一日敕节文与同年十二月五日敕节文。至建隆四年颁行《宋刑统》时，正式列入《名例律》“五刑门”内。其内容是：

流刑：加役流决脊杖二十，配役三年；流三千里决脊杖二十，配役一年；流二千五百里决脊杖十八，配役一年；流二千里决脊杖十七，配役一年。

徒刑：徒三年决脊杖三十，放；徒二年半，决脊杖十八，放；徒二年决脊杖十七，放；徒一年半决脊杖十五，放；徒一年决脊杖十三，放。

杖刑：杖一百决臀杖二十，放；杖九十决臀杖十八，放。

笞刑：笞五十决臀杖十，放；笞四十、三十决臀杖八，放；笞二十、一十决臀杖七，放。[①]

“折杖法”不适用于死刑。它的适用，使“流罪得免远徙，徒罪得免役年，笞杖得减决数”[②]，在一定程度上缓和了社会矛盾，使五代以来“五刑之苛”的局面有所改善，故宋人王林在《燕翼贻谋录》中称之为“良法美意，灿然见陈”。

《宋刑统》为太祖开国以来第一部法典，历代君主不便轻易修改，加之律敕合编的形式，可以弥补律文不足之罅缺，故“终宋之世，用之不改”。[③]

---

① 《宋刑统》卷1,《名例律·五刑》，第3—5页。

② 《文献通考》卷168,《刑考》7;（清）沈家本:《历代刑法考·刑法分考七·墨》。

③ 《宋刑统·序》。

二、北宋中期的立法活动

（一）律、敕并重

律是宋王朝的基本法典，具有稳定性和统一性，《宋刑统》就其实质来说，就是宋律。

敕，则是皇帝发布命令的一种形式。凡在特定时间对特定的人或事临时发布的诏旨，称之谓散敕。史称："圣旨、札子、批状，中书颁降者，悉名曰'敕'；枢密院颁降者，悉名曰'宣'。"[①] 故，宋代的散敕，又称为宣敕。散敕缺乏稳定性，亦不具有普遍的效力。欲其上升为一般的法律形式，还须经过一定的编修程序。在宋代，每经过一段时间，统治者便把积年的各种散敕分门别类加以整理，删去重复，去其抵牾，然后再加以颁布，这种活动，我们称之为编敕。

编敕创自唐代。唐初把制书和诏敕汇集起来，选择某些认为可以在较长时间内适用的合编为格，以一般的法律形式出现。名义上编格，实际上就是编敕，所以当时格敕并称。后来，为了便利起见，不再编格，直接编订新颁的敕，称为格后敕。"五代十国"基本上分别沿用唐代的律、令、格、式，而自己的新敕又越积越多，不得不编。于是，编敕便成为一项必要措施。这种编敕和唐代格后敕不同，范围比较广泛，内容比较复杂，为宋代编敕所借鉴。[②]

编敕是宋代最为重要的立法活动，也是宋王朝调整、变革法律的主要形式和程序。《宋史·刑法志》称："宋法制因唐律、令、格、式，而随时损益则有《编敕》。"

宋之编敕，概言之，可分为两个阶段。第一阶段，律敕并行，又称律

① （宋）李焘：《续资治通鉴长编》卷286，熙宁十年十二月壬午。

② 参见上海社会科学院政治法律研究所编：《宋史刑法志注释》前言，群众出版社1979年版，第7页。

敕并重。第二阶段，以敕代律，这个问题留待下面再说。

就前一阶段而言，太祖政权初建之时，命窦仪等重定刑统，同时编敕。窦仪等把从刑统中削出来的“令、式、宣敕”，分别整理、删修，编成新敕四卷，计一百零六条，建隆四年（963 年）告成，因名《建隆编敕》，诏与刑统并颁天下，确立了律敕并行的局面。[①]

（二）“详定编敕所”与立法

宋初，未设专门的编敕机构，编敕归大理寺掌管，《建隆编敕》即由判大理寺窦仪会同大理寺其他官员编修。直到仁宗时《天圣编敕》始设“详定编敕所”[②]。置提举、详定官和固定官等，专门从事编敕工作。熙宁后称编修诸司敕式所。元祐变革熙丰之法，改称重修敕令所。南宋初，称详定重修敕令所。其后，又改称详定敕令局、编修敕令所等。

详定敕令所的设置，是宋朝适应形势需要，加强中央集权而采取的措施之一。敕局设立后，工作分两部分，一部分是准备将来创立敕、令、格、式统编的法典，一部分是继续独立编敕，以供当前的需要。敕令所进行的规模最大的立法，是宋神宗年间完成的《元丰修正敕令格式》。据《宋史 · 刑法志》记载，“元丰敕令”修定，前后经十余年，全书共有二千余卷，是宋代最大的一部法典，后来元祐、绍兴，乾道、淳熙、庆元、淳祐修订法令，都以它为蓝本，可惜的是法典内容已全部失传。

（三）神宗时期的“以敕代律”

宋神宗年间，变法革新派人物王安石受到重用，进行了一场规模巨大

① 参见上海社会科学院政治法律研究所编：《宋史刑法志注释》前言，群众出版社 1979 年版，第 7 页。

② （宋）王应麟：《玉海》卷 67，《诏令 · 赦宥》，“宋朝敕局”条。另可参见《中国历史大辞典 · 宋史》，上海辞书出版社 1984 年版，第 302 页。

的改革，史称“熙宁变法”。变法图强需要修定法律，由于敕具有灵活性，且能纠律之僵化，补律之不足，固律敕并行之局面实难维持，元丰二年（1079年）便决定实行以敕代律，并创立了统编敕令格式的体例。《宋史·刑法志》称：“神宗以律不足以周事情，凡律所不载者一断以敕，乃更其目曰敕、令、格、式，而律恒存乎敕之外。熙宁初，置局修敕，诏中外言法不便者，采议更定，择其可采者，赏之。”①

对于宋代的以敕代律，这里有两点需加以说明：其一，就其实质来讲，以敕代律是皇权强化及形势发展的客观需要在法律上的表现形式，故北宋有以敕代律，南宋则有以例代律。敕也好，例也罢，它们的地位之提高，皆应从此方面加以理解。其二，从法律形式及宋神宗年间的实践来看，敕确实取代了律。但从南宋的司法实践来看，敕并没有完全取代律，律敕始终并行于南宋，《清名集》留下的大量判词中载有大量这方面的事例。其原因是，敕的适用必须以律所不载为前提。再者，《宋刑统》为开国之法典，后世是不可能不遵守执行的。

三、北宋后期的立法活动

（一）断例与指挥

宋代的法律形式，除律、敕、令、格、式外，还有断例和指挥。

指挥是中央尚书省等官署对下级官署的指令。尚书省及其所属政务较繁的各部如吏部、刑部、户部等对下级官署为临时处置某项公事所发布的指挥令，称为都省指挥，这种指挥有拘束下级官署的效力。

断例是审断案件的成例。断例表现为法律形式，也和诏敕一样，要经

① 《宋史》卷199，《刑法志》1。

过编纂的程序。北宋时有《元符刑名断例》《崇宁断例》等。[①]

（二）徽宗时的“御笔手诏”

所谓“御笔手诏”，就是皇帝亲笔的诏书。北宋后期，吏治腐败，社会矛盾日益激化，农民反抗活动加剧。徽宗为了加强镇压，经常颁布御笔手诏，手诏的效力优于敕令格式。经御笔断罪，若再向尚书省陈诉，便以违御笔论罪。又官府遵用御笔，如果迟延，便以十恶的“大不恭”论罪。[②]

史称：“徽宗每降御笔手诏，变乱旧章。”[③] 崇宁五年诏曰：

“出令制法，重轻予夺在上。比降特旨处分，而三省引用敕令，以为妨碍，沮抑不行，是以有司之常守，格人主之威福。夫擅杀生之谓王，能利害之谓王，何格令之有？臣强之渐，不可不戒。自今应有特旨处分，间有利害，明具论奏，虑心以听。如或以常法沮格不行，以大不恭论。”[④]

如果说，敕、例、御笔手诏都是皇帝意志体现的话，但敕、例要成为法律，毕竟还要经过一定的编纂程序，因此敕、例的实行还没有完全破坏宋代的法制，“御笔手诏”则完全是出于皇帝的喜怒，它的滥行给北宋的法制造成了灾难，是对宋代法制的极大破坏，北宋的灭亡也与此有关。

① 《宋史》卷 20，《徽宗本纪》2 记载：“甲申，以左右司所编绍圣、元符以来申明断例班天下，刑名例班刑部、大理司。”

② 参见上海社会科学院政治法律研究所编：《宋史刑法志注释》，群众出版社 1979 年版，第 44 页注⑤。

③ 《宋史》卷 199，《刑法志》1。

④ 《宋史》卷 200，《刑法志》2。

四、南宋前期的立法活动

（一）南宋初年的吏人省记

吏人省记又称“人吏省记”，语出《宋史·刑法志》，意谓司法机关断案多数出于当时掌管文书吏员对法律、断例的记忆。这是说的南宋高宗偏安江南后建炎以前的司法状况，其原因在于：金兵入侵，北宋灭亡，南宋政权初建，政权极不稳定，法制秩序更是无从谈起。史称：“高宗（指赵构）播迁，断例散逸，建炎以前，凡所施行，类出人吏省记。三年四月，始命取嘉祐条法与政和敕令对修而用之。”① 故吏人省记只是当时社会形势的反映，并非南宋整个立法、司法的状况。

（二）例的地位进一步提高

北宋中期以前，例并不轻易使用。自神宗变法以后，“断例”渐多，如宋晁公武《郡斋读书志》记载“元丰断例”六卷，“熙宁断例”四卷。断例最初是用来辅助法令的，徽宗时，开始引例破法，曾受到士大夫的指责。史称，“崇宁元年，臣僚言：‘有司所守者法，法所不载，然后用例。今引例破法，非理也。’”② 南宋时，例的地位急速上升，编例活动愈加频繁，先后颁布了《绍兴刑名疑难断例》、《乾道新编特旨断例》（七十卷）、《开禧刑名断例》等。史称：“当时是，法令虽具，然吏一切以例从事，法当然而无例（依法应这样办，而没有例可以根据），则事皆泥而不行，甚至隐例以坏法，贿赂既行，乃为具例。”③

---

① 《宋史》卷199，《刑法志》1。

② 《宋史》卷199，《刑法志》1。

③ 《宋史》卷199，《刑法志》1。

五、南宋中后期的立法

（一）条法事类

所谓条法事类，意谓以公事性质为标准，把统编的敕令格式分门编纂的法规大全。之所以要编“条法事类”，原因在于，原来所编的敕、令、格、式，同一法律关系的法规分散在不同的篇章，这给司法官员带来诸多不便，又容易使吏员从中舞弊，故而采用条法事类的编纂形式。史称：“淳熙初，诏除刑部许用‘乾道刑名断例’，司勋许用‘获盗推赏例’，并乾道经置条例事指挥，其余并不得引例。既而臣僚言‘乾道新书，尚多抵牾’。诏户部尚书蔡洸详定之，凡删改九百余条，号《淳熙敕令格式》，帝复以其书散漫，用法之际，官不暇编阅，吏因得以容奸（从中舞弊），令敕令所分门编类为一书，名曰《淳熙条法事类》，前此法令之所未有也。”①

（二）庆元条法事类

庆元是南宋宁宗赵扩第一次改元的年号（1195—1200 年）。宁宗庆元年间，宰相谢深甫等奉诏编纂《庆元条法事类》，于嘉泰二年完成，下诏颁行，一百四十余卷。理宗朝又编有《淳祐条法事类》。南宋的三部条法事类，至今保留下来的，只有残卷本《庆元条法事类》，清朝年间传抄数种，现存有 1948 年木刻本。

① 《宋史》卷 199，《刑法志》1。

第二章　行政法律

第一节　立法概况

宋初政治的中心问题是巩固统一，加强中央集权，防止割据势力的再起。为此统治者集中一切力量，强化专制主义中央集权制度，宋朝的行政法制建设，也是为强化专制主义中央集权制度服务的。由于宋朝处在封建社会的转折时期，面对各种矛盾建立起的庞大的国家机器，在政治体制上也有所变化。为了确认新的政治体制，组织和管理行政机关与官僚群体，借以保证国家机器的运转，都需要加强行政立法，从而使得行政法律规范愈趋细密。在《宋刑统》二十二门中，列有署置官过限（贡举考课）、刺史县令私出界（在宫不直、不上、之官限满不赴）、从驾稽违、祭祀、合和御药误（御膳、御幸舟船、乘舆服御物、外膳）、漏泄大事、禁玄象器物、制书稽缓错误、误犯宗庙讳（奏事及余文书误、应奏不奏、代官司署判）、出使不返制命、匿哀（听乐从吉、冒荣居官、委亲之官、冒哀求仕、父母被囚禁作乐）、驿使稽程（驿使以所赍文书寄人、文书遣驿、乘驿马）、在外长官使人有犯、输纳符节迟留、公事稽程及误题署、奉使部送寄人雇人、长吏立碑、请求公事（曲法受赃请求）、律令式不便于事等具体规定。

南宋宁宗时期编成的《庆元条法事类》更是总汇了有宋一代行政法制建设的成就，内含职制、选举、文书、榷业、财用、库务、赋役、农桑、道释、刑狱等十余门，其后附有开禧重修尚书吏部侍郎右选格二卷。《庆元条法事类》涉及的行政法律规范既广泛而又具体，下举职制与文书二门为例：

《庆元条法事类》职制门：包括职掌、禁谒、谒见、上书奏事、臣僚陈请、奉使、之官违限、到罢、考任、考课、批书、差出、权摄差委、朝参赴选、寄居待阙、保官、监司巡历、监司知通按举、巡尉出巡、按阅弓兵、评议公事、定夺体量、漏泄传报、亲嫌、对移、省员废并、去官解役、擅离职守、迎送宴会、馈送、同职犯罪、差借监临、舍驿、辄入官舍、命官般家、吏卒接送、差破宣借、差破当直、差借舟船、寻医侍养、给假、致仕、殁于王事、恩泽、荫补、封赠、磨勘升改、回授、理赏、叙复、亡役殁等。

《庆元条法事类》文书门：包括诏敕条制、赦降、文书、行移、架阁、给纳印记、雕印文书、毁失、质卖、私有禁书等。

《庆元条法事类》在规范官吏的行政行为和惩治职官犯罪的实际效力，均在《宋刑统》之上。

除《庆元条法事类》残卷保留至今外，还有《吏部七司法》残卷。宋朝虽没有制定类似《唐六典》那样的行政法典，但三百余年间的行政法规卷帙浩繁，可惜保留至今的只有《景定吏部条例》而已。

由于宋朝专制制度的加强，使得皇帝的诏敕具有最高的权威和超越一切法律形式的效力，是指导行政机关建制与运行，调整官僚机制的重要根据。例如，建隆三年发布置县尉诏，淳化四年五月发布置三司使诏，景德四年七月发布置诸路提刑诏，端拱元年发布改尚书祠部、罢御厨、仪鸾司供帐诏，治平三年九月发布定磨勘年限诏，庆历三年十月发布任子诏，等等。由此可见这些体现圣意的诏对宋朝的行政体制建设发挥了重大的作用。

此外，宋朝尚书省及吏、户、刑部对下级官署所发布的“指挥”，也对下级官署具有约束力，嗣后如遇同样公务，径照“原降指挥”办理。北宋时“指挥”尚不轻用，至南宋尚书省可随时以“指挥”处理公务。这种以超越正常的法律程序来处理政务，既着眼于效率，更在于集权。

第二节　行政机关的调整、职权与编制

宋朝无论中央或地方的行政机关都围绕着中央集权进行了较大的调整，总的特点是机构重叠，职权分散，冗官杂沓，互相牵制，借以达到皇帝直接控制的目的。宋朝行政机关的名称，官吏的品秩虽然基本袭用唐制，但实际上却有较大不同。

一、中央机关

从宋初起，三省长官便与宰相脱钩，形同虚设，所谓“中书令、侍中、尚书令不预朝政”[①]。执掌最高行政权的机关是中书门下，它与唐代作为三省联合机构的政事堂不同，而是脱离三省的独立的宰相集体处理国家政事的机构。中书门下长官“平章事”行宰相事，一般设两三人，无定员，另设“参知政事”为副宰相。中书门下有权对下属行政机关发布命令，下属机关也直接向中书门下报告工作，所谓“佐天子，总百官，平庶政，事无不统”[②]。然而，宰相所握有的权力已较唐代削弱，譬如事无大小均须奏请皇帝，然后再起草诏旨施行。宋初，宰相虽然可以用札子指挥下属机关，但必须奏裁，否则下属机关可以将原札封奏。太宗至道二年七月明令：“自今大事须降敕命，合用札子，亦当奏裁，方可施行也。”[③]太宗时，曾经同时设置七相，使宰相擅权成为不可能。同时还通过设置差遣院、审刑院、理检司、审官院、考课院等机构，侵夺了中书门下的权力和中书堂吏所经

---

① 《宋史》卷161,《职官志》1。

② 《宋史》卷161,《职官志》1。

③ 《续资治通鉴长编》卷40，至道二年七月丙寅。

办的具体事务。特别是设立枢密院和三司，分割了宰相的军事行政权和中央财权。

枢密院是北宋建立的最高军事行政领导机关，凡“军国机务、兵防、边备、戎马之政令，出纳密令，以佐邦治。凡侍卫诸班直，内外禁兵招募、阅试、迁补、屯戍、赏罚之事，皆掌之”[①]。其长官枢密使品级相当于副宰相。《宋史 · 职官志》说：“宋置枢密院，与中书对持文武二柄，号为‘二府’。”二府分治，互不关涉。仁宗朝由于边境用兵，始诏准中书参与军政议事。有宋一代战事频繁，经常保持百万人的庞大军队，因此枢密院的地位始终显赫，是皇帝控制军队、加强专制统治的重要工具。神宗改革官制时，特别指出枢密使决不可废，他说：“祖宗不以兵柄归有司（宰相），故专命官以统之，互相维制，何可废也。”[②]南宋宁宗以后，军事形势的严峻，使得宰相兼枢密使成为定制。

三司——盐铁司、度支司、户部司是宋朝最高财政管理机关，总管四方贡赋、钱粮出纳和全国户口。三司的地位虽低于二府，但由于宋朝对于财政的极度倚重，因而受到特殊的重视。三司长官三司使，“掌邦国财用之大计，总盐铁、度支、户部之事，以经天下财赋，而均其出入焉”。[③]所以，被称为“计相”。神宗改制时，罢三司，其职权归户部左右曹。

从上述二府三司的权力结构中可以看出，国家机关事权分割、各不相知的特点和弊端。如同仁宗时范镇所说：“今中书主民，枢密主兵，三司主财，各不相知。故财已匮而枢密院益兵不已，民已困而三司取财不已。中书视民之困，而不知使枢密减兵、三司宽财者，制国用之职不在中书也。”[④]

神宗时为了克服中枢机关权力分割所造成的“官壅于下，民困于外”

① 《宋史》卷 162，《职官志》2。
② 《宋史》卷 162，《职官志》2。
③ 《宋史》卷 162，《职官志》2。
④ 《宋史》卷 179，《食货志下》1。

的后果，在中央集权的行政管理体制已经稳固的条件下，进行了一次较大的行政机构改革，废除同中书门下平章事，使宰相和三省重新连接起来，“政柄皆归中书省”。[①]从此宰相握有一定的实权，以协助皇帝应付内外杂沓纷呈的政务。神宗改制以后，宰相的名称屡有改变，至南宋孝宗时，始最后确定宰相为左右丞相，副宰相为参知政事。

六部、九寺、五监的职权，大体上准依《唐六典》。但在神宗改制前，吏部、户部、刑部的权限，受到审官院、三司使、审刑院的侵削。改制以后，罢去审官院、审刑院、三司，并其权于吏、户、刑部。至于九寺、五监在宋初“虽有其官，不举其职”[②]。神宗改制，始遵照《唐六典》设官分职，明确职掌。但至南宋，适应偏安的形势，司、寺、监等机构多有兼并，或已名存实亡。

根据《宋史·职官志》，神宗改制所定中央行政机关的编制员额如下：门下省官十一人，吏四十九人。中书省官十一人，吏四十五人。尚书省官九人，吏六十四人。枢密院官无定制，吏七十六人。吏部官十三人，吏二百六十八人。户部官十三人，吏一百九十五人。礼部官十人，吏一百六十六人。兵部官十人，吏七十二人。刑部官十三人，吏一百五十三人。工部官十人，吏七十五人。五寺官不过二十余人。

二、地方机关

宋朝的地方行政管理体制从防止割据、集权中央着眼而有较大的变化，总的趋向是地方机关职权分离，中央对地方的控制加强。

宋太祖建立政权以后，采取多种措施，逐步收回了节度使握有的兵权、财权和所在州、郡的行政管理权，取消了藩镇辖领多郡的制度而直辖于中

---

① （宋）王应麟:《玉海》卷121,《官制·台省》,“元丰三省”条。

② 《宋史》卷440,《文苑传》2。

央，迫使节度使“拱手以趋约束”。节度使一职逐渐变成了将帅大臣和宗室勋戚徒拥空衔的优宠职位。

宋初，地方政权分为州、县两级。州、县官或采取定期轮任的差遣形式，或由朝官外补，称作“知州”“知县”，以防止地方官结党揽权。其后为了进一步加强中央对地方的控制，州上设路，作为地方最高一级政权。初设十五路，后增至二十余路。路以经略安抚使，“掌一路兵民之事”，[①] 但以军政为主，故又称帅司。另设转运使（南宋称漕司）掌一路或数路财赋，各种税收经由转运使送交中央。其后转运使的职权扩大，兼理边防、治安、钱粮、监察等项事务，成为府、州以上的行政长官。此外，还设提点刑狱司（南宋称宪司）掌司法，提举常平使（南宋称仓司）掌赈灾或盐铁专卖。

以上路级漕司、宪司、仓司受中央委派，监督指挥地方政、刑、财，故统称“监司”。他们之间互不统率，互相监督，职权范围也无严格划分，都直接对皇帝负责，借以防止地方长官独揽权力。这是宋朝加强中央对地方控制权的重要措施。

路以下府、州、军、监为同级政权。府、州与秦汉时的郡相似，但府的地位高于州，凡在皇帝即位前居住过或任过职的州，在其即位以后，便升格为府。军在唐时是军区，五代以后，逐渐演变成行政区。监多设在矿区，一般不管民政。在这一级政权中以州为主，府、军、监数目不多，军、监一般也不领有县。宋朝全盛时全国共有三十八府、二百五十四州、五十九军。

府、州、军、监是征敛赋税、劝课农桑、执法断狱、宣布教化的一级重要地方机构，分别以知府、知州、知军、知监为长官，由皇帝直接任命中央文官担任，以防止过去由于武将兼领地方官所造成的拥兵自重现象。太宗初唯恐知州揽权过大而与中央抗衡，在官衔上加“权知”二字，如“权知州事”，以表示其“名若不正”，“任若不久”。遂后更明确规定“三岁一易”

---

① 《宋史》卷 167，《职官志》7。

和本地人不能在本地为官的制度，使地方官不得久留于任，据地自守。

此外，在各州还设立了“事得专达”皇帝的通判，以分州县官的职权。通判带有监察官的性质，凡州内一切政令如无通判联署则无效。通判还可以随时向皇帝报告州内情况，成为皇帝设在地方上的重要耳目，因而有“监州”之称。由于通判在制度上“既非副贰，又非属官”，所以经常同知州争权。随着中央集权制度的稳定，通判逐渐演变成州的副长官。

府、州、军、监以下为县。府州属县多者十余县，但也有的州无属县。军、监由于不是地方行政常制，一般不领县，军领县最多不过四县，监领县最多不过二县。县以知县为长官，由皇帝任命文官担任，改变了五代以来，由节度使委派亲信驻县（称镇将）所造成的武人把持政务的现象。凡户口、赋税、钱谷、赈济、给纳之事，均由知县（县令）执掌。同时恢复了县尉的职位，负责镇压盗贼和诉讼等事项。

综括宋朝地方行政机构的变化，正如范祖禹所说：“收乡长、镇将之权悉归于县，收县之权悉归于州，收州之权悉归于监司（转运使、提刑、提举常平使合称监司），收监司之权悉归于朝廷”，① 中央对地方的控制达到了前所未有的程度。唐末以来“擅制数州，挟其力以争衡上国”的藩镇割据势力，基本上被消灭了。

由于宋朝统治时期阶级矛盾和民族矛盾经常处于紧张状态，因此加强了县的武装力量。凡每县人口在一万户以上，设置弓手五十人；七千户以上，四十人；五千户以上，三十人；三千户以上，二十五人；二千户以上，二十人；一千户以上，十五人；不满千户，十人。并且明令：如有盗贼，县尉必须亲自领兵追捕。“若是群贼”，必须及时上报州，“根寻捕逐，务要断除贼寇，肃静乡川”。②

宋朝地方行政机关的编制员额相差甚大，例如，经略安抚使与都转运

① （宋）范祖禹：《范太史集》卷22，《转对条上四事状》。

② 《宋大诏令集》卷160，《政事十三・官制一・置县尉诏》。

使的法定编制都比较少，而开封府仅置吏便达六百人。

三、行政体制的特点

首先，综括有宋一代行政机关的建置、职权，虽有因时而立的创建，但基本上是依循《唐六典》。《唐六典》是中国行政法史上的杰出代表，依《唐六典》建置行政机关，是有其传统来历的。

其次，宋朝具有创新意义的设官建制，基本上是以皇帝诏敕的形式确认的。如置三司使诏、置诸路提刑诏、置在京都水监诏、置县尉诏等。其他如举荐人才、任免官职、荫叙保送、政绩考察、公务察举、旌赏、晋级、惩戒违失等，也大都奉诏敕行事。

再次，无论中央和地方行政机关的变化，都是围绕着扩大皇权进行的，形成了以皇帝为中心、中央牢固控制地方的系统。地方上的行政权、财政权、司法权、兵权一律收归中央，中央的统治力量也直接深入地方，使得专制主义中央集权的统治达到前所未有的高度。

又次，宋朝官制有"官""职""差遣"等名目。官虽有品级、俸禄，但不掌握实权。职也是虚衔，如殿阁学士等，作为加给有名望的高级官吏的荣誉称号。只有"差遣"才是握有实际权力、担负实际责任的官职，经常有官虽至尚书，但却被差遣为知州之事。这种官与职殊、名与实分的制度，目的是防止官吏擅权，但却造成了机构庞大重叠，官制紊乱，"居其官不知其职者，十常八九"。①

真宗时，曾有人建议裁减冗员，数目竟达十九万五千人之多。至南宋，尤为严重，"州县之地不广于前，而陛下官五倍于旧"。② 许多机构之间也无所谓隶属关系，而一概统于皇帝，行政效率极端低下。

---

① 《宋史》卷161，《职官志》1。

② （宋）宋祁：《景文集》卷26，《奏疏 · 上三冗三费疏》。

最后，宋朝面对的严峻形势，使得在加强君主专制的同时，更加依赖官僚机构的支持，因而，极力搜刮民财以满足庞大的官吏群。例如，宋朝俸禄有官俸（最高四百千）、禄粟（最高每月一百石）、职钱、公用钱、职田（最高四十顷）、给卷（出差路费）、茶酒、厨料、薪炭等。此外，还有傔人（仆役）及其衣粮，大官可役使仆一百人，每人粮每年折钱三十文、衣料绸绢折银每匹一贯、布每匹三百五十文、绵每两四十文。范仲淹在任参知政事时，出恩例（例赏），一次赐给苏州近郊上等田一千亩。真是“恩逮于百官者，惟恐其不足，财取于万民者，不留其有余”①。

第三节　监察机关的扩大与监察立法的充实

一、监察机关体系与监察制度的特点

宋朝随着皇权的发展，并在“防臣下甚于防外寇”的心理作用下，推动了监察机关的扩大和监察制度的发展。宋袭唐制设御史台为最高监察机关，执掌“纠察官邪，肃正纲纪，大事则廷辨，小事则奏弹”②。御史台以御史大夫为长官，但向无实任，御史中丞是实际上的台长。御史台下分设台院、殿院、察院。台院置侍御史，殿院置殿中侍御史，察院置监察御史。监察御史负责监察六曹及百司之事，权力最重，号称六察——吏察、户察、刑察、兵察、礼察、工察之官。

宋初，还设立谏院，置知院官六人，如以他官领者，为“知谏院”。凡“发令举事，有不便于时，不合于道，大则廷议，小则上封。”“凡朝政

---

① （清）赵翼：《廿二史札记》卷25，《宋制禄之厚》。

② 《宋史》卷164，《职官志》4。

阙失、大臣百官任非其人，三省至百司事有违失”等，“皆得谏正”。[①] 由于御史台、谏院均掌监察权力，所以称为“台谏”。设置谏官的原意在纠弹天子，但随着专制制度的强化，谏官由皇帝亲自擢拔，宰相不得荐举，以至于宰相也成为谏官纠弹的对象，变成了掣肘政府施政的制约力量。

宋朝监察制度具有以下特点：

1. 对于监察御史的任用权由皇帝亲自掌握，废除了唐代宰相所握有的御史任用权和荐举权。凡曾经宰相荐举为官以及宰相的亲戚故旧均不得为御史，以保证御史忠于皇帝，并能发挥对中枢机构应有的监督作用。

2. 未经两任县令者，不得为御史，以保证御史具有实际的施政经验，更好地行使监察权。

3. 宋初允许御史“风闻弹人”，而不一定要有实据，奏弹不当也不加惩罚，而且明令御史每月必须奏事一次，称为“月课”，如上任后百日内无所纠弹，则罢黜作外官，或罚“辱台钱”。这种规定旨在督励御史忠于职守，但也助长了御史弹劾权的滥用。因此仁宗以后限制风闻言事，失实者责惩。

4. 监察机关虽可弹劾宰相，如御史唐坰便曾面弹宰相王安石。但同时也受尚书省的监督，尚书省有“掌奏御史失职”之权。台省之间互相监督，以便于皇帝操纵于其间。

5. 台谏机构虽属两个系统，但随着监察职权的扩大，在职责上开始混一，谏官“往往并行御史之职”，台官也行谏议之权。神宗元丰二年，“诏御史六员，三分察，三言事”。八年又诏：“监察兼言事。”[②] 台、谏合一意在发挥两个系统的监察职能，以防止大臣擅权。

6. 建立监司、通判监察体系。监司是由皇帝派到路一级的监督指挥军、

① 《宋史》卷161，《职官志》1。

② 《历代职官志》卷18，《都察院上》，转引（宋）王应麟：《玉海》卷121，《官制 · 台省》，“元丰六察”条。

政、财、刑的四个机构，彼此互不从属，而且互相纠察。但由于路由监察区向行政区过渡，监司的性质也有所变化，逐渐发展成为一级行政机构。

通判为州的监察官，专事监察地方长吏知州及所部官吏。仁宗曾指出："州郡设通判，本与知州同判一郡之事，知州有不法者，得举奏之。"①

监司、通判监察体系的建立，也形成了上下左右涵盖宽广的监察网络。

7. 监察机关职权的扩大与皇权的加强是一致的。御史的威势附着于皇权，主要是监督、纠弹官吏是否尽忠于皇帝，是否勤政治事充分发挥了国家机关的职能。

二、监察法的主要内容

在宋朝的监察法中更常见、更主要的形式是皇帝的诏、敕、令，这反映了专制主义中央集权制度的强化。监察诏敕令散见于《庆元条法事类》与《宋大诏令集》。

宋朝的监察立法首先强调监察官是皇帝的耳目之司。崇宁五年十月十六日《诫约监司体量公事怀奸御笔手诏》中说："监司分按诸路，为耳目之任。"② 政和元年十二月二十一日《诫饬台官言事御笔手诏》中说："耳目之寄，台谏是司。古之明王，责以言事，罔匪正人，故能雍容无为，端拱于一堂之上，广览兼听，信赏必罚，以收众智，以驭群吏，百官向方而万事理。"③ 与此同时在《训饬百司诏》中也提出了"御史耳目之官也，举台纲，肃官邪，惟汝之责，何惮而不为，汝其分行纠劾不法，必罚无赦"。④

① （宋）孙逢吉：《职官分纪》卷41，《通判军州》。

② 《宋大诏令集》卷196，《政事四十九·诫饬七·诫约监司体量公事怀奸御笔手诏》。

③ 《宋大诏令集》卷197，《政事五十·诫饬八·诫饬台官言事御笔手诏》。

④ 《宋大诏令集》卷197，《政事五十·诫饬八·训饬百司诏》。

其次，详细规范了地方监察官的职权范围，以及违法处置办法。这在《庆元条法事类》所载《名例敕》《职制令》《职制敕》《厩库敕》《杂敕》中规定得十分具体。

根据《庆元条法事类》卷七“监司知通按举”条引《名例敕》，“诸称‘监司’者，为转运、提点刑狱、提举常平司；称‘按察官’者，谓诸司通判以上之官，及知州、通判各于本部职事相统摄者”。监司与按察官的职掌、活动、责任、处罚办法见于《职制令》和《职制敕》，摘录如下：

1.《职制令》

“诸监司每岁分上下半年巡按州县，具平反冤讼、搜访利害及荐举循吏、按劾奸赃以闻。

诸监司岁以所部州县，量地里远近，更互分定，岁终巡遍，提点刑狱仍二年一遍，并次年正月，具已巡所至月日，申尚书省。

诸监司巡历所至，应受酒食之类，辄受折送钱者，许互察。

诸监司巡按许接见宾客，唯不报谒。

诸监司巡历所至，止据公案，簿书点检，非有违法，及事节不圆，不得分令供析，无公事不得住过三日。

诸监司准指挥分诣本路州干办者，各依本年已分巡历处。

诸州县禁囚，监司每季亲虑，若有冤抑，先疏放讫，具事因以闻。

诸监司每岁被旨分诣所部点检、催促结绝见禁罪人者，各随置司州地里远近，限五月下旬起发，至七月十五日以前巡遍，仍具所到去处月日，申尚书省。

诸监司巡按遇诸州州院、司理院，并县禁罪人及品官、命妇公事，各徒以上者，虽非本司事，听审问。若情涉疑虑，或罪人声冤，或官司挟情出入，而应移推者，牒所属监司行，若承报不行，或虽行而不当者，具事因奏。

诸监司每岁点检州县禁囚，淹留不决，或有冤滥者，具当职官职位、姓名，按刻以闻。

诸生子孙而杀，或弃之罪赏条约，州县乡村粉壁晓示，每季举行，监司巡历常点检。

诸巡检、县尉，遇在廨宇，每日躬亲教阅，仍具注于历，监司，因按阅取历点检。

诸监司巡历所至，按阅弓手，每岁一阅，不至者，听差官。

诸守戍禁军因差出枉路私归营，若缘路托疾寄留，避免征役并官司容纵，及审验不实者，监司因巡历觉察按劾。

诸将副训练官应约束措置兵政，军情不便，并职事违法，或勘断不当，听州县长官觉察，申经略安抚、钤辖司，或提举将兵官，如应勘劾，仍权移别将监司巡历所至点检。诸将下军须什物，转运、提点刑狱司岁一点检。

诸州招填禁军，转运司巡历所至，听点检，有违法者，牒提点刑狱司行。

诸发运、监司，公文行下所部，非置司所在，实封递送，不得差人，其巡历所至，逐处令人承受。

诸察访所至，采访在任官能否奏，仍以知州、通判治状申尚书省，武臣中枢密院。

诸监司按察官，每岁终具发摘过赃吏姓名置籍，申尚书省。

诸监司分上下半年，具所部县令有无善政显著，及谬懦不职之人，申尚书省。

诸监司每岁分上下半年，巡按州县，具平反冤讼、搜访利害及荐举循吏、按劾奸赃以闻。

诸监司知所部，推行法令违慢，虽非本职，具事因牒所属监司施行，其命官老病不职而非隶本司者，准此，仍听具奏。即辞讼事属本司，听受理。已经本司理断，其余监司方许受理。

诸按察官知所部官有犯，若事理重者，躬亲廉察，余事听先委不干碍清强者体究，有无实迹，结罪保明申。所委官司于按章内明坐所差官体究到事因，并不得出榜召人首告。即犯赃私罪虽已离任，被告论或因事彰露者，听按治。”①

2.《职制敕》

“诸监司，巡历所部不遍者，杖一百，遍而不申，减二等。

诸监司巡按，巧作名目，追呼巡尉、弓、兵，将带出本界者，杖一百。

诸监司官巡按，般担人有人应差而和雇者，徒二年。

诸监司，每岁巡历所部州县，若承指挥非泛干办，及因疾故未遍复出，辄再受到、发酒食供馈，并依例外受馈送法。

诸监司每岁诣所部点检、催促结绝见禁罪人，于令不应委官而辄委者，徒二年。

诸发运、监司巡按，随行吏人所在受例外供馈，以受所监临财物论。

诸监司巡按，随行公吏、兵级于所部，受乞财物者，许人告。

诸州县公吏，因监司巡历点检，辄逃避者，杖一百。因追呼整会事节者，加一等，并勒停，永不收叙。

诸监司知所部推行法令违慢，非本职而已具事牒所属监司，若承报不即按举，或施行阔略而元牒之司不举奏者，减所属监司应得之罪一等，即监司于职事违慢，逐司不互察者，准此。若犯赃私罪庇匿不举者，以其罪罪之。

诸所部违法，监司及知州、通判失按举，并奏裁。

诸按察官体量所部官，各以实犯罪状具奏，诸司不许互相关白。其被旨体量，虽先失按举，但事得实者，除其罪。”②

3.《厩库敕》

“诸发运、监司巡按，随行公吏违法出给驿券，及所给官司各徒二年。

诸发运、监司巡按，以所得酒卖易，杖一百。

诸军无家属因差出逃亡，应申官注籍、关报、开阁举催，而于令有违

① 《庆元条法事类》卷7，《职制门四》“监司巡历”和“监司知通按举”所引《职制令》。

② 《庆元条法事类》卷7，《职制门四》“监司巡历”和“监司知通按举”所引《职制敕》。

者，各徒二年。发运、监司所至不检察，与罪人同。”①

在《杂敕》中也有以下监察法的内容：

“诸监司沿流应给船，非遇巡按辄差占牵驾人兵，若巡按而差过数，或已归本司不即发遣者，各杖一百。”②

以上可见，宋朝制定了一系列监司官的出巡之法，反映了宋朝统治者对监督州县官的重视。在地方监察法规中，监督司法刑狱是核心内容，除见于上述规定者外，还有一些特别规定和诏令。如庆历七年（1047年）三月规定：“转运、提刑司每巡历至州县，先入刑狱中询问罪人。其有禁系人身死，仰画时具检验状申二司点检，如情理不明，有拷掠痕，立即便取索公案差官看详，依公施行。”③又如，真宗大中祥符七年（1014年）十二月，“诏川峡广南福建转运使、提点刑狱官察部内僚吏，有贪墨不法、惨刻用刑者以闻”。④大中祥符九年（1016年）四月，又诏：“三京、诸路大辟罪，狱既具而非理致死者，委纠察提点刑狱官察之。”⑤在神宗熙宁三年（1070年）十一月诏中，还明令监司检察已执行的判决，如发现有误则改正之，然后详细奏闻朝廷。⑥

另据《庆元条法事类》《断狱令》，对于诸监司行使司法监督权也作出了限制性的规定。如：

① 《庆元条法事类》卷7，《职制门四·监司巡历》所引《厩库敕》。
② 《庆元条法事类》卷7，《职制门四·监司巡历》所引《杂敕》。
③ 《宋会要辑稿》刑法6之55。
④ （宋）李焘：《续资治通鉴长编》卷83，大中祥符七年十二月戊午。
⑤ （宋）李焘：《续资治通鉴长编》卷86，大中祥符九年四月乙未。
⑥ 《宋会要辑稿》刑法4之25。

"诸监司有所按劾，限三十日具所按事状及应推治人录奏，仍申尚书刑部。诸官司按发官吏不究事实，或挟情奏劾，致降先次，指挥，如勘得别无元劾罪犯，具因依奏闻。"

"诸监司决罪人，于所在州县勾杖直。若巡历非州县者，听就近勾，差。过即遣还。余官应论决而无杖直者，亦听差借。""诸官司遇按察官巡历点检，不得移罪人于厢店锁系。"①

监司长官对有些地方官的失职行为可以根据法律规定自行处理，即所谓"按治"。有的则要"按劾以闻"即上奏弹章等候上裁。更多的是"申尚书省"，通过行政诉讼加以解决。

监察官还握有对中央或地方事务的检查权，即所谓"点检"。点检有定期与不定期之分。例如，元丰五年（1082 年）十二月，神宗诏："御史台秋冬季序差御史一员，赴三省点检诸房文字稽滞，毋得干预其事。"②次年诏御史台："每半年轮御史一员，取摘三省诸房簿点检稽滞差失，未有轮差及置局取吏之法，诏三省各一员言事察官序差，以本台吏就逐省点检。"③地方则或每岁一点检，或每季举行，或监司巡历所至点检。

三、监察官的法定责任与互察法

在监察法规中不仅规范了监察官的责任，而且还制定了违纪重罚之法。凡应察而不察，或擅作威福，或贪赃枉法，分别处以罢黜，杖一百，徒二年，流二千里，永不收叙等。崇宁五年《诫约监司体量公事怀奸御笔手诏》中，集中地反映了统治者的此种意向：

① 《庆元条法事类》卷 7，《职制门四》"监司知通按举""决遣""移囚"所引《断狱令》。
② 《宋会要辑稿》职官 17 之 11。
③ 《宋会要辑稿》职官 17 之 13。

“监司分按诸路，为耳目之任，近降指挥，体量公事，而观望顾避，附下罔上，隐庇灭裂，变乱事实，使朝廷刑罚失误，其罪莫大，除已究正，量行黜责外，自今敢有怀奸挟情，不实不尽者，流二千里，斥之远方，永不收叙，仍不以去官赦降原减，布告诸路，咸使闻知。”

为了发挥监察官的作用，防范监察官弄权行私，特别制定了监司互察法，它是宋代监察法规中最具特色的内容。具体如下：

“诸官司无按察官而有违法及不公事者，发运、监司按察奏，发运、监司互相觉察，其经略按抚、发运、监司属官，听逐互行按举。

诸所部官有犯，监司郡守依法按治，不得倚阁俸给，仍许诸司互察。

诸灾伤路分，安抚司体量措置，转运司检放展阁，常平司粜给借贷，提点刑狱司觉察妄滥，如或违戾，许互相按举，仍各具已行事件申尚书省。”

“诸监司知所部推行法令违慢，非本职而已，具事牒所属监司，若承报不即按举，或施行阔略而元牒之司不举奏者，减所属监司应得之罪一等。即监司于职事违慢，逐司不互察者，准此。若犯赃，私罪庇匿不举者，以其罪罪之。”①

使监察官互相监督，是宋皇帝驾驭大臣的统治权术，即所谓“异论相搅”在监察制度上的体现。根据《长编》卷二百一十三“熙宁三年七月壬辰”条载：“真宗用寇准，人或问真宗，真宗曰‘且要异论相搅，即各不敢为非。’”具体说来，就是使政见相左、各不相能的大臣相互纠讦，相互监视与牵制，从而减少对皇权的潜在威胁，这表现了皇帝对于百官“事为之防，曲为之制”② 的深心。

① 《庆元条法事类》卷 7,《职制门四·监司知通按举》所引《职制敕》和《职制令》。

② （宋）李焘:《续资治通鉴长编》卷 17，开宝九年十月乙卯条。

四、监察法的特点

宋朝的监察法继承了汉唐以来的传统，但在连续性中又凸显了时代特点，即从监察法制的角度维护专制皇权和中央集权。监察法的法律渊源虽然具有多样性，但都围绕着这个中心线。在宋朝的监察法中把执行监察权的主体明确宣布为皇帝的耳目，充分反映了封建监察制度的实质。而中央对地方的细密监督规范，标志着监察立法已发展成为行政立法中的典中之典。由于执行监察职权的机关，体系纷列，千枝万系，统由皇帝居中驾驭，从而形成了由中央辐射到地方的寓集中统一于分散之中的有效的网络。尤其是通过制定互察法，以确保监察机关职能的发挥与监察立法的实施。

宋朝的监察法还反映了以农立国、农本主义的国情。例如，在《庆元条法事类》卷四十九《农桑门 · 劝农桑》所引《考课令》中规定：

"诸监司被受劝农手诏，每岁春秋检举行下所属，遇巡历所至，检察知州、县令劝农之勤惰，岁终较其尤著者，为优劣等。（如未至岁终替移者，牒后官通计。）限次年正月终保奏。（知州各一员，所部五十县以上者，县令各二员。五十县以下者各一员，无或不足，听阙。）罢任到阙日，具任内已保奏优劣之人以闻（外移准此）。"

另据《庆元条法事类》卷四十九《农桑门 · 劝农桑》所引《职制敕》和《职制令》："诸缘劝农，辄追扰人户者，徒二年。（容纵公吏等，与同罪）""诸守令出郊劝农（每岁用二月十五日）不得因而游玩及多带公吏，辄用妓乐宴会宾客。"此外，遇有水旱灾荒"监司、帅守奏闻不实或隐蔽者，并以违制论"[①]。

① 《庆元条法事类》卷 4，《职制门 · 上书奏事》所引《职制敕》。

此外，由于宋朝所处的特殊历史背景，也加强了经济监察。首先，对赋税收入进行监察，因为赋税对维持宋朝国家机器的运转具有重要的意义。《庆元条法事类》卷四十八《赋役门二》规定："诸人户输纳税租，应折变物，转运司以纳月上旬时估中价准折。有违法者，提点刑狱司觉察奏劾"；"诸税租，创支移而不奏，或奏而不待报辄施行者，各徒二年"。"民间典买田产，就官请买官契，投纳税钱"，州县"敢有违戾，即重加黜责"。

其次，随着禁榷范围的扩大，也立法严格保护专卖。例如，《庆元条法事类》卷二十九《榷禁门二·铜钱金银出界》所引《卫禁敕》规定：

"诸不觉察钱铜出中国界，或以铜钱与藩商博易者，市舶司当职官吏（谓置司州）、巡捕官、巡防人以违制论。州知、通，县令、丞，镇寨官并经由透漏去处巡捕官、巡防人，杖一百。故纵者与犯人同罪，至死，减一等。"

总之，宋朝的监察法虽然内容宽广，并且得到体制上的保证，但是在封建专制制度下失监是不可避免的。最大的失监就是皇帝超出任何监察法之外，相反他是制定所有监察法的原动力。在君权的左右下，即使对某个官员的监惩，也常常因帝意而发生变化，这表现了封建监察法的局限性。

第四节　职官管理法

宋朝为贯彻加强专制主义中央集权的政策，发展了严格的职官管理法。在现存的《庆元条法事类》职制、选举、文书、公吏等门中，保留了较多的人事行政敕令，涉及官员的选举、考任、考课、升调、离任、赴任、官品、俸禄、奖励、惩戒、致仕、档案等各项内容。

宋朝的职官管理法比起唐朝更加详细周密，而且有所创新。譬如，官员考选上的务实精神，三年一考的科举定制，以及磨勘、历纸制度等。但由于敕令过于繁芜，反而造成了官职紊乱、朝令夕改等种种弊端。

一、考选举荐

宋朝在唐科举考官的基础上进一步制度化。英宗治平三年以后，每三年一试成为定制。这不是偶然的。一方面，封建经济的发展，使得中小地主的数量有所增加，他们要求通过科举的途径参加政权。另一方面，为了加强中央集权的统治，既要大量网罗具有才干的士大夫，也要从思想上羁绊他们，减少其对时政的不满。所谓“圣朝（指宋朝）广开科举之门，俾人人皆有觊觎之心，不忍自弃于盗贼奸宄”[①]。

宋朝科举录取和任用的范围较宽，以进士科为例，唐时进士及第每次不过二三十人。宋朝进士分为三等，一等称及第，二等称赐进士出身，三等称赐同进士出身，录取总额通常在二三百人，最多时达五六百人。唐时录取以后，只是取得做官资格，还须经吏部考试合格，才授给官职。宋朝则一经录取便可任官，名列高等的可得高官。由于录取的名额较多，因此宋初得人较盛，著名的如王嗣宗、吕蒙正、苏易简、梁灏、程宿、孙何、孙仅、陈尧咨、王曾、李迪、梁固、张师德等。而且应试者不重门第，不讲身份，以至僧道百家也可以参加科举考试。为了便于皇帝对科举的控制，殿试也已制度化，每三年举行一次，由皇帝亲自考选。同时鉴于唐代发生过的“座主”和“门生”结成政治集团，互相攻讦的弊端，太祖下诏：“禁谢恩于私室”[②]，考生只能作天子门生，而不许称主考官为“恩师”“师门”，也不许自称“门生”。违者或由御史台弹劾，或按敕处分。

科举的内容时而侧重诗赋，时而侧重经义。主张科举试诗赋的代表是苏东坡，坚持科举试经义的代表是王安石。但自太宗倡导“经生明法，法

① （宋）王栐：《燕翼贻谋录》卷1，百川学海本。

② （宋）曾巩：《曾巩集》卷49，《本朝政要策五十首·贡举》。

吏通经”[1]起，终宋之世，“明法科”相沿不断。雍熙三年（986年）曾下诏：“应朝臣，京官及幕职、州县官等，今后并须习读法。……当令于法书内试问，如全不知者，量加殿罚。”[2]神宗改制时，明法科势盛，试以律令刑统大义，断案中格即行录取。

在科举方法上，创造了“糊名”（弥封）、“誊录”（考卷由别人抄写）和回避（“试院官及试院余官亲戚，并两相避”），以防止科场作弊，标榜文章取士。宋朝的科举方法，也为明清两朝援用。但是科举制度是在公平形式掩盖下的事实上的不平等，因为权门大族即使不享有恩荫特权，也可以借助他们的社会地位被优先录取。

为了给科举考试创造条件，培植官僚的预备队伍，宋朝的学校分设于京师、路、州县，而总隶于国子监。其中，国子生为京朝七品以上官的子孙，太学生为八品以下官的子弟，也包括庶人之俊异者。元丰二年颁布《学令》，规定了学生的名额，私试、公试的时间和办法，以及学费的来源等。凡任诸州教授者，不许差兼他职。同时禁止居占州县学舍，违者，“杖一百，所属不遣者，与同罪”。[3]

由于宋朝科举制度的科目增加，录取的名额放宽，而且一入仕途便享有各种优厚待遇，因此，比起隋唐具有更大的吸引力，甚至和尚道士也还俗投考。由此可见，宋朝科举制度的确扩大了政权的阶级基础。

科举之外，还实行制举。根据《宋史·选举二》：“制举无常科，所以待天下之才杰，天子每亲策之。”哲宗时，由于制举的内容与进士科重复，下诏罢制科。后又改置宏词科、词学并茂科。

宋朝还广泛实行恩荫法，贵族官僚可以通过“荫补”直接作官，多者一家可恩荫数十人。富家巨室也可以凭借财力买得官职，甚至“但人有数

---

① 《文献通考》卷32，《选举考》5。

② 《文献通考》卷32，《选举考》5。

③ 《庆元条法事类》卷10，《职制门七·舍驿》所引《杂敕》。

百千轻货以转易三路，则千缗之入为有余，人人可以滥纡命服，以齿仕路，遂致此流遍满天下，一州一县，无处无之”[1]。至南宋，卖官鬻爵已成为国家财政的重要来源。

两宋对官吏的铨选，初期由中书省和审官院分掌，神宗改制以后，文官归吏部铨选，武官归兵部铨选。但禁止它官转入两省（中书、门下）和御史台，而由皇帝特别恩授。外戚宗属也不得任尚书、中书和门下省执政官。“诸应避亲而辄之官者，杖一百。”[2]

地方铨选从两府司到县簿、尉，共分十选。

宋初，省台高官可于京官幕职及州县官中荐举人为朝内职官。宰相、御史中丞也可以从朝臣中荐举人为转运使。为推行荐举而颁布的主要诏令有：“令学士、两省、御史台、尚书省保举可升朝官者一人诏”（雍熙二年正月甲寅）、“长吏荐判司、簿、尉当行对授以知县诏”（太平兴国六年正月乙巳）、“令翰林学士、文班常参官曾任幕职者各举宾佐令录一人诏”（建隆三年二月庚寅）、“举县令诏”（天圣七年十月二十一日）、“求敢勇智谋之士诏”（康定元年正月乙酉）、“令内外举所知诏”（治平四年十一月乙未）等。[3]

哲宗元祐元年还制定了“十科荐举法”：

一曰：行义纯固可为师表科（有官无官人皆可举）；

二曰：节操方正可备献纳科（举有官人）；

三曰：智勇过人可备将帅科（举文武有官人）；

四曰：公正聪明可备监司科（举知州以上资序）；

五曰：经术精通可备讲读科（有官无官人皆可举）；

六曰：学问赅博可备顾问科（同上）；

七曰：文章典丽可备著述科（同上）；

---

① 《宋会要辑稿》职官 55 之 39。

② 《庆元条法事类》卷 5，《职制门二 · 考任》所引《职制敕》。

③ 以上均见《宋大诏令集》卷 166，《政事十九 · 举荐下》。

八曰：善听狱讼尽公得实科（举有官人）；

九曰：善治财赋公私俱便科（举有官人）；

十曰：练习法令能断请谳科（举有官人）。[1]

“十科荐举法”只实行了八个月，至高宗绍兴三年始重新恢复，然而这时的荐举已远逊进士常科。徽宗大观元年蔡京执政，以所谓的“德行八行科”抵制“常科”。“德行八行科”的内容是：善于父母为孝；善于兄弟为悌；善于内亲为睦；善于外亲为姻；信于朋友为任；仁于州里为恤；知君臣之义为忠；达义利之分为和。其中孝、悌、忠、和为上，睦、姻为中，任、恤为下。

为了防止因缘附会，监举不实，除正面提出荐举标准外，还严申荐举者的责任。如被荐举人违法犯赃，荐举人要负连带责任，“诸保事不当，不知情者，为公罪”，[2]“诸命官应召保官，而所保不实者，与犯人同罪。罪止徒二年”。[3]

熙宁元年，鉴于荐举为官，流弊日甚，下诏废除内外举官之法，集权于吏部选官院。元祐以后，荐举之法虽不断改变，但已不能与科举竞衡，而且长官举小吏，职司察部属，在下者势必谄媚奔附于上，为上者亦将借此徇私结恩于下，上下相交，内外勾结，如何能达到举贤荐才的目的。

二、政绩考课

宋初，为发挥中央与地方各级官吏的作用，较为重视考课。太祖时：“置审官院，考课中外职事。”[4] 州县长官“三岁一易”[5]，特别是对法司之官，

① 《宋史》卷160，《选举志》6。

② 《庆元条法事类》卷7，《职制门四・保官》所引《名例敕》。

③ 《庆元条法事类》卷7，《职制门四・保官》所引《诈伪敕》。

④ 《宋史》卷160，《选举志》6。

⑤ 《宋会要辑稿》职官1之74。

既有明确的转官年限，也有严格的考课与回避制度。凡“刑法之寺，断覆之司……并以三周年满……”[①]，其间“每至年终，当议考校，无劳者退黜，有功者甄酬”[②]。“诸职事相干，或统摄有亲戚者，并回避。”[③]

宋朝考课的重要发展是形成了磨勘与历纸制度。凡由朝廷指定特别官员或官署考核百官功过，称为“磨勘”。各部院长官平时记录所属政绩优劣的考状，称为“历纸”。太宗端拱三年，审官院考课京官，考课院考课幕职州县官。史书说：“初，帝虑中外官吏清浊混淆，命官考课，号磨勘院，至是改为审官院，掌审京朝官，其幕职州县官，别置考课院主之。”[④]从磨勘的实施来看，京官引对磨勘始于真宗咸平四年。据《宋史·选举志》：真宗咸平四年（1001 年）“命审官院考京朝官殿最，引对迁秩。京朝官引对磨勘自此始”。对幕府州县官的磨勘引对大约始于大中祥符七年（1014 年），据《宋会要辑稿·选举》记载：“中书门下言：‘文武臣僚年终举到幕职州县官，今欲定五人以上同罪保举者，替日令吏部流内铨磨勘引对。’从之。”凡文职官三年始得磨勘，武职官五年始得磨勘。宋仁宗庆历三年（1043 年），辅臣范仲淹等制定磨勘保任之法，规定“自朝官至郎中、少卿，须清望官五人保任，始得迁”[⑤]。保任法的实施，往往忽视了政绩，为此庆历新政时期，翰林学士张方平提出：

“其应磨勘叙迁，必有劳绩。或特敕择官保任者，即与转迁。如无劳绩又不因保任者，更增展年。其保任之法，须选择清望有才识之人，命之举官。如此，则是执政之臣举清望官，委清望官举亲民官。凡官有阙。惟

① 《宋会要辑稿》卷 160，《政事十三 · 官制一 · 御史台流内铨南曹刑部大理寺并三周年为满诏》。

② 《宋大诏令集》卷 160，《政事十三 · 官制一 · 置三司推官诏》。

③ 《庆元条法事类》卷 8，《职制门五 · 亲嫌》所引《职制令》。

④ （清）吴乘权等：《纲鉴易知录》卷 65，《宋纪 · 太宗皇帝》。

⑤ 《宋史》卷 160，《选举志》6。

随员数举之，庶见急才爱民之意。”[①]

为了保证磨勘制度的贯彻实施，《庆元条法事类》卷十三所载《磨勘升改》敕令式规定：“诸被差点对应磨勘及关升人，录白、告敕、宣札、印纸而漏落不如式者，杖一百。所属官司，不保明缴申尚书吏部者，罪亦如之。”

“诸应磨勘若关升，具家状，仍录白，未经磨勘，所授告敕、宣札、印纸应用文书经所在州纳，州为差官点对，责依式点对，无漏落状，保明缴申在京所属。其承直郎以下应就在关升者，准此，副尉不用此令。即发运、监司官被取索磨勘者，并互相保明申发。”

另据《减年磨勘律》：

“诸减年磨勘，与文臣通用者，准四年为法；与使臣通用者，准五年为法；非通用者，各依本条，即朝请大夫以上，虽该通用之赏，不在准折之例。诸朝请大夫以上，因恩赏转官者，以四年为法，各计所磨勘收使。”[②]

宋朝官吏考课的标准，真宗时地方官分为三等，所谓“州县三课”，具体如下：“公勤廉干惠及民者为上，干事而无廉誉，清白而无治声者为次，畏懦贪猥为下。”[③]

神宗熙宁元年首次颁行《守令四善四最》课法。四善仍为唐时的“德义、清谨、公平、勤恪”。四最是“断狱平允、赋入不扰，均役屏盗、劝

① 《宋史》卷160,《选举志》6。

② 《庆元条法事类》卷13,《职制门十·磨勘升改》所引《赏令》。

③ 《宋史》卷160,《选举志》6。

课农桑，振恤饥穷、导修水利，户籍增衍、整治簿书”。在《庆元条法事类》中对四善四最又作了进一步的规定：凡“德义有闻”“清谨明著”“公平可称”“恪勤匪懈”为四善。“民籍增益，进丁入老，批注收落，不失其实”为“生齿之最”；“狱讼无冤，催科不扰”为“治事之最”；“农桑垦殖，水利兴修”为“劝课之最”；“屏除奸盗，人获安居”，“赈恤困穷，不致流移”为“养葬之最”。[①] 高宗时于四善四最之外，又制定考课监司令守的“八事”之法。所谓八事即举官当否、劝课农桑、增垦田畴、户口增损、兴利除害、事失案察、较正刑狱、盗贼多寡。

《庆元条法事类》中，还载有考课监司的敕令格式，举例如下：

“转运、提点刑狱、提举常平依下项：奉行手诏，有无违戾；兴除利害；有无朝省行下本路过失已上簿，及责罚不了过犯；受理词讼及指挥州县与夺公事，有无稽滞不当；有无因受理词讼，改正州郡结断不当事；应干职事有无废弛，措置施行有无不当；奏请及报应朝省文字，有无卤莽乖谬，以上应上簿责罚废弛不当、卤莽乖谬事件，并逐一名件，分明开说；按察并失按察所部官犯赃流以上罪，及按察不当；荐举所部官有无不当；劝农桑；招流亡，增户口；分定巡历是何州县，自甚月日起，离至某处，至何月日还本司，有无分巡不遍去处，如有，开具缘由；逐年合上供钱物，有无出限违欠；所部刑狱，有无平反，及驳正冤滥，并淹延稽滞等；机察贼盗已获未获各若干。”

与考课密切相联系的是根据治绩以定赏罚，如同苏洵所说：“有官必有课，有课必有赏罚。”[②]

神宗时期厉行考课，“凡职皆有课，凡课皆责实，……其人优劣者，

---

① 《庆元条法事类》卷5，《职制门二 · 考课》所引《考课格》。

② （宋）苏洵：《嘉祐集》卷10，《上书 · 上皇帝书》。

赏罚尤峻”。[①] 对于考课不实者，处以刑罚，据《庆元条法事类》卷五《职制门二·考课》所引《职制敕》:

“诸监司考课，事应互申而不申若增减者，各徒二年。诸考知州、县令课绩不实者，优劣等徒二年，上等减二等，中下者又减一等。有所请求而不实及官司各以违制论。以上若该赏罚者，官吏一等科罪。即保奏违限者，吏人杖一百，当职官减三等。诸监司每岁审择保奏知州、县令功状不公不实，或附会观望权势若干请者，各以违制论加一等。”

需要指出的是，宋朝考课虽有多种法定标准，但最受到重视的是年资，这是和磨勘制度的推行密切联系着的。一入仕途，不问治绩劳逸，只要无大过错，照例文官三年一迁，武官五年一升。范仲淹曾就此批评说:“知县两任，例升同判；同判两任，例升知州，贤愚同等，清浊一致。”[②] 因此官吏居官期间不求有功，但求无过，“致使年老病患者、或懦弱不才者、或贪残害物者……布在州县，并无黜陟，……使天下州县不治者十有八九”。[③] 南渡以后，国势日衰，官制愈滥，奸相专权，山河破碎，考课之法形同具文。

三、品俸与致仕

宋初，职官品级沿用唐九品之制，每品有正有从，凡十八等。此外，也仿唐制设散官二十九阶。神宗改制时，根据职官掌握实权的情况，重新修订了官品令，取消了散阶，将本官阶改为寄禄官阶，对宋前期的品阶制度加以简化和系统化。除官品外，还设十二等爵，由王至开国男。

---

① 《宋史》卷160,《选举志》6。

② （宋）范仲淹:《范文正公集》卷8,《天圣五年上执政书》。

③ （宋）李焘:《续资治通鉴长编》卷141，庆历三年五月戊寅。

宋朝的俸禄，随官品的高下定其多寡。宋初统治者根据“俸禄鲜薄，未可责以廉。与其冗员而重费，不若省官而益俸”[①]的认识，不断颁发“增俸诏”和“省官诏”“省吏诏”。但是省官、省吏之诏并没有贯彻，只有取之于民的俸却有所增益。宋朝俸禄既有食邑职田，又有禄粟、职钱、布帛，其数额根据国库的盈绌，随时而异，迭有增减。随着商品经济的日见发展和货币流通的广泛，在神宗改制之前，俸禄中的禄粟部分已经折钱，这是宋以前所未有的。宋神宗改制时，百官俸禄除俸钱外，其他供给悉并为职钱。并有茶、酒、厨料、薪、蒿、炭、盐、纸等。宰相一级高官，每月给薪一千二百束、盐七石、炭二百秤。此外，还包括份例随从，以及“随身傔人”（随从役使）和“傔人”的衣粮。高官可以享有七十至百人的随身，最低的录事、令史也有傔人一人。各官还可以根据职位高下，获得不等的公用钱，最高者达二万贯，最低者十千。

至徽宗时，官制紊乱，盛行兼官兼薪之风，有一身兼领十余俸者。冗员杂沓不仅造成行政效率的低下，而且也成为政府难以承受的财政负担，因此不得不强制推行官吏致仕制度。

宋初，官员致仕的法定年龄是七十岁，但由于官员贪图宦俸，虽已老迈仍不告退者颇多。仁宗天圣三年九月，监察御史曹修古在奏章中说：“伏闻七十致仕，载在礼经，……近年以来，中外臣僚有年仅八十，尚未辞官，既心力之尽衰，何职务之能济？……自今除元老勋贤询议军国，自有典章外，其内外文武官年七十者，乞下御史台及诸路转运司告报逐官，并许上表自陈，特与转官致仕。”[②]景祐三年六月，御史知杂司马池提出：“乞应文武臣僚年及七十者，并令自乞致仕，仍旧敕与一子官，如分司官给全俸。若不自陈乞，御史台纠察以闻，特令致仕，更不与子官及全俸。”[③]皇祐中，

① （宋）李焘：《续资治通鉴长编》卷11，太祖开宝三年七月壬子。

② 《宋会要辑稿》职官77之35。

③ 《宋会要辑稿》职官77之36。

知谏院包拯、吴奎也奏请：“愿令御史台检察年七十已上，移文赴其请老不即自陈者，直除致仕。”① 于是下诏：“少卿监以下年七十不任厘务者，外任令监司、在京委御史台及所属以状闻。尝任馆阁、台谏官及提点刑狱者，令中书裁处。”② 从而赋予致仕以某种强制性。王安石曾指出：“大夫七十而致仕，其礼见于经，而于今为成法。”③ 对致仕之官确有功于国者，或增俸，或食全禄。例如，太祖时王彦超致仕，诏给大将军俸，上官正致仕赐全禄。太祖以后，致仕之官或赐全禄，或给半俸。为了换取百官乐于休致，“凡文武官致仕者，皆转一官，或加恩其子孙”。④ 即按官品高低，荫补其子孙为官，由此而造成了庸才冗官充斥朝堂的恶性循环。

致仕官遇有朝会或节日也可以按官品的序列朝见。元丰三年诏：“自今致仕官遇诞节及大礼，许缀旧班。”⑤

值得提出的是，由于科举取士的扩大，以及卖官鬻爵的盛行，使得官僚队伍急剧膨胀。为了缓和“官多阙少”的矛盾，宋朝增设了有名无实的闲散官职。它们“居闲之日常多，而治事之日常少”，⑥ 是在任官的候补大军。为了防止闲官与地方势力勾结干涉政务，法律明文规定，任满待阙的官僚不得于任地寄居，“诸外任官罢任未及三年而于本处寄居者，徒一年”。⑦ 知州、通判、县令虽缺员，也不得“差寄居待阙官权摄”。闲官在某地寄居七年以上，其寄居地视同原籍，适用“回避本贯”的任官制度，并不许注拟差遣。

---

① 《宋史》卷170，《职官志》10。

② 《宋史》卷170，《职官志》10。

③ （宋）王安石：《王临川全集》卷53，《外制五·孙戾太子中允致仕制》。

④ 《宋会要辑稿》职官77之28。

⑤ 《宋史》卷170，《职官志》10。

⑥ （宋）李焘：《续资治通鉴长编》卷386，元祐元年八月己酉。

⑦ 《庆元条法事类》卷7，《职制门四·寄居待阙》所引《职制敕》。

此外，“有田产物力在三等户以上”者，也“不许注授本处差遣”[①]，但可以与任职于其他地区的官员互换。宋朝对闲官虽作出了一定的限制，但却未能从根本上防止闲官与权贵勾结，“干扰州县”，以及与“大姓豪家”互为表里，侵夺小民。闲官还享有现任官所不曾有的经济利益。例如，官府出卖官田，“监司州县官吏公人并不许收买”，但“寄居待阙官愿买者听”[②]，从而助长了闲官兼并土地之风。

不仅如此，闲官为获得早日差遣，磨勘迁转，纷纷奔走于公卿长官门下，“问遣公行，贿赂旁午”，[③]加速了吏治的败坏。如同欧阳修所说：“今方峙残，公私困急，全由官吏冗滥者多。”[④]

总括上述，宋朝的行政法规范调整的范围既广泛而又细密，在行政法史上具有重要的价值。但由于律、敕并行，互相抵触，使得法无定制，“虽有正官，非别敕不治本司事，事之所案，十亡二三”。其结果是官吏们或不以违背成法为意，或阳奉阴违，或“视公局犹同传舍”，敷衍塞责，一切良法美意在专制制度不断加强的条件下，必然受到冲击，甚至抵消。

---

① 《宋会要辑稿》职官 61 之 50 至 51。

② 《宋会要辑稿》食货 5 之 23。

③ （宋）魏了翁：《鹤山先生大全文集》卷 21，《馆职策 · 答馆职策一道》。

④ 《续资治通鉴长编》卷 143，庆历三年九月癸巳。

第三章　民事法律

第一节　民事权利主体

两宋以前，在完全自然经济的基础之上，宗法等级制度森严，社会被划分为“金字塔”一样的不可逾越的上下尊卑等级，只有中上层的少数统治阶级拥有特殊的权利；部分平民也可以参与有限的民事行为；而大多数下层人民，包括奴隶、农奴（部曲）、婢仆、佃客等则只有义务而无权利，他们与主人的关系是纯粹的人身依附关系而非契约关系。商人亦基本上被压在金字塔的下层。自唐中后期开始至两宋高度发展的商品经济，无情地动摇了传统宗法等级制度的基础。商人阶层很快取得了平等主体的地位，而其他过去处于贱人地位的阶层也基本解脱了传统枷锁，成为契约关系的当事人，人身依附关系大大缓解。商品经济的高度发展必然创造越来越多的平等主体，使社会出现“从身份到契约”的发展趋势。本节以家内服役、手工业劳动和农业劳动为例，着重阐述两宋时期民事权利主体的这一新的发展趋势。

一、家内服役者由客体向主体的转化

两宋以前的家内服役者——奴婢和奴仆毫无权利可言，甚至没有人格地位而等同于主人的私有财产，是标准的债的客体而非主体。以唐代为例，

唐律明文规定："奴婢贱人，律比畜产"；"奴婢既同资财，即合由主处分"；"诸以私财物、奴婢、畜产之类（原注：余条不别言奴婢者，与畜产、财物同）贸易官物者，计其等，准盗论"；反逆者要尽没收资财，"称'资财并没官'，不言奴婢、畜产，即是总同财物"；"买奴婢、马牛驼骡驴等，依令并立市券，两和市卖，已过价讫，若不立券，过三日，买者笞三十，卖者减一等"。[①] 可见，唐律明文将这一阶层人确定为债的客体，由主人随意处分。唐代贵族、官员蓄奴的风气很盛，往往每家畜养数百、上千名奴婢。当然，唐代的奴婢与奴隶制社会的奴隶已有区别，主人已不能随便杀死奴婢，违者要处杖一百至徒一年之刑。

婢仆"律比畜产"的客体地位自唐中叶以来开始发生变化，出现了由雇赁而来的"随身"制。而至两宋，这一趋势更出现质变，主仆关系完全雇佣化了，婢仆成为契约关系的一方当事人而非主人的私财。这一质变集中表现在以下几方面：

（一）自愿签订的雇佣契约成为家内服役关系成立的唯一合法形式

首先，两宋时期已经不存在将大批罪犯及其家属籍没入官为奴的制度，更无世袭而来的奴婢，取而代之的是依法雇佣而来的"人力"和"女使"。南宋末年人方回说：

> "近代无从坐没入官为奴婢之法，北方以兵掳则有之。近代法不善者，宦官进子，宫无罪之人；良人女犯奸三人以上，理为杂户，断脊杖，送妓乐司收管。"[②]

---

① 《唐律疏议》卷6《名例 · 官户部曲官私奴婢有犯》、卷14《户婚 · 奴娶良人为妻》、卷20《贼盗 · 以私财奴婢贸易官物》、卷26《杂律 · 买奴婢牛马不立券》。

② 方回：《续古今考》卷36，《酒浆笾醢醯盐幂奄女溪》。

也就是说，只有当良民女子犯奸且情重的情况下才将其断为“杂户”。另外，偶尔也将某些重大谋反逆叛案犯家属刺为奴婢，如真宗时令：军士叛国者“先监其家属，限百日招诱，限满不获，实入贼境者，其妻子论如法”，即“没为奴婢”①。《庆元条法事类》中虽也有个别条款将罪犯配为奴婢的，② 但这种现象在两宋时期已非常少见。婢仆的主要来源是一般良民迫于饥荒或兵荒而自愿受雇成为家内服役者的。正如葛洪所言：“今之所谓奴婢者，概本良家。既非气类之本卑，又非刑辟之收坐。不幸迫于兵荒，陷身于此。”③ 这些为饥寒所迫的良民，是通过“行老”“牙婆”等居间做媒而与雇主建立雇佣关系的，所谓“凡雇觅人力，干当人、酒食、作匠之类，各有行老供雇；觅女使，即有引至牙人”④。

既然是雇佣关系，那么就应该有契约。宋真宗时即规定，“自今人家佣赁，当明设要契”。⑤ 这与前代大批被强制或世袭为奴的情况大相径庭，连皇帝也承认：“今之童仆，本佣雇良民。”⑥ 既是契约关系，就必须以自愿代替强制。因此，两宋严立法禁，防范和惩治那些违背自愿原则而强迫他人为奴的行为。非法强迫的行为大致有二：

一是强雇人或强质人为奴婢。这又包括两种情况：官吏利用职权强雇属民为婢仆，以及债权人强迫不能履行债务的债务人男女为婢仆（前代的“役身折酬”），这两种非法行为很普遍。如北宋颍昌府阴翟知县赵仁恕，“前后强雇部民女使”达数十人；⑦ 发运使吕温卿“雇部内人充女使，以二十岁

① （宋）李焘:《续资治通鉴长编》卷55，咸平六年六月己卯。
② 《庆元条法事类》卷75,《刑狱门·编配流役》。
③ （宋）葛洪:《涉史随笔·汉高帝诏免奴婢自卖者为庶人》。
④ （宋）孟元老:《东京梦华录》卷3,《雇觅人力》。
⑤ 《文献通考》卷11,《户口考》2。
⑥ （宋）李焘:《续资治通鉴长编》卷54，咸平六年四月庚午。
⑦ （宋）李焘:《续资治通鉴长编》卷460，元祐六年六月丙辰。

者作绣工，以十六七岁室女作乳媪”①。以债负折人为婢仆的情况更多，广西路“邕州僚户缘逋负没妇女为佣者一千余人”②；南宋孝宗时“湖南人户少欠客人盐钱，辄取折人男女充奴婢”③。这两种情况虽都是有偿雇佣，但由于带有强制因素，故不是合法的雇佣关系，法律一直严加限制。早在太宗时便针对“江南、两浙、福建州军贫人负富人息钱无以偿，没入男女为奴婢”的不法行为而下诏：“限诏到，并令检勘，还其父母。敢有隐匿者，治罪。”④以债负质人为奴者更为法律所不容，太祖时即针对“岭南民有逋赋者，县吏或为代输，或于兼并之家假贷，则皆纳其妻女以为质”的情况而“诏所在严禁之”⑤。官僚以债负强质人口者，人质家属还可上告，如真宗时附马都尉石保吉，有人贷其钱，“息不尽入，质其女。其父上诉，真宗亟命遣还”。⑥神宗元丰三年（1080 年）十二月臣僚亦上言称：“海南多贫缺，举贷于豪富之家，其息每岁加倍，展转增益，遂至抑雇儿女，脱身无期。乞严诫官司觉察。”⑦《庆元条法事类》则对以债质人或以债强雇人的行为规定了严厉的法禁：“诸以债负质当人口（原注：虚立人力、女使雇契同）杖一百，人放逐便，钱物不追，情重者奏裁。”⑧

二是不法之徒拐卖良人为奴婢的行为，尤其是以拐卖妇女儿童者比较严重。如江西路建昌军南丰县不法之徒“多掠良人子售为奴婢”⑨。南宋罗愿奏称：

① （宋）李焘：《续资治通鉴长编》卷 504，元符元年十二月辛卯。
② 《宋史》卷 303，《魏瓘传》。
③ 《宋会要辑稿》食货 27 之 15。
④ 《文献通考》卷 11，《户口考》2。
⑤ （宋）李焘：《续资治通鉴长编》卷 13，太祖开宝五年三月乙亥。
⑥ 《宋史》卷 250，《石保吉传》。
⑦ （宋）李焘：《续资治通鉴长编》卷 310，元丰三年十二月庚申。
⑧ 《庆元条法事类》卷 80，《杂门 · 出举债负》所引《杂敕》。
⑨ （宋）苏颂：《苏魏公文集》卷 60，《墓志 · 朝风大夫提点广西刑狱公事胡公墓志铭》。

“臣昨来被旨权赣州日，捕治土人往广南盗牛者，其间往往并掠其小儿以来。臣今假守鄂州，又见民间所须僮奴，多藉江西贩到，其小者或十岁左右。”①

史浩也上奏称：

“建宁府、南剑州、汀州、邵武军四州军穷乏之人，例不举子，家止一丁。纵生十子，一子之外，余尽杀之。贵家富室既无奴婢，其势不得不买于他州。价值既高，贩掠之人所以日盛。刑禁垂楚，情重者多至编配，而此风终不可革。”②

有的官吏也参与这些违法行为，如南宋宁宗时知临汇军詹抢即“专事贩卖生口，前后起发归乡凡六七十舟，父母相别，哭声震动，闻者惨然”③。对于这些非法行为，两宋一方面无条件释放这些奴婢返乡，如北宋时“江湖民掠良人南岭外为奴婢”者甚多，广南提刑周湛到任后“设方略搜捕，又听其自陈，得女二千六百人，给饮食还其家”④；另一方面严立法禁，太祖开宝四年（971 年）即降诏：“应广南诸郡民家有收买到男女为奴婢，转将佣雇以输其利者，今后并令放免。敢不如诏旨者，决杖配流。”⑤刑法上更专设有“略人为奴婢”罪，故史称两宋“略人之法，最为严重”，“略人为奴婢者，绞”。⑥而“见任官买贩生口，尤法禁之所不许”，违者至于勘杖

① （宋）罗愿:《罗鄂州小集》卷 5,《鄂州到任五事札子》。
② （宋）史浩:《鄮峰真隐漫录》卷 8,《奏议・福州乞置官庄赡养生子之家札子》。
③ 《宋会要辑稿》职官 74 之 2。
④ 《宋史》卷 300,《周湛传》。
⑤ 《文献通考》卷 11,《户口考》2,《奴婢》。
⑥ 《宋会要辑稿》食货 69 之 69。

编配，绳之以法。[①] 北宋时期的边肃、肖固等皆因“市人口”而受到处罚。[②] 县尉黄友雇买部民女三人为女使，亦被“勘杖一百，押出本路界”，引见牙人、牙婆两名亦被杖八十。[③]

以上可见，两宋一方面允许合法地雇佣家内服役者，另一方面严加禁止非法的强雇和掠卖行为。家内服役者的唯一合法途径就是自愿雇佣，以雇佣契约确立双方间的权利义务关系。反映在法律观念上，两宋士大夫也多已认识到：“宅第要人，使令当取情愿雇募，养活得好，投充自多。”[④] 这种“情愿雇募”在两宋已形成主流，两宋法律适时进行规范则有利于这一趋势的正常发展。

（二）家内服役者享有法定的诸项权利

与前代“律比畜产”的地位不同，两宋时期由契约确立的家内服役者与主人之间的关系是权利义务关系，服役者至少享有以下诸项主体权利：

第一，服务者按契约约定的雇佣期限、雇值或工钱等，有权收取酬金，并在期满后自由选择自己的未来，主人再也不能世世代代永久地占有役使奴仆人身了。北宋真宗时规定：“自今人家佣赁，当明设要契及五年。”[⑤] 南宋罗愿也说：“在法，雇人为婢，限止十年，其限内转雇者，年限、价钱各应通计。”[⑥] 说明家内服役者的年限一般在五至十年，在此期限内，主人虽可以转雇于他人，但通计不得超过法定年限。

期满之后，去留取决于服役者本人，“年满不愿留者，纵之”，[⑦] 主人不

---

① 《名公书判清明集》卷 9,《雇赁 · 时官贩生口碍法》。

② 《建炎以来系年要录》卷 164。

③ 《名公书判清明集》卷 9,《雇赁 · 时官贩生口碍法》。

④ （宋）陈著:《本堂集》卷 53,《嵊县禁夺仆榜》。

⑤ 《文献通考》卷 11,《户口考》2。

⑥ （宋）罗愿:《罗鄂州小集》卷 5,《鄂州到任五事札子》。

⑦ （宋）朱熹:《朱子家礼》卷 1,《司马氏居家杂仪》。

得强留。袁采说：

“以人之妻为婢，年满而送还其夫；以人之女为婢，年满而送还其父母；以他乡之人为婢，年满而送归其乡。”[①]

如果期满后愿意留下者，则要与主人续订契约，如某官“女婢银花，年限已满”，但她愿“一意奉侍”，原订约每月给米一斛，续订约“遂约以每年与钱百千，以代加年之直”[②]。为保证这一期限得以遵守，两宋针对有些雇主故意“隐落原雇之由，径作牙家自卖，别起年限，多取价钱”，[③]或“品官之家典雇女使，妄作养女立契”等弊病，立法规定雇主必须严守期限，“如有违犯，其雇主并引领牙保人，并依律‘不应为’从杖八十科罪，钱不追，人还主。仍许被雇之家陈首”。[④]不但违法雇主及牙保要受罚，而且被雇人还获得了诉权，可以请求司法救济，故袁采说：

“以人之妻女为婢……年满有不还其夫而擅嫁他人，有不还其父母而擅与嫁人，皆兴讼之端。”[⑤]

家内服役者有权利与主人“兴讼”，对簿公堂，这在封建社会又是极少见的。

第二，家内服役者享有独立的人格权，而不再像畜产那样由主人随意处分。真宗咸平元年诏：“川峡路理逋欠官物，不得估其家奴婢价以偿。”[⑥]

① 《袁氏世范》卷3，《治家·雇女使年满当送还》。

② （宋）周密：《癸辛杂识》别集下，《银花》。

③ （宋）罗愿：《罗鄂州小集》卷5，《鄂州到任五事劄子》。

④ 《宋会要辑稿》刑法2之155。

⑤ 《袁氏世范》卷3，《治家·雇女使年满当送还》。

⑥ 《文献通考》卷11，《户口考》2。

即奴婢不能再作为主人的资财而用来偿债。主人犯罪被刑需要籍没家产者，奴婢也不再作为家产予以没官，相反，却是予以释放。如太宗时，大臣卢多逊因罪被流后，“亲属并配隶边远州郡，部曲、奴婢纵之”[①]就是一例。说明奴婢基本上摆脱了过去“律比畜产”的惨状而成为具有独立人格权的国家编户齐民。在两宋，“良”“贱”之间已不像以前那样有不可逾越的鸿沟，正如罗愿所言：“臣窃以古称良贱，灼然不同，良者即是良民，贱者率皆罪隶。今世所云奴婢，一概本出良家。”[②]所谓“今之僮仆，本佣雇良民”。良贱界限的模糊，正说明身份等级差别的缩小和主仆之分的淡化。

第三，家内服役者在一定范围内还获得了控告主人的权力。唐律规定：“奴婢告主，非谋反、逆、叛者，皆绞”，“告主之期亲及外祖父母者，流；大功以下亲，徒一年”。[③]可见法律将奴婢与主人紧紧地捆在一起，强化了人身依附关系。而两宋时期这一告主限制大大放宽，如南宋初规定：金兵南侵时贪占官物而“出限不纳之家，许诸色人并本家人力、女使经府陈告，以所藏之物三分之一估价充赏，其人力、女使着即时放令逐便”。[④]孝宗时也规定：凡以耕牛、战马、茶叶等走私贩入金界交易者，“许诸色人告捕，赏钱二千贯……及人力、女使告首者，并与免罪，与依诸色人告捕支赏”。[⑤]这些赋予家庭服役者的控告权，在前代是绝对不可想象的。

（三）家内服役者的人身权利开始受到法律保护

这主要体现在两个方面：

第一，婢仆有罪，只能由官府依法处罚，而不许主家私自用刑。宋真宗咸平初年，附马都尉石保吉家仆夫盗财，石保吉要求加重处罚，并要求

① 《宋史》卷264，《卢多逊传附父亿传》。
② （宋）罗愿：《罗鄂州小集》卷5，《鄂州到任五事劄子》。
③ 《唐律疏议》卷24，《斗讼·部曲奴婢告主》。
④ （宋）汪藻：《靖康要录》卷14。
⑤ 《宋会要辑稿》刑法2之119。

于私第亲自责罚，真宗则说："有司自有常法，岂肯以卿故，乱天下法也。"[①]此后仍有不少主家不遵国法"犹擅黥奴仆之面，以快其忿毒"，[②]故真宗下令："有盗主财者，五贯以上杖脊、黥面、配牢城；十贯以上奏裁。而勿得私黥涅之"，力图革除"士庶家僮仆有犯，或私黥其面"的旧习。[③]袁采就曾依法制定本家族的约束曰："婢仆有奸盗及逃亡者，……宜送之于官，依法治之，不可私自鞭挞。"[④]两宋时期有不少官吏就是因为私自处罚婢仆而受罚的，如仁宗时宰臣陈执中私自处罚女使，被御史赵抃弹劾："若女使本有过犯，自当送官断遣，岂宜肆匹夫之暴。"[⑤]英宗时官员刘注坐私自刺仆人面而"追三官，潭州编管"。[⑥]神宗熙宁七年（1074年）宋充国因私自"笞二婢"而被开封府弹劾，"罢其职事"[⑦]，等等。这表明家内服役者已非过去的私属，私自惩处已是违法之举，他们同为国家编户齐民，惩罚权只能属于国家。

第二，主人不得私自杀害婢仆，违者要承担更重的刑事责任。按照唐律规定："诸奴婢有罪，其主不请官司而杀者，杖一百。无罪而杀者，徒一年。"又条："诸主殴部曲至死者，徒一年；故杀者加一等。其有愆犯，决罚致死及过失杀者，各勿论。"[⑧]说明唐代主人杀害奴婢的行为已成为违法之举，但处罚很轻，最重者只不过徒一年至一年半，轻者"勿论"，故主人敢于专杀。两宋君臣为制止这一流弊，毅然重刑惩治擅杀奴婢者，情节严重的甚至处以死刑。如外戚王继勋在西京（洛阳）"强市民家子女备给

① （宋）江少虞：《宋朝事实类苑》卷3，《祖宗圣训·真宗皇帝》。
② （宋）王林：《燕翼贻谋录》卷3。
③ （宋）李焘：《续资治通鉴长编》卷54，咸平六年四月癸酉。
④ 《袁氏世范》卷3，《治家·顽很婢仆宜善遣》。
⑤ （宋）李焘：《续资治通鉴长编》卷177，至和元年十二月癸丑。
⑥ 《宋会要辑稿》职官65之23。
⑦ （宋）李焘：《续资治通鉴长编》卷254，熙宁七年七月己酉。
⑧ 《唐律疏议》卷22，《斗讼·主杀有罪奴婢》。

使，小不如意，即杀食之”，先后手杀婢百余人，罪恶盈贯，太宗下令处斩于洛阳市。[①]又如同州“有富民家小奴逃亡，不知所之，奴父母讼于州，命录事参军鞫之”。录事参军与富民有私怨，故以富民父子共杀女奴为由，判定“或为元谋，或从而加功，皆应死”[②]。这一案例虽有情弊，但它说明宋初对私家杀害婢仆的处罚较官吏更重，可以判死刑。真宗时具体规定了对杀害奴婢的处罚：

“主因过殴决致死者，欲望加部曲一等，但不以愆犯而杀者，减常人一等；如过失杀者勿论。”[③]

这显然比太宗时要轻，但比唐律要重得多，而且有犯必罚，即便是贵为宗室，也不能幸免。如英宗时宗室赵宗悦“坐内乱除名，复坐坑杀无罪女使三人，囚新城外”，直到熙宁八年才答应其子女的请求而准许其子女轮流供侍身边。[④]《庆元条法事类》则采用了徽宗建中靖国元年（1101年）敕令“主殴人力、女使，有愆犯因决罚邂逅致死，若遇恩，品官、民庶之家并合作杂犯”。[⑤]即在遇恩赦时可以“杂犯”例从轻处罚，而在唐律中这是“勿论”的范围。

最后，值得一提的是，为确保家内服役者的人身权利，还采取了两项十分有效的法律监督措施：一是赋予服务者家属以诉讼权，即婢仆死亡后，其家属有权控告雇主，官府便依法审查治罪，所以两宋时期出现不少因婢仆死亡而主家陷入讼累的事例，甚至“婢仆不幸婴病从卒，而父母兄弟、

① 《宋史》卷463，《王继勋传》。
② （宋）江少虞：《宋朝事实类苑》卷22，《官政治绩·钱若水》。
③ 《文献通考》卷11，《户口考》2。
④ 《宋会要辑稿》帝系4之28。
⑤ 《庆元条法事类》卷16，《文书门一·赦降》所引《随敕申明·名例》。

姑姨、叔伯必把为奇货，群凑雇主之门，争攫珍贝者”[①]。甚者“见人家女使病死，则曰原系本家转雇，恐有连累；见人家家仆死，则曰系是本家亲族，不曾走报，凿空入洞。文引才出，则计会公吏、耆长之类，追扰执缚，殆同重囚”[②]。所以袁采告戒家人要谨慎对待婢仆，以防其轻生自残而引怨词讼：“婢仆有过，既已鞭挞，而呼唤使令，辞色如常，则无他事。盖小人受杖，方内怀怨，而主人怒不之释，恐有轻生而自残者”，因此“蓄奴婢，惟本土人最善，……或有非理自残，既有亲属，明其事因公私，又有质证”[③]。以上记载虽不免有偏见，但它说明婢仆家属的诉权确实起到了监督主家不得轻视婢仆生命的作用。二是婢仆在雇佣期间如果非正常死亡，都必须告官检验尸身。太祖开宝二年（969年）八月即下诏开封河南府：“自今奴婢非理致死者，即时检视，听速自收瘗。病死者不用检视。”那么如何才能确知是病死的呢？仁宗景祐三年（1036年）四月三十日开封府提到一旧制条文：“公私家婢仆疾病三申官者，死日不须检验。”但开封府认为：如果主人趁婢仆有病时杀害他，则无法觉察，故下诏进一步规定：“今后所申状内无医人姓名及一日三申者，差人检验。余依旧制。”[④]即没有医生的证明或者一日之内猝死者，虽申报为病死，也要检验，足见对婢仆人身权利保护之重视。

这一从客体到主体的划时代变革，也不可避免地反映到人们的观念中，人们不再认为奴婢是会说话的工具、畜产，如前所述“今之僮仆，本佣雇良民”正是代表了当时最高统治者的观念更新。一般士大夫的观念也为之一新，如罗愿认为“今世所云奴婢，一概本出良家”，故对奴婢也要“不失人道”[⑤]。这一变化不可能反映到宋初修订的《宋刑统》中，所以《宋刑统》

---

① （宋）陈淳：《北溪大全集》卷47，《上傅寺丞论民间利病六条》。

② 《名公书判清明集》卷13，《诬赖·骗乞》。

③ 《袁氏世范》卷3，《治家·婢仆得土人最善》。

④ 《宋会要辑稿》刑法6之2—3。

⑤ （宋）罗愿：《罗鄂州小集》卷5，《鄂州到任五事劄子》。

照搬唐律有关奴婢的旧条文也为当时士大夫们所不取，司法中也弃而不用。如费衮说：

"律文有官户、杂户、良人之名。今固无此色人，谳议者已不用此律。"[①]

另一士大夫赵彦卫则认为：

"《刑统》皆汉唐旧文，法家之五经也。当国初，尝修之，颇存南北朝之法及五代一时指挥，如'奴婢不得与齐民伍'，有'奴婢贱人，类同畜产'之语，及五代'私酒犯者处死'之类，不可为训，皆当删去。"[②]

这一法律观念的变革，在中国法制史上具有深远的历史意义。

二、手工业劳动者主体地位的进一步确立

手工业劳动者以雇工形式出现，在中国起源较早，他们与雇主之间本来就是一种契约性的经济关系，这一点与奴婢不同。但在商品经济不发达的自然经济状态下，这种契约性的雇佣关系只是一种偶发的现象，"随着财产不均现象的产生，亦即早在野蛮时代高级阶段，与奴隶劳动并存就零散地出现了雇佣劳动"。[③] 所以在两宋以前，家内劳动者是奴婢，农业劳动者是农奴，而手工业劳动者则是在国家强制下的"番匠"，这些主要的劳动领域都很少有雇佣关系，而主要都是依附关系很强的人身关系。唐代规定，全国的"番匠"每年服役二十天，违者受罚，服役期间口粮自备。这

① （宋）费衮：《梁溪漫志》卷9，《官户杂户》。

② （宋）赵彦卫：《云麓漫钞》卷4。

③ 《家庭、私有制和国家的起源》，载《马克思恩格斯全集》第21卷，人民出版社1965年版，第79页。

一强制性的手工劳动正是均田制的产物，它必然随着均田制的崩溃而瓦解。故唐中后期，才开始出现“和雇匠”，但雇佣劳动仍不普遍。

两宋时期，这种格局为之一变，不但婢仆劳动雇佣化，传统的零星的雇佣劳动也应商品经济发展的要求而在生产和服务行业蓬勃发展起来，雇工成为两宋社会经济活动中的一支重要力量，是债的主体进一步扩大的又一重要标志。两宋雇佣劳动的变化表现在以下几个方面：

（一）劳动力市场的局部形成，使双方能够通过自由自愿的方式建立雇佣关系

商品经济的冲击，土地频繁地流转，造就出大量农村闲散人员。他们一部分租种地主土地而成为佃客，一部分受雇于私家为婢仆，一部分弃农经商，另一部分则流落城乡成为雇工（长工或短工）。即便是农村薄有一点土地的农户也在“秋成之时，百逋丛身，解偿之余，储积无几，往往负贩、佣工，以谋朝夕之赢者，比比皆是也”[①]。无地的客户受雇者更多，如福建漳州一带，“其余客户，则全无立锥，惟籍佣雇，朝夕奔波”，以“营三餐之饱”[②]。流落到城市的待雇人员更多，以至于形成了固定的劳动力市场，如孟元老记述汴京的情况说：

“倘欲修整屋宇，泥补墙壁，生辰忌日，欲设斋僧尼道士，即早辰桥市街巷口皆有木竹匠人，谓之杂货工匠，以至杂作人夫，道士僧人，罗立会聚，候人请唤，谓之‘罗斋’。”[③]

南宋临安也出现了类似的情况，耐得翁等人记载曰：“又有一等专是诸

① （宋）王柏：《鲁斋集》卷7，《铭·社仓利害书》。
② （宋）陈淳：《北溪大全集》卷44，《上庄大卿论鬻盐》。
③ （宋）孟元老：《东京梦华录》卷4，《修整杂货及斋僧请道》。

行借工卖使人会聚行老处，谓之‘市头’。”[1] 这种“卖使人”就是出卖劳动力的人，“行老”是专为他们介绍雇主的中介人。其他大城市如四川成都府也出现了这种情况：“村民日趋成都府小东郭桥上卖工，凡有钱者皆可雇其充使，令负担也。”[2] 可见从都城到地方城市，都规模不等地形成了一定的劳动力供应市场。

（二）雇工与雇主之间开始形成一种毫无人身依附关系的新的货币关系

两宋以前，雇工虽然比奴婢、部曲地位高，但与雇主之间仍然有一定的人身依附关系。唐中后期，雇工与雇主之间一般都订立契约，地位比魏晋南北朝时有所改善。两宋时期雇佣关系是在劳动力市场上自愿协商建立的，如上引成都府“小东郭桥上卖工”市场，“有杨秀才善夫来雇十人，议工钱每人二百”。这种场合下形成的雇佣关系是一种新的货币关系，特点是：其一，雇工有契约期满后的去留自由；其二，雇工的雇值一般以货币支付；其三，雇工与雇主之间身份性差别弱化乃至平等。

《夷坚志》支甲卷五《灌园吴六》载：

> “临川市民王明，居廛间贩易，赀蓄微丰，买城西空地为菜园，雇健仆吴六种植培灌，又以其余者俾鬻之。受佣累岁，绍熙辛亥，力辞去，留之不可。”

这里的“留之不可”说明雇工有解除契约关系的权利，雇主不能控制雇工的人身自由。尤其是那些农村中雇短工的民户与雇工之间的人身关系极为松散，且身份性差别几乎等于零，如前引毕氏兄弟、沈三四以及吴廿

---

① （宋）耐得翁：《都城纪胜》。

② 《夷坚续志》前集卷2，《艺术门 · 幻术 · 幻术为盗》。

九等民户便是典型的例证。

又如陆游《剑南诗稿》有诗曰：

“佣耕食于我，客主同爨炊。瓦盎设大杓，薤苋羹园葵。一饱荷锄出，作劳非所辞。”①

雇主与雇工同桌共饮，正说明他们没有身份性差别。而雇值的支付手段是货币，则进一步强化了他们之间的经济性质，下面略举几例：四川九陇县茶园户“各为雇召人工，每日雇钱六十文，并口食在外”②。建州北苑茶场“采茶工匠几千人，日支钱七十足”③。南方乡村雇工“丁男日佣，不过四五十文”④……这些资料显示，雇工的雇值一般都以货币支付，每日四五十文至六七十文不等，在这种经济关系中，身份差别和人身关系都会黯然失色。因此在许多场合下，雇工与雇主之间已基本上摆脱了过去的“主仆”称呼，如在机户和机坊中便是。在盐业生产领域，这种变化更为明显。据文同《丹渊集》卷三十四《奏状·奏为乞差京朝官知井研县事》载：

（陵州井研县盐井主）“豪者一家至有一二十井，其次亦不减七八。……每一家须役工匠四五十人至三二十人。此人皆是他州别县浮浪无根著之徒，抵罪逋逃，变易姓名，尽来就此佣身赁力。平居无事，则俯伏低折，与主人营作；一不如意，则递相扇诱，群党哗噪，算索工值，偃蹇求去。……（井主）但务姑息，滋其狡暴。况复更与嘉州并梓州路荣州疆境甚密，彼处亦皆有似此卓筒盐井者颇多，相去尽不远三二十里，连溪接谷，灶居鳞次，

---

① （宋）陆游：《剑南诗稿》卷48，《弊庐》。

② （宋）吕陶：《净德集》卷1，《奏状·奏为官场买茶亏损园户致有词讼喧闹事状》。

③ （宋）庄绰：《鸡肋编》卷下，《吕丞相退老堂》。

④ （宋）蔡襄：《蔡忠惠公文集》卷24，《上庞端公书》。

又不知与彼二州者工匠移人，合为几千、万人矣！”

这里文同描述了陵州盐井井主所雇工匠的规模以及这里出现的劳资之间的紧张关系，如果井主克扣他们的工钱，他们就会集体起来与井主斗争。三州盐井所雇工匠成千上万，形成了一支很强的劳动者大军，他们是摆脱了封建羁绊后逃到这里与雇主建立起新契约关系的雇工，这种新的劳资关系和劳资之间的矛盾，在两宋以前是从未出现过的。纺织业和盐业生产中的这种新的现象，不论是否是资本主义萌芽，我们都不能否认一种新的经济关系正在孕育出来。

三、从私属到佃客——农业劳动者主体地位的确立

两宋以前，直接农业生产者主要是均田制下的自耕农以及地主庄园内的农奴（部曲）。自耕农虽相对来说具备一定的独立人格，但在封闭的自给自足的自然经济条件下，他们“至老死不相往来”，不可能产生多少债的关系。而封建官府繁重的课役负担，又使越来越多的自耕农弃家逃亡，逃亡后又不得不投靠地主，成为地主庄园的衣食客、浮客、浮户、隐户等，与奴婢的地位相差无几，所谓“依托强豪，以为私属”[①]，也就是说成为地主的私人财产，且“皆注家籍”，失去了独立的户籍和国家的法律保护，与地主具有严格的人身依附关系，称为“部曲”。与奴婢的不同之处在于，他们是地主庄园的农奴，并且可以拥有一些自己的财产。《唐律疏议》明文规定：“部曲，谓私家所有”[②]；“部曲、奴婢，是为家仆，事主须存谨敬，

① （唐）陆贽：《陆宣公翰苑集》卷22，《奏议 · 均节赋税恤百姓六条 · 其六论兼并之家私敛重于公税》。

② 《唐律疏议》卷6，《名例 · 官户部曲官私奴婢有犯》。

又亦防其二心”[①]；“奴婢、部曲，身系于主”[②]。《唐律释文》亦曰：“自幼娶妻。此等之人，随主属贯，又别无户籍，若此之类，名为部曲。”可见在唐代，部曲与奴婢同为人身依附极强的地主豪强的私属。

这种状况在唐中后期实行两税法后开始发生变化，两宋更出现了质的飞跃。由于地主土地私有制的发展，租佃制经营取代了过去庄园制经营，沦为地主“私属”的部曲转变为佃农，由此导致其身份地位和法律地位的重大突破，表现在：

（一）摆脱了“私属”身份而成为国家的编户齐民

过去是“随主属贯，又别无户籍”，如同奴婢丧失了独立的人格。这对于封建国家来说，农民被迫逃移而成为地主私属，等于国家户口的减少和赋税收入的削弱。故从唐中后期实行两税法后，赋役由原来的计丁、口征发而改为计土地和财产数量征发，浮客或客户被划入九等户内，以此将客户也纳入国家税役的范围，所谓“户无主客，以见居为簿”[③]，结果当然有利于客户摆脱“私属”身份。

两宋加速了这一转化过程，客户完全取得了与主户平等的社会地位，客户不仅在原籍可以取得国家编户齐民的资格，即使迁移他乡，只要定居一年以上者，便可编入当地户籍。各地方政府也想方设法招徕客户，定居入籍，以增加自己辖区户口总数。真宗天禧五年（1021 年）诏：“诸州县自今招徕户口及创居入中开垦荒田者，许依格式申入户口籍。”[④]这进一步促使了无地客户的流动与迁徙，正像宋神宗时曾布所言：“近世之民，离乡轻家，东西南北转徙而之四方，固不以为患。而居作一年，即听附籍。”[⑤]

---

① 《唐律疏议》卷 22，《斗讼·部曲奴婢过失杀伤主》。
② 《唐律疏议》卷 17，《贼盗·亲属为人杀私和》。
③ 《旧唐书》卷 118，《杨炎传》。
④ 《文献通考》卷 11，《户口考》2。
⑤ （宋）李焘：《续资治通鉴长编》卷 214，熙宁三年八月戊寅。

这一变化也改变了人们对客户的传统偏见，在士大夫们眼里，主客之间不再像过去那样有如天壤之别。如司马光说："彼（按：指主客户）皆编户齐民，非有上下之势。"① 南宋初期胡宏写给刘琦的信中也讲："虽天子之贵，而保民如保赤子，况主户之于客户，皆齐民乎。"② 理宗时的黄震也说："租户自系良民。"③ 国家在兵火水旱之际赈灾恤民时，对主客户也一律平等对待，所谓"无分于主客户"④。可见无论从哪个角度看，客户获得了编户齐民的平等资格是无疑的。

（二）客户已能够具备作为主体所必需的自由意志和权利

能否以自己的自由意志参与民事交往，这是权利主体资格的必要标准。以前的部曲不但没有自己的户籍，而且其一切经济活动都只能由主人安排，未经主人允许，不得随意迁徙、置产，更不能与人交易，包括婚姻都由主人安排。

而两宋时期的客户则不同，他们至少开始在以下几个方面享有权利主体的自由意志：

1. 佃客有承佃和退佃的自由权

无论是地主还是官府，在出租地土时，只能根据客户自愿签订契约，而不得强迫抑勒。官田在出租时一般采用"实封投状"的自由竞争办法，让客户、下户和其他流民自愿竞争承佃。如孝宗乾道六年（1170 年）招佃榜文说："不拘西北流寓及两淮居民以至江浙等处客户，并许不以多少，量力踏逐承佃。"⑤ 宁宗开禧二年（1206 年）出租营田时也规定："出榜招募流移之民及当处民户无产业者，及有产业而尚有余力者，听其从便入状，权

① （宋）江少虞：《宋朝事实类苑》卷 15，《顾问奏对 · 司马温公》。

② （宋）胡宏：《胡宏集》卷 2，《与刘信叔书五首》。

③ （宋）黄震：《黄氏日抄》卷 70，《申提刑司乞免一路巡尉理索状》。

④ 《宋史》卷 178，《食货志上》6。

⑤ 《宋会要辑稿》食货 63 之 150。

行承佃。”[①] 如此之类的官田招佃活动史不绝书，并三令五申强调要遵循“自愿请佃”的原则，只能“募民间情愿种者”[②]，“招召情愿佃客耕种”[③]；而“不得强行差抑，致有骚扰”[④]。私人土地的出租也要根据客户自愿，双方签订契约，而不再像过去那样将地客随土地一起进行转让，强迫耕佃。绍兴初年胡宏写给刘琦的第五封书信中提到：“荆湖之间，有主户不知爱养客户，客户力微，无所赴诉者。往年鄂守庄公绰言于朝，请买卖田土不得载客户于契书，听其自便，朝廷颁行其说。”[⑤] 这大概就是绍兴二十三年（1153 年）颁布的诏书：“民户典卖田地，毋得以佃户姓名私为关约，随契分付；得业者亦毋得勒令耕佃。如违，许越诉。”[⑥] 客户由此获得了一项特殊的越级诉讼权，以保护自己的合法权益，这一方面说明地主不得再将客户作为债的客体而随意转让，另一方面也说明客户已经能够凭自己的自由意志来参与民事法律活动，地主如加以干预，客户则有权请求司法救济。即使是相对落后的尚保留庄园的农奴制的西北夔州路，也在开禧元年（1205 年）依本路远判之请，颁布了一条“一路专法”：

“凡为客户者，许役其身，而毋得及其家属妇女皆充役作；凡典卖田宅，听其从条离业，不许就租以充客户，虽非就租，亦无得以业人充役使；凡贷借钱物者，止凭文约交还，不许抑勒以为地客；凡为客户身故，而其妻愿改嫁者，听其自便；凡客户之女，听其自行聘嫁。庶使深山穷谷之民，得安生理，不至为强有力者之所侵欺。”[⑦]

① 《宋会要辑稿》食货 63 之 156。
② 《宋会要辑稿》食货 63 之 97。
③ 《宋会要辑稿》食货 3 之 4。
④ 《宋会要辑稿》食货 63 之 101。
⑤ （宋）胡宏：《胡宏集》卷 2，《与刘信叔书五首》。
⑥ 《建炎以来系年要录》卷 164，绍兴二十三年六月庚午。
⑦ 《宋会要辑稿》食货 69 之 68。

这一条“一路专法”除继续维护地主役使客户的权利外，其他的特权均予取消，佃客地位大大提高，如佃客获得了承佃的自由，主人不得以任何借口抑勒就租，客户的家属也摆脱了主人的恣意驱使。

客户有权在履行约定义务后解除原约而别作选择，这是作为债的主体所必备的又一条件。两宋时期地主已不能再将佃客牢牢地控制在土地上。佃客与地主之间的关系是由租佃契约确立下来的暂时的经济关系，而非人身依附关系，一旦契约期满，佃户就享有解约换佃、自由起移的权利。北宋初年，承租官田的佃户便已获得了这一权利，如仁宗天圣三年（1025 年）州县逃田很多，为鼓励人户承佃，即规定允许择肥承佃，于是不少官员便说：“民择得美田，即弃见佃瘠土。”①这正是佃客具有退佃或换佃自由的反映。孝宗时则明确规定：湖北地区请佃官荒田的佃户“不愿开耕，即许退佃”②，各地官吏职田也不得“强抑入户租佃”，如果“佃户无力耕种，不令退免，各徒二年”③。而私人地主土地的佃客在仁宗以前尚未获得这一权利，仍是被严格地限制在土地上而终身劳作。仁宗天圣五年（1027 年）十一月下诏指出：

“江淮、两浙、荆湖、福建、广南州军旧条：私下分田客非时不得起移，如主人发遣，给与凭由，方许别往，多被抑勒，不放起移。自今后客户起移，更不取主人凭由，须每田收田毕日，商量去往，各取稳便，即不得非时衷私起移；如是主人非理拦占，许经县论详。”④

可见，在仁宗天圣五年前，租佃私人地主土地的客户尚无迁徙之自由

① 《宋会要辑稿》食货 1 之 22。
② 《文献通考》卷 5，《田赋考》5。
③ 《宋会要辑稿》职官 58 之 24。
④ 《宋会要辑稿》食货 1 之 24。

权，如要退佃移徙，就必须取得地主的准许，并凭借地主签发的准许证明书才能离开旧主另觅新主，以至于客户多被地主抑勒阻拦。从这年开始，南方的广大地区佃客便无须再凭借地主的准许证明书，即可退佃移徙，当然要在每次收获完毕之后，而不得在农务时随意离开。如果地主无理阻拦，佃客则有权告官，请求司法救济。

在租佃关系存续期间，客户还有参与其他债权债务法律活动的权利。在商品经济发达地区，如太湖流域，佃客只要按照契约而履行过义务，便可自由支配自己的其他时间，从事其他民事活动。比如在租佃契约存续期间，佃客可在农暇时离开土地而经商或受他人雇佣，可以同时建立多种债权债务法律关系而不受地主限制。绍兴年间，“乐平新进乡农民陈五，为翟氏佃仆。每以暇时，受他人雇佣，负担远适”。[①] 孝宗淳熙年间，“郑四客，台州仙居人，为林通判家佃户。后销有储羡，或出入贩贸纱帛海物”。[②] 这些记载无疑都是两宋时期佃客的主体权利日益扩大的重要见证。

2. 佃客享有永佃权

永佃权是北宋官庄、屯田的租佃过程中渐渐形成的。这些官田招纳无地产的客户租种后，客户在土地上付出了很大代价，尤其是租佃荒田的佃户，更是如此。故宋初统治者已注意到要保护那些已经付出代价的佃户的租佃权，防止他人争夺。长期下去，佃客在土地上建造自己的房舍，安置坟墓，种植树木等，形同己产。如神宗时，三司言：“天下屯田省庄，皆子孙相承，租佃岁久。”[③] 曾公亮也说：“佃户或百年承佃，有如己业，今鬻之则至失职，非便”，不同意夺佃户田出卖。[④] 河北、河东、陕西等缘边之路租佃官田的佃客也“往往父祖相传，修营庐舍，种植园林，已成永业”[⑤]。

---

① （宋）洪迈：《夷坚志》支癸卷5，《神游西湖》。

② （宋）洪迈：《夷坚志》支志景卷5，《郑四客》。

③ 《文献通考》卷7，《田赋考》7，《官田》。

④ （宋）李焘：《续资治通鉴长编》卷219，熙宁四年正月壬辰。

⑤ （宋）李焘：《续资治通鉴长编》卷397，元祐二年三月辛巳。

这些材料显示，北宋早、中期，已自然地形成了较为稳定的永佃权现象，但还仅仅是一种约定俗成的习惯。至北宋后期，佃客的永佃权逐渐法律化，表现在佃客可以买卖转让租佃权。如徽宗时知吉州徐常奏称：江西屯田的佃客有相互转让租佃权的行为：

“如有移变，虽名立价交佃，其实便如典卖己物，其有得以为业者，于中悉为居室坟墓，既不可例以夺卖，又其交佃岁久，甲乙相传，皆随价得佃。”①

租佃权的交易，至少在徽宗时已得到法律的确认。如宣和元年（1119年）八月依农田所之请，规定人户租佃官田后，“如将来典卖，听依系籍田法请买印契，书填交易”。② 至南宋，法律上的规定更趋完备，永佃权不再是一种约定俗成的习惯，而是国家在召人承佃时就以法律的形式赋予佃客的。例如，高宗绍兴三十一年令户部和兵部立法：被淘汰下来的军员，拨调官田让他们租佃养身，“本人身故，许子孙接续承佃，并依人户承佃条法”。③ 说明一般人户承佃时早有此法，正如罗愿所说：“在法：有酬价交佃之文。”④“酬价交佃”便是佃户有权将自己的租佃权有偿转让与第三人，取得价款，这种价款是佃客要求新佃户对其在土地上的添附物等费用的补偿。南宋心学家陆九渊在《与苏宰》之二中也记载说：“江西系省屯田召纳佃户租种”，岁月寖久，民又相与贸易，谓之“资陪”，厥价与税田相若。法律承认这种行为的合法性，并且规定了具体的转让手续，“明有资陪之文，使之立契字、输牙税”，以至于“历时既多，展转贸易，佃此田

① 《文献通考》卷7，《田赋考》7，《官田》。

② 《宋会要辑稿》食货63之195。

③ 《宋会要辑稿》食货63之209—210。

④ （宋）罗愿：《罗鄂州小集》卷5，《鄂州到任五事札子》。

者，不复有当时给佃之人，目今无非资陪人户"[①]。此外，在永佃权下，佃客还可以将租产转佃于第三人。如《华亭官田记》载："菜字园田八亩，何四八佃，小四种。"即何四八租的土地，又转租于小四种。这一权利的获得，使两宋出现了许多佃富农，多为势家官户，他们承租大量官田，然后转租给佃客耕种，加租获利，类似于近代的"二地主"的现象。

总之，两宋佃客获得的这一重要的实体权利，是又一个有划时代意义的变革。从此，土地的权利被分割，佃客享有对租产的永佃权，可以转让、转租、继承，形成一个独立的权利，而地主只对租产享有所有权。由此，两宋时期出现了田骨、田面、"断骨卖"等概念，是明清时期的田皮权田根权之滥觞。

3. 佃客有拒绝约定义务以外的附加义务的权利

在过去的庄园农奴制度下，部曲除有经济上的义务外，还要负担数不清的劳役义务，主人对之任意役使，甚至农奴的家属也要接受庄园主的役使。而两宋的租佃制下，佃客与地主的关系是由租佃契约来确定的，佃户的义务就是由契约约定的按时按量交纳地租而已，契约约定以外，地主无权随意支配，这是其一；其二，佃客交纳的是实物地租而非劳役地租，义务额有明确的界限；其三，定额租制在两宋时期日益占主导地位。

由劳役地租发展到实物地租，其进步意义自不待言；而由分成租到定额租，也意味着佃客自由权利的扩大。但不论是分成还是定额，都使佃客的义务确定，佃客在履行了约定义务以外，有权拒绝额外的无理要求，这一点在官由租佃关系中尤其突出。如高宗绍兴六年（1136 年）即采纳周密的建议规定：

"淮南田土，除诸佃依已立定课子输纳，屯田合官私主分外，其余并不得依前收撮课子，如旧倒牛租之类，亦令一切禁止。或敢违戾，并许百

---

① （宋）陆九渊:《象山先生全集》卷 8,《书·与苏宰》。

姓越诉，官吏重置于法。”[①]

佃户得以“越诉”之权以对抗出租方的无理勒索。同年，措置江淮屯田时，都督行府亦规定：州县公人等，如敢因事骚扰官庄客户及乞取钱物，依法从重断罪外，勒令罢役，地方官吏如不加制止或纵容，则加重治罪。[②]这一权利的获得，使佃客有闲暇参与其他民事法律活动。

4. 佃客享有对租产的先买权

佃户的这一权利突出地反映在官田的租佃上。两宋时期，封建官府也积极地参与到土地买卖的洪流之中，不断地出卖官田，但同时也注意维护被出卖的土地上的佃户利益，也为了防止豪民垄断官田的买卖，两宋政府以法律的形式赋予土地上的佃户以优先购买的权利，使佃户成为众多有权购买该田地的第一顺序人。如仁宗天圣元年（1023 年）出卖没官的户绝田时，规定要首先“榜示见佃户，依估纳钱买充永业”，“若见佃户无力收买，即问地邻，地邻不要，方许中等已下户全户收买”。两年后再次规定地方州县在出卖户绝、没官田时，要出榜晓示见佃户按官府所定价钱纳钱“竭产收买”，只有在佃户无钱收买或不愿收买时，才能按常规的顺序逐次问地邻户是否收买。[③]为保证佃户能够实际享受这一权利，两宋时期还在地价上对佃户给予特殊优惠，并在交纳地价的方式上可以采取分期付款的方法，以缓解佃户的经济紧张状况。如英宗治平四年（1067 年）京东路出卖户绝没官田时，即令“内有租佃户及五十年者，如自收买，与于十分价钱内，减于三分，仍限二年纳足”[④]。高宗绍兴元年（1131 年）温州出卖没官田时也规定：“见佃人愿承买者，佃及三十年以上者，减价钱三分二。”[⑤]可

① 《宋会要辑稿》食货 9 之 26。

② 《宋会要辑稿》食货 2 之 16。

③ 《宋会要辑稿》食货 63 之 172。

④ 《宋会要辑稿》食货 63 之 182。

⑤ 《文献通考》卷 7,《田赋考》7,《官田》。

见，价格上的优惠与佃户租佃时间的长短有关系，其实这是赋予佃户的永佃权的内容之一。以后对佃户租佃时间的长短限制逐渐放宽，尤其在实封投状拍卖中，佃及一年以上便可享受优惠和优先权。

（三）佃客的人身安全有了法律保障

如果人的生命安全毫无保障，任人宰割，那就更谈不上其他的什么主体权利。这正是两宋以前的部曲农奴阶层地位低下的重要表现之一。随着两宋时期佃客地位的提高，佃客的生命权开始受到法律的保护，官僚地主不能再随意杀害佃户。《折狱龟鉴》卷八《矜谨·王琪留狱》载：

王琪侍郎，知复州。民有殴佃客死者，吏将论如法，忽梦有人持牒叩庭下，曰："某事未可遽以死论也。"琪疑之，因留狱未决。有司曰："无足疑者。"琪曰："第留之。"后十余日，果有新制下："凡主人殴佃客死者，听以减死论。"吏民莫不神服。

从这一记载可知：朝廷颁布"新制"之前，凡地主殴杀佃客死者，均要"论如法"，即判地主死刑，佃客获得了与地主平等的法律地位，这是唐末农民战争对地主阶级冲击的结果。王琪是在宋仁宗景祐四年（1037 年）左右知复州的，所以至少在仁宗以前，佃客获得了这一较高的地位，人身权与地主平等地享有，而且是得到法律地认可的。但仁宗时颁布的"新制"使地主获得了"减死"的特权，此后的嘉祐法、元丰法、元祐法和绍兴法又有多次修订，逐渐明确了地主与佃客之间的不同的人身权地位。南宋绍兴四年四月，起居舍人王居正所上奏状，描述了对地主殴杀佃客如何定罪量刑的发展变化过程：

臣闻杀人者死，百王不易之法。先王非不知死者已不可复生矣，而杀人者又必死，盖以谓杀人而不死，则人殆无遗类矣。此先王之深仁厚泽，万世而不匮者也。臣伏见主殴佃客致死，在嘉祐法，奏听敕裁，取赦原情，初无减等之例。至元丰，始减一等，配邻州，而杀人者不复死矣。及绍兴，又减一等，止配本城，并其同居被殴至死，亦用此法。侥幸之途既开，鬻狱之弊滋甚。由此人命浸轻，富人敢于专杀，死者有知，沉冤何所赴愬？[①]

可见，随着地主殴杀佃客越来越多地享受特权，佃客的人身权反而愈加难以保障。不过，同以前庄园农奴制相比，绍兴法虽将佃客的法律地位降低了两等，但毕竟还要判处地主以流刑（发配本州本城），忍受劳役之苦，比之以前地主任意处置而不受处罚或只受轻微处罚来说，仍是一大历史性进步，佃客的人身权利毕竟有了一定程度的保障。

第二节　物　权

中国古代的物权制度，无不以土地所有权为其基本形式和核心内容，土地所有制是物权制度的基础，两宋时期也不例外。宋代以前，国家牢牢掌握着土地所有权，实行按户口、等级地位分别授田的办法，除很小一部分作为永业田可以有条件的买卖外，一律不准随意处分。也就是说在物权关系中，国家的干预和限制程度很大。至唐后期，均田制遭到破坏，国家越来越无力控制土地所有权，“自田”逐渐发展起来。到宋代，在唐后中期发展的基础上，土地所有制进一步发展，买卖盛行，国家不再制定干预和限制土地自由流通的政策，反而制定日益严密的法律条文来保障私人对于土地的转移让渡，使过去非法的土地买卖和典当合法化、规范化。正如宋孝宗时的袁采所说：“官中条令，惟（田产）交易一事最为详备。”[②] 对大

① 《建炎以来系年要录》卷 75，绍兴四年四月丙午。

② 《袁氏世范》卷 3，《治家 · 田产宜早印契割产》。

土地所有者，汉唐时都被贬称为“豪民”或“兼并之徒”，而宋代则“公然号为田主矣”①。南宋士大夫叶适曾对这一变化总结说：

“自汉至唐，犹有授田之制，……至于今，授田之制亡矣。民自以私相贸易，而官反为之司契券而取其直（值）。而民又有于法不得占田者，谓之户绝而没官；其出以与民者，谓之官自卖田，其价与私买等，或反贵之。”②

宋代不但立法保障土地转移让渡自由、规范地进行，而且官方自己也参与这一洪流之中，再加上比较发达的商品经济的冲击，更加促使宋代土地进入流通领域，使土地所有权的转移让渡十分频繁，以至于“贫富无定势，田宅无定主”。③ 朱熹也说：“人家田产，只五、六年间，便自不同，富者贫、贫者富。”④ 由于土地所有权的频繁转移让渡，使两宋的物权体系进一步完善，物权由过去的单一形式被分割为多种形式。如在典买卖行为中，典卖人所保留的土地回赎权，称为“田骨”或“田根”。⑤ 而与此相对应的典买人所享有的土地使用权，无疑也与近代有些地区习惯一样，相应地称为“田皮”“田面”了，即一田两主或一田多主，也就是民法体系中的所有权的分享状态，形成地基权、地上权、地役权、永佃权等多种用益物权以及典权、抵押权、质权等担保物权。宋代家庭、义庄（家族）及合伙等共有财产权则形成了物权的共有状态。除此之外，宋代还出现了中国古代最早的著作权形式。

① （清）顾炎武：《日知录》卷10，《苏松二府田赋之重》。

② （宋）叶适：《叶适集·水心别集》卷2，《民事上》。

③ 《袁氏世范》卷3，《治家·富家置产当存仁心》。

④ （宋）黎靖德编：《朱子语类》卷109。

⑤ 《名公书判清明集》卷9，《取赎·伪作坟墓取赎》；（宋）叶绍翁：《四朝闻见录·乙集》“洛学”。

一、物权的内容

如上所述，宋代物权体系完整，内容丰富，包括所有权、典权、永佃权、相邻权、共有（族产）以及著作权等。

（一）所有权

以土地为中心的宋代所有权，包括两种类型，即国家所有权和私人所有权。比较来看，宋代国家所有权的分量逐渐处于次要地位，而私人土地所有权渐居主导地位，内容尤为丰富。

1. 封建国家所有权

宋代的国家所有权，主要表现在国家对土地的支配权上。如前文所述，宋以前，封建国家都理所当然地占有大量土地，宋初也不例外。这种国家占有和支配的土地，被称为“官田”，其来源主要是无主田、荒闲田、逃户田和户绝田等。宋统治者清楚地看到：与其由政府以地主身份直接经营这些土地，还不如交由私家地主和个体农民直接经营的效益高，于是厉行官田的私田化政策，以至宋代的国家土地所有权日益处于次要地位。国家只注意对地主和个体农民的税租征收而不再致力于维护国家对土地的所有权。针对那些占有荒闲田土而不交税租的现象，政府经常进行“检田”活动，检查“有系官并人户包占无税荒闲田土”，“晓谕人户渐行检括”。[①] 有宋一代这类诏令非常多。

2. 私人所有权

宋代这一类型的所有权得到了全方位的发展，尤其是土地所有权大量地由封建国家手里较多转到私人手里，表现为大量官田或本应转化为官田的荒闲、无主田土，通过种种方式下放为民田，交由私家地主和个体农民直接经营，并以法律的强制力保护私人对土地的所有权和占有使用权。所

① 《宋会要辑稿》食货 1 之 3。

以，在宋代，私人土地所有制逐渐取代封建国家土地所有制而居于主导地位。但是从所有权的客体范围来看，国家所有权的客体（即官物）范围不受任何限制，而私人所有权的客体范围则有一定的限制，属于国家所有的某些物品被列为违禁品，某些土地被列为禁地，私人不得拒为己有。比如帝王及诸后陵寝用地等。

3. 所有权的取得方式

两宋时期有关所有权取得方式的规定，也可划分为继受取得和原始取得。前者表现为所有权在时间上的承受关系，又称为“传来取得”，如买得、受赠、继承等，这与其说是取得方式，不如说是前手所有权的消灭，故这里着重介绍后一种方式即原始取得。原始取得包括先占（无主物）、自然取得（扩大）、得获（拾遗）、孳息和添附等。

（1）先占。这是一种因单方事实行为而取得所有权的方式。宋人明确规定：

“乡民于自己田土接连间旷硗确之地，能施工用力，开垦成田园，或未能自陈起立税租，为人陈首官司，止合打量亩步，参照其人契簿内元业等则起立税租，俾之管绍；不应引用盗耕种法，夺而予人。”①

也就是说，只要先占土地的人愿意按照“元业”交纳税租，就不属于“盗耕”，而确立其所有权。当然，先占原则也是有条件的，首先必须是无主物；其次必须是不属于明令禁止占有的土地或物。

（2）自然取得。因自然环境的变化而出现的新物，一般自然由国家取得所有权。如自然形成的山川、河流、沟渠、无主荒地以及历代陵寝古迹和异石奇木等，均由封建国家自然取得其所有权，只有国家有权对其进行处分。这便是国家所有权的自然取得。另外，由于自然环境的偶然变化而

① 《庆元条法事类》卷 47，《赋役门》1，《拘催税租·随敕申明·户婚》。

新出现的土地物产，也自然由国家取得其所有权，除非因这一变化而受到损失的个人可以从中得到全部或部分弥补。如《宋刑统·户婚律》规定：

“诸田为水侵射，不依旧流，新出之地，先给被侵之家。若别县界新出，依收授法；其两岸异管，从正流为断。若合隔越受田者，不取此令。”

（3）得获（拾遗）。对于所有权不明的拾遗物，宋代规定必须送交官府，由官府出榜召所有权人认领，期满无人识认者，则归国家所有。《宋刑统》规定：

“诸得阑遗物，皆送随近县；在市得者，送市司……所得之物，皆悬于门外，有主识认者，检验记，责保还之。虽未有案记，但证据灼然可验者，亦准此。其经三十日无主识认者，收掌，仍录物色目，牓村坊门。经一周年无人认者，没官，录账申省听处分。没入之后，物犹见在，主来识认，证据分明者，还之。”①

至南宋时期，对此条又作了进一步修改与完善。《庆元条法事类》卷八十《杂门·阑遗》所引《杂令》载：

“诸得阑遗物者，送所在官司封记籍定，牓谕召人识认。有人认者，先责隐细状，验同，取保给付。满百日无人认者，没官。”

强调官府必须“封记籍室”，保护无主物免遭损坏。另外期限由原来的30日至一周年改为百日，不至于因期限过长而影响民事法律关系的确定。此外，对于得获漂流物和宿藏物的处理原则也有规定，《宋刑统》载：

① 《宋刑统》卷27，《杂律·地内得阑遗物·准捕亡令》。

“诸公私竹木为暴水漂失，有能接得者，并积于岸上，明立标牓，于随近官司申牒，有主识认者，江河五分赏二分；余水五分赏一分。限三十日，无主认者，入所得人。”[①]

这一法条为以后处理漂流物的所有权归属问题奠定了基础。后来的《庆元条法事类》又将公、私漂流物分别处理，并提高了得获人的所得比例，无主识认者全给得获人。[②]对于得获宿藏物者，处理原则又有特别规定：“诸官地内得宿藏物者，听收。若他人地内得者，与地主中分之。即器物形制有异者，悉送官，酬其值。”即宿藏物所有权归属的标准有三种情况：一是归施功力的人（得获人、发现人）所有；二是出土所在地如果是私田，则为发现人和地主平分；三是珍贵文物必须归国家所有，但由官府购买，补偿应得人的利益。

（4）孳息取得。宋律沿用唐律精神，将孳息与利息进行了明确区别，指出孳息乃原物孳生之物，“谓婢产子、马生驹之类”（奴婢地位低下，与牲畜同类）。这里的孳息一般指天然孳息，即按自然规律而产生的，或者按物的用法而收获的物。利息则是法定孳息，即由法律关系所产生的收益，如出租、借贷等。宋律对孳息物所有权处理的原则，一般是归属原物所有权人所有，但如果所有权转移者，也可归新占有人所有。如果原物为赃物者，孳息物的归属则视不同情况而分别处理：

“‘生产蕃息’，本据应产之类，而有蕃息。若是兴生、出举而得利润，皆用后人之功，本无财主之力，既非孳生之物，不同蕃息之限，所得利物，合入后人。其有展转而得，知情者，蕃息物并还前主；不知情者，亦入后人。”[③]

---

① 《宋刑统》卷 27,《杂律·地内得宿藏物·准杂令》。

② 《庆元条法事类》卷 80,《杂门·阑遗》。

③ 《宋刑统》卷 4,《名例律·赃物没官及征还官主并勿征》。

即如果赃物的占有几经买卖转让后，后手知道原物为赃物的，就连利息一并收归原主；如果不知道原物为赃物的，则后手可以取得利息物的所有权。

（5）添附。添附是不同所有人的物因人为、天然的原因而结合在一起，形成不可分割的物，不可能再恢复原状，或虽能恢复但经济上不合理，所以法律一般规定由一方所有人取得两物的所有权。两宋时期对此已有诸多规定，比如当一方的动产附合在另一方的不动产上，非经拆毁不能恢复原状，在这种情况下，两宋规定由不动产所有人取得两物的所有权，但必须补偿动产所有权人因此而受到的损失。不过，如果动产所有人愿意将自己的动产从他人的不动产上拆走并且不会破坏不动产者，也是允许的。典产赎回时，“其增盖舍屋、栽种竹木之类，亦偿其值；愿拆伐者听”。[①] 如果地上附着物是佃户的农作物，则以每年四月十五日为限期，期前不动产转移者，则农作物判归购买人所有，“听买人收当年地利，管输二税，偿还佃人施过工价”。但如果在此期限以后购买，“虽已得官司公据”，取得了土地的所有权，但地上农作物仍属原佃人所有，由佃人收取当年地利，送纳租课。[②] 这既有利于农业生产，又有利于保护原所有人的应得利益。

（二）永佃权

随着租佃制的发展，宋代出现了另一种具有重要意义的物权——永佃权，即权利人以按时按量交租为条件，永远租种所有权人的土地的权利。如神宗时，三司言：“天下屯田省庄，皆子孙相承，租佃岁久。”[③] 因此不宜随便剥夺佃户租种权而出卖。说明在北宋早、中期就已出现了相对稳定的永佃权，但缺少法律上的确认，而仅仅是一种约定俗成的民间习惯，官府

① 《宋会要辑稿》食货 1 之 3。

② 《宋会要辑稿》食货 61 之 65。

③ 《文献通考》卷 7,《田赋考》7。

仍然可以随时夺卖。至北宋后期，便出现了佃户之间买卖租佃权的行为，所谓“其交佃岁久，甲乙相传，皆随价得佃”[①]。这里的“价”，便是旧佃户要求新佃户补偿给他在土地上花费的劳力、改良土地耕作条件的费用以及地上的附着物的价值。至南宋，则以法律的形式予以确认，许佃户“本人身故，许子孙接续承佃，并依人户承佃条法”[②]。“在法：有酬价交佃之文。”[③]即佃户永佃权的继承和买卖，都有专门的条法规定。南宋心学家陆九渊在《与苏宰》之二中也记载说：江西系省屯田召纳佃户租种，佃户祖辈租佃，父死子继，“岁月寖久，民又相与贸易，谓之‘资陪’，厥价与税田相若”。法律承认这种行为的合法性，并且规定了具体的法律手续，即“明有资陪之文，使之立契字、输牙税”。于是，南宋买卖交易永佃权的风气盛行，“历时既多，展转贸易，佃此田者，不复有当时给佃之人，目今无非资陪人户……”[④]这里的“资陪”即与上文的“酬价”“随价”相同，是对旧佃户的补偿，而“立契”和“输牙税”则是取得法律保护的依据。

（三）典权

典权是指典权人（或承典人、典主）支付典价而在出典人的不动产上设立的一项用益物权，典权人可以因支付典价而占有、使用、收益出典人不动产，而出典人在一定期间内有权回赎。这是中国古代的一项很重要的民事权利，其客体主要表现为土地，所以，确切地说典权应该是土地私有制的产物。据史料显示，唐末五代时，典买卖已相当流行。两宋时期随着土地流转的不断加快，土地典买卖立法也日益完善，统治者更注意运用法律来调整和规范典买卖行为，既维护当事人的权利，又维护国家的利益。

① 《文献通考》卷7,《田赋考》7。

② 《宋会要辑稿》食货63之210。

③ （宋）罗愿:《罗鄂州小集》卷5,《鄂州到任五事劄子》。

④ （宋）陆九渊:《象山先生全集》卷8,《书·与苏宰》。

宋代规定，典权的设立，必须经过法定程序和手续。第一是“亲邻批退”，即指所有权人的本宗“有服纪亲之有邻至者”（既亲又邻者）依法享有优先承典权，必须经他们一一表明放弃优先权并在契书上署名批示后，才能由其他人承典。未经亲邻批退而出典者，典权无效，亲邻有权向官府提起变更典权的诉讼。第二是书契，即典权双方当事人就典权设立及其各自权利义务等事项订立文约，是典权成立的标志。契书上的内容有法律规定：“人户典卖田产，若契不开顷亩、间架、四邻所至、租税役钱、立契业主、邻人牙保、写契人书字，并依违法典卖田宅断罪。”① “在法：诸典卖田宅者，皆为合同契，钱、业主各收其一。”② 第三是投印、税契和过割，即经官府批准盖印（盖印后称“红契”）、缴纳税款和移割两税负担，经过这一程序后，典权才最后合法化。

典权人是享受权利的一方当事人，但他必须先尽给付义务，即先向出典人给付典价，才能取得典权，有权占有、使用典产，并从中取得收益，故宋称为之“得产人”。典权人在法定期间内，还可享有一定的处分权，如有权出租、出押或再出典典产，但无权处分其所有权（出卖）。如果出典人欲将典产出卖，则典权人有先买权。宋太宗时就已规定：

“今后，应有已经正典物业，其业主欲卖者，先须向见典之人承当，即据余上所值钱数，别写绝产卖断文契一道，连粘元典并业主分文契，批印收税付见典人充为永业，更不须问亲邻。如见典人不要，或虽欲收卖，着价未至者，即须画时批退。”③

典权人有优先购买典产的权利，但购买时必须再与出典人签订一份绝

---

① 《宋会要辑稿》食货61之66。

② 《名公书判清明集》卷9,《取赎·过二十年业主死者不得受理》。

③ 《宋会要辑稿》食货61之56。

卖文契，并在原典价的基础上再补付一份地价，称为“贴买钱”，便可获得典产的所有权。如果是出典人到期仍无力回赎者，则典权人也有权投税过割而取得典产的所有权。

（四）相邻权

两个以上相互毗邻的不动产的所有人，一方在使用或处分其不动产时，有可能对另一方造成不利影响；或者一方为了使用自己的不动产而必须利用对方的不动产等，从而使得相邻双方或多方的所有权使用受到限制或得到延伸。对于这种复杂的相邻关系，两宋法律也有相应调整，以避免因相邻而发生纠纷甚至伤害。从现有资料看，两宋调整相邻关系的法律主要有以下几类：

1. 因用水、排水而产生的相邻关系

相邻多方共临同一水源时，各方均有权使用水源，但都不得因此而影响相邻他方的使用权。这种因相邻而产生的权利义务关系，两宋法律已有比较详细的规定，以促使相邻各方对水利设施合理利用，禁止滥用其使用权，损害相邻他方的利益。仁宗明道元年十一月下诏“禁民近塘置水碓硙及于陂腹种莳。其盗决者，论如律”。[①] 塘和陂是农业重要的水利设施，为大家共有，如果有人滥加利用而影响众人的水利灌溉，则为法律所不容。神宗熙宁六年五月戊申也下诏：“创水硙、碾、碓有妨灌溉民田者，以违制论，不以去官赦降原减，官司容纵亦如之。”[②] 尤其是江南水乡、河道纵横交错，湖泊星罗棋布，官府允许豪民圩湖造田，而往往导致他们滥用使用权，影响到上、下流域农田的利益，正像徽宗宣和三年二月一日诏令所说：

“越州鉴湖、明州广德湖，自措置为田，下流湮塞，有妨灌溉，致失

① （宋）李焘：《续资治通鉴长编》卷111，明道元年十一月辛卯。

② （宋）李焘：《续资治通鉴长编》卷245，熙宁六年五月戊申。

陷常赋。又请佃人多是新旧权势之家，广占顷亩，公肆请求，两州被害民户例多流徙。”[①]

因此徽宗专门派官员前往调查，凡为妨下流灌溉之处一律予以清除。同年十月二日诏：

“江东新置圩田，如上流兴筑闭塞水源，致向下民田无以灌溉，或雍遏发泄，使邻近者反被水患。今所属监司按视改正。”[②]

有效地避免了相邻多方之间的利益冲突。

2. 因交通、卫生而产生的相邻关系

城市街道为相邻各方以及行人车马共同使用的通道，一方侵占，则多方受害。仁宗天圣二年六月即下诏令开封府立榜告示京师百姓：居民不得于街道通行之处起造建筑物，违者“限一岁依元立表木毁拆”。[③] 开封城内有许多排放污水的沟道，相邻而居的百姓如果滥扔垃圾堵塞水沟，必然会影响污水流通，给相邻百姓生活带来不便，所以天圣四年七月，开封府建议：“新旧城为沟注河中，凡二百五十三，恐闾巷居人弃灰坏咽流，请责吏逻巡，察其慢者。”得到皇帝肯认。[④] 南宋《庆元条法事类》专条规定：“诸丧葬之家不得于街衢设祭及用乐（原注：勅葬及祭长吏者听）。”[⑤]

3. 因宅基地的使用而产生的相邻关系

两宋法律非常重视调整相邻各方之间宅基地的相邻关系，体现在许多方面，如注意划清相邻各方宅基地的地界，立定契约及文书，标明四至明

---

① 《宋会要辑稿》食货 61 之 106。
② 《宋会要辑稿》食货 63 之 196。
③ （宋）李焘：《续资治通鉴长编》卷 102，天圣二年六月己未。
④ （宋）李焘：《续资治通鉴长编》卷 104，天圣四年七月丙寅。
⑤ 《庆元条法事类》卷 77，《服制门 • 丧葬》所引《服制令》。

确，一旦发生纠纷，便以文书中所标四至尺寸及标志为准。另外，在典卖田宅土地时，法律赋予相邻各方以先买权，因为四邻典买后便可减少因界至不明而发生纠纷。在墓地与周围四邻的相邻关系上，两宋专门规定了各阶层应占有墓地的面积，称“墓禁”，一般不允许于合法墓禁内耕种或起造房屋。但如果原墓禁内已有房舍或已耕种为熟田，则为例外。墓禁内不能再安坟墓，以维护墓禁内的宅基地使用权，违者勒令起移。[①] 宅基地前的通行道路是宅基地使用权的延伸，任何人都不能阻碍。如绍兴二十八年规定：

“今出卖田地，如内有佃人自造屋宇居住，未能有力承买，官司量度适中立定白地租钱，令人户缴纳，依旧居住。元有出入行路在现出卖地上者，特与存留。”[②]

（五）共有

两宋民事法律对两个以上权利主体共同拥有财产的权利和义务也作了明确规定，但并未严格区分按份共有和共同共有。从现有材料看，基本上都属于共同共有，即根据某种共同关系而对某项财产不分份额地共同享有权利并承担义务，这种共同关系在两宋大致包括家庭关系、宗族关系、乡里关系、自然地理关系等，多种形式。

1. 家庭共有财产

基于夫妻关系产生的共有财产，宋代规定的原则是：“在法：妻家所得之财，不在分限。又法：妇人财产，并同夫为主。”[③] 也就是说，妻子一方随嫁的财产，不能成为夫家的共有财产，但又必须为丈夫所支配，也就是属于夫妻共有财产。

---

① 《古今合璧事类备要》卷 77。

② 《宋会要辑稿》食货 61 之 18。

③ 《名公书判清明集》卷 5,《争业下·妻财置业不系分》。

夫妻以外的家庭成员之间的共有关系，则是建立在“同祖之亲，既已同业，必当同财”基础之上的[①]多为兄弟姐妹之间的共有关系。毫不例外，两宋法律也严格规定：父母、祖父母等尊长在，子孙不得别籍异财，即必须使家庭财产保持为共有状态，直至尊长亡故后才能分析家产各自立户，共有关系消灭。在共有关系存续期间，任何家庭成员未经尊长许可，不许擅自处分财产。尊长亡故而共有财产（“有分”财产）尚未分割者，各共有人也不得私自处分。如典卖田宅：

“交易田宅，自有正条，母在，则合令其母为契首；兄弟未分析，则合令兄弟同共成契，未有母在堂，兄弟五人俱存，而一人自可典田者。魏峻母李氏尚存，有兄魏岘、魏峡，弟魏峤，若欲典卖田宅，合从其母立契，兄弟五人同时着押可也。”[②]

但对善意的得产人（不知财产为共有而与之交易者）还是注意保护的。如宋真宗天禧三年十月诏：“广南自天禧元年正月一日已前，民有私鬻有分田产，券契分明，为有分骨肉论理者，即以所鬻价值均分之，田产付见佃。”[③]也就是说经过一定时间后，购买别人共有田产的善意取得人便可确立自己的所有权，违法出卖田产的共有人无权收回田产，只需将卖田产时所得价余均分给其他共有人即可。到南宋，这种期限进一步以法律的形式确定下来：

“准法：诸祖父母、父母已亡，而典卖众分田宅私辄费用者，准分法追还，令元典卖人还价。即典卖满十年者免追，止偿其价。过十年典卖人死，或已二十年，各不在论理之限。”[④]

① 《名公书判清明集》卷 8，《户婚门 · 孤幼 · 同业则当同财》。
② 《名公书判清明集》卷 9，《户婚门 · 违法交易 · 母在与兄弟有分》。
③ 《宋会要辑稿》食货 1 之 19。
④ 《名公书判清明集》卷 4，《户婚门 · 争业上 · 漕司送许德裕等争田事》。

2. 家族共有（族产）

两宋时期以家族为核心的共有财产关系也很盛行，为聚族而居的家族统治的安定提供经济上的基础。两宋家族共有的财产也主要是土地，如家族共有的墓田、义庄等。

家族共有的墓田，其使用与处分必须由家族内部所有共有人众议决定，未经众议或众议不许使用者，个别共有人不得私自使用。孝宗淳熙十年六月二十一敕：

“今后人户有分祖墓田内或系祖来众共山地，若众议不许安葬，如敢盗葬，比附从盗葬他人墓田法杖六十，仍令移葬。若强葬，从不应为重杖八十科断，亦合移葬。”①

后来敕令所对这一法条加以修改，规定“除人户有分祖墓田”可按此处罚外，“若是祖来众共山地，若众议不许安葬而盗葬及强者，比之盗葬他人墓田事体稍轻，即合比附上条各减一等科罪，今声说照用”。②

两宋时期还出现了以同族聚居前提下的义庄共有现象，北宋范仲淹所设范氏义庄便是典型的一例。钱君辅《范文正公义田记》有详细记载。这种义庄的财产为族人共置或由显贵者捐献而置，属于全部聚居的族人所有，并选择族人中既尊长又贤者专主其事，以义庄的名义进行民事活动，有关义庄共有财产的使用、收益及处分等，必须按《义庄规矩》办事，违者要承担相应的民事责任。

（六）著作权（版权）

著作权作为一种特殊属性的民事权利，在中国古代也早有萌芽。早在公元前四五世纪，《礼·典礼》就已指出了剽窃之非。唐代著名文学家柳

① 《庆元条法事类》卷77，《服制门·丧葬·随敕申明·户婚》。
② 《庆元条法事类》卷77，《服制门·丧葬·随敕申明·户婚》。

宗元的《辩文子》一文便最早使用了“剽窃”一词。另一文学家韩逾则开始对“剽窃”行为的含义范围作了简单而精当的界定：“惟古于词必己出，降而不能乃剽窃。”以上仅仅是从道德上对“剽窃”行为进行贬斥，直到两宋时期才发生质的飞跃，对“剽窃”之举的制约由道德规范上升到法律规范，出现了我国古代最早的也是世界上最早的保护著作权的地方性法规和全国性法规。

1. 两宋首创著作权制度的铁证——“牌记”

“牌记”是两宋时期首创的表明作者所享有的著作权不可侵犯的记录页，相当于现在的“版权页”，俗称“书牌”。所谓“牌”，原指符信之类，《宋史》卷一百五十《符券》载：用作符信凭证者曰牌。北宋著名诗人欧阳修也有诗曰：“京师诸笔工，牌榜自称述。”[①] 说明这种与私营印书业有关的特种营业一般都要使用自己特有的牌照，是经过官府认可的合法的版权标志。标明版权的“书牌”一般附录于著作的末尾，内容包括出版者姓名或名称、出版日期、刻书人等，并标明“已申上司，不许复版”，即现在通常所见“版权所有，不得翻印”之意。宋版书眉山程氏刊本《东都事略》一书，其初刻本目录页便有以下牌记云：“眉山程舍人宅刊行，已申上司，不许复版。”这是世界上最早的“版权声明”，西方直到几百年以后才出现。

2. 保护著作权的最早法律性文件及法规的出现

随着北宋版权制度的发展及经验的不断积累总结，到南宋时期便进一步出现了保护版权所有的法律文件和法规。最早的保护版权的地方性法律文件，就是南宋咸淳二年（1266 年）福建和两浙地方政府（转运司）为南宋太学博士祝穆刻印的《方舆胜览》等书发布的保护其权益的榜文，榜文宣称：此书作者“一生灯窗辛勤所就，非其他剽窃编类者比”，因此“禁载翻刊”，如有擅自翻版牟利者，允许祝宅（作者）到官“陈告，追人，毁版”，并决心“断治施行，庶杜翻刊之患”。这是标准的保护版权的法律性文件。

① （宋）欧阳修：《欧阳文忠公集 · 居士外集》卷 4，《圣俞惠宣州笔戏书》

二、物权的保护与恢复效力

（一）对侵害不动产物权的排除

田地、庄宅等不动产所有权和使用权只能由权利人享有，任何人（包括官府和各级官吏）均不得擅自侵占，两宋统治者相当注意这一点，如真宗大中祥符二年四月，以用刑残酷著称的知昇州张泳却十分注意保护所属百姓房产所有权，凡有被火之家，悉蠲屋税，“仍令本州正其地界，无使豪族辄有侵冒”。[①] 当某项国家政策会导致一部分人侵占有主田地时，这项政策就会因此被取消。如元丰三年五月七日即下诏取消北“蔡州客户请射田”的改革，因为监司奏称这一政策导致许多外逃的下户闲田被客户自占，“境内搔扰也”。[②] 两宋还经常下诏，禁止官僚士大夫依仗权势侵占民田，徽宗政和元年四月五日即诏“士大夫与民争利、多占膏腴之地，已有令文令监司常切检举”[③]。可见这是监司经常性的监察职能之一。

如果有官吏擅自侵占民田者，受侵害的百姓有诉讼请求权，请求官府依照法律强制侵害人返还所侵占的田地。如南宋时，台州临海县百姓杨杲向官府起诉“前任知县胡某与寄居台州官徐殿撰结亲，令贴书朱彦假作徐殿撰干当人名目，冒请安居益等七十户桑地事”，便是一例。[④]

如果田产内有地主的祖先坟墓，那么其所有权更是神圣不可侵犯。哲宗元祐六年闰八月十二日，依刑部言：“墓田及田内林木土石，不许典卖及非理毁伐，违者杖一百，不以荫论，仍改正。”[⑤] 甚至墓田被绝卖后，田主仍然有权赎回，“有祖坟之地，其不肖者卖之，稍有人心者赎而归之，此

---

① （宋）李焘:《续资治通鉴长编》卷 71，大中祥符二年四月丙申。

② 《宋会要辑稿》食货 63 之 188。

③ 《宋会要辑稿》食货 63 之 190。

④ （宋）李弥逊:《筠谿集》卷 6,《状三首·勘当徐公裕状》。

⑤ 《宋会要辑稿》食货 61 之 61。

意亦美，其可使之不赎乎？此人情也！”[①] 可见祖坟是权利人要求保护其所有权的重要依据之一。

特别是两宋还注意约束地方官府，乃至政府都不得以命令方式强迫占私有民田，表明私人所有权得到了进一步的尊重。高宗绍兴二十九年十二月二十六日，知潭州魏民臣建议：民户私有的田地过多而无力耕种者，即晓示人户令实封投状承买，给予绢高之人。但户部反驳曰："田产既系人户已业，缘非冒占官产，即无条法许行出卖。"[②] 可见，即便是民户无力耕种的荒田，但只要是其私产而非冒占官产，国家便无权处分。两宋经常将荒闲田土收集起来设置屯田、营田等官庄，为防止地方军政机关乘机侵占民田以博上司欢心，多次下诏申严禁令。高宗绍兴三年五月诏：永州营、屯田事"不得侵占有主民户田土"。[③] 孝宗淳熙十年闰十一月诏襄阳府设置屯田时只能选择那些"未施工力，见今抛荒去处"，而那些"人户见请佃已施工力，开垦到熟田，尽行给付"，不得强占为屯田。[④] 为了防止地方官欺瞒朝廷，私下强占民田，有时朝廷还专门派遣朝官前往调查核实。如孝宗时，扬州郭振上言："扬州南十五里地名扬子桥南岸一带，已置屯田一所，并牧马官庄，不与民间交杂。"孝宗便派周淙、龙大渊二人"同共相度"，结果发现"扬子桥置屯田，侵占民间田土，不便"，而被取消，并追究郭振"妄有奏陈"的责任。[⑤] 官府强占民田，民户同样拥有向上一级机关或朝廷进状请求返还的权利。哲宗时，兴平县民庶百姓进状称，熙宁五年时，本县将民户私田二百四十余顷"抑令退为牧地"。朝廷立即下令提刑司审定给还。[⑥] 以上两宋政府对民户不动产物权的保护措施，有利于权利人摆脱封建官府、官僚、地

① 《名公书判清明集》卷 6，《赎屋 · 执同分赎屋地》。

② 《宋会要辑稿》食货 63 之 207—208。

③ 《宋会要辑稿》食货 63 之 94—95。

④ 《宋会要辑稿》食货 63 之 55。

⑤ 《宋会要辑稿》食货 63 之 139。

⑥ 《宋会要辑稿》食货 63 之 49。

方豪强的权势侵夺，虽然封建社会的两宋官僚地主的巧取豪夺仍然是不可避免的，但这些措施仍能说明两宋统治者在保护私有权的意识和实际步骤上比之前代有了突破性的发展。

（二）对侵害动产物权的惩罚

非法侵占不动产以外的其他财产所有权，一般更偏重于刑事处罚，因为动产经过处分以后，大都难以返还原物。

两宋法律严格规定：财产必须以尊长为所有人，卑幼未经尊长允许而擅自处分财产者，即构成对尊长所有权的侵害。不但家庭、家族如此，甚至僧道寺观中也如此：

> "诸僧、道及童行私用本师财物者，论如《卑幼私辄用财律》。"[①]

侵害国家所有的动产者，申禁更严。如国家所有的马匹，私自易卖者要处徒一年之刑；即便是老病呈验许卖但没有申官者，也要减私罪者五等。[②]如果是拾到丢失的官马而限外不交还府者，"计赃轻者一匹杖一百，一匹加一等，罪止徒三年"。[③]

（三）对逃亡权利人物权的保护

权利人（物权权利人）因战争、自然灾害或逃避繁重税役而流亡外地者，其在不动产上的物权仍然受法律的保护，权利人可以随时前来识认。但在权利人归认之前，需要采取两方面的保障措施：一是保障业主的物权不致被侵害，二是保障业主的地产不致被荒芜，要地尽其利，使国家农业经济不致因业主逃亡而受影响。

---

① 《庆元条法事类》卷51，《道释门二·杂犯》所引《户婚敕》。

② 《续资治通鉴长编》卷24，熙宁七年正月丁卯。

③ 《庆元条法事类》卷80，《杂门·阑遗》所引《杂敕》。

1. 检勘逃户田土

为保障业主逃亡后物权不致侵害，两宋采取了一项有效措施："检勘逃户田土"，即定期或不定期地将所有逃亡业主的田产检查核实清楚，然后由国家来控制如何利用这些暂时无主的田地，以免其他个人染指。早在太宗至道元年九月，即"遣殿中丞王用和等十四人分诣开封府县检勘逃户田土"。[①]此后，检勘逃户田土的诏令不断下达。仁宗天圣三年五月深州董希颜上言："准景德二年正月敕河北没蕃户庄田林木，本主未归，无人佃者，委逐县官遍往点检实数，置籍管系，常切检校，不得毁斫，候本主归，给付。"[②]南宋《庆元条法事类》则确定：凡有税租户（有产业者）逃亡者，地方政府必须逐级往上申报，"州县各置籍，开具乡村坊郭户名、事因、年月、田产顷亩、应输官物数，候归请日销注"，并且"县限三日，令、佐亲诣检亲"。[③]

2. 临时安置佃户，等待业主归认

政府清查出所有逃亡业主的荒闲田土后，防止他人侵占并非其唯一目的，另一个更重要的目的是地尽其利，即先交由无田的佃户耕种。真宗景德二年正月令检勘逃户田土时指出：对于被敌国掳走的百姓（"没蕃户"）的田产，"如本主未到，许房亲请佃；如无房亲，即召主户佃莳"[④]。同年七月又重申此令，由县立账给付，"州县拘辖，不得斫伐破卖，候主归，依数还之"[⑤]。如果临时佃种的人"辄有毁鬻者，许人陈诉，依法科罪"[⑥]。而对于其他一般的逃亡户产业，则由当地政府统一设置屯田或营田进行暂时管理，招诱流亡人户布种，业主回来后即予以归还。这样既很好地保护了业主的产权，又解决了流民安置问题，且地尽其利，增加了国家经济收入。尤其是南宋初年，战争使许多田主流亡异地，江淮一带田地抛荒甚多。高

① 《宋会要辑稿》食货 1 之 2。

② 《宋会要辑稿》食货 1 之 21。

③ 《庆元条法事类》卷 47,《赋役门一 · 阁免税租》所引《户令》。

④ 《宋会要辑稿》食货 1 之 21。

⑤ 《宋会要辑稿》食货 63 之 172。

⑥ 《宋会要辑稿》食货 1 之 19、63 之 168。

宗绍兴二年三月，江都天长县未种水田一万六千九百六十顷，陆田一万三千五百六十六顷，即设置营田，“分拨诸军趁时耕种，……候有人户归业。识认日，申取朝廷指挥”。[①] 绍兴六年“湖南一路流移甚多，旷土不少”，故依吕颐浩建议，由营田司将抛荒田土权暂耕种，“如将来有人户归业，及户绝有人识认请佃，即时给还”。[②] 除营、屯田外，有时官府也出榜召人承佃。如绍兴三十二年五月，依权兵部侍郎陈俊卿之条画，规定：

“耕熟佃户未归业者，限自四月十一日为始，满一周年如无田主识认，许诸色人经官投状指占承佃，即榜民间使之通知，庶得来年趁时耕种。其荒田二、三十年无人耕种，皆为弃地。”[③]

3. 逃亡业主归认产业的年限

业主未归，其地由佃户暂时耕种，但经过长期经营后，佃户在土地上的投入越来越多，如果无限期地保留业主的产权，使佃户的权利受到限制，必然不利于农业生产的正常进行，挫伤佃户的积极性。所以两宋专门规定有归业时限，超过一定期间后，便失去其认领权，这既能促使业主归复已业，又能够提高佃户的生产投入积极性。

北宋所定期限一般为十年。仁宗天圣七年十一月诏：

“州县逃田经十年已上无人归业，见今荒闲者，令出榜晓示，限百日令本主归业，限满不来，许人请射耕佃。”[④]

并且归业人或请射人都可享受免税五年的待遇。五年后则于旧税额上

① 《宋会要辑稿》食货 63 之 87。

② 《宋会要辑稿》食货 63 之 104—105。

③ 《宋会要辑稿》食货 63 之 124—125。

④ 《宋会要辑稿》食货 63 之 178—179。

减八分，永为定额。但只能由本主限内归认或人户限外请射，不许有产业人见有利可图便抛弃己业而来请佃逃田，否者“许诸色人论告，科违制罪，押归旧贯”。[①]

南宋初年，由于战争，使逃亡民户大增，抛荒田地较多，严重地影响了农业生产。为了尽快恢复业主产权，尽快恢复农业生产，即大大缩短了认归期限。绍兴二年七月九日，镇抚使陈规言：“屯田、营田、人户著田及逃户官田，被人指射及军兵耕种者，限二年识认。已种者候收毕给之，过限者，官司并不受理。”但工部言：“人户自军兴，后来流移远方，道路梗塞，窃虑于限内未能归业，欲下本镇立田三年。”从之。[②]即归认期限缩短为三年。至绍兴三年四月，又增加到五年，“田主归业自种，在五年内者，听依已布种法，见佃人收毕交割。五年外不归业者，听见佃人为主，庶几不致荒闲，失陷二税”。十月又重申：逃田募民承佃，“满五年不言，给佃人为世业。于是诏湖北、浙西皆如之”。[③]至绍兴五年则规定：业主归认产业日期限仍为五年，“限外元主识认，或照验明白，即许自踏逐荒田指射以为己业；如是五年内归业，即许佃人画时交还，不得执占”。[④]

战争结束后，随着南宋统治的稳定和农业生产的恢复，业主归认期限又恢复了十年之限。如绍兴十五年十二月三日，尚书金部员外郎宋贶言：“比下诏以戒饬州县安集流亡转徙之人，丁宁备至，而州县奉行循习，或拘十年之限不容识认旧产……”[⑤]说明识认田产之限仍为十年。

除此之外，两宋法律还有几点特殊规定：

一是业主归认产业的期限效力不及于克复之前（未统一前），克复前失去产业的人户无权再要求归还产业。真宗景德二年六月诏：“河东管田今

① 《宋会要辑稿》食货 1 之 25。
② 《宋会要辑稿》食货 63 之 88。
③ 《宋会要辑稿》食货 63 之 94—95。
④ 《宋会要辑稿》食货 63 之 97。
⑤ 《宋会要辑稿》食货 61 之 65。

后有论认未克复已前租庄者，止给荒田坟墓，其耕桑地不在分割之限。”① 祥符七年七月下诏：“江南伪命日民田，并以见佃人为主，讼者官勿为理。克复后者论如法。”②

二是对没蕃户的田产产权保留期限延长。咸平五年八月一日，诏“河北陷蕃民田产，前令十五年许人请佃，自今更延五年”。后来又进一步放宽“荆湖近溪洞州县，有没身蛮境还乡者，庄田不限年月，检勒给还”。“河北民有先没契丹，自塞外归，识认庄田者，据敕给付，无得用编敕年限不与本主”。③

三是期限中止。当逃田无法临时利用时，就中止期限的计算，直至该土地能够使用，再重新计算期限，指人承佃。仁宗庆历七年六月，有臣僚上言认为：业主逃亡，则许人户请射承佃，目的是“荒芜尽阐，征租有入，遂立程限，用以劝课”。但如果是田土被水淹没，无法耕种，“徒使兼并及外来人空占，久系版籍”。所以规定：

“自今后如有人以此黄河积水流移人户田土，虽是限满未来归业，未许诸色人请射。并候将来水退，其地土堪往耕种日，与依敕限许令本户归业，如限满不来，即许诸色人请射为主，供输税赋。”④

（四）因自然灾害而受损害的物权的恢复

如田产因雨水或河水而被冲毁者，一般由朝廷专差朝臣前往标定界线，以免豪强争占。神宗熙宁二年八月，黄河北流，“退背田土顷亩不少，深虑权豪之家与民争占及有元旧地主因水荒出外，未知归请”，于是下诏：“黄河

① 《宋会要辑稿》食货 61 之 56。

② 《宋会要辑稿》食货 61 之 57；（宋）李焘：《续资治通鉴长编》卷 83，大中祥符七年七月辛亥。

③ 《宋会要辑稿》食货 61 之 56—57。

④ 《宋会要辑稿》食货 61 之 60。

退背田土并未得容人请射及识认指占，听候朝廷专差朝臣往彼与本处当职官同行。标定讫，收接请状，纽定租税，均行给受。”[①]《庆元条法事类》有专条：

“诸田因水发冲注塌坏，或因官司占废，不堪再修耕作……后有退复田堪耕种者，耆邻限三十日申县，依此检量籍记，限一年归业（黄河积水限二年，一发水限一年半）。”[②]

“诸田为水所冲，不循旧流而有新出之地者，以新出地给被冲之家（可办田主姓名者自依退复田法），虽在他县亦如之。两家以上被冲而地少给不足者，随所冲顷亩多少均给。其两岸异管，从中流为断。”[③]

（五）因被冤屈而没收的不动产或动产物权的恢复

孝宗乾道六年十二月十三日，诏：“诸州县没官田产，虽经赐与，若民户已经辨雪，法该改正，即时给还，许别以应籍田产改拨。”[④]

《庆元条法事类》也有专条保护犯罪人的财产权：

“诸罪人到官，有随行之物，当官验视，置籍抄上名件，封，即附赃罚库掌管。若断放讫不应偿没者，限当日给还。”

“诸罪人到官，有随行之物未经官验视，而狱司擅自间发者，杖八十，因而监取，自盗论。”[⑤]

为了国家利益而遭敌国籍没家产者，其受损失的物权更要无条件恢复了。绍兴九年七月二十七日，签书枢密院事楼炤言：

---

① 《宋会要辑稿》食货1之27。

② 《庆元条法事类》卷47，《赋役门一·阁免税租》所引《田令》。

③ 《庆元条法律类》卷49，《农桑门·农田水利》所引《田令》。

④ 《宋会要辑稿》食货61之54。

⑤ 《庆元条法事类》卷75，《刑狱门五·刑狱杂事》所引《断狱敕》和《断狱令》。

"陕西诸路昨陷伪齐州军，官吏军民有结约投归朝廷或通报事宜往来之人，因人告发或缘事彰露及坚守城寨被害之家，籍没过家产业，仰州县并行勘验给还。如田土屋宇已经请佃转卖，及给与告人充赏之数，亦仰追改给付。如敢违戾，当职官吏先次放罢，取旨重行窜责，人吏决配。"①

（六）保护和恢复物权的有关政策

第一，鼓励流民归业。两宋用以鼓励逃亡业主归业的主要政策，就是减免租税，有关诏令几乎无时不有，南宋则进一步系统地规定于法规中：

"诸因灾伤而逃亡归业者，免两料催科；不因灾伤非避赋役者，免两料支移、折变（归业日有元种苗稼者不免）。限外归者，若因灾伤满三年，免三（料）催科，每加一年又免一料，至七料止。满五年仍减税额一分，每加二年又减一分，至三分止。不因灾伤满四年非避赋役者，免两料催科，避赋役者免一料，每加二年各人免一料，至五料止。满七年仍各减税额一分，满十年各减二分。"②

第二，归认产业时，可以请求恢复原业，但需补偿临时耕种保管此业的佃户的工本；也可于别处另拨相同条件和数目的官田充抵产业。南宋初年，许多逃田被集中设置为屯田、营田，如有个别业主归认者，不便于让其杂居于屯、营田之中，故多采取后一种方法。绍兴三年二月七日，陈规措置营田时规定："若人户归业，纵寇盗未熄，亦合给还。……若有已拨在兵屯田内，难使杂种耕，仰归业人户诣官司投陈。官为照验已有民户耕凿多处依数拨还，仍不得以瘠薄田充数。"③ 绍兴六年七月，又依措置营田樊宾等上言规定："若有元地主归业，令州县验实，许归业人别行指射邻近荒

① 《宋会要辑稿》食货 61 之 64。
② 《庆元条法事类》卷 48，《赋役门二·支移折变》所引《赋役令》。
③ 《宋会要辑稿》食货 63 之 90。

闲田土依数拨还充已业。”[①] 如果原地主挚意要原业，即需补偿一定的工本费。如绍兴七年正月十六日依提领江淮等路营田官员之建议：

“如无主逃田拨充官庄，官中已行耕种，后有元地主归业识认，如愿别指射邻近荒闲田土，依已降指挥依数拨还；如止要元地，即据官庄所占水陆顷亩令本县依占数别踏逐官庄，却令地主耕种，候亦作熟田，收成了日，两相对换交割。”[②]

即原地主必须在别处开耕一块与原业相同数量的田地，直到成为熟田，才可以从营田中对换出自己的原产业，以此来补偿官府保管此地的工本费。绍兴二十一年，改变这一做法，具体确定出工本费的数额，“民识认营田者，亩偿开耕工本五千五百”，并下诏“诸道仿此”[③]。此后，两种方式仍交替使用，但如果弃业年数久远，佃户耕种施工日久者，一般适用第二种方法。隆兴二年八月，被金兵占领二十余年的泗州收复后，不少淮南人户纷纷“执契据前来理认绍兴十一年以前田土”，其中有不少是现耕人户在金兵占领时，“用钱买到及租佃施工日久，见执契据条薄”之田产。所以如果一律依条法给还识认之人，必然又会使“已安业人户却致失所”。因此诏令：“如有归业之人，执到契照识认田业，于系官空闲田比对田色高下，依契拨还。”[④] 淳熙三年正月，鉴于人户归业时“往往多是计嘱公吏，妄称本户子孙陈乞，官即信凭，给还官庄已耕熟营田，或以人户见佃田，以此词讼不已”，即下诏：“日后有似此乞还业之人，即告示令踏逐官田。对本户真契亩数拨还，庶革前弊。”[⑤] 不过有一种田产是例外的，它必须要给还

① 《宋会要辑稿》食货 63 之 102。
② 《宋会要辑稿》食货 63 之 109。
③ 《宋会要辑稿》食货 63 之 118。
④ 《宋会要辑稿》食货 61 之 66。
⑤ 《宋会要辑稿》食货 63 之 153。

原产，不能以其他田产代替，这就是墓田。上引绍兴七年正月即规定："官庄已耕种田土除内有拘占归业人户祖先坟茔，合先次依式给还坟地外，余并许原地主于未开垦官庄及应官闲田土内依数指射拨还。"可见墓田是受特殊保护的，有特殊的恢复效力。

第三，丢失契书者须凭证据向官府申请补办。契书是所有权的标志，亡失契书便会使自己的物权受到威胁。真宗祥符九年二月，知秦州曹玮言："州民多讼田者，及追取契要，皆云亡失。若召集邻保，颇为烦扰。"可见，当亡失契书后，必须召集众邻保为证，比较麻烦，所以他移告属县：凡无契书者必须在两月内补办手续，结果"讼诉顿息"①。这一方法推行全国，"编行条约"。南宋对因战争逃亡丢失契书者也注意及时补办，并要求保邻人及县吏合作。绍兴二年闰四月三日，依官员建议，下令诸路转运司相度："曾被兵火亡失契书业人，许经所属陈状，本县行下本保邻人依实供证，即出户帖付之。邻人邀阻不为依实勘会及县吏不即给帖，并许业人越诉，其合干人重置典宪，庶几民间物业各有照据。"②孝宗隆兴二年十二月下德音于楚、滁、濠、庐、光州，盱眙、光化军管内并扬、成、西和州，襄阳、德安府，信阳、高邮军等，凡"民户抛弃田产、亡失契书之人，仰申所属陈乞，官为审验，给据管业，不得容令合干人邀阻作弊"③。

第四，业主亲邻可以代为识认产业，但须符合善意条件。有些逃亡业主的亲邻，开始时并不想替业主识认田产，但见到有人已将田产开垦成熟田后，即贪占便宜，提出识认要求，这种恶意的识认，不宜支持。故景德二年下诏："如亲邻止在本处，见请佃稍着次第而争夺者，不须施行；实曾流移，今来归业，虽已请佃，依条给还。"④

---

① （宋）李焘:《续资治通鉴长编》卷86，大中祥符九年二月丙戌。

② 《宋会要辑稿》食货70之139。

③ 《宋会要辑稿》食货61之67。

④ 《宋会要辑稿》食货61之56。

第三节 债

一、契约形式与成立要件

（一）契约的外在形式由繁到简

契约的形式要件，包括契约的行文格式和订立步骤等，如果限制过死、过繁，必然会严重影响契约关系的正常发展，这便是早期契约法律约束观念的弊症之一。为适应商品经济高度发展后流通与交易加速的需要，两宋时期已走出了早期契约法律约束观念的窠臼，契约的形式要件趋于宽简，表现在以下诸多方面（以范围最广的土地典当与买卖契约为例）：

1. 交易以前不必再投状申牒

“投状申牒”是唐代土地国有制的产物，当时国家直接控制着土地的占有与流转，对少量允许买卖的永业田必须先向当地官府提出申请，经批准后，才能进行交易。《唐律疏议》规定“田无文牒辄卖买者，财没不追，苗子及买地之财并入地主”[①]。开元二十五年（737 年）令：“凡买卖（田地），皆须经所部官司申牒……若无文牒辄买卖，财没不追，地还本主。”[②] 两宋建国伊始修订的《宋刑统》也照搬唐《杂令》之文曰：买卖田宅者，“皆得本司文牒，然后听之。若不相本问，违而辄与及买者，物即还主，钱没不追”。[③] 以此，学术界便普遍认为：投状申牒也是两宋时期田宅买卖和典卖的必经程序。其实不然，两宋时期土地已完全私有化，国家没有必要限制也无法限制土地的自由流转交易，如此频繁的流转交易如果都事先经官府

① 《唐律疏议》卷 13，《户婚 · 妄认盗卖公私田》。
② （唐）杜佑：《通典》卷 2，《食货二 · 田制下》。
③ 《宋刑统》卷 13，《户婚律 · 典卖指当论竞物业 · 准杂令》。

审批，那么地方官府岂不穷于应付！

那么两宋时期的田宅买卖程序是如何开始的呢？袁采《袁氏世范》卷三“田产宜早印契割产”条载：“人户交易，当先凭牙家索取阄书、砧基，指出丘段围号，就问见佃人有无界至交加、典卖重叠……”也就是说，田宅交易一般先由居间人（牙人）介绍买主并检查标的物的范围以及是否合法。“阄书”指折产书，又称“支书”“分书”，凡分家析产者均要订立这一文书，确定各自的产权。“砧基”即指由官府登记制造的各户田亩四至位置及每亩数量的簿册。经牙人说合，且检查无误，交易便可继续进行，待双方合意订约后，需要过割税赋和投印时，才到官府办理手续。尽管居间牙人一般是官府的“官牙”，但这比以前“投状申牒”的手续要简便易行多了。当事人到官府投印时要交纳“牙契钱”，就是牙人说合订契的手续费。各地一般均设有半官方的“庄宅牙人”，他们不但以说合交易为职，而且还为官府记录已经交易而尚未到官府办理手续的交易次数：

“应镇耆、庄宅牙人，根括置籍，各给手把历，遇有典卖田产，即时抄上立契月日钱数，逐旬具典卖数申县乞催印契。其历半月一次，赴县过押。”①

每旬申县，半月一押，说明田宅交易之频繁。

2. 要约形式由繁趋简

在要约阶段，宋初法律仍沿袭唐代旧制，严格规定必须经过房亲、四邻的一一批退：“应典、卖、倚当物业，先问房亲；房亲不要，次问四邻；四邻不要，他人并得交易。”② 这样，在发出要约时，必须先问每一位自家的房亲（一般包括各房本宗近亲属大功以上，如兄弟、叔伯父母、侄、堂兄弟等），房亲多者以亲疏为序。所有的房亲都问遍并一一批退不买后，

① （宋）李元弼：《作邑自箴》卷3，《处事》。

② 《宋刑统》卷13，《户婚律·典卖指当论竞物业》。

还要问土地的四周邻至之家，四邻多者则“其邻以东南为上，西北次之，上邻不买，递问次邻，四邻俱不售，乃外召钱主。或一邻至者两家已上，东西二邻则以南为上，南北二邻则以东为上”①。可见在要约阶段的程序形式多么烦琐复杂。这种基于血缘关系和地理条件而为房亲和四邻设置的优先权，实际上是对土地流转的一种限制和干预，所以规定得越细密，也就意味着限制越严重，订立契约的阻力也就越大，这在当时“人户交易田地，投买契书及争讼界至，无日无之”②的时代背景下显然不适应要求，简化程序势在必行。所以到宋神宗时期便有了新的规定。史载：绍圣元年（1094年）臣僚言“元祐敕：典卖田宅，遍问四邻，乃于贫而急售者有害。乞用熙宁、元丰法，不问四邻以便之。应问邻者，止问本宗有服亲及墓田相去百户（步）内，与所断田宅接者，仍限日以节其迟”③。可见，神宗时的《熙宁法》和《元丰法》都曾经为便于土地流转而取消了房亲四邻遍问批退的程序，司马光上台后又恢复了旧制，故《元祐敕》又规定“遍问四邻”。绍圣元年改革派重新上台，简化程序的议题重新提起并采纳。不过这时不是完全取消，而是大大缩小应问范围并限以批退日时，以防拖延。从此直到南宋，这一简化的程序再未反复过。据《清明集》载：“律之以法：诸典卖田宅，具帐开析四邻所至，有本宗缌麻以上亲，及墓田相去百步内者，以帐取问。”④《庆元重修田令》和嘉定十三年《刑部颁降条册》中对这一范围都有明确限制，据《清明集》理宗朝胡颖判词称：按以上《田令》和《条册》，“所谓应问所亲邻者，止是问本宗有服经亲之有邻至者，如有亲而无邻，与有邻而无亲，皆不在问限”。⑤

由原来的遍问房亲和四邻到只问亲邻和墓邻的过程，反映了在财产流

---

① 《宋会要辑稿》食货 37 之 1。
② 《宋会要辑稿》食货 3 之 18。
③ 《文献通考》卷 5，《田赋考》。
④ 《名公书判清明集》卷 4，《争业上 · 漕司送下互争田产》。
⑤ 《名公书判清明集》卷 9，《取赎 · 亲邻之法》。

转过程中货币关系以外的限制因素的削弱，表明当时契约观念的进化。但这种观念的进化最终仍未能完全突破血缘关系的束缚，亲邻和墓邻仍保留了批退权，这与当时人们强烈的守祖、守宗观念分不开的。当时士大夫认为：之所以让亲邻批退，是因为考虑到“父祖田业，子孙分析，人受其一，势不能全。若有典卖，他姓得之，或水利之相关，或界至之互见，不无扞格。曰亲曰邻，止有其一者，俱不在批退之数，此盖可见”。而墓邻批退则是考虑到“墓民所在，凡有锄凿，必至兴犯，得产之人倘非其所自出，无所顾藉，故有同宗，亦当先问”。如果一田既有亲邻又有墓邻者，则应先问墓邻，次问亲邻，因为“墓田之于亲邻两项，俱为当问。然以亲邻者，其意在产业；以墓田者，其意在祖宗”[①]。可以说，两宋时期田宅交易契约的要约程序，在维护“守祖业”“守祖宗”观念的前提下，达到了最大程度的简化。

3. 契约的行文格式开始摆脱死框框的限制

这一进程在两宋起步较晚，可以说整个北宋到南宋初期，法律对契约行文格式的限制是很严格的，具体规定包括：

第一，书契。是指确定了契约相对人之后，双方订立文约草本的过程。法律规定当事人订立草契时，必须按统一格式立下字据：“人户典卖田产，若契不开顷亩、间架、四邻所至、租税役钱、立契业主、邻人牙保、写契人书字，并依违法典卖田宅断罪。”[②]这种草契是双方合意的依据，凭此可以到官府办理正式手续。

第二，请买正契、合同契。交易双方订立草契后，必须共同到官府请买契纸书填，正契由典买人（典主）收执，合同契由典卖人（业主）收执：“应有人户典业，并与钱主同赴官请买正契并合同契，一般书填所典田宅、交易钱数、年限，责付正身，当官收领”，以防止典主“私立草契，领钱交业，至限将满，典主方赍草契赴官请买正契，其合同契往往亦为典主所

① 《名公书判清明集》卷4，《争业上·漕司送下互争田产》。

② 《宋会要辑稿》食货61之66。

收”之弊。[①] 为保证契约格式的统一画齐，两宋开始由官府统一印制正契与合同契的契纸，由交易双方到官府请买书填。高宗绍兴五年（1135 年）三月二十日两浙转运付使吴革上言：“在法：田宅契书，县以厚纸印造，遇人户有典卖，纳纸墨本钱买契书填。”为防县吏私自多印中饱私囊，规定“委逐州通判用厚纸立千字文为号印造，约度县分大小，用钱多寡，每月给付……仍每委驱磨卖过契白，收到钱数”。[②] 这样，既可以保证契约格式合法，又能够获得一笔收入。

严格限制契约格式，有利于防止伪契、减少纠纷。但过分强调格式的整齐画一，稍有出入便视作违法，则又十分不利于交易的正常进行。如绍兴十年申严：“不依格式，并无牙保、写契人书字，并作违法断罪，不许执用。”[③] 绍兴三十一年（1161 年）六月二十二日，户部员外郎马骐上言：

“窃谓典卖田宅，条令所载契要格式备矣。或不如式，在法未尝不许执用。所有执用者，准条明言违法，如私辄典卖之类，是诚不可以执用也。然则契要不如格式，非违法明矣，乌可不使之执用乎！绍兴十年申明将上件不依格式并无牙保写契人书字并作违法断罪，不许执用；绍兴十九年宋贶申明典卖田宅不赍砧基簿对行批凿并不理为交易。夫违法者，私辄典卖是也，今契内一项不如式，及未批砧基簿，与私辄典卖情犯绝远，而一概以违法处之，则伦类不通，非所以为法也。”[④]

马骐的建议通过户部转送敕令所立法。敕令所认为：以前臣僚请求将人户典卖田产“若契内不开顷亩、间架、四邻所至、税租役钱、立契业主、邻人牙保、写契人书字，并依违法典卖田宅断罪”，但即便如此也“难以

① 《宋会要辑稿》食货 61 之 64。
② 《宋会要辑稿》食货 70 之 140。
③ 《宋会要辑稿》食货 61 之 65—66。
④ 《宋会要辑稿》食货 61 之 65—66。

革绝交易不明致生词讼之弊；不对批凿砧基簿，难以杜绝减落税钱及产去税存之弊”。因此，建议立法：“今后除契要不如式不系违法外，若无牙保、写契人亲书押字，而不曾经官司投印者，并作违法，不许执用……所有对行批凿砧基簿事，合依原降指挥施行。”① 这样，契约的行文格式不再如以前那样过分呆板，除必须有牙保、写契人亲书押字并依法投税和过割赋税外，其他的格式要求均予以松动，个别不符合格式的契要不算违法，契约格式趋于灵活，这无疑有利于民间交易活动的发展。

4. 法律防范的重点是危害国家和他人利益的行为

在契约关系中，如何通过契约的外在形式来限制和防范当事人危害国家和他人包括对方当事人利益的行为，在两宋是作为重点加强的环节，这方面的形式要件不但不能灵活，而且越来越严密。如契尾要有牙保、写契人亲书押字，交易成后要批“支书”（分书、“阄书”，是牙人必须首先检查的文书）等，其中最关键的环节莫过于过割和税契了。

“过割”即指随着土地的转移而将出典人原负担的租税力役等移割给典权人负担的程序，土地的使用权也随之移转。如果典权人逃避租税力役负担而不予过割，不但影响国家利益，而且造成出典人“产去税存”之弊，使出典人利益严重受损。所以两宋严格规定：典卖买田宅必须要双方赍带原租契（又称“上手干照”“旧契”或“老契”，官田佃户则有户贴）以及“砧基簿”（记载土地四至角亩及租税多少的簿册）和“物力簿”等（与夏税簿、秋苗簿一起合称“三色官簿”）到官府当面核验，根据典产的多寡而相应地减低出典人的租税负担并降低出典人的物力户等（摊派力役的五等户标准）。具体程序是：

“诸路州军人户欲自今应典卖田宅，并赍元租契赴官，随产割税，对立新契，其旧契便行批凿除豁，官为印押。本县户口等第簿亦仰随时销注，

① 《宋会要辑稿》食货61之66。

以绝产去税存之弊。”[1]

这是两宋始终强调的契约必经程序，“典卖田宅，不赍砧基簿对行批凿，并不理为交易”。[2]

税契是指过割税役后，在法定限期内由典买人到官府交纳税款和牙契钱，并在契书上加盖官府红印的环节，又称印契。这是最后一个必经程序，经过这个程序后，契约就成为“红契”，才具有法律效力。为防止典买人不过割就税契以逃避税役负担，故在程序上规定“应民间交易，并先次令过割，而后税契”[3]。具体的税契日限，孝宗乾道七年（1171 年）二月下诏户部曰：

“典卖田宅，合纳牙契税钱，虽有立定所收则例，昨降指挥通限一百二十日投纳契税。可依绍兴十年六月二十七日指挥，限一百八十日。其人户典卖舟船、驴马合纳牙契税钱，各有立定所收钱数，立契并限三十日印契。”

并严立法禁：“如人户纳钱违限，许诸色人告，依匿税法断罪追偿。”[4]尽管如此，民间未投印税契的“白契”（相对于“红契”来说）仍屡禁不止，故又有“倍罚”（又称“倍税”或“倍输”）乃至没收典产之经济制裁措施。但倍罚过严又使许多未税契者不敢税契，故又不断地放宽制裁期限：“民间典卖田宅，多有出限未投契纳税之人，因为避免倍罚，一向收藏在私，若不许令赴官陈首，窃意因循，亏失税契官钱。”[5]所以两宋时期放宽投税期

① 《宋会要辑稿》食货 61 之 63。
② 《宋会要辑稿》食货 61 之 66。
③ 《宋会要辑稿》食货 70 之 150。
④ 《宋会要辑稿》食货 70 之 147—148。
⑤ 《宋会要辑稿》食货 61 之 63。

限、允许陈首而免倍罚的诏令俯拾皆是。

总之，两宋时期为适应财产流转交易迅速发展的需要而简化和灵便了契约订立的外在形式，但涉及国家和他人利益的形式要件则始终没有放松，而且越来越加强，这是十分必要的。在维护国家和他人利益的前提下，尽量简化契约订立的不必要烦琐形式，是两宋契约制度出现突破性发展的重要标志之一。

（二）对传统缔约方式的重大突破

传统的契约成立方式无非是双方当事人通过合意协商，即通过要约和承诺两个阶段，契约即成立。随着两宋商品经济的高度发展，市场竞争机制逐渐渗透到契约制度中。于是，一种集公开性、公平性、竞争性和机会均等性于一身的高级缔约方式——竞争缔约法在两宋产生并制度化和法律化。在现代社会，竞争缔约方式包括招标投标和竞价拍卖等行为，人们一般认为，这是一种较高级的缔约手段，非简单的商品生产和交换所能产生，在西方也是直到资本主义初期的18、19世纪上半叶的自由竞争阶段才产生的，因此它似乎与中国社会无缘。改革开放后，我国从西方引进了这种缔约手段，被外方称赞为“这是中国对传统做法的一次重大突破”。殊不知早在一千年以前的中国两宋时期，传统的缔约方式已经出现突破，投标拍卖的竞争缔约方式已经相当规范化了，这并非一种不可思议的怪现象，而是两宋商品经济高度发达的产物。

两宋竞争缔约行为大体上有两种方式：一种是官有土地出租或出卖时的“实封投状”法。“实封”即密封之意，是古代对重要文书进行密封传递的一种形式；“状”这里指竞买人或承租人向官府（出卖方或出租方）提交的书面购买条件和承租条件，记载所出价额和租额以及期限等内容，官府在约定的期限届满时统一拆封，从中选出给价最高者便获得缔约权。另一种形式是官有工商业经营权转让时的竞争承包行为。与前代不同，两宋时期国家虽然控制了更多重要的工商业生产和销售，但为提高经营效益，多采取所有权与经营权相分离的政策，大量召集有丰富经营经验的民户承包经营，这种承包契约的订立也采取竞争的方式，当时称之为“买扑”“召人承买”“扑买”等。虽也称“买”，但与一般的买卖不同，因为它不是所有权的转移，而只是经营权和管理权的转移。所谓“扑”，即有击倒、压伏以及打赌等意，[①] 因此“买扑”便是买主互出高价而竞争、角逐于卖主之前以力图压伏对方夺取成交机会的行为。但在神宗以前，这种竞争缔约的规模还不大，神宗以后将“实封投状”法运用于买扑，才使其成为真正意义上的竞争缔约行为。下面逐一加以介绍：

1. 官田出租中的竞争缔约

两宋以前，封建国家一般是直接把土地分配给自耕农使用，征发赋役。两宋土地私有制确立后，除允许私人自由买卖土地外，对部分官有土地，则一方面采取私田化政策而大量出卖；一方面也仿效地主出租土地而收取租课的办法来经营官田。在出租官田时，为了最大限度地提高官田租额，尤其是为了杜绝“有力之家”依仗特权广占官田和采用不公正的办法与百姓争利，两宋政府在选择承租人时开始采取“实封投状”法，让所有愿意承租的人都在同一个标准下机会均等地竞争，一视同仁地对待。

宋徽宗宣和元年（1119 年）八月，依农田所奏请，规定浙西州县积水减退后露出的田土“除出人户已业外，其余远年逃田、天荒田、草葑茭荡及湖泺退滩沙涂等地，并打量步亩，立四至坐落、著望乡村，每围以《千字文》为号，置籍拘籍，以田邻见纳租课比扑，量减分数，出榜限一百日召人实封投状，添租请佃，限满拆封，给租多之人。每户给户贴一纸，开具所佃田色步亩、四至、著望、应纳租课。如将来典卖，听依系籍田法，请买印契书填交易”[②]。这一诏令比较系统地规定了官田出租时的竞争缔约程序。即先由官府（招标人）确定并公布契约标的物的基本情况及所要求

① 《辞源》(修订本)，商务印书馆 1979 年版，第 1313 页。

② 《宋会要辑稿》食货 63 之 195。

的租课最低数额，然后限期由愿意承租的人（投标人）实封投状（密封投标），互出高租额竞争，最后以给租最高者获得承租权，且这种通过高价获得的承租权以后可以有偿转让。此后，有关的规则不断完善，宣和七年（1125 年）八月，“温、台、处、婺等州各有逃绝户抛下田土，贼平之后（按：指方腊起义），皆为有力之家请射”。为避免这种不公正的垄断局面，保证国家的租税收入，于是“令百姓实封投状请射，限一月开拆，给与租课最多之人，于公实利便”[①]。缩短了投标期限，加快了流转速度。南宋高宗绍兴三年（1133 年）二月，依臣僚上言进一步规定：“所是召人承佃荒田，亦不须限定顷亩，听人户量力投状请射。”[②]即凡参加竞争的人，没有标的数量的限制，可以根据各自能力而自由决定。

另外，当原佃户不能依约按期按量交纳租课时，或者原定租课过低而原佃户不愿增添租额时，也采用“实封投状”法，重新召纳新佃户而逐去原佃户，称之为“刬佃”。如高宗时户部就说“州县没官田土，往往形势之家互相刬佃”[③]。绍兴十二年（1142 年）令常平司将尚未卖掉的官田仍交由原佃户租种时规定：原佃户必须在半月之内“添租三分”，“如出限不愿添租，即勒令离业，其积年拖欠合催理租课并限一月纳足。仍别召人再限一月实封投状，添租刬佃，限满拆封，给添租最高之人”。[④]这种竞争式的“刬佃”法，有时也为私人地主所采用，让众多佃户竞争，互相刬佃，以便最大限度地满足其私欲，但往往会遇到“乡曲强梗之徒，初欲搀佃他人田土，遂诣主家，约多偿租稻。（主）家既如其言，逐去旧客，而其人遽背元约，不肯承当，主家田土未免芜废”[⑤]。说明对于私人地主招标刬佃的行为，尚未有相应的法律加以保护。

① 《宋会要辑稿》食货 63 之 197。

② 《宋会要辑稿》食货 63 之 92。

③ 《宋会要辑稿》食货 5 之 26。

④ 《宋会要辑稿》食货 5 之 26。

⑤ （宋）真德秀：《真文忠公文集》卷 8，《对越甲藁·奏申·申户部定断池州人户争沙田事状》。

2. 官田出卖中的竞争缔约

上文提到，官田出卖和出租是两宋时期官田经营的两种主要方式，而官田的私田化（出卖）则是主流。大量官田或本应转化为官田的荒闲、无主田土，通过有偿转化的方式下放为民田，交由私家地主或个体农民直接经营，这愈益成为两宋时期官府的经常性事务，常平司便成了总领其事务的衙门，所谓“天下系官田产，在常平司有出卖法，如出纳、抵当、户绝之类是也”[①]。而在出卖官田时所采取的主要方式就是竞争缔约的“实封投状”法。此法至少出现于北宋初，至神宗时更得以推广与完善。

神宗熙宁七年（1074 年）三月二十二日下诏：

“户绝庄产委开封府界提点及诸路提点刑狱司提辖，限两月召人充佃及诸色人实封投状承买，逐司季具所卖，关提举司封椿，听司农寺移用，增助诸路常平本钱。”[②]

可见出租与出卖同时进行，而出卖更明确为“实封投状”方式进行，由各地提刑司负责，收入归常平司掌管。哲宗初，废除王安石新法时，也殃及此法，于元祐元年（1086 年）“罢实封投状”[③]。但此后不久便恢复使用，并风行不衰。至南宋，更以实封投状出卖为主，出租为辅。如建炎四年（1130 年）二月即令将官田“量立日限，召人实封投状请买，限半月拆封，给最高之人”[④]。绍兴以后则规定：凡“未有人承买”之田，再出榜召人竞争承租。凡拘收到的僧道置产及寺观绝产，也先“尽行召人实封投状出卖，……如内有卖未售之田，合行权给租课”[⑤]。孝宗时也“令逐州军将所

① 《宋会要辑稿》食货 1 之 31。

② 《宋会要辑稿》食货 61 之 60—61。

③ 《宋会要辑稿》食货 60 之 61。

④ 《宋会要辑稿》食货 61 之 2。

⑤ 《宋会要辑稿》食货 61 之 16。

管屯田先次估定价钱，开坐田段，出榜召人实封投状，增价承买，给付价高之人，理充已业”[①]。到宁宗庆元年间，更形成定期清理官田出卖之制：“每季根刷州县籍没到应干田产、屋宇，置籍依乡原体例估价，召人实封投状，增价承买。”[②]

可以说，出卖官田是两宋时期的基本政策，而竞争缔约法则是两宋出卖官田的法定方式。所以南宋士大夫称：“祖宗出卖官田旧法，止令人户实封投状，限满拆封，给与价高之人。”[③]说明竞争缔约不但是两宋时期的“祖宗旧法”，奉行不衰，而且是出卖官田中的唯一方式。

3. 官有工商业经营权转让中的竞争缔约

这一领域中的竞争缔约法出现较早，大约产生于唐后期。当时商品经济已经有所发展，使传统的官府专产专卖制度之弊病日益显露，由私人承包的趋势已经开始。五代十国时期即有吴越龙泉县松瞿、小梅、松源三处酒务为县民张延熙“入状添起虚额买扑勾当”之事。[④]但在两宋之前，买扑经营范围很小，仅限于地方税务，如酒务或市镇名课，即由私人承包某“务”税收，按期按量向官府交纳，而官府不再直接插手具体征收事务。进入两宋后，这种“买扑”法在深度和广度上都得以空前发展，表现在：

一是过去包税式的买扑法更加普及，出现买扑墟市、买扑陂塘等。两宋时期的祠庙也变成了贸易市场，如开封著名的大相国寺，早在宋初就已成为繁华的瓦市，当然也像墟市一样征收商税，召人买扑。陂塘则有鱼虾水产之利，也收取课税。

二是买扑法已深入商业生产和销售领域，官府进一步将一些官营的工商业（如“坊场”“坑冶”）的全部生产和产品销售都承包给私人，这是前所未有的。下面重点谈一谈这方面的竞争承包。

---

① 《宋会要辑稿》食货 3 之 18。

② 《宋会要辑稿》食货 61 之 43。

③ 《宋会要辑稿》食货 61 之 25。

④ （宋）杨亿:《武夷新集》卷 15,《表状 · 论龙泉县三处酒坊乞减额状》。

由于买扑制在两宋的普遍运用，以致后来史家都误将北宋开宝三年（970 年）令买扑场务者必须提供财产抵押的资格限制法令当作买扑法的开端。[①] 这种资格限制有利于避免因买扑的竞争性而导致的盲目性。此后这种买扑法逐渐推广于各个官营工商业领域。仁宗至和二年（1055 年）十一月诏“同州铁冶，自今召人承买之”[②]。嘉祐三年（1058 年）袁州贵山官营铁冶务也改由私人买扑。[③] 官营的盐井、盐场中，小者也“容其扑买”[④]。神宗以后推广于金、银等矿场坑冶，如哲宗元祐五年（1090 年）湖南转运司上言：“应金、银、铜、铅、锡，兴发不堪置场官监，依条立年额课利，召人承买。”[⑤] 而在官营酒、醋坊场中的私人竞争承包经营法尤为详尽。

由于酒、醋的广泛市场和高额利润，所以从唐后期就开始实行榷酤政策，由官府控制其产、销活动。宋初因衙前重役往往导致服役者破产，故多以坊场酬奖衙前，但衙前经营也往往因酿造技术不精不专而效益低劣乃至败阙。太宗时就已开始将诸州酒务承包给私人掌管，淳化五年（994 年）四月还特意下诏减免常课，使承买者易办，以鼓励人们买扑。[⑥] 真宗时便注意运用竞争机制于买扑，如益州地区酒务“旧委牙校”，景德三年“三司许州豪增课夺之”。可见这时的竞争买扑还只限于承包税课。[⑦] 大中祥符元年（1008 年）春则进而将“实封投状”法与买扑法相结合，有了实封投状给卖价高之令，[⑧] 并出现互相“划夺”“划扑”之制。如七年二月，陕西诸州军县镇酒务，“衙前及百姓诸色人等已增添课利买扑”，转运司“更招

---

① （宋元）马端临:《文献通考 · 征榷考》引宋人陈傅良之语。
② （宋）李焘:《续资治通鉴长编》卷 181，至和二年十一月丁巳。
③ 《宋会要辑稿》食货 33 之 4。
④ （宋）李焘:《续资治通鉴长编》卷 255，熙宁七年八月丙戌。
⑤ （宋）李焘:《续资治通鉴长编》卷 441，元祐五年四月癸丑。
⑥ （宋）王栐:《燕翼贻谋录》卷 3。
⑦ （宋）李焘:《续资治通鉴长编》卷 63，景德三年七月壬寅。
⑧ 《建炎以来朝野杂记》甲集卷 14，《财赋一 · 东南酒课》。

人添钱划夺”[①]。到神宗时，不但将实封投状法推广至全国，而且将坊场的生产和销售都承包给竞争者：“天下州县酒务，不以课额高下，并以祖额纽算净利钱数，许有家业人召保买扑。”[②]即承包者不但包税课，而且包“净利钱”，属于产、销领域了。买扑的具体办法是熙宁四年（1071年）二月由司农寺起草立法的：

“相度京西差役条目内，酒税等诸般坊店场务之类，候今界满拘收入官，于半年前依自来私卖价例，要闹处出榜，召人承买，限两月内，并令实封投状，置历拘管。限满，据所投状开验，著价最高者方得承买。如著价同，并与先下状人。其钱听作三限，每年作一限送纳。”[③]

或：

“听自立价，实封其价状告，为扃锁，纳期启封，视价高者给之。”[④]

这是两宋时期有关官营工商业招标投标的最详细的一次立法，它确立了招标投标的具体程序和原则。这一立法的完善是与神宗“遍卖天下坊场”后转让经营权中的激烈竞争分不开的。正像南宋民间流行的俚语一样：“欲得富，赶著行在卖酒、醋。”[⑤]所以当官府转让经营权时，要求承包的人特别多，形成较大的竞争市场，需要立法的及时调整。

（三）竞争缔约的具体程序

两宋时期的竞争缔约法，已经形成了一套比较完备的程序规范。与今

① 《宋会要辑稿》食货20之5。

② （宋）李焘：《续资治通鉴长编》卷230，熙宁五年二月壬申。

③ （宋）李焘：《续资治通鉴长编》卷220，熙宁四年二月丁巳。

④ （宋）李焘：《续资治通鉴长编》卷217，熙宁三年十一月甲午。

⑤ （宋）庄绰：《鸡肋编》卷中，《建炎后俚语》。

天的招标投标和投标拍卖程序相类似，两宋时期的竞争缔约也包括招标、投标、开标和定标等几个阶段。

1. 招标

招标就是招标人就标的物的数量、质量和最低出价等予以评估并公布于众，吸引众人竞争的行为。在两宋则表现为官府评估检覆官田及官营工商业并公布最低出价召人实封投状的行为。如在官田宅出租和出卖中，官府作为招标人，须首先正确评估该田宅的面积、位置、四至、田色等，“选委清强官躬亲地头，从实勘验，取见诣实，分明立定字号。仍开具田地乡分地名、坐落四至、膏腴瘠薄、若干顷亩”。在评估时要注意依据事实，分明界至，不得损害国家或周围地邻的利益，“如有坟墓已葬埋在今日以前者，克留四至各三丈，与为已业。若所至三丈内或系别人已产，即据所至给与，不得侵越别人已产。或所至三丈内系见今出卖水田塘之类，止得以岸为至”。官田有官宅舍者，则要注明“间具、新旧、间架、丈尺、阔狭、城市乡村等紧慢去处”①。

这些评估事务完成后，则要根据当时当地的市场行情，确定出最低出价额，或由投标人自己立价。如在转让坑冶坊场时，一般由官府“依自来私卖价数，于要闹处出榜”，或者是“听自立价，实封其价状告”。在出卖官田宅时，则“州委知州，县委县令，取见元管数目，比仿邻近田亩所取租课及屋宇价值，量度适中钱数出榜”②。这里不仅强调在定最低出价时要依据当时当地行情，“仰各随土俗所宜，究心措置，出榜晓示”，③而且表明两宋时期已经开始以地租决定地价了，这一在西方资本主义时代才出现的经济规律，能够在中国两宋时期出现并发挥作用，又是一历史奇迹。它表明两宋统治者已经不自觉地受这一经济规律所左右，使地价不致偏离地租，

① 《宋会要辑稿》食货 61 之 17。

② 《宋会要辑稿》食货 61 之 7、5 之 23。

③ 《宋会要辑稿》食货 5 之 21。

保持地价适中，不致损害公私双方利益，所谓“量度适中估价，务要公当，不致亏损公私”[①]。如果所卖田产为荒闲田土，招标时也可不预定最低出价而由投标人自己出价：“无人开垦荒田，……并许人户自行开坐所买田产四至，随乡原任便着价，给与价高人。”[②]

2. 投标（“实封投状”）

投标就是众多竞买人或投标人在规定的时间内将自己的出价条件密封投送到规定地点，投标人互相不知道对方的出价。这一阶段的具体规定是：

第一，投标人要在公布的最低出价的基础上，提出自己的出价条件，称“增价”或“添价”。也可根据情况而不定最低价，由投标人在投标时“听自立价”或“任便着价”。竞争坊场承包经营权时，还必须在投状中“供通抵当”，即以家庭财产提供抵押，并召人作保。[③]凡是有最低出价的，一般要求投标人的出价必须高于最低出价，如竞买坊场时“有课利、买名、净利钱，恣民增钱夺买”[④]。土地出卖与出租也一样，如果最低出价过高而无人投状，则由官府降低价格继续招标。不过有时也根据情况而允许投标人低于最低出价投标，如对于那些原本经营亏损的坊场，除降低价格外，还“不以着价及与不及体减分数，但拆封日，取着价最高者给付”[⑤]。“召人酬价，不以及与不及元额，但拆封日，取酬价最高人给付。”[⑥]这不失为处理亏损坊场的好办法。

第二，投标人必须在规定的期限内进行投标。如绍兴初年规定：官田自出榜日开始，“限一月召人实封投状承买”。坊场则自出榜日为始“限两月内，并令实封投状”。这种期限不确定，不同的时间和标的物会有不同

① 《宋会要辑稿》食货 61 之 17。
② 《宋会要辑稿》食货 61 之 27。
③ （宋）王栐：《燕翼贻谋录》卷 3。
④ （宋）叶适：《叶适集·水心文集》卷 10，《平阳县代纳坊场钱记》。
⑤ 《宋会要辑稿》食货 21 之 14。
⑥ 《宋会要辑稿》食货 21 之 7。

的期限，根据官府的临时出榜而定。

第三，投标人必须在规定的地点投标。绍兴二十八年措置：招人实封投状时，“令州军造木柜封锁，分送管下县分，收接承买实封文状”。[①] 即投标地点为各地方州县机关内的封锁木柜。

第四，招标人必须要专置簿历注明投标的先后顺序，以备使用。绍兴二年六月规定：在竞买人投状时，官府“仍置印历，抄上承买入户先后资次姓名”[②]。二十八年又令在竞买人投状入柜时，由受状官府“置历一道，令买人于历内亲书日时投状。或有不识字人，即令承行人吏书记日时，并于封皮上押官用印记，入柜”[③]。坊场投标承包时，也要“置历拘管”，方式相同。

可见，两宋时期有关投标阶段的法律规定相当严密。值得一提的是，两宋法律还允许数个投标人联合投标，以增强竞争能力。这多出现于资产较大的工商业坑冶坊场的承包经营招标中。如天禧三年（1019 年）知应天府王曾上言：“府民五户共扑买酒场，岁课三万缗。”[④] 景祐三年（1036 年）依臣僚建议规定：

“诸道州、府、军、监、县镇等酒务，自来差官监处，乞不以课利一万贯以上，并许衙前及诸色不该罚赎人一户以上、十户已来同入状，依元敕将城郭草市、冲要道店产业充抵当，预纳一年课利买扑。”[⑤]

这种竞争承包获胜后，就形成了一种合伙承包方式。更可贵的是，哲宗元祐年间还出现了公开投标报价的竞争制度，即投标人不是将标书密封投送，而是类似今天的公开报价方式，“许人明状添钱承买”，投标人都互

---

① 《宋会要辑稿》食货 61 之 17。

② 《宋会要辑稿》61 之 5。

③ 《宋会要辑稿》食货 61 之 17。

④ （宋）李焘：《续资治通鉴长编》卷 94，天禧三年十一月辛未。

⑤ 《宋会要辑稿》食货 20 之 8。

相知道对方的报价，增加了竞争的激烈性。所以当时较保守的官僚刘安世抨击此法说："实封投状，虽非善法，然所添之直，人不相知，惟至限满启封，方见合给之主。今则明书钱数，众各见闻，又择价高之人便行给付。民既贪得，无有远图，并驱争先，更进迭长，惟恐失之，岂念后患……则明状之害，有甚于实封者矣。"[①] 由于相应的法律调整未跟上，加上反对派的阻止，此法才实行了几个月便被废罢。

3. 开标

开标是在招标时规定的投标期限届满时，招标人按照法定规则将投标人的所有密封标书（"状"）统一打开的拆封行为。现代的开标程序一般要求必须所有的投标人在场时进行，而两宋只要求负责招标的官府中的所有官员在场进行，以此达到互相监督的效果，所谓"限满，当本官厅拆状，区画所着价最高之人"[②]。绍兴二十八年更详细规定：限满后，各县停止接收投状，"倚郭县分将柜申解赴州，聚州官，当厅开拆。其外县委通判，县分多处除委通判外，选委以次幕职官，分头前去开拆。并先将所投文状当官验封，开拆签押"。[③] 也就是说，州府治所附近的县分，一律集中到州治所开拆，外县分则委通判等官前去开拆，且均由其他官员在场，并共同查看密封文状的原押封印后，才能开拆，可见防范之严密。这无疑有利于避免个别官僚特别是胥吏之辈私下作弊、破坏公平竞争原则的现象发生。

如果投标期满而无人投标者，则招标人（官府）可以根据情况而决定延期或降低最低出价后重新招标。"限满无人投状，再限一月。若两限无人承买，即量行减价出榜召人买。"[④] 有时则根据需要而决定改行招标出租，由愿意承租的人投标竞争，不过这种情况较少。

① （宋）刘安世：《尽言集》卷2，《论买扑坊场明状添钱之弊》；（宋）李焘：《续资治通鉴长编》，哲宗元祐三年闰十二月丙辰。

② 《宋会要辑稿》食货61之5。

③ 《宋会要辑稿》食货61之17。

④ 《宋会要辑稿》食货61之23。

4. 定标

定标是在开标之后根据投标人所投文状的情况而确定契约相对人的程序。两宋定标的要件有三：一是投标人的出价高低，以出价最高者为选择对象；二是投标的时间顺序，即官府置备的印历上记录的投状人的姓名、日时等，开标后，如果出价最高者有两人以上时，即以投标的时间顺序为标准选择定约人；三是正在租佃或租赁该标的物（官田宅）的“见佃赁人”是否放弃优先权，如不愿放弃，则应优先与之成交定约。绍兴二十八年（1158 年）的实封投状法规定：开柜拆封后，“以时比较，给赏着价高人。内着价同者，即给先投状人。或见佃赁人愿依着价高人承买者，限五日投状听给”。[①] 可见在三个定标要件中，“见佃赁人”的优先权是个先决要件，下面拟详细加以说明。

见佃赁人的优先权大致也有三种，其一就是同等条件下的优先权，即在不低于最高竞价的条件下享有的优先权，并且须在规定的期限内向官府表示，否则即丧失优先权，上引条文即属此类。其二是有条件地享有优惠价格的优先权，即不但优先，而且可以减免一定比例的价格（在最高价的基础上）。如绍兴五年（1135 年）正月即规定：

“限满拆封，给着价最高之人，……仍具最高钱数，先次取问见佃赁人愿与不愿依价承买，限五日供具回报。若系佃赁及三十年已上，即于价钱上以十分为率，与减二分价钱，限六十日送纳。”[②]

这里规定的减免条件是“佃赁及三十年已上”的老佃户，过于苛刻，因为在当时土地租佃权也不断流转的情况下，很少有达到这一标准的。故后来重新作法律上的界定：

---

① 《宋会要辑稿》食货 61 之 17。
② 《宋会要辑稿》食货 61 之 7。

“见佃赁未卖田宅已满一年，与理为见佃赁之家，依前项已降指挥承买。若未及一年者，开封日将着价最高人钱数先次取问见佃人，如愿承买，更不减价；若不愿承买，即给卖与着价最高人。”①

这样，佃赁满一年者便可享受优惠，不及一年者只能享受同等条件下的优先权。其三是出榜以前的优先添价权，即官府在召人实封投状以前，先问见佃赁人是否愿意添价，如愿意，便中止召人竞争。这一种优先权多适用于官田出租中。如南宋规定在竞争承租权以前，要先“令见佃人限半月添租三分，依旧承佃。如出限不愿添租，即勒令离业”，再召人实封投状添租刬佃。如果见佃人所佃田地原为荒闲田土，则“各理五年日限，权免添租刬佃、出卖，令依旧承佃（原注：谓如请佃已及三年，更合展限二年之类。）若限满尚有不愿添租之人，依前项备坐已降指挥刬佃、出卖施行”②。可见这一优先权与前两种不同，一是添租比例有明文规定而非竞争所致；二是尚未进入竞争阶段，是作为是否进入竞争程序的先决条件而非定标的先决条件，只是因为它也属于竞争缔约中“见佃赁人”的一种优先权而在这里一并说明。两宋如此注重“见佃赁人”的优先权，是公平原则的重要体现，因为“见佃赁人”在土地上耗费了工力和财力，应该有所补偿，而不应该随意用行政强制的手段简单地予以“刬佃”或“夺卖”。

定标是最后一个程序。定标以后，双方即官府和出价最高人之间即互有定约的权利和义务，竞争缔约过程即告结束。

（四）竞争缔约法对传统契约秩序的冲击

竞争缔约作为一种比较高级的缔约方式，是适应商品经济高度发展后商品流通应公平合理进行的时代需要而产生的。商品经济的发展，必然要

① 《宋会要辑稿》食货 61 之 24。

② 《宋会要辑稿》食货 61 之 13—14。

冲击传统的封建等级秩序而创造出一种新的自由、公平、平等的交易秩序。马克思主义认为：如果把暴力强制（封建等级制度）作为自由的对立物来看待，那么，正是在商品交换中，双方中的“任何一方都不使用暴力”，而是“自愿的交易”，也就势必形成自由竞争。[①] 两宋时期官府不再使用暴力强制手段，而是组织各阶层人平等的、自愿的竞争订约，这一重大进步正是商品经济之威力所至，虽不能说当时已经形成自由竞争，但其对旧秩序的冲击与变革在中国历史上也是罕见的，在两宋至少表现在以下几个方面：

第一，竞争缔约创造出一种机会均等的公平、公开、自愿竞争的市场环境，有力地冲击了过去官僚地主特权阶层垄断市场的不公平、不合理制度。在竞争缔约中，所有人机会均等，没有上下高低之分，没有特权，在确定契约相对人时一视同仁。以土地的实封投状出卖为例，在出卖以前，系官田土多被官户、形势户和一些地方豪强仗势侵占或低租占佃，而实封投状法使这些土地被以竞争高价出卖或出租，特权阶层要么吐出土地、要么以同样高价承买或承租，从某种意义上说，这一措施正是为了打击特权垄断，顺应土地商品交易的时代要求。绍兴五年总制司在措置官田拍卖时就说：需要出卖的官田，“多在形势户下，取之无伤。纵使巧为占吝，亦须高价承买”。当时战乱初定，官田上的原佃户多逃亡或死难，土地“往往人吏作弊侵欺入己或为形势之家强占起造，更不纳钱，或非理减落无价”。政府采取软硬两手使他们交出土地，参加竞争：一是规定“如有似此隐占之家，许限一月诣官自陈，依本处体例添纳租课，仍与减免二分”[②]，即能够诣官自陈交出土地的隐占之家可享受竞争中“见佃赁人”的优惠权利；另一方面又规定不愿自陈者则许人告，予以没收，如“欺隐占吝及用情障固，至人户不敢请买”，则由朝廷“重作施行”。似此之类的诏令在两宋史料中随处可见，它表明在商品经济环境中，国家处理官有土地或其他财产

① 《经济学手稿·政治经济学批判》，载《马克思恩格斯全集》第46卷上，人民出版社1979年版，第196页。

② 以上引文参见《宋会要辑稿》食货61之8—10。

权时，不是凭官品高低分授或按户分授；特权阶层也不能再凭势力大小巧取豪夺。所有这一切都被一崭新的手段——公平竞争的经济手段所取代。

第二，竞争缔约具有公开竞争换价的优越性，它既可以帮助统治者充分实现官有土地及工商业坑冶场坊的最大价值，提高经济效益，又可以消除官府的行政强制因素对市场的干扰。因为标的物的价值不是由某一个人或集团来主观臆断的，而是由市场价值规律来客观确定的。官府估定的最低出价有待市场来判决：太低了，会通过市场竞争而实现其最大价值；太高了，又会因无人竞买而降低，所谓“限满无人投状，再限一月。若两限无人承买，即量行减价出榜召人买”。市场的作用使行政权力居于从属地位，这在中国古代还是绝无仅有的。

第三，竞争缔约法使两宋时期官有土地的承买权、承租权和工商业承包经营权也都由市场来决定，这不但有利于政府防止官吏腐败，促进廉政建设，而且大大改善了经营机制。因为在竞争过程中，不但标的物实现了其应有的价值，而且其数量被公之于众，不正之风在这种完全透明的竞争过程中难以生存。对经营机制的改善更是显而易见的，因为竞争缔约使政府与经营者之间形成一种松散的经济关系，而不是过去的行政强制关系，尤其在工商业领域的竞争承包后，行政机关不再干预经营者的经营活动，“使其易办，吏勿复预”。[①] 这既减轻了官府的行政负担，“官无讥察警捕之劳，而课额一定，无敢违欠，公私两便”，[②] 而且经营者自主经营，自负盈亏，形成了良好的经营机制，这在中国古代又是绝无仅有的。在竞争过程中，因竞争者势在必得，不免高添价钱，唯恐“不多于其侪辈”，甚至采取妄添高价、虚估抵产等不实际的做法。但在取得承买权或经营权后，便不得不在改进生产技术和经营销售管理方面精益求精，厉精图治，以图生存和发展，其结果大大刺激和促进了两宋农业和工商业的发展以及与之相关的

① （宋）王栐:《燕翼贻谋录》卷 3,《设法卖酒》。
② （宋）王栐:《燕翼贻谋录》卷 3,《设法卖酒》。

市场的生成。对此，两宋统治者也十分清楚，故有宋一代奉行不悖。南宋后期理宗时，明州官吏还总结出官有工商业竞争承包制比官监所具有的五大优越性：一是“籴买制造，因时视直，里社通融，为费已约”；二是“执役者非其子弟即其仆厮，无庸赁之费”；三是“家人妇子，更相检柅，无耗蠹之奸”；四是“工精业熟，醞造得法，费省而味胜”；五是“洞达人情，谙知风俗，发卖亦易”。而凡是仍由官府直接经营的“官监”坊场却恰恰相反，“委官吏，则一切反是”。[①] 两宋时期官府对工商业的专有控制范围扩大，但工商业发展水平却很高，原因就在于此。

二、主要契约种类

两宋时期，随着商品经济的发展，契约的种类也发生了前所未有的变化，其主要特点：一是信用性契约产生并普遍发展起来；二是商事契约种类更加齐全，内容更加完善。

（一）信用性契约

“信用”在现代商业社会中起着举足轻重的作用。债权债务关系本身就是一种信用关系，即广义上的信用关系。而狭义上的以给予信用为条件的契约关系更是现代债法中的重要内容，种类包括信用借贷、信托投资、信用卡、信用证券等。令人惊奇的是，这些在资本主义时代才开始出现并完善的信用制度，中国早在千年以前的两宋时期就已经出现并有相当发展。

两宋以前，借贷契约是债法的主要内容之一。但正如马克思所说：“我们可以把古老形式的生息资本叫作高利贷资本”，[②] 两宋以前中国正是高利

① （宋）方万里等：《（宝庆）四明志》卷5，《叙赋上 · 酒》。

② 《资本论》第3卷，载《马克思恩格斯全集》第25卷，人民出版社1974年版，第671页。

贷的一统天下。汉律尚有“取息过率”之罪，而唐朝中期以前则基本没有限制。资料显示，唐代高利贷利率非常高，即便是官府的“公廨钱”出贷时，利率也高达年利 100%，唐玄宗以后才下令约束，降为 60%。这种高利贷资本是与小生产、自耕农和小手工业主占优势的生产方式相适应的，它放贷的主要对象，是大肆挥霍的显贵、地主和小生产者，因此它一方面榨取奴隶主和封建主的财富；另一方面它又对小农和小生产者进行敲骨吸髓的剥削，破坏和毁灭小农民和小手工业者的生产。唐代骇人听闻的高利贷利率，只能盘剥那些走投无路而饮鸩止渴的破产穷人和小自耕农，或者那些躺在特权之上毫无营利观念的贵族官僚寄生虫。所以马克思说：“在亚洲的各种形式下，高利贷能够长期延续，这除了造成经济的衰落和政治的腐败以外，没有造成别的结果。”只是在资本主义生产方式基础上，信用制度才“作为对高利贷的反作用而发展起来的”[①]。信用制度与高利贷的不同之处在于：与信用贷款人相对立的借款人是执行资本职能的产业家或商人，而不是挥霍浪费者、用于享乐的富人或者出于某种生活需要的个人。也就是说，信用借贷不是面向消费者，而是面向商品生产和流通领域，使借贷资本向经营资本转化，从而为商品生产和流通服务，因此它的产生和发展离不开商品经济的高度发展。自然经济基础上的借贷关系只能是高利贷。

所以，信用产生的条件至少有四：

第一，信用是以货币经济为基础的一种资本运动形式。货币本身就是一种信用符号，当货币作为支付手段而不是作为购买手段执行职能时，商品虽被让渡了，但它的价值要到以后才能实现，同时收回利息，这种价值运动的特殊形式，就是信用。让渡商品的一方就得到一种债权。如果货币经济不占优势，比如在自然经济状态下的物物交换、实物货币或实物借贷中，是根本不可能产生信用契约的。

第二，商品经济的高度发展，使人们产生了将资金投入营运而不是藏

---

① 《资本论》第 3 卷，载《马克思恩格斯全集》第 25 卷，人民出版社 1974 年版，第 675、678 页。

于家中的观念，即营利观念。如果人们没有营利机会或营利观念，就不会出现吸收游资投入营运的动力，而当藏于家中的“死钱”耗尽时只好求助于高利贷。

第三，缩短流通时间成为必然要求。当商品经济发展到一定程度时，缩短流通时间便成为资本运动的客观要求。因为流通过程既不能创造价值，也不能增殖价值，而只能滞留资金，影响利润实现。而信用正是能最大限度地缩短流通时间，形成“没有流通时间的流通”的一种形式。

第四，平均利润率的产生。在市场价值规律的作用下，社会的一般利润率产生，并以这种一般利润率作为借贷利率的天然界线，这样才能使以借贷资本从事经营的商人们有利可图，借贷资本才可能向经营资本转化。如果货币借贷不受价值规律的制约和影响，那么这种借贷也只能是高利贷。

以上几个条件，两宋以前的自然经济条件下是不会具备的，唐前期流行的基本上是实物货币，十分不利于商品流通，增加了流通难度，说明当时没有缩短流通时间的要求，更不可能有平均利润率的产生。

两宋时期商品经济高度发展后，这种情况大为改观：

一是货币经济之发达史无前例。不但实物货币基本上退出历史舞台，而且还出现了世界上第一张纸币，即信用货币“交子”。而且货币作为支付手段的职能业已形成，所谓“其买也，先期而与钱；其卖也，后期而取直”[①]的情况在两宋已相当普遍。

二是两宋时期商业营利观念已深入人心，“人家有钱本，多是停塌解质、舟行往来兴贩，岂闲著钱买金在家顿放？”[②]这句话深刻地反映了两宋时期人们的营利观念，与以前唐代富民窖藏钱币的闲置硬化形态形成鲜明的对比。

三是缩短流通时间已经成为普遍要求。欧阳修曾经上书要求政府进一

① （宋）苏辙：《栾城集》卷35，《论时事状三首·制置三司条例司论事状》。

② （宋）徐梦莘：《三朝北盟会编》卷29，靖康元年正月八日。

步放宽对工商业的控制，理由就是“夫兴利广则上难专，必与下而共之，然后流通而不滞”，就像民间大批发商一样，“虽取利少，货行流速，则积少而为多也”。[①] 也就是说“货行流速”成为开明士大夫和商人们的一般要求。

四是在长期的商品交易实践中，平均利润率已经萌芽。两宋以前，汉代曾经闪现过平均利润率的思想火花，如司马迁在《史记·货殖列传》中说：“庶民农工商贾，率亦岁万息二千，百万之家则二十万。”又说：“物贱之征贵，贵之征贱，……若水之趋下，日夜无休时，不召而自来。”说明司马迁已经注意到商品价格总是围绕着某一水平而周期性的上下波动，尤如“水之趋下”一样是客观规律，非人力所能改变。正是在这种规律的作用下，人们投资经营各行各业，每年总能获得大约20%的平均利润，即投资万钱获岁利二千、百万则岁盈二十万。可惜的是，这一可贵的思想火花并没有正常的发展，后来直到唐代，对利润的看法仍未有大的突破，甚至有些倒退。如刘秩认为：市场流通中“使物一高一下，不得有常，故与之在君，夺之在君”[②]，居然认为物价的一高一低是由君主决定的，不存在什么规律（“常”）。由此，我们就不难理解为什么唐中期以前的借贷利率比汉代要高得多。两宋时期，商品经济高度发展后，平均利润率的观念再次出现。如袁采提出：借贷利率不能过高，“假贷取息贵得中”，“若以中制论之，质库月息自二分至四分，赊钱月息自三分至五分”。[③] 这里的“中制”即平均之意。南宋功利主义学派代表陈亮也与袁采一样，赞同低息借贷而反对高利贷，认为低息借贷是贫富之间“交相养”“有无相通、缓急相救”的有效办法。[④] 这些观念是当时现实的反映，在日常债的关系中，借

① （宋）李焘：《续资治通鉴长编》卷129，康定元年十二月乙巳。

② 《旧唐书》卷48，《食货志上》。

③ 《袁氏世范》卷3，《治家·假贷取息贵得中》。

④ （宋）陈亮：《龙川文集》卷16，《普明寺长生谷记》。

贷利润率尤其是以借贷资本经营商业的利润，一般都不高于20%，如《清明集·户婚门》“库本钱”类所编三个判词中，均提到以借贷资本投资经营质库业的利润一般不超过年利20%：一个是“约每岁纳息二分”；一个是“每岁收息一分柒厘半”。

总之，无论从哪一方面看，两宋时期产生信用制度的历史条件均已具备。正是在这一历史背景下，两宋时期出现了从高利贷向信用飞跃的历史进程，涌现出各种不同的信用形式，如信用借贷、赊买卖、预约买卖、信用证券等以给予信用为条件的法律关系，构成了两宋债法又一崭新的组成部分。

1. 信用借贷——银行信用中介职能的萌芽

信用借贷这一现代银行的信用中介职能，在中国古代是何时出现的，目前众说纷纭。有的说它应起源于唐代的柜坊，有的则认为它应源头于清代的钱庄业。其实，两宋时期的长生库和抵当所便已具备了银行信用的某些职能，是清代钱庄业的源头。

两宋时仍然有单纯的货币寄存业务，类似于唐代的柜坊。但不同之处在于：其一，寄存处不再像唐代那样只局限于两市内，而是随商业区的扩展，散布全城的商业店铺往往成为寄存处，并出现了专门寄存钱物的寄附铺。其二，支取货币时有了类似于今天银行支票的“贴”子为据。如北宋嘉祐中，临川人伍十八，善裁制纱帽，入汴京，巧遇五通神，与其饮酒，“饮罢，取笔写贴付生曰：‘持此于梳行郭家取十千钱，与汝作业。’……遂持诣郭家取钱，郭如数与之。”[①] 这里郭家所开梳行商铺即兼营货币寄存，存款人可凭“贴”而随时取出存款，这种“贴”的作用类似于现在的支票的功能。南宋绍兴年间，李元佐挈家游麻姑山，有二童随行，不久一童失踪，一月后才回来，解释说：“向者扑蝶时，见一道士……掷一物与我，拾取视之，乃银也……将银卖与市铺，其重十两，得钱一十二千。就寄铺中时取，

① 《能改斋漫录》卷18，《神仙鬼怪·伍生遇五通神》，第526页。

以供衣食费。”[①] 足见南宋时期商业店铺的这种兼业寄存活动之普遍，存款人可以根据生活所需而支取使用。寄附铺是专门寄存钱物的，在两宋也十分普遍，所谓“今世所在市井，有寄附铺”。[②] 只要有市场之处，便有寄附铺存在。

但这些单纯寄存货币的业务，尚不具备银行的信用职能，因为寄存处与存款人之间只是委托保管关系，寄存处并没有将存款投入营运生利，也就不会付给存款人利息。

而在私人和官府的专业放贷机构中，类似银行信贷职能的幼芽开始出现。

一是质库信贷。

两宋时期主要的私人放贷机构是质库，又称“长生库”。吴曾记载说：“江北人谓以物质钱为解库，江南人谓为质库。”[③] 质库在北方广大地区称为解库，都是指“以物质钱”，即需要货币的人可以用动产物作质押借钱，质押物存放在钱主设的仓库里，故而得名。它实际上就是一种典当业。但两宋质库业与典当业的不同之处在于，质库已经开始吸收闲散呆滞的货币，并支付存款人利息。嘉泰元年（1201 年）有官僚上言提到：寺观多设质库，称为“长生库”。

“始因缁流创为度僧之名，立库规利，相继进纳，固亦不同。今则不然，鸠集富豪，合力同则，名曰‘斗纽’者，在在皆是。尝以其则例言之，结十人以为局，高下资本自五十万以至十万，大约以十年为期，每岁之穷，轮流出局，所得之利，不啻倍蓰，而本则仍在。”[④]

---

① （宋）洪迈:《夷坚志》支景卷 10,《李氏二童》。

② 《能改斋漫录逸文》卷 1,《寄附铺》，第 532 页。

③ 《能改斋漫录》卷 2,《事始·以物质钱为解库》，第 28 页。

④ 《宋会要辑稿》食货 70 之 102。

这里描述了长生库的演化过程，由原来寺观自身收集进纳立库生息变为允许富豪将钱存在长生库，放贷取利，交存货币的富豪可以获得利息。这种“合力同则”制又类似于合伙。民间将多余的货币或留用的货币存入长生库生息的事例也不少，如南宋时，安抚显漠少卿孙越，少时贫困，其叔祖赏识其才，经常督责教导，且留钱浮屠氏所谓长生库，曰：“此子二十岁登第，吾不及见之矣，留此以助费。”[①]这正是明清以后利用存典生息作为士人攻读及赴试经费的通行制度的开端，上例中孙越之叔祖存钱于长生库，既能获得保险及防止妄费，又能获得利息，增加孙越的助学之资。又如绍兴癸亥，一侍郎官梁企道寓居于鄱阳妙果寺，“随行王彦谟提辖者，携妻子处僧堂后，以典质取息自给”。[②]这里王彦谟提辖不会是亲自经营典质业，而应是将钱存在妙果寺的长生库里，取得利息。

再从质库的放贷对象看，两宋质库多设在城市、集镇等商业较繁华的地区，应当有不少商人贷作商业资本。东京繁华市场中，质库人员还有专门的服装着色，“质库掌事，即着皂衫角带不顶帽之类”。商业区的钱民除开质库外，还直接进行商业信贷活动。正因为质库的资金流向与商业经营有关，所以其所收息钱自然要受到价值规律的影响，以至于质库的借贷利率大大低于唐代，尤其在商业发达的地区。《袁氏世范》所言适中的利率是：质库月息二至四分，借贷钱谷的月息三分至五分。[③]可见质库的利率明显低于其他借贷利率（借贷钱谷属于消费性借贷）。《名公书判清明集》有判例进一步印证了袁采的记载：“湖湘乡例，成贯三分，成百四分，极小亦不下二分。”[④]所以，数额较大的资本借贷比消费借贷利率低。

① （宋）黄震：《黄氏日抄》卷96，《安抚显漠少卿孙公行状》。
② （宋）洪迈：《夷坚志》支戊卷2，《王彦谟妻》。
③ 《袁氏世范》卷3，《治家·假贷取息贵得中》。
④ 《名公书判清明集》卷9，《库本钱·背主赖库本钱》。

二是官营的信贷业务。

两宋政府在由高利贷向信用的发展过程中扮演着非常重要的角色，成为两宋信贷契约法律关系的又一大特色。尤其是王安石变法期间，官府更是积极地参与，并从两个方面对金融市场进行干预：一是推出“青苗法”，对广大农村地区的消费借贷进行干预；二是推出“市易法”，对城市的资本借贷进行干预。

青苗法是王安石变法时针对农村私人高利贷的“倍息”而采取的措施，所谓“务在优民，不使兼并之家乘其急以邀倍息”[①]。具体做法就是在青黄不接时，百姓可以分别于正月三十日（夏料）和五月三十日（秋料）以前向官府借贷青苗本钱，随夏、秋二税带还，半年纳息二分（20%），即年息4分。这相对于私人高利贷的倍息（100%）来说，确实低得多，但它仍然是一种高利贷而非信用借贷，因为它仅仅是将利息降低了一些，其实质并未变，不能受价值规律的约束，而是靠政府的行政强制推行的。判断是高利贷还是信贷，除量的规定性外，还要有质的规定性。

市易法则主要是为了垄断城市的金融市场而制定的。熙宁五年（1072年）于京师设立都提举市易司，各地设市易务，放贷官钱是其职能之一，并设有抵当所，凡需要货币的商人都可以用相当的财产作为抵押，借贷所需货币。而抵当所的货币则是从各官府中吸收进来的闲散资金，抵当所将所得利息分配一部分给存款的各官府，这样抵当所便基本具备了吸收呆滞资金并转化为商业经营资本的信用中介职能。元丰四年（1081年）进一步扩大组织，于京城新旧城内外开设了四处抵当所，次年又“推抵当法行之畿县”[②]。徽宗崇宁二年（1103年）对全国抵当所的分布又进行重新调整：

“府界诸县除万户及虽非万户而路居要紧去处，市易抵当已自设官置

---

① （宋）韩琦：《韩魏公集》卷17，《家传》。

② 《宋会要辑稿》职官27之13。

局外；其不及万户处，非冲要并诸镇有监官，却系商贩要会处，依元丰条例并置市易抵当，就委监当官兼领。”“县镇不及万户处虽非商旅往来兴贩之地，除市易务不须置外，却有井邑翕集兼在避远正民间缓急难得见钱去处……依旧存留抵当库，令逐处官兼领。”①

经过这一调整，抵当所的设置分布更加具有针对性，其考虑的重点是“要紧去处”和“商贩要会处”，可见其借贷的性质为资本借贷。从其资金来源看：抵当所收集的闲散资金主要有五种：

“检校小儿钱为一；开封府杂供库为一；国子监、律、武学为一；军器、都水监为一；市易务为一。”②

如熙宁六年（1073 年）十二月十八日，依都水监之请，将“本监钱一万五千贯送抵当所出息供用”。二十六日，军器监又“将本监钱一万九千余贯依武学例送府司出息供用”。二十七日又诏“市易司市利钱量留支用外，十万贯并送抵当所出息准备支充吏禄”③。除市易司的存款利息支充吏禄外，其余各部门的存款利息都充作本司的经费供用。这种有偿存款的金融体系便是仿照民间质库（长生库）的体例建立的。

既然抵当所是利用有息存款的方式吸收呆滞资金，又以抵押出贷的方式将资金转化为商人的经营资本，其利率必定受制于市场价值规律下形成的一般利润率，否则，商人就无利可图，因此抵当所的贷款利率很低。“市易旧法，听人赊钱，以田宅或金银为抵当。无抵当者，三个相保则给之，皆出息十分之二，过期不输息，外每月更罚息钱百分之二。”后来因单纯

① 《宋会要辑稿》食货 37 之 35。
② 《宋会要辑稿》职官 27 之 64。
③ 《宋会要辑稿》职官 27 之 9。

的人保仍不能确保债务人履行债务，故又规定：凡“以田宅、金帛抵当者，减其息；无抵当徒相保者，不复给”[①]。减后的息钱更低，“收息毋过一分二厘”。[②]元丰五年（1081年）知湖州丘孝直则说：“在京置四抵当所，许以金帛质当见钱，月息一分，欲望推行于诸路州县。”[③]这里的“一分”指一厘，即年利一分二厘。

总之，两宋时期的私人质库业和官营的市易司抵当所，尽管与完备的信用中介机构还相差很远，比如其吸收呆滞资金的范围很少，没有扩及全社会，但它们毕竟具备了信用中介的某些特征，说它们是中国银行业的幼芽，并不过分。

2. 信用证券的产生与发展

随着商业信用关系的发展，两宋各种有价证券也大量涌现并广泛流通，这是中国古代债法史上的一大奇迹。当时盛行的有价证券基本都是属于债权的有价证券，即指以债权为证券权利内容的有价证券，它构成两宋债法的又一独具特色的内容。

（1）两宋有价证券的种类与发行

两宋时期的有价证券一般称为“交引”，品种繁多。总起来看，不外乎两类：一是物品证券；一是金钱证券。前者指持券（引）人以请求给付一定物为债权内容的证券，如茶引、盐引、香药犀象及矾等交引，均为物品证券，相当于今天的提货单；而后者则指持券人以请求支付金钱为债权内容的证券，如见钱引、见钱关子、便钱券、见钱京钞等，相当于今天的商业汇票。史载：

---

① （宋）李焘：《续资治通鉴长编》卷296，元丰二年正月己卯；《宋会要辑稿》食货55之41。

② 《宋史》卷186，《食货志下》8。

③ （宋）李焘：《续资治通鉴长编》卷331，元丰五年十一月壬辰；《宋会要辑稿》职官27之13。

“雍熙后用兵，切于馈饷，多令商人入刍粮塞下，酌地之远近而为其直，取市价而厚增之，授以要券，谓之交引，至京师给以缗钱；又移文江、淮、荆湖给以茶及颗、末盐。”①

可见，这两种有价证券都是从太宗雍熙年间发展起来的。

早在北宋初年，政府就开始印制一种交引，作为各地商人领取贩卖由国家专卖的茶、盐等物的凭证。对于商人来说，一纸交引，既是他提取茶、盐等货物的提单，又是一张得以贩卖国家专卖品的许可权证，这就是物品证券。这一类有价证券是通过两个途径发行的：

第一是商人向指定的边远地区入中粮草。为保证边境地区军需物资的供应，两宋一改过去摊派劳役的传统办法，而借助贩运商人的人力、物力和财力，往边境运送粮草，称“入中”。官方则负责支付商人运费和成本费，但并不支现钱，而是开具“交引”，商人凭交引可以到指定地点领取国家的专卖品如盐、茶、香药、象牙、矾等贩卖获利。于是盐引、茶引等有价证券大量涌现出来。如“募商人入粟麦材木于边郡，给文券谓之交引，许就沿江榷务自请射茶”②。这是茶引。天圣元年（1023 年）五月，“许商人河北、陕西缘边入中粮草，给以颗盐、白矾等，不指定慈州、晋州矾分数，致商人多请慈州矾”。③ 这又是盐引和矾引。随着边境战争的结束与安宁，入中粮草之法逐渐退居次要地位。南宋时边境南移，入中粮草更少，但仍以市籴粮草发放交引，如孝宗曾诏令户都“给降茶、盐钞引五十万贯，付湖广总领所量州军事力均拨，诏诱客人请买，置场籴米”④ 就是一例。

第二，向京师榷货务入纳货币，换取交引。“商贾之欲贸易（茶叶）者，

---

① 《宋史》卷 183，《食货志下》5。

② 《宋会要辑稿》食货 36 之 8。

③ （宋）李焘：《续资治通鉴长编》卷 104，天圣四年三月甲辰。

④ 《宋会要辑稿》食货 40 之 44。

入钱若金帛京师榷货务，以射六务，十三场茶，给券，随所射与之，谓之交引。愿就东南入钱若金帛者听。”[①] 茶叶产地在东南有十三个茶场，六个榷货务，商人既可在京师榷货务入纳货币，又可在六务入纳货币，购得交引后再到十三场兑换茶叶贩卖。景德二年（1005 年）九月“三司请许商贾于河北、河东、陕西州军依在京例纳见钱金银，每实钱五十五贯，给海州实钱茶百贯”，从之。[②] 这种入纳货币的办法自雍熙时起，就与入纳粮草的办法并行。如雍熙二年一边允许入纳粮草于边郡，一边又令河东、北商人“如要折博茶盐，令所在纳银，赴京请领交引”。[③] 至徽宗以后，便以入纳货币为主了。崇宁元年（1102 年）“令客人于在京榷货务入纳，请长短引，赴诸场，受茶贩易”。[④] 政和二年（1112 年）规定：“客请长引，每引纳钱一百贯，若诣陕西路者，加二十贯文，许贩茶一百二十贯。短引二十贯，许贩茶二十五贯。若于非指定出卖者，依私茶法罪。”即每引入纳的实钱数加上官府付的息钱，就是交引的票面值。长引和短引价值不同，限定的贩卖区域也不同，“长引许往他路，短引止于本路兴贩”。[⑤]

金钱证券也主要是通过入中粮草与市易等活动发行的。一般来说，政府赋予商人以自由选择的权利，即商人入中粮草后可以自己决定是要物品证券还是要金钱证券。仁宗天圣七年三司言：

“陕西沿边州军地居山险，道路阻隘，所要粮草难以斡运。是以擘画，依每斗束确的见卖价钱，许客入便粮草，给付客人交引，上京请领见钱。如恐客旅情愿便换外处州军见钱或算请茶货、香药、象牙、颗末盐、白矾

① （宋）李焘:《续资治通鉴长编》卷 100，天圣元年正月壬午。

② 《宋会要辑稿》食货 36 之 5。

③ 《文献通考》卷 15,《征榷考》2。

④ （宋）陈均:《九朝编年备要》卷 26,《更茶法》。

⑤ 《宋会要辑稿》食货 30 之 40。

交引，亦取客人自便。”①

可见，金钱证券与当时已经出现的“便钱券”相类似，只不过“便钱券”不是以入中粮草为要件，而是为了便于商人贩运货物及路上安全等而在京师设便钱务，商人入钱便钱务，到外地领取现钱，路上不用负担风险，所以便钱券也是一种重要的金钱证券。入中粮草的商人在选择金钱或物品证券时，往往多选择后者。如雍熙年间北伐前后，“商人以盐为急，皆竞趋焉。及禁江、淮盐，又增用茶”。② 茶盐交引不但面值增额，而且领取茶盐后贩运贸易利润丰厚，所以多愿选择盐、茶等物品交引。

金钱证券也像物品证券一样，在入中粮草的实际价值上适当增加一定的比例，称“加抬”或“加饶”。起初，边地官府为吸引商人前来入中，往往加抬过高，至亏官府。故仁宗天圣元年（1023 年）制定新法，对加抬比例统一规定：

“商人入刍粟塞下者，随所在实估，度地里远近增其值。以钱一万为率，远者增至七百，近者三百，给券，至京师，一切以缗钱偿之，谓之见钱法。愿得金帛若他州钱或茶盐、香药之类者听。”③

神宗以后，金钱证券又流行起来。如熙宁六年（1073 年）十二月，熙河路经略司言：“岷州入买粮草，商人多愿请见钱京钞。乞依熙河通远军例，付见钱钞三十万。”“诏给钞十万。”④

南宋时期发行的金钱证券称“见钱关子”，起初只是一种金钱券。至

① 《宋会要辑稿》食货 36 之 23。
② （宋）李焘：《续资治通鉴长编》卷 60，景德二年五月辛亥。
③ （宋）李焘：《续资治通鉴长编》卷 100，天圣元年正月丁亥。
④ （宋）李焘：《续资治通鉴长编》卷 248，熙宁六年十二月癸未。

高崇绍兴元年（1131 年）有司上言“婺州屯兵，请桩办合用钱。而路不通舟，钱重难致”[①]。故下诏户部“印押见钱关子，降付婺州，召人入中，执关子赴杭、越榷货务请钱”[②]。可见，见钱关子与北宋时的见钱引和见钱京钞一样，属于金钱证券。

（2）有价证券的兑付

保证兑付是稳定各种有价证券信用的关键。如果只空发交引而不予兑付现钱或物品，必然会导致整个信用体系的崩溃。故两宋政府尤其注意，并制定了以下兑付措施：

一是根据持券人的意愿而分别兑付金钱和物品。

如前所述，在发行时已经区分为两大类，但在兑付时并非绝对分开，在很多情况下，它们可以由一种形式转化为另一种形式。如熙二年（1069 年）十二月五日，诏令陕西制置解盐司“自熙宁二年、三年，各于籴买粮草钱外挪十万贯于永兴军桩管，充买盐钞本钱”[③]。即盐钞本来是物品证券，但这里也可以兑换货币。绍圣四年秋，下令“于元丰库支封桩钱四百万缗，令户部依例印给解盐引，付陕西转运司下诸路乘时籴买”[④]。这批盐引则是由“封桩钱”兑付的。兑付见钱称“请领”，兑付物品者称“算请”，如果想在京师以外的其他地方兑付，则称“便换”。如前引天圣七年三司所言：客人持交引“上京请领见钱。如恐客旅情愿便换外处州军见钱或算请茶货”等物，许客人自便。

二是根据一定时期的物资储备情况而予以配额兑付。

这一兑付法集中在北宋前期。其方法是，入中粮草的同一个商人，并非只发给单一种类的证券，而是按一定的比例搭配发行，分别兑付，

---

① 《宋史》卷 181，《食货志下》3。

② 《建炎以来系年要录》卷 48，绍兴元年十月壬午。

③ 《宋会要辑稿》食货 24 之 4。

④ 《宋会要辑稿》食货 40 之 2。

如真宋时朝臣上奏河北市籴粮草“请依三司议，有输蒿入宫者，准便籴粟麦例，给八分缗钱，二分象牙”①。常见的配额标准有所谓“三说法”“三分法”和四分法等。据《玉海》载：至道元年（995年）“盐钱使陈恕为三说法”，注曰：商人“入刍粟，度远近增其虚估给券，以茶偿之。又益以东南缗钱、香药、象齿，谓之三说”②。真宗咸平五年（1002年）“三司使王嗣宗始立三分法。以十分茶价，四分给香药，三分犀象，三分茶引。六年改支六分香药、犀象，四分茶引”。景德二年又“许人入中钱、帛、金银，谓之三说”③。乾兴元年（1022年）又“改三分法，支茶引三分，东南见钱二分半，香药四分半”④。而至天圣三年（1025年）复有三说法：“入中河北沿边州军粮草，而给以香、茶、见钱三色交引。”⑤而“景祐、康定之间，又增以盐利，为四说。”⑥另据范镇言：“庆历八年后，以茶、盐、香药、见钱为四税，沿边用之。茶、盐、香药为三税，近里州军用之。”⑦可见，三说、四说、三分等法交错使用，莫衷一是，变幻不定，且说法不一。

这种配额之法，带有强制性，所以神宗时大臣吴充上言：

“立法之初，许商人入刍粟边郡，执交钞至京师，或使钱，或银、细绢，或香药象牙，唯所欲。……祥符初限以三说之法，立定分数，不许从便，客旅拘制。”⑧

---

① （宋）李焘：《续资治通鉴长编》卷59，景德二年三月壬申。

② 《玉海》卷181，《食货·茶法》，“天圣茶法”条。

③ （宋）沈括：《梦溪笔谈》卷12，《官政》2。

④ 《梦溪笔谈》卷12，《官政》2。

⑤ 《宋会要辑稿》食货30之7。

⑥ （宋）曾巩：《曾巩集》卷49，《本朝政要策五十首·茶》。

⑦ （宋）范镇：《东斋记事》卷1。

⑧ 《宋会要辑稿》食货30之11。

以至于不少商人只好将交引贱价转让出卖。故神宗时期已废此法。

（3）证券的转让交易

有价证券的信用不但表现在它可以兑付钱、物，而且也应该表现在它可以在市场上转让交易。两宋时期大量发行的有价证券，已发展成标准的无因证券，因为它不仅是一种债权证书，代表着一定的财产权利；它又是无记名可转让的，以至于可以当作纸币一样充当支付手段。以这种信用为依托，形成了卖方与买方之间的转让交易市场，并得到政府的支持和法律的规范与调整。

原始交引初次投入转让出卖而形成的买卖市场，我们姑且称其为“初卖市场”。卖方当然是取得原始交引的入中粮草的商人或其他个人。他们取得交引后，一部分人会前往指定地点兑付现钱或专卖品；而另一部分人则转让与他人，转让价格低于面值，以便买方有利可图。卖方市场形成的原因有：第一，取得原始交引并非全是商人，而往往多是北方“土人”，他们无意以交引领茶盐贩卖，而只愿领“实钱”，故“至京多以交引鬻于茶，州百千裁得二十余缗，谓之‘实钱’”[①]。出卖价可比面值低很多。第二，发行中的配额现象，也使部分商人不得不将自己不需要的强配而来的证券出卖掉。如元丰三年（1080 年）官府以银、铀绢、见钱偿付入中粮草交引时，结果“紬绢本非河北、京东商人所须，交引铺以贱价收之”[②]，就是一例。第三，重要的原因还在于不少商人想尽快收回资金投入营运，但物品证券的兑付程度过于繁杂且转运贸易过于艰难，金钱证券京师兑付也手续繁难，尤其是交引的大量发行所引起的供货不足或货币不足，使兑付难以进行，也迫使商人不得不出售手中的交引。如宋初北伐时竭力鼓励商人入中，大量发放交引，结果“买茶所入不充其给，交引停积。故商旅所得茶，指期

① 《宋会要辑稿》食货 36 之 8。

② （宋）李焘:《续资治通鉴长编》卷 305，元丰三年六月癸卯。

于数年之外。京师交引愈贱，至有裁得所入刍粟之实价者”。[①]这种因“券之滞积，虽二、三年茶不足以偿”[②]而造成的大量抛售以至价格跌落的结果，当然是有财力收购的买方交引铺获利。如上文提到商人入中京师后，除将交引出卖给茶商外，“辇下坐贾逐蓄交引以射利，谓之交引鍊”。[③]

交引商或交引铺贱价收购交引，目的还是为了贵卖，取厚利。于是交引流转的转卖市场（或第二市场）自然形成。即原来作为买方收买交引的交引铺变为卖方，利用交引价格的涨跌转卖取利，赚取差价。而不愿前往边地入中但又想贩卖茶、盐的商人则形成转卖市场的买方。

交引的交易价格在初卖和转卖市场中，受国家茶盐等物资和现金储备的盈虚状况以及交引发行量的影响而不断地上下涨跌，当然其中也有交引商和交引铺投机的因素存在。交引的交易价格直接关系到交引的信用，而交引的信用又关系到国家信誉乃至经济的正常运行。如当交引价格下跌时，必然会导致“入中者以利薄不趋，边备日蹙”的局面。[④]故两宋官府不能坐视交引的涨跌而不闻不问，除用法律规范转让市场外，还采取必要的行政干预手段，以保持交引的稳定。于是官营的交引买卖市场出现了。它的主要目的不是营利，而是为了平抑交引价格，稳定交引的信用。仁宗时规定：

“商人得券若盐鬻京师，皆亏失本钱。请置官京师，畜钱二十万缗，以待商人至者。券若盐估贱，则官为售之；券纸六千，盐席十千，毋辄增损，所以平其市估，使不得为轻重。”[⑤]

并下诏由都盐院监官兼领其职，“大约每钞极贱至五贯，即官给钱五

① （宋）李焘：《续资治通鉴长编》卷60，景德二年五月辛亥。
② （宋）李焘：《续资治通鉴长编》卷100，天圣元年正月壬午。
③ 《宋会要辑稿》食货36之8。
④ （宋）李焘：《续资治通鉴长编》卷100，天圣元年正月壬午。
⑤ （宋）李焘：《续资治通鉴长编》卷187，嘉祐三年七月壬辰。

贯五十文买之。极贵，则减五十文货之。低昂之权，常在官矣”。[①]

两宋时期如此发达的信用证券法律制度，是当时特定的历史背景的产物：首先是商品经济已经有了相当程度的发展，其次是当时的对外战争的需要。它是封建国家作为债务人而给予债权人的一种信用。这一信用制度的发达，也必然反映到当时的意识形态领域，所以士大夫们有关信用证券与货币的关系以及维护信用的重要性等思想言论很多。马端临曾说：

“钞引止令商人凭以取茶盐香货，故必须分路（原注：如颗盐钞只可行于陕西、末盐钞只可行于江淮之类）。会子则公私买卖支给，无往而不用，且自一贯造至二百，则是明以代见钱矣。”[②]

即信用证券与纸币是有区别的。但是信用证券代表国家的信用，必须要稳定这一信用，使之坚挺才不至于败坏国家大计。沈括在熙宁十年说：陕西流转的引钞较多，“异日，富家备寇攘、水火之败，惟蓄盐钞，而以藏镪为不利。钞之在民以千万计，今钞法数易，民不坚信……臣以谓，钞法不可不坚，使民不疑于钞，则钞可以为币”。[③] 孙觉在绍圣二年（1095 年）则说：陕西“钞价既平，钱乃流传。此盖交子之法，特名目不同”。[④] 也就是说，信用证券虽然不同于纸币，但必须保持坚挺地位，类似于纸币功能。可以说，两宋时期从一般士大夫到皇帝，都把引钞的信用看得非常重要，即使是比较昏庸的宋徽宗也一样。如崇宁元年（1102 年）“蔡京初拜相，有巨商六七辈，负官钞至庭下，投牒索价，且曰：‘此章相公开边时，此曾相公罢边时，所用合三百七十万缗不能偿者。’……京奏之。上慼然曰：‘辱

① （宋）王巩：《随手杂录》（知不足斋丛书本）。

② 《文献通考》卷 9，《钱币考》2。

③ （宋）李焘：《续资治通鉴长编》卷 283，熙宁十年六月壬寅。

④ 《长编纪事本末》卷 93，《圣德》，绍圣二年十月已丑。

国，且奈何？'" [1] 当盐钞不能兑付，影响其信用时，宋徽宗感到"辱国"，并商讨解决之策，说明其对证券信用的高度重视。观念上的转变，对两宋信用证券制度的健全起着相当重要的作用。

3. 赊买卖契约（信用买卖之一）

赊买卖是在商品交换过程中买方和卖方之间产生的信用，即由卖方预先将商品所有权移转给买方，而买方延期付款的信用买卖。这种信用买卖在汉代已经出现，但两宋时期最为盛行，这当然离不开商品经济发展这个前提。随着商品经济的高度发展，市场流通量及速度都大大增加，尤其是大宗买卖的批量流通，使资金难以及时兑现，给交易带来不便。赊买卖正是为了解决这一难题而出现的，它使大宗的批量交易成为可能，大大促进了商品经济的进一步发展。

（1）两宋时期赊买卖的普遍盛行

如前所述，两宋商品流通渠道进一步复杂化，形成生产者→居间→批发商→居间→零售商→消费者的流通渠道，如何在这一复杂的流通渠道中尽量缩短时间，尽快实现利润，是商业经营者面临的难题。居间的盛行是解决这一难题的途径之一；而信用买卖是又一种有效的手段，因为它能够使流通变为一种"没有流通时间的流通"。在上述流通渠道中，批发商一般都采用"赊"的方式批售给零售商，如杭州的粮食销售便是一个典型：

"杭州人烟稠密，城内外不下数十万户，百十万口。每日街市食米，除府第、官舍、宅舍、富室，及诸司有该俸人外，细民所食，每日城内外不下一、二千余石，皆需之铺家。然本州所赖苏、湖、常、秀、淮、广等处客米，……俱是米行接客出粜。……城内外诸铺户，每户专凭行头于米市做价，径发米到铺出粜。铺家约定日子，支打米钱。" [2]

① （宋）陈均:《九朝编年备要》卷 26,《行打套折钞法》。

② （宋）吴自牧:《梦粱录》卷 16,《米铺》。

很明显，外地客商将苏、湖及淮、广等地的大米贩运到杭州后，由专门的“米行”批发给各家米铺，米铺并不立即支付价钱，而是“约定日子”支付。这种赊买卖契约使外地客商的大米能够很快批发给铺户零售，加快了商品的流通速度。至于最后一个环节，即零售商与消费者之间的赊卖就更普遍了，野史笔记中经常可以见到此类记载，如舒岳详有诗曰：“是店皆赊酒。”① 有一官员许洞失意后，“尝从民坊贳酒，大有所负”，② 如此等等。

正是因为赊买卖契约关系的发达，所以两宋时期士大夫阶层有关这方面的思想言论也很多，其中苏轼、苏辙和欧阳修堪称杰出。欧阳修曾总结说：大商从来都是将货物批发给小贩而不吝其分利，为的是“虽取利小，货行流速，则积少而为多也”③。可以说他是较早将“货行流速”上升到理论高度的士大夫。而稍晚的苏氏兄弟的有关言论更多，如“夫商贾之事，曲折难行。其买也，先期而与钱；其卖也，后期而取直。多方相济，委曲相通，倍称之息，由此而得”④。苏轼任扬州知州时又上奏曰：“商贾贩卖，例无见钱。若用见钱，则无利息。须今年索去年所卖，明年索今年所赊。然后计算得行，彼此通济。今富户先已残破，中民又有积欠，谁敢赊卖物货？”⑤ 在另一奏议中苏轼又谈到：“自来民间买卖，例少见钱，惟藉所在有富实人户可倚信者，赊买而去。岁之往来，常买新货，却索旧钱。以此行商坐卖，两获其利”，⑥ 等等。这些思想言论归纳起来起码反映了这样两个观点：第一，赊买卖是两宋时期商人实现利润的捷径，买卖双方“两获其利”，故此日益盛行。第二，赊买卖是一种信用买卖，买方必须是“富实人户可倚信”者，否则“谁敢赊卖物货”？这些新的思想观念的出现，进一步反证

① （宋）舒岳详：《阆风集》卷5，《古渔父词二首》之二。

② （宋）范成大：《吴郡志》卷25，《人物六·许洞》。

③ （宋）欧阳修：《居士集》卷45，《通进司上书》。

④ （宋）苏辙：《栾城集》卷35，《论时事状三首·制置三司条例司论事状》。

⑤ 《苏东坡全集·奏议集》卷11，《论积欠六事并乞检会应诏所论四事一处行下状》。

⑥ 《苏东坡全集·奏议集》卷8，《缴进应诏所论四事状》。

两宋时期这一信用关系的发达，并推动法律对之作相应的调整与规范。

（2）市易司的赊买卖法

两宋民间的赊买卖活动也深深地影响到官方的贸易活动。神宗时“商人贩青州高家港盐至齐州等处减价赊卖，以致本司（按：指京东转运司）卖河北盐不售”[①]。在这种激烈的竞争中，官府也不得不广泛采取赊买卖方式，以加快官府贸易中商品流转速度。

官府的赊买卖法，以神宗时的市易法最著名。据市易法而设置的市易司，主要任务是平抑物价，即当商品积压价格跌落时，市易司则稍提价收购；反之则损价出售。在出售物品时规定：

> “（商人）如愿折博官物者，仍听以抵当物力多少，许令均分赊请，相度立一限或两限送纳价钱。若半年纳，出息一分，一年纳即出息二分，以上并不得抑勒。”[②]

这里市易司是以大批发商的身份出现的，其赊卖法的主要内容是：第一，赊买人必须提供抵押，作为信用的担保；第二，赊买人必须按期交纳价款和利息；第三，官府不得强制抑勒，不得“过取利息”。又据司马光记载说：市易司法“听人赊贷县官货财，以田宅或金帛为抵当。无抵当者，三人相保则给之，皆出息十分之二。过期不输，息外每月更加罚钱百分之二”[③]。也就是说，对信用的担保有人保和物保两种，赊买人违约者，则有“罚息”钱予以经济制裁。纳息的方式既可是半年、年终一纳，也可以是按月纳息，“民愿以抵保赊请折博，岁出息二分，计月理息者听”。[④]

① （宋）李焘：《续资治通鉴长编》卷340，元丰六年十月癸酉。

② 《宋会要辑稿》食货37之15。

③ （宋）司马光：《涑水记闻》卷14，“王居卿改市易法”条。

④ （宋）李焘：《续资治通鉴长编》卷256，熙宁七年九月壬子。

从以上各条规定来看，法律规范的重点仍是如何保证赊买者信守契约，这一点与民间赊买卖关系并无不同。但尽管有抵押、结保和罚息之法，仍有不少赊买人违约拖欠。元丰二年正月政府曾下令市易司对外信贷（赊钱）时只能抵押财产而取消人保，但“其赊请物，且如旧法，检估本家物力，所请不得过所有之半”①。故元丰三年（1080年）九月王居卿说：

“惟赊保之法，行之积年，逋负益众。去岁有旨，先罢结保见钱。唯赊请物货，旧法未革。然尚恐久远未便，何则？旧欠之户多以出限规避不输，既费催督，又继以再赊货物之人势亦如此。宿贷新贯，岁增月累，其间消折不能备偿者十有四五，则与赊取现钱同归于弊。”②

在他的倡导下，政府才开始改革旧法，规定：凡是新户赊请货物者，只能用抵押而不再用人保，旧户可以优宽，但赊请量“岁不过二百万贯”。地方各路市易钱谷“以四分为率，量留一分接济旧户外，亦不行（结保）赊借之法”③。神宗元丰五年说：赊物之法“今已改用金银、钞帛抵货，最为善法”④，说明此后基本不再用人保。

元祐更化，王安石新法被废，市易法也被取消，这一大规模的官府赊卖活动也随之停止。三年后虽恢复了市易法，但赊卖活动却未予恢复，“复置市易务，许用见钱交易，收息不过二分，不许赊请”。⑤

市易法主要是在城市的商品交易活动中实行的。除此之外，官府还有范围更为广泛的赊买卖活动，而且种类繁多。

在赊买方面，上一节探讨的入中粮草、发行交引之制，实际上就是官

① （宋）李焘：《续资治通鉴长编》卷296，元丰二年正月己卯。
② 《续资治通鉴长编》卷308，元丰三年九月甲子。
③ （宋）李焘：《续资治通鉴长编》卷308，元丰三年九月甲子。
④ （宋）李焘：《续资治通鉴长编》卷328，元丰五年七月甲申。
⑤ 《宋会要辑稿》食货37之33。

府赊买商人贩运的粮草而延期兑付价款的制度，这里不再赘述。

在赊卖方面，名目较为繁多，持续时间也比市易法长，大而要者如赊卖茶盐："听商人输钱五分，余为置籍召保，期半年悉偿，失期者倍其数。"①赊盐于民户的范围更广，"百姓昔年请盐，谓之蚕盐。及至丝蚕之时，大有所济，然后随税纳钱入官"②，等等。再如赊卖银绢："山东绢配卖与诸州军坊郭等第人户，每一匹估钱一贯五百三十文至一贯六百文以来，限半年纳钱"③等之类。此外官府经常赊卖的物品还有粮食、度牒、矾料、酒曲等，有关的诏令比比皆是，不必一一赘述。它说明在商品经济冲击下，封建统治者的剥削方式也或多或少受到商业信用的渗透而有所改变。

（3）法律对赊买卖信用关系的规范

赊买卖的盛行，虽加快了商品流转速度，但也带来了诸多新的亟待解决的问题，其中主要是债权人即赊卖方所冒的信用风险如何加以保障的问题。所以随着赊买卖的日益盛行，两宋法律开始注意约束赊买方遵守商业信用，保护赊卖方的合法利益不受损害。现今见到的较早的两宋有关立法，是宋真宗乾兴元年（1022年）六月针对日益流行的赊买卖活动中产生的诸多问题而颁布的一道诏令：

"在京都商税院并南河北市告示客旅等，自今后如将到行货物色，并须只以一色见钱买卖，交相分付。如有大段行货，须至赊卖与人者，即买主量行货多少，召有家活物力人户三五人以上递相委保，写立期限文字交还。如违限，别无抵当，只委保人同共填还。若或客旅不切依禀，只令赊买人写立欠钱文字，别无有家业人委保，官中今后更不行理会。若是内有连保人别无家活，虚作有物力，与店户、牙人等通同蒙昧客旅，诳赚保买

① 《宋史》卷184，《食货志下》6。

② 《宋会要辑稿》食货24之27。

③ （宋）韩琦：《韩魏公集》卷18，《家传》。

物色，不还价钱，并乞严行决配。”[①]

这是一次比较全面的赊买卖立法。根据其内容以及此后不断补充的立法（包括其他地方性法规），我们大致可以看出两宋调整赊买卖关系的法律规范主要有以下几个方面内容：

第一，以现钱交易为原则，只有在必要的时候才可慎重采取赊买卖方式交易。这是这一诏令的主导思想。南宋时，有些地方政府还要求各地旅店的主人向来往住宿的商人宣传这一思想：“说谕客旅不得信凭牙人说作高抬价钱，赊卖物色前去拖坠不还，不若减价见钱交易。如是久例赊欠者，须立壮保，分明邀约。”[②]表面上看这是一种消极的防御措施，实际上这是为了向赊卖人说明赊卖的风险所在，劝他们谨慎从事，注意对方的信用，不能轻信牙人（介绍人）。如果对方有信用（“久例赊欠者”），才能签订契约赊卖，但也必须有充分的担保。应该说，这的确有利于保护赊卖人的合法利益免受损害，客观上保证了赊买卖法律关系的正常发展。

第二，赊买卖必须订立书面契约，契约上必须具备法定的必要条款，这是两宋时期一直坚持的原则。洪迈《夷坚志》载：“邢州”有大客乘马从徒，赍布五千匹入市，大驵争迎之。客曰：“张牙人在乎？吾欲令货。……吾固欲烦翁，但访好铺户赊与之，以契约授我，待我还乡，复来索钱未晚。”[③]可见，赊卖人首先要选择素有商业信用的商店（“好铺户”）建立赊买卖关系（一般要通过牙人介绍），签订契约。契约的主要目的就是要保证赊买人能够按期按量返还价金，所以法律规定赊买卖契约一般要具备：价金多少、返还期限和担保责任。根据苏轼所言“倍称之息、由此而得”，

① 《宋会要辑稿》食货37之9。
② （宋）李元弼：《作邑自箴》卷7，《榜客店户》。
③ （宋）洪迈：《夷坚志》乙志卷7，《布张家》。

“若用见钱，则无利息”可知，赊买卖双方要在契约中约定赊买方拖欠价金期间的利息。

第三，强调契约的担保责任。两宋法律对赊买卖契约的信用担保尤其重视，为此专门制定有硬性规定，即成立赊买卖契约时，必须由财产可供抵押的三至五位保人担保者，才可签订契约。具备这些条款，基本上就可以保证赊买人履行义务。南宋时期，又进一步要求赊买人要承担权利瑕疵担保责任，即保证是其抵押财产的真正所有权人（如尊长、家长等）。孝宗淳熙十一年七月，石起宗通判漳州时，曾主管常平茶事，“见家人不肖子弟多为牙保等人引诱，赊就商人买茶以资妄用，致令父母破产偿还。乞行条约”。于是孝宗下诏令：“今后应赊买客人茶，其人见有父母兄长，并要同共书押文契，即仰监勒牙保均摊偿还。其余买盐货之人亦一体施行。”[①]这样，只有家长和兄长共同在契约上书押，才能有效，进一步增强了契约的可信度。

第四，责任追究。赊买卖双方发生纠纷后，一般要分清三种不同的情况来确定不同的归责对象，即赊买人的责任、牙保人的责任和赊卖人自己的过错。

如果是赊买人到期不偿还价钱，那么赊卖人有权向官府请求强制执行。如宋徽宗宣和三年二月的一道诏令提到：

“访闻诸路州县奸猾之人，赊买客人茶盐，并不依约归还，致客人经官理索。旋置草簿，虚写人户姓名、欠钱数目在铺，全家走闪。官吏启幸，凭据虚写文簿勾追监理，搔扰良民，失陷客人钱本，有害茶盐大法。可令逐路提举官严切觉察。今后有犯并具案申尚书省，当议重行编配。”[②]

---

① 《宋会要辑稿》食货31之26。

② 《宋会要辑稿》食货32之10—11。

可见赊卖人（客人）请求司法救济后，官府除扣押赊买人抵当财产以及勾追契书上同共书押的父母兄长和牙保人“均摊偿还”外，对赊买人的债务人也予以勾追监理，使赊买人尽快实现债权，以偿还赊卖人欠款。但赊买人多虚写自己的债务人，嫁祸他人，以致官府滥抓无辜。撇开这些弊端，我们可以看出这种规定与现在破产制度非常相似，即在清算破产财产时要把破产人的债权也计算进去。

如果是牙人、保人或店户勾结赊买人通同作弊，比如串通放意蒙骗客旅，诳赚保买物色，不还价钱，在契约上妄写虚有之抵当财产，等等，则要追究有关人员的刑事责任，“严行决配”，打击不法分子。

如果是由于赊卖人自己的过错，则后果自负，官府不予保护。如在订立契约时赊卖人不切实依照法律规定详列条款，尤其是只简单地写一条欠钱文字而缺少担保条款者，“官中今后更不行理会”。如果是赊卖人故意违法，则也要追究相应的责任。如隆兴二年（1164 年）一月，臣僚上言：“诸路客贩盐货，间有虚增袋数，纽计价钱，妄立牙保，限约作债负，放与无徒不逞之人。既至违限逋欠，辄兴词诉理索，紊烦州县。”孝宗即下诏：“日后如有似此之人，其断罪告赏，并依‘冒茶盐理债’，以降指挥。”[①]也就是说在此之前已有相应的法条予以制裁。

4. 预约买卖契约（信用买卖之二）

与赊买卖相反，预约买卖是买方先支付一定比例的定金或价款（等于是预先提供一笔信贷），卖方延期交货的信用买卖契约。这种信用形式在两宋以前没有什么记载，而在两宋则与赊买卖一样被广泛运用，以至于苏轼、苏辙兄弟在上奏中均称：“夫商贾之事，曲折难行。其买也，先期而与钱，其卖也，后期而取直。”足见预约买卖与赊买卖流行之盛。南宋人黄乾也说：“世间交易，未有不前期借钱以为定者。”[②]这些记载充分说明两宋

① 《宋会要辑稿》食货 27 之 15。

② （宋）黄榦:《勉斋集》卷 33,《判语·窖户杨三十四等论谢知府宅强买砖瓦》。

商品交易中的预约买卖已非偶然的个别现象。

（1）民间的预约买卖

两宋民间的信用预约买卖可分为以下几种：

一是买方卖方订立契约，买方先支付定金（也可视为部分货款或贷款），约定包购卖方（一般为商品生产者）的全部或部分生产品。当时“定金”与预付款都称为“定钱”，意味着从契约成立之日起买卖双方便形成一种确定的信用关系。但从契约标的物属性来看，一般来说，自然生长而尚不能确定其价值的商品，预约时先付定钱，以视信用关系的成立。如洛阳牡丹为时人喜好，富豪之家多与养花“园户”（或称“花户”）签订预约买卖契约，据史载：“姚黄（按：一种牡丹花名）一接头，直钱五千，秋时立券买之，至春见花乃归其直。”[①] 这种“券”是约束卖方必须保留所订购物品而不得转卖给他人、买方到期必须购买的预约买卖契约，买方应支付定金，但花的价金只能在“至春见花”时支付。福建一带的荔枝买卖，更是典型的包买全部生产品的预约买卖，每当荔枝“初著花时，（商人）计林断之以立券，若后丰寡，商人知之，不计美恶，悉为红盐者（原注：民间用盐梅佛桑花成为红浆，投荔枝渍之，曝干，色红而甘酸，不三四年不虫，称之红盐花）”。订购到的荔枝成熟后，商人便全部运往外地及各国销售，“水浮陆转以入京师，外至北戎西夏，其东南舟行新罗、日本、流求、大食之属，莫不爱好，重利以酬之”，由于荔枝早被商人订购包买，以至于“乡人得饮食者盖鲜矣，以其断林鬻之也”，但却极大地推动了荔枝的生产规模，“故商人贩益广，而乡人种益多，一岁之出，不知几千万亿”。[②] 茶叶的生产与销售也与此类似。如四川彭州导江等地，“茶园人户，多者岁出三五万斤，少者只及一二百斤。自来隔年留下客放定钱。或指当茶苗，举借债负，准备粮米，雇召夫工。自上春以后，接续采取，乘时高下，相

① （宋）欧阳修：《洛阳牡丹记 · 风俗记》。

② （宋）蔡襄：《荔枝谱》（百川学海本）。

度货卖，中等每斤之利，可得二十文，……累世相承，恃以为业”。[①]这里的“客放定钱”即指茶商为购买次年新茶而预付给园户的定金。茶园户可以将这笔钱投放到茶叶生产上，解决生产急需资金。否者，他们就只好借高利贷。从这里，我们可以清楚地看出两宋时期从高利贷向信用的飞跃。由于这种信用关系在两宋茶叶生产与销售中日益普遍，以至于苏辙称这是“客旅体例，秋冬先放茶价，令茶户给保请领”[②]。也就是说，预付定金或部分价金在茶叶产销中已成惯例，而茶户要提供一定的担保才能接受买方的预付款，这体现了相互间的信用法律关系。

二是双方约定由买方预付全部货款，卖方按期交付全部货物。这种预约买卖的标的物一般是那些在预约时便能够确定其质量、数量、价款的具体数额，而且卖方要依靠预付款进行该商品的生产，否则无法按时交付商品的情况。如南宋中期黄乾审理的一起预约买卖纠纷案件的判词说：

“窑户十七人，经县陈词，论谢知府宅非理吊缚抑勒、白要砖瓦事……今以两词供答参详，据干人赍到文约，并称所买砖瓦皆是大砖大瓦……又先支每人钱米共约八贯，而欲使之入纳砖瓦万三千片。所纳未足，更不支钱。一万三千砖瓦，所直十七千，今乃只得钱八贯，而欲其纳足，窑户安得余钱，可以先为烧造砖瓦，纳足而后请钱耶。……世间交易，未有不前期借钱，以为定者，况所烧砖瓦非一人之力所能办，非一日之期所能成，必须作泥造坯，必须候干燥，必须入窑烧变，必须隔旬月而后成。今六月半得钱，七月半之后逐旋交纳……”[③]

从这一案例我们可以看出：第一，凡卖方资金短缺，且商品生产工序

① （宋）吕陶：《净德集》卷1，《奏状·奏具置场买茶旋行出卖远方不便事状》。
② （宋）苏辙：《栾城集》卷41，《中书舍人论时事三首·申本省论处置川茶未当状》。
③ （宋）黄榦：《勉斋集》卷33，《判语·窑户杨三十四等论谢知府宅强买砖瓦》。

复杂需要较多资金投入者，买方则必须预付全部货款。此案中作为商品生产者的“客户十七人”以烧砖瓦为业，“不过日求升合，以活其妻孥”，没有买方的预付货款，他们是无法进行生产的。第二，买方如果不按惯例而拒绝预付全部货款，或只预付其中一部分者，卖方还有诉讼请求权。本案中买方为有权有势的谢知府，故仗势不预付全部货款，而只预付其中的一半。强迫窑户纳足货物后再支付另一半，结果窑户联名状告到上级官府。可见这种民间交易惯例是受到法律保护的。在纺织品买卖中，这类信用也不罕见。如《夷坚志》记载：“抚州民陈泰，以贩布起家。每岁辄出捐本钱，贷崇仁、乐安、金溪诸债户，达于吉之属邑，各有驵主其事。至六月，自往敛索，率暮秋乃归。”[①] 这里的陈泰就是一位专门包买诸绩户的布匹贩卖他地的布商，他的包买方式便是先预付价款（贷放布本钱），然后延期收货的预付款买卖，并各有驵侩（居间人）负责收布匹，其中有一驵侩还用陈泰的资金建造了一座专门储藏布匹的仓库。这种纺织行业中的预付货款及本钱的包买行为到明代更多，尤其是明嘉靖年间的苏州城更为发达。

三是针对卖方的特殊需求而预付某些实物，以代替预付款或定金。在这种情况下，卖方多是乡村贫民，而买方则是收购农产品的贩运商。如荆湖北路的复州一带，“富商岁首以鹾茗贷民，秋取民米，大艑捆载而去”。[②] 淮南西路民户贫困，“岁收才能自给。而巨商率先以他货来售，禾始登场，厚取其赢”。[③]

（2）官府收购时的预付款行为

受民间预约买卖的影响，两宋官府在收购所需货物时，也经常采取向生产者或商人预付货款的办法，先预订购。订购的物品包括粮草、纺织品、茶盐、矿冶品、兵器材料等。如粮草预买，两宋称为青苗钱，指未收获时

① （宋）洪迈：《夷坚志》支癸卷5，《陈泰冤梦》。
② （宋）楼钥：《攻媿集》卷104，《志铭 · 知复州张公墓志铭》。
③ （宋）楼钥：《攻媿集》卷100，《朝请大夫致仕王君墓志铭》。

官府即已付款买之，这与王安石变法中的“青苗法”不同。早在宋初，“陕西粂谷，又岁预给青苗钱”。[①] 另据吕惠卿所言：

“本路太原、汾等十三州军正税之外，别有和粂。体问得始据田亩，视其苗稼等第科粂。米每斗钱三十文，粟十六文，大豆二十二文；草每束十文。虽估价颇贱，而民于登稔之际先期得钱，未以为病。”[②]

又如预买茶盐，茶园户所产茶叶除“岁课作茶输租”外，其余由官府收购，“其售于官者，皆先受钱而后入茶，谓之本钱”。[③] 预付给产盐“亭户（灶户）”的货款则叫“盐本钱”：“祖宗旧法：支盐本钱，分上、下次，先以上次五分发下催煎场，呼名支散，贫民下户均沾本柄。下次五分，留买纳场，候发盐到秤见实数，却行贴支。”[④] 而预买兵器材料则早在太祖时即已出现，当时出于战争之需，“朝廷出度支使钱，俵民间预买箭杆雕翎弓弩之材”。[⑤]《庆元条法事类》中还专门列有法条规定：官府收购“诸供官之物”时，要在产地设固定场所现钱收购，但如果民户“原先一年召保请钱认数中卖者，听”[⑥]。这是有关官物预买的综合规定，卖方要提供信用担保，才能预先取款。官府的这种大规模的预付款收购活动，与赊买卖一样，是民间活跃的商业信用关系对传统的剥削方式进行渗透的产物。

5. 信托契约关系的产生与发展

今天所说的信托制度，源于英国中世纪的用益权制度。它实际上是一种管理财产的法律关系。殊不知，这一信用制度在一千年以前的中国两宋

① 《宋史》卷175,《食货志上》3。
② （宋）李焘:《续资治通鉴长编》卷400，元祐二年五月乙卯。
③ 《宋史》卷183,《食货志下》5。
④ 《宋会要辑稿》食货27之18。
⑤ （宋）魏泰:《东轩笔录》卷8。
⑥ 《庆元条法事类》卷48,《赋役门二・科敷》所引《关市令》。

时期也曾经产生并发展起来，这就是检校库制度。“检校”即检估、核对财产的意思，检校库则是一种信托机构，它是在商品经济发展的前提下对私有财产权日益重视的产物。

有关检校的记载，始见于真宗咸平五年（1002 年）二月，当时户部使、右谏议大夫王子舆“奏事长春殿，疾暴作，仆地，命中使掖之，至第而卒。上甚悼焉，赙赠加等。以其子道宗方幼，诏三司判官朱台符检校其家”[①]。这便是王子舆死后，考虑到其子尚幼，不能自立，无法继承遗产，为保护年幼继承人的权益，于是派三司（财政机构）官员前往检估其遗产，寄放于官库，以免遭人侵害。可见这时尚未形成制度，还只是一种临时处置办法。

仁宗时，这种检校孤幼财产的制度进一步发展。庆历四年（1044 年）四月三日，“令入内内侍省刘从愿与三司勾当公事陈宗古检点柴宗庆家财，约度支给外，官为检校。以宗庆二女尚幼故也”。[②] 这里是先派官“检点”，确定孤幼的日常生活费用后，再由官府“检校”。

真正制度化、法律化的还是在神宗熙宁年间。熙宁四年（1071 年）五月，同勾当开封府司录司检校库吴安持言：“本库检校孤幼财物，月给钱，岁给衣，逮及长成，或至罄竭，不足以推广朝廷爱民之本意。乞以见寄金银、见钱依常平仓法贷人，令入抵当出息，以给孤幼”，得到神宗首肯。[③] 由此可见：第一，这时已经设有专门的检校库机构（设立的时间不详）。第二，被检校户的孤幼人口的生活费用（吃、穿、用等）由检校库从检校的财产中按月、年支付，财产全部由检校库管理）。第三，检校的财产可以送交抵当所出贷，收取利息，由被检校户孤幼享用。从此，检校库的财产便成为抵当所存款的五大来源之一，使其更具有信托性质。

① （宋）李焘：《续资治通鉴长编》卷 51，咸平五年二月庚午；《宋史》卷 277，《王子舆传》。
② 《宋会要辑稿》帝系 8 之 49。
③ （宋）李焘：《续资治通鉴长编》卷 223，熙宁四年五月戊子。

至熙宁五年（1072年）五月，检校库的职责范围进一步扩大，成为一个重要的官营放贷机构，并从开封府分出，由“统辖抵当官钱”的都提举市易司管辖，即跻入金融机构的系统中。但检校孤幼财产的具体事务仍由开封府负责，市易司只统辖其放贷生息的职能，所谓：“其事关开封府即依旧隶府，其余应干事务并归本司统辖。”[①]这样，检校库不但可以将检校所得之孤幼财产召贷取息，而且还可吸收其他部门的闲散资金放贷取息，其业务职能与抵当所相同，类似于银行的某些特征。如熙宁五年七月二十三日下诏“给武学钱万贯，送检校库出息，以供公用”。十一月二十七日，“诏给国子监钱二万贯，送检校库出息，以供公用”。次年四月二十四日又诏：“给律学钱万贯送检校库出息，以供公用。”[②]即这些部门将拨付的经费送存检校库，取得利息，以解决经费不足的困难，不少部门的闲散资金均可“依例于开封府检校库出息，以助支用”。[③]至元符年间，又开始吸收个人的闲散资金。如元符元年（1086年）十一月刑部言：“投换军将人如无家业者，许将见钱五十贯已上愿纳赴官收管充抵当，许行投换。在京于府司检校库，在外于所属州府军资库寄纳。”[④]

以上两宋时期的检校库的发展与演变，表明中国早在一千多年以前就出现了信托机构，有了信托业务，比西方最早产生信托制度的英国还要早几百年（英国是产生于14世纪）。

（二）商事性契约

两宋以前，契约之债权限于少量的以土地为标的的买卖、租赁和典质等形式，且被限制在狭小的范围内，而商业性的契约关系则缺乏其产生和

① 《宋会要辑稿》职官27之65。另见（宋）李焘:《续资治通鉴长编》卷275，熙宁九年五月辛酉。

② 《宋会要辑稿》职官27之8—9。

③ 《宋会要辑稿》崇儒3之9。

④ （宋）李焘:《续资治通鉴长编》卷504，元符元年十一月庚申。

发展的必要基础——商品经济的高度发展。两宋时期不但土地完全进入流通，以土地为标的契约关系空前发达，而且与商品经济的发展程度密切相关的商事契约关系也进入其黄金时代，诸如商业租赁、委托经济、仓储保管、居间、承揽、承包、合伙等商事契约形态普遍发展，构成了两宋契约之债的独具特色的重要组成部分。

1. 商业运送契约

在日益频繁的商业交易和货物流通活动中，运送契约关系开始在两宋产生并发展起来。从现掌握的史料看，民间专营运送业务的当事人已经出现，他们主要承担官府专营的一些商品货物的运送，也包括某些国家重要物资的调拨。众所周知，以前这一类运送任务一般由官府直接负责，要么派遣漕卒，要么摊派民户力役，他们与官府之间不是契约关系，而是隶属关系，是服役，不是经营，故不但没有积极性，而且伺机侵盗官物，公私皆受其害。两宋初期仍行旧法官运体制，如解盐的运输就是按民户家产等摊派力役，结果是“嗟怨之声，盈于道路”[①]。故至范祥盐法改革，其重要内容便是以商运或“和雇”民运取代官运，于是运输者与官府二者之间明确了权利义务，形成货物运送契约关系，过去的行政隶属的性质淡化，这无疑是传统运输方式的一大变革。下面就以最突出的官盐运输为例加以阐述。

（1）运送契约关系的建立

两宋时期官府专营的盐业，分河北解盐、四川井盐和东南海盐，主要通过水路运往各地销售，称“纲运”。起初由于官府人力、物力和财力不足而被迫雇佣丁夫代替漕卒和役人。后来便和雇专营运送业的“船户”“纲户”和“脚户”车船，或官民合资运送。民运官盐业务的优越性使传统的官运体制趋于衰落，而“和雇”专业运送户的体制日益发展。虽曰“和雇”，但与一般的雇佣制不同，只是因为民户与官府之间结成的运送契约关系类

① （宋）李焘:《续资治通鉴长编》卷 167，皇祐元年十月壬戌。

似于官府雇佣民户，故称之为“和雇”。仁宗以后纲运漕卒即日益减少而“多和雇夫儿，每船卒不过一二人”[①]。如果说这与一般的雇佣关系没什么区别，那么“官船不足，又须和雇”民船时，[②]性质就不同了，运输的人力、物力及运送工具等都是专营运送业务的民户或商人，风险由承运人承担，官府只作为托运人一方当事人出现。这种契约关系的建立同样也经过要约与承诺的程序。

托运人（官府）选择承运人，并向承运人提出运货要求，这就是要约。两宋法律规定，官府在选择承运人时，必须以“招募”或“招诱”的方式进行。徽宗崇宁二年（1103年）还专门颁布一条赏格规定，“凡招诱客人、铺户，自用船赴产场般请，盐数敷官纲及年额数目”一半者，官吏可提前两年晋升；达到官纲年额70%以上者，可提前三年晋升；达年额全数，立即晋升。[③]所谓诏诱、招募、和雇等用语，表示契约关系建立的自愿、协商原则。有时官府还采取让众多承运人竞争缔约的办法，即官府先发出一个要约邀请，即招募通知书，然后由符合条件的应募人向所属州县提出书面申请，所谓“经州投状”，此即应募人发出要约；官府便派人验核家资财力，从中挑选更加符合要求的应募人承运，此即官府承诺。[④]

因为承运人要负担运送过程中的风险责任，所以承运人的资格有一定限制，两宋严格规定必须是稍“有物力”的主户（也就是能够交纳赋税的“税户”），才能充任承运人。高宗绍兴末年，漕臣陈寺丞说：选择承运人时，要“勘会家业，直钱二千贯以上”的税户，才有资格充任。[⑤]为了保证在出现风险时不致损害官府利益，官府还往往要求应募人“入产在官，抵保般运”，[⑥]

---

① 《宋会要辑稿》食货46之17。
② 《宋会要辑稿》食货25之32。
③ 《宋会要辑稿》食货24之36。
④ 《宋会要辑稿》食货22之31。
⑤ 《宋会要辑稿》食货22之31。
⑥ 《宋会要辑稿》食货26之33。

或收取其财产做抵押："拘收砧基、契书入官抵拟讫，申付上供库"，[①] 以确保承运人有足够的偿付能力。

（2）双方的权利义务关系

官府作为托运人，要承担以下义务：

第一，发给承运人约定量的货物。如福建盐纲运送时是先发给纲户"朱钞"，"朱钞"上面要根据纲户所属州县解送"纲本"钱的先后而确定编号，并说明支盐数量，由纲户持钞前往盐场支取盐货，这实际上是一种"提货单"。《宋会要辑稿》食货二二之三三所引《建安志》记载：

"漕司籍定纳钱月日，为先后次序，排立千字文号，理为名次。……税户既已申明，州县已纳钱于上供库，即将姓名附薄，给千字文号公文，发遣前去参仓。仓索朱钞验实，仍依名次先后支盐守等。得到元名，率常在一年之后。装纲离岸，又须旬月，随参仓先后以给盐。"

也就是说纲户（税户）凭"朱钞"前去取货，须先"参仓"（参见仓官），仓官根据递交"朱钞"之先后确定支盐的具体日程。到解盐司承运解盐时，则先由户部发给承运人"盐引"，凭引取盐。如元祐二年（1087 年）五月十四日户部上言："奉绍旨，旧给蚕盐处，并依昔年例散敛，本部约度，府界、京西、京东等路，共合用蚕盐三万二千五十席。请从本部预给盐引，令出卖解盐司召人，结揽般运。"[②] 这里的盐引是提取解盐的提货单。

第二，根据承运人的运货量及路途远近、风险大小而支付运送成本费。福建盐运称此为"起揭"钱和"接济钱"，包括运送途中需要耗费的各种款项，如起发时要"讨雇船只，资给棹捎"，时人称之为"起揭"。这笔费用由"干纲人"（"船长"）负责交给所雇船户，而干纲人则"就所募州县

① 《宋会要辑稿》食货 22 之 31。

② 《宋会要辑稿》食货 24 之 28。

请钱一千贯，往怀安仓，名曰起揭”。其他一些杂费开支，如“又纳纲料等钱于福州，主管司置罗、置罩，分表合干人常例，并作福、还愿之类”，也由托运人支付。[①] 沿途的“接济钱”则主要用于纳税、犒赏和祠祷等，“所至口岸，揭拆极重，梢捎有俵散稿给之例，滩濑有神祠祷赛之费”。领取这些费用是承运人理应享有的权利，“若无此钱，虽是盐已下船，无从起发，梢梢坐待”。“接济或迟，则梢梢盗卖，充口食之急”，“它时欠折，公私俱受其病”。[②]

第三，支付承运人报酬。两宋官府支付给承运人的报酬有“脚钱”“脚乘文钞”和“拖脚盐”等几种形式。“脚钱”是直接支付给承运人的现金报酬，如广西廉州、钦州与郁林州之间的官盐运送，多招募“灶户”承运，支付给灶户的脚钱称为“车丁钱”，[③] 并专门在此地区设立了一个“回环库”，“系收转运司发到钱，支拨应付车丁般运盐脚支用”。由于钱款“数目浩瀚”，故由朝廷“差注正官监当”。[④] “脚乘文钞”则是发给承运人劳务报酬的一种单据，是具有货币价值的有价证券。如元祐二年户部立定解盐运送条法时即有“应合给脚乘文钞，亦令解盐司据所般实数申本部拨还”，即由户部统一印制拨付。[⑤] “拖脚盐”则是指官府从所运送的盐货中分出一定比例付给承运人私自销售获利，以取代报酬。一般路途较艰难的运送，承运人所占份额也较大，如在汀州连城县的陆运中甚至一度同官府均分：“旧制：官给纲本，雇诱丁壮陆负，而官民中分之。”[⑥] 而由建州至福州间的水运路途较安全，承运人的份额也相对较少。据《建安志》和《怡汀志》记载：“拖脚盐”一种是允许搭带一定比例的私盐，约占总运送量的“二分”，即

① 《宋会要辑稿》食货 22 之 33，引《建安志》。
② 《宋会要辑稿》食货 22 之 34，引《建安志》。
③ 《宋会要辑稿》食货 28 之 29。
④ 《宋会要辑稿》职官 43 之 44。
⑤ 《宋会要辑稿》食货 24 之 28。
⑥ 《永乐大典》卷 7890，“汀州府”条引《临汀志》。

十分二。但“绍兴五年，方以十分为率，许带一分”，即如“大纲运盐十万斤计，则许税户搭带一万斤”。这种搭带的“拖脚盐”，可以在收货地接受官府的征购，即“抽买”，也可以自己销售。一般是在运抵目的地后，“本纲交纳无欠，就拘中卖入官”，“给其值，曰‘均支钱’”。另一种又称“箩面盐”，是在装盐时允许超出盐箩标准面以上的盐。《宋会要辑稿》食货二二之三五所引《建安志》载：“本府有带到箩面盐，官与收买，每斤五十文，使之获少微利。又，旧例，盐到本府，交秤足日，呈支拖脚盐钱一百贯省。”这又是把拖脚盐转化为现钱来支付报酬。

承运人应承担的义务和责任包括：

第一，安全组织，按时起发。承运人（“干纲人”）收到支盐的通知书（“朱钞”）后，须即时前往指定盐仓提货（“参仓”）。《宋会要辑稿》食货二二之三四至三五所引《建安志》载：承运人到达怀安盐仓“参仓”后，必须在轮到其名次“即该装纲”时，“三日之内雇足人船”，可见，承运人还要与他人签订雇佣契约和租船契约。“或到仓限满，人船不足”，则仓吏不予支盐，而将“该次人姓名隔下，却支次名”。次名人又不能达到要求者，则“即与第三支请。其第一名，亦许限三日再雇足人船，候第二名支绝，先次支足。若更出违日限，更不支发”。可见，“立法之始，关防可谓由尽”。另外路上安全也由干纲人负责计划安排，有时也由官府协助组织，讨论运送方案，“条具河路滩险，陆路扛搬因依，陆续支钱发遣”。[①]

第二，按照规定路线运送，如期到达。为约束承运人履行这一义务，官府作为托运人而加强沿途的检查监督，并在“参仓”时发给承运人一份“行程历”，每纲一道，从“催趣装纲及至起发”开始，“所至官司批上行程，及关报经由；巡尉催赶趁限”。有些地区则并不严格执行这种“行程历”制度，而是采取经济手段来约束承运人。据《宋会要辑稿》食货二二之三四所引《建安志》载：运程较远的祟安县，“盐已打足，自怀安仓限六十日到

① 《永乐大典》卷7890，“汀州府”条引《临汀志》。

县。如期而至，则支赏钱二百贯省”；若迟延五日，罚减五十贯省；“又违五日，递加一等”，直至二百贯钱扣净为止（迟处 20 日）。

第三，接受收货人的检查，并对欠折负赔偿责任。承运人要在指定的收货地点（港口）交货，上引元祐二年户部拟定解盐运送条法时规定：承运人从解盐司搬运，“于绛州垣曲盐仓送纳”。运到目的地后，收货人要对货物进行检查，包括检查“行程历”是否改线或逾期，尤其是检查纲盐有无欠折，盐纲到岸要过秤验缴，如有亏损且超过规定的“耗盐”标准者，要由“税户自认，官司不预”。[①]“如有损失毁败，全数备偿”，[②]一般由承运人从拖脚盐、脚钱或其入官抵押的家产中赔偿。

2. 商业租赁契约

两宋时期不但农业生产中以租佃制经营为主，土地租赁关系蓬勃发展，而且城市中商业性的租赁契约关系也日趋发达。因为商品经济的发展给商业性的中心城市带来大量流动人口，尤其是从外地涌入的小商小贩等。如果没有发达的城市租赁业，是很难想象城市能够容纳如此庞大的流动人口的。从经营租赁业的主体划分，两宋有官营与私营两大类；从租赁的标的物划分，有房屋、邸店、车马舟船以及各种家具器皿等。史称：“僦赁取直者，京师人指为‘钱井经商’。”[③]即房屋租赁成为最赚钱的行业之一。

（1）官私房屋租赁法律关系的发展

官房的租赁，在广大农村地区也很普遍，在城市中就更加盛行了。北宋都城开封，设有官营左右厢店宅务，“掌邸店，计直出僦，及修造缮完”。[④]可见官营的商业租赁已具备一定的规模，且有较完善的管理与经营制度。私人房屋租赁业也很发达，尤其是官僚贵族和富商等更是不愿意放弃这一

---

① 《宋会要辑稿》食货 22 之 35，引《建安志》。

② 《宋会要辑稿》食货 30 之 21。

③ （宋）陶谷：《清异录》卷上，《人事·钱井经商》。

④ 《宋会要辑稿》食货 55 之 2。

最赚钱的行业。租赁业的发达，归根结底是由于有大量需方市场存在，需方市场有以下两大特点：

一是除活动人口外，官僚士人也普遍租赁宅舍居住，它表明官僚也只能以租赁的方式取得对房屋的占有权，而不得凭借势力强占、强夺，这是值得注意的现象，这一趋势从唐中后期开始，至两宋更加普遍化。北宋大臣李昉、吕端就是一例，“李昉、吕端同践文馆，后各登台辅。吕端赠李公诗曰：‘忆昔僦居明德坊，官资俱是校书郎’”。[①] 即他们在任校书郎时曾共同租赁明德坊区的房屋居住。另一大臣王禹偁也称自己“老病形容日自衰，十年赁宅住京师”[②]。南宋朱熹更称“祖宗朝，百官都无屋住，虽宰执亦是赁屋”[③]，说明两宋时期相当一部分官员的住房紧张，只能租赁官、私房屋居住。政府则常常拨官钱对部分官员进行房租补贴。如仁宗嘉祐三年，“天平节度使、宣徽南院使张尧佐卒，赠太师，赐其家僦舍钱日三千”。[④] 这种房租补贴实际上是对死者家属的抚恤。熙宁三年增加司农寺人员编制时规定“无廨舍者，月给宅钱五千”[⑤]。官员租赁房舍居住，无疑意味着商品经济发展后契约法律关系对传统的行政强制关系的巨大冲击。

二是商贾租赁房屋作店铺者也比较普遍。元丰二年（1079年），“修完京城所”请“赁官地创屋，与民为面市，收其租”。经开封府审议，“乞如其请，从之”。[⑥] 这里的“面市”即包括各种商业店铺。据《东京梦华录》记载：州桥附近的“街西保康门瓦子，东去沿城皆客店，南方官员商贾兵

① （宋）吴处厚：《青箱杂记》卷5。
② （宋）王禹偁：《小畜集》卷11，《赁宅》。
③ （宋）黎靖德编：《朱子语类》卷127。
④ （宋）李焘：《续资治通鉴长编》卷188，嘉祐三年九月辛巳。
⑤ （宋）李焘：《续资治通鉴长编》卷214，熙宁三年八月庚申。
⑥ （宋）李焘：《续资治通鉴长编》卷300，元丰二年九月丙子。

级，皆于此安泊”[①]。可见商贾是租赁业需方的一支重要力量，是城市商业发展的必然趋势。

商业租赁契约关系双方的权利和义务，需要法律加以规范与调整，才能正常发展。两宋法律对此作了以下几方面的规范与调整：

第一，保护承租人的合法使用权。

这是两宋时期有关商业租赁立法的重要内容。承租人租赁居住期间，一般不许他人夺赁，也不许擅自变更契约关系。景德四年（1007年）夏四月，宋真宗听说京师百姓租赁官房居住时“复为增直者夺赁”，于是对左右大臣说：“此岂不太刻！先帝屡曾止绝，今当申戒有司，无使复然。”[②]大中祥符三年六月下诏：“在京店宅务自今止以元额为定，不得辄增数划夺，违者罪在官吏。”[③]可见，禁止侵夺承租人的租赁使用权，是政府经常性的保护措施。《元符户婚敕》则严格规定：“诸臣寮丁忧或亡殁，应借舍宇而辄以人户见赁屋借之者，以违制论。”[④]即虽然是享有特权的官员，也不能仗势侵夺承租人的使用权。

第二，出租人不得擅自增添赁值。

既然不许出租人增值夺赁（划夺），那么不夺赁而擅增值者也是禁止的。赁值一般是计日收取，真宗时规定：“每人户赁屋，免五日为修移之限，以第六日起掠。”[⑤]即从承租人与出租方订约后的第六天起开始计租。租金一旦约定，不得擅自增添。徽宗大观元年（1107年）八月十二日下诏：

“在京有房廊屋业之家，近来多以翻修为名，增添房钱，往往过倍，日来尤甚，使编户细民难以出办。若不禁止，于久非便。自今后京城内

① （宋）孟元老：《东京梦华录》卷3，《大内前州桥东街巷》。

② （宋）李焘：《续资治通鉴长编》卷65，景德四年四月甲午。

③ 《宋会要辑稿》食货55之3。

④ 《宋会要辑稿》刑法1之18。

⑤ 《宋会要辑稿》食货55之5。

外，业主增修屋业，如不曾添展间椽地步者，不得辄添房钱，如违，以违制论。”[①]

官有房屋租赁也一样，“赁官屋者如自备添修，店宅务无得旋添僦钱，如徙居者并听拆随”。[②]

第三，承租人不得转赁。

与土地的租赁和典卖不同，房屋的承租人无权转赁房屋，而有义务保护赁产的安全。早在真宗景德元年（1004 年）十月即诏：

“应宣借舍屋，须的是正身居止。如已有产业，却将转赁，委店宅务常切觉察，收管入官。自今悉如此例。”[③]

第四，租赁期限的中止。

租赁期限直接关系到承租方的权利界线。为保证承租方充分行使其权利，两宋时期还规定：当承租方由于不可抗力的原因而不能使用租赁的房屋时，赁期可暂时中止计算。待承租方能够使用时，再接续计算。如徽宗政和八年（1118 年）十月二十二日，江南东西路廉访使者徐衡奏称：南康军等地遭受水灾，“坊郭居民舍屋被水渰浸漫没屋脊，人户各已搬移。除移自己屋业外，其间赁官私舍屋居住人户，尚依旧管任元赁房廊地基等钱。欲下诸州军，豁除被渰月日，特与放免”。这一建议得到皇帝赞同，下诏在计算租赁日期时要除掉被水淹没的期间，并下诏全国各地均“依此计其实日，即不得虚伪，通不得过一季”[④]。即中止期间不超过一季。

① 《宋会要辑稿》刑法 2 之 46。
② 《宋会要辑稿》食货 55 之 3。
③ 《宋会要辑稿》食货 55 之 2。
④ 《宋会要辑稿》食货 70 之 178—179。

第五，契约关系的消灭（退赁）。

有关退赁的规定，大体上可以分为两种情况。一是承租人退赁而消灭租赁关系，双方都要履行一定的法律程序。真宗景德六年（1009年）规定：

“人户退赁，令监官躬往检覆，更不差检覆退赁指挥。仍令先纳旧历，方得起移。应承赁者须立班名，不得展转承赁，官司常切觉察，劾罪严断。”[①]

可见退赁的程序主要是为检察租赁物的归还状态以及防止承租人私自转赁而设的。二是出租人转让赁产的所有权，而消灭租赁关系。如正在出租的官有房屋需要出卖时，则需要正在租赁使用的承租人退赁。在这种情况下，如果承租方在租赁期间对房屋有添修盖造之处需要予以经济补偿者，则由取得赁产所有权的新所有权人负担，补偿的数额则可以由官府对添造部分进行评估确定：“其见赁人有自添修盖造，官司先次取见诣实估定价值，别项开说，许今来承买人依价还值。如见赁人不愿欲自行拆移者，听。”[②]既可作价补偿，又可自行拆移，体现了自愿和公平原则。

（2）交通运输工具和日常用具的租赁服务法律关系的发展

城市商业的发达，需要交通服务业务的同步发展，故北宋时期东京城里的车马出租服务很普遍，从《清明上河图》中我们便可以看出当时东京街区车水马龙的繁忙景象。交通工具出租业发达是很自然的，出租方与承租方自然也是临时协商结成的货币关系。“寻常出街市干事，稍似路远倦行，逐坊巷桥市，自有假赁鞍马者，不过百钱。”[③]还有舟船租赁业：“宣、

① 《宋会要辑稿》食货55之4。

② 《宋会要辑稿》食货61之19。

③ （宋）孟元老:《东京梦华录》卷4,《杂赁》。

政间亦有假赁大小船子，许士庶游赏，其价有差。”① 南宋临安位居水乡，且有西湖游览胜地，舟船出租更盛：“行都左江右湖，河运通流，舟船最便……无论四时，常有游玩人赁假。舟中所须器物，一一毕备，但朝出登舟而饮，暮则径归，不余劳力，惟支费钱耳。”② 尤其到旅游旺季，更是“大小船支，雇价无虚日。……如二月八及寒食清明，须先指挥船户，雇定船只。若此日分舫船，非二三百券不可雇”③。如此繁荣的租赁服务业，不可能像有的学者所认为的那样仅仅是为了满足官僚贵族的腐化生活的需要。即使是承租方有很大一部分是官宦子弟，那也说明他们已不能再使用特权强制的手段而只能采取契约的方式使用舟船车马，且赁值是随着市场行情和季节的变化而变化，人为强制的因素大大减少。

日常用具的租赁也相当发达，如宴会用的桌椅、器皿及摆设品，“椅桌陈设、器皿合盘、酒檐动使之类，自有茶酒司管赁”。④ 这里的“茶酒司”是一种专门出租饮食用具的机构。红白喜事用具也均可租赁：“士庶家与贵家婚嫁，亦乘檐子，只无脊上铜凤花朵，左右两军，自有假赁所在。以至以人衫帽衣服从物俱可赁，不须借措。”⑤ “若凶事出殡，自上而下，凶肆各有体例。如方相、车舆、结络、彩帛，皆有定价，不须劳力。”⑥《武林旧事》卷六《赁物》中记载当时可以租赁的各种物品如花檐、酒檐、首饰、衣服、被卧、轿子、布囊、酒器、帏设、动用、盘合、丧具。凡吉凶之事，自有所谓“茶酒厨子”专任饮食请客宴席之事。“凡合用之物，一切赁至，不劳余力。虽广席盛设，亦可咄嗟办也。”可见在租赁物品丰富、租赁关系发达的两宋时期，人们之间的关系都被货币化和契约化了，只要有货币，

① （宋）孟元老:《东京梦华录》卷 7,《池苑内纵人关扑游戏》。
② （宋）耐得翁:《都城纪胜》,《舟船》。
③ （宋）吴自牧:《梦粱录》卷 12,《湖船》。
④ （宋）孟元老:《东京梦华录》卷 4,《筵会假赁》。
⑤ （宋）孟元老:《东京梦华录》卷 4,《皇后出乘舆》。
⑥ （宋）孟元老:《东京梦华录》卷 4,《杂赁》。

就可以“一切赁至，不劳余力”。

3. 居间契约

居间契约是委托人与居间人之间约定的、由居间人为委托人提供与第三人订约的机会或充当他们之间订约的中介人，从而取得报酬的契约。中国古代称这种居间商人为“牙人”“牙侩”“牙郎”或“驵侩”等，起源较早，秦汉时期就出现于商业领域，汉代以后即称之为“驵侩”，如安禄山便是出身于互市牙郎之家。胡三省注曰：“牙郎，驵侩也；南北物价，定于其口，而后相与贸易。”[①] 但居间的发展与商品经济的发展是同步的，所以只到两宋时期，居间人的队伍才迅速壮大起来，成为繁荣的商品交易的重要角色。据宋人解释，“牙”意即“会二家交易也”[②]。这与今天的居间人更加接近了。两宋牙人队伍的壮大，导致牙人自己的机构“牙行”的应运而生，使居间活动更加组织化，对疏通商品流通起着举足轻重的作用。

（1）牙人的种类及其资格限制

由于流通商品的不同种类，牙人的种类也不同，出现各种不同的专业牙人，如庄宅牙人、牛马牙人、牙嫂、牙婆和行老等。

庄宅牙人是田宅买卖活动中的居间人。李元弼《作邑自箴》记载：“应镇耆、庄宅牙人，根括置簿，各给手把历，遇有典卖田产，即时抄上立契月日钱数，逐旬具典卖数申县，乞催印契。”[③] 也就是说，镇耆和庄宅牙人都是基层民间田宅交易的居间人，凡民户交易田宅，必“先赁牙家”说合，故官府都要依靠他们来核实民间交易的次数，催交税款。

牛马牙人则是牲口交易中的居间人。

“买卖牛马之类，所在乡仪，过却定钱，便付买主。牛畜口约试水草

① 《资治通鉴》卷214。

② 《古今事文类聚》前集卷36，《货殖家》。

③ （宋）李元弼：《作邑自箴》卷3，《处事》。

三两日，方立契券，若有疾病，已过所约日限，卖主不伏，却烦官方与夺。人有已交价钱未立契券，正立契券未还价钱，盖不知律有正条，须录全条晓示牛马牙人并诸乡村知委，免兴词讼。”①

可见官府要约束牲口交易市场依法交易，也主要是通过牛马牙人。

牙嫂、牙婆、行老等则是劳动力市场中的居间人。如“凡雇觅人力，干当人、酒食、作匠之类，各有行老供雇，觅女使即有引至牙人”②。“欲买宠妾、歌童……亦有官私牙嫂及引置等人，但指挥便行踏逐下来。”③

海外贸易中也离不开牙人的活动，因海外客商不熟悉情况，往往非牙人居间不能成交，故当时在广州、泉州、明州、温州、台州等对外贸易繁荣的港口城市，牙人尤其活跃，出现了一种“引领牙侩”，专门为客商寻找主顾。④

此外，还有茶牙子、米牙、贩香牙子、渔牙等各种不同的专业牙人，令人眼花缭乱。

两宋时期居间商之所以迅速兴起，是当时商品经济发达的结果，因为它与商品流通渠道的状况密切相关。如在简单商品生产与交换的情况下，只存在短渠道的流通：

商品生产者→消费者；

商品生产者→商人→消费者。

随着商品经济由低级向高级发展，商品的流通渠道越来越复杂化和远距离化，商人的资金周转需要进一步加快速度，于是懂行情、精交易的居间商进入市场，即形成：

① （宋）李元弼：《作邑自箴》卷3，《处事》。

② （宋）孟元老：《东京梦华录》卷3，《雇觅人力》。

③ （宋）吴自牧：《梦粱录》卷19，《顾觅人力》。

④ （宋）包恢：《敝帚稿略》卷1，《禁铜钱申省状》。

商品生产者→牙人→商人→消费者。

可以说在两宋以前，商品流通渠道主要是前两种，后一种虽存在，但很有限。进入两宋后，商品流通渠道已完全形成后一种形式，而且又继续向前发展，发展趋势便是远距离商业贩运的增多要求更进一步缩短买与卖之间的时间差和增加买卖量，于是各地批发商纷纷涌现，薄利多销的商业观念已深入人心。正如欧阳修总结曰：

"夫大商之能蓄其货者至，岂其锱铢躬自货鬻于市哉？必有贩夫小贾就而分之。贩夫小贾无利则不为，故大商不妒贩夫之分其利者，恃其货博，虽取利少，货行流速则积少而之多也。"①

正是在这种要求"货行流速"的商业观念下，两宋时期的商品流通渠道变成了：商品生产者→牙人→批发商（大商）→牙人→零售商（贩夫小贾）→消费者，这便是两宋时期居间商活跃、居间契约关系发达的根本原因。史载两宋"贾区夥于白社，力田鲜于驵侩"②，并非虚夸之辞，因为牙人不但大有用武之地，而且以逸待劳，不耗成本，获利大于行商。正如胡颖所言：

"大凡求利，莫难于商贾，莫易于牙侩。奔走道途之间，蒙犯风波之险，此商贾之难也，而牙侩则安坐而取之；数倍之本，趁锥刀之利，或计算不至，或时月不对，则亏折本柄者常八九，此又商贾之所难也，而牙侩则不问其利息之有无，而已之所解落者一定而不可减。故曰莫难于商贾，莫易于牙侩。"③

---

① （宋）李焘：《续资治通鉴长编》卷129，康定元年十二月乙巳。

② （宋）夏竦：《文庄集》卷13，《进策·贱商贾》。

③ 《名公书判清明集》卷11，《牙侩·治牙侩父子欺瞒之罪》。

尽管这里不无过激之言，但充当牙侩已成为人人向往的行业则毋庸置疑。随着商品经济的发展，牙人队伍日益壮大，居间契约关系也日益复杂化，必须加以法律规范和调整，才能发挥其积极作用，避免诸如滥竽充数以牟利为目的的牙人坑蒙拐骗、扰乱交易秩序等行为。

所以两宋政府着重以法律手段加强对牙人队伍的组织管理，其中对牙人的资格限制，成为两宋政府采取的一项十分有效的措施：

一是将一部分牙人纳入官府的直接控制之下，成为“官牙”。如官府所收取的各种交易税钱之外，一般还有牙钱或牙契钱，这实际上就是为官府的牙人收取的报酬，尤其是王安石变法时，更有大量牙侩被招纳，市易务本身就充当了一个最大的牙侩。市易务及其在各地的分支机构、各地的茶场、榷场等都有政府经过严格挑选而召雇的协助联系经营的牙人。

二是对民间交易牙人，两宋采取登记注册的管理办法。只有登记注册，才能获得合法的牙人资格。而登记的条件，除经营才干、本人申请外，还要有担保人，“须召壮保三两名，及递相结保，籍定姓名，各给木牌子随身别之。年七十已上者，不得充。仍出榜晓示客旅知委”。[①]《庆元条法事类》也严格规定：“诸老疾应赎人充庄宅牙人者（原注：私牙人同），杖一百。”[②]由此可见，要充当牙人，既要符合担保条件，又要符合年龄和身体素质条件，还不能有经济方面的债务或过错。至南宋时期，还要求牙人只能由第三等户充当。

“客人般贩茶盐到住卖处，欲用牙人货卖者，合依已立定等籍第三等户充牙人交易。如愿不用牙人，自与铺户和议出卖，或情愿委托熟分之人作牙人引领出卖者，即合依政和四年十二月二十四日朝旨，听从客便。”[③]

---

① （宋）李元弼：《作邑自箴》卷 2，《处事》。

② 《庆元条法事类》卷 74，《刑狱门四 · 老疾犯罪》所引《户婚敕》。

③ （清）徐松辑，陈智超整理：《宋会要辑稿补编》，全国图书馆文献缩微复制中心出版社 1988 年版，第 703 页。

（2）居间双方当事人的权利义务

主要的义务人是居间人，即牙人，他要对委托人履行下列义务：

一是尽力义务。即牙人要为委托人寻找交易对象，说合成交，这是其主要义务。牙人既有为卖方寻找买主的，也有为买主寻找卖主的，凭三寸不烂之舌，为委托人讨价还价、穿针引线。如从事劳动力买卖居间的女牙人“插花作牙侩，城市称雄霸。梳头半列肆，笑语皆机许。新奇弄浓妆，会合持物价。愚夫与庸奴，低头受凌跨”[①]。乡村充当牙侩的镇耆主持交易，“老翁主贸易，俯仰众人尊。区区较寻尺，一一手自翻”。[②]临安城内专以会合交易的“涉儿”也致力于奔波牵引：“又有一等手作人，专攻刀镊，出入宅院，趋奉郎君子弟，专为干当杂事，插花挂画，说合交易，帮涉妄作，谓之‘涉儿’，盖取‘过水’之意。”[③]海外贸易中的牙人也以帮助说合交易、讨价还价为己任。如蜀商往返于川、钦间，至钦州与外商交易，用蜀锦易香药，“其始议价，天地之不相侔……二商相遇，相与为杯酒劝，久而降心相从。侩者乃左右渐加抑扬，其价相去不远，然后两平焉。官为之秤香，交锦，以成其事”。[④]

二是忠实义务。作为牙人，必须忠实地进行居间活动。即应本着诚实信用的原则为自己的委托人（一般为外地客商）服务。牙人取得资格后，随身要带有一块木牌，又称“身牌”，上面写明牙人进行交易的约束条款，称为“牙人付身牌约束”，每“遇有客旅欲作交易，先将此牌读示”，以此来约束牙人对其委托人（外地客旅）忠实尽责。宋政府还规定接待外地客商的客店主人必须“仔细说谕（客旅），只可令系籍有牌子牙人交易，若或不曾说谕客旅，只令不系有牌子牙人交易，以致脱漏钱物及拖延稽滞，

① （宋）陈普：《石堂先生遗集》卷16，《古田女并序》。

② （宋）释道潜：《参廖子诗集》卷1，《归宗道中》。

③ （宋）吴自牧：《梦粱录》卷19，《闲人》。

④ （宋）周去非：《岭外代答》卷5，《财计门·钦州博易场》。

其店户当行严断”[①]。而牌子上写明的牙人的忠实责任就是：

“不得高抬价例赊买物货，拖延留滞客旅，如果自来体例赊作限钱者，须分明立约，多召壮保，不管引惹词讼。”[②]

总之，牙人在交易价格、延续的时间、契约的订立、交易的担保等各方面，都要忠实于委托人的利益。如果牙人与第三人或者店户、保人等串通作弊，损害委托人合法利益的，则一律要“严行决配”[③]。在海外贸易中，也形成了一套保证牙人忠实义务的习惯规范，其中最重要的是牙人信用担保责任和客商选择故旧牙人的习惯。两宋法律规定，充当海外交易牙人者必是“物力户”，即有一定经济实力的民户，外商不单是要他们做中介，而且还要求他们担负信用担保责任，称为“物力保识牙人”[④]。元丰六年（1083 年）朝廷准备于密州板桥镇设置市舶司，大臣即建议：“《牙保法》请自七年三月推行。”[⑤] 可见当时有专门制定的《牙保法》来约束牙人的行为。而外商通过长期交易后，对牙人已有所了解，故海商抵岸后多择故旧相识的牙行停歇并委托故旧牙人接洽生意，这一良好习惯一直影响到元代。据《松乡集》记载，每当海船抵明州港口，“市侩布立岸上，遥呼问海伴故旧”。[⑥] 这些法律和习惯都有利于防止牙人中介中的不忠实行为。

三是不作为的义务。以忠实义务为前提，当发生下列情况之一时，牙人不得实施居间行为或与居间有关的特定行为：第一，无订约能力、无支

---

① （宋）李元弼：《作邑自箴》卷 7，《榜客店户》。

② （宋）李元弼：《作邑自箴》卷 8，《牙人付身牌约束》。

③ 《宋会要辑稿》食货 37 之 9。

④ 《宋会要辑稿》食货 30 之 21。

⑤ 《宋会要辑稿》职官 44 之 7。

⑥ （元）任士林：《松乡集》卷 4，《送叶伯几序》。

付能力人，牙人不得介绍其与委托人缔约。牙人应介绍那些“有家活物力人户三五人以上递相委保，写立期限文字交还”，而不得将那些“别无家活、虚作有物力”人户冒充介绍，否者追究刑事责任。[①]第二，当发现交易的标的物不合法时，也不得接受委托进行交易，“牙人付身牌约束”的第一条便是“不得将未经印税物货交易”。第三，当供需双方可以自行达成协议时，牙人也不得再实施不必要的居间行为，即“买卖主当面自成交易者，牙人不得阻障”[②]。

四是协助官府监督的义务。牙人要定期向所属县政府报告交易情况，并定期赴县印押：“应镇耆、庄宅牙人，根括置籍，各给手把历。遇有典卖田产，即时抄上立契月日钱数，逐旬具典卖数申县，乞催印契。其历半月一次赴县过押。”[③]可见对负责不动产交易“庄宅牙人”还统一发付一种记事簿，帮助政府对不动产交易进行管理。

至于委托方的义务，则主要是支付约定的报酬，如“牙钱”“牙契钱”。绍兴六年诏：“太府寺置牙人四名，收买和剂局药材，每贯支牙钱五文，于客人卖药材钱内支。”[④]这便是按交易总额而支付一定比例的牙钱。

4. 合伙契约

合伙契约法律关系在两宋时期得以进一步发展。在商品的大规模交易活动和远距离商业贩运活动中，两个以上商人就各自以资金、实物等出资合股，共同经营、共同劳动、共负盈亏而达成协议，这是商品经济高度发展后的必然产物。它既分摊了风险，又解决了资金不足的问题，所以两宋时期不少中小商人乐于此道。总的来看，两宋时期的合伙契约关系有以下三种：

---

① 《宋会要辑稿》食货 37 之 9。

② （宋）李元弼:《作邑自箴》卷 8,《牙人付身牌约束》。

③ （宋）李元弼:《作邑自箴》卷 3,《处事》。

④ 《宋会要辑稿》食货 55 之 18。

（1）合伙贩运

在现存两宋史料中，有不少贩运商人合伙经营的事例。宋高宗绍兴十二年（1142年）八月下诏：

“禁客旅私贩茶货，私渡淮河，与北客私相博易。若纠合伙伴，连财合本；或非连财合本，而纠集同行之人，数内自相告发者，与免本罪，其物货给告人。若同伴客人，令本家人告发者，亦与免罪，减半给赏……。”[①]

这一道禁令中提到贩运商人的两种行动方式：一是“连财合本”；二是仅“纠集同行”。前者便是标准的合伙法律关系，而后者只是同行，并未合伙。这一道诏诣只是禁止走私和越境贸易，并不禁止合伙和同行。它说明“连财合本”是两宋时期贩运商人经常采用的合法的经营方式，尤其是远距离贩运，耗本大，周期长，“连财合本”是十分必要的。《夷坚志》记载了不少这方面事例。如北宋时有“吴兴士子六人入京师赴省试，共买纱一百匹，一仆负之”[②]；南宋时，有“众商张世显、何仲立、仲济十余辈议云：‘福清东墙莫少俞治船，欲以四月往浙江，可共买布同发。’如期而行”[③]；又有“鄱阳石头镇汪三，常以宰牛为务，多与其侣陈二者共本。庆元元年十一月买得水牯甚大，牵归杀之”[④]。此外，其他宋人笔记中也有许多这一类记载，如庄绰《鸡肋编》卷下所引《淮阴节妇传》载：有淮阴节妇，“夫为商，与里人共财出贩”。叶适《水心文集》载：台州黄岩人林兴祥（字宣义），“少贫，业行贾。同贾分获筹钱竟，欢饮乃去，宣义徐覆之，误多若干，追还于途”。[⑤] 湖南地区每年“民计每岁种食之外，余米尽以贸易。大

① 《宋会要辑稿》刑法2之107。
② （宋）洪迈:《夷坚志》丁志卷11,《霍将军》。
③ （宋）洪迈:《夷坚志》支戊卷1,《陈公任》。
④ （宋）洪迈:《夷坚志》三志壬卷10,《汪三宰牛》。
⑤ （宋）叶适:《叶适集·水心文集》卷15,《墓志铭·林伯和墓志铭》。

商则聚小家之所有，小舟亦附大舰而同营。展转贩粜，以规厚利。父子相袭，老于风波，以为常俗”[①]。可见合伙贩米竟能成“常俗”。这些资料反映两宋商人合伙贩运中已形成“共财出贩”和“分获筹钱”的习惯。

（2）合伙承包

如前所述，两宋官有工商业由过去的官府专产专销而改由民户承包经营，并以竞争的方式缔约。官府在招标中也允许两户以上合资投标竞争，一旦中标，便组成了一个合伙经营实体，共负盈亏，分担风险。

仁宗景祐元年（1034 年）一月，臣僚上言“诸道州、府、军、监、县、镇等酒务，自来差官监处，乞不以课利一万贯以上，并许衙前及诸色不该罚赎人一户已上、十户已来同入状，依元敕将城郭草市冲要道店产业充抵当，预纳一年课利买扑”，得到皇帝同意。[②]说明在此之前，只允许课利在一万贯以上的大中型酒务可以由竞争者合伙投标，以解决个人资金不足的问题。而此后，便放松了这一限制，不以课利多少均可合伙投标竞争。有些富豪因有官荫而无法亲自参与投标者，也多与他人共同出资，往往是一般百姓出名并抵产，他们出经营财本。宋高宗绍兴元年（1131 年）五月，临安府节度推官史棋孙言：

“州县人户买扑坊场，岁入至厚。近时贼马蹂践之余，十无七、八。今豪民欲买扑，往往以有官碍格。旧例多是百姓出名产、豪户出财本相合。自宣和年朝旨：并止与出名产之家，而豪户有官者不许相合买扑。缘出产人率无财本，自此败阙者多。”[③]

可见合伙承包经营是多么必要，宋徽宗曾加以禁止，结果单个经营者

① （宋）叶适:《叶适集·水心文集》卷 1,《上宁宗皇帝劄子二》。

② 《宋会要辑稿》食货 20 之 8。

③ 《宋会要辑稿》食货 21 之 12。

多至破产。故自此高宗又下令允许豪户参与合伙。

合伙承包后，如果经营不善或其他原因而导致亏本者，各方当事人均应承担连带责任。如真宗天禧三年（1019 年）知应天府王曾言："府民五户共扑买酒场，岁课三万余缗。逋欠积久，其两户已破产，三户累尝披诉。"[①]

5. 委托契约

两宋商业经营活动中，委托契约关系也普遍发展起来。它是指委托人与受托人之间约定的，由受托人以委托人的名义办理委托事务。一般表现为：钱财所有者（委托人）委托自己所信任的有才能的他人（受托人）替自己经商牟利。其中委托人既有官府，又有私人，以民间私人较多；受托人则一般是具有经营才干但缺乏经营资本的下层平民。所以这种委托关系实际上是经营能力与资本的结合，有力地推动着两宋商品经济的进一步繁荣。不过在习惯上，委托人称"主人"，受托人一般为主人的干仆，但实际上二者之间已没有主仆之分，而是契约关系。需要说明的是，两宋时期委托和行纪（又称信托合同）并无明显区别，故在此一并讨论。

（1）委托契约适用的范围

首先，委托经营方式主要流行于民间私营商业领域。有的是由主家出货物委托他人（一般称"干仆"）销售；有的则是由主家出钱财委托他人外出经营（这种情况类似于行纪）。如《夷坚志》载："乐平明口人许德和，闻城下米麦价高，令干仆董德押一船出粜。既至，而价复增。德用沙砾拌和以与人，每一石又赢五升。不数日货尽，载钱回。"[②]这里干仆董德便是受托为许德和销售货物。尽管董德缺乏商业道德，但他是代表许德和进行经营的，许德和就是当地的一家私人粮商。由主家出钱委托他人外出经营，一般是因主家不便或无能力经营的情况下发生的。如浙江有一大贾。

① （宋）李焘:《续资治通鉴长编》卷 94，天禧三年十一月辛未。

② （宋）洪迈:《夷坚志》丁志卷 19，《许德和麦》。

“贾且十年，累钜万，因不贾，计曰：吾固贾也，今弃其业而忘贾，殆不可。虽然吾老矣，当坐于家，纵不能贾，盍使吾子代贾哉！已而其子弱不任贾，召仆者一人诲之贾事。贾视仆出入益信，尽付之”。[①]

这便是商人自己年老、后代又无能力经商的情况下，委托他人代理经营业务的典型例子。两宋时期类似以上两例的委托经营在民间私营商业领域非常普遍。

其次，在私营高利贷业的经营中，采用委托方式的也很多，受托人多称为“行钱”。这一概念在汉代已出现，但至宋代始形成一种职业，他们专门受富人之托，为其代理放贷事务，“凡富人以钱委人权其子而取其半，谓之‘行钱’，富人视‘行钱’如部曲也”。[②]

再次，官吏参与到商业经营中，一般也委托自己的心腹（时称“干当人”“干人”）代为经营，因为他们有特殊的身份地位，加之公务缠身，故一般无法亲自经营。北宋宣和五年（1123 年）十二月十四日，提举榷货务魏伯刍上言“所有得解举人若使令家人或干当人以用钱本一面兴贩，亦乞听许。其举人本身即依元降指挥，不得干预”得到皇帝许可。[③] 这说明，士大夫们委托他人为自己经营商业是允许的，而且必须委托，自己不能干预。所以有宋一代，官吏委托他人兴贩的记载很多。如丁谓被贬至崖州后，“在海外有一贩夫，辄与数百缗，任其贸易”[④]；大臣夏竦“性贪，数商贩部中。在并州，使其仆贸易，为所侵盗，至杖杀之”[⑤]，等等。不少官员因在兴贩贸易中违法而受到处罚。

---

① （宋）韩元吉:《南涧甲乙稿》卷 17,《说·贾说》。

② （宋）廉布:《清尊录》，见（元）陶宗仪:《说郛》卷 34,《正卅四》。

③ 《宋会要辑稿》食货 25 之 21。

④ （宋）孙升著，刘延世编:《孙公谈圃》卷下。

⑤ 《宋史》卷 283,《夏竦传》。

复次，官府和军队的“回易”活动频繁，也多采取委托方式进行。如嘉祐元年（1056年）麟府钤辖贾逵“令五人为一保，给钱十万，凡回易五十日，出息钱四十万，以备犒军”。后来仁宗下令调查此事，“及下转运司体量，以为旧例如此，即无私入”，所以只是“戒约之”，而未追究责任。[①]由此可见，这种回易委托方式已形成旧例，比较普遍，且约定资本、时间和收益指标管理较严密。

最后，民间日常赋税交纳或其他官物征收活动中，也出现一种委托行为，称为“揽纳”。随着商品经济的发展，两宋税种增多，纳税人既不胜其烦，官府亦颇感棘手，于是专门为人代理纳税的揽纳人应运而生，并为官方认可，颁给官方印记，地位与县吏等，所以作为士人是不宜充揽户的。《清明集》一判词说：

“观操舜卿所供，亦粗有文采。但既是士人，便不应充揽户。既充揽户，则与县吏等耳。……以其粗知读书，姑与押下县学，习读三月，候改过日，与追毁揽户印记，改正罪名。”[②]

揽户的名声之所以很坏，还在于他们代人纳税时多与胥吏通同一气，损害税户（委托人）利益，所谓“皆老奸宿狯，视吾民犹家鸡圈豕，惟所咀啖焉”。但即使如此，税户还是愿意委托揽户代为办理，因为“民户自输则千端阻抑，揽子代纳则一概通融；仓吏要民民愤之，揽子要民民甘之。盖依之虽若见侵，去之又患无托也”[③]。不少富家则单独专一委托他人为自己代理纳税事宜。如《夷坚志》补卷七《叶三郎》载：乐平南原富民刘氏兄弟，每年所纳赋税，都交由市侩叶三郎办理，叶于出纳之间颇获赢利，

① （宋）李焘:《续资治通鉴长编》卷183，嘉祐元年八月己卯。
② 《名公书判清明集》卷11，《士人·差士人充揽户》。
③ （宋）刘子翚:《屏山集》卷2，《维民论中》。

他死后继续由其子代理，持续达五十年之久。

（2）委托关系双方的权利义务

从现有的史料记载看，两宋时期这种委托关系双方当事人的权利与义务已比较清楚，主要有以下几点：

其一，委托方有交付资本的义务，受托方则有取得委托经营所需的资本的权利。如上所述，当委托人选定某人为代理经营人后，双方即可达成协议，委托方按协议约定，要么将资本“尽付之”，要么只给一定数量的资本，如“付以本钱十万缗”等。

其二，受托方有按照协议自主经营的权利。如袁采所说：委托他人经营时，“宜销抚之以恩，不复虑其诈欺也”。[①] 即要用人不疑，让受托人放手去干。上文所引富室裴氏委托申师孟经营时，也是“听其所为”。

其三，受托方有交付本、利的义务。再以上引富室裴氏委托申师孟经营为例，申师孟经营三年后，“获息一倍，往输之主家，又益三十万缗。凡数岁，老裴死，归临安吊哭，仍还其资。裴子以十分之三与之，得银二万两，买舟西上”。这一委托关系直到委托人死亡后才终止，受托人归还本息，而委托人的继承人则付给一定比例的报酬。

两宋时期还在法律上划分了委托与借贷关系的权利人在享受利息上的不同。如《庆元条法事类》规定：

“民间如甲以钱一贯借与乙买卖经营，后来利息已及二贯以上者，缘依法，积日虽多，不得过一倍，即系违法取利，自不合理索外；若甲出钱一百贯，雇倩乙开张质库，营运所收息钱虽过于本，其被雇倩之人系籍本因而营运，况系主家……之数，其本尚在，比之经借取利过本者，事体不同，即不合与私债一例定断。”[②]

---

① 《袁氏世范》卷2，《处己·君子小人有二等》。

② 《庆元条法事类》卷80，《杂门·出举债负》所引《随敕申明·杂敕》。

这样，凡是经委托（“雇倩”）经营者，所收利钱不受倍息之限。

6. 仓储保管（寄托）

仓储保管契约属于寄托的范围，但其标的物限于动产物品，而且它是以仓储设备为资格限定，与一般的寄托又有不同。两宋时期，为适应商品货物流通的需要，在商业较发达的城市地区，出现了专门为商人储存保管货物的阶层，由此而产生了仓储保管契约关系。

神宗元丰三年（1080 年）三月二十四日，都大提举导洛通汴司宋用臣上言：“近泗州置场堆垛商货，本司船承揽般载，将欲至京。乞以通津水门外顺成仓为堆垛场。”得到神宗同意。这是政府讨论确定于开封建立仓储保管机构的初次记载，泗州则早就建有这种机构——堆垛场。次年八月七日，后苑房廊所又上言：“取蔡河南房廊屋并旧在骐骥院地修盖，寄收蔡河贾入谷及堆垛六路百货”，又获首肯。[①] 这些都是两宋政府官办的仓储保管设施。而民间私营的仓储保管业务也在迅速地发展，他们经营的仓房称为“塌房”。随着商品交易业的繁荣，这一服务业务供不应求，导致价格不断上涨，以致政府不得不出面干预。徽宗大观元年（1107 年）八月十二日即下诏指出：

“在京有房廊屋业之家，近来多以翻修为名，增添房钱，往往过倍，日来尤甚，使编户细民难以出办，若不禁止，于久非便。自今后京城内外，业主增修屋业，如不曾添展间椽地步者，不得辄添房钱，如违，以违制论。”[②]

到南宋，城市商业贸易更加发达，仓储业务也更加繁荣。如在临安城外，自梅家桥至白洋湖方家桥，直到法物库市舶前，仓储设施延绵数里之远：

① 《宋会要辑稿》食货 17 之 26。

② 《宋会要辑稿》刑法 2 之 46。

“城中北关水门内，有水数十里，曰白洋湖，其富家于水次起造塌坊十数所，每所为屋千余间，小者亦数百间，以寄藏都城店铺及客旅物货。”①

经营塌房者，要负责所保管物品的安全。

“有慈元殿及富豪、内侍、诸司等人家于水次起造塌房数十所，为屋数千间，专以假赁与市郭间铺席宅舍、及客旅寄藏物货，并动具等物，四面皆水，不惟可避风烛，亦可免偷盗，极为利便。盖置塌房家，月月取索假赁者管巡廊钱会，顾养人力，遇夜巡警，不致疏虞。”②

由此可见，两宋时期仓储保管不但业务繁荣，而且双方当事人之间的法律关系也日渐明确。第一，仓储保管已明显地区别于一般的寄托关系，它已基本具备现代的仓储合同的特征，如已有必需的仓储设备，能够满足堆藏和保管物品的需要；仓储保管的标的物为动产物品，而非货币；雇有专门的仓储保管业务人以及仓储契约的有偿性和双务性，等等。第二，双方的权利和义务关系有了较明确的划分，如仓储保管方有提供场地设施对物品进行储存和保管的义务，甚至“遇夜巡警，不致疏虞”；而寄托方则有支付保管费用和报酬的义务，这种费用和报酬一般按月支付，所谓“房家月月取索假赁者管巡廊钱会”，但不得随意增添房钱，以保护寄托方的利益。

7. 承揽契约

承揽契约在两宋不如其他商事契约发达，且有时与其他契约关系相混淆，但也已经出现了今天意义上的承揽加工或定作契约。目前见到的具有承揽性质的契约文书是敦煌出土的两宋时期的一份契约原件，即 S.6829V《卯年四月一日悉董萨部落百姓张和子预取永康寺常住造协蓠价帖》:

① （宋）耐得翁:《都城经胜·坊院》。

② （宋）吴自牧:《梦粱录》卷 19,《塌房》。

卯年四月一日，悉董萨部落百姓张和和，为无种子，今于永康寺常住处取协蓠（篱）价麦壹番驮，断造协蓠贰拾扇，长九尺，阔六尺。其协蓠（篱）限四月二十五日已前造了，如违其限，协蓠（篱）请倍，麦壹驮倍两驮。恐人无信，故勒此契。卯年四月一日张和和手帖。中间或身东西，一仰保人等代还。

麦主：

取麦人张和子年卌一

保人弟张贯子年廿五①

这便是加工承揽人张和子与定作人永康寺之间签订的、由张和子按照定作人的特别指定完成制作协蓠（篱）的工作，并在约定的期限内将工作成果交付定作人的承揽契约。定作人按约定接受此成果，并支付酬金。这里的酬金便是麦种“壹番驮”。契约明确了双方当事人的权利义务关系，内容已比较全面，包括：（1）加工承揽的品名；（2）数量及规格大小；（3）价款或酬金；（4）履行的期限；（5）违约的责任；（6）担保的办法及保人的责任，等等，是一份标准的加工承揽契约，说明两宋时期在承揽契约法律关系方面也达到了相当高的水平。

三、侵权行为之债

侵权行为是指行为人因过失或故意而不法侵害他人财产权和人身权的行为，因侵权行为而在行为人与受害人之间产生了一种损害赔偿的债权债务关系，这也是两宋时期债的发生的一大依据。

（一）对侵害不动产的赔偿责任

土地私有制的确立，使两宋法律尤其重视对侵害不动产所有权的责任

① 唐耕耦、陆宏基编：《敦煌社会经济文献真迹释录》第二辑，全国图书馆文献缩微复印中心1990年版，第82页。注：正文为张和和，取麦人为张和子，必有一误。

追究。真宗大中祥符二年（1009 年）四月，以用刑残酷著称的知昇州张泳，却十分注意保护私人房产的所有权，凡被火之家，悉蠲屋税，“仍令本州正其地界，无使豪族辄有侵冒”。[①] 土地也是一样，两宋尤其注意防止豪族、官吏仗势侵夺小民土地，违者必须返还。受害的小民则有权向官府起诉请求司法协助。真宗天禧二年（1018 年）六月即下诏规定：“民有诉理田土，非是交相侵夺者，并依旧制俟务开日理决。”[②] 言外之意，也就是说凡是百姓田土遭到他人侵夺者，则可以不受务限的约束而随时向官府投诉。宁宗嘉泰三年（1203 年）十一月十一日南郊大赦赦文也指出：

“诸路州县乡村间有豪横之人强占邻人田产，侵扰界至田亩，……今后如有似此去处，仰监司常切觉察，及行下所属州县重立赏榜，许被扰人越诉。”[③]

越诉权的赋予更有效地防止了地主豪强与地方官府勾结侵夺之弊。私人的墓地被视为神圣禁地，法律也特别加以保护。凡侵害私人墓地者，如毁伐墓地上的林木土石等，不但要“土石可追改者，悉追改”，尽量恢复原状，而且还要对行为人处杖一百的刑罚。[④] 官吏仗势侵害小民财产权者，危害不亚于地方豪强，故两宋也赋予小民以诉讼请求权以对抗不法官吏。如南宋时，台州临海县百姓杨杲等上状“告前任知县胡某与寄居台州官徐殿撰结亲，令贴书朱彦假作徐殿撰干当人名目，冒请安居益等七十户桑地事”便是典型的一例[⑤]。

即便是代表国家的官府，也不得以行政命令的方式侵占民户私田。如

① （宋）李焘：《续资治通鉴长编》卷 71，大中祥符二年四月丙申。

② 《宋会要辑稿》瑞异 2 之 32。

③ 《宋会要辑稿》食货 63 之 225。

④ 《庆元条法事类》卷 80，《杂门·采伐山林》所引《户婚敕》。

⑤ （宋）李弥逊：《筠溪集》卷 6，《状三首·勘当徐公裕状》。

高宗绍兴二十九年（1159年）十二月，知潭州魏良臣建议：民户私有的田地过多而无力耕种者，即由官府出卖于他人。但户部反驳说："田产既系人户已业，缘非冒占官产，即无条法许行出卖。"[①]这里包含两层意思：一是如果民户侵占官田，则要返还官府；二是如果不是冒占官产，则官府不得随意夺占，无权处分。这是两宋一贯的态度，而且有"条法"可依，申严官府"不得侵占有主民户田土"[②]的禁令屡屡颁布。为防止地方官吏欺瞒朝廷，占夺民田，两宋还采取了两项十分有效的措施。一是遣官调查核实，如孝宗时扬州郭振上言："扬州南十五里地名扬子桥南岸一带，乞置屯田一所……不与民间交杂。"孝宗即派二位官员"同共相度"，结果发现"侵占民间田土，不便"，于是下令取消此计划，并追究郭振"妄有奏陈"之罪。[③]二是赋予被害民户以诉讼请求权，即如果官府强占民田，民户可向上一级机关或朝廷进状，请求返还。如哲宗时，兴平县民庶进状称：熙宁五年时，本县官府将民户私田二百四十余顷"抑令退为牧地"，朝廷立即下诏令提刑司审定给还。[④]发生官府侵害民田而需要赔偿时，是返还原物还是以其他物代替，则尊重受害民户自己的意愿。淳熙二年（1175年）三月，天长军天长县因修筑石梁高湖坝而损害了周围人户的私田，即下诏官府用营、屯田加倍偿还民户，但如果民户只要原来田土者，则"照契依数给还……务要两从民便"[⑤]。

当然，并不是说两宋政府完全摆脱了封建淫威而充分尊重私人财产权，这在封建专制和官僚政治下是不可能的，如上述所举民户实施诉讼请求权的两例，都是在实施侵权行为的官员离位以后才提出的。不过两宋政府能够做到这一步已经是难能可贵了。

① 《宋会要辑稿》食货63之207—208。

② 《宋会要辑稿》食货63之95。

③ 《宋会要辑稿》食货63之139。

④ 《宋会要辑稿》食货63之49。

⑤ 《宋会要辑稿》食货63之222。

（二）对侵害动产的赔偿责任

对动产的侵害结果，往往是难以返还原物的，故偏重于刑事处罚。如国家所有的马匹，私自易卖者，要处徒一年之刑。即便是老病呈验后许卖者，也要申官，否者减私易罪五等。[①]《庆元条法事类》则根据损害物的大小而决定赔偿责任："诸从军甲仗不经战阵损失者，三分理二分。经战阵失者，勿理，损者，官修。"[②]"诸军走失官马，三十日寻访不得者，杖一百。限外未决而得及他人得者，除其罪。"[③]如果是养官马而致马匹死亡者，责任更重，但愿意买马赔偿者也可免除刑事责任。[④]可见南宋时期对侵害动产的刑事责任追究有所减弱，一般只要能够照原物赔偿即可，不能赔偿者才追究刑事责任。

（三）对人身侵害的赔偿责任

对人身侵害的行为，在封建时代多追究刑事责任，这是很自然的。不过两宋时期已开始注意要求行为人对受害人给付一定的经济赔偿。如《庆元条法事类》即规定："诸伤损于人得罪应赎者，铜入被伤损之家。"[⑤]而不再像以前那样收归官有。伤害较重需要追究刑事责任者，其对受害人的经济赔偿责任也不能免除，这一规定至元、明代更为具体。

（四）免责的条件

因为不可抗力的原因或非行为人的原因而造成损害的，是两宋时期免除侵权行为赔偿责任的一个重要条件。如上文所引军士的从军甲仗受损要赔偿，但"经战阵损失者，勿理"。又如绍兴十年（1140年）九月十日明堂赦指出：

---

① （宋）李焘:《续资治通鉴长编》卷249，熙宁七年正月丁卯。

② 《庆元条法事类》卷80,《杂门·毁失官私物》所引《军器令》。

③ 《庆元条法事类》卷80《杂门·阑遗》所引《厩库敕》。

④ 《庆元条法事类》卷79。

⑤ 《庆元条法事类》卷73,《刑狱门三·决遣》所引《断狱令》。

“诸路州县营田官庄所给耕牛，若实缘患病倒死，官司勒令赔还原价，仰提领官取见诣实，除放施行。”[①]

两年后又重申：耕牛“若实缘患病倒死，累有约束……不得抑令佃户赔偿”[②]。

时效制度是两宋免除侵权行为责任的又一重要条件。如：

“准法：诸祖父母、父母已亡，而典卖众分田宅私辄费用者，准分法追还，令元典卖人还价。即典卖满十年者免追，止偿其价。过十年典卖人死或已二十年，各不在论理之限。”[③]

也就是说，自侵害共有田产行为之时起，十年之内要返还原产，满十年后不再返还原产而由行为人偿价，但过十年后行为人死亡或虽未死亡而超过二十年者，责任全免。这一类的时效规定在两宋很多，它约束受害人必须在法定的期限内提出损害赔偿的诉讼请求权，否者便丧失这种诉权。

第四节　婚姻家庭立法

一、婚姻

婚姻法规是中国古代民事法律规范中的重要组成部分。秦以前主要是用礼制的规范调整婚姻关系，秦以后主要用法律进行调整。秦汉以下各代

① 《宋会要辑稿》食货63之112。
② 《宋会要辑稿》食货63之114。
③ 《名公书判清明集》卷4,《争业上·漕司送许德裕等争田事》。

的法律中均有婚姻法规。唐律是前代婚姻立法的集大成者。宋朝建国之初颁行的《宋刑统》全面继承了唐代的婚姻立法，使其成为宋代的现行法规。[①]其后，宋政府又以敕令的形式颁布了一些新的婚姻法规，比之唐代有了引人注目的发展。

（一）婚姻的成立

1. 父母主婚

中国古代婚姻关系的缔结，受到宗法观念的强烈影响，其首要目的是出于对家庭利益考虑的传宗接代。所以，《礼记·昏义》说："婚礼者，将合二姓之好，上以事宗庙，而下以继后世也。"宋人也有类似的说法："娶妇何谓，欲以传嗣。"[②]基于这一目的，古代的礼制与法律皆强调婚姻的成立必须由父母主婚。《诗经·齐风·南山》："取妻如之何，必告父母。"《孟子·滕文公》："不待父母之命，媒妁之言，钻穴隙相窥，逾墙相从，则父母国人皆贱之。"《白虎通义》卷九《嫁娶》："男不自专娶，女不自专嫁，必由父母，须媒妁。"这一礼制的规范，在秦汉以后成为法律条文，以法律的形式确认父母的意志才是子女婚姻成立的首要决定性条件。《宋刑统》卷一四"户婚律·和娶人妻"条承袭唐律作出以下规定：

"诸卑幼在外，尊长后为定婚，而卑幼自娶妻，已成者，婚如法；未成者，从尊长。违者，杖一百。"

法律还明确规定："尊长谓祖父母、父母及伯叔父母、姑、兄、姊。"

① 《宋刑统》中的婚姻立法并非全是法律的翻版，其中的"准文"部分即为唐律所无。由于《宋刑统》中的婚姻法规基本上为两宋所沿用，所以，研究宋代的婚姻立法，必须重视《宋刑统》中的有关规定。

② （宋）蔡襄:《端明集》卷34,《福州五戒文》。

也就是说，父母在日由父母主婚，父母去世，则依顺序由伯叔父母或姑、兄、姊主婚。即使男女已成年，甚至在外经商或仕宦，同样没有婚姻自主权。如果卑幼在外订婚在前，其父母在家为其订婚在后，仍以父母的意志为准。子女如不遵从父母之命，要处以杖一百的刑惩。国法的规定如此，封建道德的说教更是积极强调“嫁娶当父母择配偶”。《袁氏世范》卷一“嫁娶当父母择配偶”条说：“凡嫁娶因非偶而不和者，父母不审之罪也。”父母的主婚权是宗法伦理观念的直接产物，同时也是法律维护家长权的具体表现。在宋代的司法文书中即可以见到政府官员对维护尊长主婚权的实例。例如，南宋时期，民间女子赵冬娘在父亲死后，私下与仆人郑应瑧结婚，冬娘的姑母赵孟园反对这桩婚事，向官府告论，官府经审理后作出的判决是“从姑主婚”[①]，冬娘的婚姻被判无效。再如民妇阿区三次出嫁，其第一个丈夫的弟弟李孝德经官陈词坚决反对，官府判道：

“阿区之适梁肃者，主婚者叔翁李伯侃，送嫁者族叔李孝勣，初非钻穴隙相窥，逾墙相从者比，李孝德其又何辞以兴讼乎？”[②]

阿区尽管是第三次出嫁，但由于有尊长主婚，官府亦承认其婚姻为合法。

由于家长有主婚权，所以，如果发生嫁娶违律的行为，也当由主婚的家长负责。宋律规定：

“诸嫁娶违律，祖父母、父母主婚者，独坐主婚。若期亲尊长主婚者，主婚为首，男女为从。余亲主婚者，事由主婚，主婚为首，男女为从；事由男女，男女为首，主婚为从。其男女被逼，若男年十八以下，及在室之女，

① 《名公书判清明集》卷12,《奸秽 · 告奸而未有实迹各从轻断》。
② 《名公书判清明集》卷9,《婚嫁 · 嫂嫁小叔入状》。

亦主婚独坐。未成者，各减已成五等。媒人各减首罪二等。”①

2. 媒妁传言

根据中国古代社会礼制与法律的要求，婚姻关系的缔结必须有媒妁传言，这也是依礼成婚的要件之一。《宋刑统》卷一三“户婚律·婚嫁妄冒”条因袭唐律规定：“为婚之法，必有行媒。”因婚姻发生纠纷而引发的诉讼，官府亦将有无媒妁传言作为判决的一个依据。南宋时期，地方官叶息庵在审理民妇胡五姐的婚姻案件时，就在书判中写道：“至于胡五姐，则当究问，昨来是何人主婚，是何人行媒。”并指出：若有以上条件，则是礼婚；相反，则婚姻关系并未成立，“则合责其父母及时嫁遣”。②

封建时代的媒人撮合男女婚事是为了获得报酬，有些媒人为了贪图钱财，对男女双方当事人的情况并不如实相告，许多人轻信媒妁之言，以致酿成夫妻感情不和的悲剧。宋人袁采就曾因此而告诫世人不要轻信媒妁之言，他说：

“古人谓周人恶媒，以其言语反覆，绐女家则曰男富，绐男家则口女美。近世尤甚，绐女家则曰男家不求备礼，且助出嫁遣之资，绐男家则厚许其所迁之贿，且虚指数目，若轻信其言而成婚，则责恨见欺，夫妻反目，至于仳离者有之。大抵嫁娶，固不可无媒，而媒者之言，不可尽信如此，宜谨察于始。”③

袁采虽告诫人们对媒者之言不可尽信，但是仍然强调男婚女嫁“固不可无媒”。

① 《宋刑统》卷 14,《户婚律·违律为婚》。

② 《名公书判清明集》卷 5,《争业下·争田合作三等定夺》。

③ 《袁氏世范》卷 1,《睦亲·媒妁之言不可信》。

3. 婚书与聘财

封建时代婚姻关系的成立，事先要订立婚约，定婚的要件是须有婚书与聘财。但二者并非缺一不可，如果没有写立婚书，女家接受男方的聘财，也具有同婚书一样的效力。聘财并无多少之限，“即受一尺以上，并不得悔”。婚约的订立具有法律效力。《宋刑统》卷一三“户婚律·婚嫁妄冒”条规定：

“诸许嫁女已报婚书，及有私约，而辄悔者，杖六十。虽无许婚之书，但受聘财亦是。若更许他人者，杖一百。已成者，徒一年半，后娶者知情减一等，女追归前夫。前夫不娶还聘财，后夫婚如法。”

此亦是因袭唐律。法令中的所谓“私约”，系指女方“先知夫身老、幼、疾、残、养、庶之类”，仍愿缔结婚姻，女方亦不得悔婚。但男方则可任意悔婚而不受法律追究，只是不得追还聘财。以上规定在两宋一直有效。南宋后期，建阳县谢迪的女儿与刘颖订亲，已有婚约及接受刘家聘财。后来谢家欲悔婚，刘家不同意，因此而告论到官府，县官刘克庄审理此案，即根据《名公书判清明集》，谢迪所为已是违法：

“谢迪虽不肯招认定亲帖子，但引上全行书铺辨验，见得上件帖子系谢迪男必洪亲笔书写。谢迪初词亦云勉写回帖，今乃并与回帖隐讳不认，是何胸中扰扰，前后不相照应如此。在法：许嫁女，已报婚书及有私约而辄悔者，杖六十，更许他人者，杖一百，已成者徒一年，女追归前夫。定亲帖子虽非婚书，岂非私约乎？律文又云：虽无许婚之书，但受聘财亦是。注云：聘财无多少之限，然则受缣一疋，岂非聘财乎？况定帖之内，开载奁匣数目，明言谢氏女子与刘教授宅宣教议亲，详悉明白，又非其他草帖之比。官司未欲以文法相绳，仰谢迪父子更自推详法意，从长较议，不可待官司以柱后惠文从事，悔之无及。”[①]

考虑到两家既已兴讼，纵使成婚，也不便相处，因而劝告双方“只宜两下对定而已”。但官府并无权力强令男方退婚，“刘颖若无绝意，谢迪只得践盟”。[②] 因此，女方尽管极不愿意，然而在封建法律的强制之下，谢氏女只能与刘颖成婚。这种婚姻注定只是一种悲剧。

在立有婚约之后，女方便不得悔婚，而男家却可以“自悔不坐”，这是封建时代男女双方在婚姻缔结方面的不平等在法律上的具体表现。其后，宋律对此又作出补充规定：

“诸定婚无故三年不成婚者听离。”[③]

由于男方悔婚不治罪，所以这条法令实际上使女家在一定条件下也有了解除婚约之权。尽管仍然不及男方可以无条件悔婚，但是，较之以前的女方毫无解除婚约之权的法令毕竟是一个进步。《清明集》中有如下案例：

“陈、刘二家以三世交契论婚：是为既亲且契，尽善尽美。只缘男家逗留五年不曾成孝，遂至女家有中辄之意，争讼之端，自兹始矣。观各人前后所供，甚为明白。宝庆元年议婚，至绍定二年，男家方有词经县，催促成婚，则许亲之时至陈述之日，首尾已历五载，已违诸定婚无故三年不成婚者听离之条。”[④]

尽管本案中的男方不愿解除婚约，但官府根据“诸定婚无故三年不成

① 《名公书判清明集》卷9,《婚嫁·女家已回定帖而翻悔》。
② 《名公书判清明集》卷9,《婚嫁·女家已回定帖而翻悔》。
③ 《名公书判清明集》卷9,《婚嫁·诸订婚无故三年不成婚者听离》。
④ 《名公书判清明集》卷9,《婚嫁·诸订婚无故三年不成婚者听离》。

婚者听离”的法令，判定双方解除婚姻。又据判词所言，定婚无故三年不成婚者虽许听离，但女方须“经官自陈改嫁，并各还聘财”。

如果男方在定婚以后三年不成婚实因有故，女方仍不得悔婚。《清明集》中有如下判词：

“寸帛为亲，而况双缣之多乎！结姻于徐侍郎进用之时，背盟于徐侍郎薨逝之后，揆之公议，毋乃不可乎？若曰四年不相问，则徐侍郎之戚方新，又安可促姻乎？”①

根据法律规定，居父母之丧时不得婚娶。徐家正值居丧期间，不为无故，因此官府裁定不许女方解除婚约。

中国封建时代，法律没有规定婚约当事人的年龄要件，往往子女在幼小之时，甚至在还没有出生时，便由父母做主议定婚姻，宋代社会同样如此。这带来很大的社会问题，因为子女幼小之时由父母议定婚约，在成年之后，由于家庭或个人的条件发生变化，因之而产生纠纷甚或发生诉讼者亦不少见。司马光论及这一社会现象时说，“襁褓童幼之时，轻许为婚”，或因“指腹为婚”等情况，导致“弃信负约，速［逮］狱致讼者多矣”②。袁采也劝告男女不可在幼小之时议定婚姻。他说：

“人之男女不可于幼小之时便议婚姻，大抵女欲得托，男欲得偶，若论目前，悔必在后。盖富贵盛衰，更迭不常，男女之贤否，须年长乃可见。若早议婚姻，事无变易，固为甚善。或昔富而今贫，或昔贵而今贱，或所议之婿流荡不肖，或所议之女很戾不检。从其前约，则难保家，背其前约，则为薄义，而争讼由之以兴，可不戒哉！”③

① 《名公书判清明集》卷9，《婚嫁 · 薨逝之后不许悔亲》。

② （宋）司马光：《司马氏书仪》卷3，《婚仪上 · 婚》注文。

③ 《袁氏世范》卷1，《睦亲 · 男女不可幼议婚》。

由于幼小之时便议婚姻的现象较为常见，因而在定婚三年以上尚未成婚者应该是很多的。所以，定婚三年以上无故不成婚者听离之条的规定，覆盖面应该是相当广泛的，其社会作用不可低估。

4. 法定的结婚年龄

唐律对结婚年龄没有规定，但唐太宗在贞观元年下诏："民男二十，女十五以上无夫家者，州县以礼聘娶。"① 开元二十二年规定："男子十五，女十三以上得嫁娶。"②《宋刑统》承唐律，对婚龄亦无明文规定。但在宋代的敕令中显然有关于婚龄的明确规定。《清明集》卷七《立继有据不为户绝》引法令曰：

"在法：男年十五，女年十三以上，并听婚嫁。"

与唐开元二十二年的规定是一样的。

另外，依照礼制的规定，婚姻的成立必须要有一定的礼仪。《礼记·昏义》规定了婚姻仪制上的六种程序：纳采、问名、纳吉、纳征、请期、亲迎，即所谓"六礼"。宋代朱熹将"六礼"省并为三礼：纳采、纳币、亲迎。③"三礼"虽较"六礼"的形式有所简化，但其实质则同于"六礼"，仍然体现了婚姻仪式上的等级差别和买卖婚姻的遗痕。

（二）婚姻的禁止

《宋刑统》继承唐律，禁止有以下情况者成立婚姻。

1. 同姓及有尊卑关系的外姻有服亲不得为婚

《宋刑统》卷一四"户婚律·同姓及外姻有服共为婚姻"条规定：

---

① 《新唐书》卷 2,《太宗本纪》。

② 《新唐书》卷 51,《食货志》。

③ （宋）朱熹:《家礼》卷 3,《婚礼》。

“诸同姓为婚者，各徒二年，缌麻以上以奸论。若外姻有服属，而尊卑共为婚姻，及娶同母异父姊妹，若妻前夫之女者（谓妻所生者，余条称前夫之女，准此），亦各以奸论。其父母之姑、舅、两姨姊妹及姨，若堂姨，母之姑、堂姑，己之堂姨及再从姨堂外甥女，女婿姊妹，并不得为婚姻，违者各杖一百，并离之。”

同姓不得为婚实质是禁止同宗亲属间的婚姻，古人已懂得“同姓为婚，其生不蕃”的道理，这条规定于下代的生长有益；禁止与有尊卑关系的外姻有服亲属的婚姻，则是出于伦理道德的考虑。又据上引法令的解释，“其外姻虽有服，非尊卑者，为婚不禁”。因而在宋代社会中，无尊卑关系的外姻有服亲成立的婚姻亦不少见。

上书同条又规定：

“诸尝为袒免亲之妻而嫁娶者，各杖一百，缌麻及舅甥妻徒一年，小功以上以奸论，妾各减二等，并离之。”

南宋时期对以上条文又有补充规定：

“诸违法成婚，谓尝为袒免以上亲之妻，未经二十年，虽会赦尤离。”①

即虽曾为袒免亲之妻而成婚者，经过二十年以上即可不离。这一规定弥补了《宋刑统》中的缺失。

2. 禁止良贱之间通婚

禁止良贱之间通婚，是封建时代婚姻立法的特色之一。《宋刑统》卷一四“户婚律 · 主与奴娶良人”条因袭唐律之旧作出如下规定：

① 《名公书判清明集》卷 4，《争业上 · 罗棫乞将妻前夫田产没官》。

“诸与奴娶良人女为妻者，徒一年半，女家减一等，离之。其奴自娶者亦如之。主知情者，杖一百。因而上籍为婢者，流三千里。即妄以奴婢为良人，而与良人为夫妻者，徒二年，各还正之。”

“诸杂户不得与良人为婚，违者杖一百。官户娶良人女者亦如之。良人娶官户女者，加二等。即奴婢私嫁女与良人为妻妾者，准盗论。知情娶者与同罪。各还正之。”

《宋刑统》又“准”《户令》，对良贱通婚所生子女的处理作出补充规定：

“诸奴婢诈称良人，而与良人及部曲、客女为夫妻者，所生男女并从良，及部曲、客女知情者从贱。即部曲、客女诈称良人，而与良人为夫妻者，所生男女亦从良，知情者从部曲、客女，皆离之。其良人及部曲、客女被诈为夫妻，所生男女经一载以上不理者，后虽称不知情，各同知情法。如奴婢等逃亡，在别部诈称良人者，从上法。”

其处理原则是“不知情者从良，知情者从贱”。

尽管宋律对良贱不得为婚的规定与唐律相同。但是，必须注意到宋代奴婢的身份地位已不同于前代的变化。宋人认为：“古称良、贱，皆有定品，良者即是良民，贱者率皆罪隶。”而宋代之所谓奴婢者，“概本良家，既非气类之本卑，又非刑辟之收坐，不幸迫于兵荒，陷身于此”。[①] 宋代以前的奴婢是属于主人财产的“贱民”，宋代奴婢同主人之间已是一种半雇佣关系，身份地位比前代奴婢为高。由于奴婢身份地位的这一变化，宋代社会中即使奴婢与良人通婚，官司也不禁止。如以下例证：

“李介翁死而无子，仅有一女，曰良子，乃其婢郑三娘之所生也。……

① （宋）葛洪：《涉史随笔·汉高帝诏免奴婢自卖者为庶人》。

夫何阿郑以婢子之性，忘幼女之孤，反分取良子之嫁资田业，而自为嫁资，不待其主之葬，以身出嫁宗子希珂。”①

宗室与他人婢女通婚，在宋以前是难以想象之事，在宋代却已并不为怪。表明良贱不婚的禁令在宋代的司法实践中已有了实际上的变化。

但是宋律对于奴婢与本主同居亲之间的婚姻却仍然是坚决禁止的。《长编》卷一一七载至和元年（1054 年）十月壬辰的诏令：

“士庶之家尝更佣雇之人，自今毋得与主之同居亲为婚，违者离之。”

这一规定直到南宋后期仍被坚决执行。例如，《清明集》案例，郑应瑧因在宗室赵孟温宅服役，于孟温去世后，娶其女。赵孟温之妹赵孟园向官府告论，官府判曰：

“应瑧已系作过拘锁之人，岂应与宗女为配？况又先奸后娶，而媒聘俱无，如此而可以为妻，则逾东家墙而搂者，皆可以妻矣！孟温不能制悍仆于身在之前，其妹孟园乃能收孤女于家破之后，此举可为义哉！郑应瑧自称有荫，未委虚实，且免刺环，勘杖一百，牒押下芝溪寨拘锁。”②

如上所述，《宋刑统》因袭唐律笼统地规定奴婢不得与良人为婚。而宋代的司法实践则表明：良贱不得为婚已被区分为两种情况：一是继续坚决执行奴仆不得与本主同居亲为婚的规定；二是认可良人与他人奴婢之间的婚姻。表明良贱不得为婚的规定实际上已发生了某种程度的变化。

但在宋代的夔州路等最贫穷的地方，客户对地主的人身依附关系仍

① 《名公书判清明集》卷 7，《孤幼 · 官为区处》。

② 《名公书判清明集》卷 12，《奸秽 · 告奸而未有实迹各从轻断》。

很严重，甚至于客户全家的婚事也只能由地主做主。直到宁宗开禧元年（1205 年）六月，宋政府才对夔州路的上述情况作出专法规定：

“凡为客户者，许役其身而毋得及其家属。……凡为客户身故而其妻愿改嫁者，听其自便。凡为客户之女，听其自行聘嫁。”①

良娼之间的通婚亦为法令所禁止。蔡久轩在审理一桩士人娶妓女的案件中判道：

“公举士人娶官妓，岂不为名教罪人？岂不为士友之辱？不可！不可！大不可！”②

3. 禁止与逃亡妇女结婚

《宋刑统》卷一四“户婚律·娶逃亡妇女”条，照袭唐律，作出如下规定：

“诸娶逃亡妇女为妻妾，知情者与同罪，至死者减一等，离之。既无夫，会恩免罪者，不离。”

4. 禁止官员与辖区内的女子成婚

《宋刑统》卷一四“户婚律·监临婚娶”条规定：

“诸监临之官娶所监临女为妾者，杖一百。若为亲属娶者，亦如之。其在官非监临者，减一等。女家不坐。即枉法娶人妻妾及女者，以奸论，

① 《宋会要辑稿》食货 69 之 68。
② 《名公书判清明集》卷 9，《婚嫁·士人娶妓》。

加二等（为亲属娶者亦同）。行求者各减二等。各离之。”

官员不得与辖区之内的民女为婚，其目的，既可防止官员强娶辖区内的民女为妻妾，又可防范官员结党营私。但以上规定只是禁止官员在辖区内娶民女为妾，未言是否禁止娶辖区内民女为妻。并且，定婚在前，任官在后的情况作何处理，亦无规定。以上是照袭唐律的规定。《宋刑统》在该条之下的“准”《户令》中，又作如下明确规定：

“诸州县官人在任之日，不得共部下百姓交婚，违者，虽会赦，仍离之。其州上佐以上及县令于所统属官亦同。其定婚在前，任官居后，及三辅内官门阀相当，情愿者，并不在禁限。”

这是对上条法令的补充，即明确规定州县官人在任之日，不得娶部民妇女为妻。而且州一级的上佐以上官员及县令，不得与所统属官吏之女成婚。但是，定婚在前，任官在后，以及三辅内官门阀相当情愿者，则不适用以上律令。

其后，宋政府又数次颁布法令，重申禁止有直接上下级关系的官吏之间的通婚。如景德三年（1006年）六月，宋政府下令：“禁诸路转运使副、诸州官吏与管内官属结亲，违者重寘其罪。”[①]熙宁七年（1074年）十月，令军中有上下级关系的将士“不得共为婚姻”[②]。政和六年（1116年）十一月，规定“今后廉访使者不得与本路在任官为婚姻，违者依统属为婚姻法”[③]。以上规定，目的在于强化封建专制主义的中央集权，防范官员利用婚姻关系结党营私。

① 《宋会要辑稿》刑法2之7。

② 《宋会要辑稿》职官63之5。

③ 《宋会要辑稿》职官63之8。

5. 禁止有配偶者再婚

在中国古代社会，男子虽可以一妻多妾，但法律仍禁止一夫多妻。宋承唐律，禁止重婚，凡是有妻更娶妻，或以妻为妾、以婢为妻等情况，都要受到法律的惩治。《宋刑统》卷一三“户婚律·婚嫁妄冒”条规定：

“诸有妻更娶妻者，徒一年；女家减一等。若欺妄而娶者，徒一年半；女家不坐。各离之。”

“诸以妻为妾，以婢为妻者，徒二年。以妾及客女为妻，以婢为妾者，徒一年半。各还正之。若婢有子及经放为良者，听为妾。”

有夫之妇若擅自逃离夫家而重婚，比照逃离夫家加二等治罪。和娶人妻及嫁之者，都要处以徒二年的刑惩，并强制离异。《宋刑统》卷一四“户婚律·和娶人妻”条规定：

“诸和娶人妻及嫁之者，各徒二年，妾减二等。各离之。即夫自嫁者亦同（仍两离之）。”

“即妻妾擅去者，徒二年。因而改嫁者，加二等。”

并且根据《周显德五年七月七日敕条》，对这一条文作出补充规定：

“妻擅去者徒三年，因而改嫁者流三千里。妾各减一等。娶者并与同罪。如不知其有夫者不坐，娶而后知者减一等。并离之。父母主婚者，独坐父母，妻妾唯得擅去之罪。周亲等主婚，分首从。”

这项法令比唐律中的妻妾擅去及重婚的规定加重治罪，并增加娶者知情与同罪，且要强制离异的规定，而且主婚者也要治罪。

《庆元条法事类》卷八〇《杂门·诸色犯奸》所引《户婚敕》，对军人之妻擅离夫家重婚者作专门规定：

“诸兵级妻擅去，因而改嫁，雇身犯奸为倡，若娶及与奸并媒保、引领牙人知情者，各不以赦降原减（其妻自首而应减者，减外之罪准此）。”

比之一般民人之妻擅离夫家而重婚者惩治更严，甚至不准以“赦降原减”。

6. 禁止居父母及夫丧或祖父母、父母被囚禁期间而嫁娶

“诸居父母及夫丧而嫁娶者，徒三年；妾减三等。各离之。知而共为婚姻者，各减五等；不知者不坐。若居周丧而嫁娶者，杖一百，卑幼减二等，妾不坐。”①

唐律与《宋刑统》的《律疏》对居父母及夫丧的时间规定是二十七个月：

“若居父母及夫之丧，谓在二十七月内，若男身娶妻，而妻女出嫁者，各徒三年。妾减三等。”②

从这条规定看，唐律与《宋刑统》并不禁止寡妇改嫁，只是规定寡妇在居夫丧的二十七个月内不得改嫁。

宋哲宗元祐年间又作出新的规定：

① 《宋刑统》卷 13，《户婚律 · 居丧嫁娶》。
② 《宋刑统》卷 13，《户婚律 · 居丧嫁娶》。

“女居父母及夫丧而贫乏不能自存，并听百日外嫁娶。”①

这条规定对于寡妇再嫁显然有利，居夫丧的时间缩短，可使寡妇再嫁减少一些障碍。这对传统礼制是一突破。从宋代案例看，到南宋后期，甚至连家境富裕的寡妇，也有不再为亡夫守三年之丧而再嫁者，如以下例证：

“阿常为巡检之妻。……丧夫于淳祐元年（1241）之二月，至今四月才当除服，而今改嫁已首尾三载。若欲引百日外自陈之令，据阿常所陈，其夫囊中如此厚，即非贫乏不能自存者矣。”②

宋律还因袭唐律禁止在祖父母、父母被囚禁期间嫁娶的规定：

“诸祖父母、父母被囚禁而嫁娶者，死罪徒一年半，流罪减一等，徒罪杖一百（祖父母、父母命者，勿论）。”③

其原因在于祖父母、父母既被囚禁，“子孙嫁娶，名教不容”。

宋律除对婚姻的成立规定了以上几种限制性条件外，还规定了以下情况为违法婚姻，要予以撤销：

一是冒婚，即妄冒婚姻。《宋刑统》卷一三“户婚律·婚嫁妄冒”条规定：

“诸为婚而女家妄冒者，徒一年。男家妄冒，加一等。未成者依本约，

① （宋）李焘:《续资通治鉴长编》卷484，元祐八年六月壬戌;（宋）苏轼:《东坡奏议》卷13。
② 《名公书判清明集》卷10,《夫妇·妻已改适谋占前夫财物》。
③ 《宋刑统》卷13,《户婚律·居丧嫁娶》。

已成者离之。"

二是违律为婚。《宋刑统》卷一四"户婚律·违律为婚"条规定：

"诸违律为婚，虽有媒聘，而恐喝娶者，加本罪一等，强娶者又加一等，被强者止依未成法。即应为婚，虽已纳聘，期要未至而强娶，及期要至而女家故违者，各杖一百。"

"诸违律为婚，当条称'离之'、'正之'者，虽会赦犹离之、正之。定而未成亦是。聘财不追，女家妄冒者追还。"

（三）婚姻的解除

中国古代的婚姻法规包括结婚与离婚两方面的内容。如果说婚姻的缔结体现了男女之间的不平等，那么，关于婚姻解除的法规，则将男女的不平等体现得更为显明。

中国封建法律关于离婚的规定为"七出"、"义绝"与"和离"。

1. 七出与三不去

"七出"之条系根据男方的单方面的意志而离弃妻子的制度，原本于礼制的规范。《大戴礼记·本命》："妇有七去，不顺父母去，无子去，淫去，妒去，有恶疾去，多言去，盗窃去。"同时，对"七出"又设有"三不去"的限制，同上书又云："妇有三不去，有所取无所归，不去；与更三年丧，不去；前贫贱后富贵，不去。"目的是防止男子任意弃妻。至迟在唐代，这一礼制的规范已纳入律文之中。《宋刑统》卷一四《户婚律·和娶人妻》因袭唐律作出如下规定：

"诸妻无七出及义绝之状，而出之者，徒一年半。虽犯七出，有三不去，而出之者，杖一百，追还合。若犯恶疾及奸者，不用此律。"

法律对“七出”的解释是：“七出者，依令：‘一无子，二淫泆，三不事舅姑，四口舌，五盗窃，六妒忌，七恶疾。’”其中关于无子出妻之条，法律加以具体的解释：“‘妻年五十以上无子，听立庶以长’，即是四十九以下无子，未合出之。”[①]即妻年五十以上无子，才适用无子出妻的规定。又据法律的规定，妻若有“恶疾”及与人通奸，丈夫休妻可以不受“三不去”的限制。关于“恶疾”去妻之条，宋代法令又有变通规定，“恶疾而夫不忍离弃者，明听娶妾，婚如妻礼。”[②]

2. 义绝

“七出”是男方在特定条件下所享有的单方面休妻的法定权利。“义绝”则是为法律规定的对男女双方实行的强制离婚。《宋刑统》卷一四“户婚律·和娶人妻”条规定：

“诸犯义绝者，离之，违者徒一年。”

对“义绝”的具体解释是：

“义绝谓殴妻之祖父母、父母，及杀妻外祖父母、伯叔父母、兄弟、姑、姊妹。若夫妻之祖父母、父母、外祖父母、伯叔父母、兄弟、姑、姊妹自相杀，及妻殴詈夫之祖父母、父母，杀伤夫外祖父母、伯叔父母、兄弟、姑、姊妹，及与夫之缌麻以上亲，若妻母奸及欲害夫者，虽会赦，皆为义绝。”

以上关于义绝的规定，除其中的妻“欲害其夫者”外，其他皆为夫或妻与对方亲属之间的相犯，或是双方亲属之间的相犯，仍然体现了夫妻间的不平等；丈夫若殴妻之祖父母、父母及杀妻之外祖父母等亲属，才构成

① 《宋刑统》卷14，《户婚律·和娶人妻》。

② （宋）车垓：《内外服制通释》卷3，《五服图说》。

义绝；而妻只要殴、詈夫之祖父母、父母及杀伤夫的外祖父母等亲属就属于义绝。妻欲害夫即属义绝，但无夫欲害妻的规定。

3. 和离

和离即协议离婚，唐律中已有规定。《宋刑统》沿用了这一条文：

"若夫妻不相安谐而离者，不坐。"[①]

和离的前提是夫或妻的一方提出离婚，必须要得到另一方的同意。也许这个另一方并非心甘情愿，但是出于各种原因，或是经济的，或是在某种压力之下的被迫认可。总之是必须得到双方的同意才行。否则，便算违法遗弃，要受到法律的惩治。

4. 妇女在特定条件下的法定离婚权

（1）夫出外三年不归，其妻可以离婚

前引《宋刑统》的规定，有夫之妇若擅自离夫家出走要治罪。而在社会生活中，也时有丈夫背妻"擅去"的情况发生。对此种情况的处理，唐律和《宋刑统》中均无规定。但在《长编》卷八二，大中祥符七年（1014）春正月壬辰条有这样的记载：

"时，京城民既娶，浃旬，持其赀产亡去。而律有夫亡六年改嫁之制，其妻迫于饥寒，诣登闻上诉。"

宋政府据此颁诏：

"不逞之民娶妻，绐取其财而亡，妻不能自给者，自今即许改适。"[②]

① 《宋刑统》卷 14，《户婚律 · 和娶人妻》。

② 《续资治通鉴长编》卷 82，大中祥符七年正月壬辰。

至于“夫亡六年改嫁之制”，是指丈夫离家逃亡六年不归，其妇即可改嫁。这条规定大约是宋初到大中祥符七年之间所制定。根据大中祥符七年（1014 年）的新律，丈夫“绐取”妻财逃亡，其妻不能自给者，可不受六年的限制，“即许改适”。但是，如果丈夫逃亡，却并未骗取妻财，妻也并非“不能自给者”，则仍然要六年之后方许改嫁。南宋时期对此又作出新的规定：

“夫出外三年不归，亦听改嫁。”①

这比之“夫亡六年改嫁之制”是一明显进步。

（2）丈夫犯罪而移乡编管，其妻可以离婚

南宋法令规定：

“已成婚而移乡编管，其妻愿离者听。”②

（3）雇妻与人者，同和离法

唐律与《宋刑统》皆禁止卖妻，“若其卖妻为婢，原情即合离异，夫自嫁者，依律两离”。③此法令对典雇妻妾与人者，没作规定。但在南宋时期却有了雇妻与人者同合离法的新规：

“在法，雇妻与人者，同合离法。”④

出现以上情况，其妻即可改嫁。

---

① 《名公书判清明集》卷 9，《离婚·已成婚而夫离乡编管者听离》。

② 《名公书判清明集》卷 9，《离婚·已成婚而夫离乡编管者听离》。

③ 《宋刑统》卷 20，《贼盗律·略卖良贱》；《唐律疏议》卷 20，《贼盗·略和诱奴婢》。

④ 《名公书判清明集》卷 10，《夫妇·官族雇妻》。

（4）被夫同居亲强奸，虽未成，其妻可以离婚

《庆元条法事类》卷八〇《杂门 · 诸色犯奸》所引《户令》规定：

"被夫同居亲强奸，虽未成，而妻愿离者，亦听。"

这条法规对妇女有保护作用。

（5）丈夫令妻为娼者，其妻可以离婚

《庆元条法事类》卷八〇《杂门 · 诸色犯奸》所引《户令》规定如下：

"诸令妻及子孙之妇若女使为娼，并媒合与人奸者，虽未成，并离之（虽非媒合，知而受财者同），女使放从便。"

宋代新颁的以上婚姻法规，使妇女获得了在特定条件下的法定离婚权，这些都是比前代法律明显进步的地方。

二、收养

（一）收养关系成立的条件

收养是领养他人子女为自己子女的民事法律行为，使原来没有父母子女关系的人们之间产生法律拟制的父母子女关系。在中国古代社会，收养制度是礼制或法律制度中的一项重要内容。在先秦的典籍中，就已有关于收养行为的记载。[①] 至迟在汉代的法令中，即已能见到收养的规定。[②] 唐代

① 《诗经 · 小雅 · 小宛》："螟蛉有子，蜾蠃负之。"古人把"螟蛉子"用为养子的代称，即来源于此。

② 《后汉书》卷 6，《孝顺帝纪》："四年春二月丙子，初听中官得以养子为后，世袭封爵。"

的法令更是明确地规定："无子者，听养同宗于昭穆相当者。"[①]

宋代颁定的关于收养的法令，既有对前代法规的继承，也有新制定的法规，还有对旧有的法规作出新的解释，力图以法律的手段解决因收养问题发生的争端。关于收养成立的实质要件，主要有以下各条。

1. 被收养人必须与收养人是同宗昭穆相当者

宋初颁行的《宋刑统》沿唐律之旧，规定："无子者，听养同宗于昭穆相当者。"[②]见之于宋代判例，也多有引用这条法令者。如《清明集》书判中说："阿张昨以所命继子，是李学文亲堂弟，昭穆不顺为词。本府遂勒令归宗，别令命继。"[③]

元丰年间，宋政府又立新规，被继承人可养同宗于昭穆合者为孙。据《宋会要辑稿》记载：

"元丰三年三月二日，太常礼院言，国子博士孟开，乞以侄孙宗颜为嫡孙。据令，无子者，听养同宗之子昭穆合者。又曰：子孙继绝应析户者，非十八以不得析，[④]则是有孙继祖者。又晋侍中荀颢无子，以兄之孙为孙，请如开所乞。从之。"[⑤]

虽然法律规定养子须是同宗昭穆相当者，但在宋代社会中，甚至有养弟为子者，《袁氏世范》卷一"立嗣择昭穆相顺"条：

"同姓之子，昭穆不顺，亦不可以为后，鸿雁微物，犹不乱行，人乃不然，至以叔拜侄，于理安乎，况启争端！设不得已，养弟养侄孙以奉祭

---

① 《唐律疏议》卷12,《户婚·养子舍去》。

② 《宋刑统》卷12,《户婚律·养子》。

③ 《名公书判清明集》卷8,《立继类·叔教其嫂不愿立嗣意在吞并》。

④ "以"字下疑脱"上"字。

⑤ 《宋会要辑稿》礼36之15。

祀，惟当抚之如子，以其财产与之，受所养者奉所养者如父。如古人为嫂叔制服，如今世为祖承重之意，而昭穆不乱，亦无害也。”

这种情况之所以出现，显然是出于财产继承的目的。对此，若未引起争端，政府官员亦表示默认。在南宋后期做过地方官的刘克庄在一篇判词中说到：

“世俗以弟为子，固亦有之，必须宗族无间言而后可。”

如果因之而发生争端，昭穆不当者作为养子的地位便得不到法律的保护，官府便会“令别求昭穆相当之人为继”①。

2. 被收养人的年龄一定得小于收养人

在南宋以前的法令中，未见到有关对收养人与被收养人的年龄规定。孝宗隆兴年间（1163—1164 年），对养子须是同宗昭穆相当者的法令又作补充规定：

“在法：无子孙，养同宗昭穆相当者，其生前所养，须小于所养父之年齿，此隆兴敕也。敕令所看详：则为母所养者，年龄也合小于所养之母。”②

这条法令填补了没有对收养人与被收养人的年龄作出规定的缺失。

3. 被收养人不能是独子

宋代法律规定，被收养人不能是独子。吴雨岩在审断一件财产诉讼案

① （宋）刘克庄：《后村先生大全集》卷 193，《书判 · 建昌县刘氏诉立嗣事》。

② 《名公书判清明集》卷 7，《立继 · 双立母命之子与同宗之子》。。

件的判词中写道："方天福之子既是单丁，亦不应立。"[①] 嘉熙年间，吴恕斋审理财产诉讼案件时说得更为明白："在法：为人后者不以嫡。张七四画列宗派图，其本生父只生七四一人，实为嫡子。为人嫡子，乃自绝其本生父母之嗣，而过房于其叔，于理可乎？……仍将张七四押归本生父张六一家，承续香火。"[②]

4. 收养异姓养子须是被遗弃的三岁以下幼儿

古代礼制与法律禁止收养异姓养子。《宋刑统》承唐旧法，规定："即养异姓男者，徒一年，与者笞五十。"但是，法律却允许被继承人收养被遗弃的三岁以下异姓子：

"其遗弃小儿年三岁以下，虽异姓，听收养，即从其姓。"[③]

宋代的实际情况却是很难见到有收养于遗弃之中的异姓养子者，故《清明集》书判有云：

"三岁收养，在法虽有明条，然世人果能收养于遗弃之中者，鲜矣。"[④]

从宋代文献看，收养于遗弃之中的异姓子固不多见，但收养异姓子的情况却并不少有。南宋时魏了翁的祖父"娶高氏，生七子男，其第六子曰孝琦，以祖母之兄高黄中无子，自襁褓间取养孝琦为子"[⑤]。《清明集》中有几处收养并非遗弃的异姓子的例证。例如，吴坦无子，"不得已取诸其妻

---

① 《名公书判清明集》卷8，《检校·检校嫠幼财产》。

② 《名公书判清明集》卷6，《争田业·陆地归之官以息争兢》。

③ 《宋刑统》卷12，《户婚律·养子》。

④ 《名公书判清明集》卷8，《立继类·立昭穆相当人复欲私意遣还》。

⑤ （宋）魏了翁：《鹤山先生大全文集》卷23，《状札·申尚书省乞荫补表侄高斯谋状》。

家之裔”。[①]侯四无子，“收养异姓三岁以下”为子。[②]以上几例的收养异姓子，皆非“遗弃小儿”，官府仍然维护他们的合法地位。根据唐律与《宋刑统》的规定，收养异姓子的实质要件是“遗弃小儿”，并且必须是“年三岁以下”。从宋代判词看，这一规定在宋代的司法实践中已有了变化，即并非一定是“遗弃”的异姓子也允许收养。表明《宋刑统》中关于收养异姓子的限制条件在司法实践中有所放宽。

又据《唐律疏议》解释许立遗弃小儿年三岁以下的原因是：“若不听收养，即性命将绝，故虽异姓，仍听收养，即从其姓。”[③]宋代政府官员对此有了新的理解：

“既曰无子孙者，养同宗为子孙，是非同宗不当立矣。而又一条曰虽异姓，听收养，依亲子法者，何也？国家不重于绝人之义也。如必曰养同宗，而不开立异姓之门，则同宗或无子孙可立，或虽有而不堪承嗣，或堪承嗣，而养子之家与所生父母不咸，非彼不愿，则此不欲，虽强之，无恩义，则为之奈何？是以又开此门，许立异姓耳。”[④]

此处对于收养异姓养子的理解，显与《唐律疏议》的解释有别。根据以上解释以及南宋司法实践中对于立异姓养子条件限制的放松，对于维护养子之家的和睦稳定是有益的。

在继承人是异姓养子时，被继承人的族人因之而发生争讼之事更为常见，宋政府有时也采取折中的办法，允许在本宗之内择一昭穆相当者与原养异姓子并立。《清明集》判词中说：

---

① 《名公书判清明集》卷 8，《立继类 · 治命不可动摇》。

② 《名公书判清明集》卷 8，《户绝 · 夫亡而有养子不得谓之户绝》。

③ 《唐律疏议》卷 12，《户婚 · 养子舍去》。

④ 《名公书判清明集》卷 7，《立继 · 双立母命之子与同宗之子》。

“黄臻为（黄）廷吉之子，既合于三岁以下异姓收养之法，又合夫亡妻在之法，止立黄臻，不立禹龙，可也。前提举但以廷吉薄有家产，利所在，小人所必争，是以又于黄氏子孙之中，亦立一人，以塞诸黄之意，而息其讼。”①

这种并立的处理办法，不见于宋代法律条文的规定，但宋代地方官员采用这种办法的事例并非个别，其目的是为消争息讼。

另外，中国古代社会也有收养他人的女儿的现象，养女因不涉及宗祧继承，而且于财产的继承也有限。所以，养女则不受法律的限制。《唐律疏议》及《宋刑统》规定，“养女者不坐”。②

5. 夫妻俱存，收养权在丈夫

夫妻俱在而没有亲生儿子的情况下，如果要收养他人之子为子，决定权属于丈夫。这是因为中国古代的法律规定，在夫妻关系之中是以夫为家长，丈夫在家庭关系中居于支配地位。女子出嫁之后，加入夫家之宗族，取得夫家的宗籍，但没有自己独立的财产地位，即使是陪嫁的财产，也归丈夫支配。收养的目的既然是承继夫家的宗祧，继承夫家之财产，有权被收为养子的须是丈夫同宗昭穆相当者。在受宗法制度影响以男性为中心的古代社会，社会习俗和法律规定便视丈夫在收养时的决定权为理所当然的。由丈夫生前收养，在法律用语中大多称“养子”。被继承人可以在生前决定收养，也可用遗嘱决定。《清明集》中有如下例证：

例一：

“阳梦龙继八二秀，祖命也，阳梦鳞继八五秀，父之命与祖母之命也，亦既历年多矣。亲书遗嘱，经官给据，班班可考……。八二秀产业合付之

① 《名公书判清明集》卷7,《立继·双立母命之子与同宗之子》。

② 《唐律疏议》卷12,《户婚·养子舍去》;《宋刑统》卷12,《户婚律·养子》。

梦龙，八五秀产业合付之梦鳞。”[①]

例二：

“汪球身故之后，其长男如旦亦早世，妻阿周奉阿姑游氏之命，及其夫如旦存日遗嘱，将如珪之子庆安，与如旦为嗣。”[②]

丈夫在生前或者是用遗嘱决定的收养，在丈夫亡后，养子若无重大过失，被继承人的妻子及近亲均不得动摇该养子的地位。

6. 夫亡妻在，收养的决定权在妻子

如果被继承人生前无子且未确立继承人，便已去世，则确立继承人的权力在其妻。法律规定，寡妇可以继承亡夫的财产，但必须为亡夫立嗣，以继承夫家的宗祧和财产。所以，其妇承分夫产的实际意义，只是起到一个中间承受人的作用。其妇拥有无可争议的代夫确立继承人的权利。《清明集》书判援引宋代法令说：

“在法：夫亡妻在者，从其妻，尊长与官司亦无抑勒之理。”[③]

同书又一篇判词说道：

“若夫亡妻在，自从其妻。……在法：诸分财产，兄弟亡者，子承父分，其妻守志而无男者，承夫分。妻得承分财产，妻之财产也。立子而付之财

① 《名公书判清明集》卷 7，《立继 · 先立已定不当以孽子易之》。

② 《名公书判清明集》卷 8，《立继类 · 后立者不得前立者自置之田》。

③ 《名公书判清明集》卷 8，《立继类 · 父在立异姓父亡无遣还之条》。

产，妻宜得而与之，岂近亲他人所得而可否之乎？”①

寡妻为夫家确定继承人在宋代法律用语中被称为“立继”。《清明集》书判中说：

“检照淳熙指挥内臣僚奏请，谓案祖宗之法，立继者谓夫亡而妻在，其绝则其立也当从其妻。”②

又从宋代资料看，寡妇不仅可在生前为夫家确定继承人，而且可以用遗嘱为夫家立继。《清明集》中有如下例证：

例一：

“今却据族长评议，已立渊海继王怡外，更欲立王广汉为圣舆之后。究其所以，乃谓余氏（按：圣舆之妻）在日，有此遗嘱。”③

例二：

“今契勘阿游再立尧萱遗嘱。……官司亦只得听从其说。”④

虽然寡妇有权代为夫家决定继承人，但根据法律的规定，首先必须是收养亡夫的同宗昭穆相当者，仍然是以维护夫家的利益为着眼点。但是还必须看到，由于在宋代政府官员的司法实务中，并不严格禁止收养并非遗

① 《名公书判清明集》卷7，《立继·双立母命之子与同宗之子》。

② 《名公书判清明集》卷8，《立继类·命继与立继不同（再判）》。

③ 《名公书判清明集》卷8，《立继类·父子俱亡立孙为后》。

④ 《名公书判清明集》卷8，《立继类·后立者不得前立者自置之田》。

弃的异姓养子，所以在夫家无可立之人，或因与夫家亲属有矛盾的情况下，寡妇收养异姓养子的情况亦不难见。由于收养直接关系到财产继承权，被继承人的近亲和族人常常因收养问题而发生争端，尤其是因寡妇收养异姓养子而引致的争端更多，如此类案件告论到官府，政府官员往往也能据理援法，维护寡妇代夫收养的合法权益。

7. 夫妻俱亡，绝家的近亲尊长可为绝家命继

寡妇如果还没有为亡夫确定养子就已改嫁，即丧失了在夫家的一切权利，当然也失去了为夫家确定养子的权利。或者是寡妇尚未为夫家确定养子就已去世，这在中国古代的法律规定中被称之为“户绝”。在这种情况下，仍可由绝家的近亲尊长为绝家立嗣，这种继嗣在宋代司法用语中被称为“命继”。《清明集》判词中说：

“检查淳熙指挥内臣僚奏请……命继者谓夫妻俱亡，则其命也当惟近亲尊长。”①

若夫妻虽亡，祖父母、父母在世而养孙，便不能称之为命继：

“敕令所看详云，……若夫妻虽亡，祖父母、父母见在而养孙，或夫亡妻在而养子，各不入继绝之色。”②

在父子俱亡的情况下，如果要为其父命继，又为其子命继，便易发生争端。例如，《清明集》案例，王圣舆、王怡父子俱逝，已立王渊海继王怡，族人有争继者，又欲立王广汉为王圣舆之后。官府认为，王氏族人的这种做法，乃是无端生事，“此不过又生一秦，相与破荡王怡物业”，判定只能

① 《名公书判清明集》卷 8，《立继类 · 命继与立继不同（再判）》。

② 《名公书判清明集》卷 7，《立继 · 双立母命之子与同宗之子》。

立王渊海为王怡之后，并加以解释云：

"绝家命继，有一举而两得者，谓如父子俱亡，无人承绍香火，不必为父命继而立孙，则父之香火在其中矣。"①

这种父子俱亡立孙为后的做法，可以起到减少争端的作用。

养子虽可是异姓幼儿，命继子则绝对地不能是异姓。《清明集》书判中说道：

"后世立法，虽有许立异姓三岁以下之条，盖亦曲徇人情，使鳏夫寡妇有所恃而生耳，初未尝令官司于其人已死，其嗣已绝，而为命继异姓者。"

官府认为，这样可使被继承人身后不致"废其祭祀，馁其鬼神"。②正是宗法观念在继承制度中的一个反映。

8. 收养成立的形式要件

为了避免收养以后发生争端，宋律规定收养之后必须依法到官府办理改变户籍的手续，宋代的法律用语称之为"除附"，政府官员对此有极明确的解释：

"此谓人家养同宗子，两户各有人户，甲户无子，养乙户之子以为子，则除乙户子名籍，而附之于甲户，所以谓之除附。"③

办理除附手续后，养子即终止与生身父母身份上的法律关系，而确立

① 《名公书判清明集》卷8，《立继类·父子俱亡立孙为后》。

② 《名公书判清明集》卷8，《立继类·叔教其嫂不愿立嗣意在吞并》。

③ 《名公书判清明集》卷8，《户绝·夫亡而有养子不得谓之户绝》。

与养父母的法律关系。

但是在实际社会生活中，一些平民未必“识除附为何事”，或一些贫民“未必有户”，因而宋律又规定：“虽不除附，官司勘验得实，依除附法。”[①]

如果是收养被遗弃的三岁以下的异姓子，则不用“除附之法”，但是却须申官附籍。《清明集》书判云：

“彼侯四贫民，未必有户，兼收养异姓三岁以下，法明许之即从其姓，初不问所从来，何除附之有？若只谓丁昌养子，合申官附籍则可耳。”[②]

（二）养子法律地位的提高

收养关系一经成立以后，养父母与养子之间便产生了法律拟制的父子和母子关系。养子的权利义务和亲子一样。唐宋律皆规定：“诸应分田宅及财物，兄弟均分……兄弟亡者，子承父分。”并指出：“继绝亦同。”[③]即肯定养子同亲子相同的财产继承权。与之同时，该养子便失去了在原有家庭中的权利和义务。

在唐代及宋初，养父母与养子之间的法律地位是极不平等的。唐律及《宋刑统》规定：

“诸养子，所养父母无子而舍去者，徒二年。若自生子及本生无子欲还者，听之。……若养处自生子，及虽无子不愿留养，欲遣还本生者，任其所养父母。”[④]

---

① 《名公书判清明集》卷 8，《户绝 · 夫亡而有养子不得谓之户绝》。
② 《名公书判清明集》卷 8，《户绝 · 夫亡而有养子不得谓之户绝》。
③ 《宋刑统》卷 12，《户婚律 · 卑幼私用财》。
④ 《唐律疏议》卷 12，《户婚 · 养子舍去》；《宋刑统》卷 12，《户婚律 · 养子》。

根据以上规定，养子在养父母日后有了亲生子及本生父亲无子的情况下，养子才可以根据自己的意愿离开所养之家而回归原有家庭，并恢复在原有家庭中的地位，这被称为“归宗”，同时也就失去了在所养之家的一切权利。除此而外，养子若轻易离开所养之家，便要受到“徒二年”的刑法惩处，而养父母却可以任意地将养子遣还，养子的权利得不到法律的保障。养子被养父母遣还，便得不到所养之家的任何财产。

哲宗元祐七年（1092 年），宋政府制定新规，对被遣还的养子的利益多少给予一些照顾：

“义养子孙，合出离所养之家，而无姓可归者，听从所养之姓。若共居满十年，仍令州县量给财产。虽有姓而无家可归者，准此。”①

如果养子死亡，养子所生之孙的法律地位怎样？这在北宋的法律中曾有过几次变化，从徽宗建中靖国元年（1101 年）二月十七日，承奉郎王寔的一道奏状中，可以了解这种变化的情况。王寔的奏状中说：

“伏见新颁元符赖令格式，其间多有未详未便者，伏望更加详究。……旧法申明《刑统》，养同宗子昭穆相当，男在日，父母不曾遣还本生，男既死，母遣孙出外，法无许遣孙之文，自是不合遣出。元符申明讲《刑统》，养子尚许遣还，即所生之孙自可包括。设如养子生孙皆在，若父母欲还，而依申明即遣子留孙，甚非法意。寔窃详旧法申明，谓养子既终身于所养父母，即于其死，义不可遣孙，若子孙皆在，自当从所养之命。是旧法特谓养子既死，即谓［无］遣孙之理，元符驳议，恐或未详。”②

① 《宋会要辑稿》食货 61 之 61。

② 《宋会要辑稿》刑法 1 之 19。

根据王寔所言，元符以前的法律规定，养男既死，养母不得遣孙，元符法令又规定，养子尚许遣还，即养子所生之孙亦可遣还；如养子及养子所生之孙皆在，养父母可以遣子留孙。这一规定显然不利于养子的利益。徽宗建中靖国元年，宋政府根据王寔的建议，又定新规：

"有子即有孙，其子既已遣，即无留孙之理；其子若死，即难以遣孙。"①

这一规定回到元符以前旧法，即保障了养子所生之孙的权益。但是，养父母可以遣逐子孙的规定仍无改变。南宋时期，养子的法律地位方得到维护。淳熙四年（1177 年）规定：

"自今养同宗昭穆相当之子，夫死之后，不许其妻非理遣还。若所养子破荡家产，不能侍养，实有显过，即听所养母愬官，近亲尊长证验得实，依条遣还，仍公共继嗣。"②

此后又有新规，养父也不得将养子非理遣还：

"准令：诸养同宗昭穆相当子孙，而养祖父母、父母不许非理遣逐。若所养子孙破荡家产，不能侍养，及有显过，告官验证，审近亲尊长证验得实，所遣。"③

不仅所养同宗昭穆相当子孙不得非理遣还，收养的异姓子同样得到法律的这一保障。例如，《清明集》案例：

① 《宋会要辑稿》刑法 1 之 19。

② 《宋史》卷 125，《礼志》28。

③ 《名公书判清明集》卷 7，《归宗 · 出继子不肖勒令归宗》。

“准法：诸养子孙，而所养祖父、父亡，其祖母、母不许非理遣还。郑文宝无子，而养元振以为子，虽曰异姓，三岁以下即从其姓，依亲子孙法，亦法令之所许……今文宝既亡，虽使其母欲以非理遣还，亦不可得。”①

从宋代资料看，上述维护养子权益的法令，在司法活动中是被认真执行的。例如，董党为养母赵氏所逐，告论到官府，官府判：

“赵氏若能念董党乃夫在日所立，幡然悔悟，复收为子，则子无履霜在野之怨，母无毁室取子之诮矣。盖见行条令，虽有夫亡从妻之法，亦有夫在日所立不得遣逐之文。赵氏若不幡然悔悟，它日续立者恐未得安稳。”②

本案即判定赵氏非理遣还养子为违法。

若养子“破荡家产，不能侍养，及有显过”，养父母可以将其遣还，但需“告官验证，审近亲尊长证验”，确为事实，方能遣还。如石岂子系何氏养子，他“擅卖耕牛，私佃田地，盗用银钏、纱罗等物，借会孙客等钱”，并在其父祖亡后，骨犹未寒，在外流荡不归，甚至于“登门挠骂其母，指斥母亲，至于持刀执棒”。其母告到官府，官府“唤到陈十、翟七六、周十证对，一一分明，及审会岂子族长石某等状，证据尤白”，最后判定将石岂子“勘杖一百，勒令归宗”③。

从以上例证可以看到南宋时期，养子在法律的保障下，已不会轻易被养父母所逐。表明宋代的养子同养父母之间的法律地位虽然是不平等的，但养子的地位比之前代却有所提高。这一变化是值得注意的，它是宋代社

① 《名公书判清明集》卷8，《立继类·父在立异姓父亡无遣还之条》。
② （宋）刘克庄：《后村先生大全集》卷192，《书判·德兴县董党诉立继事》。
③ 《名公书判清明集》卷7，《归宗·出继子不肖勒令归宗》。

会人身依附关系比之前代有所削弱而在家庭领域的一种反映。

如上所述，宋代有关收养的法令有以下特点值得注意：

第一，宋代的收养法令远比唐代完备详密，不仅仅是法律条文增多，而且对于收养的条件、收养的法律效力、收养的法律程序等都作出了明确、详尽的规定。

第二，宋代的收养法令仍然受到宗法制度的强烈影响，养父母与养子之间的法律地位仍然是不平等的。但是必须注意到，宋代法令规定养父母在养子没有重大过失的情况下不得非理遣还，这在一定程度上维护了养子的合法地位。比之唐律养父母可以任意遣还养子的规定，无疑是一个很大的进步。

第三，宋律进一步具体而详细地规定了寡妇可以代夫确定养子的权利，夫家尊长与官府亦不得加以干涉，显然有利于养母与养子之间关系的和睦，有助于家庭关系的稳定。

三、家产分析

家庭是由婚姻、血缘和收养关系而产生的亲属间的社会生活组织形式。家庭成员同居共财，和家庭共有财产直接发生关系。家产分析直接关系到家庭成员的经济利益，极易引致家庭成员之间发生纠纷，因而为历代政府制定法律时所重视。宋代社会政治经济关系的变化，对家产分析无疑地要产生一定的影响。宋政府适应社会的需要，制定了远较前代更为详备的有关家产分析的法规。

（一）家庭财产的管理与支配权

中国古代社会的礼制与法律，都承认和维护家长对家庭财产的管理与支配权，宋代在法律上进一步加强了对家长财产支配权的维护。宋初颁行的《宋刑统》沿唐律之旧，规定：“诸祖父母、父母在，而子孙别籍、异财者，徒三年。”[①]其后，宋政府又以敕令的形式颁定法令，一再对此加以严申。在《宋刑统》颁布后的第五年（乾德六年，968年）六月十一日诏：

“近者，西川管内及山南诸州相次上言，百姓祖父母、父母在者，子孙别籍异财仍不同居。诏到日，仰所在长吏明加告诫，不得更习旧风。如违者，并准律处分。”[②]

开宝二年（969年）八月诏令：

“令川峡诸州，察民有父母在而别籍异财者，其罪死。”[③]

大观三年（1109年）五月，因福建路一带，父母在世，子女共同商议而强行分家的现象严重。“家产计其所有，父母生存，男女共议，私相分割为主，与父母均之。”宋政府再次“立法禁止”。[④]

宋律同历代法律一样，出于维护家长对家庭财产的管理与支配权的目的，禁止同居卑幼擅自使用、处分家庭共有财产。《宋刑统》卷一二《户婚律·卑幼私用财》因袭唐代旧规：

“凡是同居之内，必有尊长。尊长既在，子孙无所自专。若卑幼不由尊长，私辄用当家财物者，十匹笞十，十匹加一等，罪止杖一百。”

在唐代中期才出现的田宅的典当，到宋代已相当普遍。为适应这一现

① 《宋刑统》卷12,《户婚律·父母在及居丧别籍异财》。

② 《宋会要辑稿》刑法2之2。

③ （宋）李焘:《续资治通鉴长编》卷10，开宝二年八月丁亥。

④ 《宋会要辑稿》刑法2之49—50。

象，宋政府及时制定法律，以维护家长对典当物的支配权。《宋刑统》卷一三《户婚律 · 典卖指当论竞物业》“准”《杂令》:

“诸家长在（在，谓三百里内非隔阂者），而子孙弟侄等，不得辄以奴婢、六畜、田宅及余财物私自质举，及卖田宅（无质而举者亦准此）。其有质举卖者，皆得本司文牒然后听之。若不相本问，违而辄与及卖者，物即还主，钱没不追。”

《宋刑统》的编修者并作出补充规定：

“臣等参详：应典、卖物业，或指名质举，须是家主尊长对钱主或钱主亲信人，当面署押契帖。或妇女难于面对者，须隔簾幕亲闻商量，方成交易。如家主尊长在外，不计远近，并须依此。”

卑幼如果“蒙昧尊长，专擅典、卖、质举、倚当，或伪署尊长姓名”，卑幼及牙保引致人等，并当重断，钱、业各还两主。卑幼若将钱财花费，无力偿还，则“准盗论，从律处分”。宋政府制定的严禁卑属私擅处分家庭共有财产的法律规定，不仅维护了家长对家产的管理支配权，同时也起到了维护家庭中其他成员的财产权益的作用。

（二）家产分析的法规

虽然宋代与中国历代法律都严禁子女于父母在世时强求分家析产，但出之于祖父母、父母之意的析家，则为法律所承认。前引《宋刑统》禁止祖父母、父母在世而子孙别籍异财的法令中又有补充规定：“若祖父母、父母处分……令异财者，明其无罪。”[①] 这仍然是因袭唐律的规定。资料表明，

① 《宋刑统》卷 12,《户婚律 · 父母在及居丧别籍异财》。

宋代社会家庭中的卑属成员在成年以后，往往会分家析产。《袁氏世范》卷一“分给财产务均平”条曾说道：

“父祖高年，怠于营干，多将财产均给子孙。”

蔡襄在《福州五戒文》中说到当时的风俗：“为父母者，视己之子犹有厚薄，迨至娶妇，多令异食。”“贫富之家，多于父母异财，兄弟分养。”[①] 南宋时期，地方政府甚至有“专置司局”，以处理民间的分家析产之事。可见当时社会上分家析产情况之普遍。为适应这一情况，绍熙三年（1192年），南宋政府制定新规：

“至若分产一节，虽曰在法，祖父母、父母在，子孙不许别籍异财。然绍熙三年三月九日户部看详，凡祖父母、父母愿为标拨而有照据者，合与行使，无出入其说，以起争端。”[②]

这条法令的颁行，更进一步明确了祖父母、父母可以令子孙异财的法律规定。需要注意的是，此处同样是强调祖父母、父母在家产分析中的决定权。还需着重指出的是，以上关于家产分析的法令，虽然均言父母都具有决定家产分析的权利，但是，父母都在世时，这种权利属于父亲。父亡母在，则权归母亲，在对外签订田宅买卖的文约时，则须母亲与诸子同署，母为契首。

父母在世时的家产分析，父母首先要留出一部分田产作为“养老分”，决定留养老分的权利属于父亲。如果父亲去世以后由母亲决定分家，母亲

① （宋）蔡襄:《端明集》卷 34,《福州五戒文》。
② 《名公书判清明集》卷 10,《兄弟·兄弟之讼》。

同样有决定留养老分的权利。[①]

父母留出养老分之后，剩余的财产在诸子之间均分。中国古代的家产分析，自汉代以来，即采取“诸子均分”制，唐代始用法令的形式作出明确规定，并为《宋刑统》所沿袭：

“诸应分田宅者及财物，兄弟均分……妻家所得之财，不在分限。兄弟亡者，子承父分。兄弟俱亡，则诸子均分。其未娶妻者，别与聘财。姑姊妹在室者，减男聘财之半。寡妻妾无男者，承夫分，若夫兄弟皆亡，同一子之分。”[②]

根据以上法令，我们可以看到，当时关于家产分析的规定是相当明晰、详尽的，家庭成员间的财产权益有着明确的界定，家长在处分家产分割时，应该遵循这一原则，从资料看，“诸子均分”制确为宋代的家庭在分家析产时所遵奉。[③]家产分析时不仅在亲子之间实行均分，养子由于享有与亲子一样的权利，亦可参与均分。即使是主人同婢女所生之子，同样可参与均分家产。刘克庄判定一财产纠纷案较为典型：田县丞有二子，一为养子，一为亲生子。田县丞死，其养子亦亡，养子未娶妻，但有与婢女所生之二女，结果是用“诸子均分之法”作出判决。[④]婢生之子若不为主人所承认，在证据充分的情况下，可以向官府告论，以明其身份。但若其父死而无证据者，则官府不予受理。这与“别宅子”的法律地位一致。“别宅子”即私生子，《宋刑统》对别宅子的地位有专门规定：

---

① 《名公书判清明集》卷5，《争业下·继母将养老田遗嘱与亲生女》。

② 《宋刑统》卷12，《户婚律·卑幼私用财》。

③ 参见《勉斋集》卷33，《判语·郭氏刘拱礼诉刘仁谦等冒占田产》；《名公书判清明集》卷5，《争业下·物业垂尽卖人故作交加》。

④ （宋）刘克庄：《后村先生大全集》卷193，《书判·建昌县刘氏诉立嗣事》。

“准唐天宝六载五月二十四日敕节文……，其百官、百姓身亡之后，称是在外别生男女及妻妾，先不入户籍者，一切禁断。辄经府、县陈诉，不须为理，仍量事科决，勒还本居。”①

上述规定对于别宅子身份的认定，是依其是否已入生父的户籍为依据。如其已入户籍，则官府承认并受理，如未入户籍，则不予受理。南宋时条令较北宋有所放宽：

“诸别宅之子，其父死而无证据者，官司不许受理。”②

这说明别宅子只有在其父已死，而又没有足够的证据证明其亲子身份时，官府才不予受理。这里并未强调其是否已入生父户籍。换言之，只要有证据证明与其生父的血缘关系，不论是否已入生父户籍，官府即承认其身份，而享有财产权。

根据前述家产分析的规定，由于诸子平等地享有继承权，其中若有一子亡故者，亡者之子则享有代替父亲参与家产分析的权利。若老辈兄弟俱亡，则由他们的下一代平均分配。参与分析的诸子有已婚未婚之别，尚未成婚的儿子，要从家产中划出一定财产作为成婚的聘财。尚未出嫁的女性家庭成员，没有参与家产分析的资格，这是以男性为中心的宗法观念在家庭财产关系上的反映，但是也需从家产中留出少许财产作为她们的嫁资，数额是未婚兄弟聘财的一半。

父母亡故以后，家产仍未分析时，同居中的兄弟叔侄在服丧期间，依照法律规定不得进行家产分析。《宋刑统》卷一二“户婚律·父母在及居丧别籍异财”条沿唐律之旧作出如下规定：

① 《宋刑统》卷12,《户婚律·别宅异居男女》。

② 《名公书判清明集》卷8,《别宅子·无证据》。

“诸居父母丧生子，及兄弟别籍、异财者，徒一年。”

但在为父母服丧时间终结以后，同居的兄弟便可以随时进行家产分析。

家产分割之后，要订立家产分析文书，详细地写上所分到的田宅物业的名目，被称之为“阄书”“关书”“支书”“分书”。[①] 家长和家人同签署，受分人各执一本，作为所分产业的见证。如南宋时人莫世明有三子，在其生前“将户下物业作三分均分，立关书三本，父知号外，兄弟三人互相签押，收执为照”[②]。关书且须经官印押。《袁氏世范》卷三“析户宜早印阄书”条即曾说到析产之后不经官印押所产生的种种弊端，而劝告人们分家之后宜早印阄书：

“县道贪污，遇有析户印阄，则厚有所需。人户惮于所费，皆匿而不印，私自割析。经年既深，贫富不同，恩义顿疏，或至争讼，一以为已分，失去阄书，一以为财分未尽，未立阄书。官中从文则碍情，从情则碍文。故多久而不决之患。凡析户之家，宜早印阄书，以杜后患。”

《清明集》卷八《已有亲子不应命继》判，是一桩审理家产分析而引致的诉讼：

“取索支书，日复一日。迁延不到，迫之稍急，乃以白纸来上，并不经官印押。争分全凭支书，有印押者尚多假伪，不足凭据，而况不印押者乎？”

可见关书在作为审理家产分析纠纷时的证据的重要性。

---

① 《袁氏世范》卷3“分析阄书宜详具”条，就告诫人们，分析之家要“置造阄书”，阄书中应详细写明所分之产。

② 《名公书判清明集》卷5，《争业下 · 物业垂尽卖人故作交加》。

四、继承

财产继承立法是我国古代法律制度中的一项重要内容。在先秦的礼制中即已有规定，唐代法令中已较为发达。宋代社会政治、经济所发生的明显不同于前代的变化，对家庭财产继承问题产生了很大的影响。宋政府适应新形势下的要求，在承袭唐代继承制度的基础上，又制定了一些新的有关继承方面的法令，其严密与完备的程度远远超过唐代。

（一）亲子的继承权

在我国古代宗法制度的影响之下，财产继承以宗祧继承为先决条件，所以财产继承首先只是在被继承人的男系子孙中进行。在宋代的社会生活中，父母在世往往即为儿子析产，在这种情况下，家产分析与财产继承实际上是同一过程。父母去世后，家产尚未分析者，便存在财产继承问题。宋代有关继承的最重要的法令，便是上节提到的承袭唐令而来的“应分条”。根据这条法令，“诸应分田宅者，及财物，兄弟均分”，“兄弟亡者，子承父分”。所以，被继承人的财产，在有男系子孙的情况下，首先由诸子平均继承。由于养子享有与亲子相同的权利，所以与亲子的继承份额相等。甚至于主人与婢女所生之子，同样可参与继承，而且继承份额与亲子相等。[①]在享有继承权的兄弟中，若有亡故者，由亡者之子代替父亲参与财产继承，即代位继承。若老辈兄弟全部亡故，则由他们的下一代平均继承。

（二）在室女、归宗女、出嫁女的继承权

在中国古代，对女子未嫁与已嫁时的称谓有所不同，未嫁者称之为在室女，已嫁者称之为出嫁女，出嫁之后因故（如夫亡、被出、合离等原因）又回到父母家中的女子，称之为归宗女。以上的几种情况，在生父的财产有

① （宋）刘克庄:《后村先生大全集》卷193,《书判·建昌县刘氏诉立嗣事》。

兄弟继承的情况下，均无财产继承权。在家庭财产没有男性后裔继承（“户绝”）的情况下，有受到限制的财产继承权。又因以上三种关系的不同，而财产继承权也有所不同。根据宋律的规定，在室女与归宗女对户绝之家的财产继承权益比较接近，为叙述的方便，所以先论述在室女与归宗女的继承权。

1. 在室女及归宗女的财产继承权

宋初颁定的《宋刑统》沿唐代旧制，在室女与兄弟继承家产时的权利极不平等。家庭财产由兄弟均分，在室女并无财产继承权，只能获得嫁资，而且数额只能是未成婚兄弟所获聘财的一半。到南宋时期，这一规定发生了变化。在父母已亡，儿女分产时，在室女可继承兄弟承分额的一半。在第三节中已述及，可参看。

但在被继承人没有子孙继承（即“户绝”）的情形下，在室女则可以继承全部家产。《宋刑统》卷一二《户婚律 · 户绝资产》“准”《丧葬令》：

“诸身丧户绝者，所有部曲、客女、奴婢、店宅、资财，并令近亲（亲，依本服，不以出降）转易货卖，将营葬事及量营功德之外，余财并与女（户虽同，资财先别者，亦准此）。”

此为对唐律的沿用。从资料看，这一法令通行于两宋时期。南宋后期的刘克庄在审断一财产继承诉讼案时，曾引用法令说：“考之令文：诸户绝财产尽给在室诸女。”① 另外，养女的财产继承权与亲女相同，如以下判例所表明的：

“今解汝霖只有幼女、孙女，并系在室，照户绝法均分，各不在三千

① （宋）刘克庄：《书判 · 后村先生大全集》卷 193，《建昌县刘氏诉立嗣事》；《名公书判清明集》卷 7，《立继 · 立继有据不为户绝》也曾引用这一法令。

贯以上。……七姑虽本姓郑，汝霖生前自行收养，与亲女同。”①

女子在出嫁之后因各种原因又回到父母家居住，被称之为归宗。如果系亲女，被夫家所出及夫亡无子，且不曾分得夫家财产，还归父母家后户绝者，可以拥有在室女同等的继承权。北宋初期对此作出规定：

“如有出嫁亲女被出，及夫亡无子，并不曾分割得夫家财产入己，还归父母家，后户绝者，并同在室女例。”②

哲宗元符元年（1098 年）又定新规：

“户绝财产尽均给在室及归宗女，千贯已上者，内以一分给出嫁诸女。止有归宗诸女者，三分中给二分。”③

这条法规重申了宋初归宗女与在室女均分户绝财产的规定。并对宋初的法令作了一些调整，在户绝财产达到一千贯以上者，内以一分给出嫁诸女。若只有归宗女者，则只能继承户绝资产的三分之二，表明归宗女的财产继承权已有所削弱。

南宋时期的法规，归宗女的户绝财产继承权进一步下降，只能继承在室女对户绝财产承分额的一半：

“户绝财产尽给在室诸女，而归宗女减半。”④

---

① 《名公书判清明集》卷 8，《女承分 · 处分孤遗田产》。

② 《宋刑统》卷 12，《户婚律 · 户绝资产》。

③ （宋）李焘：《续资治通鉴长编》卷 501，哲宗元符元年八月丁亥条。

④ 《名公书判清明集》卷 9，《取赎 · 孤女赎父田》。

归宗女对户绝财产的承分额要少于在室女的情况之出现，大约与妇女在夫亡无子或与夫离异等情况下，可将随嫁资产带归父母家有关。如南宋时期，民妇阿张夫亡无子，携其自随奁田十余种归父家，阿张在世之日，其夫家族之人对此并无异议。[①] 地方官员黄榦在判词中写道：

"陈氏之为徐孟彝之妻，……父给田而予之家，是为徐氏之田矣。夫置田而装奁为名，是亦徐氏之田矣，陈氏岂得而有之。使徐氏无子，则陈氏取其田，以为己有可也，况有子四人，则自当以田分其诸子，岂得取其田而弃诸子乎？"[②]

可见当时的社会习俗和政府官员对于夫亡无子、寡妻携带随嫁奁田归宗并不干预。而且妇女随嫁的钱财首饰等物，常有成为其私财者，妇女在归宗之后，原随嫁的钱财首饰很可能仍是其私财。如是这样，南宋法律规定归宗女承继户绝资产时少于在室女的承分额，也是有其一定的道理的。

另外，宋律允许被继承人户绝之后，近亲尊长可以代为绝户立命继子，使其香火有人承绍。命继子也可继承绝户部分财产，但份额要少于在室女与归宗女。他们之间的财产继承权益，宋律有明确规定：

"准法：诸已绝之家而立继绝子孙，谓近亲尊长命继者，于绝家财产，若只有在室诸女，即以全户四分之一给之，若又有归宗诸女，给五分之一，其在室并归宗女即以所得四分，依户绝法给之。止有归宗诸女，依户绝法给外，即以其余减半给之，余没官。"[③]

① 《名公书判清明集》卷8，《立继类 · 利其田产自为尊长欲以亲孙为人后》。
② （宋）黄榦：《勉斋集》卷33，《判语 · 徐家论陈家取去媳妇及田产》。
③ 《名公书判清明集》卷8，《女承分 · 处分孤遗田产》。

根据以上规定，户绝之家只有在室女和命继子时，在室女可得遗产的四分之三。只有归宗女和命继子时，归宗女可得遗产的一半，命继子继承余下的一半的二分之一，其余部分没官。在同时有在室女、归宗女及命继子时，在室女和归宗女共得遗产的五分之四。在这共得的五分之四中，在室女可获三分之二，归宗女获三分之一。根据这一规定，户绝财产在一千贯以上者，即使有在室女、归宗女承分，出嫁女也能继承部分遗产。户绝财产在三百贯以上，出嫁女只能继承三分之一，并得至二千贯止；若达二万贯以上，则需临时具数奏裁增给（在室女及归宗女并不受这一限制）。如果户绝财产不满一百贯，出嫁女可以全部继承，不再受三分之一的限制，即宋代社会中，家庭财产不满一百贯的人户在户绝之后，其财产可由出嫁女全部继承，而不存在官收的问题。研究宋代出嫁女的财产继承权，要看到富户与一般贫户的这一区别。

户绝之家若立有命继子，且无在室女与归宗女时，出嫁女与命继子可以各继承户绝财产的三分之一。宋高宗绍兴二年（1132 年）九月，"户部看详：欲依本司所申，如系已绝之家，有依条合行立继之人，其财产依户绝出嫁女法，三分给一，至三千贯止"。[①]《清明集》书判："又准户令：诸已绝之家立继绝子孙（谓近亲尊长命继者），于绝家财产者……止有出嫁诸女者，即以全户三分为率，以二分与出嫁诸女均给。余一分没官。"[②] 这一案例亦表明出嫁女可继承绝家财产三分之一的法令直到南宋后期仍无改变。

从北宋时期关于户绝资产的继承法规中可以看到，北宋初期沿唐旧制，笼统地规定近亲属对户绝资产有继承权。真宗大中祥符八年，曾一度取消近亲属的继承权，仁宗天圣四年的《户绝条贯》又予以恢复，但是将近亲属的继承顺序排在同居三年以上的入舍婿、义男、随母男之后，表明宋政府对权利与义务关系相一致的重视。

---

① 《宋会要辑稿》食货 61 之 64。

② 《名公书判清明集》卷 8，《立继类·命继与立继不同（再判）》。

南宋时期，近亲属已丧失对户绝资产的继承权，但可通过为已绝之家立继绝子孙的方式，继承户绝财产的三分之一：

“在法：诸已绝之家而立继绝子孙，谓近亲尊长命继者。于绝家财产，若无在室归宗、出嫁诸女，以全户三分给一分，余将没官。”①

在宋仁宗年间，出嫁姐妹在特定条件下也有一定的继承权。天圣四年的《户绝条贯》曾规定，户绝之家在无在室及出嫁女时，“即给与出嫁亲姑姊妹侄一分”②。但据沈括《梦溪笔谈》卷一《官政》记载：

“近岁邢、寿两郡，各断一狱，用法皆误，为刑曹所驳。……邢州有盗杀一家，其夫妇即时死，惟一子明日乃死，其家财产［依］户绝法给出嫁亲女。刑曹驳曰：其家父母死时，时其子尚生，产乃子物，出嫁亲女乃出嫁姊妹，不合有分。”③

似表明出嫁亲姑姊妹侄的财产权益在宋神宗时即已丧失。

2. 出嫁女的财产继承权

依据中国古代礼制与法律的规定，出嫁女在有兄弟承分家产时，无权继承娘家的任何遗产。只有在父家户绝，被继承人未立遗嘱，且无在室女继承时，才有一定的财产继承权。《宋刑统》卷一二《户绝资产》沿唐旧制，规定：

“自今后，如百姓及诸色人死绝无男，空［室］有女已出嫁者，令文

① 《名公书判清明集》卷4，《争业上·罗棫乞将妻前夫田产没官》。

② 《宋会要辑稿》食货61之58。

③ （宋）江少虞：《宋朝事实类苑》卷22，《官政治绩二·断狱》。

合得资产。”

但是，又有限制：“其间如有心怀觊望，孝道不全，与夫合谋有所侵夺者，委所在长吏严加礼察，如有此色，不在给与之限。”这里体现了权利与义务相一致的精神。对于出嫁女可获得户绝之家遗产的规定，《宋刑统》的编修者又补入起请条说：

“臣等参详：请今后户绝者，所有店宅、畜产、资财，营葬功德之外，有出嫁女者，三分给与一分，其余并入官。如有庄田，均与近亲承佃。”

根据宋初的这条法令，出嫁女可以继承户绝资产中的“店宅、畜产、资财”中的三分之一，而庄田则“均与近亲承佃”，出嫁女无权继承田产。

仁宗天圣四年（1026年）七月，宋政府又颁布《户绝条贯》，重申上述规定，并规定无出嫁女，亦可给予出嫁的亲姑姊妹侄一分：

“今后户绝之家，如无在室女有出嫁女者，得资财、庄宅、物色，除殡葬营斋外，三分与一分，如无出嫁女，即给与出嫁亲姑姊妹侄一分。”[①]

这条法令同样没有提到出嫁女可以继承田产。其后，以上法令有所变化，至迟在天圣六年（1028年）以前，出嫁女对于户绝财产的继承，已包括田产在内。天圣六月二日雄州言：“民妻张氏户绝，田产于法当给三分之一与其出嫁女。”[②] 从《清明集》书判看，南宋时期出嫁女的继承户绝财产，都是包括田产的。如以下例证：

① 《宋会要辑稿》食货61之58。

② （宋）李焘：《续资治通鉴长编》卷106，天圣六年二月甲午条。（宋）范镇：《东斋记事》卷1亦有相同记载。

“又准户令：诸已绝之家立继绝子孙（谓近亲尊长命继者），于绝家财产者，止有出嫁诸女者，即以全户三分为率，以二分与出嫁诸女均给，余一分没官。法令昭然，有如日星，此州且之所当奉行者。今欲照上条帖县，委官将汇齐戴见在应干田地、屋业、浮财等物，从公检校抄劄，作三分均分。……将一分付与诸女法。”①

仁宗天圣年间开始的出嫁女继承户绝资产包括田产在内的做法，与建隆条法中的出嫁女不继承庄田相比较，显见是一个很大的变化。

哲宗元符元年（1098年）八月，宋政府又颁新规：

“户绝财产尽均给在室及归宗女，千贯已上者，内以一分给出嫁诸女；止有归宗诸女者，三分中给二分外，余一分中以一半给出嫁诸女，不满二百贯给一百贯，不满一百贯全给；止有出嫁诸女者，不满三百贯给一百贯，不满一百贯亦全给，三百贯以上三分中给一分，已上给出嫁诸女并至二千贯止，若及二万贯以上，临时具数奏裁增给。”②

（三）寡妇的继承权

宋律沿唐旧制，规定子孙是父祖财产的当然继承人，因而在有子孙承分的情况下，寡妻“不别得分”。如果夫死无子，寡妇守志不嫁，可承夫分产。《宋刑统》卷一二《户婚律 · 卑幼私用财》“准”《户令》：

“寡妻妾无男者，承夫分；若夫兄弟皆亡，同一子之分。”

① 《名公书判清明集》卷8，《立继类 · 命继与立继不同（再判）》。

② （宋）李焘：《续资治通鉴长编》卷501，哲宗元符元年八月丁亥条。

寡妻妾守志虽可承夫分产，但必须为夫家立继，以继承夫家的宗祧和财产，立继子孙才是真正的财产继承人。寡妻如果改嫁，法律规定不得将夫家财产带走，而由子孙继承：

“其见在部曲、奴婢、田宅不得费用，皆应分人均分。”

宋太宗太平兴国二年（911年）五月丙寅诏：

“尝为人继母而夫死改嫁者，不得占夫家财物，当尽付夫之子孙。”①

南宋时期继续实行这一规定。《清明集》书判引法令：

“按《户令》：寡妇无子孙并同居无有分亲，召接脚夫者，前夫田宅经官籍记讫，权给，计直不得五千贯，其妇人愿归后夫家及身死者，方依户绝法。”②

即在寡妇无子孙和同居无有分亲的情况下，寡妇改嫁他姓亦完全丧失对前夫的财产占有权。

寡妻若有幼子并承分得夫家田产后，如携子改嫁，此承分田产的主人是其子。若子死，寡妻及后夫均无所有权，此田产即作户绝没官。如民妇阿甘有子名罗宁老，分得夫家田产。阿甘带着儿子改嫁罗棫，其后罗宁老死，罗棫以宁老所分田产作绝户献官。③

寡妻即使在夫家“守志”之时，也无权典卖夫家田产。《清明集》书

---

① （宋）李焘：《续资治通鉴长编》卷18，太宗太平兴国二年五月丙寅条。

② 《名公书判清明集》卷8，《户绝·夫亡而有养子不得谓之户绝》。

③ 《名公书判清明集》卷4，《争业上·罗棫乞将妻前夫田产没官》。

判引法令说：

“在法：寡妇无子孙年十六以下，并不许典卖田宅。”[①]“又法：诸寡妇无子孙，擅典卖田宅者杖一百，业还主，钱主、牙保知情与同罪。”[②]

寡妻若原有子或有养子的情况下，若子已成年，与儿子共同享有对家产的处分权，法令规定：

“交易田宅，自有正条。母在，则合令其母为契首。兄弟未分析，则合令兄弟同共成契。”[③]

母子同共成契的法令，一是防范寡母私自典卖田产，二是防范子孙擅自典卖。表明在夫亡之后，寡妇对家庭财产有一定的处置权，但这种处分权又受到极大的限制。

又据宋代法律规定，寡妇再婚，可以招进后夫，“俚语谓之接脚”，[④]“接脚夫”一词为宋代法律用语所采用。与改嫁到后夫家的情形不同，寡妇招进后夫，仍继续享有对前夫家产的用益权。宋仁宗天圣八年（1030 年）以前的法令，即已对寡妇招进后夫的条件有具体规定：

“妇人夫在日已与兄弟伯叔分居，各立户籍，之后夫亡，本夫无亲的子孙及有分骨肉，只有妻在者，召到后夫。”[⑤]

① 《名公书判清明集》卷 5，《争业下 · 继母将养老田遗嘱与亲生女》。
② 《名公书判清明集》卷 9，《违法交易 · 鼓诱寡妇盗卖夫家业》。
③ 《名公书判清明集》卷 9，《违法交易 · 母在与兄弟有分》。
④ （宋）张齐贤：《洛阳搢绅旧闻记》卷 5，《焦生见亡妻》。
⑤ 《宋会要辑稿》食货 61 之 58。

根据这一法令，寡妇召接脚夫的条件是本夫无亲的子孙及同居无有分亲，但有子年幼，亦可召进后夫：

“在法有接脚夫，盖为夫亡子幼，无人主家设也。”①

寡妇已召进后夫，如复为前夫抱养嗣子，法亦不禁，《清明集》判词云：

“前谓阿甘已召接脚夫，不应复为前夫抱养子，便欲籍没其业，则尤未安。妇人无所依倚，养子以续前夫之嗣，而以身托于后夫，此亦在可念之域。”②

寡妇召到后夫，法律规定：“其前夫庄田，且任本妻为主，即不得改立后夫户名，候妻亡，其庄田作户绝施行。”但有的后夫“假以妻子为名立契破卖，隐钱入已，或变置田产，别立后夫为户，妻殁之后，无由更作得户绝施行”。对此，宋政府于仁宗天圣八年规定，寡妇召进后夫以后，“委乡县觉察，前夫庄田知在，不得衷私破卖，隐钱入已，别买田产转立后夫姓名”。③

又据前引南宋《户令》规定，寡妇无子孙而招接脚夫者，前夫田产须经官登记，可暂时据有不超过五千贯的前夫田产，有用益权，无处分权，寡妇身死或改归后夫家，前夫家产作户绝施行，如前夫有幼子而招接脚夫者，财产继承人仍是前夫之子。

法令允许寡妇招进后夫并继续占有和使用所承分的夫家田产，这是宋代出现的新现象。依唐律规定，寡妇一经改嫁，便完全丧失对前夫家产的

① 《名公书判清明集》卷9，《违法交易·已出嫁母卖其子物业》。
② 《名公书判清明集》卷8，《户绝·夫亡而有养子不得谓之户绝》。
③ 《宋会要辑稿》食货61之58。

一切权利，而宋律允许寡妇召进后夫并可以终身享有对其前夫家产的用益权，这应该是宋代寡妇财产地位提高在法律上的具体反映。

（四）命继子的继承权

被继承人夫妇去世时无子孙，依宋律规定可由近亲代为被继承人立嗣，被称之为命继（这在第二节中已有叙述）。

在绍兴二年（1132 年）以前，宋律已有命继之法，但对命继子的财产权未作具体规定，至有命继子不能继承所继之家的财产者，绍兴二年，宋政府对命继子的财产继承权作出专门规定。《宋会要》食货六一之六四记载：

"绍兴二年（1132）九月二十二日，江南东路提刑司言，本司见有人户陈诉，户绝立继之子，不合给所继之家财产。本司看详，户绝之家，依法既许命继，却使所继之人，并不得所生所养之家财产，情实可矜，欲乞将已绝命继之人，于所继之家财产，视出嫁女等法量许分给。户部看详，欲依本司所申，如系已绝之家，有依条合行立继之人，其财产依户绝出嫁女法，三分给一，至三千贯止，余依见行条法。从之。"

根据以上规定，命继子的财产继承权与养子不同，后者与子承父分法同，前者则只能继承绝家财产的三分之一。这一规定通行于南宋时期，南宋的《户令》对此又有补充规定：

"诸已绝之家立继绝子孙（谓近亲尊长命继者）于绝家财产者，若止有在室诸女，即以全户四分之一给之，若又有归宗诸女，给五分之一。止有归宗诸女，依户绝法给外，即以其余减半给之，余没官。止有出嫁诸女者，即以全户三分为率，以二分与出嫁女均给，余一分没官。"①

① 《名公书判清明集》卷 8，《立继类 · 命继与立继不同（再判）》。

“若无在室、归宗、出嫁诸女，以全户三分给一，并至三千贯止，即及二万贯，增给二千贯。”①

根据以上规定，命继子在没有在室女和归宗女的情况下，可继承绝家财产的三分之一；如果只有出嫁女，命继子仍可分得三分之一；如果只有在室女或只有归宗女时，命继子可继承四分之一（户绝法规定：“户绝财产尽给在室诸女，而归宗者减半。”即只有归宗女时，归宗女可得二分之一，剩下的二分之一再减半给与命继子）。若既有在室女又有归宗女时，命继子便只能继承五分之一。命继子继承绝家财产“至三千贯止”，如果应继财产达二万贯，则再给二千贯，其余部分没官。

（五）同居人的继承权

《宋刑统》卷一二《户婚律·户绝资产》中的起清条规定，户绝之家若无在室及归宗女时，出嫁女可继承店宅、畜产、资财除丧葬费以外的三分之一的户绝资产，其余没官。庄田则“均与近亲承佃”。但不清楚近亲即作为户绝庄田的主人，或是近亲只有承佃权。②宋真宗大中祥符八年（1015 年）颁行的法令，取消了上述“均与近亲承佃”的规定：

“户绝田并不均与近亲，卖钱入官，肥沃者不卖，除二税外，召人承佃、出纳租课。”③

宋仁宗天圣四年（1026 年）七月，宋政府颁行《户绝条贯》：

① 《名公书判清明集》卷 8，《女承分·处分孤遗田产》。

② 唐《丧葬令》亦规定：“无女均入以次近亲。”

③ 《宋会要辑稿》食货 1 之 21。

"今后户绝之家，如无在室女有出嫁女者，将资财、庄宅、物色，除殡葬营斋外，三分与一分，如无出嫁女，即给与出嫁姑姊妹侄一分，余二分，若亡人在日，亲属及入舍婿、义男、随母男等自来同居营业佃莳至户绝人身亡及三年已上者二分，店宅财物庄田并给为主。如无出嫁姑姊妹侄，并全与同居之人。若同居未及三年，及户绝之人孑然无同居者并纳官。庄田依令文均与近亲，如无近亲，即均与从来佃莳或分种之人，承税为主。若亡人遗嘱证验分明，依遗嘱施行。"①

根据这条法令，户绝之家的财产，被继承人同居三年以上的亲属、入舍婿、义男、随母男等有了很大的继承权。在有出嫁女或出嫁姑姊妹侄的情况下，同居三年以上者可继承三分之二的户绝财产，没有出嫁女或出嫁姑姊妹侄时，可全部继承。而无同居三年以上者，户绝的近亲属可继承庄田，"承税为主"。近亲属又取得继承权，这与宋初及真宗大中祥符八年的规定显然有所不同。

天圣五年（1027 年）四月，宋政府对以上《户绝条贯》作出补充规定：

"若亡人遗嘱证验分明，并依遗嘱施行，切缘户绝之人，有系富豪户，如无遗嘱，除三分给一及殡殓营斋外，其余店宅财物，虽有同居三年已上之人，恐防争讼，并仰奏取指挥。"②

同居三年以上之人对户绝财产的继承权被再次重申，但若继承富豪户的财物时，因数额大而须申报朝廷。在宋代文献中，可以见到这条法令实施的例证。范镇《东斋记事》卷一记载："天圣中，雄州民妻张氏户绝，有田产于法当给三分之一与其出嫁女，其二分虽有同居外甥，然其估缗钱万

① 《宋会要辑稿》食货 61 之 58。

② 《宋会要辑稿》食货 61 之 58。

余，当奏听裁。仁皇曰：此皆细民自营者，无利其侵入，悉以还之。”

天圣八年（1030年）规定：

“应义男、接夫入舍婿，并户绝亲属等，自景德元年已前，曾与他人同居佃田，后来户绝，至今供输不阙者，许于官司陈首，勘会指实，除见女出嫁依元条外，余并给与见佃人改立户名为主。”①

从以上北宋时期关于户绝资产的继承法规中可以看到，北宋初期，沿唐旧制，笼统地规定近亲属对户绝资产有继承权。真宗大中祥符八年，曾一度取消近亲属的继承权。仁宗天圣四年的《户绝条贯》又予以恢复，但是将近亲属的继承顺序排在同居三年以上的入舍婿、义男、随母男之后，表明宋政府对权利与义务关系相一致的重视。

南宋时期，近亲属已丧失对户绝资产的继承权。但可通过为已绝之家立继绝子孙的方式，继承户绝资产的三分之一：

“在法：诸已绝之家而立继绝子孙，谓近亲尊长命继者，于绝家财产，若无在室、归宗、出嫁诸女，以全户三分给一分，余将没官。”②

同居人仍然享有对户绝资产的部分继承权，以赘婿的权利而言：

“在法：诸赘婿以妻家财物营运，增置财产，至户绝日，给赘婿三分。”③

《清明集》中有根据条令，判定赘婿与所立之子均分家产者：

---

① 《宋会要辑稿》食货61之57—58。

② 《名公书判清明集》卷4，《争业上·罗棫乞将妻前夫田产没官》。

③ 《名公书判清明集》卷7，《立继·立继有据不为户绝》。

"所有两分家业、田地、山林，仍请本县委官从公均分。……合以一半与所立之子，以一半与所赘之婿。女乃其所亲出，婿又赘居年深，稽之条令，皆合均分。"①

但是，应当特别注意的是，以上情况是针对被继承人生前未对其财产作出处分而言，若其生前已用遗嘱作出处分，则依被继承人的意志为准。

（六）关于死商财物的继承

在唐朝及五代时期，法律对于在外地经商者，以及蕃人、波斯人在中国经商者，身故之后的财产处理有专门规定。《宋刑统》卷一二《户婚律 · 死商财物》条以"准"文的形式，摘存了唐及五代时期有关死商钱物继承的法规，作为宋代的现行法令。兹录之如下：

"准《主客式》：诸商旅身死，勘问无家人亲属者，所有财物，随便纳官，仍具状申省。在后有认识勘当，灼然是其父兄子弟等，依数酬还。"

"准唐大和五年（831年）二月十三日敕节文：死商钱物等，其死商有父母、嫡妻及男，或亲兄弟、在室姊妹、在室女、亲侄男，见相随者，便任收管财物。如死商父母、妻儿等不相随，如后亲属将本贯文牒来收认，委专知官切加根寻，实是至亲，责保讫，任分付取领。状入案申省。"

这两条法令是关于商人在外地经商身亡时遗产处理的规定，对于死商遗产，其父母妻儿随行与不随行，均可认领。随行的亲属，包括亲兄弟、在室姊妹、在室女、亲侄男也可认领。不随行亲属（限于父母妻儿）认领财产时，须持本贯文牒。

唐太和八年（834年），对客商在外地身亡遗产继承又作出补充规定，

① 《名公书判清明集》卷7，《立继 · 探阄立嗣》。

同时对在中国经商的波斯人及诸蕃人死后遗产作出专门规定：

“死商客及外界人身死，应有资财货物等，检勘从前敕旨。内有父母、嫡妻、男、亲侄男、在室女，并合给付。如有在室姊妹，三分内给一分。如无上件亲族，所有钱物等并合官收。”

“死波斯及诸蕃人资财货物等，伏请依诸商客例，如有父母、嫡妻、男女、亲女、亲兄弟元相随，并请给还。如无上件至亲，所有钱物等并请官收，更不牒本贯追勘亲族。”

“右户部奏请，自今以后，诸州郡应有波斯及诸蕃人身死，若无父母、嫡妻、男及亲兄弟元相随，其钱物等便请勘责官收。如是商客及外界人身死，如无上件亲族相随，即量事破钱物瘗瘗，明立碑记，便牒本贯追访。如有父母、嫡妻、男及在室女，即任收认。如是亲兄弟、亲侄男不同居，并女已出嫁，兼乞养男女，并不在给还限。在室亲姊妹，亦请依前例，三分内给一分……敕旨：宜依。”

后周显德五年（958年），对于死商财物及蕃人、波斯人身死财物的继承问题，有了更明确的规定：

“死商财物，如有父母、祖父母、妻，不问有子无子，及亲子孙男女，并同居大功以上亲幼小者，亦同成人，不问随行与不随行，并可给付。如无以上亲，其同居小功亲（释曰：大功、小功亲具在《假守令》后《五服制度令》内），及出嫁亲女，三分财物内取一分，均给之。余亲及别居骨肉不在给付之限。其蕃人、波斯身死财物，如灼然有同居亲的骨肉在中国者，并可给付。其在本土者，虽来识认，不在给付。”

综合以上存录于《宋刑统》中的“准”文，作为适用于宋代处理死商财物继承的现行法令，其主要内容为：

第一，如是本国商人在外地经商身故，该死商如有父母、祖父母、妻（不问有子无子），以及亲子孙男女，并同居大功以上亲，幼小者亦同成人，不问随行与不随行，其财物并可给付。如无以上亲，其同居小功亲，在室亲姊妹，出嫁亲女，三分财物内取一分均给之。若无以上亲属，死商财物由官府没收。

第二，商人经商客死外地，如无以上所列之亲族人等相随，即量事破物藴瘗，明立碑记，便牒本贯追访。如后亲属持原籍官府出具的文牒来收认，委专官切加根究，实是至亲无误，有人作保以后，便可取领。

第三，波斯及诸蕃人在中国身故，其财物可以交付其原相随来中国的父母、嫡妻、男、亲女、亲兄弟。如无以上亲属，所有财物由官府收管，更不牒本贯追勘亲族，其在本土的亲族虽来认领，亦不给还。

（七）遗嘱继承法规

唐代的法令已规定被继承人在无法定承分人的情况下，可用遗嘱处分家产。见唐《丧葬令》：

“若亡人在日，自有遗嘱处分，证验分明者，不用此令。”①

宋朝政府继续承认遗嘱继承的法律效力，《宋刑统》中即纳入上引唐代《丧葬令》中关于遗嘱的法规，作为宋代现行法，② 仁宗天圣四年规定的《户绝条贯》又重申：

“若亡人遗嘱证验分明，依遗嘱施行。”③

此后，宋政府对遗嘱法曾有过几次修改，虽然今日已不能见到这几次

① 《宋刑统》卷12，《户婚律 · 户绝资产》“准”《丧葬令》。

② 《宋刑统》卷12，《户婚律 · 户绝资产》“准”《丧葬令》。

③ 《宋会要辑稿》食货61之58。

修改的具体内容，但从下面一条资料中可以略见其梗概。《长编》卷三八三记载，哲宗元祐元年（1086年）七月丁丑，左司谏王岩叟指出：

“此遗嘱旧法，所以有财产无多少之限，皆听其与也；或同宗之戚，或异姓之亲，为其能笃情义于孤老，所以财产无多少之限，皆听其受也。因而有取，所不忍焉。然其后献利之臣，不原此意，而立为限法，人情莫不伤之。不满三百贯文，始容全给，不满一千贯给三百贯，一千贯以上给三分之一而已。……伏望圣慈特命复嘉祐遗嘱法，以慰天下孤老者之心，以劝天下养孤老者之意，而厚民风焉。如蒙开纳，乞先次施行。”

王岩叟的意见为宋政府采纳，据此可知，在宋初颁定的《宋刑统》中的“户绝资产”条，及宋仁宗天圣四年的《户绝条贯》中的遗嘱法以后，宋仁宗嘉祐年间（1056—1063年），对遗嘱法有过一次修订。宋哲宗元祐元年（1086年）七月以前，宋政府对嘉祐遗嘱法又有修改，规定所遗嘱财产，不满三百贯文，始容全给，不满一千贯，给三百贯，一千贯以上，给三分之一。这次修订改变了嘉祐遗嘱法的“财产无多少之限，皆听其受”的旧制。元祐元年七月，宋廷因王岩叟之请，又恢复嘉祐遗嘱法。以上北宋时期遗嘱法的几度更改，已足以表明宋政府对遗嘱法的重视。

从宋代资料可以看到，遗嘱法在财产继承中起着重要作用，并为不少的人所采用，袁采曾云：“父祖有虑子孙争讼者，常欲预为遗嘱之文”，[①]“遗嘱之文，皆贤明之人为身后之虑，然亦须公平，乃可以保家”。[②]绍兴三十一年（1161年）知涪州赵不倚说当地情况，“人户陈诉户绝继养遗嘱所得财产”，造成“词讼繁剧”。[③]《清明集》书判中，更有多处与遗嘱有关的案

① 《袁氏世范》卷1，《睦亲·遗嘱之文宜预为》。

② 《袁氏世范》卷1，《睦亲·遗嘱公平维后患》。

③ 《宋会要辑稿》食货61之65。

例，表明被继承人用遗嘱处分家产的现象已较普遍。从现存的宋代资料中，可以较为清楚地了解到宋代遗嘱法的具体内容及其实施情形。

1. 遗嘱不得侵害法定承分人的权益

根据宋律规定，被继承人的遗嘱处分不得侵害法定继承人的合法权益。前面提到的《宋刑统》引唐《丧葬令》、宋仁宗天圣四年的《户绝条贯》，都有被继承人遗嘱证验分明者，依遗嘱施行的规定，但它们的共同前提都是指户绝（无法定承分人）的情况。嘉祐遗嘱法规定：

“财产别无有分骨肉，系本宗不以有服及异姓有服亲，并听遗嘱。”①

此规定仍然强调财产无法定承分人方听遗嘱，遗嘱的范围是本宗不论有服无服亲，而异姓却须是有服亲。

南宋法令略有改变：

“在法：诸财产无承分人，愿遗嘱与内外缌麻以上亲者，听自陈，官给公凭。”②

这一法令规定本宗亦须是有服亲，方有遗嘱继承的资格，与嘉祐法相比，遗嘱继承人的范围有所缩小。

遗嘱若侵害法定承分人的权益，视为违法，受害人可以向官府告论，官府依法维护法定承分人的权益。《宋史》卷二九三，“有民家子与姊婿讼家财，婿言妻父临终，此子裁三岁，故见命掌赀产，且有遗书，令异日以十之三与子，余七与婿”，此遗嘱违反上述法令的规定，损害了合法承分人的权益，被张咏判为无效遗嘱。《清明集》判词，叶氏在有承分人的情

① 《宋会要辑稿》食货 61 之 61。

② 《名公书判清明集》卷 9，《违法交易 · 鼓诱寡妇盗卖夫家业》。

况下，欲将养老分遗嘱与亲生女，官府判：“叶氏此田，以为养老之资则可，私自典卖固不可，遗嘱与女亦不可……《户令》曰：诸财产无承分人，愿遗嘱与内外缌麻以上亲者，听自陈，则是有承分人不合遗嘱也。”① 本案，官府依法判定叶氏的非法遗嘱无效。

2. 有效遗嘱须经官印押

根据宋律的规定，立遗嘱者须要经官印押，官给公凭。赵鼎《家训笔录》第二十七项云：“三十六娘吾所钟爱，他日吾百年之后，于绍兴府租课内拨米二百石充嫁资，仍经县投状改立户名。”②《清明集》书判：“乃谓余氏在日，有此遗嘱，……设果有遗嘱，便合经官印押，执出为照。”③ “在法：诸财产无承分人，愿遗嘱与内外缌麻以上亲者，听自陈，官给公凭……今徐二之业，已遗嘱与妹百二娘及女六五娘，曾经官投印，可谓合法。”④

官府维护合法遗嘱的法定效力。遗嘱必须经印押，“官给公凭”，一方面可以防范因假伪遗嘱而引致争端，另一方面政府可因之而征收税产。高宗绍兴三十二年五月，户部规定：

“人户今后遗嘱与缌麻以上亲，至绝日合改立户及田宅与女折充嫁资，并估价赴官投契纳税。”⑤

未经官府印押的遗嘱，或是口述遗嘱的情况，便比较复杂，依法令规定，这类遗嘱是没有法律效力的。一般情况下，官府对这类遗嘱不予承认。如以下例证：

“其所谓遗言者，口中之言邪？纸上之言邪？若口纸上之言，则必呈之

① 《名公书判清明集》卷 5，《争业下·继母将养老田遗嘱与亲生女》。

② （宋）赵鼎：《忠正德文集》卷 10，《家训笔录》。

③ 《名公书判清明集》卷 8，《立继类·父子俱亡立孙为后》。

④ 《名公书判清明集》卷 9，《违法交易·鼓诱寡妇盗卖夫家业》。

⑤ 《宋会要辑稿》食货 69 之 26。

官府，以直其事矣。若曰口中之言，恐汗漫无足据，岂足以塞公议之口。”①

“缪氏母子不晓事理，尚执遗嘱及关书一本，以为已分析之证。此皆何烈在日，作此妆点，不曾经官印押，岂可用私家之故纸，而乱公朝之明法乎！”②

未经官司印押的遗嘱，若其内容合乎法令规定，官府经确认遗嘱系被继承人生前所立，也能予以维护。淳祐初年，钱居茂生前摽拨产业与女充嫁资的遗嘱，未经官印押，但官府经辨验后，确认系钱居茂生前所立，且遗嘱内容亦合法，因而承认居茂遗嘱为有效。③

遗嘱不合法者，关系人可以依法告论，诉讼期限为十年：

“遗嘱满十年而诉者，不得受理。”④

假伪遗嘱者，官府不予承认，在一争立继的诉讼中，一方当事人欲以假遗嘱立异姓子为继。官府判：“荣孙，异姓也，七岁。且遗嘱非真，似难争立。”⑤

对于假伪遗嘱情节严重者，要予以惩罚：

“范瑜放荡无藉，乘范大佑神朝奉不禄，妄起觊觎，既教唆族人，使子范朝奉垂绝之际，登门伐丧，骗去钱、会，今又敢恃其破落，自行诈赖。鞠之囚圄，理屈辞穷，即无所谓遗嘱，特凿空诬赖，为骗取钱物之地耳。范瑜勘杖一百，编管邻州。”⑥

① 《名公书判清明集》卷7，《立继 · 立继有据不为户绝》。
② 《名公书判清明集》卷5，《争业下 · 僧归俗承分》。
③ 《名公书判清明集》卷6，《争山 · 争山》。
④ 《名公书判清明集》卷5，《争业下 · 侄与出继叔争业》。
⑤ 《名公书判清明集》卷8，《立继类 · 先立一子俟将来本宗有昭穆相当人双立》。
⑥ 《名公书判清明集》卷8，《遗嘱 · 假伪遗嘱以伐丧》。

被继承人不仅可以在生前用遗嘱处分财产，还有用遗嘱立嗣者，这在本章的《宋代的收养立法》一节中已述及，此不赘言。由于立嗣与财产继承直接相关，所以立继的遗嘱仍可看作是财产遗嘱的一种方式。

遗嘱的内容除财产与继嗣之外，也有安排后事的。如，徐二初娶阿蔡为妻，亲生一女六五娘，再娶阿冯，无子……乃于淳祐二年手写遗嘱，将屋宇、园池给付亲妹与女，且约将来供应阿冯及了办后事。[①] 寡妇也享有立遗嘱的权利。《清明集》书判：

例一：

“寡妇以夫家财产遗嘱者，虽所许，但《户令》曰：诸财产无承分人，愿遗嘱与内外缌麻以上亲者，听自陈。”[②]

例二：

“今却据族长评议，已立渊海继王怡外，更欲立王广汉为圣舆之后。究其所以，乃谓徐氏（按：圣舆之妻）在日，有此遗嘱。”[③]

例三：

“今契勘阿游再立尧萱遗嘱。……官司亦只得听从其说。”[④]

综上所述，宋代的遗嘱继承法规已是相当的严密和完备。

---

① 《名公书判清明集》卷9，《违法交易·鼓诱寡妇盗卖夫家业》。
② 《名公书判清明集》卷5，《争业下·继母将养老田遗嘱与亲生女》。
③ 《名公书判清明集》卷8，《立继类·父子俱亡立孙为后》。
④ 《名公书判清明集》卷8，《立继类·后立者不得前立者自置之田》。

第四章　经济法律

第一节　工商立法

北宋时商业贸易活跃频繁。都城汴京有“大货行”和“小货行”一百六十多行，入行商户六千四百余家。商业活动一破唐代“市”“坊”界限，同一行业已经分散到各处。营业时间不受限制，出现了早市和夜市。农业的集市贸易和朝廷的海外贸易都较前发展。货币流通量增加，出现了世界上发行最早的纸币。[①]

南宋偏安一隅，全国的经济重心从北方移到了南方。商业及对外贸易有进一步的发展。都城临安的人口达一百二十余万，城内商店林立，所售物品极为丰富，大商品的交易额“动以万数”。对外贸易额大幅度增加，高宗绍兴三十年（1160 年）时，市舶司年收入达二百万贯，为北宋时的三倍。到绍兴三十二年，仅泉州、广州两市舶司的净收入就达二百万缗，约占当时南宋年度财政收入的二十分之一。[②]

---

① ［日］加藤繁：《中国经济史考证》第 1 卷，吴杰译，商务印书馆 1959 年版。参见陈汉生主编：《中国古代经济法制史纲》，电子工业出版社 1990 年版，第 269 页。

② ［日］加藤繁：《中国经济史考证》第 1 卷，吴杰译，商务印书馆 1959 年版。参见陈汉生主编：《中国古代经济法制史纲》，电子工业出版社 1990 年版，第 270 页。

一、市场管理法规

（一）市场与榷场

1. 两宋市场的发展

两宋时期城市商业区由市内的街道延伸到坊内，一直扩大到城外。太祖乾德三年（965）诏令：汴京夜漏三鼓前不禁行人。真宗时进一步取消夜禁，商业活动日夜进行，有所谓的晓市、夜市和鬼市。除汴京和临安外，长江、运河沿岸交通要道上的商业性城市如江都、建康、镇江、扬州等，和乡间市郊源于草市的墟集——商业性的集镇也都蓬勃发展起来。[①]海外贸易的程度史所未有。据《马可波罗游记》讲：当时的泉州港是世界最大海港，贸易要超过亚力山大港或其他港百倍以上。

2. 两宋"榷场"的设立及其作用

所谓"榷场"，即在西北沿边地区和淮水流域设置的官办贸易场所，以此来保证其政治上的安全。宋采取榷场的形式对辽、金、西夏贸易，一方面是为了由此获利，另一方面则是从政治、军事角度出发，控制物资的外流。在海外贸易方面也利用"榷场"的形式加以控制，并颁布一系列法令，禁止榷场贸易以外的任何与其他民族的民间商品交往（主要是当时的敌对国辽和金）。

宋初，已在"沿边市易"。太宗太平兴国二年（977年）和淳化二年（991年）分别在北方边镇等地各置榷场，与辽贸易。由于战争关系，榷场时开时禁。"澶渊之盟"后，出现了相对稳定的和平局面，榷场贸易也开始了新的发展。[②]《宋史·食货志》载，真宗景德二年（1005年）规定："平互

① 参见《宋大诏令集》，中华书局1962年版；《建炎以来系年要录》，中华书局1962年版；（宋）孟元老：《东京梦华录》，中华书局1982年版；（宋）吴自牧：《梦粱录》，浙江人民出版社1980年版。

② 《宋会要辑稿》食货36记载了榷易的相关情况。

市物价，稍优其值予之。”因此，“终仁宗、英宗之世，契丹固守盟好互市不绝”。在同西夏和平交往中，也曾采用榷场形式贸易。

至南宋，仍以榷场形式控制同金的商品交易。高宗绍兴十二年（1142年）以后，在与金交界处广置榷场，并形成了榷场管理制度，依客商所携货物种类和价值而有不同的交易规定。[①]

（二）均输法与市易法

宋代商业资本的活跃，使商业资本不再局限于城市，日益向农村的集镇、集市辐射。拥有十万以上乃至百万财产的大商人越来越多。衍生出一批商品交换的中间人——牙侩势力，以及专门包揽商税的“揽户”。他们通过各种投机活动，积累了雄厚的资财。由于传统“重本抑末”观念的驱使，商人拥有雄厚资本后即大量购置田土，于是加剧了土地兼并的进行，导致社会矛盾的尖锐。两宋朝廷同历代统治者一样，也奉行着限制商业资本的政策，所不同的是，更多地采取法律的手段来加以调整。均输法即在此种形势下产生的。

1. 均输法

均输法初始于王安石变法时期，由吕惠卿起草完成，它的制定一方面固然是为了保证京师物质生活的需要，另一方面也是为了进一步限制大商人的投机活动。

汴京是皇室、贵族、大小官员聚居的场所，京城内外又驻扎了数十万军队，因此成了一个空前巨大的消费都市。为了保证供应消费，曾在太祖建隆年间设置了发运司，专门主管运输集中于长江下游的物资到京城。但是，由于发运司的权限不大，对京师与地方的物资状况不了解，往往供需严重脱节，结果造成了农民负担的加重，京师的供应也因此受到影响，于是富商大贾便趁机而入，控制市场，获取厚利。

① 参见《宋大诏令集》《建炎以来系年要录》。

为纠正上述弊端，神宗熙宁二年（1069 年）七月十七日发布均输法，规定：发运使总掌东南六路财赋，同时主管茶、盐、酒、矾税收，付以钱货，便于灵活运用。还规定：发运司要了解京师的库藏情况和需求情况，按照“徙贵就贱”“用近易远”的原则，征购各项物品，以供京师。官府欲以此限制富商大贾对市场的操纵，故受到了商人们的极力反对。从均输法发布之日起，他们就大造舆论。据范纯仁《范忠宣公集·奏议》卷上“奏乞罢均输”中说：均输法“将笼诸路杂货，买贱卖贵，渔夺商人毫末之利”。《宋史·食货志》则言“不免夺商人之利”。《东坡七集·奏议》卷一“上皇帝书”也说：“豪强大贾皆疑而不敢动”，等等。说明均输法触及了大商人的利益。但是，由于均输法仅实施于东南六路，且限于对汴京的物质供应，因此，对商人资本活动的限制有一定的局限性，只是到了市易法颁布后，商人资本才受到较为有效的控制。

2. 市易法

王安石新法之一，神宗熙宁五年（1072 年）始定。起因于大商人依靠经济实力把持各个商业行会组织（即所谓的“行”），并勾结官僚势力，将官方的各项采购供应转嫁给中小商人或无权势的商人。他们采用“较固取利”（垄断市场，独占贸易）的手段，垄断市场的各项交易，极力压低购价，抬高售价，从中牟取高额利润，结果造成中小商人的赔本破产和城市居民的生活困难。市易法就是在这种背景下颁行的。

神宗熙宁五年三月，魏继宗上书，要求设立常平市易司，并选拔守法商人帮助，以平抑物价，“贱则少增价取之，令不至伤商，贵则少损价出之，令不至害民”。一方面将“开阖敛散之权”从大商人手中夺归于官府，另一方面则从平抑物价当中，官府分得部分商业利润，而有助于国家财政。朝廷遂接受了这一建议，于汴京设立了市易务，神宗诏令拨钱一百万贯，作为京师市易务之本钱，以后改京师市易务为都市易司，成为总的机构，在边境和重要城市分设市易务。

据《宋会要辑稿》食货载“市易法”共有十二条目，总括内容大致

如下：[1]

一是有关市易务的组织。市易法规定设有监官二人，提举官、勾当公事官各一人。另有行人和牙人，由招纳的京师行铺和牙人充任。监官、勾当公事官进行“平价”收购一些滞销的货物，行人和牙人担当货物买卖的具体工作。

二是有关“契书金银抵当”和“结保赊请”的条目。规定担任监官、勾当公事官的大商人，必须“以地产为抵押”，才能借官钱，同时要付年息百分之二十。市易务的行人也要自报家产或借金银作为抵押，五人以上结成一保。一般行贩亦可结保向官府贷钱。这种以地产金银抵押和结保赊请的做法，旨在保证官钱的偿还和防止官物的损失。市易务根据各行铺抵当的产业多少，将收购的货物均分赊请给各行铺，由他们售卖。在半年到一年内，将钱偿还市易务，另加利息半年百分之十，一年百分之二十，过期不还，每月另加百分之二的罚金。

三是有关“贸迁货物”的规定。外来商人，如愿将无法脱手的货物出卖给官府，许其到市易务投卖，如果客商愿意折合官府的各种物品，亦听其便。

市易法的推行，在一定程度上限制了大商人的投机活动，使大商人控制物价的现象有所缓和，外来商人和城市小商贩及居民亦避免了过多的利益损失，客观上为商业繁荣创造了有利的条件，商税也因此而有所增加，这对官府的财政也大有助益。

其时处罚违法交易的规定，据《名公书判清明集》辑宋律佚文内容大致如下：

其一，“违法交易，钱没官，业还主”。

其二，凡“交易诸盗及重叠之类，钱主知情者，钱没官；自首及不知情者，理还。犯人偿不足，知情牙保均备（赔偿）”。

---

① 《宋会要辑稿》食货 37。

其三，“交易，钱止一百二十日为限”。（一切交易，物价限一百二十日内交足，逾期未足，所有权仍属业主。）

3. 免行条贯

神宗熙宁六年（1073 年）八月在市易务主持下，制定“免行条贯”。规定：免除各行对官司的供应，各行按“利入厚薄纳免行钱”①。所纳免行钱按上、中、下三等区分。这是由于官府的各项需求原是由诸行供应的，由于“官司上下需索”，各行所费“无虑十倍以上”，以致造成“稗贩贫民”破产“失职”的严重现象。② 为纠正这一弊病而颁发“免行条贯”。此后，小商贩经营的机会增多，特别是免行钱的征收，使那些荫庇于贵族势力之下的行人再也不能仗势欺压其他行户，限制了某些商人同贵族权臣的勾结。

（三）严禁走私的律法与衡器、物价管理法规

1. 严禁走私的诏令

榷场贸易仍不能满足南北物资交流的需要，于是出现了民间的私相贸易作为补充。私人贸易出现的原因，首先是榷场贸易受官府的严格控制，且要交纳商税，商人获利相对不多；其次是官府严格规定了某些商品不允许输出边界，这就束缚了商人的经营范围；最后，在战争的情况下，官府有时干脆封闭榷场，阻断了商人贸易的唯一合法途径。在这种情况下，民间的走私买卖就日益频繁。为此官府发布了一系列禁令，其内容主要有：

（1）规定某些商品为不允许出境的禁品。如真宗咸平三年（1000 年）“诏民以书籍赴沿边榷场博易者，非九经书疏悉禁之”。即不许九经以外的书出境。神宗熙宁年间，“禁私市硫磺、焰硝，以及芦甘石入他界”。即不许火药原料出境。至于钱币的禁止外流，则是经常颁布的法令。

（2）规定私人之间不得贸易。太宗年间曾下禁令，“违者抵死，北界

① 《续资治通鉴长编》卷 246，熙宁六年八月丙申。

② 《宋会要辑稿》食货 38 之 2。

商旅辄入内地贩易，所在捕斩之”。神宗熙宁九年（1076年）又专门制定了“与化外人私贸易罪赏法”。在同西夏的边贸上诏令：“严禁边民，无得私相贸易。”[①]

但是，这些禁令的颁布，未能阻止商贩的越界贸易和禁品的外流。究其原因，一方面是利欲之心驱使商贩冒禁越界，另一方面则是官吏的受贿纵容。如“河北诸路帅司人吏，与沿边巡检捕监官司兵员管营等，上下计会，受赇作弊，容纵客旅，公然般运违禁物色，透露盗贩过界。帅臣安抚，通知其弊，莫肯按劾。弥缝胶固，牢不可破，虽设禁制，仅成虚文”[②]。就连统治者也不得不承认，众多禁令只是一纸“虚文”。

2. 有关度量衡的律法规定

宋代的度量衡管理，有较系统的规定。按照唐代的《关市令》：每年八月要进行统一监校，在京城的送太府寺，“不在京者，诣所在州县平校，并印署，然后听用”。据《杂令》规定：容量“十钥为合，十合为升，十升为斗，三斗为大斗一斗，十斗为斛”；重量以“二十四铢为两，三两为大两一两，十六两为斤”。尺度以“十分为寸，十寸为尺，一尺二寸为大尺一尺，十尺为丈”。经校勘，如果违反上述规定，依律“杖七十”；如是监校官司失职，“杖六十”。凡私作度量衡不合规定，又在市场上使用者，依法治罪，按情节依律，或笞五十或准盗论；即使合规定，“而不经官司印者，笞四十”。[③]

3. 有关物价管理的律法规定

凡物价不平者，“计所贵贱坐赃论，入己者以盗论。其为罪人评赃不实，致罪有出入者，以出入人罪论”。“诸卖买不和而较固取者（较，谓专略其利。固，谓障固其市），及更出开闭，共限一价（谓卖物以贱为贵，买物以贵为贱），若参市（谓人有所卖买，在旁高下其价，以相惑乱）而规自

① 《宋史》卷186，《食货志下》8。
② 《宋会要辑稿》刑法2之51。
③ 《宋刑统》卷26，《杂律·校斗秤不平》。

入者，杖八十。已得赃重者，计利，准盗论。”[①]

二、禁榷法律

汉唐以来的禁榷（专卖）律法在宋代得到进一步发展，后世许多专卖措施亦可在此找到其渊源。严密的禁榷法律使宋代财政收入的成分较前代有了很大的变化。农业税渐居次要地位，禁榷收益及商税渐成财政收入的主体，成为解决财政匮乏的重要手段。宋代禁榷物种类除传统的盐、茶、酒外，又有矾、香药、铁、石炭（煤）、醋等。真宗时曾诏令三司“经度茶、盐、酒税以充岁用，勿增赋敛以困黎元”[②]。以推行所谓“民不加赋而国用足”的禁榷制度。在禁榷物的众多立法中以盐、茶两项最为重要。对于盐、酒、茶产品控制极严。宋初就明令规定，私自煎盐三斤，酿酒三斗，造曲十五斤或炼矾十斤的，要处以极刑。

专卖制度可分为二类：一是全部专卖制，从生产到销售的全过程，包括“民营官卖”统归政府独占经营。二是部分专卖制，凡是商人对产品的购买和销售都须在国家的直接控制下进行。

（一）盐的专卖

宋时盐分池盐、海盐、井盐和土盐四种。池盐又名解盐，生产为官营，有“官般官卖”和“通商”两种形式。“官般”就是官营运输，由政府役人代运，名为“帖头”；或采取“和雇”的方法，把盐运到销售处，由专卖机关市易务榷卖。北宋初，京东、两浙、淮南、广东以及四川部分地区，实行的就是“官般官卖”。“通商”，就是在官府直接控制下有限制地由官府批发给商人，在指定的区域零售。海盐生产多为民营，其运销多为官运

---

① 《宋刑统》卷26，《杂律·校斗秤不平》。

② 《宋史》卷179，《食货志下》1。

官销。井盐、土盐产量不多，影响较小。

在盐的商销中又有“扑买”“分销”“入中”三种制度。

有关“扑买”，史载：“所谓扑买者，通计坊务该得税钱总数，俾商先出钱与官买之，然后听其自行取税以为偿也。”① 实际上是官府控制下的商人包买包卖。

分销制的办法是“募上户为铺户，官给券，定月所卖，从官地买之”。② 其性质类似今日的代销。

“入中”指商人将粮草或其他货物输纳到沿边州郡，称为“入中”。官府根据其价值给以交引，商人将交引带到京城，由交引铺铺户作保，向榷货务领取现款或盐引，再到指定的仓场领盐，称为“折中”，商人再把盐运到规定的地区出售。仁宗时，范祥改行“盐钞法”。凡商人“许客于在京榷货务入中金银钱帛，纽算交引，就解州两池榷盐院请盐，往南地兴贩”。即不再用实物，改用现款。商人取得盐钞后，凭钞到仓场领盐，并在指定地点销售。这一制度终宋之世相沿不改。③

徽宗崇宁、政和年间，废止了官般官销，改用商运商销，并创立“长引”和“短引”制度。商人如买“短引”，只能在本路内销售；如买“长引”，则可以运往他路行销。盐法上的暴敛史不绝书，以崇宁、政和年间蔡京所行“循环法”为例，可谓在搜刮民财上花样翻新。史载：“循环者，已卖钞未授盐，复更钞；已更钞，盐未给，复贴输钱；凡三输钱，始获一值之货。民无赀更钞，已输钱悉干没，数十万券一夕废弃。朝为豪商，夕侪流丐，有赴水投环而死者。”实行这种“换钞法”后用更印新盐钞改旧钞，经“贴纳”“对带”和“循环”等方式，不断扩大新旧盐钞对换比值的差额，朝廷上下以聚敛为能事，“新法于今才二年，而所收已及四千万贯”，以此来

---

① （明）丘濬:《大学衍义补》卷 32,《鬻算之失》。

② 《宋史》卷 183,《食货志下》5。

③ 《宋会要辑稿》食货 36 之 6。

增加财政收入。[①]

（二）茶的专卖

茶的专卖始于唐代，宋代制度更加完备。太祖乾德三年（965 年）始榷东南茶。仁宗嘉祐四年（1059 年），曾一度弛禁，改为通商征税。神宗熙宁七年又榷蜀茶。两广地区因产茶极少，所以未曾榷禁，允许自由通商，但不准茶叶出境。宋初，在东南地区设榷货八务（太平兴国中废省两务）及十三处山场专营此事。山场是统辖收纳茶税和收购茶叶的专门机构，榷货务则是茶的专卖机构。官府付给园户（茶农）本钱，茶叶运销通过场务，由官府专卖。茶农除以茶折税外，还要将茶卖给官府，匿不送官府及私卖者，茶叶没收，并且计值论罪。主管官吏私以官茶贸易，其价值如达到一贯五百的要处死。

为抑制商人争夺茶利，在官鬻和通商两种制度下，有宋一代茶法之繁密空前，且更改频仍。以“贴射法”和“三说法”之争为例。仁宗天圣元年（1023 年）设立计置司，废“三说法”，改行“贴射法”。所谓“贴射法”，即官府计算出十三茶场买卖本息的总数，官府不再预支园户本钱，让商人直接同园户交易，茶叶按当地市价出售，收入扣除本钱后，余钱交给官府，称为“贴射”。如果园户所产的茶无人“贴射”，或“贴射”后仍有剩余，这时就由其所属山场收购。然而两年后又诏令废“贴射法”。至景祐三年（1036 年）又予恢复。庆历八年（1048 年）却又行“三说法”。皇祐二年（1050 年）再以“贴射法”代之。如此反复到至和三年（1056 年）通商主张取代两者纷争。

两宋榷茶加重了对生产者、消费者和茶商的掠夺。哲宗元祐元年（1086 年）右司谏苏辙奏曰：“自官榷茶以来，以重法胁制，不许私卖，抑勒等第，高秤低估，递年减价，见今止得旧价之半。”[②] 侍御使刘挚在其奏疏中

---

① 参见《文献通考》卷 16，《征榷考》3；《宋史》卷 182，《食货志下》4。

② （宋）苏辙：《栾城集》卷 36，《右司谏论时事十首·论蜀茶五害状》。

亦言："是官于园户名为平市，而实夺之。……欲伐茶则有禁，欲增植则加市。故其俗论谓地非生茶也，实生祸也。"①

徽宗崇宁四年（1105 年）废除东南地区的茶叶官买官卖，改行通商，实行"茶引法"。徽宗政和二年（1112 年）设都茶场管理收税发引，产地置合同场，以检查引据、斤重和其他事宜。并用严刑峻法，禁止私贩。如有违反引法规定的条款，要受到没收茶货，及笞、杖、徒、流等刑罚。伪造茶引或武装走私茶叶，拒捕违抗者处死刑。私贩茶叶，允许他人告发，官府给予奖励。官吏违法徇私也同样治罪。

南宋高宗建炎二年（1128 年）又在四川实行"茶引法"。使全国除两广外，都实行过茶引法。茶引有"长引"和"短引"两种形式，其方法同盐引相似。淳熙十一年（1184 年）诏："今后应赊买客人茶，其人见有父母兄长，并要同共书押文契。"② 四川地区曾设茶马司，官府将茶叶运往少数民族地区换取马匹。法令规定：凡私自将茶叶卖给少数民族，或私贩川茶进入少数民族地区，要按军法治罪。③

（三）酒的专卖

酒的专卖，一如盐、茶控制得严紧。史载："宋榷酤之法，诸州城内皆置务酿酒，县、镇、乡、闾或许民酿，而定其岁课。若有遗利，所在多请官酤。"④ 但酿酒的曲，必须向官府购买，严禁民间私造。各地的酒务、酒坊、酒库等，或者由官府经营，或由军队经营，或由官员私人经营，或由民间向政府承买经营。一般都实行专利，相互之间规定销售范围，不得侵越。凡民间私自造曲酿酒，或携带外地酒进入本地，都须判以苦役或徒刑，甚至处死。

---

① 《宋史》卷 184，《食货志下》6。

② 《宋会要辑稿》食货 31 之 26。

③ 参见《续资治通鉴长编》，《宋会要辑稿》食货，《栾城集》。

④ 《宋史》卷 185，《食货志下》7。

在闽、广等地不实行榷酤，官府实行征收酒税，不过酒的经营都被当地的豪民所独霸。后人评说："史策所载历代榷酤，未有如宋之甚者。"[①]

（四）金属矿产的专卖

宋代矿冶法更趋严密，金、银、铜、铁、锡及铅、水银等基本上都由官府控制经营。据《宋史·食货志》载，为了控制铸钱的原料，对铜矿业控制很严，禁私采私铸。太祖开宝年间曾诏令："民铸铜为佛像、浮图，及人物之无用者，禁之。"另一商品专卖品是铁。官府出卖其他金属的情况并不多见。铁矿的开采，主要是官营，但在那些矿藏量不是很丰富的地方，允许百姓出息承买采炼。采炼的人户必须将部分产品作为租税交纳给官府，剩余部分或全部或部分卖给官府，或部分听民出售。神宗熙宁年间曾下诏，"令近坑冶坊郭乡村并淘采烹炼，人并相为保；保内及于坑冶有犯，知而不纠或停盗不觉者，论如保甲法"，即用保甲法来管理矿藏开采和冶炼。神宗时，曾经一度对农具和铁器用具实行过专卖，到哲宗元祐时，废除了这一规定。徽宗大观二年（1108 年）下诏："金银坑发，虽告言而方检视，私开淘取者以盗论。坑冶旧不隶知县、县丞者，并令兼监，赏罚减正官一等。"又诏令："禁（铁）毋得私相贸易，农具、器用勿禁，官自卖铁唯许铸泻户市之。"政和年间又仿茶盐法榷鬻，置炉冶收铁，给引召人通市。南宋时因为内外交困，财力不济，因而宽弛矿禁，"以金银坑场……召百姓采取，自备物料烹炼，十分为率，官收二分，其八分许坑户自便货卖"。[②]

（五）舶来品的专卖

宋代屡颁诏令，对舶来品实行严格的专卖制度。北宋太宗年间规定："私与蕃国人贸易者，计直满百钱以上论罪，十五贯以上黥面流海岛，过

① （清）赵翼：《陔余丛考》卷 18，《宋元榷酤之重》，商务印书馆 1957 年版。
② 《宋会要辑稿》食货 34 之 16。

此送阙下。”淳化五年申其禁：“至四贯以上徒一年，稍加至二十贯以上，黥面配本州为役兵。”[①]《宋会要辑稿 · 职官》也载，至道元年（995 年）三月，诏广州市舶司：“内外文武官僚敢遣亲信于化外贩鬻者，所在以姓名闻。”[②]到徽宗政和三年（1113 年）“诏如至道之法，凡知州、通判官吏并舶司使臣等，毋得市蕃商香药禁物”。南宋乾道七年（1171 年）“诏见任官以钱附纲首，商旅进蕃买物者有罚”。对舶来品，抽解和买以后，“违法抑买者，许蕃商越诉，计赃罪之”。说明了官府对舶来品专卖的严厉态度。[③]

当然，不是所有的舶来品都是禁榷物，这要根据官府的具体需要而定。如太宗太平兴国元年（976 年），舶货全部禁榷。但到了太平兴国七年，政策有所放宽，除珠贝、玳瑁、犀象、珊瑚、玛瑙、乳香等奢侈品全部归官府专卖外，其余“放通行药”三十七种，作为非禁榷品，由官府实行部分博买，或“听市于民”。[④]

第二节　土地立法

宋代的土地制度，是唐代土地制度的继续和发展。

宋初，土地荒芜的现象相当严重，经济中心的中原地区，“地之垦者十才二三”。针对这种情况，统治者采取了一系列的措施，不仅动用军队大力屯田，而且屡下诏令劝诱流民垦荒地，因此耕地面积有所扩大。中国古代的土地法律制度发展到宋代，租佃契约关系和土地买卖开始盛行，并成为土地立法的重要内容，朝廷充分运用法律手段，维护现存的土地制度，

---

① 《宋史》卷 186，《食货志下》8。

② 《宋会要辑稿》职官 44 之 3。

③ 《宋史》卷 186，《食货志下》8。

④ 《宋史》卷 186，《食货志下》8。

无非是为取得更多的赋税收入，以解决常常出现的财政拮据危机。

至两宋，土地问题仍是土地兼并问题，这是随土地买卖而来的一个必然结果，两者是密切连接在一起的。自土地买卖制度确立之后，便成为战国以后历代社会制度的经济基础，其存在和发展，为其自身的经济规律所支配，完全不以人的意志为转移，因此，它绝不是任何人的主观意志及由此而形成的政策、法令等所能改变的。上述从汉以来前后推行的限田、王田、占田、均田等之相继失败，实际上都是经济规律起作用的必然结果。因为只要土地是可以自由买卖的，而土地在传统社会中又是最主要的生产手段和财富的存在形态，则土地兼并的洪流就不是任何政策、法令所能阻挡或扭转的。[①]

两宋的土地所有制形式，突出的是地主私人所有，并在法律上进一步承认土地私有权。私人土地，包括地主、官僚、商人所经营的大量私田和主户中第四、第五等户（即自耕农和半自耕农）占有的小块土地。其来源的主要途径，是通过土地买卖。土地的所有权，常常因为买卖，几经更换主人。而有权势的地主、官僚还可以通过强占民田、侵吞官田，来扩充自己的私人土地。宋代荒地较多，普通农民如能在政府的诏令内开垦荒地，“所垦田即为永业”，可以自由买卖。北宋初，已经出现了作为官府正式承认土地所有权的凭证——文契，这样造成土地集中十分惊人。除地主私人所有外，还有相当部分土地属于国家所有，其表现形式主要为屯田、职田、学田等。

一、奖励垦荒及对土地所有权的法律保护

（一）奖励垦荒

经过唐末五代的战乱，黄河流域一带大片田地荒芜，大量人口流散，

① 参见赵晓耕等主编：《中国古代土地法制述略》，中国和平出版社 1996 年版。

农业生产受到了严重的摧残。后周世宗曾设法恢复，制定出各种规划措施，农民生产一度有所好转，但距离全面的恢复和发展还很远。北宋建立后，土地荒芜的现象仍然严重地存在着。统治者为了巩固政权和增加赋税收入，于是采取奖励垦荒的政策。

太祖刚即位，就下诏：

令“所在长吏谕民，有能广植桑枣、垦辟荒田者，止输旧租；县令、佐能招徕劝课，致户口增羡、野无旷土者，议赏”。[①]

就是说，农民能开垦荒地，在租赋问题上可以享受优厚待遇，而官吏能招来流散的劳动力，使旷土成为可耕地，也可受到各类赏赐。这种奖励垦荒的诏令，几乎两宋的每一代皇帝都有所颁布。奖励的内容虽因时间和地区不同而有差异，但据《宋史 · 食货志》载，归纳起来主要有如下几点：

农民垦荒地后，或可以将其变为自己的永业田，或三年至五年，乃至更长的时间内不纳租税，待蠲免期到，输纳部分租税，然后逐年递增，直到正常水平。劳动者如缺乏生产必需的生产资料，官府就出借牛犁、种食，或者发放贷款，让农民自己购买耕牛等必备生产资料，买耕牛者可享受免征耕牛税等。

官吏如招民有方，辟田有显著成绩者，可升官发财，并能直接受到皇帝的嘉奖。如郡守赵尚宽，“假牛犁、种食以诱耕者，劝课劳来。岁余，流民自归及淮南、湖北之民至者二千余户；引水溉田几数万顷，变硗瘠为膏腴”。对此英宗给予特别奖励，“特进一官，赐钱二十万，复留再任”。由于这类奖励措施收到一定的成效，因此，后来就干脆制定专门条文。如高宗绍兴五年（1135 年）五月颁《守令垦田殿最格》：

① 《宋史》卷 173,《食货志上》1。

“残破州县垦田增及一分，郡守升三季名次，增及九分，迁一官；亏及一分，降三季名次，亏及九分，镌一官。县令差减之，增亏各及十分者，取旨赏罚。”①

然两淮、荆湖等路仍有许多旷土，户部又再次制定“格”：“每州增垦田千顷，县半之，守宰各进一秩；州亏五百顷，县亏五之一，皆展磨勘年。”所谓增即荒田被开垦，亏即熟田不因灾害而致荒。②

（二）保护土地私有权

宋代律法对土地私有权是充分肯定的。

1.“输钱印契”确认土地所有权

《文献通考》卷十九《征榷考六》载太祖开宝二年（969年）九月诏：

“令民典卖田宅，输钱印契。”

由于宋代法律对地主土地私有权的保护，所以那些过去典卖土地而没有经过“输钱印契”的买主，为了取得官府在法律上的认可，纷纷补办手续。如秦州官府在真宗大中祥符九年（1016年）三月至四月间，受理州民申请自“开宝以后未税契者”，要求“标正户籍”的有一千七百余件，官府发给“印契”后“民悉无讼”。

据《宋会要辑稿·食货》载：对那些购买田产的新业主，只要“输钱印契”手续完备，即使日后卖主反悔，法律仍给予保护：

“仁宗天圣八年（1030年）二月，审刑院言：两浙自天圣元年已前，人

① 《宋史》卷173，《食货志上》1。
② 《宋史》卷173，《食货志上》1。

户买卖田产，见有契券印税，改割税赋分明者，其业主（卖主）却称是当日卑幼蒙昧，尊长卖过，却论认者，官司更不为理，并依元立契为主。所有天圣元年已后人户交易，如有争论，并依前后《敕条》施行，从之。”①

2. 允许农民对土地侵权行为申诉

据《宋会要辑稿·刑法》载：对于上户强占自耕农民土地，官府允许农民申诉：

“（高宗绍兴）十九年十二月十三日，权尚书户部侍郎宋贶言：……如被上户侵夺田土之人，仰赴官陈诉。若干当人系白身或军人，即仰依条重行断遣。如有官人即同形势官户人家，并具情犯姓名申朝廷，依法重作施行。州县观望，不为受理，仰监司按劾。其四川、两浙东西、两广、福建、京西路亦乞依此，从之。”②

有些地主因为战争，弃田离乡，而官府仍旧保护他们对这些土地的所有权。如果他们在官府规定的期限内归来认领，官府即“子（仔）细照检见收执契状、户钞或乡书手造到文簿之类，可以见得分明，给还，依旧耕种。其元地若已被人请佃，开垦了当，即依邻近现田地段内许对数指射”。③如果“官司占田不还，许越诉”④。

3. 禁止盗耕公私田

《宋刑统》卷一三《户婚律·占盗侵夺公私田》中有关土地立法规定：

“盗耕种公私田者，一亩以下笞三十，五亩加一等。过杖一百，十亩

① 《宋会要辑稿》食货 61 之 60。
② 《宋会要辑稿》刑法 3 之 48。
③ 《宋会要辑稿》食货 69 之 54。
④ 《宋会要辑稿》食货 69 之 52。

加一等，罪止徒一年半。”

盗罪分窃盗或强盗两类，如果是强行耕种，则罪加一等；耕有荒有熟，如被窃耕的田地，原来已经荒芜则减罪一等。还禁止“窃耕人墓田”，或“窃葬他人田”。如果是伤他人坟者，则徒一年，葬他人田者，则令移葬。

在生产者与生产资料相分离的情况下，生产力与生产关系之间陷入深刻矛盾，从而严重地阻碍着生产力的发展。这本是地主制经济的一个根本矛盾，它是随着地主制经济的产生而产生的并随着它的发展而发展的。在宋代，由于土地问题比过去历代更为严重，因而这一矛盾表现得也比过去历代更为突出。这时期的具体情况是土地高度集中于少数人之手，造成有田者不耕，而耕者没有田，绝大多数的直接生产者都是公私地主的佃户，甚至有不少还是实质上的农奴。他们在“鞭笞驱使”下耕人之田，劳动积极性当然不高。加以“地广而耕者寡”，更不可能精耕细作。特别是屡遭兵火，人民死徙流亡，大量耕地变为荒田，官营租佃，效率更低，而官吏骚扰抑勒，对农业生产又起了很大的破坏作用。至于一般少有土地的自耕农，又在赋税徭役的剥削和压迫下，被逼到有田不敢耕的地步。在宋初太宗时，陈靖即上书说：

“臣又尝奉使四方，深见民田之利害，汙莱极目，膏腴坐废，亦加询问，颇得其由。昔诏书屡下，许民复业，蠲其常租，宽以岁时。然乡县之间，扰之尤甚，每一户归业，则刺报所由，朝耕尺寸之田，暮人差役之籍。追胥责问，继踵而来，虽蒙蠲其常租，实无补于捐瘠。况民之流徙，始由贫困，或避私债，或逃公税。亦既亡逋，则乡里敛其资财，至于室庐、什器、桑枣、材木，咸计其直。乡官用以输税，或债主取以偿逋，生计荡然，还无所诣，经兹浮荡，绝意言归。”①

① （宋）李焘：《续资治通鉴长编》卷 40，至道二年七月庚申。

可见残酷的赋役剥削，也是造成田不垦辟的一个重要原因。为改变这一状况，从增加赋税的角度考虑，朝廷开始尝试其他的方法。

二、方田法与土地兼并

宋代是在唐代废除了土地买卖的形式限制——均田制——之后一个继起的安定时期，也是传统社会经济特别是其中的商品经济畸形发展的时期。这时土地买卖和土地兼并，大有狂澜滚滚，一泻千里之势。

（一）方田法

在宋代，不仅授田、限田行不通，就连均赋税的方田法也行不通。由于长期以来地权与赋税版籍混乱，有地无税、地多税少、地少税多以及地去税存的现象，十分严重，宋代曾拟用千步方田法对各人所有的土地进行一次全面测量，把赋税不均的现象加以改正。第一次实行方田均赋是在仁宗庆历年间（1041—1048 年）：

“谏官王素言：‘天下田赋轻重不等，请均定。’而欧阳修亦言：‘秘书丞孙琳尝往洺州肥乡县，与大理寺丞郭谘以千步方田法括定民田，愿诏二人者任之。’”[①]

三司乃命郭谘在蔡州试行，

“谘首括一县，得田二万六千九百三十余顷，均其赋于民。既而谘言州县多逃田，未可尽括，朝廷亦重劳人，遂罢”。[②]

---

① 《宋史》卷 174，《食货志上》2。
② 《宋史》卷 174，《食货志上》2。

其后神宗患田赋不均，熙宁五年（1072年），重修定方田法，诏司农以均税条约并式，颁之天下。其办法如下：

以东西南北各千步，当四十一顷六十六亩一百六十步为一方。岁以九月，县委令、佐分地计量，据其方庄帐籍，验地土色号，别其陂原、平泽、赤淤、黑垆之类凡几色。方量毕，计其肥瘠，定其色号，分为五等，以地之等均定税数。至明年三月毕，揭以示民，仍再期一季，以尽其词，乃书户帖连庄帐付之，以为地符。均税法，以县租额税数，毋以旧收躛零数均摊，于元额外辄增数者，禁之。若丝绵紬绢之类，不以桑柘有无，止以田亩为定，仍豫以示民，毋胥动以浮言，辄有斩伐。荒地以见佃为主，勿究冒佃之因。若瘠卤不毛听占佃，众得樵采不为家业之数，众户殖利山林、陂塘、道路、沟河、坟墓、荒地皆不许税，诡名挟佃，皆合并改正。①

关于当时为什么要实行方田法以丈量土地，李新曾有一段扼要的说明：

“爰自井田一变，阡陌代兴，所谓田者，人始得贸之，贫者鬻逮售，则薄徙其税，富者欲邀利，则务低其直。税移而薄，故地虽去而赋益重；偿直既少，故地愈广而赋愈轻，此天下之公患也。神宗熙宁中，尝诏有司讲明其法，分利害若辨白黑，以土之肥瘠，为地之美恶，以地之美恶，定赋之多寡。其步亩所至，则方为之帐，其升头尺寸，则户给之帖，举数千载轩轾跛倚之病，衡而齐之，无逸漏者。”②

可见方田法对有地无税或地多税少的大地主是不利的，在这些人的破坏阻挠之下，至元丰八年（1085年）哲宗即位后，即行废止。其后屡试屡罢，

① （宋）李焘：《续资治通鉴长编》卷237，熙宁五年八月甲辰。
② （宋）李新：《跨鳌集》卷21，《上杨提举书》。

一直不能贯彻执行，可见其阻力之大。南宋绍兴中（1146 年左右），两浙转运副使李椿年言：

“……兵火之后，文籍散亡……豪民猾吏，因缘为奸，机巧多端，情伪万状，以有为无，以强吞弱。有田者未必有税，有税者未必有田。富者日以兼并，贫者日以困弱，皆由经界之不正耳。”①

他认为经界不正，其害有十，并于平江创经界司，以为试点。但在别处推行，或“措置无术，却致苛扰；或怀私营己，诪张沮抑”②；其“乖谬反为民害者”亦所在多有，弄得“经画未见其涯涘，骚扰已及于乡闾”③。结果，均税的目的没有达到，而民间反受其害，故不久亦行停罢。④

（二）官宦、地主的土地占有状况

在宋代，对土地的任何干预都是办不到的，豪门富室之兼并土地，人们已司空见惯，视为当然，社会上不再有任何限制，故宋代的土地兼并问题遂越来越严重。史称仁宗时：

“承平寖久，势官富姓，占田无限，兼并冒伪，习以成俗，重禁莫能止焉。”⑤

秦观曾概论北宋年间的土地占有和兼并情况说：

① 《宋会要辑稿》食货 6 之 36。
② 《宋会要辑稿》食货 6 之 45。
③ 《宋会要辑稿》食货 70 之 134。
④ 参见傅筑夫：《中国经济史论丛（上）》，生活 · 读书 · 新知三联书店 1980 年版，第 144 页。
⑤ 《宋史》卷 173，《食货志上》1。

“本朝至和、嘉祐之间（1054—1063年），承平百余年矣。……田畴邸第，莫为限量。衣食器皿，靡有约束。俯仰如意，豪气浸生。货贿充盈，侈心自动。于是大农富贾，或从僮骑，带刀剑，以武断于乡曲，毕弋渔猎，声伎之奉，拟于侯王，而一邑之财，十五六入于私家矣。”①

在这种无“限量”、无“约束”、一切都“俯仰如意”的情况下，一般大农富贾权豪势要之家，自然都要不遗余力地去兼并土地。其实这种情形在宋初时已相当严重，例如：

“青州录事参军麻希梦……以老退居临淄，有美田数百顷，积赀巨万。……希梦居乡里，常兼并不法……人皆畏之。”②

像这样的情况，已比比皆是，所以雍熙三年（986年）国子博士李觉上言，曾痛论当时的严重情况：

“地各有主户，或无田产，富者有弥望之田，贫者无卓锥之地，有力者无田可种，有田者无力可耕。……富者益以多畜，贫者无能自存。”③

有力耕田的人则“无田可种”，“无力可耕”的人却有“弥望之田”。这是地主制经济生产力与生产关系之间的一个绝大的矛盾。历代封建王朝即使能够认识这个矛盾，也无法解决这个矛盾，宋代当然不会例外。如真宗咸平三年十一月诏：

① （宋）秦观：《淮海集》卷15，《进策·财用上》。
② （宋）钱若水：《太宗皇帝实录》卷44，端拱元年闰五月乙未。
③ （宋）李焘：《续资治通鉴长编》卷27，雍熙三年七月甲午。

“如闻均定以来，多历年所，版图更易，田税转移，富有者日益兼并，贫乏者渐至凋敝，特行检括，庶适重轻。”[①]

这种空洞无物的官样文章，当然不解决任何问题，只不过聊表关心而已。

宋徽宗政和年间（1111—1118年）针对土地兼并日益严重的状况，亦曾颁布过“限田令”，主要是限制品官的占田数，规定：

“一品百顷，以差降杀，至九品为十顷；限外之数，并同编户差科。”

即官吏只能按规定的限额占田，超过此限额的田亩，必须按民田交纳一定的赋税。然而交纳的赋税与兼并土地所获的田租收益相比，只能使土地兼并愈加激烈。政和七年（1117年）又下诏令，限制宫观的占田数，“内外宫观舍置田，在京不得过五十顷，在外不得过三十顷，不免科差、徭役、支移”。这种限田政策很可能是一纸空文，因为早在仁宗朝，就颁行过比上述限田的诏令严厉得多的规定：

“公卿以下毋过三十顷，牙前将吏应复役者毋过十五顷，止一州之内，过是者论如违制律，以田赏告者。”[②]

任何人都得按制度规定占有田地，“诸占田过限者”，要处以杖刑或徒刑。[③]并禁止地方官吏依仗权势侵占私人田地，违者治罪，如侵占的是果

① 《宋会要辑稿》食货70之5。

② 《宋史》卷173，《食货志上》1。

③ 但在地多人少的地方，按规定数量占田外，如能耕垦荒地，则不受此条文规定约束。这里也反映了统治者的奖励垦荒的主旨。

园或蔬菜地之类，则罪加一等。

但结果是这类限田令“未几即废”，原因是那些“任者终以限田不便”。其实，中国古代土地制度发展到宋代，因典卖而形成的土地兼并，完全是由其自身经济规律所决定的，是任何一纸诏令所不能改变的。

传统土地制度的历史发展证明，在土地买卖和土地兼并发展的洪流中，土地既然可以买卖，则一切财富所有者总是千方百计地要把货币财富变形为土地，或者说把动产变为不动产。所以，不用说豪门权贵、贪官污吏以及大农富贾等，都是土地的狂热的购买者。就是被人们吹捧为清廉循良的官吏也不例外，所不同的只是地产数目的多寡而已。例如，范仲淹被誉为一代名臣，也亟亟以买田为事，其《家书》有云：

“所置田如何？若买得一庄，须是高田，则久远易为照管，若在水渎侧近，则只典买田段亦得。”①

他有多少私田，不见记载，只知一次“公遣子尧夫到姑苏搬麦五百斛……舟次丹阳，见石曼卿……三丧在浅土，欲葬之而北归，无可谋者，尧夫以所载舟麦付之”②。据范仲淹自称：“中田一亩，取粟不过一斛。”③则姑苏至少有麦田五百亩。此外，他还有“义田”一千亩。史载：

“范文正公，苏人也，平生好施与，择其亲而贫、疏而贤者，咸施之。方贵显时，置负郭常稔之田千亩，号曰‘义田’，以养济群族之人。”④

① （宋）范仲淹：《范文正公尺牍》卷上，《家书·与中舍》，出自《四库全书》荟要本。
② （宋）范仲淹：《范文正公集》卷7，《言行拾遗事录》。
③ （宋）范仲淹：《范文正公集》卷8，《上资政晏侍郎书》。
④ （清）王昶：《金石萃编》卷136，《义田记》。

王安石将全部田产捐入蒋山太平兴国寺为常住田，租入三百四十五石余。[①] 这都是高官中田较之最少者。至如权奸阉宦等贪官污吏，则一向是大土地兼并者。如高宗初籍没蔡京、童贯、朱勔等浙西田，其中仅朱勔一人即达三十万亩。[②] 其他有万亩左右的大地主，全国各地比比皆是，千亩左右就更不可胜数了。欧阳修说：

“井田既坏，而兼并乃兴，今大率一户之田及百顷者，养客数十家。”[③]

南宋虽偏安江左，疆土已蹙，但土地兼并的猛烈程度，却远过北宋。首先是权臣将帅占田无限，其田产之庞大惊人。例如，高宗一次即赐韩世忠圩田九百六十顷，连一般朝臣都感到愕然。廖刚奏称：

“臣伏睹今月二十六日圣旨，指挥将建康府永丰圩拨赐韩世忠。……臣窃契勘本圩计田九百六十顷，岁收米三万斛，他圩未有其比。……世忠带三镇节度使，金玉满堂，姬侍列屋，买田之资，固当不乏，若陛下特与，是陛下继封君之富，而忘斯民之贫困也。……江东圩田，不知能几千顷，若诸将人赐千顷，所余亦无几矣。”[④]

一次赐田即达九万六千亩，其自买之田又不知还有多少。其他将帅如：

“张俊，岁收租六十四万斛，偶游后圃，见一老兵昼卧，询知其能贸易，即以百万付之。其人果往海外，大获而归。……有故人自北来投者，

① （宋）王安石：《临川先生文集》卷 43，《乞将田割入蒋山常住札子》。
② 《宋史》卷 407，《佞幸朱勔传》。
③ （宋）欧阳修：《欧阳文忠公集》卷 59，《原弊》。
④ （宋）廖刚：《高峰文集》卷 2，《论赐圩田札子》。

杨遣人押就常州本府庄内，支一百贯与之，密遣人偕往代郡，为之置田千亩。……其女适向子丰于湖州，以妾所生子秘为己子，报王，王即拨昆山良田千亩为粥米资。”①

以中田亩收一斛计，则张俊至少有六十余万亩。杨沂中常州昆山本府庄田究有多少，不得而知，但动拨千亩为赠，当亦不在少数。

然后，民间一般土豪，亦多有此类情形。例如：

“两淮土沃而多旷。土人且耕且种，不待耘耔，而其收十倍。……有张拐腿者，淮东土豪也，其家岁收谷七十万斛。”②

又如：

“常德府查市富户余翁家，岁收谷十万石。”③

可知余翁亦至少有田十万亩，但比之张拐腿则是小巫见大巫了。

此外，僧寺也是一个大的土地所有者：

“僧寺常住田者，所在多有之。绍兴中，高宗尝取其绝产，隶郡国养士。……今明州育王、临安径山等寺，常住膏腴，多至数万亩……颇为民闲之患焉。”④

① （清）赵翼:《陔余丛考》卷 18,《南宋将帅之豪富》。

② （宋）李心传:《建炎以来朝野杂记》甲集卷 8,《杂事·陈子长筑绍熙堰》。

③ （宋）洪迈:《夷坚志》甲志卷 7,《查市道人》。

④ （宋）李心传:《建炎以来朝野杂记》甲集卷 16,《财赋三·僧寺常住田》。

时江南各地，僧寺林立，其常住田皆不在少数，如：

“天童日饭千僧，育王亦不下七八百人。……天童岁收谷三万五千斛，育王三万斛，且分布诸库，以罔民利。”①

其中有些主持寺院的大和尚，往往是上通官府，下压平民，在地方上凌弱暴寡，成为一霸，他们身披袈裟，口念弥陀，在慈悲的幌子下，对农民进行着残酷的吸血活动。②

到南宋末年时，土地兼并问题更为严重，一家收租，有多到百万斛的。刘克庄在一个奏疏中说：

“昔之所谓富贵者，不过聚象犀珠玉之好，穷声色耳目之奉，其尤鄙者则多积坞中之金而已。至于吞噬千家之膏腴，连亘数路之阡陌，岁入号百万斛，则自开辟以来，未之有也，亚乎此者，又数家焉。”③

由于土地兼并进行得日益猛烈，致社会经济危机遂日益严重起来，大有岌岌可终日之势。淳祐六年（1246年），殿中侍御史谢方叔乃上书朝廷，设法挽救危急局势：

“豪强兼并之患，至今日而极……国朝驻跸钱塘，百有二十余年矣。外之境土日荒，内之生齿日繁，权势之家日盛，兼并之习日滋，百姓日贫，经制日坏，上下煎迫，若有不可为之势。所谓富贵操柄者，若非人主之所得专，识者惧焉。夫百万生灵资生养之具，皆本于谷粟，而谷粟之产，皆

① （宋）刘昌诗：《芦浦笔记》卷6，《四明寺》。

② 参见傅筑夫：《中国经济史论丛（上）》，生活·读书·新知三联书店1980年版，第148页。

③ （宋）刘克庄：《后村先生大全集》卷51，《奏议·备对札子》。

出于田。今百姓膏腴皆归贵势之家，租米有及百万石者；小民百亩之田，频年差充保役，官吏诛求百端，不得已则献其产于巨室，以规免役。小民田日减而保役不休，大官田日增而保役不及。以此弱之肉，强之食，兼并浸盛，民无以遂其生。于斯时也，可不严立经制以为之防乎？去年，谏官尝以限田为说，朝廷付之悠悠。不知今日……敌人睥睨于外，盗贼窥伺于内，居此之时，与其多田厚赀不可长保，曷若捐金助国共纾目前？”①

这篇奏疏尽管情词恳切，但却不能引起任何反响。因为限田在宋初就不能实行，而且过去历代王朝都未能有效实行，这时当然更不能实行，故朝廷只好付之悠悠。至于要他们认清形势，捐金助国，更等于与虎谋皮。所以在这样的情况下，即使没有外患，南宋的社会经济亦必然要陷于崩溃。这种危急形势，当时人也看得很清楚。例如，咸淳十年（1274 年），侍御史陈坚、殿中侍御史陈过等奏：

“今东南之民力竭矣，西北之边患棘矣，诸葛亮所谓危急存亡之时也。而邸第戚畹、御前寺观，田连阡陌，亡虑数千万计，皆巧立名色，尽蠲二税。州县乏兴，鞭挞黎庶，鬻妻卖子，而钟鸣鼎食之家，苍头庐儿，浆酒藿肉；琳宫梵宇之流，安居暇食，优游死生。安平无事之时尤且不可，而况艰难多事之际乎？”②

可见南宋王朝早在外患没有来临之前，就已经彻底腐烂了。果然二年以后，宋即覆亡。

宋代土地兼并问题之所以比过去历代为严重，是因为兼并土地的不只是大商富贾和权门豪右等私人大地主，官府也是一个大的土地占有者。它

① 《宋史》卷 173，《食货志上》1。
② 《宋史》卷 174，《食货志上》2。

不仅掌握了历代相沿的山林沼泽等公田和罪没户绝等田产，而且还直接参与土地买卖，并将所掌握的公田官田出租，以收取地租，把剥削农民的地租作为官府财政收入的一个组成部分。这样，宋代官府也是一个大地主。

三、职田法

宋以前，朝廷占有的公田或官田，除由皇室直接保留一部分作为皇帝的私产外，其余一部分用于赏赐及“赋予贫民”，一部分作为屯田、职田和公廨田之用。实行均田制度时，也不“假贷贫民”，而是由官府出卖或出租。用于赏赐和出卖掉的土地，都变成了私人的地产，就是各种公用的土地，也都是招租承佃，和私田一样，以收取地租。苏洵说：

“方今天下之田，在官者惟二：职分也，籍没也。职分之田，募民耕之，敛其租之半而归诸吏。籍没则鬻之，否则募民耕之，敛其租之半而归诸公。职分之田，遍于天下，自四京以降，至于大藩镇，多至四十顷，下及一县，亦能千亩。籍没之田，不知其数。”①

职田是自古以来历代相沿的一种制度，至五代而废，到宋真宗咸平二年（999年）“兴复职田”时又行恢复，但与唐制不同：

“隋唐给田之制有三：一曰永业田，依品而给，听其子孙相承；二曰职分田，随官而给，更代相付；三曰公廨田，据省寺州县地望而给。永业田唯不许私卖，职分公廨田唯课营种，以给公私之费，别无禁止之制。”②

---

① （宋）苏洵：《嘉祐集》卷5，《衡论·兵制》。

② 《宋会要辑稿》职官58之2。

检讨杜锡等曾详细说明了历代职田制度的沿革，指出从古以来都是“籍而不税”：

“籍之言借也，借民力治公田，美恶取于此，不税民之所自治也。……又（唐）田令：诸职分陆田限三月三十日，稻田限四月三十日以前上者，并入后人，以后上者入前人。麦田以九月三十日为限，若前人自耕未种，后人酬其功直，已前种者，准分租法。此皆历代故事，令文旧制也。今三司建议，但系官水陆庄田，据州县近远，并充职田，召人佃莳，所得课利，随二税输送，置仓收贮，依公使钱例，上历公用。”①

可见宋以前的职田是以徭役的方式来经营的，至宋改为招租承佃的方法，与私人地主之出租土地相同。

宋制无永业田和公廨田，只有职分田。史书载：

“系官庄土及远年逃田充州县官吏职田者，悉免二税及缘纳物色，许长吏已下募人牛垦辟，所得租课均分，如乡之例……不得私以贴卖。……所召佃户，止得以浮客充，仍免乡县差徭，不得占庇税户。”②

官吏职分田是“随官而给”，宋制规定：

“州县长吏给十之五，自余差给。其两京、大藩府四十顷，次藩镇三十五顷，防御、团练州三十顷，中上刺史州二十顷，下州及军、监十五顷，边防小州、上县十顷，中县八顷，下县七顷，转运使、副使十顷，兵马都监、

① 《宋会要辑稿》职官58之1—2。

② 《宋会要辑稿》职官58之2、之3。

监押、寨主、厘务官、录事参军、判司等，比通判、幕职之数而均给之。”①

到仁宗庆历时（1041—1048年），又略加限制：

“凡大藩长吏二十顷，通判八顷，判官五顷，幕职官四顷。凡节镇长吏十五顷，通判七顷，判官四顷，幕职官三顷五十亩。凡防、团以下州军长吏十顷，通判六顷，判官三顷五十亩，幕职官三顷。其余军、监长吏七顷，判官、幕职官并同防、团以下州军。凡县令，万户以上六顷，五千户以上五顷，不满五千户并四顷。凡簿、尉，万户以上三顷，五千户以上二顷五十亩，不满五千户二顷。”②

依照规定，职田皆以逃亡五年以上及绝户荒田为之，但遇此类土地不足时，即购买民田作为职田。例如：

“天禧……三年（1019年）六月，河北缘边安抚司言：定夺到雄州李允则买到近城民田八顷，望令见佃客人佃莳，岁纳课子，充通判、都监幕职官职田。从之。”③

职田虽然不是官吏的私有土地，但是职田地租是官吏俸禄的一部分，他们自然要凭借权势，不顾农民的死活去进行剥削。在这里，官家地主具有私人地主所没有的政治权力优势，因而，它不仅对农民进行经济的剥削，而且可以进行超经济的剥削。针对这一现象，仁宗天圣七年（1029年），上封事者纷纷主张“停废天下职田”。据晏殊等上议：

① （宋）李焘：《续资治通鉴长编》卷45，咸平二年七月壬午。
② （宋）李焘：《续资治通鉴长编》卷145，庆历三年十一月壬辰。
③ 《宋会要辑稿》职官58之4。

“伏以朝廷所置职田，盖欲稍资俸给，其如官吏不务至公，或差遣之间，狥于侥竞；或横敛之际，害及人民；……既有亏于廉节，复多犯于宪章，所宜寝停，用绝奸弊。所有职田，并乞纳官，依省庄例入帐拘管。诏曰：……谓主廪给之稍丰，则洁廉之易守，是稽政实，并锡公田。岁月寖深，奸蠹滋长，或作威以害单弱，或横使用以急羡赢，屡渎公朝，甚喧清议，已从废罢，式警贪残。”①

从这段记载中可以看出职田虐民之甚。不过职田停废之后，官俸失一来源，故两年后又行恢复。天圣九年二月癸巳诏曰：

“天下吏给职田，所以惠养廉节也，而贪污之人并缘为私，侵渔细民，滋以为害，比诏有司，皆从停罢。如闻勤事之吏，禄薄不足以自养，朕甚愍焉，其复职田。”②

其后终宋一代，一直在实行这个办法，故官家地主对农民的残酷剥削也一直存在，并且其残酷程度往往是私人地主所不能达到的。据宣和元年（1119年）的一份诏书说：

“诸路当职官各赐职田，朝廷所以养廉也。县召客户或第四等以下税户租佃分收，灾伤检覆减放，所以防贪也。访闻诸县例多违法，勒见役保正长及中上等人户分佃，认纳租课，不问所收厚薄，必输所认之数。设有水旱，不问有无苗稼，勒令撮收，其甚有至不知田亩下落，虚认送纳，习以成例。农桑之家，受弊无告，闻之恻然。”③

① 《宋会要辑稿》职官58之5。
② （宋）王称:《东都事略》卷5,《本纪五·仁宗》。
③ 《宋会要辑稿》职官58之19。

又宣和七年（1125）京东路转运副史黄潜厚言：

“在任官职租，方起纳之时，督责甚于税赋，逮其既足，不时变粜，坐邀善价，贪鄙之风，不可不革。”①

到南宋时情况依然如故。据建炎元年（1127年）六月的一个诏书说：

“应州县官职田，访闻多系实无田土，抑令人户输租。”②

私人地主不论剥削怎样残酷，毕竟还是按亩收租，不能凭空索取，而官家地主竟然无中生有，“实无田土”，而“抑令人户输租”，真是千古奇闻，民间地主又远为落后了。③

四、官田法

（一）籍没之田

包括因罪被没收的犯人田产，逃亡五年以上及绝户荒田，这些土地都是已耕地或可耕的熟荒地。北宋初年，承五代大乱之后，人口大量死亡，所有这些逃田及户绝荒田均被官府籍没为公田或官田。南宋时期，金人进入中原之后，战争区域的人民大量死亡和迁徙，特别是争夺不定的两淮、荆襄一带，人烟稀少，旷土弥望。所以在两宋时期，官府掌握的公田数量是很庞大的。

① 《宋会要辑稿》职官58之22。

② 《宋会要辑稿》职官58之23。

③ 参见傅筑夫：《中国经济史论丛（上）》，生活 · 读书 · 新知三联书店1980年版，第153页。

宋代官府对于它所掌握的公田，除了以一部分作为职田之外，其余大部分公田的利用方法，完全如苏洵所说：籍没则鬻之，否则募民耕之，敛其租之半而归诸公。① 所以，大体处置办法有二：一是出卖，二是出租。可见宋朝廷既是一个大的土地出卖者，又是一个大的土地出租者。但是细别之，其办法也是多种多样的。据元丰中（1081 年左右）一份文件说：

"准朝旨，以土田分等：近城第一等为官庄，第二等合种，第三等出租，第四等募人耕，五年起税。"②

官庄由官府自己经营，每五十顷差治使臣一员。合种、出租、募人等，实质上都是租佃，只是租佃条件略有不同罢了。

朝廷为了增加收入，对于籍没的土地，首先是出卖，所谓"籍没则鬻之"。南宋时由于财政困难，更是大量地出卖公田，并设置专官，管理卖田事宜，这对当时如火如荼的土地兼并起了火上浇油的作用。官府有时因财政窘迫，需欵孔亟，当限期出卖，不易脱手时，不惜"监锢保长，抑勒田邻"，带有强制性质。这些情况可由下引文献看出：

[绍兴六年（1136 年）二月庚戌] 诏：

"江、浙、闽、广诸路总领卖田监司，榜谕人户，依限投买乡村户绝并没官及贼徒田舍，与江涨沙田、海道泥田。昨为兼并之家，小立租额，佃凭者永为己业。"③

[绍兴十二年（1142 年）冬十月庚辰] 诏：

---

① （宋）苏洵：《嘉祐集》卷 5，《衡论·兵制》。

② （宋）李焘：《续资治通鉴长编》卷 289，元丰元年五月壬午。

③ （宋）李心传：《建炎以来系年要录》卷 98，绍兴六年二月庚戌。

"诸路常平使见卖官田，并令见佃人增租三分，如不愿增者，许人刬佃。"[①]

"官田东南旧多有之。靖康中，尝命经制司，鬻蔡京、王黼、田为籴本。翁端朝中丞为经制使，言恐生弊幸，乞租与客户，岁收课租，损其二分，从之。然诸道闲田颇多，既利厚而租轻，因有增租以攘之者，谓之刬田，由是词讼繁兴。绍兴二十八年，知温州黄仁荣，请鬻之以止讼，会何内翰溥亦请鬻官田为常平本，许之。其后户部会其数，得钱五百万缗，自是数举行之，独营田不废。"[②]

［乾道三年（1167年）秋七月辛亥］臣僚言：

"'户部申请，诸路并限一季出卖官产，拘钱发纳。且以江东西、两广论之，村疃之间，人户凋疏，弥望则黄茅白苇，民间膏腴之田，耕布犹且不遍，岂有余力可买官产？今州县迫于期限，且冀厚赏，不免监锢保长，抑勒田邻。乞宽以一年之限，戒约州县不得抑勒，如有违戾，重置典宪。'从之。"[③]

［乾道八年（1172年）］十一月辛未：

"遣官鬻江、浙、福建、二广、湖南八路官田。"[④]

［乾道八年十一月］是月诏：

"官田除两淮京西路不行出卖，应诸路没官田产屋宇并营田，并措置

---

① 《建炎以来系年要录》卷147，绍兴十二年十月庚辰。

② （宋）李心传:《建炎以来朝野杂记》甲集卷16，《财赋三 · 官田》。

③ 《宋会要辑稿》食货5之36。

④ 《宋史》卷34，《孝宗本纪》2。

出卖，以户部左曹郎官主之，诸路委常平司，其钱赴左藏南库，令置库眼桩管。”①

（二）营田

公田除出卖一部分外，其余绝大部分都作为屯田和营田。营田就是公田出租。

“缘营田与屯田不同，屯田系使军兵耕种，营田系召募百姓耕种，逐年将收到子利，依营田司元降指挥，除种子外，官中与佃客作四六分分，官得四分，客得六分。”②

可见营田系朝廷以土地所有者的资格大量出租土地的一种制度，其出租有种种方式，上述的合耕、出租、募人耕就是三种主要方式。但是在宋代，屯田有时亦召募百姓耕种，而由百姓耕种的营田，有时亦叫作屯田，实际上两者并没有显著区别。

营田从北宋初年即已开始实行：

“太宗端拱二年（989 年）二月一日，以左谏议大夫陈恕为河北东路招置营田使……右谏议大夫樊知古为河北西路招置营田使……欲大兴营田也。”③

淳化四年（993 年）三月，

---

① 《皇宋中兴两朝圣政》卷 51，乾道八年十一月丙寅。

② 《宋会要辑稿》食货 3 之 13。

③ 《宋史》卷 176，《食货志上》4。

"知雄州何承矩言：近年水潦频降，河流泛滥，坏州城民舍，蓄聚为陂塘，妨种艺，欲因水利，大兴屯田以便民。诏从之。……仍令河北诸郡水潦所积处，发卒垦田，州长吏按行催督。"①

（三）屯田

屯田为历代通行的制度，宋代继续实行传统的军兵屯田，这是为了省"飞刍挽粟"之劳，使边防驻军耕垦荒闲土地，借以益边储，助军费。

宋南渡后，江淮之间经济遭到破坏，人民死徙流亡，荒田甚多，官府为了政治和财政原因，极力经营屯田和营田。建炎二年（1128年），韩任胄建言：

"中原未复，所恃长江之险，淮南实为屏蔽。沃野千里，近多荒废，若广修农事，则转饷可省，兵食可足。自是置局建康，行屯田于江淮。"②

建炎四年（1130年），汪藻建言：

"臣窃惟国家遭金人之祸，于今五年，无岁无兵，而去冬之役，振古未闻。……敌兵既退，国家非暂都金陵不可，而都金陵非尽得淮南不可。……淮南洊罹金人蹂践，且群盗继之，民去本业，十室而九，其不耕之田，千里相望，流移之人，心已弃决，非朝夕可还也。国家欲保淮南，势须屯田，则此田皆可耕垦。"③

① 《宋会要辑稿》食货63之37。
② 《宋史》卷379，《韩肖胄传》。
③ （宋）汪藻：《浮溪集》卷2，《奏疏·论淮南屯田》。

又，史称："中兴后言屯田者盖自此始。"[①]

这样的屯田究竟是军屯还是民屯，史未明言，但淮南此时已成边境兵争之地，既然是"不耕之地，千里相望"，而"流移之人"，又"非朝夕可还"，实难实行"募人耕"的办法，而且屯田目的是"转饷可省，兵食可足"，以情势度之，当为军屯。[②]不过"募人耕"的营田这时亦纷纷兴办。如绍兴元年（1131年）五月，荆南镇抚使解潜言：

"本镇所管五州军一十六县，绝户甚多，见拘收通旧管诸色官田，不可胜计，今尽荒废可惜，见一面措置屯田，召人耕垦，分收子利。"[③]

各地方举办的屯田和营田，以汉阳军镇抚使陈规的办法为最有条理：

"规以境内多官田荒田，乃仿古屯田之制，命射士民兵分地耕垦，其说以兵民不可并耕，故使各处一方。军士所屯之田皆相其险隘，立为保寨，至则保聚捍御，无事则乘时田作，其射士则分半以耕屯田，少增钱粮，官给牛种，收其租利，有急则权罢之使从军。凡民户所屯之田，水田亩赋粳米一斗，陆田赋麦豆各五升，满二年无欠输，给为永业，流民自归者，以田还之。"[④]

绍兴三年（1133年）二月，

"都司检详官奏下营田法于诸路行之，悉以陈规条画为主。……凡授田，

① 《皇宋中兴两朝圣政》卷8，建炎四年十一月乙未。

② 参见傅筑夫：《中国经济史论丛（上）》，生活·读书·新知三联书店1980年版，第157—158页。

③ 《宋会要辑稿》食货63之83。

④ 《皇宋中兴两朝圣政》卷10，绍兴元年十一月丁未。

五人为甲，别给菜田五亩为庐舍、稻场，初年免田租之半。兵屯以使臣主之，民屯以县令主之，悉以岁课多寡为殿最"[①]。

可见营田有军屯，有民屯，都要缴纳地租。这样，营田与屯田已混合为一，只是不在一处并耕而已。[②]后来接受韩世忠的建议，营田完全限于民屯。史载：

"绍兴三年，韩世忠为江东宣抚使，上命措置建康营田，世忠言：沿江荒田虽多，太平（大半）有主，难以如陕西例，请募民承佃，蠲三年租，满五年不言，给佃人为世业。于是诏湖北、浙西皆如之。田租初年全蠲，次年半减，寻又免科配徭役，自此营田专用诸民矣。"[③]

各地方兴办营田，办法纷歧，成效不著。至绍兴六年（1136年），遂改称营田为屯田，并由都督行府拟订了章则条例，通令诸路遵行。条文规定颇详，主要有以下几点：

"绍兴六年正月二十八日，都督行府言：江淮州县，自兵火之后，田多荒废。朝廷昨降指挥，令县官兼管营田事务，盖欲劝诱，广行耕垦。缘诸处措置不一，至今未见就绪。今改为屯田，依民间自来体例，召庄客承佃，其合行事件，务在简便。今条具下项：

一、将州县系官空闲田土并无主逃田，并行拘籍见数，每县以十庄为则，每五顷为一庄，召客户五家相保为一甲，共种甲内，推一人充甲头，仍以甲头姓名为庄名。每庄官给耕牛五头，并合用种子农器（如未有谷，

---

① 《建炎以来系年要录》卷63，绍兴三年二月癸巳。

② 参见傅筑夫：《中国经济史论丛（上）》，生活 · 读书 · 新知三联书店1980年版，第158页。

③ 《宋会要辑稿》食货63之95。

即计价支钱），每户别给菜田十亩，先次借支钱七十贯，仍令所委官分两次支给（春耕月支五十贯，薅田月支二十贯），分作二年两科还纳，更不出息。若收成日愿以㪷折还者听，仍比街市增二分课（如街市一贯，即官中折一贯二百），其客户仍免诸般差役科配。

一、每庄盖草屋一十五间（每间破钱三贯），每一家给两间，余五间准备屯放斛斗。其合用农具，委州县先次置造，仍具合用耕牛数目，申行府节次支降。

一、收成日将所收课子，除桩出次年种子外，不论多寡厚薄，官中与客户中停均分。

一、今来屯田所招客户，比之乡原大段优润，系取人户情愿，即不可强行差抑，致有搔扰。其诸军下不入队使臣及不披带拣退军兵，有愿请佃者，并依百姓例，仍别置籍开具。

一、今来招召承佃官庄，如有愿就之人，仰诸有官庄县分陈状，以凭标拨地分支给。其县令行劝，能广行劝诱，致请佃之人渐多，当议推赏。”①

由条文规定来看，可知这是由官府组织领导的一种集体租佃制度，所谓改营田为屯田，意即以屯田方式来经营营田。承佃人以百姓为主，军人承佃，也是“并依百姓例”，故实质上仍是营田。

南宋对于屯田和营田极为重视，经营措置，不遗余力，对于财政收入和粮食增产都起了一定的作用。但是以官府来经营土地租佃，其对人民的剥削苛扰，必远过于私人地主，故当时即已议论纷纷，有不少人提出反对意见：

“江淮置立官庄，贷以钱粮，给以牛种，可谓备矣。然奉行峻速，或

① 《宋会要辑稿》食货2之15、2之16。

抑配豪户，或驱迫平民，或强科保正，或诱夺佃客。给以牛者未必付以田，付以田者或瘠卤难耕，虚增顷亩，攘佃户合分课子以充其数。由官府有追呼之劳，监庄有侵渔之扰。多鬻己牛以养官牛，耕己田以偿官租。种种违戾，不可概举。其间号为奉法不扰者，不过三数县而已。盖营田上策，宜行军中，乃古人已试之效。移之于民，闲田多，闲民少，以闲田付之闲民，公私俱获其利；以闲田付之有常赋之民，种种为害。官吏希赏畏罚，其患弥甚。”①

又如，隆兴元年（1163年）十月，工部尚书张阐言：

“盖荆襄之地，自靖康以来，屡经兵火，地广人稀，不患无田之可耕，常患耕民之不足。……臣谓今日荆襄之地，屯田营田为有害者，非田之不可耕也，无耕田之民也。欲治田而无田夫，任事之人，虑其功之不就，不免课之于游民。游民不足，不免抑勒于百姓。百姓受抑，妄称情愿，舍己熟田，耕官生田。私田既荒，赋税犹在。或远数百里追集以来，或名为双丁，役其强壮者，占百姓之田以为官田，夺民种之谷以为官谷，老稚无养，一方骚然。”②

南宋既在各地广泛经营营田，实无异对农民普遍进行抢劫，它不仅迫使农民“舍己熟田，耕官生田”，而且公然“占百姓之田以为官田，夺民种之谷以为官谷”，这是过去历代所罕见的一种残酷掠夺。

南宋朝廷除拥有大量屯田和营田等官庄外，到理宗时，又大量强买豪富所占有的私田以为官田，于景定四年（1263年）二月，“置官田所，以

① 引文参见《建炎以来系年要录》卷118，绍兴八年三月壬辰；《宋会要辑稿》食货63之111。

② 《宋会要辑稿》食货3之11。

刘良贵为提领，陈訔为检阅”。[1] 六月庚申，

“诏平江、江阴、安吉、嘉兴、常州、镇江六郡已买公田三百五十余万亩，……冬十月己未，诏发缗钱百四十万，命浙西六郡置公田庄”。[2]

以下是史载贾似道为解决财政困难，强制收买大地主土地的一种办法：

“贾似道为相，欲行富国强兵之策。时刘良贵为都曹，继尹天府，吴势卿饷淮东，入为浙漕，遂交赞公田之事。殿院陈尧道、正言曹孝庆迎合似道之意，合奏：限田之法，自昔有之。置官户逾限之田，严归并飞走之弊。回买官田，可得一千万亩，每岁则有六七百万之入，其于军饷，沛然有余，可免和籴，可以饷军，可以住造楮币，可平物价，可安富室，一事行而五利兴，实为无穷之利。上然之。……公田初议，以官品逾限田外买官田，犹有抑强嫉富之意，继而敷派，除二百亩以下者免，余各买三分之一，其后虽百亩之家亦不免。立价以租一石者，偿十八界会四十楮，不及者减买数。稍多则银绢各半，又多则以度牒、告身。……每岁秋租，输之官仓。……每乡创官庄一所，每租一石，明减二斗，不许多收。”[3]

这样，一邑之中，除权门豪右及大农富贾等私人的大地产外，有官吏的职田，有官府的屯田或营田，有旧设或新置的官庄，属于农民所有的土地已寥寥无几了。因此，广大农民非佃私田，即佃官庄，或为富室之浮客，或作官家之佃户，所以一邑之内，往往绝大部分农民都是佃农。陆九渊在

① 《宋史》卷45，《理宗本纪》5。

② 《宋史》卷45，《理宗本纪》5。

③ 佚名，《宋季三朝政要》卷3，《理宗》，壬戌景定三年。

一封信中曾述及抚州金溪县的情况：

“然在一邑中，……所谓客庄，亦多侨寄官户，平时不能赡恤其农者也。”①

金溪如此，全国各县无不如此。在官庄土地多的地方，常常因招募佃户不足，乃强制中小地主和自耕农民来承佃官田，即上文所谓“抑配豪户，驱迫平民，强科保正”，迫使他们“舍己熟田，耕官生田”，因而更扩大了佃农的队伍。②

五、租佃制度

宋代“不立田制”，因而地主阶级通过购买或强取豪夺等手段占有大量的土地；个别勤快的劳动者也可以通过取得土地而成为地主。大批失去了土地的劳动者，成为租种地主土地的佃农。

（一）户籍的种类

宋代统治者依据有无田产等生产资料，将户籍划分为主户和客户两大类。

1. 主户和客户

凡是有田户缴纳两税的称为“主户”，也称“有产税户”；没有田产不纳两税的称为“客户”，也称“无税户”；客户包括大量毫无土地而佃耕地主土地的农村客户（即佃农）和居住在城市或城郊不占有土地的坊廓户（主要是小商贩和小手工业者），约占总户数的百分之三十五到百分之四十。

① （宋）陆九渊：《象山先生全集》卷8，《书 · 与陈教授》。

② 参见傅筑夫：《中国经济史论丛（上）》，生活 · 读书 · 新知三联书店1980年版，第162页。

主户占总户数的百分之三十五，根据其资产多寡（这里的资产主要也指土地），主户又分为五等，这种划定没有统一标准，各地所定有上下，即使同一地的同一户等，有时财产差别也很大。一般说来，一、二等户是地主，三等户或称“中户”，既有地主，也有富裕农民，其中大都属于地主阶级，因而，一、二、三等户总称“上户”。上户在主户中所占比重极小（据宋人张方平估计只占百分之十），却占有垦田总数百分之八十五左右的土地，其中的官户，北宋初期就占有土地百分之七十。官户或形势户是上户中的官僚豪绅地主。

主户中除上户外，另有称作下户的第四、五等户，这类户等大都为自耕农或半自耕农，占有一二亩、三四亩或几十亩左右的土地，其中有些人虽无耕地，但尚有一些地基、房基之类的非耕地。另外，有一些稍有农器、家畜等财产的佃农，也被列入下户，有一些下户丧失土地后成了无产户，但户籍登记簿上未能更正，仍称为有产税户，依旧缴纳赋税。

2. 官户

所谓官户，就是自正一品至从九品的小官，如进武校尉、进义校尉，也算官户。所谓形势户，即指现任文武职官，州县胥吏以及书手、保止、户长等势要豪族与官户。显然，形势户的范围要比官户大，而官户是形势户中的上层部分。据《续资治通鉴长编》卷十二载：北宋时，官户、形势户与一般主户的户籍不一样，官户有专籍，而形势户则由“诸州府并置形势版簿，令通判专掌其租税”。据《庆元条法事类·赋役门一》卷四七载：南宋时，

“诸县税租，夏秋造簿，其形势户每名朱书‘形势’字以别之”。

（二）租佃关系

宋代的租佃关系得到了充分的发展，佃农作为一个独立的阶层在不断

扩大，主要是由客户组成。在唐代的中后期，客户虽具有佃户的含义，但主要是指非土著的人户。到了宋代，主户和客户的含义发生了很大变化，两者的区别主要是根据土地的占有关系，而不是在乡籍上。《徂莱集下 · 录微者言》载石介说：

“乡野有不占之民，借人之牛，庸而耕者，谓之客户。”

就是说，客户没有自己的土地，靠租种地主的土地过活，这类客户同主户一样，立有官方户籍，成为国家的编户。

在宋代的法律上，称有田产的主户为“田主”或“地主”。《宋会要辑稿 · 食货》绍兴三年九月八日条载：

“户部言：人户因兵火逃亡，抛弃田产，依已降指挥，二年外许人请射，在十年内虽已请射，并许地主理认归业及免料次催科。”[①]

地主拥有大量的土地，普遍采取传统租佃制的经营方式，将所占的土地租给佃户，由于各地生产力发展水平有高低，以及佃客的经济条件各不相同，因而形成了多种租佃形式。

1. 合种制

也称“分种”，是租佃制的一种重要形式。一般说，赤贫的佃户往往接受这种租佃方式。佃户的生产资料包括土地、牛、种子、房屋等，都不同程度地依赖于地主。这类佃农一般称为佃客，他们“输气力为主户耕凿”。[②] 收获后，“出种与税而后分之”。[③] 即留出种子和田税，余下粮食由

① 《宋会要辑稿》食货 69 之 52。

② （宋）吕南公：《灌园集》卷 14，《与张户曹论处置保甲书》。卷 14。

③ （宋）欧阳修：《欧阳忠公集》卷 59，《原弊》。四部丛刊本。

地主和佃户按契约所定的比例分配。比例大都是：佃户只能分得四成或三成，地主得六七成。另外有些地方将生产物分成五份："田者取其二，牛者取其一，稼器者取其一，而仅食其一。"[①] 即地主得五分之四，佃户得五分之一，剥削率达百分之八十。这类分配方式，亦称为分成制。

2. 出租制

是租佃制的另一种重要形式。具备独立进行生产条件的佃户，大都取此类租佃制。佃户用自己的耕牛、农具、种粮，在租来的小块土地上单独进行生产，他们虽然不具有对这块土地的所有权，但可以在契约规定的时间内，对它拥有占有权与使用权。产品的分配方式一般采用定额制。地主根据土地的数量、肥瘠及地里远近而有差异。如浙东路绍兴府地区的学田租额，上田为一石三斗至一石五斗，中田为八九斗至一石，下田为五六斗。在定额租制下，佃农的生产积极性较高，单位面积产量提高快，因为产量的提高关系到佃农收获量的增加，另外，地主也可以从中得利，不仅可以保证租入稳定，而且农民培肥土地，提高了土地的价值。

当时公私通用的契约形式如下：

某里某都姓某，

右某，今得某人保委就某处。某人宅当何（可）得田若干段，总计几亩零几步，坐落某都，土名某处，东至、西至、南至、北至，前去耕作。候到冬收成了毕，备一色干净园米若干石，送至某处仓所交纳。即不敢冒称水旱，以熟作荒，故行坐欠。如有此色，且保人自用知当，甘伏代还不词。谨约。

年　月　日

佃人姓某号约

保人姓某号[②]

① （宋）陈舜俞:《都官集》卷2,《策·原生一》。

② 《新编事文类要启劄青钱》外集卷11,《公私必用·当何田地约式》。

（三）佃农的法律身份

宋代佃农的法律地位，在不同的时期和不同的地区都是不一样的，如北宋的佃农较南宋的处境要好些。同时，其地位又受到自身独立的经济强弱的制约，如在分成制下，由于佃客的生产资料依赖于地主，加上土地收获量的高低直接关系到地主的实际收入，所以佃农的生产劳动常受地主的干预和监督，被迫接受超经济的强制，他们实质上还是农奴。苏洵论述北宋的情况说：

“井田废，田非耕者之所有，而有田者不耕也。耕者之田资于富民，富民之家地大业广，阡陌连接，募召浮客，分耕其中，鞭笞驱役，视以奴仆，安坐四顾，指麾于其间。而役属之民，夏为之耨，秋为之获，无有一人违其节度以嬉。而田之所入，己得其半，耕者得其半。有田者一人而耕者十人，是以田主日累其半以至于富强，耕者日食其半以至于穷饿而无告。”①

地主“役属佃户，有同仆隶”。这类佃客被束缚在土地上，没有主人同意，不能离开，如有逃移，主人可以要求官府出面干涉。而在定额租制下，佃农的人身自由得多，因地租额是固定的，地主无须过问佃农的生产，故佃农对生产有着较大的支配权。

随着社会生产力的提高和佃农的自身独立经济的增强，佃农的封建隶属关系一度逐渐松弛，官府也不断发布诏令，保护佃农本人及其家属的人身自由。如仁宗天圣五年（1027年）十一月，诏令取消佃户“非时不得起移，如主人以遣给与凭由方许别任”的旧条例，规定：

① （宋）苏洵：《嘉祐集》卷5，《衡论·田制》。

“自今后客户起移，更不取主人凭由，须每田（年）收田毕日，商量去往，各取稳便，即不得非时衷私起移，如是主人非理拦占，许经县论详（诉）。”

南宋高宗绍兴二十三年（1153 年）六月，也曾诏令禁止随田典卖佃客。史载：

“民户典卖田地，毋得以佃户姓名私为关约，随契分附。得业者，亦毋得勒令耕佃，如违，许越诉。”

这反映了宋代客户逐渐成为人身比较自由的佃农。这只是一种总的发展趋势。由于政治经济发展的不平衡，以及历史遗留等因素，佃农对地主的人身隶属关系，不仅存在着地区上的差别，而且在松弛这种关系过程中，常出现一种曲折、反复的现象。有些地区仍然存在着有主仆名分的佃仆或庄仆的直接生产者，他们类似隋唐以前的部曲、僮仆和佃客，属于佃奴一类。

佃农本来有所松弛的人身依附关系，到了南宋，似乎有逐步强化的趋势。王之道论述南宋时的情况说：

“伏见淮南诸郡，比经兵火，所存凋瘵，百无二三。其间尝为人佃客而徙乡易主，以就口食，幸免沟壑者。今既平定，富家巨室，不复问其如何，投牒州县，争相攘夺。兵火之后，契券不明，州县既无所凭，故一时金多位高者，咸得肆其所欲。……欲乞自今以往，应尝为人佃客，而艰难之际，不见收养，至转徙他处者，虽有契券，州县不得受理。”[①]

---

① （宋）王之道：《相山集》卷 22，《乞止取佃客札子》。

佃户与地主之间的关系，本是租佃关系。租佃关系是契约关系。所谓契券，原系租约，照理除缴纳规定地租外，没有支付以外的关系。但是事实上地主对于佃户是“鞭笞驱使，视以奴仆”，即使因兵火战乱，徙乡易主，原业主仍然可以把他夺回。佃户失去徙乡易主的自由，等于把身体隶属于土地，和农奴完全一样了。特别是在偏僻地区，这种情况更为严重。例如：

“宁宗开禧元年（公元1205），夔路转运判官范荪言：‘本路施、黔等州荒远，绵亘山谷，地旷人稀，其占田多者须人耕垦，富豪之家诱客户举室迁去。乞将皇祐官庄客户逃移之法校定：凡为客户者，许役其身，毋及其家属；凡典卖田宅，听其离业，毋就租以充客户；凡贷钱，止凭文约交还，毋抑勒以为地客。凡客户身故、其妻改嫁者，听其自便，女听其自嫁。庶使深山穷谷之民，得安生理。’刑部以皇祐逃移旧法轻重适中，可以经久，淳熙比附略人之法太重，今后凡理诉官庄客户，并用皇祐旧法。从之。”①

可见早在北宋仁宗时期，即已制定了客户逃移的法律，南宋孝宗时又加重刑罚，比附略从之法。从范荪的修订意见中，知佃户是全家服役，没有迁徙改业的自由，没有婚姻自由，并常因高利贷盘剥而被抑勒为地客——农奴。由于战乱，大量的佃农失去了原有的独立进行生产的条件，他们一无所有，被迫向地主租借土地、耕牛、农具、种子和房屋，成为依附于地主的随田佃客。地主在变卖土地的时候往往将佃客一同转卖，这就触犯了官府的利益。如南宋时，战乱造成的大批荒田，使劳动力缺乏的矛盾日益突出。因此官府同地主之间为争夺劳动力而展开了斗争。如前所述，南宋初，当朝廷颁布关于禁止典卖随田佃客的法令后，地主舆论哗然，纷纷制定对策。《宋会要辑稿·食货》载：

① 《宋史》卷173，《食货志上》1。

“争地客，诱说客户，或带领徒众，举室搬徙”[1]。

在这种情况下，为了限制劳动力的流散，官府就需要强化超经济强制，并曾在部分地区发布过关于禁止官私庄田的客户逃移，并勒归原处的法令。《朱文公文集·别集十·申监司为赈粜场利害事件》载，朱熹在福建令：

“所诏佃客，将来衷私搬走回乡，即许元赡养税户经所属陈理，官为差人前去追取押回，断罪交还。”

地主打死佃户的处罚，南宋要比北宋轻。北宋神宗时，地主打死佃客，减罪一等，发配邻州；南宋时，再减罪一等，改为发配本州。光宗绍熙元年（1190年），又规定佃客不可控告地主，剥夺了佃客的控诉权。

（四）官田的租佃

官田租佃办法，在正常情况下，一般是与私人地主出租土地完全相同，租佃条件亦依照各地方的习惯办理。在土旷人稀、无人承佃的地方，不得不采取招募的办法，所谓“募人佃耕”，即从外地招徕客户。其承佃办法有二：

一是由官府负担耕具种子，佃户出耕牛人力，这种方式叫作合耕。如元丰元年（1078年）六月一日，京东安抚黄廉言：

“澶州及京东河北淤官地皆土腴，乞募客户，依其土俗，私出牛力，官出种子分收。”[2]

二是，如佃户除人力外一无所有，其他耕牛、农具、种子及至房屋等

① 《宋会要辑稿》食货69之68。

② 《宋会要辑稿》食货2之5。

完全由官府供给，这种方式叫作募人耕。如宋初至道二年（996 年）七月，太常博士直史馆陈靖上言：

“今京畿周环三二十州，幅员数千里，地之垦者十才一二，税之入者十无五六。复有匿里舍而称逃亡，弃耕农而事游惰。……臣又尝奉使四方，深见民田之利害，污莱极目，膏腴坐废。”

“愿募民垦田，官给耕具种粮，五年外输租税。帝鉴之喜。……时皇甫选等相度宿、亳、陈、蔡、邓、许、隶等七州荒田共二十余万顷，及靖建议兴置京东西诸州荒田，招召人户耕种，选等乃上言，请将所相度到七州荒田付靖一处兴置。……从之。”①

其办法是：

“始于两京东西千里，检责荒地及逃田而官籍之，募人佃耕，其室庐耕牛农具粮种，请州郡斥卖赃罚无用之物，使营办之，不足则给以库钱。”②

这个办法曾被广泛采用。如雍熙二年（985 年）九月，

“丙戌诏曰：饶州多荒田，其地肥美，宜令募民耕种，毋出五年租”③。

又如，襄阳有屯田三百余顷，咸平二年（999 年），以左正言耿望“与副使朱台符并兼本路制置营田事，是岁种稻三百余顷。……汝州旧有洛阳南务……募民二百余户……垦六百顷……岁收二万三千石”。这都是募人

① 《文献通考》卷 4，《田赋考》4；《宋会要辑稿》食货 2 之 1。

② （宋）王称：《东都事略》卷 112，《循吏传 · 陈靖》。

③ （宋）钱若水：《太宗皇帝实录》卷 34，雍熙二年九月丙戌。

耕的租佃办法。

官府不论以何种方式出租土地，其目的是剥削农民的地租，但除正租外，经手官吏的勒索苛扰，与上述官吏出租职田的情况相同。据范仲淹和韩琦对仁宗说：

“臣等窃见陕西昨来兴置营田，本欲助边，以宽民力。除沿边有空闲膏腴地土处可以开垦外，其近里州县官吏不能体朝廷之意，将远年瘠薄无人请佃逃田，抑勒近邻人户分种，或令送纳租课。又自来人户租佃官庄地土，每亩出课不过一二斗，今亦勒令分种，每亩须收数斗，致贫户输纳不前，州县追扰，无时暂暇。缘人户自用兵以来，科率劳弊，至于己业，尚多荒废，实无余力，更及营田。其所出租课，多是抱虚送纳。”①

这样的残酷剥削，是私人地主所不能达到的。

六、土地买卖（典卖）的法律规定

土地可以买卖，土地依法进行买卖，这一特点在宋代表现得尤为突出。宋代不立田制，对一般民田典卖，限制很少。但朝廷仍在形式上禁止私人买卖口分田。《宋刑统·户婚律》规定：

“诸卖口分田者，一亩笞十，二十亩加一等，罪止杖一百，地还本主，财没不追。”

若有特殊情况，如从人多地少的地方迁到地多人少的地方，或者需要造房、邸店之类，卖田不在禁止之列。但对妄认公私田买卖依律治罪。凡

① （宋）范仲淹：《范仲淹全集·范文正公政府奏议》卷上，《奏乞罢陕西近里州军营田》。

“妄认公私之田，称为己地，若私窃贸易，或盗卖与人者”，[①] 根据情节轻重，分别给予笞刑到徒刑二年的处罚。

据《续资治通鉴长编》卷二四五载：只是在陕西、四川等少数民族和汉族杂居之地，宋初曾有禁令：限制“汉户不得典买夷人田土”。王安石变法时，废此令，熙宁五年（1072 年）九月诏：

“陕西缘边蕃部地土许典卖租赁。”

次年五月又诏：

“自今汉户典买夷人田土者，听之。”[②]

这些禁令的废除，说明宋代土地典卖的盛行，因此，当时的情况正如《宋会要辑稿 · 食货》中所载：

“人户交易田土，投买契书，及争讼界至，无日无之。”[③]

据《袁氏世范》卷三《田产宜早印契割产》载，宋代

“官中条令，惟交易（指田产交易）一事最为详备”。

这些都是社会经济中土地典卖盛行的社会现实在法律这一上层建筑中的反映。

---

① 《宋刑统》卷 13，《户婚律 · 占盗侵夺公私田》。

② 以上两处引文参见《续资治通鉴长编》卷 245，熙宁六年五月辛未。

③ 《宋会要辑稿》食货 63 之 147。

土地的所有权，常通过典卖而更换。官府与私人之间，通过典卖，官田可以变成私田，私田又可复为官田；地主之间，也因土地典卖关系，出现了“田宅无定主”的现象。

两宋朝廷接二连三地颁布诏令，出卖官田。如仁宗天圣元年诏令，凡不成片段的零块田土，依出卖户绝田产法，召人承买。徽宗政和元年，甚至明确规定了出卖官田的范围。《宋会要辑稿·食货》载：南宋高宗绍兴年间，因为财政困难，“尽鬻诸路官田”，并颁布诏令，根据出卖官田的多少，对地方官进行赏罚。绍兴十一年（1141 年）知德清县主簿王铸，由于“本县田产首先出卖尽绝”“特转一官”，以示奖励。至于那些不尽力者，则给予惩罚。绍兴二十九年（1159 年）四月，下诏出卖两浙官庄田，七月就有两位县令“以卖田稽违，各贬秩罢任”。

在大量出卖官田的同时，统治者有时也会以强制手段购买民间的私田为官田，如前述南宋末贾似道强购地主土地之例。当然，这种卖出或买进，都是以朝廷财政需要为转移的。据《宋史·理宗本纪》载：

理宗景定四年（1263 年）二月，“置官田所，以刘良贵为提领……”，六月庚申，诏平江、江阴、安吉、嘉兴、常州、镇江六郡，已买公田三百五十余万亩……冬十月已未，诏发“缗钱百四十万命浙西六郡置公田庄”。

土地典卖更多的是在私人中间进行。当时的地主主要是通过购买取得土地的。由于土地典买频繁，土地所有权变动较快，官府为了保障正常的税收，就对土地所有权的转移采取了直接的干预。因而，土地典卖的契约就由以前的民间自由结构的私契发展到官府统一印制的“标准契约”，使得土地典卖契约关系法律化和制度化。

《文献通考》卷十九《征榷考六》载，太祖开宝二年（969 年）九月，

“令民典卖田宅，输钱印契”。

就是说，民间典卖土地必须经过官方办理“输钱印契”的手续。所谓“输钱印契”，即买主要向官府交纳典卖田宅的税钱，官府才在契约上盖上官印，办理“割税”入案手续。据载，这个手续有着一整套的规则：典卖人必须先向官府请卖“定贴”，正契（或合同契）应一式四份，契约的交割必须几方面当事人到官验明。凡是经过这类严格的“输钱印契”手续，已经到官“割税”入案的契约，才可以成为法律诉讼时断定所有权的主要依据。官府规定：

“凡人论诉田业，只凭契照为之定夺。”

而没有经过“输钱印契”的契约，法律不给予保护，发生诉讼时，官府是不承认的。

除“输钱印契”外，还对私人之间田宅典卖的具体问题，作了一些法律规定。据《名公书判清明集》引用的宋律内容来看，关于私人田宅典卖的具体规定很详备。主要内容如下：

1. 典卖田宅，官府收取百分之十的勘合钱，允许用金银绢帛折价。如法律规定：

“人户典卖田宅，每百收勘合钱十文。如愿以金银绢帛准折者，听从便，依在市实值定价。”

2. 为了防止放高利贷以谋取他人田宅，法律规定：

“典卖田地，以有利债负准折价钱者，业还主，钱不追。”

3. 凡典卖田宅，首先得卖给亲属，亲属不要，再问四邻，四邻不要，然后才能与其他人交易。其律文曰：

“诸典卖田宅，四邻所至，有本宗缌麻以上亲，及墓田相去百步内者，以帐取问。”

关于这一点，《宋刑统》卷十三《户婚律·典卖指当论竞物业》。也有规定：

“应典卖，倚当物业，先问房亲，房亲不要，次问四邻，四邻不要，他人并得交易。”

4. 法律禁止典卖众分田宅。法律规定：

“诸祖父母、父母已亡，而典卖众分田宅，私辄费用者，准分法追还，令无典卖人还价。即典卖满十年者免追，止偿其价。过十年典卖人死，或已二十年，各不在论理之限。”“墓田，虽在限外，听有分人理认，钱、业各还主。典卖人已死，价钱还追。”

5. 寡妇无权典卖田宅。法律规定：

“寡妇无子孙，（若子孙）年十六以下，并不许典卖田宅。”“擅自典卖田宅者，杖一百，业还主。钱主牙保知情与同罪。”

6. 盗典卖田业治罪。盗典卖田业者，杖一百，赃重者准盗论，牙保知情与同罪。

7. 禁止重叠典卖田宅。法律规定：

“诸以已田宅重叠典卖者，杖一百，牙保知情与同罪。”

8. 诸典卖田产，年限已满，

“业主于务限前收赎，而典主故作迁延占据者，杖一百”。

9. 关于理诉田宅的时效。《名公书判清明集》规定：

“契要不明，而钱、业主死者，不在受理。”

“诸典卖田宅，经二十年而诉典卖不明者，不得受理。……钱业主俱亡，亦不在论理之限。”

“诸典卖田宅满三年，而诉以应问邻而不问者，不得受理。”

“应交易田宅，过三年，而论有利债负准折，官司并不得受理。”

从上引法律条文中还可看出，随着土地流转的加快，法律对所有权保护的诉讼时效也在缩短。

第三节　海外贸易法规

我国历史悠久，物产丰富，既有广阔的陆地大川作为农产作物的基地，又有万里之长的海岸线可供舟楫之利以发展海外贸易。两宋时期，在我国黄海、东海、南海碧波万顷的海疆上，经常活跃着数支满载商品及友谊的船队。他们穿梭于亚非各国之间，乘风破浪于浩瀚无际的西太平洋及印度洋的海面之上。这就是两宋王朝的对外贸易船舶及其亚非各国来华贸易的船队。这些商船既从海外运来了琳琅满目的珠宝、香药等丰富的商品，促进了我国国内市场的繁荣，又把驰名于世界的中国丝绸品、陶瓷和其他货物运往东亚、南亚、西亚乃至非洲海岸的一些国家，架起了一条连接我国与亚非各国人民友谊的桥梁。

在这段历史时期内，宋王朝的统治者为了实现“懋商贾，以助国用”“通货贿，以获厚利”的目的，对发展海外贸易采取了积极鼓励、大力提倡的态度。在频繁的贸易活动中，不仅留下了中国人民与亚非诸国友好往来的足迹，也写下了宋王朝创法立制发展海外贸易的美好篇章，从而在中国法制史的历史园地里留下了值得称道的一页。

一、海外贸易立法概述

（一）海外贸易立法的指导思想

两宋是我国封建社会一个十分重视运用法律制度来促进海外贸易不断发展的朝代。无论是在北宋统一大半个中国的强盛时期，抑或南宋偏安江左一隅、维持半壁江山的颓局之时，宋政府都一贯采取鼓励发展海外贸易的方针，保护商人的合法权益，以希获得丰厚的财政收入。概括说来，宋朝的立法指导思想有以下三个方面：第一，理财从政，莫先法令；第二，“招徕远人，阜通货贿”；第三，“创法讲求，以获厚利”。

1. 理财从政，莫先法令

两宋时期，从封建皇帝到一般士大夫都对法律的作用有着足够的认识。宋太祖说：“王者禁人为非，莫先于法令。”[①] 太宗则反复告诫臣下说：“法律之书，甚资政理。人臣若不知法，举动是过。苟能读之，益人知识。”[②] 王安石则说：“治天下之财者，莫如法。”[③] 二程（程颢、程颐）则认为：“凡为政，须立善法。”[④] 这个善法表现在海外贸易上，一是要充分保障外商来华

---

① 《宋大诏令集》卷200，《政事五十三·刑法上·改窃盗赃计钱诏》。

② （宋）李攸：《宋朝事实》卷16，《兵刑》。

③ （宋）王安石：《王文公文集》卷10，《制诰·翰林学士除三司使》。

④ （宋）程颢、程颐：《二程遗书》卷17，《伊川先生语三》。

贸易的积极性，二是要在海外贸易的活动中充分保证封建国家的财政收入。这就是统治阶级所说的“徕远人，通货贿”“助国用，懋商贾”。

2.“招徕远人，阜通货贿”

宋朝皇帝从北宋太宗以来就对积极发展海外贸易有着较为自觉的认识。早在北宋雍熙四年（987 年）五月，宋太宗就曾“遣内侍八人赍敕书金帛，分四纲，各往海南诸蕃国，勾招进奉，博买香药、犀、牙、真珠、龙脑，每纲遣空名诏书三道，于所至所赐之”。[①] 真宗晚期，广州海外商人来者不多，仁宗天圣六年（1028 年）即诏令广州知州与转运司筹划招诱安抚海外商人的办法。《宋会要辑稿》职官四四之五载：“（仁宗天圣）六年七月十六日诏，广州近年蕃舶罕至，令本州与转运司招诱安存之。”宋神宗时，不仅对来华贸易的商人多有奖赏，而且还专门制定了管理海外贸易活动，保护外商合法权益的“元丰条法”。[②] 此后每每受到南宋皇帝的赞美与回顾。宋高宗说：“市舶之利，颇助国用。宜循旧法，以招徕远人，阜通货贿。”[③] 孝宗则于隆庆二年七月二十五日发布敕令，要求各州县“推明神宗皇帝立法之意，使商贾懋迁，以助国用”。[④]

3. 创法讲求，以获厚利

宋神宗于熙宁二年九月壬午在给发运司副使薛向的诏令中说：“东南利国之大，舶商亦居其一焉。昔钱、刘窃取浙、广，内足自富，外足抗中国者，亦由笼海商得术也。”[⑤] 因此，他要求臣下在制定法律时应用心体察朝廷鼓励蕃商来华贸易之苦心，以便增加财政收入。他说：“卿宜创法讲求，不惟

① 《宋会要辑稿》职官 44 之 2。
② 又称“广州市舶条法”，《宋会要辑稿》职官 44 之 6；另见（宋）李焘：《续资治通鉴长编》卷 275，熙宁九年五月丁巳。
③ 《宋会要辑稿》职官 44 之 24。
④ 《宋会要辑稿》职官 44 之 27。重点号为引者所加。
⑤ （宋）李焘：《续资治通鉴长编拾补》卷 5，上海古籍出版社 1986 年版，第 76 页。

岁获厚利，兼使外蕃辐辏中国，亦壮观事也。”[①]

然而，必须指出的是宋廷的海外贸易立法思想其主旨在积极鼓励外商来华贸易的同时，还特别强调对外贸易不得危害宋朝政府的国家安全，尤其在北宋与辽对峙时，为了防止因通商而有交结契丹之患，宋廷严立法禁，不准商船去高丽、新罗及登、莱州界。苏轼在《乞商旅过外国状》中称："勘会熙宁以前编敕，客旅商贩不得往高丽、新罗及登、莱州界，违者并徒二年，船物皆没入官。窃原祖宗立法之意，正为深防奸细因缘与契丹交通。"[②]元丰八年（1085年）九月十七日，宋廷发布敕令称："诸商贾由海道贩诸蕃，惟不得至大辽国及登、莱州。"[③]

（二）两宋海外贸易立法的演变

我国的海外贸易活动历史悠久。早在西周与秦汉时期，中国人民就开辟了与海外贸易的南海通道。[④]至唐，统治者正式成立了管理海外贸易活动的市舶机构，[⑤]并设官立制来调整对外贸易中新出现的社会关系。但真正较为系统地依法管理海外贸易，积极鼓励蕃商来华，从而谱写下中外人民友好交往篇章的，当从宋朝始。宋王朝不仅通过其基本法典——《宋刑统》的有关规定确认外商及其家人、亲属的财产所有权，而且还不断地颁布敕令、条例以保障海外贸易活动的正常进行。[⑥]两宋王朝有关海外贸易的编

① （宋）李焘：《续资治通鉴长编拾补》卷5，上海古籍出版社1986年版，第76页。

② 《苏轼文集》卷31，《奏议·乞禁商旅过外国状》，中华书局1986年版，第889页。

③ 《苏轼文集》卷31，《奏议·乞禁商旅过外国状》，中华书局1986年版，第890页。

④ 参见《国语·齐语》；另见《后汉书》卷28，《地理志下》，该书第一次完整地记录了我国开辟南海航线的情况。

⑤ （宋元）马端临：《文献通考》卷62，《职官考》16，《提举市舶》：唐有市舶使，以右威卫中郎将周泽为之。另见陈高华等：《宋元时期的海外贸易》，天津人民出版社1981年版，第16页。本章的写作对此多有参考。

⑥ 宋代立法的一个主要特点是在承袭唐律的同时，随时因人因事而频布单行敕令，并汇编成册，使之上升为普遍的法律规范以在全国通行，这种情况在对外贸易立法中也有突出反映。

敕著律活动主要记载于《宋刑统》《宋大诏令集》《庆元条法事类》《宋会要辑稿》职官、食货、蕃夷、刑法的有关部分及《续资治通鉴长编》《宋史 · 食货》《文献通考》《玉海》《古今图书集成 · 祥刑典》《历代名臣奏议 · 夷狄 · 理财法令》等几部主要的典籍之中，但由于时间的长久及资料的亡佚错乱，我们已无法再现两宋王朝有关海外贸易立法的全貌，所幸的是，苏轼的《东坡七集》《苏轼文集》及朱彧的《萍洲可谈》等还较为详细地保留了有关编敕的内容，使我们得以根据上述典籍及有关笔记小说的考证，能对两宋王朝的海外贸易立法有一个大概的了解。

两宋的海外贸易立法就形式而言，主要是两大类。一是律，二是单行的法令与条规。前一种规定在宋王朝的基本法典——《宋刑统》之中，后一种称之为市舶条法或条约、条贯，散见于朝廷颁布的各类敕令诏书中。

1.《宋刑统》中的部分规定及北宋前期所颁布的单行法令

北宋建国之初，东南沿海的广州、杭州、福州、泉州等地尚在南汉、吴越封建割据政权、陈洪进集团的控制之下，因此宋王朝的海外贸易活动尚未普遍展开。故建隆四年（963 年）宋廷颁布的《宋刑统》虽然增设了“死商钱物（诸蕃人及波斯附）门”，但只是援用了唐代的有关律令，其中涉及海外贸易活动的条款，主要集中在对蕃商遗产的处理上。《重详定刑统》卷十二《死商钱物》（诸蕃人及波斯附）载，准唐大和五年（831 年）二月十三日和大和八年（834 年）八月二十三日敕节文，规定：凡中外客商遗产，由其随行的父母、嫡妻及男、亲兄弟、未嫁姊妹、女、亲侄男继承。其中，如唯一继承人为妻或未嫁姊妹，只能继承财产的一部分，其余入官。如果没有随行家属和亲族，先由官府保管，待其继承人到达后奉还，如果无人继承，则入官府。[①]

此外，该卷“死商钱物门”还援用了后周显德五年（958 年）七月七日敕条，在适当照顾外商利益的前提下，强调对国家主权原则的维护。该

① 《宋刑统》卷 12，《户婚律 · 死商钱物》。

条规定："死商钱物如有父母、祖父母、妻，不问有子无子，及亲子孙男女，并同居大功以上亲幼小者，亦同成人。不问随行与不随行，并可给付。如无以上亲，其同居小功亲，及出嫁亲女，三分财物内取一分，均给之。余亲及别居骨肉不在给付之限。其蕃人、波斯身死财物，如灼然有同居亲的骨肉在中国者，并可给付。其在本土者，虽来识认，不在给付。"[①]

自宋太祖开宝四年（971 年）至宋真宗咸平年间，随着南汉、吴越、陈洪进集团的纳土归顺，宋朝的海外贸易活动逐步增多。宋廷除依法于广州、杭州、明州设置市舶司机构外，开始颁布单行的法令以保障海外贸易活动的正常开展。其内容的侧重点有四：第一，进行海外贸易，无论官营、私营均须经宋廷批准；第二，鼓励外商来华；第三，禁止内外官员和亲信直接从事海外贸易活动；第四，禁止市舶官员利用职权擅收蕃商货物。史载："太宗太平兴国元年（976 年）五月诏：敢与蕃商贸易计其值满一百文以上，量科其罪。过十五千以上黥面配海岛。过此数者，押送赴阙。妇人犯者，配充针工。淳化五年（994 年）二月又申其禁，四贯以上徒一年。递加二十贯以上，黥面配本州为役兵。"[②]《宋史》称："太平兴国初，私与蕃国人贸易者，计值满百钱以上论罪。十五贯以上黥面流海岛，过此送阙下。"[③]雍熙中，"商人出海外蕃国贸易者，令并诣两浙市舶司请给官券，违者没入其宝货。"[④]"(至道元年）六月诏：市舶司监官及知州通判等，今后不得收买蕃商杂货及违禁物色，如违，当重置之法。"[⑤]同年三月诏："内外文武官僚敢遣亲信于化外贩鬻者，所在以姓名闻。"[⑥]

按照宋朝立法的惯例，从单行法令的颁布，到汇集诸如此类的规定，

① 《宋刑统》卷 12，《户婚律·死商钱物》。
② 《宋会要辑稿》职官 44 之 1—2。
③ 《宋史》卷 186，《食货志下》8，《互市舶法》。
④ 《宋史》卷 186，《食货志下》8，《互市舶法》。
⑤ 《宋会要辑稿》职官 44 之 3。
⑥ 《宋会要辑稿》职官 44 之 3。

删去重复，编纂成册公布于世，尚需一段时间。据《玉海》《宋会要辑稿》《宋史》等典籍的记载，宋自太祖建隆时，即有编敕活动。但北宋真宗前，是否进行过有关海外贸易方面的编敕活动，因史载不详，目前尚难断定。[①]

2. 宋仁宗至宋神宗前期的庆历、嘉祐、熙宁编敕

北宋仁宗时，承平百年，商贾大兴，宋代的经济获得了全面的发展。随着国内市场的扩展及经济的繁荣，宋统治者也格外重视海外贸易活动，积极采取措施，鼓励蕃商来华贸易。庆历、嘉祐编敕的颁布便是宋廷依法调整海外贸易活动的极好说明。神宗熙宁年间，王安石新法虽对商人的活动有所限制，但宋廷并没有因此而改变积极发展海外贸易的总方针。熙宁编敕时，考虑到国家的安全，统治者虽不允许商人去高丽、新罗及登、莱州界经商，但其主导精神仍是强调要加强对海外贸易活动的管理和调整。

据《宋史 · 刑法志》《宋会要辑稿》《续资治通鉴长编》的记载，庆历编敕由宰相贾昌朝主持，于八年（1048 年）四月上报修订完成，计二十卷。另有通贯全部提纲挈领性的敕文总例一卷。[②] 嘉祐编敕的年月日不详。熙宁编敕时，宋廷专门就此设立了详定敕令所，史称“设局修敕”，其工作分两部分，一部分是准备将来创立敕令格式统编的法典，另一部分是继续独立编敕，以供当前的需要。《熙宁编敕》共 427 卷，分三次完成，熙宁六年（1073 年）八月由王安石上报完成二十六卷，七年（1074 年）三月又上报完成《三司敕式》四百卷，十年（1077 年）十二月详定敕令所上报完成《熙宁详定刑部敕》一卷。[③]

① 据《宋史 · 刑法志》《玉海》卷 66 的记载，北宋前期，太祖时有建隆编敕，太宗时有端拱编敕，但此类编敕是否论及海外贸易活动，仍未可知。另，漆侠先生在其所著《宋代经济史》下第八章“宋代市舶制度及海外诸国的贸易”中曾引用端拱编敕。然查《宋会要辑稿》，此不过是一条单行法令。

② 参见上海社会科学院政治法律研究所编：《宋史刑法志注释》，群众出版社 1979 年版，第 37 页注⑧。

③ 以上所述未注明出处的，均见上海社会科学院政治法律研究所编：《宋史刑法志注释》，群众出版社 1979 年版，第 40 页。

这些卷帙浩繁、条数众多的敕令究竟有多少是关于海外贸易的，现已无法考证，但有一点可以肯定，仁宗至神宗年间的海外贸易立法比原来又有了进一步的发展。现据苏轼《东坡七集》《苏轼文集》《历代名臣奏议》及《宋会要辑稿》等文献的记载，《庆历编敕》《嘉祐编敕》《熙宁编敕》涉及海外贸易立法的主要内容如下：第一，为了防止商人因出海与辽国勾结危害国家的安全，律令严禁商贩往高丽、新罗及登、莱州界。第二，往他州兴贩者，须先向官府申请，经批准后发给公凭，方为合法。第三，须在申请书上列明所贩货物的名称及去往某地。第四，须有本地三名具有财产实力的人联名具保。第五，不许夹带违禁（即禁榷范围内的）物品及有关制造军工器物的生产原料。[①]第六，违反上述规定者，许人告捉，货物没收，一半支付告人。

据《苏轼文集》所载，上述编敕的全文如下：

"元祐五年八月十五日，龙图阁学士左朝奉郎知杭州苏轼状奏。检会杭州去年十一月二十三日奏泉州百姓徐戬公案，为徐戬不合专擅为高丽国雕造经板二千九百余片，公然载往彼国，却受酬答银三千两，公私并不知觉。因此搆合密熟，遂专擅受载彼国僧寿介前来，以祭奠亡僧净源为名，欲献金塔，及欲住此寻师学法。显是徐戬不畏公法，冒求厚利，以致招挠本僧，搔挠州郡。况高丽臣属契丹，情伪难测，其徐戬公然交通，略无畏忌，乞法外重行，以警闽、浙之民，杜绝奸细。奉圣旨，徐戬特送千里外州、军编管。

至今年七月十七日，杭州市舶司准密州关报，据临海军状申，准高丽国礼宾院牒。据泉州纲首徐成状称，有客商王应昇等冒求往高丽国公凭，却发船入大辽国买卖，寻捉到王应昇等二十人，及舶中行货，并是大辽国南挺银丝钱物，并有过海祈平安将入大辽国愿子二道。本司看详，显见闽、浙商贾因往高丽，遂通契丹，岁久迹熟，必为莫大之患。方欲具事由闻奏，

① 太宗太平兴国初，开列的禁榷物品是珠贝、毒瑁、犀牙、宾铁、龟皮、珊瑚、玛瑙、乳香。后进一步扩展，有紫矿等。见《宋会要辑稿》职官44之1—2。

乞禁止。近又于今月初十日，据转运司牒，准明州申报，高丽人使李资义等二百六十九人，相次到州，仍是客人李球于去年六月内，请杭州市舶司公凭往高丽国经纪，因此与高丽国先带到实封文字一角，及寄塔松子四十余布袋前来。本司看详，显是客人李球因往彼国交搆密熟，为之乡导，以希厚利，正与去年所奏徐戬情理一同。

见今两浙、淮南，公私骚然，文符交错，官吏疲于应答，须索假借，行市为之忧恐。而自明及润七州，旧例约费二万四千六百余贯，未论淮南、京东两路及京师馆待赐予之费，度不下十余万贯。若以此钱赈济浙西饥民，不知全活几万人矣。不惟公私劳费，深可痛惜，而交通契丹之患，其渐可忧。皆由闽、浙奸民，因缘商贩，为国生事。除已具处置划一利害闻奏外，勘会熙宁以前《编敕》，客旅商贩不得往高丽、新罗及登、莱州界，违者并徒二年，船物皆没入官。窃原祖宗立法之意，正为深防奸细因缘与契丹交通。自熙宁四年，发运使罗拯始遣人招徕高丽，一生厉阶，至今为梗。《熙宁编敕》稍稍更改庆历、嘉祐之法。至元丰八年九月十七日敕，惟禁往大辽及登、莱州，其余皆不禁，又许诸蕃愿附船入贡或商贩者听，《元祐编敕》亦只禁往新罗。所以奸民猾商，争请公凭，往来如织，公然乘载外国人使，附搭入贡，搔挠所在。若不特降指挥，将前后条贯看详，别加删定，严立约束，则奸民猾商，往来无穷，必为意外之患，谨具前后条贯。画一如左：

一、《庆历编敕》：‘客旅于海路商贩者，不得往高丽、新罗及登、莱州界。若往余州，并须于发地州、军，先经官司投状，开坐所载行货名件，欲往某州、军出卖。许召本土有物力居民三名结罪，保明委不夹带违禁及堪造物色，不至过越所禁地分，官司既为出给公凭。如有违条约及海船无公凭，许诸色人告捉，船物并没官，仍估物价钱，支一半与告人充赏，犯人科违制之罪。’

二、《嘉祐编敕》：‘客旅于海道商贩者，不得往高丽、新罗及登、莱州界。若往余州，并须于发地州、军，先经官司投状，开坐所载行货名件，欲往某州、军出卖，许召本土有物力户居民三名结罪，保明委不夹带违禁及堪造军器物色，不至越过所禁地分。官司既为出给公凭。如有违条约及海船无公凭，许诸色人告捉，船物并没官，仍估纳物价钱，支一半与告人充赏，犯人以违制论。’

三、《熙宁编敕》：‘诸客旅于海道商贩，于起发州投状，开坐所载行货名件，往某处出卖。召本土有物力户三人结罪，保明委不夹带禁物，亦不过越所禁地分。官司既为出给公凭。仍备录船货，先牒所往地头，候到日点检批凿公凭讫。却报元发牒州，即乘船。自海道入界河，及往北界高丽、新罗并登、莱界贩者，各徒二年。’”①

以上《苏轼文集》所载，显非此时期宋廷编敕的全部内容。据《宋会要辑稿》及陈裕菁所译《蒲寿庚考》的记载，宋王朝此时期颁布的还有“偷税法”与“化外人私相贸易罪赏法”等。尽管如此，嘉祐、庆历、熙宁年间的编敕在调整海外贸易活动中出现的各种社会关系时，仍存在着明显的不足。概言之，有如下三点：一是敕令内容互有舛讹，重复；二是就关税即抽解的问题没有一个统一的规定；三是对广州、明州、杭州市舶司的管辖范围没有做出明确的划分。这就为“元丰市舶条法”的修定提供了契机。

3. 元丰年间“广州市舶条法”的修定

据李焘《续资治通鉴长编》及《宋会要辑稿》的记载：宋神宗熙宁九年（1076年）“五月二日，中书门下言：‘给事中、集贤殿修撰程师孟乞罢杭、明州市舶司，只就广州市舶一处抽解’”②。于是朝廷下令：“令师孟赴三司同共详议利害以闻。”③ 师孟与三司商议后，提出了“先次删立抽解条约”

① 《苏轼文集》卷31，《奏议·乞禁商旅过外国状》，中华书局1986年版，第888—890页。另《东坡七集》第10册卷8所载与此基本相同。

② 《宋会要辑稿》职官44之6；另见（宋）李焘：《续资治通鉴长编》卷275，熙宁九年五月丁巳条。

③ 《宋会要辑稿》职官44之6；另见（宋）李焘：《续资治通鉴长编》卷275，熙宁九年五月丁巳条。

的建议。但宋廷唯恐不能总括各州事宜，特命三司与师孟从长计宜，详定施行。[①] 这次修定，不知何故，拖延了很久，直到元丰三年（1080 年）八月方才完成，史称“广州市舶条法”或“元丰法”。[②] 李焘《续资治通鉴长编》载：“（元丰三年八月二十二日）中书言，‘广州市舶条已修定，乞专委官推行’。诏广东以转运副使孙迥，广西以转运使陈倩，两浙以转运副使周直儒，福建以转运判官王子京，迥、直儒兼提举推行，倩、子京兼觉察拘阑。其广南东路安抚使更不带市舶使。”[③] 这说明“元丰市舶条法”不仅行于广州，而且遍行于其他诸路，宋谓之“海行”。[④]

“元丰法”的详细内容已不可考，从苏轼的记载及《宋会要辑稿》的有关材料看，与嘉祐、庆历、熙宁的编敕相比，此次条法主要是明确了广州、杭州、明州三市舶司的管辖范围，并加强了市舶司官司的职责。《苏轼文集》卷三十一《奏议 · 乞禁商旅过外国状》称：“元丰三年八月二十三日中书劄子节文：‘诸非广州市舶司，辄发过南蕃纲舶船，非明州市舶司，而发过日本、高丽者，以违制论，不以赦降去官原减。’……‘诸商贾由海道贩诸蕃，惟不得至大辽国及登、莱州，即诸蕃愿附船入贡或商贩者，听。’”[⑤]

这表明：宋廷已改变了原来不许商船去日本、高丽经商的规定，只是要求须经明州市舶司的批准。实际上，早在元丰二年（1079 年），宋廷已正式颁布法令，允许去高丽通商。《续资治通鉴长编》卷二九六：

“元丰二年正月丙子诏，旧明州括索自来入高丽商人财本及五千缗以

① 《宋会要辑稿》职官 44 之 6；另见（宋）李焘：《续资治通鉴长编》卷 275，熙宁九年五月丁巳条。

② 《宋会要辑稿》职官 44 之 6；另见（宋）李焘：《续资治通鉴长论》卷 275，熙宁九年五月丁巳条。

③ （宋）李焘：《续资治通鉴长编》卷 307，神宗元丰三年八月丁巳条。

④ 《宋会要辑稿》职官 44 之 6。

⑤ 《苏轼文集》卷 31，《奏议 · 乞禁商旅过外国状》，中华书局 1986 年版，第 890 页。

上者，令明州籍其姓名，召保识，岁许出引，发船二支，往交易非违禁物，仍次年既回其发无引船者，依盗贩法。先是，禁私贩高丽者，然不能绝。至是，复与中国通，故立是法。”

“元丰条法”制定之后，宋政府仍在不断地续降指挥、条法，在是否允许去高丽、新罗及登、莱州问题上，时禁时开，前后矛盾，给执行造成了不少困难。哲宗元祐年间，苏轼曾就此指出，自嘉祐以来诸编敕内容相互矛盾重复。[①]特别是对元丰二年以来宋廷颁布的敕令，苏轼尤持批评态度。他说：“勘会元丰八年九月十七日指挥，最为害事，将祖宗以来禁人往高丽、新罗条贯，一时削去，又许商贾得擅带诸蕃附船入贡。因此，致前件商人徐戬、王应昇、李球之流，得行其奸。今来不可不改。”[②]为此，他请求“三省枢密院相度裁定，一依庆历、嘉佑《编敕》施行”[③]。应当说苏轼的批评有其合理的一面，法律内容上矛盾必然会在实践中造成混乱，使人不知所从。但苏轼要统治者完全禁止商人去高丽经营贸易，则是不合时宜的。因为通商既有利于宋廷的财政收入与发展两国的友好情谊，同时，通商自元丰以来，已成大势，且有利于经济的发展，故宋廷并未对此做出积极反应。徽宗崇宁五年（1106年），因元丰条法与后来的续降指挥，在商船回港时于何处抽解的问题上互相冲突，朝廷特下令说：“元丰三年旧条，只得却赴广州抽解。后来续降沿革不同，今则许于非元发舶州往舶抽买。缘此大生奸弊，亏损课额。可将元丰三年八月旧条与后来续降冲改参详，从长立法

① 例如，自元丰以来，宋廷允许经过批准的商船去高丽、新罗，而《元祐编敕》则又称：“即不请公据而擅行，或乘船自海道入界河，及往新罗、登、莱州界者，徒二年，五百里编管。”可见当时是矛盾的。见《苏轼文集》卷31，《奏议·乞禁商旅过外国状》，中华书局1986年版，第890页。

② 《苏轼文集》卷31，《奏议·乞禁商旅过外国状》，中华书局1986年版，第891页。

③ 《苏轼文集》卷31，《奏议·乞禁商旅过外国状》，中华书局1986年版，第891页。

遵守施行。”[1] 但此次，仍未得出结果。

4. 南宋修法未果局面的出现及其对市舶条法的部分发展

宋室播迁江左之后，虽然淮河以北土地沦丧，但南宋政府于立足稍稳之后，仍继续奉行祖宗积极发展海外贸易的政策。就立法而言，南宋原则上沿用北宋的市舶条法。绍兴二十九年（1159 年）九月二日御史台检法官、兼管市舶务的张阐上奏说，他在负责管理市舶司的两年中，深感朝廷无统一法制之弊。他要求宋廷制定出统一适用的市舶条法来，以防贪官污吏上下其手，从中舞弊。他说：“比者叨领舶司仅及二载，窃常求其利害之灼然者，无若法令之未修。何当福建广南各置务于一州，两（浙）市舶务及分建于五所三路，市舶相去各数千里。初无一定之法，或本于一司之申请而他司有不及知，或出于一时之建明而异时有不可用，监官之或专或兼，人吏之或多或寡，待夷夏之商，或同而或异，立赏刑之制，或重而或轻，以至住舶于非发舶之所，有禁有不禁，买物于非产物之地，有许有不许，若此之类，不可既举。故官吏无所遵守，商贾莫知适从。奸吏舞文，远人被害，其为患深。欲望有司，取前后累降指挥，及三路节次申请，厘析删修，著为一司条制。”[2] 对此，宋廷下诏，令诸路报告各自抄录执行的条法。并“委官详定”，准备加以统一删修。[3] 但此次修定仍未取得什么结果。此后，宋统治者虽则不时地对市舶条法作一些局部修定与增删，但直至南宋灭亡前，始终没有制定出一部完整的市舶条法。

与北宋相比，南宋统治者除在立法方面继续奉行祖宗积极发展海外贸易的方针外，主要是通过单行敕令的颁布来补充和严密北宋以来的有关规定。其发展主要有三个方面：第一，加强了市舶官员的法律责任，此方面制定的法规有“推赏条格”“守臣五事例”“殿最赏罚条格”等。[4] 绍兴四年，宋

① 《宋会要辑稿》职官 44 之 9。注：重点号为引者所加。

② 《宋会要辑稿》职官 44 之 26。

③ 《宋会要辑稿》职官 44 之 26。

④ 《宋会要辑稿》职官 44 之 17。

廷发布敕令称："若诸州通判不依法躬亲入务，同监官抽买，亦乞今提刑司按劾实行。"[①]第二，完备了奖励蕃商来华的措施，如推恩、授官、免除及减轻税收等。第三，对粗野货物的分类及押运的程限、责任分别作了规定。[②]

综上，有宋一代的海外贸易立法如同其他方面的立法一样，主要是以编敕及发布单行法令的方式而进行。尽管受客观条件的限制，如宋廷半壁江山的维持、海外贸易的季节性及复杂性等，终宋之时并没有制定出一部完整的市舶条法，但宋王朝毕竟在积极发展海外贸易的思想指导下，于长达三百多年的统治中，颁布了一系列有关海外贸易的单行法令，并进行了数次编敕活动，这些散见于各种史籍之中的法规条令，既是两宋王朝整个立法活动中的重要组成部分，也是中国法制史上值得重点研讨的领域之一。

二、海外贸易立法的主要内容

两宋是我国历史上海外贸易活动十分活跃的朝代。著名学者陈裕菁先生在其所译《蒲寿庚考》一书中说："阿拉伯人之与中国通商，虽屡经盛衰，而自唐经五代以至于宋，连绵继续，未尝中辍，有宋一代，其盛遂极。"[③]台湾学者蔡尤惠在其所撰《宋代福建路的对外贸易》一文中也说："市舶贸易始于唐，而盛于宋。"[④]频繁的海外贸易活动不仅促进了国内市场的繁荣，增添了宋廷的财政收入，同时也使宋朝社会生活中的经济关系日趋复杂。经济的发展与海外贸易的市场管理活动，要求统治者制定出相应的法律规范来加以调整。与其后明清统治者实行海禁的政策不同，宋代统治者高度重视法律在促进海外贸易活动中的积极保障作用。著名法律史学者徐道邻

---

① 《宋会要辑稿》职官 44 之 17。

② 《宋会要辑稿》职官 44 之 30。

③ ［日］桑原骘藏:《蒲寿庚考》，陈裕菁译，中华书局 2009 年版，第 2 页。

④ 该书为未公开出版本，藏于河南大学图书馆。

称："宋朝一代的法治，值得特别提出"，因为它"出了好几位对于法律很在行的皇帝"。[①] 严格地讲，中国封建社会并不存在近代意义上的法制概念，宋朝也不例外。但法律作为维护社会经济关系的上层建筑，其在社会生活与统治机能中的重要作用，的确受到了宋统治者的高度重视。反映在海外贸易立法上，宋王朝主要是通过市舶条法及单行法令来加强对海外贸易的管理活动。具体说来，宋王朝对管理机构的设置、官员的职责、商船出海及回港的手续、货物的抽解、对有关人员的奖励与惩处等诸方面都依法作了规定。

（一）设立市舶机构、规定官员职责

1. 市舶机构的设置

为了管理海外贸易活动，宋王朝依法设立了专门的机构。在宋代文献中这些机构被称作"市舶司"或"提举市舶司"，个别时期，还于"市舶司"下分设"市舶务"及"场"，主要置于我国东南沿海各港口，其地点名称前后有不少变化。据《宋史》《宋会要辑稿》《续资治通鉴长编》《文献通考》等著作的记载，北宋的市舶机构有"三司"之称。实际上，北宋末年已出现了五个市舶司并存的局面，南宋统称"三路市舶司"，下设场、务。现分述如下。

（1）北宋时期

北宋哲宗元祐年前广州、杭州、明州三个市舶司的设置。

①广州市舶司的设立。广南东路的广州是北宋时期我国对外贸易的最大港口。早在唐玄宗开元年间，即于此设立市舶机构，由市舶使掌管对外贸易。[②] 宋因唐制，于开宝四年（971 年）在此设立市舶机构。《宋史》称："开宝三年，徙建安榷署于扬州。江南平，榷署虽存，止掌茶货。四年，置市

---

① 徐道邻：《中国法制史论略》，第 66—67 页。

② 此据［日］桑原骘藏：《蒲寿庚考》，陈裕菁译，中华书局 2009 年版，第 5 页。以下所引，均为此本。

舶司于广州。”[①]《宋会要辑稿》职官四四之一载：“太祖开宝四年六月命同知广州潘美、尹崇珂并充市舶使，以驾部员外郎通判广州谢处玭兼市舶判官。”[②] 这是宋代设立市舶机构的开始。

②两浙路杭州、明州市舶司的设立。两浙路杭州市舶司的设置，记载颇多歧异。现据日本学者藤田氏《宋代市舶司与市舶条例》的记载，考之以《长编》《宋会要辑稿》《文献通考》诸史籍，其基本情况是：宋真宗咸平二年（999 年）前，两浙路的市舶机构，先于宋太宗雍熙二年（985 年）置于杭州，后又于淳化年间（990—994 年）迁至明州（今浙江鄞县东）定海县。宋真宗咸平二年，宋廷正式发布敕令，命“杭、明州各置司”。[③] 史称：“初于广州置司（指太宗开宝四年）。[④] 以知州为使，通判为判官，及转运司使掌其事，又遣京朝官三班内侍三人专领之。后又于杭州置司，咸平中又命杭州各置司，听蕃客从便。”[⑤]《宋会要辑稿》职官四四之三又称：“真宗咸平二年九月，两浙转运副使王谓言，奉敕相度杭明州市舶司，乞只就杭州一处抽解。诏：杭州各置市舶司，仍取蕃官稳便。”《文献通考》载：“咸平二年九月庚子令杭州、明州各置市舶司，听蕃官从便。”[⑥] 广州、杭州、明州三个市舶司在北宋中期被称为“三司”。史称：“大中祥符二年八月诏，杭、广、明州市舶司自今蕃商赍鍮石（即黄铜）至者，官为收市，斤给钱五百，以初立禁科也，时三司定值斤钱二百，诏特赠其数。”[⑦]“三司”并存的情况一直保持到宋神宗统治时期。到宋哲宗元祐二年（1087 年）及元祐

---

① 《宋史》卷 186,《食货志下》8,《互市舶法》。另见《续资治通鉴长编》卷 12，开宝四年三月壬申条，谓“通判谢玭兼判官”。马端临《文献通考》卷 62,《职官考》16,《提举市舶》。

② （宋）李焘：《续资治通鉴长编》卷 12，开宝四年三月壬申条称“通判谢玭兼判官”，与此略有不同。谢玭、谢处玭是否一人，待考。

③ 《宋会要辑稿》职官 44 之 3。

④ 括号内文字为引者所加。

⑤ 《宋会要辑稿》职官 44 之 1。

⑥ 《文献通考》卷 62,《职官考》16,《提举市舶》。

⑦ 《宋会要辑稿》职官 44 之 3。

三年（1088年），宋朝政府又分别在泉州和密州（今山东诸城县）板桥镇增置新的市舶司。史称："元祐三年，锷等复言：'广南、福建、淮、浙贾人，航海贩物至京东、河北、河东等路。运载钱帛、丝绵贸易，而象犀、乳香珍异之物，虽尝禁榷，未免欺隐。若板桥市舶法行，则海外诸物积于府库者，必倍于杭明二州。使商舶通行，无冒禁罹刑之患，而上供之物，免道路风水之虞。'乃置密州板桥市舶司。而前一年亦增置市舶司于泉州。"[①]

③北宋末年市舶机构设置的变化。北宋徽宗以后，市舶机构的变化有两点。其一，从徽宗崇宁元年（1102年）七月十一日及政和二年五月二十四日的两道复置杭、明州及两浙、福建路市舶司的诏令看，在崇宁元年至政和二年这十年间，宋曾一度废罢杭、明、泉州市舶司。其二，政和二年后，宋一直维持着广州、泉州、明州、杭州、密州板桥镇五个市舶机构。故从总的方面看，北宋中期后，各个市舶机构的废设曾屡有变化，但基本上是随着海外贸易的发展而不断增设新的机构，由此也可看出宋朝对海外贸易所采取的积极态度。

（2）南宋时期

宋朝偏安江南以后，北方的密州为金人所占领，宋的市舶机构在此不复存在。高宗赵构于南宋政权初建之时，为了在人们面前树立一个勤勉、廉洁的形象，以招徕名声，曾以"市舶司多以无用之物，枉费国用，取悦权近"为由，一度宣布罢废"两浙、福建路提举市舶司"。[②]但由于海外贸易与封建国家的财政收入密切相关，南宋政府又急于增加财政收入以满足其统治的需要，故不到一年，宋廷便以"并废以来，土人不便，亏失数多"为由，于建炎二年（1128年）五月二十四日，重新恢复两浙、福建路提举市舶司。故从总的方面看，南宋虽仅存半壁江山，但对祖宗以来发展海外贸易的方针并没有改变，在整个南宋时期，基本维持了两浙、福建、广南

① 《宋史》卷186，《食货志下》8，《互市舶法》，文中"锷"指知密州范锷。

② 《宋会要辑稿》职官44之11。

三路市舶司并存的局面。在这三路市舶机构中，广州作为一个具有悠久历史的贸易港口，自始至终在宋王朝的海外贸易中占据着重要的地位。两浙路市舶司的设置变化较大，泉州在后来位居广州之上，成为南宋时期我国海外贸易交往中一个最为重要的港口。下面分别就泉州市舶司的设立及两浙路市舶机构的设置演变作一简要叙述。

①泉州市舶司的设置及其繁荣。泉州于宋时属福建路。这里自唐、五代以来就是一个蕃商来华贸易的港口。宋于此处何时置司，历来其说颇有歧异。据《宋史》《宋会要辑稿》及日本学者桑原骘藏的著作来看，泉州署市舶司，始于宋哲宗元祐二年（1087 年）。《宋史》称："元祐三年……乃置密州板桥市舶司。而前一年，亦增置市舶司于泉州。"[①]《宋会要辑稿》称："哲宗元祐二年十月六日诏泉州增置市舶。"[②] 桑原骘藏说："北宋末至南宋间，泉州之外国贸易渐盛。其始设市舶司年代，颇多异说，大约在哲宗元祐二年（1087 年）。"[③] 对泉州港的繁荣，桑原称，泉州开港后，约四十年许而宋室南渡。"故南宋一代，政府因欲增库入，屡奖劝外蕃通商。泉州贸易，遂年盛一年。与广州颉颃，不相上下。后至宋元之交，竟凌驾广州而上之。凡海舶出入，均辐辏于此港。"[④] 由此可知，在南宋，泉州广州和明州，都是当时宋人进行海外贸易的重要港口，史书称为"三路市舶"，或"三司"。[⑤]

②两浙路市舶机构设置的变化。两浙路，指两浙东路与西路，为北宋至道三年（997 年）所设十五路之一，治杭州。辖境相当于今浙江全省和上海市及江苏大茅山、长荡湖一线以东地区。[⑥] 在南宋三路市舶司的设置中，

① 《宋史》卷 186，《食货志下》8，《互市舶法》。

② 《宋会要辑稿》职官 44 之 8。另《续资治通鉴长编》卷 406 记载：宋哲宗元祐二年六月甲辰，泉州增置市舶，从户部尚书李常请也。

③ ［日］桑原骘藏:《蒲寿庚考》，第 2 页。

④ ［日］桑原骘藏:《蒲寿庚考》，第 3 页。

⑤ 意指福建、两浙和广南东路。

⑥ 邓广铭主编:《中国历史大辞典·宋史卷》，上海辞书出版社 1984 年版，第 167 页。

它的变化为最大。南宋前期，宋廷曾把原置于杭州的两浙路市舶司迁移到秀州华亭等港口，原有的市舶机构皆以市舶务的名义继续存在。南宋中期后，宋王朝又先后废罢杭州、江阴军、温州、秀州四处市舶务，只保有明州市舶机构。南宋后期，宋廷又在澉浦（今属浙江海盐县）设置了市舶场。[①] 南宋两浙路市舶机构设置的变化出于各种原因，但主要是出于宋廷内部的政治斗争和经济上的影响。市舶贸易收入颇大，宋统治集团常因此而发生倾轧，这就常常波及市舶官制和市舶机构的存废。另外，市舶贸易又有季节性，成立专门机构又不免会增添官府的开支，所以就因时而异，将它罢废或并入其他机构之中。然而，海外贸易毕竟在宋王朝的财政收入中占有重要的地位，[②] 所谓“东南之利，舶商居其一”。[③] 故宋朝政府的基本倾向仍是要维持建立一个专门的独立的市舶管理机构，以便保障海外贸易的繁荣和发展。

2. 规定市舶机构的职责

市舶机构的名称，在北宋中期以前，各港口的市舶机构统称为市舶司。从北宋末年起，北宋政府鉴于两浙路市舶机构逐渐增多的事实，为了统一管理，遂将两浙诸港的市舶司改称市舶务，另置两浙市舶司统管各港市舶务。这就是宋代文献中于宋徽宗大观元年（1107 年）后多次出现“两浙市舶”“两浙提举市舶司”的原因。

《宋会要辑稿》称：“市舶司掌市易南蕃诸国物货。”[④]《宋史》称：“提举市舶司掌蕃货、海舶、征榷、贸易之事，以来远人，通远物。”[⑤] 所谓“来远人”就是以积极的态度鼓励蕃商来华贸易。“通远物”就是广泛发展海

① 参见陈高华、吴泰：《宋元时期的海外贸易》，天津人民出版社 1981 年版，第 65 页。

② 陈高华等：《宋元时期的海外贸易》，天津人民出版社 1981 年版，第 182 页。市舶收入在南宋初年约占总收入的 15% 左右。

③ 《宋史》卷 186，《食货志下》8，《互市舶法》。

④ 《宋会要辑稿》职官 44 之 1。

⑤ 《宋史》卷 167，《职官志》7。

外贸易，扩大与海外诸国的物质交流。据陈裕菁的考证，宋代市舶司的职掌具体说来有下列六项：

（1）外船入港及本国商船回国及起程时，检查其货及有无禁品；

（2）保管进口货；

（3）征收关税；

（4）买进政府专卖品；

（5）保护外商；

（6）外舶出港时，检查其有否禁品。①

这说明市舶司的日常工作主要是依法管理海外贸易活动，发遣本国及外国进出海港的商船，并对其货物进行征税和抽解，防止市舶货物的走漏与偷税，以保证封建国家的财政收入。

至于宋代市舶司官员的设置，前后变化较大。大体说来，宋初置市舶司时，市舶使由知州兼任，市舶司判官则由通判兼任。同时，转运司也掌管其事，另派京朝官、三班使臣担任市舶司的具体职务。谓之“管勾市舶司”。元丰三年，则置专管，谓之提举市舶司。南宋大抵承袭此制，有时也由知州兼市舶使，知县兼官，负责具体事务的吏人则有专库、手分和牙侩等吏人，他们对舶来品评定等级价格和保管各种舶货。

（二）舶商出海的程序

两宋时期，进行海外贸易的方式有两种，一是由封建官府直接经营的，多以“朝贡”和“交聘”的形式进行。这种形式在很多情况下实际上是一种变相的贸易活动。② 有时，封建官府也直接派人到海外进行贸易活动。③

① ［日］桑原骘藏:《蒲寿庚考》注②市舶司职掌，陈裕菁按，第7页。

② 如宋代有人说，外国“朝贡”，“不过利于互市赐予”。见（宋元）马端临:《文献通考》卷331,《四裔考》8。

③ 如宋太宗雍熙四年五月，派内侍八人携金帛分四路到海外进行贸易活动。见《宋会要辑稿》职官44之2。

二是由私人经营的，这类商人除了少数的权贵和官僚之外，[①]主要是指民间商人，宋通常把从事海外贸易的民间商人称为舶商。依据宋代法令，不论属于上述哪种情况，都要履行严格的手续，经官府批准后，方为合法。按照宋代市舶条法的规定，舶商出海须经过以下四个步骤：

1. 须由当地"物力户"三人作保，保人对商船负连带责任。

2. 舶商出海须向当地官府"投状"——即提出申请，并在上面写明：（1）人员的组织情况；（2）货物的名称；（3）担保人的姓名；（4）防船器皿；（5）去往何处等。

3. 经市舶司审查核实后，发给出海的凭证，宋称之为"公凭"或"公据""公验"。其内容除上述"投状"上的几项规定外，还要写明有关法令的规定、承担法律的责任、由何人检验、何人签发等。

4. 起航前，由官府派与舶商无利害关系的官员进行"点检"，查看有无携带违禁物品。

只有手续完备，商船才能起航，宋谓之"放洋"[②]。太宗端拱二年（989年）敕令称："自今商旅出海外蕃国贩易者，须于两浙市舶司陈牒，请官给券以行，违者，没入其宝货。"[③]《熙宁编敕》规定："诸客旅于海道商贩，于起发州投状，开坐所载行货名件，往某处出卖。召本土物力户（富户——引者）三人结罪，保明委不夹带禁物，亦不过越所禁地分。官司既为出给公凭。仍备录船货，先牒所往地头，候到日点检批凿公凭讫，却报元发牒州，即乘船。"[④]凡是没有申请公据自行通海的，发现后都要治罪。《元祐编敕》称："不请公据而擅乘舶"，"徒二年，五百里编管"，"并许人告捕，给舶物半价充赏。其余在船人虽非船物主，并杖八十"[⑤]。

---

① 对此类人宋代法令是禁止从事海外贸易的。

② （宋）朱彧：《萍洲可谈》卷2，载《从书集成初编》，商务印书馆印行。

③ 《宋会要辑稿》职官44之2。

④ 《苏轼文集》卷31，《奏议 · 乞禁商旅过外国状》，中华书局1986年版，第890页。

⑤ 《宋会要辑稿》职官44之8。

宋代的“公凭”在我国的文献中已失传，但所幸的是，在日本的文献中却保留了下来。现据陈高华等所著《宋元时期的海外贸易》一书的记载，这份珍贵的“公凭”① 全文如下：

公　凭

提举两浙路市舶司

据泉州客人李充状，今将自己船一只，请集水手，欲往日本国，转买回货。经赴明州市舶务抽解，乞出给公验前去者。

一、人船货物

自己船壹只

纲首　李充　梢工　林养　杂事　庄权

部领　吴弟

第一甲

梁留　蔡依　唐祐　陈富　林和

郡（？）滕　阮祐　杨元　陈从　住（？）珠

顾冉　王进　郭宜　阮昌　林旺　黄生

强宰　关从　送（？）满　陈裕

第二甲

左直　吴凑　陈贵　李成　翁生　陈珠

陈德　陈新　蔡原　陈志　顾章　张太

吴太　何来　朱有　陈光　林弟　李凑

杨小　彭事　陈钦　张五　小陈珠　陈海

小林弟

第三甲

---

① 转引自陈高华等：《宋元时期的海外贸易》，天津人民出版社 1981 年版，第 75—78 页。该书称：这份“公凭”原载日本《朝野群载》卷 20 大宰府附异国大宋商客事，三善为康辑。

唐才　　林太　阳光　陈养　林太　陈荣
林定　　林进　张泰　萨有　张武　林泰
小陈贵　王有　林念　生荣　王德　唐兴
王春

物货

象眼肆拾匹　生绢拾匹　白绫贰拾匹　甆垸贰百床　甆堞壹百床

二、防船家事　锣壹面　鼓壹面　旗五口

三、右刻本州物力户　郑裕　郑敦仁　陈祐三人委保

四、本州令　给杖壹条　印壹颗

五、今检坐　教条下项：

诸商贾于海道兴贩，经州投状，州为验实，条送愿发舶州，置薄抄上，仍给公据，方听行。回日，公据纳住舶州市舶司，即不请公据而擅兴，或乘船自海道入界河，及往登、莱州界者，徒二年（不请公据而未行者，减贡［？］算），往大辽国者徒三年，仍奏裁。并许人告捕，给船物半价充赏（内不请公据未行者，减擅行之半。其已行者，给赏外，船物仍给官）。其余在船人虽非船物主，各杖捌拾以上，保人并犯人叁等。

勘会：旧市舶法，商客前虽许至三佛齐等处，至于高丽、日本、大食诸蕃，皆有法禁不许。缘诸蕃国远隔大海，岂能窥伺中国，虽有法禁，亦不能断决，不免冒法私去。今欲除北界、交趾外，其余诸蕃国未尝为中国害者，并许前去。惟不许兴贩兵甲器杖，及将带女口、奸细并逃亡军人，如违，应一行所有之物并没官，仍检所出引内外明声说。

勘会：诸蕃舶州商客，愿往诸国者，官为检校所去之物及一行人口之数，所诣诸国，给与引牒，付次捺印。其随船防盗之具，兵器之数，并置历抄上，俟回日照点，不得少欠。如有损坏散失，亦须具有照验一船人保明文状，方得免罪。勘会：商贩人前去诸国，并不得妄称作奉使名目，及妄作表章，妄有称呼，并共以商贩为名。如合行移文字，只依陈诉州县体例，具状陈述。如蕃商有愿随船来宋国者，听从便。诸商贾贩诸蕃间（贩

海南州人及海南州贩人贩到同）应抽买辄隐避者（谓曲避作匿，托故易名，前期传送，私自贸易之类），纲首、杂事、部领、梢工（令亲戚管押同）各徒二年，配本城。即雇募人管押，而所顾募人倩人避免，及所倩人，准此邻州编管。若引领停藏，负载交易，并贩客减查等，余人又减二等，蕃国人不坐。即在船人私自犯，准纲法坐之，纲首、部领、梢工、同保人不觉者，杖壹百以上，船物（不分纲首、余人及蕃国人，壹人有犯，同住人虽不知情及余人知情并准此）给赏外，并没官（不知情者以己物三分没官）。诸海商船货避抽买船物应没官而己货易转卖者，计直于犯人名下追理。不足，同保人备偿。即应以船物给赏，而同于令转买者，转买如法。诸商贾由海道贩诸蕃者，海南州县曲于非元发舶州（住）舶者，抽买讫报元发州，验实销籍。诸海商冒越至所禁国者，徒三年，配千里。即冒至所禁州者，徒二年，配五百里。若不请公验物籍者，行者徒一年，邻州编管。即买易物货而辄不注籍者，杖壹百，同保人减壹等。

钱帛案手分供　在判　注　在判　押案宜　在判　历　在判　勾抽所供　在判

孔目所验　在判　权都勾当　在判　都孔目所在判

右出给公凭，副纲首李充收执，禀前项敕牒指挥，前去日本国，经他（？）回〔国〕，赴本州市舶务抽解，不得隐匿偷越，如违即当依法根治施行。

崇宁四年六月日给

朝奉郎通判明州军州管勾学事兼市舶谢　在判

宣德郎权发遣明州军州管勾学事提举市舶彭　在判

宣德郎权发遣提举市易等事兼提举市舶徐

承议郎权提举市舶郎

显然，这是两浙路市舶司发给去日本经商舶船的一份法律凭证。作为一件珍贵的历史资料，它向我们展现了宋朝进行海外贸易的基本情况，也印证了宋代市舶条法的细密。同时，它也告诉我们这样一个事实，宋王朝与唐相比，在海外贸易立法上已积累了宝贵的历史经验。从这份宝贵的“公凭”及其上述的文献记载看，一方面宋王朝高度重视用法律的手段保障海外贸易的顺利进行，如对舶船组织状况的关注，对市舶司签发凭证之职权范围的规定等；另一方面，宋廷时刻都没有忘记以法来维护国家安全。海外贸易对增加国家的财政收入固然重要，但如管理不善、法令不严，同时也会带来一些弊端，如铜钱的外流、商人乘贸易之便私入辽国国界等，故宋廷三令五申“客旅于海道商贩者，不得往高丽、新罗及至登、莱界”，不许“夹带违禁及堪造军器物色”，否则，以违制论，货物没官，犯者论罪。[①] 此外，市舶条法还对诸国市舶司的签证范围作了规定。大体说来，往海南诸国贸易者，须由广州市舶司签发公凭；往日本、高丽经商者，经由两浙路市舶司签发。史称：“诸非广州市舶司，辄发过南蕃纲舶船，非明州市舶司，而发过日本、高丽者，以违制论，不以赦降去官原减。”[②]

尽管在当时的海外贸易中，不可能凭一纸法令就能完全杜绝铜钱的外流及其商船的私自出海。但宋之市舶条法的这类规定仍在发展海外贸易及维护国家安全、保障经济秩序正常进行方面起到了重要作用。

（三）征收舶税，收买舶货，以助国用

海外贸易获利颇大，宋统治者为了增加国家的财政收入，以法规定了“抽解”和“博买”制度。北宋初，封建国家为了垄断海上贸易的利润，对进出口的货物一律采用榷卖的办法，谓之禁榷。“榷”本是独木桥之意，所谓“禁榷”就是由封建国家专买专卖，不许民间私相贸易。史谓“王者之利，禁他人家也”[③]。后来，随着海外贸易的展开，宋廷对禁榷之物有所

① 《苏轼文集》卷31，《奏议 · 乞禁商旅过外国状》，中华书局1986年版，第890页。

② 《苏轼文集》卷31，《奏议 · 乞禁商旅过外国状》，中华书局1986年版，第890页。元丰八年后，随着海外贸易的发展，这一限制有所突破，见《苏轼文集》所载元丰八年九月十七日敕节文。

③ 《汉书》卷6，《武帝纪》。韦昭注：“以木渡水曰榷。”

松动。宋太宗太平兴国七年（982 年），宋代规定的禁榷物品有 8 种，即“毒瑁、牙（象牙）、犀、宾铁、皮、珊瑚、玛瑙、乳香”。后又加上了紫矿和鍮石（锌矿石）。南宋时期，把“牛皮筋骨堪造军器之物”也列入了禁榷的范围。①

按照两宋市舶条法的规定，无论是禁榷的货物，或是允许民间贩卖的货物，都须先由“市舶司”抽解，然后再由官府“博买”。所谓“抽解”，也叫“抽分”，意谓从舶商货物的总数中抽取若干份作为国家的收入，实际上是宋廷依法征收的一种市舶税，只不过采取了实物的形式而已。抽解的另一含义，是将官府所抽之实物直接解赴京城。

“抽解”既是增加封建国家财政收入的主要办法，也是宋代市舶条法的重要内容，对此，宋统治者格外重视。朱彧《萍洲可谈》卷二称：“凡舶至，帅漕与市舶监官莅阅其货而征之，谓之抽解。”未经抽解，舶者不得私取其货，违者，处罪。所谓“舶至，未经抽解，敢私取物货者，虽一毫皆没其余货，科罪有差，故商人莫敢犯”。②

两宋抽解制度的设立、比例、范围及其办法变化颇大。这一方面是由于两宋市舶条法于此并无一个统一的标准，另一方面也是因为宋王朝在着意处理好国家财政收入与鼓励海外贸易之间的关系时所有意采取的一种灵活办法。收税太多，会挫伤舶商贸易的积极性，无异于杀鸡取蛋，收税太少，又会影响国家的财政收入。如何于二者之间划出一个较为合理的界限，始终是宋王朝所关注的重要问题。尽管在宋朝的历史中，有时也会出现因税收过高而引起舶商叫苦的情况，但总的来说，宋王朝一旦发现这种情况会马上作出调整，降低抽解的比例。现就该制度的建立，前后变化的基本情况，略加论述。

宋代抽解制度的建立，大体沿习唐制。据马端临《文献通考》引用陈

① 《宋会要辑稿》职官 44 之 2、之 18。

② （宋）朱彧:《萍洲可谈》卷 2。

溥良的话说："是时，市舶虽始置司而不以为利。淳化二年始立抽解二分，然利殊薄。"陈氏所论是否确实，宋代其他有关史料不见记载，但有一点可以肯定，宋代的抽解制度是从唐代"征其十三为关税"这一制度演变而来。此后，为促进海外贸易的发展，太宗雍熙年间，宋廷遣使出访海南诸国，携重金、赍敕书以招诱外商，故宋王朝降税率为十分之一。《宋会要辑稿》职官四四之一载："（太平兴国初）大抵海舶至，十先征其一。"《范文正公集》卷十四《权三司盐铁判官尚书兵部员外郎王君墓表》谓："（宋仁宗时，王丝）充广南东路转运按察使兼本路安抚、提举市舶司，凡蕃货之来，十税其一。"其后，宋王朝又把船货依其是否贵重分为粗细两色，按不同比例进行税收。《萍洲可谈》卷二称："以十分为率，珍珠龙脑，凡细色抽一分，玳瑁、苏木，凡粗色抽三分。"

南宋播迁之后，宋王朝输帛纳币与金媾和，财政支出日趋增多。南宋初，宋政府为了满足皇室上层官僚的贪欲及其对外输币的需要，南宋的抽解率比北宋大为增高。宋高宗绍兴六年（1136 年）前，细色物货的抽解率大抵是十分之二。《宋会要辑稿》职官四四之二七谓："抽解旧法，十五取其一，其后，十取其一，又其后择其良者诸如犀象，十分抽二分。"另据罗浚记载："契勘舶务旧法，应商贩到物货，内细色五分抽一分，粗色物货七分半抽一分。"[①] 绍兴十四年（1144 年），部分细色物货一度增高到十分之四。对此，舶商叫苦不迭。为了改变外商因抽解太重而不肯涉洋前来的状况，宋高宗绍兴十七年十一月四日，朝廷下诏：

"三路市舶司今后蕃商贩到龙脑、沉香、丁香、白豆蔻四色并依旧抽解一分，余数依旧法[②]施行。先是绍兴十四年，一时措置抽解四分，以市

① （宋）方万里等:《（宝庆）四明志》卷 6,《叙赋下 · 市舶》。

② 此处所谓的抽解旧法，据漆侠先生的研究，系指宋神宗熙宁初年的抽解制度，比例为"十五取其一"，为两宋市舶贸易中抽解分数的最低点。见《宋氏经济史》下册，上海人民出版社 1988 年版，第 1042 页。

舶司言，蕃商陈诉，抽解太重，故降是旨。”[①]

南宋后期，统治者为了应付国内外日趋紧张的局势，财政支出又趋紧张，宋廷再度提高抽解比例，规定：“应商舶贩到物货，内细色五分抽一分，粗色物货七分半抽一分”，[②]比原来的抽解率又提高了一倍。这样高的比例，再度损伤了舶商来华贸易的积极性，结果宋廷再次颁布法令予以调整，规定：凡去日本、高丽经商者，不分粗细，“纲首、杂事十九分抽一分”。[③]去南海诸国的船舶则“不分纲首、杂事、梢工、贴客、水手，例以一十分抽一分”[④]。

上述材料表明，南宋时期，市舶条法关于抽解比例，仍没有一个统一的规定。如此反复的变化，一方面说明了宋统治者在仅有半壁江山、国势日蹙的情形下急于增加财政收入的迫切心情，另一方面也说明宋廷仍在奉行北宋以来积极发展海外贸易的方针和政策。抽解比例由低到高、再由高到低的反复变化便是对这个问题的印证。

按照宋代市舶条法的有关规定，官府除向舶商征收实物税外，宋王朝还要按规定的价格收购舶商运来的货物，史称“博买”，或叫作“官市”“和买”。此项制度同抽解一起建立。至于和买的范围，从有关史料的记载看，主要限于象牙、宝珠等细色物货。北宋太宗淳化二年（991年）四月诏：

“广州市舶每岁商人舶船，官尽增常价，买之良苦相杂，官益少利。自今除禁榷货外，他货择良者止市其半。如时价给之，粗恶者恣其卖勿禁。”[⑤]

① 《宋会要辑稿》职官44之25。

② （宋）方万里等：《（宝庆）四明志》卷6，《叙赋下·市舶》。

③ （宋）方万里等：《（宝庆）四明志》卷6，《叙赋下·市舶》。

④ （宋）方万里等：《（宝庆）四明志》卷6，《叙赋下·市舶》。

⑤ 《宋会要辑稿》职官44之2。

这说明禁榷之物，如象牙、乳香之类，除抽解外，要尽数博卖，全部由宋廷收购。因为这类货物是宋统治者生活中所不可缺少的消费品。朱彧《萍洲可谈》卷二称：

“抽外官市各有差，然后商人得为己物。象牙重及三十斤并乳香，抽外尽官市，盖榷货也。”

抽解、博买制度的实行直接关系到宋王朝的财政收入，故统治者除了不断地修改市舶条法予以调整之外，还不断地下诏申明朝廷“徕远人，助国用”的立法意图，督促市舶司及有关朝廷官员躬案入务，不准克扣、挪用博买钱本，并制定“殿最赏罚条格”，以法强化官员的职责。绍兴三年（1133 年）六月四日户部：

“乞委浙西提刑司取索市舶司自建炎四年以后，应支使钱物名数干照，并许支条法、指挥逐一仔细躯磨，将不合支破钱数依条追理拨还入官，添助博买钱本，仍乞令诸通判自今后遇市舶务抽买客人物货，须管依条躬亲入务，同监官抽买。及自绍兴三年为始，岁终取会逐务。开具的实买到物货名色数目，用过本钱，营运利息，应支使钱物，夹细账状保明申浙西提刑司，从本司取索驱考。如稍有隐漏不实之数，并依无额上供法施行。若逐州通判不依法躬亲入务同监官抽买，亦乞令提刑司按劾实行。诏依。”[1]

七月一日，宋廷又颁布敕令说：

“诏广南东路提举市舶官，今后遵守祖宗旧制，将中国有用之物，如乳香、药物及民间常使香货，并多数博买。内乳香一色，客算尤广，所差

① 《宋会要辑稿》职官 44 之 16—17。

官自当体国，招诱博买。仍令户部限三日将市舶司抽解博买旧法参酌重别，立定殿最赏罚条格，具状申尚书省。以尚书省言，提举官往往非其人，致蕃商稀少，理合讲究故也。”①

但是，博买说到底只不过是官府变相征收的一种市舶税罢了。故在实际生活中，宋王朝为了获取更高的利润，往往私自压低价格，或以库房积压的滞销之物折价易之，这些加上官员的侵夺，舶商甚为此制所累，甚至想出各种办法以逃避和抵制。《萍洲可谈》卷二称："商人有象牙稍大者，必截三斤以下，规免官市。凡官市价微，又备他货与之，多折阅，故商人病之。"

此外，商人从海外贩来的舶货，经过抽分和博买后，可在当地（即市舶司所在地）或其他地方出卖。依据宋之市舶条法，凡在本路出卖者，官府不许再行收税。若运到外地出售，仍须经市舶司核准，发给公凭后，才能前往。《宋会要辑稿》职官四四之八载：

"（徽宗）崇宁三年五月二十八日诏，应蕃国及土生蕃客愿往他州或东京贩易物货者，仰经提举市舶司陈状，本司勘验诣实，给与公凭，前路照会，经过官司常切觉察，不得夹带禁物及奸细之人，其余应有关防约束事件，令本路市舶司相度申尚书省。先是广南路提举市舶司言，自来海外诸国蕃客将宝货渡海赴广州市舶务抽解，举民间交易，听其往还，许其居止，今来大食诸国蕃客乞往诸州及东京买卖，未有条约，故有是诏。"

需要说明的是，抽解和博买的舶货除纲运"上供"，满足皇室及封建地主阶级上层官僚的奢侈消费外，剩余不堪上供之物货，则通过下列两种办法处理：第一，由本州府将各种货物分类打包出卖，宋称之为"依时价

---

① 《宋会要辑稿》职官 44 之 17。

打套出卖”[①]。第二，允许商人向官府纳钱，然后到市舶司领取货物，在本地或到别处出卖。[②]宋王朝正是以法令为保障，通过低价收购、高价出售的方法来垄断这部分海外贸易产品之利润的。

由此看来，在两宋市舶条法中，保障海外贸易活动的正常进行与增进封建国家的财政经济收入常处在一个矛盾的同一体中。从总的方面看，进行海外贸易可以促进国内经济的繁荣。宋代国内市场较唐大有发展，当与此有关。国内市场的发展又同时为海外贸易的繁荣开辟了广阔的前景，宋王朝对此是持积极态度的。因为海外贸易的繁荣既为统治者带来了丰厚的财政收入，也使商人获取了厚利，这是统一的一面。但封建官员的贪欲及两宋财政支出的重负，又往往使宋统治者不顾舶商的利益，于合理的界限外，想方设法攫取更大的利润。但过苛的榨取，从本质上是违背经济及事物发展规律的。当商人因抽解过重，博买过多而无利可图时，“舶商罕至”的景象就会发生，而这种情况又是宋王朝统治者所不愿意看到的。从两宋的历史看，发展海外贸易与增加封建国家的财政收入始终处于一个矛盾的统一体中，这个矛盾既是由封建国家的阶级实质所决定的，也与两宋奉行的海外政策与时代的特点有关。宋王朝在发展海外贸易的活动中，不断调整修改市舶法则正是这种矛盾在海外贸易立法中的必然反映。它既向我们展现了两宋王朝制定、修改市舶条法的曲折过程，同时也表明了两宋统治者在发展繁荣海外贸易所做的积极努力。当然，要从根本上摆脱封建立法对发展海外贸易乃至整个商业的限制，又是两宋王朝所根本无法完成的。

① 《宋会要辑稿》职官 44 之 12。高宗绍兴三年（1133）十二月，宋廷下诏：金、银、真珠等一百三十余种货物要运到临安，其余九十种货物可于本处变卖。见《宋会要辑稿》职官 44 之 18—19。

② 《宋会要辑稿》职官 44 之 11—12。

（四）积极发展海外贸易，鼓励外商来华

我国自汉唐至宋元，封建国家对外实行的政策，一般来说是鼓励发展海外贸易。但依法对此加以详细规定的，当自宋朝始。有宋一代的市舶条法，不仅规定了对发展海外贸易有功官员的奖励制度，而且还在招徕外商，保护其合法财产，适时调解税收比例诸方面，做了较为系统的规定。

1. 加强官吏职责，积极发展海外贸易

徕远人，通货贿，是北宋开国以来既定的国策和立法的指导思想，而负责管理海外贸易活动的各级官吏则是落实宋王朝立法意图的直接执行人员。他们能否在实践中认真履行职责，贯彻宋廷的意图，直接关系到海外贸易的兴衰，故向为宋廷所重。史称："绍兴二十一年闰四月四日……上曰'提举市舶官委寄非轻，若用非其人，则措置失当，海商不至矣'。"[①]故宋王朝除了频频下诏，要求各级官吏推明祖宗立法之意、用心招诱商人之外，还依法拔擢其有功人员。史载宋高宗的话说："广南市舶司递年有蕃商息钱，如及额，许补官，此祖宗旧制。"[②]《宋史》卷一八五《食货下七·香》载，南宋绍兴六年（1136年）规定："诸市舶纲首能招诱舶舟，抽解物货，累价及五万贯、十万贯者，补官有差"，"闽、广舶务监官抽买乳香，每及百万两转一官"。可见，宋廷对那些能够招徕外国商船、增加市舶收入的官吏和纲首，或授以官职，或提前升转，其规定从北宋业已开始。对不能履行职责、致使市舶亏损者，宋王朝则依法予以降职之处分。史载："（宋高宗绍兴十六年）九月二十五日宰执进呈广南市舶司缴进三佛斋国王寄市舶官书，且言，'近年商贩乳香，颇有国损'。上曰'市舶之利，颇助国用，宜循旧法，以招徕远人，阜通货贿'。于是降右朝散大夫、提举福建路常平茶事袁复一一官。以前任广南市舶亏损蕃商物价，故有是命。"[③]

① 《宋会要辑稿》职官44之25。
② 《宋会要辑稿》职官44之25。
③ 《宋会要辑稿》职官44之24—25。

2. 以礼优待外商，提高其来华贸易的积极性

宋时，海外诸国来华贸易的商人，史书统称为蕃商。宋王朝对外国商人采取积极招诱的态度，其主要内容如下：

第一，依法设立专门的管理组织，给外商一定的自主权。两宋时期，碧波荡漾的海面上穿梭般游弋着从事海外贸易的商船。广州、泉州诸港口城市里也聚集着无数个来华贸易的商人，他们穿华服，讲华语，“巾袍履笏如华人”。[①]陈裕菁先生说：“蕃商来华较久者，必能操华语。”[②]有的家资百万，长住不归，史谓“住唐”。《萍洲可谈》卷二称：“北人过海外，是岁不还者，谓之‘住蕃’。诸国人至广州，是岁不归者，谓之‘住唐’。”《蒲寿庚考》一书也称：“蕃坊侨商，冬季多归其国，其不归者亦多，谓之住唐。亦有五年十年不归，长居蕃坊者。”[③]这里所说的“蕃坊”，就是宋政府在广州、泉州诸港口依法设立的管理外国商人活动的专门机构。史称：“广州蕃坊，海外诸国人聚居，置蕃长一人，管勾蕃坊公事，专切招邀蕃商入贡，用蕃官为之。”[④]

依照宋代的法令，蕃坊的长官为蕃长，其职多由资深望高的外商担任，但必须经过宋政府的任命，着官府的服装。《宋史》谓：“熙宁中（1068—1077 年），其（大食）使辛押陀罗乞统察蕃长司公事。诏，广州裁度。”《宋会要辑稿》蕃夷四之九二载神宗熙宁六年（1073 年）六月条称：“大食陁婆离慈进奉都蕃首保顺郎将蒲陁婆离慈表男麻勿将贡物，乞赐将军之名，仍请以麻勿自代。诏蒲麻勿与郎将，余不行。”对此，桑原隲藏先生说：“合二事以观，可知蕃长由政府任用也。”[⑤]

蕃长的职责有二：一是用心体察皇帝立法之意，“专切招邀蕃商”。陈裕菁在《蒲寿庚考》第二章注七“蕃长之职责”中写道：“《萍洲可谈》卷

---

① （宋）朱彧：《萍洲可谈》卷 2。

② ［日］桑原骘藏：《蒲寿庚考》第二章，陈裕菁按语，第 38 页。

③ ［日］桑原骘藏：《蒲寿庚考》，第 38 页。

④ （宋）朱彧：《萍洲可谈》卷 2。

⑤ ［日］桑原隲藏：《蒲寿庚考》，第 58 页。

二谓‘专切招邀蕃商’。又《宋史》卷四九〇《外国传·大食国条》舶主蒲希密上表曰：(臣)在本国，曾得广州蕃长寄书招谕，令入京贡奉，盛称皇帝盛德，布宽大之泽，诏下广南，宠绥蕃商，阜通远物。”二是依本国法律和习惯处断蕃人之间轻微的案件。《萍洲可谈》卷二称："蕃人有罪，诣广州鞫实，送蕃坊行遣，缚之木梯上，以藤杖挞之。自踵至顶，每藤杖三下，折大杖一下，盖蕃人不衣裈袴，喜地坐，以杖臀为苦，反不畏杖脊。徒以上罪广州决断。"

从上述史料看，一方面，宋王朝赋予外商一定的自主权，如自选蕃长，蕃长有权依本国习惯处断轻案等，之所以如此是为了更好地调动外商来华贸易的积极性，同时也方便了对外商的管理；另一方面，宋王朝又在对蕃长的任命[①]及刑事案件的管辖上充分地行使着国家主权。宋之蕃坊不是晚清政府时中国之租界，其蕃长之权利也绝不是近代国际法意义上的"治外法权"[②]，更不能同晚清时西方列强于中国攫取的"领事裁判权"同日而语。它至多是宋政府奉行以礼怀柔远人、招徕外商来华贸易政策的具体表现形式。《宋史》卷三四七《王涣之传》载：

"(涣之)知福州，未至，复徙广州，蕃客杀奴，市舶使据旧比，止送其杖笞。涣之曰，不可，论如法。"

另，《宋史》卷四百《汪大猷传》谓：

---

① 蕃长虽由蕃人自选，但最后必须经宋廷批准。

② "治外法权"是近代国际法意义上的一项原则，意谓：一定的人和房舍虽处于一国领土之内，但在法律上被认为是处于该国之外，因而不受当地法律的管辖。该原则适用于外国君主、国家元首、外交使节和其他享有外交特权的人。见[英]戴维·M.沃克编，北京社会与科技发展研究所组织翻译：《牛津法律大辞典》，光明日报出版社1988年版，第323页。陈裕菁先生在其译作《蒲寿庚考》第二章注13中，把宋时蕃长之权视为"治外法权"，并引用了《宋史》卷491《外国传·日本国》的有关案例。考之宋代其他史料，陈先生所论，有待商榷。

“(汪大猷知泉州)故事，蕃商与人争斗，非折伤罪皆以牛赎。大猷曰：‘安有中国用岛夷俗者，苟在吾境，当用吾语。’”

这里的“与人争斗”，究竟是与宋人，还是蕃人之间，因载不详，已不可确知。但从总的方面看，宋仍在沿用唐律之精神。当然，由于宋时海外贸易较唐更为昌盛，来华外商比唐朝更加广泛，他们当中许多人长住中国不归，[①] 有的杂处民间，与华人通婚。故在生活中，当其与宋人发生纠纷时，宋王朝往往照顾其风俗习惯，以示优容。楼钥《攻媿集》卷八八《赠特进汪会行状》记载：“蕃商杂处民间，而旧法与郡人争斗，非至折伤，皆用其风俗。”陈裕菁说：“则与人斗者，与华人斗也。”[②] 日本学者桑原骘藏说：“宋代奖励互市，故侨蕃甚蒙优遇。纵有非法行为，每置不问，其同类相犯，唐代多以本国法律处置，华官不加干涉。宋代则尤宽蕃汉之间有犯罪事，苟非重大之事件，亦听以彼等法律处分。”[③] 此论未必确当，但宋与唐比，的确在对蕃商案件的处理中增添了灵活性，其主旨在于积极发展海外贸易。

第二，设宴犒劳外商及有功人员。两宋时期，为了鼓励海外贸易，每当舶商来往之时，市舶司往往依例设宴慰劳，遂为制度。宋谓之“犒设”，或“设蕃”。朱彧说：“余在广州，尝因犒设，蕃人大集府中。”[④]《宋会要辑稿》职官四四之一四和二四称：

“高宗绍兴二年(1132)六月二十一日广南东路经略安抚提举市舶司言，广州自祖宗以来兴置市舶，收课入倍于他路……欲乞依广南市舶司体例，每年于遣发蕃舶之际，宴设诸国蕃商，以示朝廷招徕远人之意，从之。”

① 《蒲寿庚考》一书称：蒲寿庚在南宋时期曾任市舶使达三十年之久。

② [日]桑原骘藏:《蒲寿庚考》第二章注13，第50页。

③ [日]桑原骘藏:《蒲寿庚考》第二章，第35页。

④ (宋)朱彧:《萍洲可谈》卷2。

陈裕菁说："犒设，又可曰设蕃。广州设宴处为海山楼。"① "每年十月，蕃舶归国之际，华官举行慰劳送别之宴，视为常例，谓之犒设。"② 宋人洪适在《盘州集》六十五记录当时设宴招待蕃商的情景时说："当其整楫之时，爰共肆筵之乐，嘉宾簪盍，廉贾鼎来。"

宋政府除每年十月依例设宴招待蕃商外，还对招徕外商有功的官员，派使赐宴慰劳。《宋史·马亮传》谓："[马亮]以右谏议大夫知广州……舶商久不至，使招来之。明年，至者倍其初。珍货大集，朝廷遣中使赐以劳之。"③

第三，舶船因风雨招致损坏时，宋廷依法免征其税。《宋史》卷一八六《食货下八·互市舶法》载，宋孝宗乾道三年（1167）四月，宋廷下诏说："广南、两浙市舶司所发舟还，因风水不便，船破樯坏者，不得抽解。"④

第四，市舶纲首招诱舶商多者可授官。宋王朝为了积极发展海外贸易，不仅依法褒奖有功的官员，而且还对招诱舶商来华贸易达到一定数额的外商，及市舶纲首直接授予官职。桑原骘藏先生说："互市盛则关税多，多则国库增矣，故宋室不惜授官蕃商，以资奖励。"⑤ 南宋绍兴六年（1136年）规定：

"诸市舶纲首能招诱舶舟，抽解物货，累价及五万贯、十五万贯者，补官有差。"⑥

《宋会要辑稿》职官四四之十九载：

"绍兴六年十二月十三日诏，蕃舶纲首蔡景芳特与补承信郎。以福建

---

① [日]桑原骘藏:《蒲寿庚考》第二章注9，陈裕菁按语，第46页。

② [日]桑原骘藏:《蒲寿庚考》第二章注9，第45页。

③ 《宋史》卷298,《马亮传》。

④ 另见《宋会要辑稿》职官44之29。

⑤ [日]桑原骘藏:《蒲寿庚考》第二章注8，第45页。

⑥ 《宋史》卷185,《食货志下》7。

路提举市舶司言，景芳招诱贩到物货，自建炎元年至绍兴四年收净利钱九十八万余贯，乞推恩故也。”

陈裕菁先生说：“承信郎，从九品官也。授官之例，北宋已开其先。”

又如，

“绍兴六年八月二十三日，提举福建路市舶司上言，大食蕃国蒲罗辛造船一支，舶载乳香投泉州市舶，计抽解价钱三十万贯。委是勤劳，理当优异。诏蒲罗辛特补承信郎，仍赐公服履笏，仍开谕以朝廷存恤远人优异推赏之意，候回本国，令说喻蕃商广行船贩乳香前来，如数目增多，依此推恩。余人除犒设外，更与支给银采”。[①]

第五，允许蕃商与官吏之家通婚。《宋会要辑稿》高宗绍兴七年（1137年）条：“大商蒲亚里者，既至广州，有右武大夫曾纳，利其财，以妹嫁之，亚里因留不归。”[②]《萍洲可谈》卷二谓：“元祐间（1084—1094年），广州蕃坊刘姓人娶宗女，官至左班殿直。刘死，宗女无子，其家争分财产。遣人挝登闻鼓，朝廷方悟宗女嫁夷部，因禁止，三代须一代有官，乃得娶宗室女。”《蒲寿庚考》卷二注二十三称：“禁止三代者，谓侨华未过三代，不得与宗室女结婚也，已过三代，第四代之外侨，其间且须有一代为官，乃得娶宗女云。”既然宋王朝允许在一定条件下与宗室通婚，推而论之，外商在华与宋官员之家及民间通婚，则是宋之法律所允许的。

（五）保护外商财产，允许商人越诉

宋一系列保护外商、招诱奖励海外贸易的法令，刺激了外商来宋贸易

① 《宋会要辑稿》蕃夷4之94。
② 《宋会要辑稿》职官44之20。

的积极性。两宋之时，不仅来华贸易的舶商络绎不绝，而且有的长居中国达五世之久，家赀数百万。顾炎武《天下郡国利病书》卷一〇四载："宋时（蕃）商户巨商，服饰皆金珠罗绮，器用者皆金银器皿。"苏辙《龙川略志》卷五《辩人告户绝事》谓："广州商有投于户部者，曰蕃商辛押陀罗者，居广州数十年矣，家赀数百万缗。"对这些久居中国的蕃商财产，宋代市舶条法及律令是加以保护的。宋徽宗政和四年（1114 年）五月十八日诏令规定：

"诸国蕃客到中国居住已经五世，其财产依海行无合承分人，及不经遗嘱者，并依户绝法。仍入市舶司拘管。"①

对此，桑原骘藏先生进一步分析说："宋时处置蕃商遗产，与华人通行户绝法无殊，规定五世者，本于中国五世亲尽之义，然征诸实际，宋代蕃商虽未经五世，死后苟无近亲，其遗产亦依户绝法。"②

这里所说的户绝法，就是指《宋刑统》的有关规定。依据《宋刑统》卷十二《户绝资产》《死商钱物》的规定，宋对外商遗产的处理，可分为以下三种情况：

第一，"波斯及诸蕃人资财货物等，伏请依诸商客例，如有父母、嫡妻、男女、亲女、亲兄弟元相随，并请给还"。

第二，"其蕃人、波斯身死财物，如灼然有同居骨肉在中国者，并可给还"。

第三，根据户部的奏请，蕃商死后，宋法令允许其在室亲姊妹、妻继承其财产的三分之一。所谓"在室亲姊妹，亦请依前例三分内给一分。如死客有妻、无男女者，亦请三分给一分。敕旨宜依"③。

---

① 《宋会要辑稿》职官 44 之 9 至 10。
② ［日］桑原骘藏：《蒲寿庚考》第五章注 18《外商遗产之处分》，第 175 页。
③ 《宋刑统》卷 12，《户婚律·死商钱物》。

需要指出的是，上述规定只有在蕃商生前未立遗嘱时才能生效。若蕃商生前立有遗嘱，宋则依法予以保护。在实际生活中，宋王朝对外商财产的处理除依据法令予以保护外，还根据不同的情况以灵活的方式处理，以体现宋廷广施仁政、体恤外商之意。南宋时，“真里富国大商死于（明州）城下，囊赍巨万，吏请没入。王曰（指知明州赵圭）‘远人不幸至此，忍因以为利乎？为其棺敛，属其徒护丧以归”①。这件事的处理使真里富国王感动不已，次年，他向宋王朝致谢说：“吾国贵近亡没，尚籍其家。今见中国仁政，不胜感慕，遂除籍没之例矣。”②

对于在海上遭遇风波的舶船，宋王朝除了给予生活上的帮助之外，③还特立“防守、盗纵、诈冒断罪法”予以保护。史称：“蕃舶为风飘著沿海州界，若损败，及舶主不在，官为拯救，录物货，许其亲属召保认还。及立防守、盗纵、诈冒断罪法。从之。”④不仅如此，宋王朝还给外商以越诉权。《宋会要辑稿》职官四四之三三至三四称：

“（南宋宁宗）开禧三年（公元1207）正月七日，前知南雄州聂周臣言，泉、广各置舶司以通蕃商，比年蕃船抵岸，既有抽解，合许从便货卖。今所隶官司，择其精者，售以低价，诸司官属复相嘱托，名曰和买，获利既薄，怨望愈深，所以比年蕃船颇疏，征税暗损。乞申饬泉、广市舶司照条抽解和买入官外，其余物货不得毫发拘留，巧作名色，违法抑买。如违，许蕃商越诉。犯者计赃坐罪。仍令比近监司专一觉察，从之。”

---

① （宋）楼钥：《攻媿集》卷86，《行状 · 皇伯祖太师崇宪靖王行状》。

② （宋）楼钥：《攻媿集》卷86，《行状 · 皇伯祖太师崇宪靖王行状》。

③ 沈括《梦溪笔谈》卷24《杂志一》上载，嘉祐年间，一艘外船受波涛冲击漂至苏州，官府除给予生活上的照顾外，还为其修理船只。所谓“桅旧植船木上不可动，工人为之造转轴，教其起倒之法”。

④ 《宋会要辑稿》职官44之8。

我国唐宋以来，封建法律一般严禁越诉，宋王朝把越诉权赋予外商，一方面表明了当时封建官员侵夺外商货物现象的普遍，另一方面也表明宋王朝对依法维护外商合法权益的高度重视。

（六）严禁官员与民争利，惩治贪官污吏的侵夺行为

海外贸易，获利颇大。自古以来，封建社会就有许多朝廷命官利用职权营私舞弊，牟取暴利。《南齐书·王琨传》称："广州刺史但经城门一过，便得三千万。"唐以来，岭南之官因掌管市舶而致巨富者，史不绝书。[①]宋朝自然也不例外。桑原骘藏说："贪而无厌之华官，习知海外贸易之大利，想当有私营其事者。"[②]南宋张知甫《张氏可书》称："燕瑛罢广漕还朝，载沉水香数十舰，以遗宦寺，遂尹应天府，时人谓之'香燕大尹'。"官员的贪婪与侵夺行为严重侵害了封建国家的利益。宋王朝为了保障海外贸易的顺利进行，增加国库的收入，便不断地颁布法令，以打击官吏的侵夺行为。概括说来，其内容有三点：第一，禁止朝中权贵大吏利用职权私自从事海外贸易；第二，禁止市舶官员利用职权私收舶商财货；第三，禁止各级官员在海外贸易活动中贪赃受贿。现分述于下：

1. 禁止权贵及亲信私自经营海外贸易

两宋时期，商品经济高度发展，海外贸易十分繁荣。古人云："不见可欲则心不乱。"腐败的封建官吏置身于这样的社会环境之中，往往奢侈之心大动。尤其是朝廷中的权贵，他们追求穷侈极欲的腐朽生活，往往凭借政治上的权势，直接经营海外贸易。史称，他们或"发舶舟，招蕃贾，易宝货"[③]，或"以赀付海贾，往来贸市"[④]。宋高宗的宠妃刘婉仪"恃恩招权"，

---

① 如《旧唐书》卷151和卷163《王锷传》《胡澄传》称，王胡皆唐代南官之贪墨者。

② ［日］桑原骘藏：《蒲寿庚考》第四章注17，第136页。

③ 《宋史》卷388，《陈良佑传》。

④ 《宋史》卷277，《强鉴传》。

"尝遣人谕广州蕃商献明珠香药，许以官爵"[①]。官吏经营海外贸易，其害有三：首先，它造成了商税和专卖收入的大量减少。在宋王朝的海外贸易生活中，商税和珠宝犀香的专卖是朝廷的重要财源。它们在宋王朝整个赋税结构中所占的比重是非常重大的，所谓"朝廷东南之利，舶商居其一"。而官吏及其亲信经商，则往往凭借手中权力"矫诏免算"，偷漏商税，侵夺国家利益。其次，它扰乱了宋王朝海外贸易的正常秩序。官吏经商往往用的是公家的本钱、公家的人力和运输工具，他们财大气粗又大权在握，一般舶商难以成为其竞争对手。苏洵说："吏之商既幸而不罚，又从而不征，资之以县官公籴之法，负之以县官之徒，载之以县官之舟，关防不讥，津梁不呵；然则，为吏而商，诚可乐也。"[②]最后，它使吏风大坏。封建专制社会，官场风气败坏，官吏素质低劣，本是一种历史的通病。史称，宋朝官吏多为"奸赃"。而官吏经商，尤其是经营海外贸易，更会刺激官吏的贪欲。所谓贵为皇亲则"托肺腑之亲，为市井之行，以公侯之贵，牟商贾之利"[③]。这样一来，为大官者犯法冒禁，专利无厌，"官小者贩鬻乞丐，无所不为"。[④]

为了澄清吏治，缓和矛盾，"塞浊乱之原"，同时也为了增加财政收入，保证海外贸易的正常进行，宋王朝频频颁布法令，严禁官吏及其亲信经营海外贸易。北宋太平兴国初，朝廷下诏说："私与蕃国人贸易者，计值满百钱以上论罪，十五贯以上黥面流海岛，过此送阙下。淳化五年申其禁，至四贯以上徒一年，稍加至二十贯以上，黥面配本州为役兵。"[⑤]太宗至道元年（995年），朝廷又下诏说：

"比来食禄之家，不许与民争利。如官吏罔顾宪章，苟循货财，潜通

---

① 《宋史》卷243，《后妃下·刘婉仪》。

② （宋）苏洵：《嘉祐集》卷5，《衡论·申法》。

③ 《宋史》卷388，《陈良祐传》。

④ （宋）王安石：《王文公文集》卷1，《上皇帝万言书》。

⑤ 《宋史》卷186，《食货志下》8，《互市舶法》。

交易，阑出徼外，私市掌握之珍，公行道中，靡虞薏苡之谤，永言贪墨，深蠹彝伦。自今宜令诸路转运司指挥部内州县，专切纠察，内外文武官僚，敢遣亲信于化外贩鬻者，所在以姓名闻。”①

南宋孝宗乾道七年（1171 年）“诏见任官以钱附纲首、商旅过蕃买物者有罚”②。《宋会要辑稿》载有宋王朝禁止“内外文武官僚敢遣亲信于化外贩鬻”，但内容已经亡佚。

2. 禁止权贵及其市舶官员利用职权和买舶商货物

宋代，官吏及其市舶官员，利用职权及其工作上的便利，对外商财物进行侵夺克扣，其方式有二：一是在管理海外贸易的活动中直接购买外商货物。此种情况下，外商往往因害怕官吏的权势而不敢按正常价格出售，只能“择其精者，售以低价”③，甚至分文不敢收取。叶适《水心先生文集》卷十八在记载外商接受官吏检查时胆战心惊的情态时说：“（蒋行简）监明州市舶务，舶船至即同抽解，亲自称量，随粗细立尽，老侩束手，蕃客跪公前，昂其首，加手于额，伏地以谢。”二是假公行私，以“和买”之名，行侵吞之实。真德秀说：“浮海之商，以死易货，至则使者，郡太守而下，惟所欲刮取之，命曰和买，实不给一钱。宝珠、象齿、通犀、翠羽、沉脑、熏陆、诸珍怪物，太半落官吏手。”④刘克庄《后村先生大全集》卷六九《赵孟传除提举福建市舶兼知泉州制》：“彼愚民以命易货于鲸浸万里之外，幸登于岸，重征焉，强买焉，或陷之罪而乾没焉。”如此一来，外商损失极为惨重，史称：“泉、广舶司日来蕃商寖少，皆缘克剥太过。”⑤对此，宋王

① 《宋会要辑稿》职官 44 之 3。

② 《宋史》卷 186，《食货志下》8，《互市舶法》。另见《文献通考》卷 20，《市籴考》1，《互市舶法》。

③ 《宋会要辑稿》职官 44 之 33。

④ （宋）真德秀：《真文忠公文集》卷 43，《墓志铭·提举吏部赵公墓志铭》。

⑤ 《宋会要辑稿》食货 38 之 24。

朝不得不三令五申，严加禁绝。宋太宗至道元年（995年）六月诏：

"市舶司监官及知州通判等，今后不得收买蕃商杂货及违禁物色，如违，当重置之法。先是，南海官员及经过使臣，复请托市舶官，如传语蕃长，所买香药，多亏价值。至是，左正言冯拯奏其事，故有是诏。"①

"政和三年七月十二日，两浙提举市舶司奏，至道元年六月二十六日敕，应知州通判诸争官员并市舶司使臣等，今后并不得收买蕃商药禁物，如有收买，其知通诸色官员并市舶司官并除名，使臣决配，所犯人亦决配。"②

这道法令于大观三年推行到其他诸路。

3. 禁止官吏贪污受贿

在管理海外贸易活动中，市舶司官吏贪赃受贿的方式有五种：一是直接收受蕃商献给的"呈样"（舶货货样）；二是"以官爵相许"，诱使蕃商奉献明珠、香药；三是利用外商财物于己家之中时，将货物据为己有；四是巧立名目，将市舶物货折抵俸禄；五是挟势为暴，敲诈勒索。实际上，宋代官吏在实际中的贪赃受贿行为，其种类之多，绝非仅此。綦宗礼《北海集》卷三五《季陵墓志铭》称："郡当海货所聚，税入不赀，监者积习为奸，贪纵自如，至有八仙之目。"张守也在《毗陵集》卷一三《鲁詹墓志铭》中说："提举福建市舶，舶司远朝廷而多奇货，吏鲜自清，商人亦困于侵牟，公私两敝！"

对此，宋廷更是严令禁止。据《宋会要辑稿》职官四四、《宋史 · 刑法志》、《庆元条法事类》等史料的记载：宋代有关市舶条法的诏令，不仅严惩市舶司官吏私取舶商货物的贪婪行为，而且也绝不准许官吏与舶船纲首勾结，过蕃买物，更不许将舶货寄存官吏人家中。史称："诸寄物于品官或蕃客及押判通事人（应干办并随行人同）以匿税者，杖九十，受寄者加

① 《宋会要辑稿》职官44之3。
② 《宋会要辑稿》职官44之9。

一等，受财又加三等（蕃客并不坐）。”[①]

这里需要说明的是，对于朝廷来说，官吏无论是经商或贪污受贿都严重损害了封建统治阶级的整体利益，它不仅招致国家财政收入的减少，而且还会扰乱封建社会的统治秩序，致使社会矛盾激化，吏风大坏。故历史上有作为的统治者莫不严法以绳赃吏，宋统治者自然也不例外。他们清楚地意识到，裕财之道莫急于去赃吏。宋开国之初。太祖虽以优遇士大夫而闻名，但却“尤严贪墨之罪”。[②]史称：太祖“独于治赃吏最严”。他不止一次地公开告诫臣下说：“朕……固不吝爵赏，若犯吾法，惟有剑耳！”[③]“苟有一毫侵民，朕必不赦。”[④]太宗于即位之时，也下令重申说：“诸职官以赃致罪者，虽会赦不得叙，永为定制。”并亲笔写下了《戒石铭》：“尔俸尔禄，民膏民脂，下民易虐，上天难欺。”[⑤]官吏贪赃本是封建社会的痼疾，仅凭几条法令不可能完全杜绝，况且真宗之后，宋统治者也自乱了其法，多以恩赦而矜贷赃吏。但两宋王朝能在发展海外贸易的总方针下，通过法令奖励有功的官员及市舶纲首，处罚官吏的贪婪侵夺行为，从历史的角度看，仍具有进步的意义。宋王朝市舶收入之大，对外贸易之繁荣，商品经济之发展都是超越前代的。

三、海外贸易立法的特点及历史地位

（一）海外贸易立法的特点

两宋立法的一个重要特点是编敕。《宋史·刑法志》称：“宋法制因唐

---

① 《庆元条法事类》卷36,《库务门一·商税》所引《厩库敕》。

② 《宋史》卷200,《刑法志》2。

③ （宋）李焘:《续资治通鉴长编》卷12，开宝四年十一月壬戌。

④ （宋）李焘:《续资治通鉴长编》卷16，开宝八年九月丁酉。

⑤ （宋）洪迈:《容斋续笔》卷1,《戒石铭》。

律、令、格、式，而随时损益则有《编敕》。”海外贸易立法作为宋法制的一部分，自然也受其影响，以颁布单行敕令为主。敕本是皇帝发布命令的一种形式，由于其大多数针对特定的人或事而发，故其适用与律相比，具有灵活方便的特点。如果说，两宋统治者主要是通过编敕来加强中央集权制的话，那么海外贸易立法中的编敕则有着本身的特点。即它的中心内容是以法律为杠杆，大力开拓发展海外贸易，法令的调整修改都以贯彻宋廷“助国用，懋商贾”的立法指导思想为依归。具体说来，其特点有二：

1. 从形式上看，两宋王朝主要是通过颁布大量的单行法令来调整海外贸易中的诸种社会关系。纵观两宋王朝三百多年的历史，统治者并没有制定出统一适用的市舶条法，而是因时制宜，发敕著律，以其灵活的方式来保障促进海外贸易活动的正常发展与繁荣。问题在于，宋王朝作为历史上一个较为重视法制建设的朝代，何以没有制定出一部完整的市舶条法呢？如何解释宋廷对发展海外贸易的高度重视与统一立法未果的矛盾现象呢？这个问题的合理答案只能是如下三点：

第一，统治者立法经验的不成熟。我国的海外贸易活动虽早在秦汉时期就已经展开，但真正设官立制，创建市舶机构的，从唐始。然而唐律中有关海外贸易的内容仍是十分单薄的。至宋，海外贸易较唐虽然进一步发展，统治者对运用法律的手段来调整海外贸易活动中出现的各种社会关系，也有了较为清楚的认识，但由于海外贸易地广事繁，季节性强，宋王朝既无法就舶船出海的路线、返航的日期等诸如此类的问题作出统一的规定，也无法就海外贸易的税收比例、商品的流通范围等制定出稳定划一的法则。加之，统一法规的制定不仅需要其所调整的社会关系的相对稳定，而且还需要统治者在立法的技术上具有相当的经验，在法律术语的概念及理论上具有高度的概括能力。宋王朝对海外贸易立法的关注集中在增加财政收入、垄断海外贸易的高额利润上，而对法的认识仍没有也不可能脱出儒家思想的传统窠臼，更不可能于此积累起丰富的经验。

第二，对颁布统一市舶法则的重要性缺乏足够的认识。敕令作为皇帝意志的体现，它在调整社会关系、维护统治阶级利益方面，无疑具有灵活性和变通性。但敕令毕竟不是统一的法则。其在调整社会关系、发挥维护统治阶级长远利益方面远不如律文稳定。对此，两宋王朝的统治者尚缺乏应有的认识。北宋时期，苏轼曾历数“庆历”“嘉祐”等编敕的内容矛盾、舛讹，并要求宋廷加以删修，以便统一适用，但宋廷并未对此做出积极反应。其后，南宋高孝之际的御史台检法官张阐在负责管理市舶一事时，深感“其利害之灼然者，无若法令之未修”。因此，他强烈要求朝廷“取前后累降指挥及三路（市舶司）节次申请，厘析删修，著为一司条制”[①]。然而，此次建议仍未得到宋廷的重视。高宗只是下令“逐路舶司，抄录条法”，应付了事，实际上并无任何进展。这说明，宋统治者对海外贸易的重视，仅仅局限在运用单行法令来保障封建国家的财政收入上，而对运用统一的市舶法则把海外贸易关系稳定化、制度化尚缺乏自觉的认识，这应是两宋王朝未能制定出统一行用之法则的主要原因。

第三，周边民族矛盾的激烈冲突。两宋是我国封建社会阶级矛盾、民族矛盾十分尖锐的王朝。西夏的对峙、辽金的入侵既加速了宋代的财政危机，也使宋廷无法集中精力来制定统一行用的市舶法则来。尤其是南宋播迁后，淮河以北的广大地区沦落金人之手，胶东以北的海岸线，宋自然也丧失了管辖权。此种情况下，宋廷苟安江南一隅，更无暇制定全国通用的市舶法则。如若把宋与元做一对比，元王朝在汉化程度不高、统治中国不到百年的情况下，尚制定出了一部二十二条的市舶法则来，而宋却没有做到，这不能不归结于上述诸种原因及其条件的限制。

2. 从内容上看，两宋王朝的海外贸易立法具有五个特点：一是积极发展海外贸易，保护外商的合法权益。二是严惩市舶官员的侵夺、贪墨行为，

① 《宋会要辑稿》职官 44 之 26。

禁止权贵与民争利。三是适时调整海外贸易管理中的税收比例，既要保证封建国家的财政收入，又要提高外商来华贸易的积极性。两宋时期，如果某个港口出现“蕃舶罕至”的情况，马上会引起宋朝政府的密切注意，迅速采取相应的法律措施，或降低抽解、和买的比例，或依法罢黜、惩罚营私舞弊的官员，同时奖赏那些招诱舶商的有功人员。史书所载有关宋代市舶官员革弊兴利的例子，到处可见。[①] 四是在两宋三百余年的历史中，宋王朝从没有颁布过“禁商下海”的法令。这既不同于其后以开放为主，时有禁令的元王朝，[②] 也不同于禁寸板下海、完全闭关自守的清政府。五是官私兼营，但重点保护私人所从事的海外贸易活动。宋代法令与元朝大为不同，它明令禁止封建官吏不得挟势以私人名义从事海外贸易活动，当然，对于以“朝贡”或“交聘”形式而进行的海外贸易活动，宋王朝自然依法予以保护。但由于在此类贸易活动中，宋廷为了显示优容远人之意，往往既免其外国政府“贡物”之税，又在回赠其物货本钱之外，另赐上银数千两。因此，此类贸易活动不可能为宋王朝赢得大批的财政收入，这就使得宋王朝仍把发展私人经营的海外贸易作为法律所调整的重点对象。如市舶法则规定的舶商出海、回港、抽解等制度，主要是针对私商而言的。

（二）宋代海外贸易立法的历史地位

纵观两宋的历史，其海外贸易立法就形式和内容之间的关系而言，是一个充满矛盾的对立统一体。它既有相互适应的一面，也有相互矛盾的一面。就前者而言，敕令作为法律的一种形式，与律文成典相比，在贯彻统治阶级立法意图，调整海外贸易关系的活动中，无疑具有直接、具体、灵活、易变的优点。从两宋的历史看，大量单行敕令的颁布基本上满

---

① 《宋史》卷437《真德秀传》称：真德秀守泉州，刚至时，商船惧苛征和买之忧，每年来者，仅三四艘。真德秀革弊“骤增至三十六艘”。

② 元禁海法令共有五次，见《元史》《通制条格》中的有关记载。

足了统治阶级“懋商贾，助国用”的需要，保障了海外贸易活动的正常进行，也在客观上促进了国内市场的繁荣与商品经济的高度发达。这是问题的一个方面。再就另一个方面而言，敕令与律文成典相比，其最大的弊端就在于它不是一种稳定的、持久的调整人们社会关系的行为规范。具体说来，其不足之处有两点：首先，敕令的繁多会在内容上彼此抵牾，致使市舶官员无法可守，商人不知所从；其次，法令不统一，不稳定，贪官污吏可以趁机上下其手，从中舞弊。另外，敕令的灵活也往往会给统治阶级恣意妄为、肆意提高税收比例洞开方便之门。因此，从法制运作的机制上讲，发展海外贸易既有利于国计民生，理当作为一项既定的国策，用成典律文加以固定，宋王朝虽然也在《宋刑统》的有关条文中规定了对海外贸易关系的调整，但两宋王朝基本上是依据敕令而不是成典来调整海外贸易活动的。敕令行用造成的弊端必然会导致对既定国策的损害，从而影响海外贸易活动的正常进行。这种对立统一的矛盾机制，在封建法制机体内部无法从根本上摆脱，两宋的统治者对此也不可能有清醒的认识。

尽管如此，两宋王朝能在积极发展海外贸易指导思想下，运用法令的手段管理海外贸易活动，并制定了市舶法则及大量的单行敕令。这些法令不仅从客观上促进了宋代商品经济的发展，也对其后的元王朝产生了重要的影响，故其在法制史的历史长河里，仍然占有重要的历史地位。进言之，有以下两点：

第一，它既保证了封建国家的财政收入，也在客观上促进了宋代商品经济的繁荣，从而推动了社会的发展。

法律作为建立在一定社会经济基础之上的上层建筑，其性质与发展规律是由该社会的经济基础所决定的，但是它又对经济基础具有巨大的反作用。这种反作用可以表述为两个方面：首先，当其适应社会生产力的发展，法律对经济的调整、干预可“沿着同一方向起作用，在这种情况下（经济）

就会发展得比较快”[①]。其次，当法律不适应社会生产力的发展时，其作用只能导致对社会经济的阻碍与破坏。两宋的海外贸易立法虽然只是以单行的敕令发布，但其基本内容仍是以积极发展海外贸易、保护商人的合法权益为宗旨的。故两宋的海外贸易立法对社会生产力的发展、经济的繁荣是起了积极作用的。在两宋时期，无论是进出口货物的品种数量之多，[②]还是发生海外贸易的国家地区之广，[③]都超过了前代。从西太平洋到印度洋、波斯湾，在那横无际涯的浩渺碧波上，到处漂泊着来宋经商及去海外诸国贸易的船队。他们“舟如巨室，帆若垂天之云”。他们“夜则观星，昼则观日，阴晦观指南针”[④]。他们不惜“冒鲸波之险，以其物来售”，昼夜兼程奔波在波涛万里的海疆之上。南宋诗人曾盛赞当时海外贸易的繁荣景象，诗曰：“海舶千艘浪，朝田万顷秋。”[⑤]史书在记载南宋时期福州、泉州的港口通商贸易情景时也说：“(福州)为七闽之冠”“工商之饶，利尽山海”“衣冠之盛，甲于东南”。[⑥]“(泉州港)有蕃舶之饶，杂货山积。”[⑦]如此繁荣之景象，确为汉唐所未有。

应当说，两宋之际海外贸易的昌盛原因是多方面的，如宋代商品经济的全面高涨，科学技术，尤其是造船航海技术的进步等。但不可置疑的是，宋王朝对发展海外贸易所采取的开放政策，及其为保障这一政策得以顺利贯彻执行而颁布的法规律令等，也是一个不容忽视的重要原因。

宋政府对远涉重洋来中国经商的外国商人不仅设宴款待，以礼相见，

① 《恩格斯致康·施米特(1890年10月27日)》，载《马克思恩格斯选集》第4卷，人民出版社1972年版，第483页。

② 据《宋元时期的海外贸易》一书的记载，宋时进口的货物当在400种以上，出口的货物也达数百种之多。

③ 据《岭外代答》和《诸蕃志》的记载，与宋通商贸易的有五十多个国家。

④ (宋)朱彧:《萍洲可谈》卷2。

⑤ (宋)王象之:《舆地纪胜》卷128，《福州》引龙昌期及鲍祗的诗。

⑥ (宋)苏辙:《栾城集》卷30，《西掖告词五十九首 · 林积知福州》。

⑦ 《宋史》卷330，《杜纯传》。

还以其法令保护其财产及合法权益，奖励其有功人员。在这种开放政策及其法令的刺激下，各贸易港口，海商如云，船舶辐辏。繁荣的海外贸易不仅给两宋政府带来了巨大的财政收入，[①] 同时也极大地促进了那些同出口物资有关的社会经济部门的迅速发展。尽管两宋的海外贸易同欧洲中世纪末期的海外贸易相比，仍有着本质的区别，宋王朝的海外贸易立法也未从根本上摆脱封建立法的传统窠臼，如它对海外贸易经营范围和经营方式的种种限制等，使得海外贸易难以突破封建社会的经济制约，从而无法向资本主义经济的方面转化，因此，我们还不能把两宋的海外贸易立法估计得过高。但仍然应该看到：两宋毕竟是我国封建社会中一个最为重视发展海外贸易、并以法令加以调整管理的朝代，这些法令调动了商人进行海外贸易的积极性，促进了海外贸易的繁荣和昌盛。与此同时，大量舶货输入国内市场，促进了国内市场商品经济的繁荣，而国内市场的发达又对该时期的社会经济结构及社会意识带来深远的影响。虽然，中国的资本主义萌芽在明中叶以后才大量出现，但于此之前，两宋海外贸易的发展应是这个过程中的重要一环。

第二，承上启下，奠定了元代市舶条法的基础。

两宋王朝的立法是我国封建社会法制史上一个值得特别重视的历史时期。以往的史学界及法学界总把研究的视角放在《宋刑统》对《唐律疏议》的因袭上，近几年来不少学者对此提出了异议，并指出了宋代法制除对唐律有承袭的一面外，还对唐律有较大的发展。譬如，随着唐宋之际我国封建社会结构的变化及商品经济的发展，两宋政府加强了对经济的管理，宋代的商业立法、民事法规都有着自己的特色。现在看来，两宋时期的海外贸易立法更是法制史研究领域值得重视的一个方面。从历史发

---

① 据《宋元时期的海外贸易》一书的研究，北宋王朝的市舶收入平均达一百二十万缗左右。南宋时期，平均在二百万缗左右。若按收入最高额计算，市舶收入约在财政总收入中占15%左右。这个数字是惊人的。

展的观点看,《唐律疏议》作为中华法系的代表作，当然在中国法制史的历史长河里是一个高耸入云的里程碑，但唐律并没有对海外贸易的发展做出多少规定。宋承唐后，除了在《宋刑统》中大量增添调整民事关系的法律规范之外，还专门另设两目，规定了对蕃商财物的保护及死后遗产的处理。但《宋刑统》作为两宋王朝的一部基本法典，毕竟刻有浓厚的仿唐痕迹，因它颁布于北宋建国初期，故它没有也不可能对其后大量出现的海外贸易关系做出详尽的规定。自北宋太宗之后，随着海外贸易的展开，宋统治者就不断地发敕著律适时调整新出现的各种海外贸易关系，这既是适应经济发展的远见卓识之举，也是对唐律及《宋刑统》的继承、补充与发展。

与其后的元王朝相比，两宋由于上述种种原因，并没有制定出一部完整的、统一适用的市舶法则来，这一历史任务由后来的元王朝统治者加以完成。但两宋的立法毕竟在海外贸易的管理上积累了一定的经验和教训，如对海外贸易税收比例的规定、出海的管理等。宋元相较，元代二十二条的市舶法则，当然要比宋的单行敕令完整，但它依然是在宋代市舶法则的基础之上诞生的，故可以说，两宋王朝的海外贸易立法是我国封建社会一个承上启下的重要部分!

第五章　刑事法律

第一节　刑法指导思想

一、北宋初期重典惩治刑事犯罪的指导思想

宋太祖赵匡胤夺取后周政权，建立宋王朝后，在总结历史经验的基础上，确立了刑法的指导思想与原则，表现在以下方面。

（一）预防为主的刑法指导思想

宋太祖生活在动乱的五代时期，他目睹五代在短短的数十年中，“帝王凡易八姓”①“潜窃相踵”②的深刻教训，同时总结了“黄袍加身”的切身经验，所有这些都使宋太祖“居常思变，居安思危”，提出“事为之防，曲为之制”③。他主张把预防犯罪作为刑法的指导思想与主要原则，用以对付社会上的刑事犯罪，稳定新建的封建王朝。由于宋太祖不是靠长期征战夺取天下，而是依靠“陈桥兵变”登上皇帝的宝座，所以，在他正位大统的伊始，就明确指出：“方镇太重，君弱臣强”④是唐末五代社会动乱的基本

① （宋）李焘:《续资治通鉴长编》卷2，太祖建隆二年七年戊辰。

② （明）陈邦瞻:《宋史纪事本末》卷2，《收兵权》。

③ （宋）李焘:《续资治通鉴长编》卷17，开宝九年十月乙卯。

④ （宋）李焘:《续资治通鉴长编》卷2，太祖建隆二年七月戊辰。

原因，为此，他采纳宰相赵普“稍夺其权，制其钱谷，收其精兵”[①]的建议，采取削夺臣下权力，强化中央集权的防范措施与基本政策，将军权、政权、财权、司法权一并收归中央。尽管当时采取不少预防性的政策与措施，但终因社会长期动荡，刑事犯罪依然频发不止。据不完全统计，宋太祖在位十五年，社会上的以及统治集团内部的谋反、叛乱依然不断，甚至达到十九起之多。[②]这使得宋太祖在位期间“终夕未尝敢安枕而卧”，[③]始终把预防社会犯罪，特别是谋反、叛乱等政治性犯罪放在刑事立法与刑事司法的首位，以此巩固宋王朝的统治。

（二）“重典治贼盗”的刑法指导思想

在古代中国一向注重惩治“贼盗”犯罪。进入封建社会后，战国时期的魏国国相李悝在制定《法经》时，明确提出“王者之政，莫急于盗贼”[④]的指导思想，并作用和影响于整个封建后世。所谓的“贼盗”犯罪，按清末法律改革大家沈家本的归纳与解释：“盗则盗窃劫略之类，贼则叛逆杀伤之类。”[⑤]《唐律疏议》是封建地主阶级统治经验的概括与总结，是封建时代最具有代表性、保存最完整的一部法典，它对“贼盗”罪的分类也有自己的标准。首先，《唐律疏议》认为“贼”罪应分为两类：一类是威胁损害封建皇权制度的“谋反”“谋大逆”“谋叛”，以及“造妖书妖言”等宣传鼓动人们造反，或直接推翻封建政权的政治性犯罪；另一类是侵害统治阶级成员与一般社会成员生命安全的严重刑事犯罪。[⑥]同时也把“罪盗”分为

① （宋）李焘：《续资治通鉴长编》卷2，太祖建隆二年七月戊辰。

② 上述统计，为笔者依据《宋史》《宋会要辑稿》《续资治通鉴长编》等二十余种文献资料，综合整理得出的。

③ （宋）李焘：《续资治通鉴长编》卷2，太祖建隆二年七月戊辰。

④ 《晋书》卷30，《刑法志》。

⑤ （清）沈家本：《历代刑法考·律目考》。

⑥ 参见《唐律疏议·贼盗律》及其疏议内容。

两类：一类是依靠威胁恐吓手段或依靠暴力手段，抢夺他人财物；另一类是采取隐蔽的手段盗取他人财物的犯罪行为。[①] 宋承唐制，在《宋刑统·贼盗律》中也有同样的分类。在当时的统治者看来，“贼”类犯罪的主要矛头，是对准封建地主阶级的上层建筑，特别是封建君主专制制度，同时也威胁到统治阶级与一般社会成员的生命安全。“盗”类犯罪的主要矛头，则对准封建地主阶级的经济基础，特别是统治阶级与一般社会成员的财产安全。但从实质上看，“贼盗”犯罪又分为两大部分：一部分是统治阶级内部争权夺利的犯罪行为，另一部分则是农民阶级反抗现存统治的政治与经济方面的斗争。两者之间在性质上具有很大的不同，但都是地主阶级严厉镇压的主要对象。如《宋史·刑法志》开篇所说：“宋兴，承五季之乱，太祖太宗颇用重典，以绳奸慝。”宋太祖本人也强调：“世属乱离，则纠之以猛。”[②] 宋太宗则进一步指出：“外忧不过边事，皆可预防，惟奸邪无状，若为内患，深可惧也。”[③] 这就是说，宋朝初期统治者把当时的社会混乱，视为“乱世”的具体表现，认为“治乱世”，须用重典。在具体实施中，又把惩治“贼盗”犯罪作为刑事镇压的重中之重，主张从严加以打击。淳化四年（993 年），四川发生王小波、李顺领导的大规模的农民起义。宋太宗下诏要求严厉镇压。他曾对此发布命令说：“其贼党等，或敢恣凶顽，或辄行抗拒，即尽加杀戮，不得存留。”[④] 在这次农民起义失败后，宋太宗唯恐“蜀人多变”，在至道二年（996 年）又降诏说：“川陕诸州民家先藏兵器者，限百日悉送官，匿不以闻者斩。”[⑤] 由上不难看出，宋初统治者把“重典治贼盗”作为基本刑事政策，并采取各种措施保证其实施。

与此同时还应指出，除被压迫阶级的武装政治反抗外，严重威胁宋王

① 参见《唐律疏议·贼盗律》及其疏议内容。

② 《宋大诏令集》卷 200,《政事五十三·刑法上·改窃盗赃计钱诏》。

③ 《续资治通鉴长编》卷 32，淳化二年八月丁亥。

④ （宋）李攸:《宋朝事实》卷 17,《削平僭伪》。

⑤ 《宋史》卷 5,《太宗本纪》2。

朝封建统治的还有雇佣军的兵变问题。建宋伊始，依靠兵变上台的宋太祖注重防范统治集团内部的军事政变，并注意割断军队与反抗农民之间的联系。他曾指出："可以利百代者，惟养兵也，方凶年饥岁，有叛民而无叛兵；不幸乐岁而变生，则有叛兵而无叛民。"[①] 他希图利用雇佣军制度，大量收容破产农民，以此防范他们走上反抗封建王朝的道路。但因军队内部腐败，克扣军饷盘剥下层士兵的事件不断发生，尽管宋初统治采取了许多防范措施，雇佣军的兵变问题依然十分严重。据粗略统计，仅宋太祖在位期间，雇佣军的小型兵变就发生了十五起之多。[②] 应当说，军队是北宋王朝统治的主要支柱，兵变的发生不仅直接威胁宋朝君主专制统治，而且极大地削弱了镇压农民反抗的力量，这使得统治者不得不使用重典措施加以镇压。宋真宗咸平四年（1001 年），曾经以严厉的措施镇压刘旰、王均等领导的雇佣军兵变，并下诏说："讹言动众者，有司斩以闻"，[③] 即不惜使用先斩后奏的严厉手段，镇压宣传组织雇佣军兵变的首领人物。在宋朝初期敌对阶级反抗不断，统治集团内部权力分配与争夺日趋激烈的历史环境下，北宋雇佣军兵变或可成为统治集团内部争权夺利的工具，或能汇合成为农民反抗力量的一部分，但不管是哪一种形式出现的军事上的叛乱，都会被宋朝统治者认为是"腹心之患"而严厉加以镇压，用以稳固地主阶级的统治。

二、北宋中期"重法"惩治刑事犯罪的指导思想

北宋统治进入中期以后，由于与辽和西夏的战争失败，增加了向上述两个少数民族输绢纳币的数量。据庆历四年（1044 年）官方统计，每年向

① （宋）晁说之：《景迂生集》卷 1，《奏议·元符三年应诏封事》。

② 以上统计材料，是笔者依据《宋史》等十余种文献综合整理出来的。

③ （明）陈邦瞻：《宋史纪事本末》卷 2，《蜀盗之平》。

辽及西夏纳银二十七万两，输绢四十五万匹，供茶三万斤。[①] 此外，宋朝除皇室权贵的挥霍享受外，还须养活一百二十万左右的雇佣军队与近两万人的官僚队伍。所有这些都造成宋朝财政上的入不敷出和严重的政治与经济危机。宋朝中期以后，统治者为转嫁经济危机，先后掀起五次增税浪潮，这使贫困不堪的农民群众再也无法忍受，出现了较宋初更为激烈的反抗浪潮，严重地冲击了当时的统治秩序。为摆脱困境，北宋中期统治者不得不重新调整统治政策，冲破《宋刑统》等国家大法的束缚，采取更加严厉的镇压手段来对付社会上激烈的反抗斗争。

（一）重法惩治"强劫贼盗"的指导思想

北宋中期自宋仁宗统治开始，社会犯罪一时严重起来，如枢密大臣富弼所说："盗贼已起，乃是偏（遍）满天下之渐。……窃据州县，或称将军，或称太尉，或称帝王，兵戈四起，所在僭伪。"[②] 在他看来，北宋统治已处于危急关头，即所谓："中国之势，如人坐积薪之上，而火已燃，虽焰未及其身，可谓危矣！"[③] 主张改革的王安石也急切上书宋仁宗说：若不尽速更改法度，汉末张角、唐末黄巢"横行天下……变置社稷"的事，说不定就会发生。[④] 与此同时，御史中丞张方平也谈及当时雇佣军兵变的严重性，他说："臣比在审刑，诸州奏到宣毅兵士文案，无日不有，大则谋欲杀官吏，劫仓库；小则谋欲劫民户，入山林，多至三五十，少至一二十数。"[⑤] 总之，在北宋中期统治者看来，再用《宋刑统·贼盗律》这类原有大法对付日益严重的刑事犯罪已无济于事，而应当冲破常法束缚，采用刑事特别法等更为严厉的法律手段，才能有效地平息犯罪。苏轼在其《去奸民篇》中提出

① 参见《宋史·食货志》。

② （宋）李焘:《续资治通鉴长编》卷 143，庆历三年九月丁丑。

③ （宋）李焘:《续资治通鉴长编》卷 150，庆历四年六月戊午。

④ （宋）王安石:《王临川全集》卷 39，《书疏·上仁宗皇帝言事书》。

⑤ （宋）李焘:《续资治通鉴长编》卷 159，庆历六年十月甲戌。

“(以往)天下有三患……有内大臣之变，有外诸侯之变，有匹夫群起之祸”的说法，但于今已不相符。他认为：“今者，内无权臣，外无强诸侯……其或可忧者，奸民也。”因此，他提出打破常规，无须受到常法约束，凡“其尤无良者，不必待其自入于刑，而间则命使出按郡县……皆诛无赦”①。

当时开封府尹包拯也提出相同的意见，他指出：“京东素是出强贼处，不可不即时诛灭，若令结成群党，藏伏山林，则为害不细。”② 为此，他建议宋仁宗“重行朝典”，凡“应有盗贼，不以多少、远近，并须捕捉净尽”③。上述意见集中反映了统治阶级基本要求，宋仁宗肯定了这些意见，在坚持宋太祖强化中央集权的前提下，重新调整统治政策，制定以严酷镇压农民阶级反抗为主要对象的《重法》，用以维护地主阶级的统治。

(二)“止水塞源”，综合治本的指导思想

北宋中期政论家刘敞从封建王朝长久统治的角度出发，提出“止水塞源”，综合治本的刑事立法指导思想与重要原则。他明确地指出当时社会犯罪成因的复杂性以及与各种因素的关联性，他主张从分析社会犯罪的原因入手，研究对付犯罪的方策。他说：“衣食不足，盗之源也；政赋不均，盗之源也；教化不清，盗之源也。”因此，他认为应当由此出发采取“止水塞源”等从根本上解决的办法。即主张实行“富之，教之，编户其民，绳之以法”综合治本的方针。他认为只有这样做，才能积极地预防犯罪，有效地对付已然发生的犯罪。正如他总结的：“丰世无盗者，足也；治世无贼者，均也；化世无乱者，顺也。”相反，奉行片面的治世理论，只强调单纯的严刑镇压，并不能有效地解决社会上严重的犯罪问题，相反，越治越乱。即所谓：“不务衣食，而务无盗贼，是止水而不塞源也；不务化盗，而务禁

① 《苏东坡全集·应诏集》卷4,《策别十七·去奸民》。
② (宋)包拯:《包拯集》卷7,《宽恤·再请差京东安抚》。
③ (宋)包拯:《包孝肃奏议》卷5,《请速除京东盗贼》。

盗，是纵焚而救以升仑（石油——笔者注）也。”[①] 通过正、反两个方面的论述，刘敞归纳出综合治本的刑法指导思想，即要求统治者从预防犯罪出发，把打击犯罪与富民的经济措施、文化教育的感化措施、廉明吏治的政治措施结合起来，综合治世，达到从根本上稳定封建秩序的目的。他的理论是中国古代刑法指导思想与原则的继承与发展、归纳与升华，并对以后产生过重要影响。但因宋朝中期统治集团面临严重的社会犯罪，他们中的多数认为唯有用“重法”酷刑，才能迅速平定犯罪，而从安民的经济措施入手解决社会犯罪问题，是远水不解近渴，故没有给予应有的重视。

三、北宋末年与南宋时期抚剿并用的指导思想

北宋末年至南宋统治时期，赵宋统治集团一方面受到金朝与元朝不断南下进攻的威胁；另一方面统治者转嫁经济危机，多方增加百姓税收，激起农民群众更大规模的武装政治反抗斗争。在当时内外交困的形势下，阶级力量对比关系已发生不利于统治阶级的变化。在总结以往教训的基础上，宋朝统治集团被迫改变以往重刑镇压的原则，进而实行镇压与招安并举的原则。在北宋末年，宋徽宗等曾对宋江领导的农民起义采取过招安措施。但因无明显的社会效果，不久，又重新走上“惟严刑峻法以临之”的历史老路。徽宗在建中靖国元年（1101 年），针对“地多山险，每有贼盗作过，已即藏避”的情况，下令凡“强盗徒党结集数多”，准许各地“安抚司于见存指挥及听候差使内选差人，量贼势，带领兵甲掩捕”[②]。这即说在招安不成时，便实施更为残酷的镇压，剿、抚两手交互使用，以维持风雨飘摇的封建统治。

南宋高宗在位期间，于绍兴二年（1132 年）、九年、十六年，曾三次降诏，提出“禁招安盗贼”的原则，凡“已经招安而复啸聚者，发兵加诛”，

---

① （宋）刘敞:《公是集》卷 40,《患盗论》。

② 《宋会要辑稿》兵 12 之 14—15。

采取“勿赦”[①]的方针，实行一律斩杀。南宋统治者在镇压钟相、杨么起义时，曾下令严禁百姓“私有、私造兵器”，以及非法“结集社会”[②]。南宋孝宗年间，对罪犯的防范与镇压的力度超过以往，曾于淳熙八年（1181 年）下诏规定：“自今强盗抵死特贷命之人，并于额上刺强盗二字”[③]；其后又下诏规定：“强盗两次以上，虽为从，论死。”[④]这些表明，宋王朝统治陷于严重的政治经济危机，不论是刑事镇压，还是军事镇压，都是无济于事的，最后只能走上灭亡的道路。

第二节　刑法渊源与构成

宋朝的刑事法典——《宋刑统》，以及宋朝的编敕、编例的相关内容，相辅相成，相互为用，为稳定当时的统治秩序，以及惩治社会犯罪，发挥了重要作用。它们既是宋朝刑法的主要渊源，也是宋朝刑法的主要构成部分。

一、刑事法典——《宋刑统》

《宋刑统》在宋朝刑法体系中享有主要法律渊源的地位。正如《宋刑统 · 序》说它“终宋之世，用之不改”，一直发挥国家常法的重要作用。

北宋建立之初，为稳定地主阶级统治，因袭“唐律、令、格、式”。至建隆四年（963 年），宋太祖根据工部尚书判大理寺窦仪的建议，始命窦

---

① 《宋史》卷 29，《高宗本纪》6。
② 《宋史》卷 27，《高宗本纪》4。
③ 《文献通考》卷 167，《刑考》6。
④ 《宋史》卷 35，《孝宗本纪》3。

仪、冯叔向等人，以唐律为蓝本，采取唐末五代以来《刑律统类》的形式，依据《大周刑统》的体例，制定了有宋一代唯一的一部刑事法典——《宋建隆重详定刑统》，简称《宋刑统》。

《宋刑统》承袭唐律之所长，克服《大周刑统》"科条繁浩"的弊病，凡行用"不便者""参议而厘正之"。[①] 使得这部刑事法典同《唐律》与《大周刑统》有着直接的渊源关系，同时在当时也具有相当高的立法水准。

我国古代刑书，春秋战国时期有称之为"法"，有称之为"律"，有称之为"宪"，有称之为"刑符"。自商鞅改法为律以来，历代无不称律。《唐律》是中华法系的代表作，具有封建法典的典型性与示范性。至唐末开始出现刑律附格敕的《大中刑律统类》，使刑书的名称发生了明显的变化，其内容也更适合唐末变化的社会政治经济关系。到五代时，后唐制定《同光刑律统类》，后周时期则制定《显德刑律统类》，简称《大周刑统》，并为北宋初年所沿用。

宋朝因袭唐末五代，力图实现"刑政咸在……刑名之要，尽统于兹"的目的，[②] 所以在刑书的内容上既吸收了唐律及其疏议的全文，同时在律后又附载了很多敕令格式。就其律文而言，除增加"折杖法"内容外，其余与唐律完全相同。但在立法形式上，《宋刑统》与唐律存在重要区别，就是改变了以往刑书编纂体例，实行律与敕令格式合编。宋朝统治阶级从现实需要出发，收集了自唐朝开元二年（714 年），到宋建隆三年（962 年），近一百五十年间的敕令格式，并将其有用者附入律文之后。《宋刑统》有名例律到断狱律十二篇，但于每篇之下又分若干门，总计为二百一十三门。

如以《宋刑统・贼盗律》为例，可以看出《宋刑统》结构上的变化。《宋刑统・贼盗律》共有律文 24 条，共分二十四门，律文后附唐开元二年（714 年）以来至五代敕令 11 条，建隆三年（962 年）宋太祖敕 3 条，北宋主客

① （宋）王应麟:《玉海》卷 66,《诏令・律令下》,"建隆新定刑统　编勅"条。

② 《旧五代史》卷 147,《刑法志》。

式 1 条，刑部格 1 条，臣下起请条 6 条。总计附敕令格式与臣下起请条 22 条之多，几乎占律文的三成。可见，在宋朝规范与制裁人们违法犯罪行为的法律，不仅《宋刑统》律文发挥着重要作用，而且敕令格式也发挥着重要作用。这与唐律形成了明显差别。

《宋刑统》自公元 963 年正式颁行以来，因社会形势的变化，曾有四次修改。第一次是太祖乾德四年（966 年），第二次是神宗熙宁四年（1071 年），第三次是哲宗绍圣元年（1094 年），第四次是高宗绍兴元年（1131 年）。虽然经过数次修改，但幅度都不大。总之，终宋之世，一直发挥着重要作用。

有关《宋刑统 · 贼盗律》所附敕格式及臣下起请条的详情，可参见后列附表：

《宋刑统 · 贼盗律》附敕、格、式、臣下起请条简表

<table>
<tr><th>内容
律目</th><th>贼盗律附敕、格、式</th><th>贼盗律附
臣下起请条</th><th>合计</th></tr>
<tr><td rowspan="2">卷十七
谋反逆叛门、亲属被杀私和门</td><td>准周广顺元年正月五日敕节文，今后应诸色犯罪人，除反逆罪外，并不得籍没家资，诛及骨肉，一依格令处分。</td><td rowspan="2">臣等参详：亲属被杀受财私和，……今后三有犯此者，本人准律处分，如官司出意教令私和者，减二等，容许者，减三等。</td><td rowspan="2">后周敕一条
显德敕一条
起请条一条</td></tr>
<tr><td>准周显德五年七月七日敕文，若有人或因斗争，或是酒醉辄高声唱反者，决臀杖七十。</td></tr>
<tr><td rowspan="2">卷十八
残害死尸门</td><td>准主客式，诸蕃客及使蕃人宿卫子弟，欲依乡法烧葬者，听。缘葬所须，亦官给。</td><td rowspan="2"></td><td rowspan="2">宋太祖敕一条
北宋主客式一条</td></tr>
<tr><td>准建隆三年三月十二日敕，京城外及诸处，近日多有焚烧尸柩者，宜令今后止绝。若是远路归葬，及僧尼、蕃人之类，听许焚烧。</td></tr>
</table>

续表

内容 律目	贼盗律附敕、格、式	贼盗律附 臣下起请条	合计
卷十八 造妖书妖言门	准唐开元二十八年三月二十一日敕，……自今以后，辄有托称佛法，因肆妖言，妄谈休咎，专行诳惑……其头首宜令集众，先决一百，自余徒侣等，各决六十，然后录奏。		唐开元敕一条 后唐开成敕一条 后周显德敕一条
	准后唐天成二年六月七日敕节文，或僧俗不辩，或男女混居，合党连群，夜聚明散，托宣传于法会，潜恣纵于淫风，……，并决重杖处死。		
	准周显德五年七月七日敕，今后捉获此色人，其头首及徒党中豪强者，并决杀。……，其有妖书，所在焚烧。		
卷十九 盗官私马牛杀门		臣等参详：……盗杀马、牛，头首处死；从者减一等。	起请条一条
卷十九 强盗窃盗门	准唐元和十年八月九日敕节文，……擒获强盗，不论有赃无赃，并集众决杀。	臣等参详：应持杖行劫，一准旧敕，不问有赃无赃，并处死。	唐元和敕一条 后周显德敕一条 宋太祖敕一条 起请条一条 唐建中敕一条
	准周显德五年七月七日敕条，今后应持杖行劫，不问有赃无赃，并处死。其同行劫贼，内有不持杖者，亦与同罪。		
	准周显德五年七月七日敕条，劫盗及杀人贼同情、知情者，……，与贼同罪。		
	准建隆三年十二月五日敕节文，今后应强盗计赃钱满三贯文足陌，皆处死。		

续表

律目＼内容	贼盗律附敕、格、式	贼盗律附臣下起请条	合计
卷十九 强盗窃盗门	准唐建中三年三月二十四日敕节文，自今以后，捉获窃盗赃满三疋以上者，并集众决杀。 准建隆三年二月十一日敕节文，起今后犯窃盗赃满五贯文足陌，处死。 准刑部格，受雇载运官物公案，受领因而陷盗及贸易者，并同监主法。	臣等参详：请今后应犯窃盗，不计几人同行，……估至五贯文足陌者，头首处死。	宋太祖敕一条 刑部格一条 起请条一条
卷十九 恐喝取人财物门	准周显德五年七月七日敕条，恐喝人取财物者，……赃满二十疋，头首处死。		后周显德敕一条
卷二十 略卖良贱门	准后唐天成元年十月三日敕节文，京城诸道，若不是正口，不得私书契券，辄卖良人。	臣等参详：请应有诓诱良口，勾引逃亡奴婢，……头首处死。	后唐天成敕一条 起请条一条
卷二十 共盗并赃依首从法门		臣等参详：诸盗经断后，仍更行盗，……至第三度更犯，不问赃物多少，处死。	起请条一条
总 计	十六条	六条	二十一条

二、重法地法——特别法

应当指出，宋朝在适用《宋刑统》这部大法的同时，因社会矛盾与民族矛盾的激化，也曾颁布一些刑事特别法，诸如《重法地法》等，用以弥补《宋刑统》适用上的不足。《重法地法》，又称《重法》与《盗贼重法》，它是以皇帝编敕的形式演变成的一种强化镇压的刑事特别法。《宋史 · 刑法志》说："宋法制因唐律令格式，而随时损益则有编敕。"这段话反映出《重法地法》这类编敕产生的原因和宋朝法律渊源中的变化。

应当指出，敕是封建皇帝临时发布的命令，它具有至高无上的法律效力，但比较零散，不便统一行用。宋初承袭五代，经常对皇帝散敕加以汇编，使之上升为一般的法律形式，具有相对的稳定性与普遍性，成为强化皇权专制的重要手段。

宋初太祖颁行《宋刑统》，改变了唐末五代刑政紊乱的局面，维护了全国的司法统一。他曾严厉规定："凡断狱本于律，律所不该，以敕、令、格、式定之。"[①] 这充分表明在太祖主政时期，《宋刑统》作为国家的刑事大法，依然发挥了主要法律渊源的作用。当时太祖也汇编了《建隆新编敕》四卷，但只是《宋刑统》内容的补充，远不及《宋刑统》在调整社会关系与规范人们的行为上的地位与作用。

宋太宗继位后，也明确规定："刑法者，理国之准绳……朝臣、京官并幕职、州县官，并须习读法书。"[②] 宋真宗也多次提出依据《宋刑统》规定惩治犯罪，并要求"自今不得法外行刑"[③]。可见，《宋刑统》在当时的刑法体系中的重要地位并没有改变。

北宋统治步入中期以后，社会陷于严重的政治经济危机而不能自拔。农民起义风起云涌，雇佣军兵变不时发生。为强化中央集权的君主专制统治，宋王朝打破常法的约束，重新调整统治政策，着手汇编皇帝有关强化镇压"贼盗"犯罪的敕令，制定出《重法地法》等刑事特别法，从而形成了律敕并行的阶段。详细说明如下。

（一）《窝藏重法》

根据李焘《续资治通鉴长编》卷四七八载，元祐七年（1092年）十月

---

① 《宋史》卷163，《职官志》3。

② 《宋大诏令集》卷200，《政事五十三·刑法上·令幕职州县官习读法书知通幕职州县官秩满试法书诏》。

③ 《宋大诏令集》卷201，《政事五十四·刑法中·令西北缘边不得法外行刑诏》。

丙子，范祖禹在上奏文中回顾说：“惟自嘉祐七年，初立窝藏重法。”又据《宋史 · 刑法志》说：“凡重法地，嘉祐中始于开封府诸县，后稍及诸州。”又李焘《续资治通鉴长编》卷三四四载：“自嘉祐六年，（仁宗）始命开封府诸县，盗贼囊橐之家立重法，后稍及曹、濮、澶、滑等州。”以上三条材料，记述时间不尽相同。但是仁宗嘉祐年间（1056—1064 年）曾制定《窝藏重法》是一致的，对象是“盗贼囊橐之家”，也就是贼盗犯罪的窝主，或者是窝藏犯。具体时间也可能是嘉祐六年，或是嘉祐七年。[①] 实施范围是指开封府及其下属长垣、考城、东明三县，以及附近的曹、濮、澶、滑四州。仁宗时期《窝藏重法》的出现是宋朝法律渊源上的重要变化。

宋初按《宋刑统 · 捕亡律》审断窝藏案犯，凡“知情藏匿罪人，若过致资给，令得隐避者，各减罪人罪一等”。北宋中期为清除贼盗犯罪及其社会基础，划分危险地区，确定重惩对象——窝藏犯，制定了《窝藏重法》，使用严惩贼盗犯罪的特别法，审断窝藏案件，不仅扩大了贼盗罪的范围，也加重了“窝藏犯”的处罚。在特定地区，实施特别法统治，取代常法统治，是仁宗嘉祐年间开始的，这是中国刑事立法史上的一个重大变化。普通立法与特别立法，是资产阶级总结出来的两种立法形式。在中国封建时期的宋代，为了有效地镇压敌对阶级的反抗，在实际上也采取了特别法镇压犯罪的形式。如果说宋朝初期制定《宋刑统》是普通刑事立法的话，那么，仁宗时期的《窝藏重法》则是特别刑事立法。二者的相辅相成，相互为用，加强了宋王朝的法律统治力量。

（二）《重法》

宋英宗继仁宗之后即位，在惩治“贼盗”犯罪上，继承了仁宗的

① 日本学者佐伯富在《关于宋代重法地》一文中，提出两种可能：（1）嘉祐六年制颁与实施《窝藏重法》可能性大；（2）也有可能嘉祐六年制定，七年正式施行。该文详见《东洋史论丛 · 羽田博士祝寿集》。

《窝藏重法》内容，又有所发展。他针对“开封府长垣、考城、东明县并曹、濮、澶、滑州诸县，累有凶恶之人结集，强劫人户财物，杀害捕盗官吏”的严重犯罪形势，在治平三年（1066年）制定惩治强劫贼盗的《重法》。据《宋会要辑稿》兵一一载，该《重法》的主要内容为：

“开封府长垣、考城、东明县及曹、濮、澶、滑州诸县，获强劫罪死者，以分所当得家产给告人，本房骨肉送千里外州军编管，即遇赦降，……并配沙门岛。罪至徒者，刺配广南远恶州军牢城，以家产之半赏告人，本房骨肉送五百里外州军编管。编管者，遇赦毋还。”

又说：

“上件州县，今后捉获强劫贼人，虑有他处人曾于上件州县行劫败获，亦合用此重法。及有贼人犯在立法以前，获在立重法以后，……则更不问犯罪在前，亦并用重法。”①

从上述内容中可以看出，宋英宗时期《重法》惩治“强劫贼盗”的严酷性。据后周广顺元年正月五日敕令规定：“除反逆罪外，并不得籍没家赀，诛及骨肉。”② 即只有对谋反、谋大逆、谋叛等政治性犯罪，才处死本人，牵连家属坐罪，抄没家财。英宗《重法》比照谋反等大罪，不但处死“强劫贼盗”本人，而且连坐本房骨肉，籍没全部或部分家产，赏给告人。这比苛酷的五代法律更加严酷。同时，英宗《重法》强调《重法》在开封府等重法地区的法律溯及力，不论“强劫贼盗”犯在何处，是否犯罪在先，《重法》对犯罪都作出严厉的处罚。对于这种严酷的法律统治，即便统治阶级

① 《宋会要辑稿》兵11之26—27。
② （宋）王溥：《五代会要》卷10，《刑法杂录》。

内部成员也相继提出异议。哲宗元祐七年（1092 年）翰林学士范祖禹曾提出“乞除贼盗重法”的建议，因“未蒙施行”，次年又进言说：“今重法之地，独为匪民，一人犯罪，连及妻孥，没其家产，便同反逆。先王制刑……不闻别异州城，偏行峻令，恐非圣世所宜为也。”① 由此可见，宋英宗《重法》在社会阶级矛盾严重激化的社会条件下，明显加强了刑事特别法镇压的力度。

与此同时，英宗为保证《重法》实施，还进一步加强了各级治安官吏的法律责任。《重法》明确规定：

“立限捕捉（强劫贼强），如不获，即依条勘责。”②

另外还规定：

“知曹、濮（等）州满任，计其任内……未获强盗数，申提点刑狱司勘会以闻。”③

即把全数捕获“强劫贼盗”，作为官吏升迁与黜罚的重要标准，以此督促治安官吏在位期间加强镇压效能，以达到镇压犯罪的目的。

（三）《贼盗重法》

宋神宗继英宗后即位，面对北宋日益严重的社会危机，他决心启用王安石主持变法大计。已官拜参知政事的王安石曾直言不讳地说：“今所以为

① （宋）李焘：《续资治通鉴长编》卷 478，元祐七年十月丙子。
② 《宋会要辑稿》兵 11 之 28。
③ 《宋会要辑稿》兵 11 之 27。

保甲，足以除盗。”[①] 可见，宋神宗—王安石变法的重要目的之一，在于根除“贼盗”犯罪。为推进变法改革，神宗明确宣布：“律不足以周事情，凡律所不载者，一断以敕。”[②] 并把唐以来律令格式等法律渊源模式改为敕令格式，进一步提高编敕在宋朝法律渊源中的位置，使“律恒存乎敕之外”[③]，以便发挥它根除“贼盗”犯罪，全面推进变法的作用。与此同时，宋神宗还亲自领导编修敕令所的立法工作。熙宁四年（1071 年），编修敕令所适应惩治“贼盗”犯罪的需要，制定了《贼盗重法》。[④] 经神宗批准，《盗贼重法》颁行天下，成为惩治“贼盗”犯罪的重要的刑事特别法。《贼盗重法》的主要内容为：

1.《贼盗重法》的承袭与发展

据《文献通考》卷一六七《刑考六》载：“（熙宁）四年，令盗贼囊橐停宿之家立重法。”李焘《续资治通鉴长编》卷二一九载：

“（熙宁四年）正月丁未，诏开封府东明、考城、长垣县，京西滑州，淮南宿州，河北澶州，京东应天府、濮、齐、徐、济、单、兖、郓、沂州、淮阳军，别立贼盗重法。从检正中书刑房公事李承之请也。”

又《宋史·刑法志一》说：

“熙宁四年，立盗贼重法。凡劫盗当死者，籍其家赀以赏告人，妻子编置千里。遇赦若灾伤减等者，配远恶地。罪当徒、流者，配岭表；流罪会降者，配三千里，籍其家赀之半为赏，妻子递降等有差。应编配者，虽

① （宋）李焘：《续资治通鉴长编》卷 221，王安石上言条。

② 《宋史》卷 199，《刑法志》1。

③ 《宋史》卷 199，《刑法志》1。

④ 《宋史·刑法志》称《盗贼重法》，（宋）李焘：《续资治通鉴长编》及《宋会要辑稿》等均称《贼盗重法》，本文采后者，称《贼盗重法》。

会赦，不移不释。凡囊橐之家，劫盗死罪，情重者斩，余皆配远恶地，籍其家赀之半为赏。盗罪当徒、流者，配五百里，籍其家赀三之一为赏。窃盗三犯，杖配五百里或邻州。”

综合、归纳、比较上述三条材料，可以看出：第一，熙宁四年规定的重法地，首先包括了仁宗时期的开封府三县与濮、澶、滑三州。但曹州不包括在内。至熙宁十年（1077年）神宗下诏“南京……曹……平恩、肥乡县，盗贼并用重法”[①]，曹州又成为重法地。因仁宗《窝藏重法》内容不详，不便与神宗《贼盗重法》比较。依据封建法律的传统习惯，《贼盗重法》可能吸收了前者的内容。第二，《贼盗重法》吸收了英宗《重法》有关惩治“强劫贼盗”的内容。第三，神宗与仁宗、英宗不同的是，上台不久便扩大了《重法》适用地区。淮南宿州，京东应天府齐、徐、济、单、兖、郓、沂州以及淮阳军都被神宗划为重法地。可见，神宗《贼盗重法》在继承前代《重法》的同时，又扩大了《重法》应用范围。神宗熙宁四年重法地扩大，表明当时“贼盗”问题比英宗之时还要严重，以至于统治者不能不在更大的范围内实行《重法》统治。

2. 重法地的进一步扩大

自熙宁十年以后，北宋重法地扩展很快。李焘《续资治通鉴长编》卷二八二载：

“（熙宁十年）五月丁巳，检正中书户房公事安焘言：‘准敕体量河北、京东等路贼盗……’从之。”

依据上述记载，至少河北路、京东路已成为重法地区。北宋时河北路是河北东路与河北西路的合称，京东路则是京东东路与京东西路的合称。

① （宋）李焘：《续资治通鉴长编》卷283，熙宁十年六月癸未。

熙宁十年六月癸未，神宗又诏："亳、寿、濠、泗……州，……并用重法。"[①]事隔一月，神宗又把亳、寿、濠、泗等州划为重法地。元丰以后，变化更大。《宋史·刑法志一》说："至元丰时，河北、京东、淮南、福建等路皆用重法，郡县浸益广矣。"元丰年间，淮南路（包括淮南东路、淮南西路）、福建路也并为重法地区。又李焘《续资治通鉴长编》卷三一九载：

"（元丰四年）十一月癸未，永兴军安抚司言：'自发义勇、保甲人夫赴边，盗贼颇多，乞自军兴后……并用重法。'从之。陕西路准此。"

到元丰四年截止，北宋地域内相继有河北东路、河北西路、京东东路、京东西路、淮南东路、淮南西路、福建路、永兴军路、陕西路、京畿路等十路划为重法路。北宋全国总路数为二十四，神宗元丰年间重法路已占全国总路数的百分之四十二，远远超过了前代范围。重法地的扩大，说明社会阶级矛盾更加激化，统治者不扩大《重法》适用范围，便无法维持封建统治。

3. 严厉镇压"重法之人"

李焘《续资治通鉴长编》卷三四四载：

"至元丰（元丰七年三月乙巳），更定其法（重法）……虽非重法之地，而囊橐重法之人，并以重法论。"[②]

"重法之人"是神宗元丰年间提出来的。《贼盗重法》不分地域，严惩"囊橐重法之人"，是因为"重法之人"活动范围广泛，"囊橐者"也不限于重法地区。统治者对"重法之人"的镇压，自然不能限定地区，相反，

① （宋）李焘：《续资治通鉴长编》卷283，熙宁十年六月癸未。

② 《宋史》卷199，《刑法志》1也有相同记载。

只能依据“重法之人”的行为，规定法律条款，在全国范围内广为实行。如神宗元丰《贼盗重法》所说：

“若复杀官吏，及累杀三人，焚舍屋百间，或群行州县之内，劫掠江海船筏之中，非重地，亦以重论。”①

“重法之人”的行为，带有明显反抗封建统治的性质，他们的活动又是广泛的、武装的、集团性的，因此，对北宋王朝统治的威胁也特别突出。神宗元丰《贼盗重法》对“重法之人”的镇压特别残酷，凡“重法之人”，无论处于何地，一经捕获，不但从严惩罚本人，还要编管妻子，籍没家产。就行为本身而论，“重法之人”与“强劫贼盗”有类似的性质。所不同的是，“重法之人”活动范围更大，影响更加广泛。神宗元丰年间所称的“重法之人”，既包括农民阶级的武装政治反抗，同时也包括统治集团内部的某些反叛者。在农民起义运动蔓延日广的宋神宗时期，显然主要指农民阶级武装政治反抗。

神宗元丰年间确立“重法之人”的概念，并对“重法之人”在全国范围内实行严厉镇压，可以看成统治阶级发出的严重信号。它表明，封建统治面临的危机越严重，统治者实施的法律镇压就越严酷、越广泛、越严密。当封建统治秩序难以维持之时，以特别法形式出现的《贼盗重法》，就会发挥更大的作用，以至于替代常法，成为主要的法律镇压手段。

4. 与“保甲法”“捕告自首之法”相结合，构筑严密法网

元丰二年（1079 年）福建路提点刑狱司上奏神宗，请求在水居船户中实行“保甲法”。为此，神宗下诏：“立水居船户五户至十户为一甲相纠察

① 《宋史》卷 199，《刑法志》1；（宋）李焘：《续资治通鉴长编》卷 344，元丰七年三月乙巳条所载略同。

救助法。”[1] 此外，神宗元丰年间还规定：“重法地分山谷僻远处，独居无常产者，并遣居近里乡村，团结成保。”[2] 王安石制定的保甲法规定：

“保中有犯，除强窃盗、杀人、放火、强奸、略人、传习妖道、造畜蛊毒，知而不告，并依律伍保法科罪……居停強盗三人，经三日，同保内邻人虽不知情，亦科不觉察之罪。”[3]

统治者在重法地区，把《贼盗重法》与“保甲法”相结合，不仅一般民户要编排保甲，即使水上船户、山谷避远处的散居户口，也要编组成保成甲。保甲组织的作用不是别的，主要在于防“贼盗”犯罪，譬如告“奸”等。由于宋神宗密布法网，“贼盗”犯罪自是更难“逃遁”了。但宋神宗也为他们安排了一条出路，那就是“自首”。

有关重法地区实施“捕告自首之法”，李焘《续资治通鉴长编》卷二八二有如下记述：

“（熙宁十年）五月丁巳，检正中书户房公事安焘言：‘准敕体量河北、京东等路贼盗，……不因灾馑，而转为盗贼者相继，至于率众群行，杀害官吏，虽诲盗致寇之由，未可遥度，然购捕之格，恐难以常法治之。今献四事：一，强盗虽杀人，为首者能捕斩死罪两人，为从者捕斩一人以上，并原罪给赏；二，告获强盗，各依重法地酬赏外，第加一等；三，大名府、滨、棣、德州贼盗，如被告获，依重法处断，不用格改法；四，强盗如不自陈首，遇将来郊赦，未得原免，并具情理奏裁。’从之。”

---

① （宋）李焘：《续资治通鉴长编》卷300，元丰二年十月癸卯。

② （宋）李焘：《续资治通鉴长编》卷487，哲宗绍圣四年五月乙卯，知福州温益转引神宗元丰《重法》内容。

③ 《宋会要辑稿》兵2之5—6。

由于得到神宗认可，“捕告自首之法”成为河北路、京东路通行的法律。“捕告自首之法”实行“以贼盗治贼盗”。凡“贼盗”反叛者，能捕斩死罪二人，杀人也可以免罪给赏；能告获“强盗”者，从优酬奖。不自首者，“遇郊赦不免”。“捕告自首之法”是《贼盗重法》的补充，它有利于统治者分化打击“贼盗”犯罪。元丰元年（1078 年）福建路转运使蹇周辅建议神宗：“（重法地）严保伍捕告之法”，神宗“从之”。[①] 自此以后，“保伍捕告之法”的实施，又有进一步加强。

5. 治安官吏的选派及其法定责任的加重

神宗统治时期，为镇压重法地区的“贼盗”犯罪，对选派治安官吏的工作极为重视，“（重法地）其知县、捕盗官皆用举者，或武臣为尉”。[②] 至元丰八年（1085 年），宋神宗对原有规定又作了补充。神宗规定：

“繁剧去处、重法地分，吏部所用知州、通判、知县，并在京库务、寺、监、丞阙六十余处，并归中书取旨选差。”[③]

一般重法地，由吏部选派县令、捕盗官，但京都或繁剧去处重法地分，吏部无权过问。这些地区选派官吏，往往要“堂除差遣”，即由皇帝派遣，或由中书“取旨选差”。元祐六年（1091 年）翰林学士范祖禹说：

“……重法之地，皆举知县必择强健之吏，奉法（重法）除盗，视民如仇，一切以击断为称职。”[④]

---

① （宋）李焘:《续资治通鉴长编》卷 290，元丰元年六月辛未。

② 《宋史》卷 199,《刑法志》1。

③ （宋）李焘:《续资治通鉴长编》卷 359，元丰八月己丑诏。

④ （宋）李焘:《续资治通鉴长编》卷 468，元祐六年十二月乙卯。

选派“视民如仇”“以击断”为能事的官吏，来镇压重法地的“贼盗”犯罪，其残酷程度可想而知。由这些官吏“奉法除盗”，又加强了地方政权的镇压职能。

与此同时，神宗《贼盗重法》又规定：“（重法地）盗发十人以上，限内捕半不获，劾罪取旨。”[①] 宋太祖《捕贼条》规定：官吏三限不获，科以罚俸。神宗《贼盗重法》要严厉得多。官吏“限内捕不获半”就构成犯罪的原因，司法部门弹劾罪状后，交由皇帝发落。与前相比，神宗年间治安官吏的法定责任有了明显加重。统治者加强对官吏的监督，是为了促使他们尽速捕捉“贼盗”。

总之，从仁宗、英宗防范“祸起于辇毂之下”，严惩“盗贼囊橐之家”与“强劫贼盗”，到神宗防范“祸起于江海之滨”，不分地域，严惩“重法之人”，北宋中期的法律统治越来越残酷，治安官吏的镇压活动越来越暴虐。到宋神宗晚期，《重法》得到全面发展，取代了《宋刑统·贼盗律》的法律地位，成为重法地区唯一有效的法律手段。当时的《重法》统治也达到了高峰。然而，严酷的法律统治却换来更加激烈的反抗。即便当时的某些政论家也看到了这一点。苏洵说：

“待之以盗贼之意，而绳之以绳盗贼之法，重足屏息之民而以砧斧令，于是民始忍以其父母所仰赖之身而弃于盗贼，故每每大乱。”[②]

苏辙也说：

“自近岁民贫多盗，言事者不知救之于本，遂请重法地分县尉并用武夫。自改法以来，未闻盗贼为之衰少，而武夫贪暴，不畏条法……骚扰乡

① 《宋史》卷199,《刑法志》1。

② （明）丘濬:《大学衍义补》卷138,《遏盗之机（下）》，转引苏洵之议。

村，复为人民之患。”①

哲宗元祐六年（1091 年），翰林学士范祖禹说：

“臣伏见熙宁四年，中书检正官奏请……别立盗贼重法，……重法之地，又有重法之民，……自行法以来二十余年，不闻盗贼衰止，但闻其愈多耳。”②

北宋中期统治阶级把《重法》视作灵丹妙药，妄图依赖《重法》清除“贼盗”犯罪，帮助他们摆脱严重的社会危机。但他们重典治“贼盗”的结果，却是越治越乱。这是因为《重法》以镇压农民阶级反抗为目的，但不着手解决农民群众面临的悲惨境遇，却一味重刑处断，这种反人民的性质决定了《重法》统治必然归于失败。

神宗去世以后，变法宣告失败。但是，“律敕并行”，以致“以敕破律”的传统，不但延续到北宋灭亡，而且截止到南宋灭亡之前也没有改变。据粗略统计，宋哲宗统治时期，以及宋徽宗统治前期，一直沿袭《贼盗重法》惩治“贼盗”犯罪的做法。直至宋江、方腊大规模农民起义发生后，宋徽宗才改为残酷的军事镇压，而暂时放弃了《重法》镇压的手段。

此外，南宋统治时期，宋孝宗编定《淳熙条法事类》，宋宁宗编定《庆元条法事类》，实际上就是把经常行用的敕令格式等法律，用依事分类的方法，汇总为一书，以便于司法官吏的适用。这种《条法事类》在实质上同编敕相近，只不过扩大了编定的范围与种类。

下附简表，对《重法》与《宋刑统》略作比较。

① （宋）李焘:《续资治通鉴长编》卷 385，元祐元年八月癸巳。

② （宋）范祖禹:《范太史集》卷 22,《奏议 · 转对条上四事状》;（宋）赵汝愚编:《宋朝诸臣奏议》卷 144，范祖禹《上哲宗乞除盗贼重法》。

北宋中期《重法》与唐末、五代敕及《宋刑统》律、敕比较表

篇目 条目	唐末、五代敕及《宋刑统》律、敕	北宋中期《重法》	比较结论
强劫盗	唐元和十年八月九日敕："擒获强盗不论有赃无赃，并集众决杀。"（《宋刑统》卷十九）	"凡劫盗罪当死者，籍其家赀以赏告人，妻子编置千里；遇赦若灾伤减等者，配远恶处。"（李焘《长编》卷三四四、《宋史·刑法志一》等。）	重法重于唐末敕
知情藏罪人	"知情藏匿罪人，若过致资给，令得隐避者，各减罪人罪一等。"（《宋刑统》卷二十八）	"囊橐之家，劫盗死罪，情重者斩，余皆配远恶地，籍其家赀之半为赏。"（《宋史·刑法志一》）	重法重于《宋刑统》
谋杀制使	"谋杀制使……已杀者，斩。"（《宋刑统》卷十七）	"复杀官吏……非重地，亦以重论。"（本人处死，籍没家赀，妻子编置千里。）（《宋史·刑法志一》）	重法重于《宋刑统》
杀一家非死罪三人	"杀一家非死罪三人……斩。"（《宋刑统》卷十七）	"累杀三人……虽非重法之地，亦以重法论。"（本人处死，籍没家赀，妻子编置千里。）（李焘《长编》卷三四四）	重法重于《宋刑统》
故烧人舍屋	"故烧人舍屋　　而盗者，计所烧减价并赃以强盗律。"（《宋刑统》卷十九）	"焚舍屋百间，……虽非重法之地，亦以重法论。"（本人处死，籍没家赀，妻子编置千里。）（李焘《长编》卷三四四）	重法重于《宋刑统》
三限不获	"（官吏捕盗）过三限不获，尉罚一月俸，令半之。"（李焘《长编》卷三）	"重法地，其知县、捕盗官……盗发十人以上，限内捕半不获，劾罪取旨。"（《宋史·刑法志一》）	重法重于宋太祖《捕贼条》
备注	《宋刑统》卷一"名例律""准唐建中三年八月二十七日敕……恶逆以上四等罪……合处绞、斩罪……并决重杖一顿处死，以代极法。""准周广顺元年正月五日敕……除反逆罪外，并不得籍没家赀，诛及骨肉。"（《五代会要》卷十《刑法杂录》）		

三、编例

宋神宗—王安石变法以后，法律渊源与构成都出现了重大变化。这不仅表现在编敕地位的提高，而且表现在编例的产生与发展。

北宋的例与敕相同，要成为带有普遍性的法律，必须经过中央司法机关的汇编过程。应当指出，宋朝的例大致分为两类：一类是条例，另一类是断例。

所谓的条例（这里专指刑事方面的条例——笔者注），应是封建皇帝针对特定的犯罪现象所发布的单行的刑事法律，后经皇帝本人批准，加以汇编，即成为带有普遍性的条例。有时由中央行政或司法机构针对犯罪问题所发布的单行刑事法律，经过皇帝批准，加以汇编，也称之为条例。与此同时，宋朝还有以皇帝名义下颁的“指挥”①，也有中央的尚书省及各部向州县等机构下发的“指挥”，这些“指挥”从实质上看，应属于条例的范围（下面略作说明）。

所谓断例，是指皇帝亲自审断的案例，或者中央司法机关审断的典型案例，经过皇帝本人批准，经过汇编，即成为带有普遍性的断例。断例实质上是典型案例的汇编，因其具有典型性与代表性，故成为处理同类案件的示范。相对于《宋刑统》说来，编例是特别法，具有较强的灵活性与针对性。在编例当中，条例与断例相比，条例是单行刑事法规，具有较高的法律效力。断例只限于处理同类案件，故局限性较大。

（一）北宋编例的地位与作用

1. 从北宋《权宜指挥》的内容看北宋条例的地位与作用

下面结合北宋哲宗元祐二年（1087 年）特降《权宜指挥》的内容，说明条例在宋朝刑事法律中的作用。

---

① （宋）李焘:《续资治通鉴长编》卷 389，哲宗元祐二年下颁“权宜指挥”。

据李焘《续资治通鉴长编》卷三九八载：

“(元祐二年)四月戊戌，(哲宗)特降下项权宜指挥，付河北、河东、陕西、京东、京西、淮南路提点刑狱司，应辖下州军贼盗，并令依此施行，自前有犯即依旧法。候向去贼盗衰息日，即依旧。……群盗惊劫之处，受贼所散财物，或虽不受财而为贼应和、叫呼、负赃、控马之类……钤辖司量度轻重远近等第编配……知强盗死罪受赃，依持杖窃盗法，如为典卖、藏买者，各减二等，罪至徒者，皆配五百里。……强盗见结集作过，如照验见得罪至死，即先验估家产入官，以备充赏。……强盗事虽已发，如却自首或自死，与免没纳家产及出赏、缘坐……犯盗断讫，于本家门钉牌，书犯状刑名。徒已上……能告获窃盗徒流一名，并免钉牌，再犯者复钉。如迁移，即申官随住处钉牌，不申官，杖八十……”

从上述《权宜指挥》的内容来看，它具有以下几个特点：

(1)对《贼盗重法》作出重要补充

从指挥“自前有犯，即依旧法”“候向去贼盗衰息日，即依旧”的说明来看，它与《贼盗重法》并不矛盾，而是后者的补充，此外，指挥的适用，也没有超出重法地的范围。

(2)指挥具有灵活性与针对性

从指挥的内容来看，它不像《贼盗重法》那样原则、概括，它的条款详细、具体，更具有灵活性与针对性，也更便于治安官吏的镇压活动。《贼盗重法》只规定：“囊橐之家，劫盗死罪情重者斩，余皆配远恶处……窃盗三犯，杖配五百里或邻州。”指挥则更加详尽，“虽不受财，而为贼应和叫呼、负赃控马……量度轻重远近等第编配”。“知强盗死罪……如为典、卖、藏、买(赃物)者，(依持杖窃盗法)各减二等罪。”《贼盗重法》规定：“囊橐之家，劫盗死罪……籍其家赀之半为赏。盗当徒流者……籍其家赀三分之一为赏。”指挥为鼓励“生获凌迟处斩者”，又规定：“于合得赏钱上增支三分。”指挥为打击“强盗”，特别规定：“强盗见结集作过，如照验见得罪至死，即先验估家产入官，以备后赏。”为分化“贼盗”，指挥对“强盗事虽已发，如却自首或自死，与免没纳家产及出赏、缘坐”。元祐二年指挥是在《贼盗重法》的基础上发展起来的，同时，加重了“贼盗”的处罚，从优酬奖捕获“贼盗”有功者，相应减轻了“自首者”与“自死者”的刑事处罚。指挥内容上的这些变化，不但表明当权者统治经验的丰富，而且说明当时的“贼盗”问题更加严重复杂，以至于法律也不得不作出更加严厉、更加灵活的规定。

（3）指挥在羁縻制度上有所发展

元祐二年指挥还规定了《贼盗重法》所没有的钉牌制度。“犯盗断讫，于本家门钉牌，书犯状刑名。……如迁移，即申官，随住处钉牌，不申官，杖八十。”从刑法学的角度来看，钉牌制度对他人起到了警戒作用，对犯人及其家属则起到了羁縻作用。规定钉牌制度是守旧派对惩治“贼盗”法律制度的一项较大变更。对后代也产生不小影响。洪武五年（1372 年），明太祖命“有司于内外府州县及乡之里社皆立申明亭，凡境内人民有犯，书其过，名榜于亭上，使人有所惩戒”[①]，就是其中的一例。

北宋惩治“贼盗”的法律形式变化很大。神宗变法时期与哲宗统治时期表现得更加突出，这种变化不仅表现在编敕上，而且表现在哲宗统治时期的制例上。由于神宗年间条例无存，元祐二年指挥，成了北宋统治阶级使用条例镇压“贼盗”犯罪的可靠凭证。

2. 北宋断例的地位与作用

经过对以往经验的归纳与总结，宋神宗熙宁年间首次颁布《熙宁法寺断例》，[②] 其后，宋哲宗元符年间颁布《元符刑名断例》，[③] 宋徽宗崇宁年间则

① 《明太祖实录》卷 72，洪武五年二月。

② 《宋史》卷 204，《艺文志》3。

③ （宋）王应麟：《玉海》卷 67，《诏令 · 赦宥》，“绍兴刑名断例”条。

颁布了《崇宁断例》,[①] 形成了北宋时期广泛使用断例审断同类案件的传统，对处理同类案件发挥了重要作用，在刑事法律中占有重要地位，同时也对南宋时期产生了重大影响。

（二）南宋时期编例的发展

应当说，用例之风，为北宋所开，不仅延及南宋，也盛行于元、明、清三代。《宋史·刑法志一》说："至（南宋）乾道时，臣僚言：'绍兴以来，续降指挥无虑数千……" 宁宗庆元四年（1198 年），前后指挥已达数万件之多，其中有关"贼盗"犯罪的，当不在少数。宁宗嘉泰二年（1202 年），谢深厚等奉诏编纂《庆元条法事类》时，指挥已正式列为国家大法。[②]《庆元条法事类》开了明、清两代律例合编体制的先河，在刑事法律中占有比较重要的地位。然究其本源，南宋条例形式，又起自北宋之时。有关断例，南宋高宗时有《绍兴刑名断例》,[③] 孝宗时有《乾道新编特旨断例》,[④] 宁宗时有《开禧刑名断例》。[⑤] 宋代断例直接影响到元朝，《大元通制》格例二千五百三十九条，内有"断例"七百一十七条；[⑥]《至正条格》三千三百五十九条，"断例"多达一千零五十余条。[⑦] 足见北宋用例影响之深。

例与编敕一样，都是宋朝皇帝惩治"贼盗"的重要手段，也是他们个人意志恣意横行的法律领地。但例的使用，又造成北宋"因一言一事辄立

① 《宋史》卷 20,《徽宗本纪》2。

② 《庆元条法事类》。

③ （宋）王应麟:《玉海》卷 67,《诏令·赦宥》,"绍兴刑名断例"条。

④ 《宋会要辑稿》刑法 1 之 47。

⑤ 《宋史》卷 38,《宁宗本纪》2。

⑥ 《元史》卷 27,《英宗本纪》1;《元史》卷 102,《刑法志》1。

⑦ 《元史》卷 41,《顺帝本纪》4。

一法”“烦细难以检用”“更改纷然”的局面，[1] 使南宋出现“吏一切以例从事，法当然而无例，则事皆泥而不行”[2] 的结果，同时，也给元、明、清三代例之使用以影响。发展的结局，完全走向统治阶级主观愿望的反面。

第三节　犯罪成因

宋朝社会犯罪的成因是错综复杂的，触发犯罪的因素也是多种多样的。这里既与统治阶级政治、经济政策与法律措施失当有直接关系，同时也有其他一些社会原因，现择其要略简述如下。

一、政策导向失误与社会犯罪

宋初强调“强杆弱枝”，强制推行强化封建中央集权的政策，这对于巩固皇权统治，防止分裂割据起到了相应的作用。但由于宋初统治者过分强调专制集权，导致政策性的失误。例如，在强化中央权力削弱臣下权力的前提下，一方面重点实施“重文轻武”的方策，提拔了一些儒臣领军，进一步削弱了带兵将领的权力；另一方面又时刻提防文官权势过重，危及皇权。故在宰相之下，设置为数很多的参知政事，并且沿袭五代将枢密使与三司使常设化，使参知政事分行宰相政权，使枢密使分行宰相军权，使三司使分行宰相财权。最终使“一人之下，万人之上”的相权受到严重削弱。同时，三司使执掌财权又受到尚书六部的制约，枢密使则只有发令权而无统兵权，军事将领虽然可以统兵但无发令权。上述种种制约措施，使得京官很少有可能来策动政变了。同时又进一步削夺州郡长官的事权，将

① 《宋史》卷199，《刑法志》1。
② 《宋史》卷199，《刑法志》1。

兵权、财权收归中央，另设通判，使之牵制州郡长官。

北宋政府削夺内外官吏权力，使之相互掣肘的高度集权方式，引起统治阶级内部权力分配的严重失衡以及各级官僚地主与宋中央政府的矛盾与对立，成为酝酿宫廷政变或者策动兵变的直接诱因。由于对权力与利益的争夺，又导致统治集团高层进行政治性犯罪的重要原因。这种过分分权的方式，虽有助于加强封建中央与皇帝的统治权，但使各级政府都无法有效地行使自身的职权，也无法有效地对付内部犯罪与敌对阶级的武装政治反抗。

与此同时，宋初中央政府对已交出大权的文武官员，又实行“大度宽容”的优待政策，赐给其“良田美宅”与大量钱物，使其安享富贵而无后忧。这种政策导向上的失误，刺激了官僚地主的巧取豪夺与穷奢极欲，导致各种形式的腐败与职务上的经济犯罪。宋初政府又把种种负担转嫁到贫苦农民身上，从而导致了农民群众与官僚地主和封建中央政府的冲突与对立，这是引发农民群众不断进行政治与经济反抗的重要原因。

一、雇佣军制度的缺陷与军事犯罪

北宋初年实行雇佣军容纳饥民、流民的办法，使军队数量大为增加，宋初军队有二十万。北宋仁宗庆历年间，军队数量已增至一百二十万人，造成封建国家不堪承受的负担。国家当时又陷入严重的政治经济危机，无法保障雇佣军的钱饷的按时供应，加之各级军官克扣士兵军饷，导致士兵无法养家，从而引发了众多的雇佣军兵变。据不完全统计，太祖在位时期，雇佣军小型兵变发生有十五起。到北宋仁宗庆历时期，几乎兵变遍于国中，成为当时最突出的犯罪问题之一。举其大者，有浙东军事鄂邻策动的兵变，有淮南王伦策动的兵变，有光化军卒邵兴策动的兵变，有贝州王则策动的兵变，他们与农民起义军的张海、郭貌山、李铁枪、戴小人、党君子等部遥相呼应，对北宋统治构成了严重威胁。

三、经济犯罪成因

北宋统治进入中期以后，社会阶级斗争更加尖锐，辽与西夏的频繁入侵，使宋朝统治处于内外交困当中。为摆脱困境，宋朝统治阶级对内采取了“竭泽而渔”的经济剥削形式，用以维系庞大的财政支出，对外则实行输绢纳币等屈膝投降的政策。自宋仁宗至宋徽宗曾先后掀起五次增税浪潮，把沉重的经济负担压在农民肩上，这使贫困不堪的农民群众再也无法忍受。其中，最具代表性的是，徽宗时农民领袖方腊向部属所做的控诉：

“天下国家，本同一理。今有子弟耕织，终岁劳苦，少有粟帛，父兄悉取而靡荡之。稍不如意，则鞭笞酷虐，至死弗恤，于汝甘乎？……靡荡之余，又悉举而奉之仇雠；仇雠赖我之资，益以富实，反见侵侮。则使子弟应之，子弟力弗能支，则谴责无所不至。然岁奉仇雠之物，初不以侵侮废也。……且声色、狗马、土木、祷祠、甲兵、花石靡费之外，岁赂西北二虏银绢，以百万计，皆吾东南赤子膏血也。二虏得此，益轻中国，岁岁侵扰不已。朝廷奉之不敢废，宰相以为安边之长策也。独吾民终岁勤动，妻子冻馁，求一日饱食不可得。”[①]

上文中提到的花石靡费，是政和年间，蔡京为取媚徽宗，使朱勔采办花石，流毒州县，二十余年，“民预是役者”，因此破家产、卖子女者不可胜计。所以方腊一起兵，民众皆响应，并“以诛勔为名”，遂形成大规模的农民起义。[②]

此外，淮河两岸的宋江农民军又与方腊农民军遥相呼应，严重动摇了北宋王朝的统治。

---

① （宋）方勺：《青溪寇轨》。

② 《宋史》卷470，《朱勔传》。

南宋时期又发生钟相、杨么领导的农民起义。两宋农民起义连绵不断，贯穿于宋王朝始终。这些农民群众的武装政治反抗，都源于统治阶级的残酷的经济剥削与政治压迫。宋朝不消灭剥削压迫的根源，再“严捕贼之令”“重捕贼之赏”，也不可能平息农民群众的反抗斗争。

第四节 犯罪构成

应当指出，犯罪构成理论是资产阶级法学家概括总结的刑法学中的重要理论。确切地说，是结合犯罪主体、犯罪主观方面、犯罪客观方面、犯罪客体综合考虑人们的行为是否构成犯罪的理论。中国古代无论是秦汉隋唐，还是宋元明清，都没有作出科学的界定。但为了准确有效地制裁犯罪，宋朝在总结以往刑事立法、司法经验的基础上，相继作出类似于现今犯罪构成的某些规定。

一、犯罪主体

犯罪主体指达到一定年龄、有责任能力、实施犯罪的人。只有达到法定责任年龄和具有责任能力的人，才能够作为犯罪的主体，对自己的犯罪行为负担刑事责任。宋朝刑事法律中有某些规范，与之有相似之处。

《宋刑统·名例律》沿袭唐律规定：

“诸年七十以上、十五以下及废疾，犯流罪以下收赎。八十以上、十岁以下及笃疾，犯反逆、杀人应死者，上请。盗及伤人者亦收赎，余皆勿论。九十以上、七岁以下，虽有死罪，不加刑。”

这就是说，十五岁以上、七十岁以下，是宋朝法定的刑事责任年龄；

十岁至十五岁，七十岁至八十岁，是限制的刑事责任年龄，承担刑事责任，但可以获得减轻处罚的待遇；七岁至十岁，八十岁至九十岁，也为限制责任年龄，只对反逆、杀人、盗及伤人等严重犯罪行为承担刑事责任，但可以通过上请程序获得减免待遇；七岁以下、九十岁以上的人，基本上属于不承担刑事责任年龄。但根据《宋刑统·名例律》的其他条款规定，亲属犯反、逆罪，这些人仍在服苦役之列；甚至废疾、笃疾等残疾人仍列入限制责任能力人的范围，需要承担相应的刑事责任。

值得注意的是，《宋刑统·名例律》对老幼疾及妇人犯罪条所附刑部式等作了进一步规定：

“诸准格、敕应决杖人，若年七十以上、十五以下及废疾，并酌量决罚。如不堪者覆奏，不堪流、徒者亦准此。八十以上、十岁以下、笃疾，并放，不须覆奏。”

又如，《宋刑统·名例律》同条附唐天宝元年十二月十八日敕节文：

“刑部奏准律‘八十以上及笃疾，犯反、逆、杀人应死者，上请。盗及伤人收赎，余皆勿论’。臣等众议：八十以上及笃疾人，有犯十恶死罪、造伪、劫盗、妖讹等罪至死者，请矜其老疾，移隶僻远小郡，仍给递驴发遣。其犯反、逆及杀人，奏听处分。其九十以上、十岁以下，请依常律。敕旨依奏。”

从上不难看出，在老幼疾人犯罪的处罚上，《宋刑统》所附敕式有进一步放宽的倾向，诸如应决杖人，年七十以上、十五以下，适量决罚，不必满杖；不能承受者，奏请皇帝裁决，不急于下杖；八十以上、十岁以下，笃疾，不再行杖，一律释放。即便犯有十恶重罪至死者，不再处死，递驴发遣至僻远小郡。

尽管如此，人们依然可以看出，中国封建制刑法几乎没有完全免除刑事责任的年龄和免除刑事责任的人，即便尚在哺乳之中的婴儿，如父母犯有反逆之罪，也以缘坐配没官府为奴。这充分反映出封建制刑法的残酷与野蛮。封建统治之所以对老幼废疾人减免刑事处分，是为了博得“仁政”的美名，同时也因为以上人员对封建统治阶级不可能造成大的损害与威胁。与之对比，现代刑法在确定刑事责任年龄时，主要考虑人们独立辨别是非的能力和思想意识的成熟程度，以便达到教育改造的目的。指导思想不同，导致法律规范的不同。这就是在刑事责任年龄和责任能力方面，封建制刑法与现代刑法的最大不同。

二、犯罪主观方面

犯罪主观方面，是指行为人对自己危害行为和结果所具有的一种故意或过失的心理状态。

宋朝刑事法律关于这个方面的规定主要有如下内容。

（一）区分故意与过失的规定

《宋刑统·名例律》沿袭唐律，明确规定：凡明知其行为可能造成某种危害后果而有意为之，称之为故意。如果没有意识到这种行为可能造成某种后果而为之者，均称之为过失。又如，《宋刑统·斗讼律》诸过失杀人者条解释：凡过失者，“谓耳目所不及，思虑所不到；共举重物，力所不制；若乘高、履危足跌及因击禽兽，以致杀伤之属，皆是”。宋朝对待故意与过失犯罪的处罚原则是，故意加重，过失减轻。例如，预谋杀人、故意杀人，皆处死刑；过失杀伤人者，则可以依据情节用钱赎免。

（二）关于“刑法上的错误”的规定

现代刑法中“刑法上的错误”，是指人对自己行为的法律性质和事实情况的不正确的理解。这是属于犯罪主观方面的特殊问题。宋朝刑事法律中的某些规定，包含了相似的概念。

1.“事实上的错误”的规定

《宋刑统·名例律》规定："其本应重，而犯时不知，依凡论。本应轻者，听从本。"律文附疏议解释说："本应重者，假有叔侄别处生长，素未相识，侄打叔伤，官司推问始知，听依凡人斗法。……本应轻者，或有父不识子，主不识奴，殴打之后，然始知悉，须依打子及打奴本法，不可以凡斗而论。"

此外，还有客体对象上的错误。诸如《宋刑统·斗讼律》："数人同谋杀甲，夜中匆遽，乃误杀乙，……合科'故杀'罪"。

2.“法律上的错误”的规定

《宋刑统·诈伪律》规定："诈教诱人使犯法（注：犯者不知而犯之；疏议：鄙俚之人，不闲法式……不知有罪）……与犯法者同坐。"即行为人虽不知其行为属违法而犯法者，仍依法给予处罚。封建制宋朝有关故意与过失的区分和“刑法上错误”的规定，反映了封建统治者注重总结司法审判经验，以提高司法镇压效果的意图。

（三）关于有故意或过失心理不构成犯罪的规定

现代刑法认为，行为人如果具有故意或过失的心理状态，并实施了危害社会的行为，就构成犯罪。但封建制刑法却有些与之相反的规定。例如，《宋刑统》沿袭唐律作出以下规定：

1. 尊长亲属因过失处罚卑幼子孙致死不为罪规定

按《宋刑统·斗讼律》规定："若子孙违犯教令，而祖父母、父母……过失杀者，各勿论。"同时规定：奴婢"其有愆犯"，主人"决罚致死，及过失杀者，各勿论"。

2. 掌狱官吏拷决罪人致死者不为罪规定

《宋刑统·断狱律》规定：掌狱官吏"若依法拷决，邂逅致死者，勿论"。

3. 本夫杀死奸夫不为罪规定

《宋刑统·贼盗律》规定："诸夜无故入人家者，笞四十。主人登时杀死者，勿论。"若奸夫入人家行奸，家主"登时许杀"，法律不追究刑事责任。

4. 嫁娶违律者，不处罚本人，只处罚主婚者的规定

按《宋刑统·户婚律》规定：凡嫁娶违律，独坐祖父母、父母主婚者，并不追究婚姻双方当事人的责任。

由于封建统治者为维护有利于地主阶级专政的社会秩序，以及伦理道德规范，对于上述具有故意或过失心理状态，而实施了危害社会行为的人，不予以处罚，反映出中国封建刑法的固有特点。

（四）强化封建君主专制，惩办某些不具有故意与过失心理的缘坐者的规定

根据《宋刑统·贼盗律》规定："诸谋反及大逆者，皆斩。父子年十六以上皆绞，十五以下及母女、妻妾、祖孙、兄弟、姊妹，（若）部曲、资财、田宅并没官……伯叔父、兄弟之子，皆流三千里，不限籍之同异。即虽谋反，词理不能动众，威力不足率人者，亦皆斩，父子、母女、妻妾并流三千里。"这充分表明，封建统治者为维护皇权专制，严厉打击政治犯罪，对犯罪者亲属实行缘坐，把不具有故意与过失心理的亲属，一律作为罪犯加以严惩，反映出封建刑法的残酷与野蛮性。

三、犯罪客观方面

现今刑法认为，犯罪客观方面是指犯罪行为以及由这种行为所引起的危害后果。现将《宋刑统》与之相关的内容列举如下：

（一）关于"不作为"的规定

《宋刑统》因袭唐律，把犯罪行为分为"作为"与"应不为"两种。例如，

律文中，特别是在《职制律》中，屡次出现“应作而不为”“应为而违限”等提法，凡属上述行为，都被《宋刑统》视为犯罪。凡应品尝御膳而不品尝，夫妻一方犯有“义绝”罪应离异而不离异，应附户籍而不申报者，都要受到法律上的处罚。与此同时，对有作为义务而不作为的人也视为犯罪。如在追捕罪人时行路人力能助之而不助，邻里被盗或杀，已被告或已闻知而不予救助者，都要治罪。

（二）关于“不能犯”的规定

现代刑法中的“不能犯”，是指将不能造成危害后果的行为规定为犯罪。在《宋刑统》中就有这类的规定，如其《名例律》规定，“造畜蛊毒厌魅”作为十恶的不道罪之一，给予严惩。同时，其《贼盗律》规定：对教令者一并处死，其同居家属则一律处以流刑；其造厌魅、符书、咒诅、欲以杀人者，以谋杀论；其欲令疾苦者，减等处罚；若致死者，以谋杀已杀论。

现代社会认为上述行为不能造成危害后果，也不能构成犯罪。但在迷信充斥的宋朝，则不仅认为有罪，而且要加以严惩，反映出统治者的愚昧与无知。

（三）关于“保辜”的规定

现代刑法规定行为人危害社会的行为与危害后果之间必须具有内在的必然的因果关系，才能构成犯罪。

中国封建刑事法律中的“保辜”制度，也具有类似的性质。

《大清律例 · 刑律 · 斗讼》对“保辜”的概念作了明确解释：“保，养也；辜，罪也。保辜谓殴伤人未至死，当保立即保之，保人之伤，所以保己之罪也。”这里的保辜制度，首先确认加害人与被殴伤人者之间具有内在的必然的因果关系，所以要求加害人对被殴伤人采取保养措施，以期在法定期限只承担殴伤他人罪责，不负殴伤致死的刑事责任。《宋刑统 · 斗讼律》规定：“诸保辜者，手足殴伤人，限十日；以他物殴伤人者二十日；

以刃及汤、火伤人者三十日，折跌支（肢）体及破骨者五十日”“限内死者，各依杀人论。其在限外及虽在限内，以他故死者，各依本殴伤法”。

（四）关于“正当防卫”的规定

现代刑法普遍规定“正当防卫”，认为是维护公共利益、本人及他人人身安全和其他权利免受正在进行的不法侵害而加以反击的一种合法行为。我国古代封建刑事法律也有类似的规定。《宋刑统·斗讼律》有以下几种规定：

1. 对不法侵害尊长亲属而进行“正当防卫”的规定

《宋刑统·斗讼律》规定：“祖父母、父母为人所殴击，子孙即殴击之（注：谓子孙原非随从者），非折伤者，勿论。折伤者，减凡斗折伤三等。至死者，依常律。”从现今刑法看来，上述规定也带有一定的科学性与合理性。

2. 夜间“正当防卫”规定

《宋刑统·贼盗律》规定：“夜无故入人家者，笞四十。主人登时杀者，勿论。”这里强调在夜间无任何缘故闯入他人住所，允许主人当场实行正当防卫，即使当场杀死入室者，法律也不追究其刑事责任。

3. 司法人员在执行公务中的“正当防卫”的规定

《宋刑统·捕亡律》规定：“诸捕罪人，而罪人持杖拒捍，其捕者格杀之，及走逐而杀……若迫窘而自杀者，皆勿论。”即不追究司法人员的刑事责任。但如果罪人“空手拒捍而杀者”，司法人员因“防卫过当”，要判处二年徒刑。

（五）有关“紧急避险”的规定

在现代刑法中的紧急避险，是指为了使公共利益、本人或者他人的人身安全和其他权利免受正在发生的危险，不得已采取损害他人权益的行为。

《宋刑统 · 厩库律》规定："诸畜产及噬犬有觝蹹啮人者"，为避险而杀伤者，"不坐"，"不偿"，不承担责任。这与现代刑法规定是比较接近的。

四、犯罪客体

现代刑法认为，犯罪客体是指为刑法所保护的而为犯罪所侵害的社会关系。

宋朝为保护封建社会关系，沿袭唐律作了全面而严格的规定，归纳起来有以下方面：

1. 严厉镇压侵夺官私财产的各种犯罪行为，全面维护以地主阶级土地私有制为核心的封建社会经济基础，以及统治阶级成员与一般社会成员的财产安全不受侵犯。

2. 严厉制裁威胁、损害、侵犯皇权与封建国家统治的政治性武装性犯罪，用以保护以皇权制度为核心的封建君主专制制度。

3. 严厉镇压侵犯统治阶级成员与一般社会成员生命安全的恶性刑事犯罪，用以稳定封建社会秩序。

4. 严厉打击违犯纲常礼教的各种犯罪，用以维护封建社会赖以生存的理论基础——三纲五常的正统地位，以及以尊卑贵贱为核心的封建宗法等级秩序。

与此同时，又通过法律上的规定，分别赋予封建贵族官僚地主以"议""请""减""官当""免"等项特权。但须以不犯有"十恶"罪为前提，如果违犯，则不适用特权法，要受到最严厉的处罚。

由上可见，宋朝刑事法律在承袭唐律的基础上，于犯罪构成理论上又有所发展，在具体内容上也具备了一定的规格。但从实质上看，它既有一定的合理性，同时又浸透了封建君主专制主义的严重影响，体现了封建国家统治与封建宗法家族统治的一致性。

第五节　社会犯罪

一、谋反、逆叛等政治性犯罪

1. 谋反罪

从北宋与南宋的刑事法律来看，其镇压锋芒所向，主要对准“十恶”、杀人、强盗、官吏贪赃枉法，以及“造妖书妖言”罪等。但在这些犯罪中，宋朝最突出打击的是危害封建中央集权的“谋反”“谋大逆”“谋叛”“大不敬”等政治性的犯罪。《宋刑统·贼盗律》引疏议说：“人君者，与天地合德，与日月齐明，上祗宝命，下临率土。”封建皇帝成为神圣不可侵犯的象征。

“谋反”是“谋危社稷”，预谋推翻皇帝统治的严重的政治性犯罪，是“规反天常”“悖逆人理”的最严重犯罪。按《宋刑统·贼盗律》规定：“诸谋反及大逆者皆斩，父子年十六以上皆绞。”其余亲属、部曲、资财、田宅并没官。谋反者尽管“词理不能动众，威力不足率人”，但只要有所表示，不分首从，一律处斩，父母、子女、妻妾并流三千里。即便是“口陈欲反之言，心无真实之计，而无状可寻者，流二千里”。

2. 谋大逆罪

“谋大逆”，按《宋刑统》引疏议解释说：“谋毁宗庙，山陵（皇陵）及宫阙”，是严重侵犯皇权统治的犯罪行为。某罪仅次于“谋反”罪，不仅本人处死，还要牵连家属坐罪，以及财产没官等，其处罚与“谋反”者相同。

3. 谋叛罪

“谋叛”，按《宋刑统》引疏议解释：“谋背本朝，将投蕃国，或欲翻城从伪，或欲以地外奔”，是一种危害封建国家的严重叛乱行为。按照《宋刑统·贼盗律》规定：“诸谋叛者绞，已上道者皆斩，妻、子流二千里。若率部众百人以上，父母、妻、子流三千里。”

4.“造妖书妖言”罪

“造妖书妖言”，按《宋刑统》引疏议解释：“造谓自造休咎及鬼神之言，妄说吉凶，涉于不顺者。”又说：“造妖书妖言，谓构成怪力之书，诈为鬼神之语；休，谓妄说他人及己身有休征；咎，谓妄言国家有咎恶。观天画地，诡说灾祥，妄陈吉凶，并涉于不顺者，绞。”即以推翻君主专制政体的文字语言，来宣传组织人们反抗的行为，同样被列为严厉打击的对象。按《宋刑统 · 贼盗律》规定：“诸造妖书妖言者，绞。……传用以惑众者，亦如之。……言理无害者，杖一百。即私有妖书，虽不行用，徒二年……”与此同时，律文附敕规定：凡“有此色之人，便抑收捉勘，寻据关连徒党，并决重杖处死”。可见，律后附敕在处罚上比律还重，即不分首从，不分是否传用，不分率众与否，一并处死。宋朝范遂良道破了内中的奥秘，他说：“妖书妖言皆音妖……预占国家兴废，此为涉于不顺也。”[①] 宋朝统治者从总结以往与自身统治经验中认识到，“贼盗之窃发，往往以妖术惑众”，[②] 所以，“著于法，诃察甚严”，[③] 并作为“治朝遏乱之一术”[④]，用以预防汉中平元年黄巾起义军天下同日而起的事件重演。

5.“大不敬”罪

“大不敬”，按《宋刑统》引疏议话说：凡臣下对皇帝本人、亲戚以及派遣使臣有冒犯不恭敬的行为，为皇帝做饭、医病、裁衣、造船不合要求，对皇帝人身安全造成严重威胁的，都作为“大不敬”罪，给予严惩。《宋刑统 · 职制律》规定：凡臣下对皇帝尊严有所冒犯者，对皇帝有不恭敬行为者，一律判处死刑。臣下如“对捍制使而无人臣之礼者”，同样处以绞刑。

---

① 元余志安勤有堂本《故唐律疏议》附范遂良《释文》卷 3《名例》。

② 《大学衍义补》卷 138,《遏盗之机》下。

③ 《宋史》卷 199,《刑法志》1。

④ （明）丘濬:《大学衍义补》卷 138,《遏盗之机》下。

此外，臣僚参加皇典大祭而举止不如法者，也构成大不敬罪，给以杖六十至徒二年的处罚。如果给皇帝进奏折，或者上书，误犯皇帝及其祖先名讳者，杖八十；口误及书写文字误犯者，笞五十。医生为皇帝配药不按本方下药，以及封题有误者，医生处死。药物料理选择不精者，徒一年。未进御者，各减一等；监当官司各减医生一等。厨师为皇帝做饭，不论主观上有无故意，凡误犯皇帝食禁者，主厨师处绞。食物中有秽恶之物，判处徒刑二年。选料不精及进御不按时者，减二等处罚。不品尝者杖一百。工匠为皇帝造舟船不牢固者，工匠处绞刑。不及时修整及缺少部件者，徒二年。为皇帝制衣物不和法律规定者，裁缝工匠杖八十。如进奉御衣御物有差错者，杖一百。车马不调习，驾驭之具不坚固，马夫徒二年。

通过上述各方面的规定，确保皇帝尊严的神圣不可侵犯，皇帝人身安全的神圣不可侵犯。

二、杀人罪

1. 杀一家三人罪

按《宋刑统·贼盗律》引疏议解释说：“杀人之发，事有多端，但据前人身死，不论所杀之状。但杀一家非死罪良口三人，即为不道。……皆合处斩，罪无首从，妻、子流二千里。”这里指出杀一家三人是恶性的刑事案件，属于十恶的“不道”罪范畴，故须严惩。

2. 肢解人罪

按《宋刑统·贼盗律》引疏议解释说：“(支解人者)谓杀人而支解者”，或“先支解而后杀之”。这些“皆同支解，并入不道”。即不论哪种肢解杀人，都属于十恶的不道罪。依照《宋刑统》规定，罪无首从，皆斩，妻子流二千里。

3. 谋杀罪

(1)谋杀直属长官罪

按《宋刑统》引疏议解释说：谋杀“(谓)谋而未杀”。依据《宋刑统·贼盗律》规定:“诸谋杀制使,若本属府主、刺史、县令及吏卒谋杀本部五品以上官长者,流二千里。已伤者,绞。已杀者,斩。”中国封建时代,官长如同父母,谋杀直属长官者,要从严惩处。意欲谋杀者流二千里,已付诸行动者一律处以死刑。

(2)谋杀尊长亲属罪

《宋刑统·贼盗律》规定:诸谋杀周亲尊长,外祖父母、夫、夫之祖父母、父母者,皆斩。谋杀缌麻以上尊长者,流二千里,已伤者绞,已杀者皆斩。从上述规定可以看出,卑幼子孙凡欲谋杀尊长亲属者,处刑都从重,特别是对直系血亲与直系姻亲的谋杀行为处理最重,一律处以最高刑——斩刑。但对第五等尊亲——缌麻尊亲的谋杀行为处理相对从轻,只判处流刑二千里。由此可见,尽管是谋杀周亲尊长,但依血缘的亲疏,处刑则有严宽的区别。

(3)谋杀卑幼亲属罪

按《宋刑统·贼盗律》规定:“尊长谋杀卑幼者,各依故杀罪减二等,已伤者减一等,已杀者依故杀法。”同条疏议解释说:“谋杀周亲卑幼,合徒三年,已伤者流三千里,已杀者依故杀法合绞之类。”这表明当时的封建刑法对尊长谋杀卑幼子孙处罚相对从轻。相反,对卑幼谋杀尊长的处罚却相当严酷。这充分说明宋朝是依靠贯彻实施“同罪异罚”的原则,来维护以尊卑贵贱为核心的封建等级秩序的。

(4)谋杀主者及周亲罪

按《宋刑统·贼盗律》规定:“诸部曲、奴婢谋杀主者,皆斩。谋杀主之周亲及外祖父母者,绞。已伤者,皆斩。”从上述规定可以看出,奴婢、部曲谋杀主人较之一般谋杀罪显然重得多,从中反映出宋朝法律依身份地位不同实行同罪异罚的特点。

4. 故杀罪

按《宋刑统》引疏议解释:故杀罪指以刃及故杀者,谓斗而用刃,即有害心,及非因斗争无事而杀,是名故杀。依据《宋刑统·斗讼律》规定:

“以刃及故杀人者，斩。”可见，故杀是杀人罪中最重要的一种，故处罚也最重。

5. 斗杀罪

按《宋刑统》引疏议解释说：“斗殴者，元无杀心，因相斗殴而杀人者，绞。”又说：“为人以兵刃逼己，因用兵刃拒而伤杀者，依斗法。”上述规定说明，因斗殴而引起杀人的斗杀罪，不同于故意杀人罪，处罚也较故杀罪为轻。

6. 误杀罪

《宋刑统·斗讼律》规定：“诸斗殴而误杀伤旁人者，以斗杀伤论，至死者减一等。”本篇疏议解释说：“斗殴而误杀伤旁人者，假如甲共乙斗，甲用刃杖欲击乙，误中于丙，或死或伤者，以斗杀伤论，不从过失者，以其元有害心，故各依斗法。”按照《宋刑统·斗讼律》的解释，说明当时已认识到误杀有杀人故意，但错置了杀人对象，所以应比照斗杀罪处理，“至死者减一等，流三千里”。

7. 戏杀罪

《宋刑统·斗讼律》规定：“诸戏杀伤人者，减斗杀伤二等。虽和以刃，若乘高、履危，入水中，以故相杀伤人者，唯减一等。即无官应赎而犯者，依过失法收赎。”根据同条律文疏议解释：“戏杀伤者，谓以力共戏，因而杀伤人，减斗罪二等”，即流二千五百里。又因“或以金刃，或乘高处险，或临危履薄，或入水中……因此共戏，遂致杀伤……唯减本杀伤罪一等。……而犯应赎罪者，依‘过失’法收赎”。从上述规定与解释中可以看出，宋朝严格区分戏杀与斗杀的界限，因其没有杀人故意，所以因“以力共戏”出现的杀人后果，减轻处罚，最高流三千里，最低可以钱赎罪。

8. 过失杀人罪

《宋刑统·斗讼律》规定：“诸过失杀伤人者，各依其状，以赎论。”同条律文疏议解释说：“（过失杀伤）谓耳目所不及，思虑所不到，共举重物，力所不制，若乘高、履危足跌，及因击禽兽以致使杀伤之属，皆是。”由于过失杀人罪，是犯者对自己行为缺乏应有的预见而导致的杀人后果，故可以收赎处理。

三、官吏贪墨罪

北宋初年在总结五代吏治腐败教训的基础上，实行了从严惩贪的方针。如赵翼《廿二史札记》卷二十四《宋初严惩赃吏》所说："凡罪罚悉从轻减，独于治赃吏最严。"故在治吏上收得明显成效。后因北宋统治者收夺臣下重权后，对于丧失权力的官僚采取"大度宽容"的方策，故使官吏贪赃不法之风又重新盛行开来。

1. 受贿请求罪

《宋刑统·职制律》规定："诸受人财而为请求者，坐赃论，加二等；监临、势要，准枉法论。与财者，坐赃论减三等。"同条疏议解释说："受人财而为请求者，谓非监临之官，坐赃论加二等，即一尺以上笞四十，一匹加一等，罪止流二千五百里。监临、势要，准枉法论，即一尺以上杖一百，一匹加一等，罪止流三千里。""与财者坐赃论，减三等，罪止徒一年半。"由上可见，宋朝沿袭唐律，对受贿请求者处罚从重，对依仗主管权力受贿请求者处罚更重。对行贿者处罚相对从轻，以此警示官吏受贿卖法行为。

2. 受贿枉法罪

《宋刑统·职制律》规定："诸监临主司受财而枉法者，一尺杖一百，一匹加一等，十五匹绞。不枉法者，一尺杖九十，二匹加一等，三十匹加役流。无禄者各减一等，枉法者二十匹绞，不枉法者四十匹加役流。"同条律文疏议解释说："监临主司谓统摄案验及行案主典之类，受有事人财而为曲法处断者，一尺杖一百，一匹加一等，十五匹绞。""虽受有事人财，判断不为曲法，一尺杖九十，二匹加一等，三十匹加役流。""若令文不载者，并是无禄之官，受财者各减有禄一等，枉法者二十匹绞，不枉法者四十匹加役流。"可见，受贿违法断案与不违法断案，有职位受贿与无职位受贿因有性质上不同，故宋朝法律主张区别处理，对受贿枉法者从重处罚，对受贿的主管官吏从重处罚，用以保障审判符合国家法律要求。同时对行贿者也要依法给予处罚。按同条律文疏议解释："有事之人，用财行求，而得枉法者，坐赃论。不枉法者，谓虽以财行求，官人不为曲判者，减坐赃二等。"《宋刑统·户婚律》还规定："枉法一尺杖一百，一匹加一等，十五匹绞。无禄者减一等，二十匹绞。今云'至死者加役流'，并不合绞。其间赋敛虽有入官，复有入私者，即是罪名不等，宜依'并满'之法。假有擅赋敛得一百匹，九十匹入官，十匹入私。从入官九十匹倍为四十五匹，合徒二年半，倍入私十匹为五匹，亦徒二年半，不得累徒五年，须以入私十匹并满入官九十匹，为一百匹，倍为五十匹，处徒三年。"宋朝沿袭唐律，严禁官吏擅自增加赋税征收，有违者给予惩罚，对赋敛入私者给予严厉处罚，直至判处加役流刑，以免激化社会矛盾，引起严重的社会后果。

3. 官吏强贷所管财物罪

《宋刑统·职制律》规定："诸贷所监临财物者，坐赃论；若百日不还，以受所监临财物论。强者，各加二等。若卖买有剩利者，计利以乞取监临财物论。强市者，笞五十；有剩利者，计利准枉法论。即断契有数，违负不还，过五十日者，以受所监临财物论。即借衣服、器玩之属，经三十日不还者，坐赃论，罪止徒一年。"但显然比受贿枉法与受贿不枉法者处罚为重。

4. 索贿罪

《宋刑统·职制律》规定："诸因官挟势及豪强之人乞索者，坐赃论，减一等；将送者，为从坐。"同条律文疏议解释说："或有因官人之威，挟恃形势及乡闾首望、豪右之人，乞索财物者，累倍所乞之财，坐赃论，减一等。将送者为从坐，谓领豪右人等乞索者，虽不将领而敛财送者，并为从坐。若强乞索者，加二等。"宋朝法律主张严惩索贿罪，特别是官吏挟势的索贿行为，同时也注重惩办豪绅的借官势索贿行为，以期缓和社会矛盾，平息农民群众的反抗情绪。

5. 赋敛入私罪

按《宋刑统·户婚律》严格规定："诸差科赋役违法及不均平，杖六十。

若非法而擅赋敛，及以法赋敛而擅加益，赃重入官者，计所擅坐赃论，入私者以枉法论，至死者加役流。”同条律文疏议解释说：“入私者以枉法论。称‘入私’，不必入己，但不入官者，即为入私。”宋朝法律因袭唐制，严格管理国有财物，禁止官吏通过借贷或者强买自己监管财物的方式，变封建国有为个人私有。凡违犯者，坐赃论罚，防止官吏利用职权，变公为私，占用或侵吞封建国有财物。

6. 官吏私贷官物于他人罪

《宋刑统·厩库律》规定：“诸监临主守以官物私自贷，若贷人及贷之者，无文记，以盗论；有文记，准盗论。立判案，减二等。”同条律文疏议解释说：“文记，谓取抄署之类，谓虽无文案，或有名薄，或取抄及署领之类，皆同。无文记以盗论者，与真盗同。若监临主守自贷，亦加凡盗二等。有文记者准盗论，并五匹徒一年，五匹加一等。立判案减二等，谓五匹杖九十之类。”即对主管官吏凭借权力，私自把封建国有财物借贷于他人，按照真盗罪严惩。其有文字记录者，准许按盗窃罪处理；其无文字记录者，与窃盗处罚相同。用以维护封建官有财产的不可侵犯。

四、盗类犯罪

1. 强盗罪

《宋刑统·贼盗律》规定：“强盗不得财，徒二年，一尺徒三年，二匹加一等，十匹及伤人者绞，杀人者斩。”同条律文附敕进一步规定：“擒获强盗，不论有赃无赃，并集众决杀。”此外，《宋刑统·贼盗律》对武装性、集团性的强盗犯罪处罚更严，即“其持杖者，虽不得财，流三千里，五匹绞，伤人者斩”。同条律文附敕进一步规定：“持杖行劫，不问有赃无赃并处死。”即便“同行劫贼内有不持杖者，亦与同罪”，即重杖处死。如“同居骨肉内有同情并知情……并准显德五年七月七日敕条”，即与行劫者同样处死。

为有效镇压强盗犯罪，律文附敕加重了首先创意的“造意者”的处罚。

《宋刑统·贼盗律》规定："造意及从行而不受分，即受分而不行，各依本首从法"，"为首造意者，为从至死者减一等"。但律文附敕则规定："其造意之人，行而不受分，或受分而不行，并与行者同罪"，即重杖一顿处死。与律文规定相比，敕令对武装性、集团性强盗犯罪的处罚有明显加重，不区分性质，不区分首从，不区分具体情节、后果，一并重杖处死，反映了"重典治贼盗"的明显倾向。

值得指出的是，至北宋中晚期以后，统治者在大法之外，又另立特别法——《贼盗重法》，比照谋反等政治性犯罪，不但处死强劫贼盗本人，而且籍没其家产全部或部分奖赏给告人，还将其本房骨肉送千里或五百里外州府编管。[①] 从中反映出宋朝社会统治危机，以及地主阶级强化对农民群众反抗镇压，用以维护自身统治的意向。

2. 窃盗罪

《宋刑统·贼盗律》认为窃盗犯罪与强盗犯罪有所不同。强盗罪或依靠暴力手段或利用恐吓手段抢劫财物，即所谓"以威若力而取其财，先强后盗，先盗后强"等，社会危害性很强。窃盗犯罪则隐蔽性较强，即所谓"潜形隐面而取"，对封建统治同样构成了严重的危害。

（1）盗宝印等御用物品罪

《宋刑统·贼盗律》规定："诸盗御宝者绞，乘舆服御物者，流二千五百里""诸盗大祀神御之物者，流二千五百里"。在统治者看来，这种严重威胁皇权统治的盗窃犯罪，应从严判处流刑二千五百里。

（2）盗官文书印罪

《宋刑统·贼盗律》规定："诸盗官文书印者，徒二年，余印杖一百。"同条律文疏议解释说："印者，信也，谓印文书施行，通达上下，所在信受，故曰官文书印。盗此印者，徒二年。"余印则指"给诸州封函及畜产之印""盗者，杖一百"。主张给相应的处罚，用以维护封建国家机器的正常运转。

---

① （宋）李焘:《续资治通鉴长编》卷468。

（3）盗宫殿门符等罪

《宋刑统 · 贼盗律》规定："诸盗宫殿门符、发兵符、传符者，流二千里，使节及皇城、京城门符，著徒三年，余符徒一年，门钥各减三等。盗州、镇及仓厨、厩库、关门等钥，杖一百，县、戍等诸门钥杖六十。"宋朝法律因袭唐律，对危及封建皇帝与国家安全的盗宫殿门符罪，主张从严判处流刑二千里。

（4）盗禁兵器罪

《宋刑统 · 贼盗律》规定："诸盗禁兵器者，徒二年；甲、弩者，流二千里。若盗罪轻，同私有法。盗余兵器及旌旗、幡帜者，杖九十。若盗守卫宫殿兵器者，各加一等。即在军及宿卫相盗，还充官用者，各减二等。"盗窃军用、宫用禁兵器，对封建国家与皇室成员构成重大威胁，故宋朝法律因袭唐律给予严厉处罚，以致流刑至二千里。

（5）盗毁天尊佛像罪

《宋刑统 · 贼盗律》规定："诸盗毁天尊、佛像者，徒三年。即道士、女冠盗毁天尊像，僧尼盗毁佛像者，加役流，真人、菩萨各减一等。盗而供养者，杖一百。"对破坏宗教佛像的犯罪，宋朝法律因袭唐律，主张严厉处罚。正如该条律文疏议解释说："凡人或盗或毁天尊若佛像，各徒三年。道士、女冠盗毁天尊像，僧尼盗毁佛像者，各加役流。为其盗、毁所事先圣形像，故加役流，不同俗人之法。真人、菩萨各减一等，凡人盗毁徒二年半，道士、女冠盗毁真人，僧、尼盗毁菩萨，各徒三年。盗而供养者，杖一百，谓非贪利，将用供养者。"总之，依据情节、性质、危害大小，对盗毁天尊佛像等犯罪行为分别给予处罚。

五、和诱奴婢与纵容奴婢逃亡罪

1. 和诱奴婢罪

《宋刑统 · 贼盗律》规定："诸略奴婢者，以强盗论；和诱者，以窃盗论。

各罪止流三千里。……若得逃亡奴婢，不送官而卖者，以和诱论；藏匿者，减等坐之。即私从奴婢买子孙及乞取者，准盗论；乞卖者，与同罪。”注云：“虽以为良亦同。”在宋朝统治者看来，“奴婢贱人，律比畜产”，即视为主人私有财产，不容侵犯。同条律文疏议解释说：“和诱者，谓两共和同，以窃盗论。”又说：“凡捉得逃亡奴婢，依令：‘五日内合送官司。’其有不送而私卖者，以和诱论，计赃依盗法。即私藏隐者，减盗罪一等坐之。即私从奴婢买子孙及乞取者，或卖或乞，各平所乞买奴婢之价，计赃准盗论，并不在除、免、倍赃、监临加罪、加役流之例。乞卖者与同罪，谓奴婢将子孙乞人及卖与人，并与买、乞者同罪。”注云：“‘虽以为良，亦同。’谓乞买者虽将为良人，亦与充贱罪同。”

2. 纵容奴婢逃亡罪

《宋刑统·捕亡律》规定：“故纵官奴婢亡者，准盗论，谓计赃五匹徒一年，五匹加一等。即诱导官私奴婢亡者，谓不将入己，导引令亡者，并准盗论，五匹徒一年，五匹加一等，仍令备偿。”对于纵容奴婢逃亡罪，宋朝法律比照盗窃主人财产罪计赃处罚，并要求其赔偿损失，用以维护奴婢主人占有奴婢的“权益”。

六、隐匿课税罪

《宋刑统·厩库律》规定：“诸应输课税及入官之物，而回避诈匿不输，或巧伪湿恶者，计所缺，准盗论。主司知情，与同罪；不知情，减四等。”对此，同条律文疏议解释说：“应输课税，谓租、调、地税之类，及应入官之物，而回避诈匿，假作逗留，遂致废缺，及巧伪湿恶，欺妄官司，皆总计所缺入官物数，准盗科罪，依法赔填。主司知其回避诈匿、巧伪湿恶之情而许行者，各与同罪；不知情者，减罪四等。”即把各类税收作为国家财政的主要来源，严厉打击偷漏税等犯罪行为，同时也对税务官吏规定了法定责任，如果知情不查，与偷漏税者同罪，不知情者则减四等处罚，用以保证国家税收的正常入库。

七、容止罪

《宋刑统 · 贼盗律》规定："诸部内有一人为盗，及容止盗者，里正笞五十……三人加一等；县内，一人笞三十，四人加一等……州随所管县多少，通计为罪。各罪止徒二年，强盗者各加一等。"同条律文疏议解释说："部内，谓州、县、乡、里所管之内，百姓有一人为盗，及容止盗者，谓外盗入境，所部容止。"又注云："'以长官为首，佐职为从'，但宣风导俗，肃清所部，长官之事，故以长官为首。即刺史、县令缺者，以次官当之。即云'佐职为从'，即罪不及主典。"宋朝法律因袭唐律，为清除贼盗犯罪的社会基础，重点打击窝藏犯罪，同时也规定了各级治安官吏的法定责任，如所辖州县内有窝藏容留贼盗犯罪的，要比照窝藏犯治罪，用以强化州县的治安职能，尽速清除贼盗犯罪。

第六节　刑罚体系

一、刑罚制度

（一）法定刑制度

1. 法定五刑制度

《宋刑统》承袭唐律，在《名例律》中规定了笞、杖、徒、流、死五种法定的刑罚。但随着形势的变化，又作了或多或少的变通与修改。

（1）笞刑

宋朝笞刑是法定五刑中最轻的一种，带有耻辱刑与教育刑相结合惩治轻微罪犯的含义。即用拧成两股的荆条来击打犯人的腿臀部，以示"惩诫"。按《宋刑统 · 名例律》规定：笞刑共分五等，即笞十、笞二十、笞三十、笞四十、笞五十。如赎罪，可以分别用一斤至五斤铜来赎身免责。

（2）杖刑

宋朝杖刑是仅重于笞刑的一种身体刑。它以三尺五寸长的常行杖击打犯人的背部、臀部、腿部，使罪犯受到较大的创伤。按《宋刑统·名例律》规定：杖刑分为五等，即杖六十、杖七十、杖八十、杖九十、杖一百。如欲赎罪，可以分别用铜六斤至十斤来赎身免责。

（3）徒刑

宋朝徒刑是劳役刑与自由刑相结合惩罚犯罪的一种刑罚制度。《宋刑统·名例律》引疏议的解释说："徒者，奴也，盖奴辱之。"这就是说，凡犯徒罪的犯人，如同奴隶一样，剥夺人身自由，并强迫戴枷，在本地官府从事苦役；在京城，则分男女，分别在将作监或少府监从事苦役。这不但带有惩戒性，也同时带有耻辱性。按照《宋刑统·名例律》规定：徒刑分为五等，即徒一年、徒一年半、徒二年、徒二年半、徒三年。如欲赎罪，可以分别用铜二十斤至六十斤赎身免责。

（4）流刑

宋朝流刑是仅次于死刑的惩罚制度。即将犯流罪的犯人放逐到边远荒凉的地区，并强迫其戴枷或钳在当地服苦役。《宋刑统·名例律》规定：流刑共分三等，即流二千里，配役一年；流二千五百里，配役一年；流三千里，配役一年。年满即释放。另外，《宋刑统·名例律》还规定一种死刑贷用刑——加役流刑，即流三千里，配役三年，以示惩罚。

（5）死刑

宋朝沿袭唐律，将死刑法定为绞、斩两种。如获准赎刑，可用铜一百二十斤赎身免责。

此外，《宋刑统·名例律》附敕节文中，还规定重杖一顿处死，替代其他死刑的制度。

2. 折杖法

宋承唐末五代，因有感于刑罚的苛酷，于是在宋太祖时期，曾实行折杖法，进行了一次改革刑罚的尝试，总的趋向是从轻的。《宋史 · 刑法志》载："太祖受禅，始定折杖之制"，用以去掉"五代之苛"，进而缓和社会矛盾，巩固新生的宋王朝。据《宋刑统 · 名例律》规定：折杖法的对象是折抵笞、杖、徒、流刑，而不包括死罪。具体讲就是：①笞刑十下至五十下，分别折抵臀杖七、八、十下，但臀杖，其板厚杖粗。②杖六十下至一百下，则分别折抵臀杖十三、十五、十七、十八、二十下。③徒刑一年至三年，分别折抵脊杖（击打背部，而不是腿、背、臀部分受）十三、十五、十七、十八、二十下。④流刑，流二千里，折抵脊杖十七下，在本地配役一年；流二千五百里，折抵脊杖十八下，在本地配役一年；流三千里，折抵脊杖二十，配役一年。唯有加役流刑，折抵脊杖二十，配役三年。这种改革，在一定的时期内取得了一些效果，它使"流罪得免远徙，徒罪得免役年，笞杖得减决数"[①]。但随着社会形势的变化，宋太祖很快就采取了重刑处罚犯罪的措施。

3. 刺配刑

宋初，面临严重的社会犯罪，太祖在处理重大案件时，有时脱离司法常轨，亲自断案，轻重取舍有法外之意，对于情罪尤重者，则"更为加杖刺配之法"。[②] 这表明在宋太祖时期，刺配刑还不是法定刑罚。宋真宗时期刺配刑被引入编敕，使之上升成为普遍使用的刑罚与法定的刑罚。

北宋刺配之刑，起自后晋天福年间（936—943 年），是一种非常残酷的刑罚制度。正如明人丘濬所分析的那样："宋人承五代为刺配之法，既杖其脊，又配其人，而且刺其面，是一人之身、一事之犯而兼受三刑也。"[③] 这种刑罚甚至比唐朝的加役流刑还要严酷，即不仅要杖脊、刺面，还要长期乃至终身服苦役。其情如仁宗朝翰林学士张方平在奏折中所说："刺配之

---

① 《文献通考》卷 168，《刑考》7；（清）沈家本：《历代刑法考 · 刑法分考七 · 墨》。

② （宋）张方平：《乐全集》卷 24，《论事 · 请减刺配刑名》；《历代名臣奏议》卷 211，《法令 · 翰林学士张方平请减刺配刑名劄子》。

③ （明）丘濬：《大学衍义补》卷 105，《明流赎之意》。

法，逮今百年……比前代绝重，前代加役流即不加杖，又役满即放，或会赦即免。今刺配者，先具徒流杖之刑，而更黥刑，服役终身，其配远恶州军者，无复地里之限。”[①]

应当指出，宋初实行刺配之制，开了宋代复活肉刑的先例，造成了恶劣的影响。北宋真宗以后，刺配刑的适用日益广泛，早已突破“死罪贷命”的界限。宋真宗祥符编敕涉及刺配内容已有46条。仁宋庆历年间编敕涉及刺配者，已增至170条。神宗熙宁年间的编敕，则已升至200条。明人丘濬在《大学衍义补》卷一〇五《明流赎之意》中指出刺配刑迫使犯人起而反抗的原因，他说：“宋人承五代为刺配之法……（使人）虽欲自新，而面上之文已不可去，其亡去为盗、梃起为乱，又何怪哉？宋江以三十六人横行河朔，讫不能制之，是皆刺配之徒，在在而有以为之耳目故也。”他的话是不无道理的。宋朝广泛使用刺配刑，不仅没能稳定社会秩序，反而激起人民更激烈的反抗。到民族矛盾、阶级矛盾更加激烈的南宋孝宗统治时期，刺配条款已增至570余条，结果造成“配法既多，犯者日众，刺配之人，所至充斥”的后果。以后，宋朝刺配之刑又影响到元、明、清各代，造成恶劣的影响。

4. 凌迟刑

凌迟刑是中国古代最为残酷的生命刑。据《宋史·刑法志》说：北宋真宗以前未曾使用凌迟刑。御史知杂王隋等请用凌迟刑处死“贼盗”罪犯，真宗以“五刑自有常制，何为惨毒”加以驳斥。北宋仁宗时期开始使用凌迟刑。据《宋史·刑法志》载：天圣六年（1028年），因荆湖地区杀活人祭祀鬼神，对此，仁宗降诏：“自今首谋若加功者，凌迟斩”，从而开了宋朝使用凌迟刑的先例。开始使用凌迟刑是属于非法之刑，以后凌迟刑被引入编敕，使之上升为带有普遍性与经常性的刑罚，也逐渐成为法定刑。至南宋宁宗制《庆元条法事类》时，以国家大法的形式肯定了凌迟刑，并使

① 《历代名臣奏议》卷211，《法令·翰林学士张方平请减刺配刑名劄子》。

之与绞刑、斩刑并列成为法定死刑制度。

凌迟刑（又称作陵迟刑），起自五代，法定于辽朝，盛行于两宋。“凌迟”两字，按照《荀子 · 宥坐》解释说：“言丘陵之势渐慢也。”沈家本《刑法分考》以此认为：凌迟是使受刑人“死之徐而不速也”。具体行刑，如《宋史 · 刑法志》载：宋朝凌迟刑为“先断其支体，次抉其吭（喉管），当时之极法也”。又据《读律佩觿》说：“凌迟者，其法乃寸而磔之，必至体无余脔，然后为之割其势，女则幽其闭，出其脏腑以毕其命，支分节解，菹其骨而后已。”虽然以上两种说法不尽相同，但都说明凌迟刑先以利刃残害肢体，然后施加各种酷刑，使犯人在惨痛当中缓慢地死掉。这种酷刑对后世影响很大，元、明、清三代一直沿用凌迟刑，直至清末变法改革方告废除。

（二）非法定刑制度

宋王朝为对付统治阶级内部的反抗与敌对阶级的激烈反抗，在实施法定刑之外，还采用了许多非法之刑。例如，北宋初期皇帝曾经实行夷族、活钉、断手足、具五刑、腰斩、磔刑等酷刑来处死“贼盗”要犯。[①] 又如，北宋真宗年间钱易在“请速除非法之刑疏”中说：近代以来，“……造恶逆者，或有非常之罪者，（官吏）不从法司所断，皆支解脔割，断截手足，坐钉立钉，悬背烙筋及诸杂受罪者，身具白骨而口眼之具犹动，四体分落而呻痛之声未息，置之阛阓以图示众。四方之外，长吏残暴，更加增造，取心活剥，所不忍言”。[②] 以上种种非法酷刑，进一步加重了死刑罪犯的痛苦。

北宋中期的仁宗庆历四年（1044年），为镇压广西环州少数民族起义，将其领袖欧希范等数十人剖心后剁成肉酱，施以残酷醢刑。[③] 其手段之残

---

① （宋）李焘：《续资治通鉴长编》卷3，太祖建隆三年八月癸巳；卷47，真宗咸平三年四月己巳等。

② 《宋文鉴》卷42，《请除非法之刑》。

③ （宋）李攸：《宋朝事实》卷16，《兵刑》。

忍，为以往所少见。

北宋晚期地方长吏使用许多不为人知的非法酷刑，来残害罪犯。如李焘《续资治通鉴长编》卷四六〇载：官吏赵仁恕曾“令座木蒸饼，仍加吊绯，惨毒备至，死而复生，终致脊骨曲跌，脚纽筋急，永为残疾。又暗加杖数，决杀王宗、郭德。每遇决遣罪人，更用瓦片擦其疮，出血数升而后已”，其“残酷之状，不可胜计，闻者为之痛心疾首”。

以上列举的宋朝几个时期的非法之刑，只是其中的一小部分，从中不难看出，宋王朝的刑罚制度，特别是非法定刑制度愈益严酷，这不仅反映出社会阶级矛盾的日益激化，而且说明当时中央集权的封建君主专制主义有了突出发展，统治阶级的刑事镇压有了进一步的加强。不仅如此，宋王朝复活肉刑，使用酷刑折磨摧残罪犯，开了一个恶劣的先例，对元明清刑罚制度的残酷腐败的历史发展起到了推波助澜的作用。

二、刑罚适用原则

《宋刑统·名例律》在承袭唐律的基础上，规定本朝的刑罚适用原则。

（一）十恶不赦的原则

《宋刑统·名例律》规定：十恶包括有一曰谋反（谓谋危社稷）；二曰谋大逆（谓谋毁宗庙、山陵及宫阙）；三曰谋叛（谓谋背国从伪）；四曰恶逆（谓殴及谋杀祖父母、父母、杀伯叔父母、姑、兄、姊、外祖父母、夫、夫之祖父母、父母者）；五曰不道（谓杀一家非死罪三人，及支解人、造畜蛊毒厌魅）；六曰大不恭（谓盗大祀神御之物，乘舆服御物，盗及伪造御宝，合和御药误不如本方，及封题误，若造御膳，误犯食禁，御幸舟船误不牢固，指斥乘舆，情理切害，及对捍制使而无人臣之礼）；七曰不孝（谓告言、诅詈祖父母、父母，及祖父母、父母在，别籍异财，若供养有缺，居父母丧，身自嫁娶，若作乐、释服从吉，闻祖父母、父母丧匿不举哀，诈称祖父母、父母死）；八曰不睦（谓谋杀及卖缌麻以上亲，殴告夫及大功以上尊长、小功尊属）；九曰不义（谓杀本属府主、刺史、县令、见受业师，吏卒杀本部五品以上官长，及闻夫丧匿不举哀，若作乐、释服从吉及改嫁）；十曰内乱（谓奸小功以上亲，父祖妾，及与和者）。

对上述十恶，同条疏议解释说："五刑之中，十恶尤切，亏损名教，毁裂冠冕，特标篇首以为明诫。"宋朝沿袭唐律，对于十恶罪犯，突出重点，加大打击力度，实行"常赦所不原"的原则。例如，在"八议"特权法中规定："诸八议者犯罪""其犯十恶者不用此律"，[①] 即不适用八议等封建特权法。其下，如"请"条、"减"条等特权规定中，均不适用。此外，在宋朝颁布的"大赦""曲赦""德音"等各类赦令中同样声明，对"十恶"罪犯不适用。从而使十恶罪成为当时最严重的犯罪，也是从严打击绝不宽赦的十种重罪。

（二）同罪异罚的原则

《宋刑统》承袭唐律，对具有"八议""请""减""赎""当""免"等特权身份者，实行"同罪异罚"的原则。以下分别加以说明：

1. "八议"

按《宋刑统 · 名例律》疏议的解释："八议"之人，或为皇亲显贵，或为多才多艺，或建业立功，如遇犯罪，官吏无权审理，须报请皇帝裁决。可见，"八议"是八种特权人物犯罪依法享有减免处罚的法律规定。它与常人犯罪不同，体现出"同罪异罚"的精神。依据《宋刑统》，"八议"包括：

一曰议亲。疏议解释说："谓皇帝袒免以上亲，及太皇太后，皇太后缌麻以上亲，皇后小功以上亲"，也就是皇亲国戚。

二曰议故。疏议解释说："谓宿得侍见，特蒙接遇历久者"，也就是皇

---

① 《宋刑统》卷2,《名例律 · 八议》。

帝的亲密故旧。

三曰议贤。疏议解释说："贤人君子，言行可为法则者"，也就是品质达到较高封建道德水准的。

四曰议能。疏议解释说："能整军旅，莅政事，盐梅帝道，师范人伦者"，也就是具有大才干。

五曰议功。疏议解释说："能斩将搴旗，摧锋万里；或率众归化，宁济一时，匡□□□□□□□□□□救艰难，铭功太常者"，也就是功勋卓著者。

六曰议贵。疏议解释说："（通常为）职事官三品以上，散官二品以上及爵一品者"，也就是封建大贵族、大官僚。

七曰议勤。疏议解释说："大将吏恪居官次，夙夜在公，若远使绝域，经涉险难者"，也就是勤于为封建国家服务者。

八曰议宾。疏议解释说："承先代之后为国宾者"，也就是前代皇室后裔被后代尊为国宾者。

按照《宋刑统》规定，上述八种特权人物犯罪，官吏须奏明皇帝，由皇帝亲自裁决。一般死罪可以降为流罪，流罪以下自然减刑一等。但犯"十恶者，不用此律"。

2."请"

"请"的规格低于"议"，它只适用于"皇太子妃大功以上亲"，以及"应议者期以上亲及孙"和"官爵五品以上，犯死罪者"。对这一类特权人物，官吏有权上奏其所犯罪行及应请情状，如为死罪则依律确定应绞应斩理由，奏请皇帝裁决。一般情况下，犯罪人可以获得减刑一等的优待。但"请"的限制条件比"八议"多，除犯十恶罪外，反逆缘坐、杀人、监守内奸、盗、略人、受财枉法者，"不用此律"。

3."减"

"减"的规格低于"请"，它适用于七品以上官吏以及应请者亲属。如这类特权人物犯罪，又在流罪以下，可以获得减刑一等的待遇。但犯十恶罪者，"不用此律"。

4.“赎”

“赎”的规格又低于“减”，它适用于九品以上官吏，以及七品以上官吏亲属。这类特权人物犯罪，又在流罪以下，法律允许他们用铜赎刑。但也作有相应的限制，即除犯“十恶”罪不能赎刑外，犯流罪以上者也不得以铜赎罪。

5.“官当”

“官当”只适用于官吏，指以官职抵当徒罪。以官当徒，原则上公罪较比私罪抵当为多，官职高的比官职低的抵当为多。如五品以上职官，一官可抵当徒刑三年；九品以上职官，一官只可抵当徒刑二年，如以官当流，原则上“三流同比徒四年”。以九品职官为例，如犯私罪，一官当徒一年。如当流者，应比照当徒，四年，以四个职官抵当。如官职不足，余者以铜赎罪。

6.“免”

“免官”是指通过免除职官抵当徒刑的制度。一般情况下，“免官者，比徒二年；免所居官现职者，比徒一年”。但流外官“不用此律”。

宋朝除去“免官抵折徒刑”的制度外，还规定有“除名”之制。即免除一切爵位与官职，来抵当三年徒刑。如前所述，官吏因“反逆缘坐者”，也可以“除名抵罪”。但同免官叙用相比，除名叙用条件更严，一般“六载之后听叙”。

宋朝法律公开确认同罪异罚的原则，并通过“八议”“请”“减”“赎”“官当”“免”等形式，使各类特权人物犯罪享有一定的减刑优待，充分反映了它的特权法的本质。但同时还应指出，在封建中央集权的君主专制主义进一步加强的宋朝，官吏的任何特权规定只具有相对的意义，即以不触犯封建皇权与地主阶级根本利益为前提。如犯下“十恶”等重罪，同样严惩不贷。

（三）“累犯”加重处罚的原则

按《宋刑统 · 名例律》规定：“诸犯罪已发及已配而更为罪者，各重其事。”同条律文疏议解释说：“已发者，谓已被告言……及已配者，谓犯徒已配。而更为笞罪以上者，各重其后犯之事而累科之。”即是说，犯罪事实已被人告发，或徒刑已配又犯笞刑以上罪的，要累计科罪。可见，宋朝是以犯罪被告发和犯罪已配作为处罚累犯的先决条件。如已犯罪在押在配，再犯笞刑以上罪的，采取加重处罚的原则。正如同条律文疏议举例说：已断定配役尚未到配所，又犯流罪二千里者，应加决杖一百下；犯流罪二千五百里者，加杖一百三十下；犯流罪三千里者，决杖一百六十下，仍于各配所劳役三年，再加上前次犯流罪应配役一年，总计应服苦役四年。正因为宋朝统治者把累犯视为严重威胁社会治安的犯罪，故采取了加重处罚的原则。

（四）老、少、废疾犯罪减免处罚的原则

宋朝因袭唐律，对老、少、废疾犯罪，区分三种情况处理：

1. 年七十以上、十五以下及废疾，犯流罪以下，认定为有罪，但减轻为收赎处理。即先将犯人收审，然后允许家属用铜来赎罪。

2. 年八十以上、十岁以下及笃疾，犯反、逆、杀人应死者，上请。即奏请皇帝亲自裁决。

3. 年九十以上、七岁以下，虽犯死罪，“不加刑”。即认定为有罪，不再使用刑罚手段。

在宋朝统治看来，老、少、废疾者虽有犯罪行为，但因“皆少智力”“不堪受刑”，[①] 并且他们犯罪危害也比正常人为轻，所以采取了减免处罚的原则，以博得行“仁政”的名声。如教唆老、少、废疾者犯罪，则严惩教唆者。但赃物要如数赔偿。教唆者费用部分与老、少、废疾费用部分各自区分开来，采取各自赔偿的方针，用以维护封建官有财物以及其他私有财产的不可侵犯。

① 《宋刑统》卷4,《名例律》“老小废疾有犯”条疏议。

（五）关于自首原罪的原则

《宋刑统》因袭唐律，规定了自首原罪的原则。

1. 严格区分自首与自新的界限

《宋刑统·名例律》规定："犯罪未发而自首者，原其罪。"即把犯罪事实没被告发或没被官府查知作为自首的先决条件。凡自首符合上述条件者，虽犯罪，也可以享受不追究刑事责任的待遇。但"自新"不同于"自首"，是在犯罪事实被人告发，或是被官府查知，出于无奈，被迫向当地官府交代罪行的。因此，"自新"不能按照自首处理，只能按情节减轻刑事处罚。

2. 明确规定某些犯罪不得享有自首待遇

《宋刑统·名例律》规定："其于人损伤，于物不可备偿"，以及"越度关及奸，并私习天文者，并不在自首之例"。即在自首范畴中确立"于人损伤"，不可复原；于物损坏，不可赔偿的先决条件。凡属于这类犯罪的，一律不得享有"自首者，原其罪"的待遇。此外，如偷越关津、强奸与私习天文等严重犯罪也不得享有自首的优待。《宋刑统》的上述规定，区分了享受自首待遇与不享受自首待遇的犯罪界限，从而方便司法官吏的执法工作。

3. 明确规定自首者可免罪，但须如数偿还赃物

《宋刑统》为维护封建国有财产与个人私有财产的不可侵犯，规定自首者可免罪，但是，"正赃犹征如法"。[①]即在犯罪人自首后，必须如数偿还所得赃物，或交还封建国库，或归还物主本人，不得拖欠不偿。违者，强迫劳役，以役折酬，用以防止犯罪自首者非法获取财物。

4. 对自首不彻底行为作出严格规定

《宋刑统·名例律》把自首不彻底行为，依犯罪性质与犯罪情节分为

① 《宋刑统》卷5，《名例律·犯罪未发而自首》。

两类:（1）虽在表面上作了自首，但经查其犯罪性质没作如实交代。（2）虽在形式上作出自首，但经查其犯罪情节没作如实交代。前者被称为“自首不实”，后者被称为“自首不尽”。对自首不彻底行为,《宋刑统》主张区别“不实”“不尽”的情况，予以处理，但死罪可以减一等处罚。其《名例律》规定:“自首不实及不尽者，以不实、不尽之罪罪之，至死者，听减一等。”另据同条律疏议解释:强盗罪犯报赃不实，即把抢劫赃物都说成窃盗赃物，希望通过表面自首，减轻抢劫罪的处罚。按照《宋刑统》规定，对这种自首者，除犯窃盗罪不予追究外，“仍以强盗不得财科罪”。此外，同条律文疏议又以枉法取赃为例，说明自首不尽的处理方法。即枉法取赃十五匹，自首交代为十四匹，企图占有一匹者，应以“不尽之罪”罪之，即以枉法取赃一匹定罪判刑，已经交代的十四匹，不再科罚。

此外,《宋刑统·名例律》还规定，轻罪已发，能首重罪者，免予追究重罪;审问他罪而能自首余罪者，免予追究余罪。从上述规定看,《宋刑统》承袭唐律，全面系统地规定了自首制度，它有利于统治阶级分化打击犯罪。其中的有价值内容，不仅影响到元明清后世，即便在今天也不乏借鉴价值。

（六）关于共犯罪原则

《宋刑统·名例律》规定:“诸共犯罪者，以造意为首，随从者减一等。若家人共犯，止坐尊长;侵损于人者，以凡人首从论。即共监临主守为犯，虽造意，仍以监主为首，凡人以常从论。”从以上规定中可以看出，宋朝的“共犯罪”，强调的是二人以上共同犯罪，同现今刑法“二人以上共同故意犯罪”的规定有很大不同。宋朝共犯罪的内容有两个方面:一方面是强调共犯罪以造意为首，即把共犯罪中“倡首先言”，首先提犯罪意图者作为首犯，加重处罚;余者按随从者减等处罚。宋朝把共犯罪的中心，放在解决主犯与从犯的关系上，无疑是有道理的。但是，强调“以造意为首”，突出了惩罚犯意，而忽视了首犯在组织与领导犯罪方面的责任，从而反映出封建刑律注重对犯意者的惩罚，以及将犯罪消灭在谋划阶段的特点，故是一种带有严重缺陷的共犯罪理论。另一方面是强调家长与官长的责任，除盗窃财物与斗殴杀伤人外，只要是家人共犯，即以家长为首犯加重处罚；只要是上下级共同犯罪，不分造意是谁，即以监临长官为首犯加重处罚。在宋朝统治者看来，封建国家将管理家庭与管理属下的权利赋予家长与监临长官，如他们失职并参与犯罪，自然应承担主犯的责任。这充分反映出宋朝刑罚适用原则融合儒家学说与宗法观念的特点，同时也反映出封建权利与义务间的特殊关系。

（七）合并论罪的原则

《宋刑统》把罪犯犯有两种以上罪行并同时被告发受理的，称作“二罪以上俱发”，并且规定“二罪以上俱发，以重者论”的基本的处理原则。这即刑法理论上的合并论罪问题。

《宋刑统·名例律》明确规定：“诸二罪以上俱发，以重者论；等者，从一。若一罪先发，已经论决，余罪后发，其轻若等，勿论。重者更论之，通计前罪，以充后数。”宋朝从合并论罪“以重者论”的基本原则出发，强调在数罪并发时，以最重的罪作为处理的标准，余罪不论。如遇犯罪所犯数罪相等，选择一罪处理，余者不论。据此推广，如前罪已作处理，余罪后发，但与已处理的前罪相同，则按“等者从一”的原则，不再追究后者的刑事责任。但当后罪重于前罪时，就要重新判刑。处理原则仍以“重者论”，就是以后罪为标准，减去前罪已判决和执行的刑期，就是应判的刑期。总的看起来，宋朝因袭唐律，在合并论罪上采取了比较轻缓的方针，反映出统治者恤刑慎罚的某些思想和谋求长治久安的意愿。

（八）关于“公罪”与“私罪”区分处理的原则

《宋刑统》因袭唐律，对“公罪”“私罪”及其处理原则，作了详尽解释：所谓“公罪”是指“缘公事致罪，而无私曲者”；而“私罪谓不缘公事，私自犯者”。[1]即主张对因公事坐罪的官吏与犯私罪受罚的官吏严格加以区分，因为二者性质有所不同。《宋刑统·名例律》对犯“公罪”者，采取减轻处罚的原则，并在以官抵折徒刑上给予适当的优待。即“虽违法式，是为公坐，各加一年当者，五品以上，一官当徒三年；九品以上，一官当徒二年”。但对因私犯罪的官吏，则主张从严处罚。具体讲，在以官职抵折徒刑上，五品以上犯私罪者，一官当徒二年；九品以上犯私罪者，一官当徒一年。宋朝法律通过严格区别官吏“公罪”与“私罪”的界限，以及分别处理的原则，来调动各级官吏依法行使职权的主动性，用以提高封建国家的统治效能。对官吏犯“私罪”的从严处理，反映出宋朝统治者通过严格惩办不法官吏，进而达到整顿吏治的意向。

（九）关于类推的原则

宋朝因袭唐律，在《宋刑统·名例律》中，明确规定了比附类推的原则。即所谓：“诸断罪而无正条，其应出罪者，则举重以明轻；其应入罪者，则举轻以明重。”这里所说的类推，是有严格限制的。其一，发生的案件，在处理时刑律条文没有明确规定，才允许比附类推。其二，强调类推必须是在同一类型案件下，才能比附类推。其三，强调凡应“减轻”处理的犯罪（出罪），实行“举重以明轻”的原则；凡应“加重”处理的犯罪（入罪），则应当实行“举轻以明重”的原则。总体来说，就是比照处理典型案件的法律规定，对同类案件作出科学的符合逻辑的处理意见。如《宋刑统·名例律》疏议引《贼盗律》规定说：“谋杀周亲尊长，皆斩”，指出这是应当加重处罚典型案例。但律文没有对“已伤”或“已杀”者的处罚规定。如现实中发生“已杀”或“已杀”期亲尊长者，则比照“谋杀（谓谋而未杀）周亲尊长，皆斩”的法律规定，对应加重处罚的“已伤”或“已杀”期亲尊长者，作出处理意见。因斩刑已是最高刑，故对后者亦应判处斩刑。另

① 《宋刑统》卷2,《名例律·以官当徒除名免官免所居官》。

外，同条律文疏议又引《贼盗律》的规定："夜无故入人家，主人登时杀死者，勿论"，指出这是应当减免处罚的典型案件。但律文没有作出对"砍伤"或"杀伤"的处罚规定。倘若现实中发生主人登时"砍伤"或"杀伤"夜半无故入室者，则可以比照"杀死者，勿论"的法律规定，得出勿论即不予处理的意见。总之，凡法律不作为犯罪或减轻处罚的行为，列举出重者免予处罚的规定，同类轻者通过类推，自然明确处理意见。凡法律加重处罚的犯罪，列举出轻者处罚条款，同类重者通过类推，自然明确处理意见。这些规定反映出当时的类推原则已达到比较高的水平。

（十）关于"溯及既往"的原则

根据《宋会要辑稿》兵一一之二七载：宋英宗治平三年（1066年）四月五日诏曰："上件州县（指开封府诸县与曹、濮、澶、滑各州——笔者注），今后捉获强劫贼人，虑有他处人曾于上件州县行劫败获，亦合用此重法。及有贼人犯在立重法以前，获在立重法以后……则更不问犯罪在前，亦并用重法。"即强调《重法》溯及既往的原则，凡"强劫贼盗"，尽管犯在立《重法》以前，获在立《重法》之后，则一律适用《重法》，而不考虑犯罪在前与否。这一原则的实施，明显加重了"强劫贼盗"等犯罪的处罚，同以往"不溯及既往"的原则规定，形成鲜明的对照。据《汉书 · 孔光传》引汉令载："犯法者，各以法（发）时律令论之，明有所讫也。"据颜师古注云："法时谓始犯法时也"，即以犯法之时的律令处罚犯罪，而不依据新颁布的法令，溯及既往。宋朝放弃以往传统，实行刑法"溯及既往"的原则，反映出社会阶级矛盾尖锐，统治阶级镇压力度加强，对刑罚适用原则变化的深刻影响。

（十一）有关同居相隐不为罪的原则

《宋刑统》承继唐律传统，把儒家思想注入法律内容中，并依据"父为子隐，子为父隐"的儒学精义，确立了同居相隐不为罪的原则。《宋刑统 · 名例律》规定："诸同居，若大功以上亲及外祖父母、外孙、若孙之妇、夫之兄弟及兄弟妻，有罪相为隐，部曲、奴婢为主隐，皆勿论。”即漏泄其事及擿语消息亦不坐。“其小功以下相隐，减凡人三等。若犯谋叛以上者，不用此律。”与前相比，《宋刑统》与唐律相同，扩大了同居相为隐的范围，即四世亲属皆可相隐，部曲、奴婢也可为主人相隐，以至于向有罪亲属透漏案情或通风报信，也不坐罪。充分反映了封建儒学思想对刑罚适用原则的制约与影响。与此同时，为维护地主阶级整体利益，《宋刑统》又明确规定了“同居相为隐”原则适用的界限。凡谋反、谋大逆与谋叛等严重的政治性犯罪，亲属不得相为隐，违者同样治罪。从而将封建礼治与法治结合起来，进一步巩固了封建国家与封建家族的统治。

（十二）有关“化外人”有犯的原则

《宋刑统·名例律》因袭唐律规定：“诸化外人同类相犯者，各依本俗法；异类相犯者，各以法律论。”即是说，同属一国的外国侨民，如彼此之间发生刑事纠纷，且发生地在中国的，由宋朝司法机关依据该侨民国法律作出裁决，这相当于刑法的属人主义的原则。如不同国家的侨民，在居住中国期间，彼此之间发生刑事纠纷的，则由宋朝司法机关依据《宋刑统》的规定，对犯罪侨民作出裁判，这相当于刑法的属地主义原则。这种把维护国家司法主权与尊重各国法制相结合的精神，及采取属人与属地主义相兼顾的原则，有利于和睦周边国家的关系，以及外国侨民在中国的友好交往。

第七节　刑法实施状况

一、北宋初期刑法实施状况

宋王朝处于封建后期社会向封建晚期社会过渡的重要时期，与处于封建中期全盛时代的唐王朝有明显的时代不同。北宋初期是宋王朝发展的重要阶段，是内忧外患交织的时期，也是封建专制主义中央集权高度发展的时期。由于当时中央集权的统治势力比较强大，加之北宋初期太祖、太宗、真宗三代都重视“依法治国”，坚持《宋刑统》这部国家大法在治理社会惩办犯罪上的主要法律渊源的地位，反对以皇帝个人的命令冲击国家大法的重要地位，因此尽管还存在着一些问题，但相对于宋朝其他时期，当时刑法实施状况还是比较正常的，也取得了比较明显的治世效果。

（一）太祖时期刑法实施状况

北宋建立之初，宋太祖主张因循唐律传统，并诏令臣下制定有宋一代国家大法——《宋刑统》。他注重维护体现地主阶级整体利益的《宋刑统》在国家刑法体系中的重要地位，反对随意动摇它的地位。他曾严格要求各级官吏“凡断狱本于律，律所不该，以敕、令、格、式定之”①。与此同时，他实行“临下以简，务必哀矜”②的方针，并通过在《宋刑统》中规定折杖之法，改革唐末五代以来苛酷的刑罚制度，把笞、杖、徒、流刑折抵臀杖或脊杖，使得“流罪得免远徙，徒罪得免役年，笞杖得减决数……其后坐（死）特贷者，方决杖、黥面、配远州牢城”③。即在推行折杖法减轻一般犯人的同时，也减少了死刑适用的数量，把某些应处死刑的罪犯减死改判刺配之刑。

此外，宋太祖还指出：“窃盗之徒，本非巨蠹，姓生不足，罪抵严科，今条法重于律文”④，主张革除以往条法敕令中处罚过重的条文，对于窃盗等一般刑事犯罪减轻刑事处罚，并在《宋刑统》中规定：窃盗赃不满五贯者，一律不处死刑，改为决脊杖二十，配役三年；强盗赃不满三贯者，不再处死刑，改为决脊杖二十，配役三年。所有这些措施，对于缓和久经唐

① 《宋史》卷163，《职官志》3。

② 《宋史》卷199，《刑法志》1。

③ 《文献通考》卷168，《刑考》7。

④ 《宋大诏令集》卷200，《政事五十三 · 刑法上 · 改窃盗赃计钱诏》。

末五代战乱的政治局面，迅速稳定新生封建王朝，都发挥重要的作用。北宋中期的苏轼对北宋初期的治理状况有过如下评论：“（以往有人总结）天下有三患……有内大臣之变，有外诸侯之变，有匹夫群起之祸”，但是“今者，内无权臣，外无强诸侯……其或可忧者，奸民也”[①]。这就是说，在北宋初期除去有少量饥寒交迫的农民起来反抗之外，已很少发生严重危及君主专制的宫廷政变或藩镇割据的动乱了，社会治理取得了明显成效。

与此同时还须指出，在宋太祖强调“律令者，有司之所守也”[②]的时候，他本人在面对严重的社会犯罪时，却脱离大法规定，脱离司法常规，采用酷刑处断。如《宋史・刑法志》所说：“太祖以来，其所自断，则轻重取舍，有法外之意焉。”

例如，《宋史・太祖本纪》载：乾德三年（965 年），“虎捷指挥使孙进等二十七人，坐党吕翰乱伏诛，（太祖）诏：‘夷进族’”。即采用“夷三族”等法外酷刑，残酷处死孙进等三族之人，而不遗后世。又李焘《续资治通鉴长编》卷十载：“散指挥都知杜延进与其徒十九人谋作乱，……（太祖）诏：‘……悉斩于市，夷其族。’”即将谋反的上下二十人全部夷三族处死，而不遗后。按照封建刑罚“夷三族”，不但处斩本人，刑及父母、兄弟、妻子，籍没财产，还要屠戮父族、母族、妻族，是极为残酷的非法之刑。由此可见，宋太祖时期也有置刑事法典于不顾，采取非法酷刑，惩办谋反等重大罪案的情况。虽为数不多，但对后世影响却是很大的。

（二）太宗、真宗时期刑法实施状况

宋太宗即位后，强调《宋刑统》的重要地位，不但要求各级官吏依此定罪量刑，而且还要求他们认真学习《宋刑统》，了解掌握他的精神实质，以便使审判纳入法律的轨道。即所谓：“刑法者，理国之准绳，自今朝臣、

---

① 《苏东坡全集・应诏集》卷 4，《策别十七・去奸民》。

② 《宋史》卷 200，《刑法志》2。

京官并幕职、州县官并须习读法书。”[①] 宋真宗在位期间强调依法治国，要求各级官吏严格根据《宋刑统》规定的刑罚制裁犯罪，并规定“自今不得法外行刑”[②]。另据《宋史 · 刑法志》载：宋真宗在位期间坚决反对使用凌迟刑摧残犯人。当时御史知杂王隋、内供奉官杨守珍先后请用凌迟刑处斩“贼盗”重犯，宋真宗坚持以法定刑罚处决罪犯，并以“五刑自有常制，何为惨毒”，批驳了上述官吏的请求。这表明在宋太宗与真宗期间，在惩治刑事犯罪上，基本上能够做到依法而行，特别是在堵塞非法之刑的滥用上作出很大的努力，用以保持法定刑罚的稳定性，以及依法治国的长期性。

总观宋太宗、真宗统治时期，刑事法律的执行情况还比较正常，也取得了一定的治世效果。但面临宫廷内部的谋反叛乱或者直接侵犯皇权的严重犯罪时，特别是直接危及赵宋皇帝统治的农民起义时，他们不惜动用最残酷的手段，加以镇压，而不考虑《宋刑统》等国家大法的约束。宋太宗面对震动西南数州的王小波、李顺起义，竟然下诏“尽加杀戮，不得存留”[③]。另据李焘《续资治通鉴长编》载：真宗天禧四年（1020年）曾用活钉、断手足、具五刑等非法酷刑惩办宫廷变乱的要犯。当内臣朱能谋反自杀后，真宗下诏：“其党刘益、康玉、徐原等十一人，并活钉，令众三日讫，断手足，具五刑处死。”[④] 活钉一刑，未见史书确载，或许是真宗时期所创。真宗对举行宫廷变乱的朱能徒党，使用种种非法酷刑，先活钉示众三日，续断手足，最后具五刑（“皆先黥、劓、斩左右趾，笞杀之，枭其首，菹其骨肉于市”[⑤]）处死，反映出宋真宗在处理非常事件上使用非法之刑的野蛮与残酷，以及对法定刑罚制度的严重冲击。

① 《宋大诏令集》卷200，《政事五十三 · 刑法上 · 令幕职州县官习读法书知通幕职州县官秩满试法书诏》。

② 《宋大诏令集》卷201，《政事五十四 · 刑法中 · 令西北缘边不得法外行刑诏》。

③ （宋）李攸：《宋朝事实》卷17，《削平僭伪》。

④ （宋）李焘：《续资治通鉴长编》卷95，天禧四年秋七月条。

⑤ 《汉书》卷23，《刑法志》。

二、北宋中期刑法实施状况

（一）刑杀数额趋于上升

北宋中期，是宋朝社会关系变化最为剧烈的时期之一。由于农民阶级的普遍反抗，造成浩大声势，以至于引起阶级力量对比关系的重要变化，其情如谏官欧阳修所说："纲纪堕坏，盗贼纵横天下，大乱由此始矣。"[①]又如包拯所说："盗贼充斥，所在窃发"，"郡邑悉不能制御"。[②]统治者不得不变化镇压手段，用以稳定社会形势。与此同时，统治阶级内部关系也发生了比较大的变化。北宋初期由于中央集权势力强大，统治集团内部矛盾比较隐蔽。到北宋中期，特别是神宗—王安石变法时期，统治集团内部公开分裂为变法派与守旧派两大阵营，从而使统治阶级内部矛盾日益表面化与公开化，削弱了封建中央集权的统治力量。另外，军队内部关系也进一步发生变化。由于领兵将领克扣士兵军饷，欺压下层士兵，从而激起雇佣军的大量哗变，从而进一步削弱了北宋王朝的统治力量。北宋中期仁宗、英宗、神宗三代，出于挽救王朝统治危机的考虑，摆脱《宋刑统》等国家常法的束缚，公开实施特别法统治，以便加大镇压犯罪的力度，重新恢复封建统治秩序。在这种情势之下，北宋中期刑法实施状况同北宋初期相比，发生了重大的变化。总的趋势是立法愈益严密，用刑愈益残酷，刑杀数字愈益增多。

据李焘《续资治通鉴长编》卷一九一，嘉祐五年（1060年）四月庚申刑部李诞上奏文统计说："一岁之中死刑，亡虑二千五百六十。其杀父母、叔伯、兄弟之妻，杀夫、杀妻、杀妻之父母，凡百四十；故、谋、斗杀千有三百；劫盗九百七十；奸、亡命百有一十。"据上可知，宋仁宗嘉祐五年全国罪犯处死刑总数为二千五百六十人。在其中，"故谋斗杀"判处

---

① （宋）欧阳修：《上仁宗论江淮官吏迎贼纳城不可宽贷》，庆历三年十一月，载（宋）赵汝愚编：《宋名臣奏议》卷97，《刑赏门·赏罚》，钦定四库全书本。

② （宋）包拯：《包孝肃奏议》卷5，《请速除京东盗贼》。

死刑的有一千三百人；“劫盗”判处死刑的有九百七十人。前者占总数的百分之五十，后者占总数的百分之三十八，二者合计，占总数的百分之八十八，足见当时社会的混乱和“贼盗”犯罪的严重，以及统治阶级镇压的严酷。在其中，杀父母、叔伯、兄弟之妻，杀夫、杀妻、杀妻之父母判处死刑的有一百四十人，因奸亡命判处死刑的有一百一十人。前者占总数的百分之五点四，后者占总数的百分之四点三，二者合计，近百分之十。在这里，杀父、杀母、杀夫、杀妻的亲属凶残相杀案件的增多，以及因奸害命案件的增多，说明当时的封建伦常关系、家族关系乃至家庭关系已趋于紊乱。再加之社会关系的混乱与刑事重大犯罪的数额剧增，表明北宋中期封建社会关系开始紊乱，影响到封建社会秩序愈加动荡。面临如此严重的社会形势，宋仁宗重新走上严刑镇压的老路，企图通过加大刑杀的手段，来维持统治秩序。

据《宋史 · 刑法志》载：北宋自真宗时起，开始统计与公布岁断大辟数，也就是每年处决死刑犯总数。该文献载：“真宗尝览囚簿，见天下断死罪八百人”，与《新唐书 · 刑法志》载“唐贞观四年断死罪二十九”相比，增加了七百七十一人。而仁宗嘉祐五年岁断大辟二千五百六十人，比真宗初年数增加三倍还要多。至宋神宗熙宁五年（1072 年），全国岁断大辟数已达三千七百九十二人，[①] 比仁宗嘉祐五年岁断大辟数多一千二百三十二人，比真宗初年岁断大辟数增加四倍半左右。这充分说明北宋中期社会阶级矛盾的尖锐化与社会犯罪的突出与严重。北宋中期统治者为了维系封建地主阶级统治，势必加强刑事镇压力度，这一时期刑杀数字剧增，就不足为怪了。

（二）刑罚手段愈益残酷

北宋中期统治者在镇压严重的刑事犯罪上，较之北宋初期，不仅扩大了“夷族”刑的范围，而且使用了凌迟、醢刑等酷刑摧残要犯。

① （宋）李焘：《续资治通鉴长编》卷 241，熙宁五年十二月壬寅。

1. 扩大“夷族”刑的范围

据李焘《续资治通鉴长编》卷一四九载：仁宗庆历四年（1044年），因“宜州贼首区正词……未获，而卖卦巡官、随行人力，并坐族诛”。北宋初期在对付“谋反”“叛乱”等重大案犯时，使用过“夷三族”等酷刑，除此之外，并不轻易使用。至北宋中期以后，夷族刑的适用打破了北宋初期的界限，旁及范围颇广，以致“卖卦巡官”，甚至“随行人力”“并坐族诛”。由上不但可以看出当时用刑之严酷，同时也可以看出北宋中期的司法活动严重脱离常轨，刑罚的随意性与擅断性有了突出的增长。

2. 使用醢刑，增强刑罚威胁主义

据李攸《宋朝事实》卷十六载：仁宗庆历四年，环州（广西——笔者注）贼欧希范为乱，至五年得希范等十数人。诏：“剖其腹，绘五脏图，仍醢之以赐诸溪洞。”根据《吕氏春秋·行论》说：“肉酱为醢。”又《史记·殷本纪》载：“（商）纣怒杀之，（九侯女）而醢九侯。”沈家本《刑法分考》之二也说：“菹醢，秦法之极惨者也。”宋仁宗为对付广西少数民族的反抗，使用了北宋初期未曾采用过的醢刑，并通过“醢之以赐诸溪洞”，增强了刑罚威胁主义，给后世造成极为恶劣的影响。

3. 使用最为残酷的生命刑——凌迟刑

根据李焘《续资治通鉴长编》卷一一〇载：“（仁宗）明道元年，巡检使梁绍熙言：‘获累行劫盗者六人，凌迟处死。’”

据同书卷一百四十五载：“（庆历三年），光化军贼邵兴帅其党……诏并凌迟处斩。”

又据同书卷二百七十七载：“（神宗）熙宁九年，茂山牙校张仁贵结连背叛……诏：‘仁贵凌迟处死。’”

从以上三个案例中可以看出，北宋中期打破常规，正式启用非法酷刑——凌迟刑，用以镇压谋反叛乱，以及严重的“劫盗”犯罪。这个时期的封建统治者不仅使用凌迟死刑，而且适用范围宽泛，没有严格限制，这对后世应用凌迟刑，随意处罚死刑犯，产生了极其严重的影响。至南宋宁宗时期，将凌迟刑与绞、斩刑并列，作为法定死刑同载于《庆元条法事类》中，这对于元、明、清三代把凌迟作为法定死刑载入国家大法，起到了恶劣的推动作用。

三、北宋晚期刑法实施状况

（一）宋哲宗统治时期刑法实施状况

1. 刑杀数额进一步上升

根据李焘《续资治通鉴长编》卷三九三载：哲宗元祐元年（1086 年），岁断大辟数已多达五千七百八十七人。这比宋仁宗嘉祐五年岁断大辟二千五百六十人增长两倍又六百六十七人，比宋神宗熙宁五年岁断大辟三千七百九十二人多近二千人，反映出当时反抗斗争的激烈，以及统治阶级刑事镇压的进一步加强，最终导致每年处决死刑犯人数的大幅度上升。

2. 滥施非法之刑

据《苏东坡全集 · 奏议集》卷五载，苏轼在“述灾沴论赏罚及修河事缴进欧阳修议状劄子”中说：“元祐三年，蔡州捕盗……屠割（妇人）刑体，以及丈夫首级，欲以请赏……监司不问。”

据孙升《孙公谈圃》卷下说：“元祐初，浦恭敏宗孟知郓州日，有盗黄麻胡者……使自掘地，倒埋之，观其足动，以为戏乐。……虽小盗微罪，亦断其足筋。”

另据《苏东坡全集 · 奏议集》卷十《乞将合转一官与李直方酬奖状》说：（元祐年间）颍州管三、陈钦、邹立、尹荣、尹遇等群党劫杀，“朝廷访闻，以名捕此等数人，寻以捉获，凌迟处斩，惟尹遇一名漏网得脱。”应当说明，在北宋晚期的哲宗当政之时，司法秩序已陷于混乱，掌狱官吏以各种非法酷刑，随意摧残杀害在押人犯，而无人过问，甚至出现以杀人“为戏乐”的情景，而得不到法律的追究，这进一步加剧了司法的黑暗与腐败。

为了说明北宋时期刑法实施状况，下附有自真宗初年，至哲宗元祐七年（1092年）间，宋朝官方统计的岁断大辟数简表：

北宋岁断大辟数字表

年份	公元纪年	岁断大辟数	书名卷数	备注
真宗初年	998—999	八百	《宋史》卷一九九刑法志之一	
仁宗嘉祐五年	1060	二千五百六十	《续资治通鉴长编》卷一九一	李綖上奏文
英宗治平元年	1064	二千四百九十三	《续资治通鉴长编》卷二〇三	英宗纪
神宗熙宁三年	1070	三千五百二十三	《续资治通鉴长编》卷二一八	神宗纪
神宗熙宁四年	1071	三千六百九十九	《续资治通鉴长编》卷二二八	神宗纪
神宗熙宁五年	1072	三千七百九十二	《续资治通鉴长编》卷二四一	神宗纪
神宗熙宁七年	1074	三千五百零九	《续资治通鉴长编》卷二五八	神宗纪
哲宗元祐元年	1086	五千七百八十七	《续资治通鉴长编》卷三九三	哲宗纪
哲宗元祐二年	1087	五千五百七十三	《续资治通鉴长编》卷四〇七	哲宗纪
哲宗元祐四年	1089	五千四百零五	《续资治通鉴长编》卷四三六	哲宗纪
哲宗元祐五年	1090	四千二百六十一	《续资治通鉴长编》卷四五三	哲宗纪
哲宗元祐六年	1091	四千八百零一	《续资治通鉴长编》卷四六八	哲宗纪
哲宗元祐七年	1092	四千一百九十一	《续资治通鉴长编》卷四七九	哲宗纪

注：本表所引证的材料，均系官方公布的岁断大辟数字，供研究时参考。

（二）宋徽宗统治时期刑法实施状况

北宋晚期当权者随意更改法律的现象不断发生，使正常的司法审判活动受到严重冲击。这种现象到宋徽宗统治时期变得愈益严重，严重影响了刑法的实施。

1. 御笔断罪操纵审判

北宋末期因“中书习旧弊，每事必用例；五房操例在手，顾金钱唯意所取。所欲与，自举用之；所不欲行，或匿例不见”[①]。至于地方官吏则“因缘为奸，用法巧文浸深”，以至于公开“引例破法”[②]，严重危及皇帝统揽司法大权的至上地位。宋徽宗为强化君主专制，强化镇压敌对阶级与统治阶级内部的反抗斗争，首次把自己的御笔诏书宣布为君临天下的至上法律，凌架于一切统治手段之上，成为当时审理案件的最有权威的依据。从而使当时的法律实施具有更大的随意性与擅断性，用以应付日趋激烈的社会阶级斗争形势。

宋徽宗即位不久就宣布：“出令制法，重轻予夺在上。比降特旨处分，而三省引用敕令（前代皇帝敕令——笔者注），以为妨碍，沮抑不行，是以有司之守常，格人主之威福。”[③]继之，又强调说：“夫擅杀生之谓王，能利害之谓王，何格令之有？”[④]对危及御笔手诏下达与执行的官员，他主张严厉制裁，以维护御笔手诏的权威地位。他曾宣布：“自今应有特旨处分，间有利害，明具论奏，虚心以听。如或以常法沮格不行，以大不恭论。”[⑤]即说官吏用普通法律阻抑御笔手诏执行，将用“十恶”罪的“大不恭”条，予以严惩。这种现象，到徽宗统治的末期，发展得更加严重。据《宋大诏

① 《宋名臣言行录》后集卷1，《韩忠献公奏状》。

② 《宋史》卷200，《刑法志》2。

③ 《宋史》卷200，《刑法志》2。

④ 《宋史》卷200，《刑法志》2。

⑤ 《宋史》卷200，《刑法志》2。

令集》卷二百二《刑法下》载：崇宁六年（1107 年），徽宗对延误御笔断罪的行为，降诏予以严惩。他说："凡御笔断罪，不许诣尚书省陈述，如违，并以违御笔论。"其后又下令说："凡应承受御笔官府，稽滞一时，杖一百；一日，徒二年……三日，以大不恭论。"[①]

实际上，在濒临崩溃的宋徽宗统治时期，皇帝使用自己最高权威，操纵审判工作，使司法机关变为执行皇帝御笔手诏的驯服工具。国家司法工作完全偏离法制轨道，不能不导致刑法实施的混乱。

2. 宋徽宗通过御笔手诏，变法律镇压为军事镇压

宋徽宗统治的二十五年（1100—1125 年）是宋朝社会最为动荡的时期，也是农民反抗最为激烈的时期。当时北有宋江农民军，南有方腊农民军，纵横驰骋，遥相呼应，对北宋君主专制统治构成最大威胁。而北宋惩治刑事犯罪的各项法律在相当大的范围内丧失了制裁作用，迫使宋徽宗采用御笔手诏的形式，变法律镇压为军事镇压。

据《宋会要辑稿》兵一二之十四载：在建中靖国元年（1101 年），河东路经略安抚司上奏书说："切缘本路地多山险，每有贼盗作过，已輙藏避……乞如强盗徒党结集数多，许安抚司于见存指挥及听候差使内选差人，量贼势，带领兵甲掩捕。"针对河东路安抚司的紧急奏书，徽宗正式降御笔手诏："从之，诸路准此。"这就是说，宋徽宗运用皇帝的最高权威，通过御笔手诏的形式，批准各路军政长官在"贼盗结集数多"的情况下，可以直接采取军事镇压的手段，而不受任何法律的约束，也不必经过中央部门的批准。这项御笔手诏改变了北宋传统的法律统治形式，从而进入残酷的军事镇压时期。

在徽宗政和五年（1115 年），"长宁军界夷人卜漏等反，攻梅岭堡，陷之"。[②]对此，徽宗急降御笔手诏，切责"诸路兵马……不切进兵"，他规

① 《宋史》卷 200，《刑法志》2。

② 《通鉴长编纪事本末》卷 141，《讨卜漏》。

定限期“进剿”，不许任何兵马“逗留”[①]，以期尽速扑灭卜漏领导的少数民族起义。宣和二年（1120 年），宋江、方腊农民军并起，农民反抗进入高潮。宋徽宗坐卧不安，连降御笔手诏“讨方腊”[②]，并令河东第二将折可存“奉御笔，捕草寇宋江”[③]。至宣和三年（1121 年），宋徽宗针对方腊农民军日趋壮大，再降御笔：

“宣和三年正月丁巳，御笔处分已立赏状：‘捕凶贼方腊十三及一行凶党，尚虑赏轻，诸色人未肯用命掩杀，今增立下项：一、生擒或杀获为首方十三，白身特补横行防御使，银、绢各一万匹两，钱一万贯，金五百两。次用事人，每名白身特补武翼大夫，银、绢五千匹两，钱五千贯，金三百两。有名目头首，每名白身特补敦武郎，银、绢各一千匹两，钱三千贯，金一百两。已上愿补文官者听。一、如系官员、文武学生、公吏、将校、兵级等，获到前项人，并拟比迁补官职，仍与支赐。一、系贼中徒伴，购杀前项人，将首级或能生擒赴官，并特与免罪，一切不问，亦依赏格推恩支赐。’”[④]

宋徽宗通过御笔手诏，调动各种赏罚手段，捕捉农民领袖，扑灭农民起义，其封官之高、赏额之巨超过北宋以往皇帝。在徽宗利禄刺激下，官军最终把方腊农民起义镇压下去。据方勺《泊宅篇》卷五载：自宣和三年一月，童贯奉诏出师。至宣和四年三月，童贯率师回京，总计“用兵十五万，斩贼百余万，自王师出，至凯旋，凡四百五十日”。如上述统计准确，仅南方方腊农民起义军即被屠杀一百万人。若将统治者屠杀各地农民数作一统计，肯定数目会超过一百万人。原本宋太宗在镇压王小波、李顺起义

① 《通鉴长编纪事本末》卷 141，《讨卜漏》。

② 《宋史》卷 22，《徽宗本纪》4。

③ 《宋故武功大夫河东第二将折公（可存）墓志铭》，华阳范圭书撰。详见《北京大学学报》（哲学社会科学版）1978 年第 2 期，第 97 页。

④ 《续资治通鉴长编拾补》卷 43，宣和三年正月丁巳，光绪七年浙江书局原刊本。

时，屠杀之数已逾万人。[①] 北宋中期使用《贼盗重法》镇压农民反抗，屠杀之数已达数十万。[②] 而宋徽宗时期，总人数不过四千多万，[③] 而屠杀之数在百万以上。若按人口平均计算，每三四十人，就有一人遭到杀害。这确实令人触目惊心。足见北宋晚期统治的野蛮与残暴。

当然，北宋末年，在宋徽宗一面军事镇压的同时，也使用了“招安”等软化的另一手。他曾相继降御笔，“招抚方腊”[④]“诏抚山东盗宋江”[⑤] 但镇压也好，招安也好，都没能稳定王朝统治，最终在金人的军事进攻下，北宋宣告灭亡。

四、南宋时期刑法实施状况

南宋统治初期，社会刑事犯罪情况错综复杂，既有遭受官匪与金兵侵欺起而抗争的农民起义，又有打着官军旗号专事抢劫、敲诈的土匪兵痞。根据《系年要录》卷四十一绍兴元年正月癸亥条载，监察御史韩璜在上奏书中描述了当时的情况：“自江西至湖南，无问郡县与村落，极目灰烬，所至破残，十室九空，询其所以，皆缘金人未到，而溃散之兵先之，金人既去，而袭逐之师继至，官兵、盗贼劫掠一同，城市、乡村搜索殆遍。……官吏不务安集，而更加刻剥；兵将所过纵暴，而惟事诛求。嗷嗷之声，比比皆是，民心散畔，不绝如丝。”至高宗建炎四年（1130 年），洞庭湖农民因不堪宋朝残暴统治，终于在钟相、杨么的领导下，发动了声势浩大的起义。

南宋时期由于中央集权统治力量的削弱，阶级力量对比不利于统治阶级的形势下，统治集团总结历史教训，推行抚剿兼用的方针，把“招安”

---

① 《宋朝事实》及《续资治通鉴长编》淳化四年的统计。

② 笔者据《续资治通鉴长编》仁宗纪、英宗纪、神宗纪内容综合统计出来的。

③ 《文献通考》卷 4,《田赋考》4。

④ 《宋史》卷 22,《徽宗本纪》4。

⑤ （宋）李埴:《皇宋十朝纲要》卷 18，宣和元年十二月丙申。

作为分化瓦解农民军的主要对策。高宗曾指派知鼎州程昌寓、荆湖南北路宣抚使孟庚、湖广宣抚使李纲等分赴各地进行招安工作。有的地方招安，“……屡遣而大半不还”。当重新改为“进剿”时，“水陆之师每进，而无敢深入”。[①] 由于农民坚持反抗不动摇，故使南宋政府政治诱降一手落空。统治阶级因无法平息农民群众的反抗斗争，又走上“惟严刑峻法以临之”的重典治“贼盗”的老路。宋高宗绍兴二年（1132 年）、九年、十六年，连续下诏：“禁招安盗贼”，“已经招安而复啸聚者，发兵加诛，勿赦”。在镇压钟相、杨么起义的过程中，又发布命令，严格禁止百姓“私有私造兵器”和“结集社会”。[②]

南宋政府把钟相、杨么起义视为心腹之患，指派宰相张浚亲自督战，软硬兼施，对农民起义军实施严酷的军事镇压。由于起义军内部叛徒出卖，起义领袖钟相、杨么相继遇害，此次起义在绍兴六年（1136 年）九月，经过六年斗争，终被南宋政府镇压。

在与钟相、杨么农民起义的同时，江西、福建也发生了较大规模的农民起义。以江西为例，虔州、吉州的农民军为争生存，反对南宋苛政，坚持了长期斗争。在反抗中他们“不畏刑法，不顾死亡”“虽痛遭屠戮”，依然视死如归。[③] 李纲在南宋堪称干练官僚，他实行软硬两手，先后扑灭六十余次农民起义，但反抗斗争并未止息，往往是“一伙才了，一伙又生，无有穷已”[④]，甚至“虽遇丰年，亦不衰息”[⑤]。

南宋中后期，因统治阶级采取了缓和社会阶级矛盾的措施，农民反抗斗争暂时处于低潮。但不久，五岭及武夷山区农民为反抗苛酷盘剥，又举义旗使反抗斗争重又高涨起来。其中，福建八州义军并起，形成浩大声势。

---

① 《系年要录》卷 85，绍兴五年二月壬辰条。
② 《宋史》卷 27，《高宗本纪》4。
③ （宋）李纲：《梁溪全集》卷 107，《奏议 · 申督府密院相度措置虔州盗贼状》。
④ （宋）李纲：《梁溪全集》卷 106，《奏议 · 申省措置酌情处断招降盗贼状》。
⑤ （宋）李纲：《梁溪全集》卷 107，《奏议 · 申督府密院相度措置虔州盗贼状》。

但后因缺乏统一领导，被南宋政府各个击破，起义招至失败。

此后，又出现湖南李金、广西李接等多次农民起义，虽然相继被南宋统治者的血腥手段所镇压，但却给封建王朝以沉重打击，动摇了封建统治基础。至南宋孝宗统治年间，进一步加强了对刑事犯罪的防范与镇压。淳熙八年（1181 年）降诏："自今强盗抵死特贷命之人，并于额上刺强盗二字。"[①] 淳熙十三年（1186 年）再降诏曰："强盗两次以上，虽为从，论死。"[②] 孝宗比之前代，在惩治社会犯罪上，有过之而无不及，从中表现出南宋统治集团法律镇压的严酷性。由于南宋统治阶级对内严密法网凶残镇压，对外屈膝投降妥协退让，终在元蒙军队的入侵之下宣告灭亡。这不仅表明南宋对内政策的失败，也表明对外政策的全面破产。

综观两宋统治阶级的刑法实施状况，有如下一些方面值得总结：

第一，北宋初期承袭唐末五季之乱，强化封建中央集权的君主专制，在防范统治阶级内部的反叛与藩镇割据，以及巩固统一、恢复经济和维护社会的基本稳定上，具有积极的意义。同时继承《唐律》成果以及唐末五代法制建设的经验，在谋求王朝"长治久安"的前提下，实施依法治国，并依据国家大法——《宋刑统》来治理社会犯罪，并约束皇帝临时发布的命令，保持国家刑事法律的相对稳定性与连续性，使得社会治安处于相对平稳时期，治理社会犯罪也取得了相对成绩。但与唐朝初期相比，统治者个人的随意性与擅断性已有所发展，并对后世产生了消极影响。

第二，北宋中期的刑事政策，以及刑法实施，适应社会阶级斗争形势与阶级力量对比关系的变化，发生了重大转变。即在农民起义风起云涌、雇佣军兵变连绵不绝的条件下，由依据常法治理社会犯罪，逐步转变到主要依据刑事特别法对付犯罪的轨道上，不仅法律形式灵活，而且镇压手段残酷，并突出加强了刑罚的威胁与恐吓作用。这种刑事特别法的统治在重

① 《文献通考》卷 167，《刑考》6。

② 《宋史》卷 35，《孝宗本纪》3。

法地内的广泛实施，曾经取得一时成效，但在其他地区则激起更大规模的反抗斗争。正像北宋中期诗人、政治家苏洵所说："待之以待盗贼之意，而绳之以绳盗贼之法，重足屏息之民，而以砧斧令，于是民始忍以其父母所仰赖之身，而弃于盗贼，故每每大乱。"① 刘敞在《公是集 · 患盗论》中说："律使窃财者刑，伤人者死，其法重矣，而盗不为止者，非不畏死也，念无以生，以为坐以待死，不若起而图生也。"所谓"官逼民反，民不得不反"，正是北宋特别法统治的必然结果。统治者原以为法峻刑严，人们会畏法而减少犯罪。事实上正相反，北宋刑事特别法镇压越残酷，社会犯罪现象越严重，完全出乎统治阶级的主观意料。正如哲宗元祐六年（1091 年）礼部侍郎范祖禹在奏折中所说："臣伏见熙宁四年，中书检正官奏请……别立《盗贼重法》，……重法之地，又有重法之民……自行法以来，二十余年不闻盗贼衰止，但闻其愈多耳。"② 其结果是法越重而世越乱，以致达到不可收拾的地步。可见，刑事政策的失误，导致刑法实施的严重后果。

第三，北宋晚期至南宋时期，由于社会处于严重动乱中，原有的法制已不敷为用，甚至被某些统治者认为是"不能忍受的东西"，"企图摆脱法制"，③ 以个人发号施令统治国家的情况，在北宋晚期出现了。宋徽宗运用皇帝的最高权威，把个人的御笔手诏宣布为君临天下的至上法律，凌架于一切统治手段之上，成为当时治理犯罪的权威依据，国家的运行完全摆脱了法制轨道。法律变成一纸空文，"国家只凭一个个人一时的与反复无常的意志行事"时，"这个国家便什么也不能固定，结果也就没有任何基本法律了"。④ 这便是宋徽宗时代与北宋其他时期相区别的最显著的特征之一，也是北宋晚期统治最终灭亡的基本原因之一。

① （明）丘濬：《大学衍义补》卷 138，《遏盗之机（下）》，转引苏洵之议。

② （宋）范祖禹：《范太史集》卷 22，《奏议 · 转对条上四事状》；（宋）赵汝愚编：《宋朝诸臣奏议》卷 144，范祖禹《上哲宗乞除盗贼重法》。

③ 《列宁全集》第 16 卷，《两个世界》，人民出版社 1959 年版，第 309 页。

④ ［法］孟德斯鸠：《论法的精神》上册，张雁深译，商务印书馆 1961 年版，第 15—16 页。

南宋统治者承袭北宋重典治“贼盗”的统治方针，在中央集权势力削弱、阶级力量对比关系变化的条件下，采取了剿抚并用、法律镇压与军事镇压相结合的方针，用以稳定封建地主阶级的统治。但不论是招安也罢，进剿也罢，法律镇压也罢，军事屠杀也罢，都没能平息农民阶级的反抗。而南宋封建统治却在元蒙军队的进击下，彻底灭亡了。

第四，总结以上，不难看出，重典惩治犯罪，特别是重典惩治“贼盗”犯罪，成为贯穿两宋王朝的头等大事。但不同时期，表现又大不相同。北宋初期依据常法惩治犯罪，刑罚措施相对轻缓，社会秩序也相对平稳。北宋中期社会动荡，统治阶级采用残酷的特别法统治，来对付社会犯罪，特别是“贼盗”犯罪，结果越治越乱，没有取得什么实际效果。北宋晚期则开始由特别法统治转入军事统治，最后导致天下大乱。南宋承袭北宋，剿抚兼用，法律镇压与军事镇压并重，也没有能够清除社会犯罪，而最终王朝灭亡。惩治犯罪的刑事法律制度，由宋初统治者所建，它由相对稳定，到北宋中期大规模变动，直至北宋晚期与南宋时期，通过统治者之手加以“毁坏”，形成了两宋刑事法律制度符合客观规律的历史演化过程。但应强调指出，当时的刑事法律，无论就其形式、内容与实施过程，都取决于社会历史条件；无论强调继承或发展，稳定或变动，各种手段的使用，都服从于统治阶级的意志，而不是当时的法律家和法学家头脑中的某些模式与理念。

第五，诚如恩格斯所说：“每一时代的社会经济结构形成现实基础，每一个历史时期由法律设施和政治设施以及宗教的、哲学的和其他的观点所构成的全部上层建筑，归根结底都是应由这个基础来说明。”[①] 两宋重典惩治犯罪，最终归于失败，有着深刻的经济上的原因。首先，两宋统治者采取各项法律措施，最终是要维护封建君主专制的政治制度与封建社会的经济基础。北宋经济基础不变更，统治阶级内部的政治权力与经济权力的再

① 《反杜林论·引论》，载《马克思恩格斯选集》第3卷，人民出版社1972年版，第66页。

分配与争夺就不会改变，统治集团内部的政治犯罪与刑事犯罪是无法避免的。其次，残酷的经济盘剥与政治压迫，是两宋农民群众反抗的基本原因。但两宋封建经济基础不变更，封建生产关系不变化，封建剥削与压迫就不会消除，地主与农民的矛盾就无法解决。具体说：①宋代统治者无法克服土地兼并的严重问题。②为维持多方面的财政支出，宋代统治者解决不了不增加农民税收的问题。③为养活封建官僚、军队，满足皇帝的挥霍，宋代统治者解决不了不加重农民负担的问题。由于宋代统治者无法消除农民反抗的经济根源与社会根源，所以他们对付农民反抗的重典设施只能最终归于失败。对于这一点，即便是当时的政治家也有所认识。北宋时期的政治家刘敞说："衣食不足，盗之源也；政赋不均，盗之源也；教化不修，盗之源也。"他批评宋代统治者是："不务衣食，而务无盗贼，是止水而不塞源也；不务化盗，而务禁盗，是纵焚而救以升仑也。"[①] 宋代统治者实行"竭泽而渔"的经济掠夺政策，把农民逼上造反的道路后，不从经济改革入手采取富民措施，相反却一味凭借法律的、政治的乃至军事的手段，残酷镇压农民因无法生存举行的反抗斗争。所以，镇压越残酷，反抗越激烈，并不可能解决社会治安与犯罪问题。相反，宋代只能消耗殆尽自身的实力，而被金、元等少数民族军队所灭亡。

① （宋）刘敞：《公是集》卷 40，《患盗论》。

第六章 司法制度

第一节 司法机关

宋代的司法机构，在吸收前代经验的基础上，进一步得以完善。宋代统治者主要围绕如何使司法机构既相互配合又相互制约为中心，对传统的司法机构体系进行了变革与调整。南宋时期汪应辰曾上言说：

“国家谨重用刑，是以参酌古谊，并建官师。在京之狱曰开封、曰御史，又置纠察司以讥其失。断其刑者曰大理、曰刑部，又置审刑院以决其平。鞫之与谳，各司其局，初不相关，是非可否，有以相济。及赦令之行，其有罪者，许之叙复；无辜者，为之湔洗。内则命侍从、馆阁之臣，置司详定，而昔之鞫与谳者，皆无预焉。外之川陕，去朝廷远则委之转运、钤辖司，而提点刑狱之官，亦无预焉。及元丰更定官制，始以大理兼狱事而刑部如故。然而大理少卿二人，一以治狱，一以断刑；刑部郎官四人，分为左右厅，或以详覆，或以叙雪，同僚而异事，犹不失祖宗分职之意。本朝比之前世，刑狱号为平者，盖其并建官师，所以防闲考覆，有此具也。”①

这一篇奏章，概括了宋代主要司法机构调整后，审讯（鞫）和判决（谳）

① 《建炎以来系年要录》卷175，绍兴二十六年闰十月辛亥。

分开，由两个法庭负责，初审法官不准参加复审，以体现相互配合、制约和避免失误等司法原则。

一、中央司法机关

（一）大理寺

大理寺之名，初见于北齐，是封建政权的最高司法机构。唐朝的大理寺，“掌鞫狱、定刑名、决诸疑谳”。[①]北宋前期，大理寺为慎刑机构，只负责依法断决地方上奏的狱案，并不开庭审判。《宋史 · 职官志》说：

> “凡狱讼之事，随官司决劾，本寺不复听讯，但掌断天下奏狱，送审刑院详讫，同署以上于朝。”

因为大理寺只作书面审断，设官也比较简单。大理寺长官不设专职，而以朝官兼任，判寺事一人为首，权少卿一人为副。下设兼正、兼丞，谓之“详断官”，以朝官和京官兼任，初设八人，后加至十二人。咸平二年（999 年）省去兼正、丞之名，选幕职州县官二人为“法直官”，改京官则为“检法官”。

由于大理寺“谳天下奏案而不治狱”[②]，有关开封府及三司诸寺监的刑狱公事，囚犯皆集中于开封府司录司及左右军巡院禁系，因而造成留滞。神宗认识到“国初废大理狱非是”[③]，于元丰元年（1078 年）十二月诏“复置大理狱”[④]；流罪以下专决，死罪报御史台“就寺审复”[⑤]；重密案件，“依

---

① 《文献通考》卷 56，《职官考》10。
② 《宋史》卷 165，《职官志》5。
③ 《宋会要辑稿》职官 24 之 6。
④ 《宋会要辑稿》职官 24 之 6。
⑤ 《宋会要辑稿》职官 24 之 8。

审刑院、三司、开封府例，上殿奏裁”。

元丰改制以后的大理寺，置大理卿一人，少卿二人，正二人，推丞四人，断丞六人，司直六人，评事十二人，主簿二人。卿总管本寺折狱、详刑、鞫谳公事。少卿以下则分左断刑、右治狱两个系统，其职务范围分别是：

“天下奏劾命官、将校及大辟囚以下以疑请谳者，隶左断刑，则司直、评事详断，丞议之，正审之；若在京百司事当推治，或特旨委勘及系官之物应追究者，隶右治狱，则丞专推鞫。盖少卿分领其事，而卿总焉。”[①]

左断刑和右治狱，由两员少卿分领其事。

左断刑设有三案：磨勘案，掌批会吏部等处改官事；宣黄案，掌宣单断讫命官指挥；分簿案，掌诸案文字。另设四司：表奏议司，掌拘催详断案八房断议狱案，兼旬申月报公事；开拆司，负责收接有关投下文字；知杂司，掌本司诸杂务事；法司，掌诸处批下参详文字。又有详断案八房，专掌定断诸路申奏狱案。[②]元丰六年（1083年）三月，从刑部请，将左断刑分成断、议两司，评事、司直、正为断司，丞与长贰为议司。凡断公案，正先审查是否应当论难改正，然后签印注日，送议司覆议，如发现问题批出改正意见，长贰审定后判成录奏。[③]

右治狱设有四案：左右寺案，掌断讫公事，案后收理追赃等事；驱磨案，掌管两推官钱、官物、文书；检法案，负责检断左右推狱案，并提供适用条法；知杂案，负责处理杂务。又有开拆司、表奏司、左右推。左右推，负责鞫勘诸处送下狱案，“有翻异即左移右推，右移左推”。[④]吏员，开拆“司

①《宋史》卷165，《职官志》5。
② 以上据《宋会要辑稿》职官24之1—2。
③《宋会要辑稿》职官24之9。
④《宋会要辑稿》职官24之12。

胥史一人，胥佐九人；表奏司一人，贴书三人；左右推胥史二人，胥佐八人，般押推司四人，贴书四人"[①]。右治狱与开封府在司法管辖上的区分是：大理寺右治狱"专一承受内降朝旨重密公事，及推究内外诸司库务侵盗官物"，余民事送开封府。[②]这里所云"民事"，是指京城居民的案件。

（二）刑部、审刑院

宋初，刑部主管复查全国大辟已决公案，以及官员犯罪除免、经赦叙用、定夺昭雪等事。太宗淳化元年（990 年）"刑部定置详复官五员，专阅天下所上案牍，勿复公遣鞫狱"[③]。淳化二年（991 年）八月，为防止大理寺及刑部胥史舞弊，于禁中置审刑院，以朝官一人或二人知院事，设详议官六员。[④]凡上奏案件，需要经过以下程序：

> "凡狱具上奏者，先由审刑院印讫，以付大理寺、刑部断覆以闻，乃下审刑院详议，中覆裁决讫，以付中书，当者即下之，其未允者，宰相复以闻，始命论决。"[⑤]

本来大理寺断后只由刑部详复的案件，置审刑院后，还要经过审刑院详议，实际上是在刑部之上又增加了一级复审机构。淳化四年（993 年）三月"诏大理寺所详决案牍，即以送审刑院，勿复经刑部详覆"[⑥]。于是刑部只掌握有关犯罪官员的除免、经赦叙用、昭雪等行政法，这些有关官吏行政处分的事，在明清时期改由吏部及都察院处理，故淳化四年以后的刑

① 《宋会要辑稿》职官 24 之 2。
② 《朝野杂记》甲集卷 5，《大理狱非得旨不许送理官宅》。
③ 《文献通考》卷 166，《刑考》5。
④ 《宋会要辑稿》职官 15 之 28。
⑤ （宋）李焘：《续资治通鉴长编》卷 32，淳化二年八月己卯。
⑥ （宋）李焘：《续资治通鉴长编》卷 34，淳化四年三月壬子。

部，仅存虚名而已。神宗元丰三年（1080年）八月，将审刑院及大中祥符二年（1009年）设置的纠察在京刑狱司一起并入刑部，“以知院官判刑部，掌详议、详覆司事；其刑部主判官二员为同判刑部，掌详断司事；详议官为刑部详议官”。[①] 元丰五年（1082年），“官制行，刑部始专其官”。[②]

官制改革后的刑部，设尚书一人，主管全国刑狱之政令。侍郎二人，与尚书共同负责制勘、体量、奏谳、纠察、录问等事。郎中、员外郎各二人，分左右厅，左厅掌详复、右厅掌叙雪。南渡之初，因政局不稳从简设官，高宗建炎三年（1129年）将刑部郎官改定二员，不分左右。此后，右司郎中汪应辰上言指出，如果“罚之有不当于理者，又将使谁为之追改乎？”[③] 绍兴二十六年（1156年）“诏依元丰旧法，分厅治事，左以详复，右以叙雪”，继续执行“同僚异事”[④] 的原则。其属有都官、比部、司门。

（三）御史台的司法职能

《宋史·职官志》说：“御史台，掌纠察官邪，肃正纲纪”，是封建政权中央最高的监察机构。但是，从唐太宗时起，御史台已开始置狱推鞫兼管司法了。“贞观末年，御史中丞李乾祐，以囚自大理来往滋其奸故，又按事入法，多为大理所反，乃奏于台中置东西二狱以自系劾。”[⑤] 开元中罢去。经过唐末五代的变化，到宋代御史台除监察职能外，也具有司法监督和审判重大疑难案件的职能。御史台的主要官员，大都参与司法审判。太宗淳化四年（993年）诏：“御史台应有刑狱公事，御史中丞以下，躬亲点检推鞫。”[⑥] 真宗咸平六年（1003年）二月诏：御史台推勘公事，令中丞、知杂

① （宋）李焘:《续资治通鉴长编》卷307，元丰三年八月己亥。

② 《文献通考》卷52,《职官考》6。

③ 《宋会要辑稿》职官15之21。

④ 《文献通考》卷52,《职官考》6。

⑤ 《文献通考》卷53,《职官考》7。

⑥ 《宋会要辑稿》刑法3之50—51。

躬亲披详，必须仔细询问。御史台推直官躬亲勘鞫。[①] 神宗元丰元年（1078年），“罢推直官二员”[②]，增设检法官，“有诏狱，则言、察官轮治”[③]，甚至“主簿亦专在台鞫狱”[④]。

宋代御史台的司法管辖，大体上可分以下四个方面：一是命官犯法的重大案件。北宋前期“群臣犯法，体大者多下御史台狱，小则开封府、大理寺鞫治焉”[⑤]；有诏狱，则由言事御史和监察御史轮治。[⑥] 二是他司受贿法官，及由此而错断的案件。太宗太平兴国九年（984年）开封府推官及左右军巡使等，审刘寡妇诬夫前室子王元吉毒己一案，因受贿用酷刑迫使王元吉诬服。经元吉妻张氏击登闻鼓上诉，太宗命御史台复审改判，并将原审法官判罪。三是受理“州县、监司、寺监、省曹不能直”[⑦] 的疑难案件，正如黄绛上言所说：“州郡不能决而付之大理，大理不能决而付之刑部，刑部不能决而后付之御史台，则非甚疑狱必不至付台再定。”[⑧] 四是奉命审判地方重大案件。淳化元年（900年）“置御史台推勘官二十人，皆以京朝官为之。凡诸州有大狱则乘传就鞫”[⑨]。

御史台的司法机构性质，在当时臣僚的奏言中也有不少反映，如孝宗乾道元年（1165年）三月十七日，御史台上言：

“本台系掌行纠弹百司稽违，点检推勘刑狱，定夺疑难刑名、婚田、

---

① 《宋会要辑稿》职官55之4—5。
② 《宋会要辑稿》职官17之8—9。
③ 《宋会要辑稿》职官17之3
④ 《宋会要辑稿》职官55之1
⑤ 《宋史》卷200，《刑法志》2。
⑥ 《宋会要辑稿》职官17之3。
⑦ 《宋会要辑稿》职官17之3。
⑧ 《宋会要辑稿》职官17之12。
⑨ 《宋史》卷199，《刑法志》1。

钱谷并诸色人词讼等，事务繁重。”①

神宗元丰五年（1082年）五月四日诏书：

“诉讼不得理，应赴省诉者，先诣本曹。在京者，先所属寺监，次（原作依）尚书省本曹，次御史台，次尚书都省，次登闻鼓院，六曹诸司寺监行遣不当，并诣尚书省。”②

孝宗隆兴二年（1164年）正月五日，三省上言：

“人户讼诉，在法先经所属，次本州，次转运司，次提点刑狱司，次尚书本部，次御史台，次尚书省。近来健讼之人，多不候官司结绝，辄敢隔越陈诉，理合惩革。”③

由上可知，初审不服而逐级上诉，法定八个等级：初审在县，依次为州，转运司，提刑司，刑部，御史台，尚书省，登闻鼓院。御史台属于法定上诉的一个司法机构。

（四）登闻鼓院、登闻检院、理检院、军头引见司

凡经地方审断不能平的案件，可经登闻鼓院、检院、理检院实封投状进御，由皇帝指定官司重加审理。如果登闻鼓院、检院、理检院不予接收，仍可拦驾，由军头引见司转奏。

登闻鼓院，简称鼓院。宋初设鼓司，真宗景德四年（1007年）五月九

① 《宋会要辑稿》职官55之23。

② 《宋会要辑稿》刑法3之19—20。

③ 《宋会要辑稿》刑法3之31。

日，“改鼓司为登闻鼓院”，[①] 判院二员，以带职朝官或卿监充，隶谏院。哲宗以后一度属中书省，高宗建炎三年（1129 年）专隶谏院。凡有关公私利济、机密、朝政阙失、论诉本处不公、理雪抑屈、论诉在京官员及试换文资、陈乞再任等无例通进文字，均可经院进状。

登闻检院，简称检院，亦隶属谏院。宋初沿唐制，设匦院，置匦四处，接受文状。雍熙元年（984 年）改匦院为登闻院，景德四年（1007 年）五月九日，“登闻院改为登闻检院”，[②] 判院官一人，以带职郎官以上至两省充。凡有关机密、军国重事、军期、朝政缺失、论诉在京官员、公私利济之状，皆许接收转进。由于鼓、检两院职事相近，“人不能辨”，[③] 所以实际上投状人往往不加区分。但是，“未经鼓院者，检院不得收接”。[④]

理检院。初置于太宗淳化三年（992 年）五月辛亥，[⑤] 以两省官判，凡“登闻院、鼓司进状人，有称冤滥沉屈者，即引送理检院审问”。[⑥] 至道三年（997 年）废。仁宗天圣七年（1029 年）闰二月复置，以御史中丞为理检使。元丰以后，改隶谏院。

军头引见司。宋初设军头司与引见司，太宗端拱二年（989 年）正月，“改军头司为御前忠佐军头司，引见司为御前忠佐引见司”，[⑦] 后合为一司，称军头引见司。设勾当官五人，以内侍省都知、押班及閤门通事舍人以上充。掌禁军拣阅、引见、分配之事，“凡乘舆行幸有自诉者，审诘事状禀奏”。[⑧]

以上诸官署，皆是向皇帝上诉的渠道，但是上诉人必须依照法定次第，

① 《宋会要辑稿》职官 3 之 64。
② 《宋会要辑稿》职官 3 之 64。
③ 《宋会要辑稿》职官 3 之 66。
④ 《文献通考》卷 60,《职官考》14。
⑤ （宋）王栐:《燕翼贻谋录》卷 2。
⑥ 《宋会要辑稿》职官 3 之 62。
⑦ 《宋会要辑稿》职官 36 之 77。
⑧ 《宋会要辑稿》职官 36 之 81。

“初诣登闻鼓院，次检院，次理检院”[①]。“如未经鼓院进状，检院不得收接；未经检院，不得邀驾进状。如违，亦依法科罪。”[②]邀驾人要先经军头司官询问，如符合规定，即实封闻奏，候御批出，按旨办理。

二、京畿和地方司法机关

（一）京畿司法机构

北宋开封府、南宋临安府不仅是京畿地区的行政机构，也是这一地区的司法机构。

1. 北宋开封府

开封府以尹、牧为长官，尹以亲王担任，太宗、真宗即位之前，皆曾为开封府尹，但不常置，而以权知开封府一人摄事。“掌正畿甸之事。中都之狱讼皆受而听焉，小事则裁决，大事则禀奏。若承旨已断者，刑部、御史台无辄纠察。”[③]不仅负责审断京畿地区的诉讼案件，其中承旨审判大案的判决可以直接禀奏，不受刑部、御史台的约束，从而成为一个特殊的地区司法机构。其下属司法机构有：

左、右厅。各设判官、推官，协助长官“日视推鞫”[④]。哲宗元祐六年（1091 年）权知开封府王岩叟上言：“左、右厅隶推官各二员，公事词状初无通管分治明文。请除事系朝省及奏请逐厅通管外，其余公事词状并据号分治，庶无留壅。”[⑤]此后，左、右厅将诉讼案件“据号分治”，分别开庭。

府院，又称司录司。是审理民事案件的司法机构，置司录参军一人，

---

① 《宋会要辑稿》职官 3 之 69。

② 《宋会要辑稿》刑法 3 之 14。

③ 《文献通考》卷 63,《职官考》17。

④ 《宋史》卷 166,《职官志》6。

⑤ （宋）李焘:《续资治通鉴长编》卷 454，元祐六年正月辛未。

负责“折户婚之讼，而通书六曹之案牒”①。

左、右军巡院，是审理刑事案件的司法机构。设有“左右军巡使、判官各二人，分掌京城争斗及推鞫之事”②。

开封府所辖诸县，皆有“平决狱讼”③的职责，有权判决民事及杖以下的刑事案件。京畿地区设有“提点开封府界诸县镇公事”，“掌察畿内县镇刑狱、盗贼、场务、河渠之事”④，对诸县刑狱往来察举，“如事未尽理，有所淹系，并取案牍躬亲录问”⑤。

京城于府下设厢，厢下设坊。神宗熙宁元年（1068年）从开封府所请，“以京朝官分治左右厢。凡斗讼杖六十已下情轻者得专决”⑥。熙宁三年（1070年）韩维权知开封府，“始分置八厢决轻刑”⑦。同年五月，设左右厢公事所。诏：

“以京朝官曾历通判、知县者四人，分治开封府新旧城左右厢。凡斗讼，杖六十已下情轻者得专决，及逋欠、婚姻两主面语对定，亦委理断。”⑧

据此可知，在新城和旧城分别设置左右厢共四个公事所。熙宁三年（1070年）十一月十九日，看详编修条例所上言：

“开封四厢，各置官一员，勾当断决公事，内杖六十以上罪及枝蔓公事，不许收接文状依旧外，取到逐厢一月之内决断事件不多，欲止令京朝官两

① 《宋史》卷166，《职官志》6。
② 《宋史》卷166，《职官志》6。
③ 《宋史》卷167，《职官志》7。
④ 《宋史》卷167，《职官志》7。
⑤ 《宋大诏令集》卷201，《政事五十四·刑法中·令府界提点往来察举诸县刑狱诏》。。
⑥ 《文献通考》卷167，《刑考》6。
⑦ 《宋史》卷315，《韩维传》。
⑧ （宋）李焘：《续资治通鉴长编》卷211，熙宁三年五月庚戌。

员分领两厢决断所是，旧来四厢使臣仍旧存留，以备诸般差使。”①

2. 南宋临安府

高宗建炎三年（1129 年），改杭州为临安府。设知府一员，通判二员，签书判官厅公事、节度推官、观察推官、观察判官、录事参军、左司理参军、右司理参军、司户参军、司法参军各一员。府院、左司理院、右司理院掌管本府及所属九县狱讼，时称“三狱”。临安知府带浙西安抚使衔，多以“卿监从臣兼”②。孝宗乾道七年（1171 年）皇太子领临安府尹，废通判、签判，“置少尹一员，日受民词以白太子”“置判官二员、推官三员”。乾道九年（1173 年）皇太子辞免府尹，“临安知、通、签判、推判官并依旧”。③府下依开封府例，设厢一级公事所。高宗绍兴十一年（1141 年）五月依郡守俞俟奏请，于城外设立南北厢公事所。④绍兴二十六年（1156 年）闰十月，又于城内左右厢“增置二员，分掌讼牒”⑤。

（二）纠察在京刑狱司

纠察在京刑狱司，相当于京畿地区的监司。真宗大中祥符元年（1008 年）六月，开封府勘进士廖符，使用酷刑，械系庭中，曝裂其背而无所得，为防止“罪未见情，横罹虐罚”⑥，二年（1009 年）七月四日创置纠察在京刑狱司，诏令规定，“其御史台、开封府，在京应有刑禁之处，并得纠举。逐处断徒已上罪，于供报内未尽理及淹延者，并追取案牍，看详驳奏”⑦。

① 《宋会要辑稿》职官 37 之 9。
② 《文献通考》卷 63，《职官考》17。
③ 《宋史》卷 166，《职官志》6。
④ 《乾道临安志》卷 2，《城南北两厢》。
⑤ 《建炎以来系年要录》卷 175，绍兴二十六年闰十月乙卯。
⑥ 《宋会要辑稿》职官 15 之 44。
⑦ 《宋大诏令集》卷 161，《政事十四·官制二·置纠察在京刑狱诏》。

并任命知制诰周起、侍御史赵湘领其事，拨开封、浚仪两赤县手力十人，步军司剩员军士四人供役。十九日诏："应在京府刑狱司局，每日具已断见禁轻重罪人因由供纠察司。其殿前、马步军司徒已上，亦依此供报"，"三司、御史台别无禁系，即十日一报纠察司"。[①] 有关徒以上案件，"若理有未尽或置淹恤，追覆其案，详正而驳奏之。凡大辟，皆录问"。[②] 如因拷问致冤者，可向纠察司陈状，经复勘后实为冤案，则将原推勘官从严处治。纠察官从报状中发现疑点，可提罪人就司审问，涉及大辟或密切事务，即委纠察官一员前往审问。遇有公事上殿，纠察官"即赴内殿起居，仍免常朝"[③]。神宗熙宁三年（1070年）"诏殿前、马步军司，大辟囚并如开封府法送纠察司录问"[④]。于是将京畿地区的刑狱置于中央严密控制之下。

（三）诸路监司

唐朝将全国分区设道，派遣使臣以监察地方行政。宋初，因袭唐朝设道的旧制，淳化四年（993年）分天下为十道，同时由于转运使负责征集和运输财赋而称为路。宋代的路具有监察区向行政区过渡的性质。各路先后设转运司（俗称"漕司"）、提点刑狱司（俗称"宪司"）、提举常平司（俗称"仓司"）等中央派出机构，分别负责某方面的政务，并具有监察地方官的职责，统称为"监司"。诸司互不统属，职事范围虽有不同，但职权却往往交错，以分散事权，避免专擅，便于朝廷控制。其中转运司和提点刑狱司，皆有司法职能，所谓"边防、盗贼、刑讼、金谷、按廉之任，皆委于转运使。又节次以天下土地形势，俾之分路而治矣。继增转运使判官，以京官为之，于是转运使于一路之事，无所不总也"[⑤]。一路刑讼，成为转

① 《宋会要辑稿》职官15之44—45。
② 《宋史》卷163，《职官志》3。
③ 《宋会要辑稿》职官15之45。
④ （宋）李焘：《续资治通鉴长编》卷214，熙宁三年八月乙亥。
⑤ 《文献通考》卷61，《职官考》15。

运使职事之一。淳化二年（991 年）五月诏“转运司命常参官一人，纠察州军刑狱”[①]。

各路提点刑狱司更是路级专门司法机构，不隶属于转运司，而并列别为一司，其职责是：

“所至专察视囚禁，审详案牍。州郡不得迎送聚会。所部每旬具囚系犯由，讯鞫次第申报，常检举催督。在系久者，即驰往案问。出入人罪者，移牒覆勘，劾官吏以闻。诸色词诉，逐州断遣不当，已经转运使批断未允者，并收接施行。官吏贪浊弛慢者，具名以闻，敢有庇匿，并当加罪。”[②]

“掌察所部之狱讼而平其曲直，所至审问囚徒，详覆案牍，凡禁系淹延而不决，盗窃逋窜而不获，皆劾以闻，及举刺官吏之事。”[③]

（四）州、县司法机构

宋代设州（府、军、监）、县两级地方行政机构，同时也是受理诉讼案件的司法机构。州与县在行政上是上下级隶属关系。县是基层的司法机构，除审判民事案件外，其刑事判决权限于杖刑；徒以上，则须将初审结果报州，所谓“徒罪以上送本州，杖罪以下在县断遣，如不当，即经州论理”[④]。

1. 州（府、军、监）

州设“知州事、通判州事各一人，府、军、监事如州，视地望重轻，以资级应选者充，藩方剧郡，则通判二人”[⑤]。知州“总理郡政”，“其赋役、

① 《文献通考》卷 61，《职官考》15。

② （宋）李焘：《续资治通鉴长编》卷 66，景德四年七月癸巳；《宋大诏令集》卷 161，《政事十四·官制二·置诸路提刑诏》。。

③ 《宋史》卷 167，《职官志》7。

④ 《宋会要辑稿》刑法 3 之 12。

⑤ 《宋会要辑稿》职官 47 之 11。

钱谷、狱讼之事，兵民之政皆总焉”。[①]其在司法方面的职事是：

“属县事，令、丞所不能决者，总而治之，又不能决，则禀于所隶监司及申省部。凡法令条制，先详意义注于籍而行下所属。有赦宥，则率官吏宣读而班告于治境。”[②]

通判“掌倅贰郡政，凡兵民、钱谷、户口、赋役、狱讼听断之事，可否裁决，与守臣通签书施行”[③]。有驻军的知州皆带军职，诸如兵马都总管、兵马都钤辖、钤辖、副钤辖、兵马都巡检、巡检、都监、监押之类，因而也受理军人案件。

知州、通判以下，每州属官一般有七：“判官、推官，掌受发符移，分案治事；兵马都监，掌训治兵械，巡察贼盗；录事、司理、司户参军，掌分典狱讼；司法参军，掌检定法律，各一人，皆以职事从其长而后行焉。”[④]州一级主要的司法官是录事参军、司理参军、司户参军和司法参军诸曹官，他们在知州的主持下从事司法工作。

州一级一般设两个法庭，一个是州院（府院），另一个是司理院。州院和府院负责官员的名称不同：“诸府为司录，诸州为录事。”[⑤]州的录事参军，是沿袭唐朝旧制，在宋代“掌州院庶务”，与府的司录参军一样，都是负责审理民事案件的法官，后来也兼管刑事诉讼。

司理院“掌狱讼勘鞫之事，不兼他职”[⑥]，是专门审理刑事案件的机构。五代以来，诸州皆有马步院，以牙校充马步都虞侯，掌管刑法。宋太祖虑

① 《宋史》卷167，《职官志》7。
② 《宋会要辑稿》职官47之12。
③ 《宋史》卷167，《职官志》7。
④ 《宋会要辑稿》职官47之11—12。
⑤ 《文献通考》卷63，《职官考》17。
⑥ 《文献通考》卷63，《职官考》17。

其任私，高下其手，于开宝六年（973年）改置司寇院，设司寇参军，以新进士及选人为之。太宗太平兴国三年（978年）改司寇院为司理院、司寇参军为司理参军。[①]

2. 县

县的长官称“知县”或“县令”，凡以京朝官领县者，称“知县”，以选人领县者，称“县令”。知县或县令“掌字民治赋，平决讼诉之事”[②]，“有戍兵则兼兵马都监或监押”[③]。主要属官有县丞、主簿和县尉。

宋初不置县丞，仁宗天圣四年（1026年）于开封、祥符两赤县各置丞一员，从“有出身幕职令录内选充”[④]。神宗以后，于户广事繁及有山泽坑冶县分增置，此后逐渐减少，小邑不置。县丞“掌二令之职”[⑤]，协助县令处理县政，亦“受接民讼”[⑥]。

主簿佐理县务，名义上是“专掌稽考簿书”[⑦]，实际上也参与民事诉讼的公事。王禹偁在《单州成武县主簿厅记》中说：

至于理簿书、课农事、供赋调、求考绩者，固主簿之职；然尔其间有斗讼相高、婚田未决、畜产交夺、契券不明者，在乎察其情伪、正其曲直，助令长详而决之，使刑罚得其中，则百里之人手足知所措矣。[⑧]

县尉以捕捉盗贼，维持地方治安为职，真宗咸平元年（998年）十月诏：

---

① 《古今合璧事类备要·后集》卷78，《州官门·司理》；《文献通考》卷63，《职官考》17。
② 《宋会要辑稿》职官48之25。
③ 《宋会要辑稿》职官48之29。
④ 《宋会要辑稿》职官48之53。
⑤ 《宋会要辑稿》职官48之29。
⑥ 《宋会要辑稿》职官48之58。
⑦ 《宋会要辑稿》职官48之29。
⑧ （宋）王禹偁：《小畜集》卷16，《单州成武县主簿厅记》。

"天下县尉司，不得置狱。"

三、专门司法机关

（一）军事审判机构

宋代军人犯罪，除行军及临阵由将帅处置外，平时枢密院、殿前司、侍卫马步军司、经略安抚司、总管司、都监、监押皆有受理军人案件的司法职能。

枢密院是皇帝以下与中书门下并列的中央最高机关。它"与中书对持文武二柄，号为'二府'"[①]。枢密院长官称枢密使或知枢密院事。具体掌管兵籍、军队之教阅、招补、拣汰、俸给、升迁、换官及制定有关军事法规和赏功罚过等事，也具有军事审判监督及审理案件的职能。

宋政权对死刑判决比较慎重，军人犯大辟罪，须经枢密院复核审定，然后上奏取旨。真宗大中祥符二年（1009 年）正月诏：

> "自今开封府、殿前、侍卫军司奏断大辟案，经朕裁决后，百姓即付中书，军人付枢密院，更参酌审定进入，俟画出，乃赴本司。"[②]

五年（1012 年）五月，又"诏刑部，今后奏到断讫禁军大辟案，具情罪申枢院"[③]。哲宗元祐五年（1090 年）诏："诸路兵官及使臣有罪，自枢密院以下所属鞫治者，奏案申枢密院取旨。"再诏刑部："命官犯罪，事干边

---

① 《宋史》卷 162，《职官志》2。

② 《宋大诏令集》卷 201，《政事五十四 · 刑法中 · 大辟经裁决后付中书密院参酌诏》；《续资治通鉴长编》卷 71，大中祥符二年正月戊辰。

③ 《宋会要辑稿》职官 15 之 3。

防军政，文臣申尚书省，武臣申枢密院。”①高宗建炎三年（1129年）四月诏：“将帅非出师临阵，毋得用重刑，即军士罪至死者，申枢密院取旨。”②枢密院通过复核死刑，以监督审判军人的案件。枢密院除复核军人大辟及流罪案件外，有时也直接开庭审判。真宗咸平六年（1003年）保州威虏静戎军沿边都巡检使李继宣，在与契丹的两次战役中，“屡徙寨而未尝出战”“乃召还，令枢密院问状”。③神宗熙宁三年（1070年）十一月，从中书编修条例所奏，将“使臣公案，并归枢密院断放”④。

宋初，枢密院无刑房，熙宁四年（1071年）十月九日“置刑房，选三班内晓法者一人为主事”⑤，掌诸军官兵断案等事。⑥法司三人，“系外差，专行断案，并掌宣旨院条册”。

枢密院以下的各级军事管理机构，均可受理所属军人案件。中央的三衙——殿前都指挥使司、侍卫亲军马军都指挥使司、侍卫亲军步军都指挥使司，“掌禁卫军之政令，随其官名所隶而分领之。训练、宿卫、戍守及军事之赏罚，皆行以法，而治其狱讼。若情不中法，则禀奏听旨”。⑦三衙各设推案，负责“勘鞫取会追呼诸军班诸般词状公事”，“法司，检引条法”。⑧在京禁军罪案，“自犯杖以下，本司决遣，至徒者奏裁”。⑨

诸路知州多兼经略安抚使、兵马都总管、总管；县令多兼都监、监押等军职，故能受理军人案件。真宗天禧二年（1018年）十一月诏：“环、庆、

① 《宋史》卷199,《刑法志》1。
② 《建炎以来系年要录》卷22，建炎二年四月己酉。
③ （宋）李焘:《续资治通鉴长编》卷55，咸平六年六月癸酉。
④ （宋）李焘:《续资治通鉴长编》卷217，熙宁三年十一月乙未。
⑤ 《宋会要辑稿》职官6之5。
⑥ 《宋会要辑稿》职官6之15。
⑦ 《宋会要辑稿》职官32之3引《神宗正史》。
⑧ 《宋会要辑稿》职官32之1。
⑨ （宋）李焘:《续资治通鉴长编》卷60，景德二年六月壬寅。

宁三州，禁兵犯罪至死者，委本州依条区断讫，申总管司。”[①] 本来这三州禁兵犯极刑者，先由本州审明案情，将案牍报总管司裁断，后因往返需要十天，造成留滞，遂改由本州断刑后再申总管司。神宗熙宁二年（1069 年）九月，从审刑院上言：

“应诸路州军人犯罪，情重法轻难恕者，仰逐处具所犯申本路经略安抚或总管、钤辖司，详酌情理，法外断遣。诏无经略安抚、总管司，方许申钤辖司施行。”[②]

有关军民之间的纠纷，则由军民两个机关共同审理。真宗大中祥符五年（1012 年），“诏开封府，诸县军民相殴讼者，令知县、都监同议断”。[③]

由上可知，枢密院、三衙、南宋江上诸军都统制司、经略安抚司、总管司、钤辖司、都监等军事管理机构，都具有审理军人案件的司法职能。

（二）财经司法机构

宋代专门的财经司法机构是三司。

三司由盐铁、度支、户部三部组成，职官设置屡有变化。太祖朝设三司使统领三部，太宗、真宗朝两度废三司使，分设盐铁使、度支使、户部使，并曾设左计使、右计使分掌十道财赋。真宗咸平六年（1003 年），又将三部合为三司，重设三司使。

三司设有专门司法官员，审查经济案件。“三司推勘公事一人，以京朝官充。掌推劾诸部公事。”[④] 受理“在京官司应干钱谷公事”[⑤]“外司有不职

---

① 《宋会要辑稿》刑法 7 之 8。

② 《宋会要辑稿》刑法 7 之 16。

③ （宋）李焘:《续资治通鉴长编》卷 77，大中祥符五年二月癸丑。

④ 《宋史》卷 162,《职官志》2。

⑤ 《宋会要辑稿》食货 56 之 27、刑法 3 之 68。

不奉法者，以时按举”，[①]重密公事与审刑院、开封府一样，许“上殿奏裁”[②]。有时也奉诏审理民间争财讼案。

苏颂在《朝奉郎太常博士张君墓志铭》中说：

“三司狱，号最繁者，日以数百萃庭下，其间系财赂之出入，枝连蔓引，枉直不可遽辨。君（张奕，曾为三部推勘公事）皆推穷本原，审复情伪，事小戾则白所部辨析反覆，或累日不已。”[③]

四、临时司法机关

临时审判机构，是指对重大或疑难案件临时指派官员组成的法庭，审判结束，即不存在。唐代的临时审判机构有“三司推事”和“三司受事”。宋代的司法制度，比之唐代更为周密，组织临时法庭更加频繁，有“制勘院”和“推勘院”两种形式，唐代对“八议”罪犯的集议，宋代发展为讨论疑难刑名的集议，称为“杂议”。

（一）杂议

“杂议”是宋代诏狱中的一种最高形式，既可以议定刑名，也可以解释和补充法条。《宋史·刑法三》说：“天下疑狱，谳有不能决，则下两制与大臣若台谏杂议，视其事之大小，无常法，而有司建请论驳者，亦时有焉。”在定断刑名遇到难题时，就召集正副宰相、御史、谏官、翰林学士、知制诰等高层官员，从更高、更广的范围进行讨论，称为“杂议”。

① 《宋会要辑稿》食货56之19。

② 《宋会要辑稿》刑法3之67。

③ （宋）苏颂：《苏魏公文集》卷58，《墓志·朝奉郎太常博士张君墓志铭》。

（二）制勘院

“制勘院”也是诏狱的一种形式。遇重大案件，由皇帝钦差官员就案件发生地的邻近州县置院推勘。马端临说：“凡因事置推，已事而罢者，诏狱谓之制勘院，非诏狱谓之推勘院。”[①]《宋史 · 刑法志二》说“神宗以来，凡一时承诏置推者，谓之‘制勘院’”，将设置制勘院的时间，定在神宗以后，其实神宗以前早已存在。如《宋会要 · 刑法三 · 勘狱门》记载：“[太宗雍熙]四年八月八日，将作监丞辛著言：今后差使臣制勘公事，望令于所勘事州军邻近处，据名抽差司狱。从之。”就是一例。

制勘官员，或由皇帝直接指派，或命审刑院从中书、枢密要京官，并写明本官乡贯去处，禁止“往本乡里制勘勾当公事”[②]。太宗淳化元年（990年）御史台推勘官，奉命制勘公事，“辞日，上必临遣，谕旨曰：‘无滋蔓，无留滞。’咸赐以装钱。还必召见，问以所推事状，著为彝制”[③]。足见皇帝对制勘的重视。

制勘院独立审判地方重大案件，法官由皇帝指派，往返行程供驿传，给盘缠，行前事后皆向皇帝奏报，法司吏人由邻近州府抽差。淳化五年（994年），为防止亲姻关系，改为“取便抽差”[④]，置狱禁系案犯，禁与地方官交接，不准泄露案情，不准接受嘱求，使制勘法官能够独立审判，免受干扰。这样就把地方重大案件的审判直接置于皇帝控制下，地方官就难以左右了，反映了司法权高度集中的历史特点。

（三）推勘院

推勘院是由临司、州军派官，在案件发生的邻近处设置的临时审判机

---

① 《文献通考》卷167，《刑考》6。

② 《宋会要辑稿》刑法3之53。

③ （宋）李焘：《续资治通鉴长编》卷31，淳化元年五月辛卯。

④ 《宋会要辑稿》刑法3之52。

构，宋人行文时称为“置司”“置院”“置推”。推勘院对翻异案件复审，称为“移司别推”或“差官别推”。“大辟或品官犯罪，已结案未录问而罪人翻异，或其家属称冤者，听移司别推。若已录问而翻异称冤者，仍马递申提刑司审察，若事不可委本州者，差官别推”①，大辟罪犯翻异，“听本处移司；又不服，即申转运司或提点刑狱司，差官别讯之”②。由上可知，“移司别推”，是对大辟或品官罪犯，已结案未录问之前翻异，由本州移司复审。如果已经录问，不能再由本州复审的案件，则由监司“差官别推”。

推勘院的临时推勘官的选差，在真宗大中祥符八年（1015年）七月九日的诏书中有明确规定：“今后公事干连知州、通判、都监赃私罪，许转运司差官取勘外，自馀知州、通判、都监公罪，并就本州差无干碍官取勘。其统属官，长吏量公私赃罪轻重，于州院、司理院及差职员取勘。”③

第二节 诉讼制度

一、刑事诉讼制度

（一）刑事起诉

1. 被害人自诉

宋统治者一直允许和提倡被害人及其亲属控告犯罪。如真宗大中祥符五年（1012年）九月，殿前司请求对于军人告诉本军校长非法敛钱，数少者不受。但真宗说：“军民诉事，有琐细非切害者，朕常寝而不行。若明谕有司，则下情壅塞，而人有冤滞矣。”④可见宋统治者是提倡并保护被害人

① （宋）李焘:《续资治通鉴长编》卷499，元符元年六月辛巳。

② （宋）李焘:《续资治通鉴长编》卷120，景祐四年正月丙戌。

③ 《宋会要辑稿》刑法3之57。

④ 《宋会要辑稿》刑法7之6。

告发，以保证通达下情的。

宋统治者为被害人提供了各种便于控告的条件，除可向当地行政机关投诉外，在中央设立了鼓院、检院和理检院等机构。特别是太宗时，民间细事也亲自听断。淳化四年（993 年）十月，京畿民牟晖击登闻鼓，诉家奴丢失了一只小猪，太宗下诏赐千钱偿其值，并对宰相说："似此细事悉诉于朕，亦为听决，大可笑也。然推此心以临天下，可以无冤民矣。"① 这一事例虽然比较特殊，但说明宋统治者认识到如果冤民无告，就会影响社会的稳定，伤了"和气"，甚至会影响到上天，出现灾异。因此，经常派官员巡察各地，体察民情。

2. 一般人告发

这是指被害人或其亲属以外的其他知情者，发现犯罪后向官府告发，是引起狱讼的又一重要因素。宋代在这方面也有比较详细的规定，总体来看，可分以下三个方面：

一是一般人出于各自目的而自愿告发。真宗乾兴元年（1022 年）十二月诏"应典卖田产、影占徭役者，听人告"②。即准予一般人自愿告发。

二是官府对某些犯罪以优厚的官职和钱财为诱饵，吸引一般人告发，称为"募告"。如太宗淳化元年（990 年）八月，为有力打击川陕、岭南杀人祀鬼活动，下诏"募告者赏之"。③ 宋代这种用优厚的赏格吸引一般人告发的诏令很多。

三是针对一些危害性较大的犯罪，官府强迫人们告发，隐瞒不告者，要追究连带责任。如对于谋反、谋叛等十恶大罪和盗贼等重大犯罪，一般都强迫人们告发，不告者有伍保连坐、同僚连坐和同居缘坐等处罚办法。宋代保甲法规定：同保内有犯强窃盗、杀人、放火、强奸、略人、妖教蛊

① （宋）李焘：《续资治通鉴长编》卷 34，淳化四年十月丁丑。

② （宋）李焘：《续资治通鉴长编》卷 99，乾兴元年十二月乙卯。

③ 《宋史》卷 5，《太宗本纪》2。

毒等知而不告者连坐，其余事不干己者，除法律许诸色人陈告外，皆不得论告，知情不知情，并不科罪。[①]

3. 犯罪人自首

自首是指犯罪事实被发觉以前，犯罪人主动向司法机关告知自己的犯罪经过，表示愿意接受审判，这也是起诉的一个重要方式。提倡这种方式，能够分化瓦解犯罪分子，消除犯罪者的反抗意识，产生良好的社会效果。因此，中国古代很早就制定了自首减免刑罚的原则，以此来吸引犯罪者自首。《宋刑统》沿用唐律，规定“诸犯罪未发而自首者，原其罪”。在这一总的原则下，又有诸多具体规定，如轻罪虽发，因首重罪者，免其重罪；不实不尽者只追究其不实不尽之罪；遣人代为自首或应相容隐之亲属首其罪同自首法；知人欲告或案问欲举而自首者减二等坐之；官吏因公失错自觉举者同自首法；等等。同时也规定了不能适用自首法的重大犯罪行为，如杀伤强窃、奸淫掳掠、妖教蛊毒等。[②] 在实际运用过程中，又根据情况而不断调整自首法，总的看来主要有以下两方面的发展：

一是强制自首，这是针对某些违法行为而要求犯罪者在一定期限内自首，否则即从重追究责任。如真宗时颁布两个敕令：大中祥符六年（1013年）诏“两浙诸州军寺观及民家藏铜像，限两月内陈首”[③]。

二是扩大了“按问欲举首减”适用的范围。《嘉祐编敕》规定：“应犯罪之人，因疑被执，赃证未明；或徒党就擒，未被指说，但诘问便承，皆从律‘按问欲举首减’之科。若已经诘问，隐拒本罪，不在首减之例。”[④] 这一规定经过王安石变法和司马光反变法的宽严之争后，最终成为定制。

4. 官司纠举

官司纠举这种起诉方式在宋代起着十分重要的作用。首先，宋代改革

---

① 《宋会要辑稿》兵2之5—6。

② 以上参见《宋刑统》卷5,《名例律·犯罪未发而自首》。

③ （宋）李焘:《续资治通鉴长编》卷80，大中祥符六年正月庚申。

④ 《宋史》卷201,《刑法志》3。

了监察机构，使其更充分地发挥作用。其次，不断地派遣使臣巡察各地，并要求各级行政长官及时纠举犯罪。最后还动员所有这些官司互相察举，防止他们自己违法。这样，构成了一套严密的官司纠举网。

（1）台谏弹劾论列

台谏是宋代中央监察机构，即御史台和谏院的合称。宋初，中央监察机构虽一如唐制，但皇权对其控制大大加强，其表现有以下几个方面：

一是皇帝亲自任用台谏官，台谏直接对皇帝负责，这就提高了御史台的地位，以便毫无顾虑地对所有官员（包括宰相在内）进行弹劾。

二是在组织上台谏合一。在宋以前，御史谏官截然分开，各行其责。宋则合二为一，御史本来是纠察百官的，但也有规谏之权；谏官本来是规谏天子的，但也有纠察百官的责任，而实际上，二者都是以弹劾官员为责。

三是规定了台谏官员弹奏的最少次数，强迫台谏定时弹奏。否则，即以不胜任加以黜降。真宗天禧元年（1017 年）二月，诏“别置谏官、御史各六员，增其月俸，不兼他职，每月须一员奏事，或有急务，听非时入对。及三年，则黜其不胜任者”。①后来甚至规定每月务必奏事一次，名曰“月课”，任职百日仍不纠弹者，即受到罢职或罚俸的处分。

四是允许台谏官“风闻弹奏”，即便不实，也不会受到惩罚。仁宗时曾对“风闻弹奏”的范围加以限制：“自今言事者，非朝廷得失、民间利病，毋得以风闻弹奏。”②这种制度有效地加强了对各级官吏不法的监督察举，也使台谏的监察能力大大加强。苏轼曾总结说：

“历观秦汉以及五代，谏争而死，盖数百人。而自建隆以来，未尝罪一言者。纵有薄责，旋即超升。许以风闻，而无官长。风采所系，不问尊卑。言及乘舆，则天子改容；事关廊庙，则宰相待罪。故仁宗之世，议者讥宰

① （宋）李焘:《续资治通鉴长编》卷 89，天禧元年二月丁丑。

② （宋）李焘:《续资治通鉴长编》卷 166，皇祐元年正月辛酉。

相但奉行台谏风旨而已。”[①]

（2）皇城司伺察

京师开封是中央政权所在地，其安全状况尤为重要。宋统治者因此着重加强了对京师地区犯罪的纠察，把本来负责宫城事务的皇城司的职掌范围由监察宫城进而扩大到伺察京师。它与御史台没有任何隶属关系，而是直接对皇帝负责，充当皇帝在京师的耳目。高宗绍兴三年（1133年）十一月二十一日诏“皇城司系专一掌管（原文‘掌一’二字互倒）禁庭出入，祖宗法不隶台察”[②]。皇城司的职责范围是：“自非奸盗及民俗异事、所由司不即擒捕者，勿得以闻。”[③] 即包括两个方面：一是所监视的对象必须是奸盗及民俗异事；二是即使犯罪，也必须是有关强制机关遗漏而没有擒捕者。

（3）监司按发、通判刺举

监司按察是宋代一个重要的纠举犯罪的方式，其按察途径主要有以下几个方面：

一是在平时注意纠察官吏过失，通过奏书上报皇帝，或赴阙面陈。每岁终还要将所属官吏能否之状总具上报。二是对特定事件进行追查。三是对特定地区专门监察，大多是加强对边远地区的监察。四是依照皇帝下诏进行全国性的诏察。五是定期“巡察”。

宋代不但在路一级设有监司，而且在州一级设有通判，由朝廷直接派遣。它既非州长官知州的副职，又不是其属官，而是作为皇帝的耳目，监督知州的行动，称为“监州”。监州可以随时向朝廷报告地方情况。《宋会要》职官四七之六二载《哲宗正史·职官志》说：“通判掌倅贰郡政……所部官有善否，及职事修废，得刺举以闻。”通判刺举又是宋代加强监察制

① 《苏东坡全集·续集》卷11,《上神宗皇帝书》。

② 《宋会要辑稿》职官34之35。

③ 《宋会要辑稿》职官34之19。

度的一项特殊措施。

（4）遣使巡察

宋初，只是不定期地临时遣官巡察各地，至神宗时期，定期遣使巡察形成制度。据哲宗时的监察御史上官均说：

“神宗励精治道，整齐法度，参考旧制，始定诸路每三岁一次取旨，遣郎官或御史按察监司职事，至元丰八年立为著令。夫监司虽按察郡县，而患监司或非其人，有过举故纵之弊；宪台虽得兼察内外，而患四方之远，有传闻不详之病。此遣使考察之法所以不可废也。”[①]

正因为有如此重要的作用，所以这一制度终宋一代奉行不衰，虽南宋偏安江南，但仍不断地向所辖地区派遣使臣。宋代这种遣使巡按制度，对于补充监察机构的不足，维持良好的吏治，起着重要的作用。

（5）官司互纠

为防止纠察官员失职，宋统治者又建立了互相察举的制度。使每位按察官员在纠举别人的同时，自己也是一个被纠察的对象。

宋初设转运使时，即“又疑其权太重，复置朝臣于诸路为承受公事，是稽察漕司也。真宗即位，省罢承受之官。景德间遂建提点刑狱一司，实分转运使之权”[②]。其后，又进而形成官司与官司之间互察之制。北宋人李昭玘曾提出御史与监司“互察”之议说：

“方今莫若时诏御史分出而临遣之，使郡县覆于监司，监司覆于御史，御史致其状于宰相，则天下郡县之治可指掌，而议可偻指而分。”[③]

① （宋）李焘：《续资治通鉴长编》卷395，元祐二年二月乙未。

② 《文献通考》卷61，《职官考》15。

③ （宋）李昭玘：《乐静集》卷26，《重外》。

（二）对证据的审查

1. 言词证据

言词证据首先来自对被告和原告人的审问。在中国古代，对被告人的审问尤其重视，被告人的口供是定罪的一项重要根据，被告人不开口就无法结案，这是中国封建社会证据制度的重要特点。从表面上看，必须在被告承认自己罪行后才能定罪量刑，是比较合理的。可事实上，为了使被告供述服罪，司法人员往往对其严刑拷打，威逼引诱，这就不可避免地造成许多屈打成招的冤案。为了防止滥刑后果扩大而影响其统治的巩固，封建国家又以法律的形式对刑讯加以约束。对于原告的陈述，法律上也明确规定了要承担的责任，如拷囚数满而不承者，反拷告人；诬告人罪者要反坐等。

除被告和原告的供述外，言词证据的另一重要来源就是证人证言，即与本案相牵连的人以及知情人、见证人等（宋称他们为“干证人”或“干连证佐”等）所提供的证词。这也是一种古老的证据形式，西周就已开始在诉讼中运用，至隋唐已形成了一整套较为系统的证人证言制度，宋代沿用不废。《宋刑统》规定：诬告人者反坐。所诬属流以下罪，则视前人已拷未拷而决定反坐罪之等级，“即拷证人亦是”。[①]这说明在询问证人时也可以拷问。对证人的证明力，《宋刑统》规定须“众证定罪”，“称众者，三人以上，明证其事，始合定罪，违者以故失论”，“若三人证实，三人证虚，是名疑罪”。[②]这不免带有形式证据主义的倾向。另外，《宋刑统》还规定：“其于律得兼容隐，即年八十以上、十岁以下及笃疾，皆不得令其为证，违者减罪人罪三等。”[③]这属于证人资格方面的规定。“诸证不言情，及译人

---

① 《宋刑统》卷23，《斗讼律·告反逆》。

② 《宋刑统》卷29，《断狱律·不合拷讯者取众证为定》。

③ 《宋刑统》卷29，《断狱律·不合拷讯者取众证为定》。

诈伪，致罪有出入者，证人减二等，译人与同罪。”[1] 这属于证明责任方面的规定，即伪证有罪。除了上述传统的证人证言制以外，宋代还规定在一定情况下证人也可以由其他人代替出庭作证。如真宗天禧元年（1017 年）十二月，玉清诏应宫判官夏竦请求“代母赴台证事”，得到同意，并诏“如事须问母者，听就其家”[2]。在司法实践中，宋统治者还采取比较灵活的方式，在一定程度上突破了只靠被告人口供定罪的旧传统和“据众证定罪”的形式主义框框。

2. 实物证据

实物证据一般包括物证和书证两种，在中国古代诉讼活动中也早已被广泛使用，成为定罪量刑的重要依据。

（1）物证

宋代虽也强调断狱要先备五听，重口供，但在物证确凿的情况下，虽无口供，亦可据之定罪。《宋刑统》规定：“若赃状露验，理不可疑，虽不承引，即据状断之。”[3] 在这种情况下，物证就超过了口供的作用。

在司法实践中，宋统治者尤其重视物证的使用，有时，即使犯人已经招供服罪，法官如发现可疑之处，亦想方设法查取物证，主动为犯人平反。如仁宗时，张奕为洪州观察推官，属县发生了一起盗贼纵火案，凶犯逃亡，已经三年。一日，官府忽然抓到一贼，经审讯，承认前案是自己所为。但官府并未就此定罪，而是又“问其火具，曰：‘始以瓦盎藏火至其家，又以彗竹燃而焚之’”。即便供到这一地步，仍不能定罪，还要“问二物之所存，则曰：‘瘗于某所’，验之信然”。既查到了物证，按说可以定案了。但张奕又提出疑议：“盗亡三年，而所瘗之盎、竹，视之犹新，此殆非实耳。”于

① 《宋刑统》卷 25，《诈伪律 · 检验病死伤不实》。

② 《宋会要辑稿》刑法 3 之 58。

③ 《宋刑统》卷 29，《断狱律 · 不合拷讯者取众证为定》。

是狱吏再加穷治，“果得枉状而免之”。[1] 这一案件是宋代司法实践中重物证而轻口供的典型一例，也说明宋代在使用物证时，还注意对物证进行真伪鉴别，注意正确使用物证。

（2）书证

书证的使用，在中国历史上也有久远的渊源。西周就有“地讼，以图正之”的原则。[2] 在后来的封建诉讼活动中，书证也同物证一样日益被广泛使用。到宋代，有关书证的法律规定就更详细了，下面略举几项：

①土地界至之争以十道图定刑

真宗大中祥符六年（1013 年）十月，权判吏部流内铨慎从吉上言：

“格式司用十道图较郡县上、下、紧、望，以定俸给；法官亦用定刑。……请差官取格式司、大理寺、刑部十道图及馆阁天下图经，校定新本，付逐司行用。”[3]

真宗从其请。诏令有关官员校定十道图，“天禧三年，成书，凡三卷”。[4] 大理寺和刑部等司法机关分别予以保存，需要处理有关土地之争时，即用它作为书面根据。

②盗贼案追赃则以“簿历照证”

司法机关抓住盗贼后，需要盗贼供出所劫赃物多少及窝藏地点，以便追还被劫之家。但有时盗贼故意牵连无辜，声称将赃物典质在某处，实则诬陷。特别是官吏挟情而教令犯人妄加牵连，后果更坏。仁宗景祐元年（1034 年）闰六月二十九日，依审刑院、大理寺建议，规定：“凡勘盗贼，

① （宋）苏颂：《苏魏公文集》卷 58，《墓志·朝奉郎太常博士张君墓志铭》。
② 《周礼·地官·小司徒》。
③ （宋）李焘：《续资治通鉴长编》卷 81，大中祥符六年十月丁亥。
④ （宋）李焘：《续资治通鉴长编》卷 81，大中祥符六年十月丁亥。

所通赃物称于人户处典质，即先抽取簿历照证，方得追取。若是官司挟情教令贼人妄有指说，及官司追取贼人等抑令户民赔备赃物，并科违制之罪。”① 这里所说的“簿历”，就是一种书面根据，它可以说明赃物是否真的典质在人户家，而不能辄据贼人口供而抑令人户赔偿。

③争夺田产及物业交易等民事纠纷，则以券契和税丁籍为证

宋代田地及庄宅的占有者都有文契，典卖时也有契约，目的之一就是为将来发生民事争讼时有据可查。早在宋太宗时，已有买卖庄宅必须立契的规定：

“庄宅多有争诉，皆由衷私妄写文契，说界至则全无丈尺，昧邻里则不使闻知，欺罔肆行，狱讼增益。请下两京及诸道州府商税院，集庄宅行人众定割移典卖文契各一本，立为榜样，违者论如法。”②

即由商税院负责制定统一的田宅文契，人各一本，避免了以前衷私妄写的混乱局面。以后，统一的、由众人监督制定的文契便成为一种重要的书证。《名公书判清明集》记载了很多这方面的案例及原则。如“争业当论契照先后，争奸当论踪迹虚实”③。又如，“交易有争，官司定夺，止凭契约”。④ 如果契约丢失，则可以税丁籍为证，“争田之讼，税籍可以为证；分财之讼，丁籍可以为证。虽隐慝而健讼者，亦耸惧而屈服矣”。⑤

除以上所列举的地图、簿历、券契、税丁籍及文书档案等书证外，还有不少其他书证形式，如书信，也是被经常使用的。如《折狱龟鉴》卷六《证慝 · 王璩揭简》记载：王璩为襄州中卢县（今湖北南漳县东）令时，有

① 《宋会要辑稿》刑法 3 之 61。
② （宋）李焘:《续资治通鉴长编》卷 24，太平兴国八年三月乙酉。
③ 《名公书判清明集》卷 6,《争田业 · 争业以奸事盖其妻》。
④ 《名公书判清明集》卷 5,《争业下 · 物业垂尽卖人故作交加》。
⑤ （宋）郑克:《折狱龟鉴》卷 6,《证慝 · 王曾判田》。

一贼人系狱久不决。王璩偶然在该犯的袋子里发现一封房陵县（今湖北房县）一被劫商人的旧信，以此为证，盗贼引服。

同物证一样，宋代对书证也注意辨别真伪，正确使用。在宋代辨验书证的活动中，负责书写各种文状的书铺，起着相当重要的作用，他们经常被官府请去辨验官私契约、告身、批书等书证的真伪。《名公书判清明集》中有较多记载，如卷五《揩擦关书包占山地》载："有徐应辰者，乃徐烨之族弟也。……辄将祖上关书揩擦一行，填作'二保土名'四字，占人一亩之山。……当厅令书铺辨验，揩擦改写，字迹晓然。"结果徐应辰受到了杖一百的惩罚。

3. 实物证据系统理论的出现

随着实物证据在断狱中的作用越来越重要，宋代的一些法学家也开始探索和阐述这方面的理论。南宋法学家郑克在《折狱龟鉴》一书中，以二十门、计三百九十五事介绍治狱之道、定案之法和破案之法。一门之中，条数多少不定。在许多条目之末，还附有郑克的按语，内容就是他通过对各种破案、治狱的经验加以比较分析后所归纳出的断狱理论。综合来看，他主要有以下观点：

（1）审案必经的两条途径：据证与案情

他认为，审理案子的关键是如何获得案情真相，而要获得案情真相，就离不开两条途径：一是"察情"；二是"据证"。

所谓"察情"，就是察其情理气貌。这是郑克吸收古代传统的"五声听狱"的方法，结合实际案例经验而得出的。他在《察奸·孙长卿讯兄》中说："奸人之慝情而作伪者，或听其声而知之，或视其色而知之，或诘其辞而知之，或讯其事而知之。盖以此四者得其情矣，故奸伪之人莫能欺也。然苟非明于察奸之术，则亦焉能与于此哉！"古代"五听"靠察言观色定罪，虽不尽准确，但也有合理的一面。郑克正是吸收其合理的一面，注意犯罪心理，并运用于实践。

所谓"据证"，就是收集与案情有关的物证，据以定罪。他反复强调物证在审案过程中的重要作用，指出“察其情状，犹涉疑似；验其物色，遂见端的。于是掩取，理无不得也”[①]。他在《证慝 · 李处厚沃尸》中又说：“凡据证折狱者，不唯责问知见辞款，又当检勘其事，推验其物，以为证也。”更为可贵的是，他还注意到物证在一定程度上比证人证言的证明力更强。他在《证慝 · 顾宪之放牛》中说：“证以人，或容伪焉，故前后令莫能决；证以物，必得实焉，故盗者始服其罪。”同门《程颢辨钱》中又说：“旁求证左，或有伪也；直取证验，斯为实也。”这种物证优于人证的思想，对于中国古代传统的证据观念是一个重大的突破。

（2）据证与察情须兼而用之

证据和察情不能片面地仅重视一种，必须将两者结合起来，互相参照，互相补充，才能做到万无一失。他把察情又分为“色”“辞”“情”三个方面，认为三者同样也是缺一不可的，如果单靠察言观色，那么“若辞与情颇有冤枉，而迹与状稍涉疑似，岂可遽以为实哉？”[②]在《察奸 · 荀攸谏叔》中他又进一步用“臆想邻人之子偷斧子”的典故来说明单靠色、辞而不验物证的危害：“夫察奸者，或专以其色察之，或兼以其言察之，其色非常，其言有异，必奸诈也，但不可逆疑之耳。见其有异，见其非常，然后案之，未有不得其情者。苟逆疑之，则与意其邻之子窃斧者类矣。”在《鞫情 · 胡质至官》中按曰：“然则鞫情之术，或先以其色察之，或先以其辞察之，非负冤被诬审矣，乃检事验物，而曲折讯之，未有不得其情者也。”总之，在郑克的证据观里，法官绝不能离开物证而只靠察言观色定案，察言观色只能为法官提供一些线索，但最终还要靠物证来决定。反之，如果单靠物证定案也是十分危险的，使用物证时也要靠“察情”来辨别真伪。他在《释冤下 · 高防校布》中说：“苟于情理有可疑者，虽赃证符合，亦未宜遽决。”也就是说，当物证确凿的时候，如果发现情理可

① （宋）郑克：《折狱龟鉴》卷5，《察奸 · 黄昌掩取》。
② （宋）郑克：《折狱龟鉴》卷1，《释冤上 · 辛祥察色》。

疑，仍不能定断，因为“盖赃或非真，证或非实，唯以情理察之，然后不致枉滥”。“察情”与“据证”不能单独使用，正确的破案法就应该是二者兼用：“尝云：‘推事有两：一察情，一据证’。固当兼用之也。然证有难凭者，则不若察情，可以中其肺腑之隐；情有难见者，则不若据证，可以屈其口舌之争。两者迭用，各适所宜也。”[①] 他还利用宋真宗时发生的一起放火案来进一步证明二者兼用的正确性：潮州一家大姓被火，追寻踪迹，查到某家，吏捕讯之，却号冤不服，久不能决。后来，太守将此案移交给海阳令钱冶审理，钱冶经过调查，得到放火的物证，终于查出是大姓的仇家所为。郑克在按语中说：“察某家号冤之情，据仇家放火之证，情理、证验灼然可见，彼安得不服乎！”[②]

以上郑克的物证与察情相结合、物证优于人证等主张，突破了古代传统落后的证据观念。它是通过对传统证据制度中的精华进行分析总结，特别是对宋代司法实践经验的总结中取得的进步成果，因此它也反映了宋代证据制度特别是实物证据的发展程度，并且必将对宋代证据审查与司法裁判等方面发挥重要的指导作用。

4. 检查、勘验

（1）检验范围

在哪些情况下，司法人员必须检验或不必检验，宋代已有明文规定。

从犯罪类型上看，凡杀伤公事、非理死者、死前无近亲在旁等情况下，都必须差官检验。杀伤公事的犯罪行为比较明显，而后两者则属于非正常死亡，检验官首先要确定有无犯罪，因而需要检验。奴婢、狱囚、仆人等这些社会最底层人的任何死亡（除有足够证明是病死外）都必须检验。太祖开宝二年（969 年）八月诏开封、河南府：“自今奴婢非理致死者，即时

① （宋）郑克：《折狱龟鉴》卷 6，《证慝·韩亿示医》。

② （宋）郑克：《折狱龟鉴》卷 2，《释冤下·钱冶取证》。

检视，听速自收瘗。病死者不用检视。”[1] 所谓病死，是指“公私家婢仆疾病三申官者，死日不须检验”。

从检验的对象上看，宋代检验既包括对尸体的勘验，也包括对活人身体的检查。如真宗朝钱惟济知绛州，有一盗贼强夺一民家的条桑而未得逞，即自砍其右臂，诬桑主杀伤他。官府无法明辨，久不能决。钱惟济接审此案，即当面给这贼以饮食，发现他是用左手握筷，再验看右臂伤痕，乃是上轻下重，于是说道：“以右手创他人者，上重下轻。今汝创特下重，正用左手伤右臂尔，非尔自为之耶？”贼人只好认罪。[2] 这就是通过检验活体伤痕而获证定罪的一例。《棠阴比事》《疑狱集》和《折狱龟鉴》等宋代刑侦书籍中，都记载了大量宋代活体检验的案例，其中还有对男、女性生理特征的检验鉴别，作为推断性犯罪行为的依据，这都说明宋代对活体检验也是非常普遍的。

为使检验活动准确合法进行，宋代制定了严密的检验程序，大致分为报检、初检和复检三阶段。

（2）检验笔录

检验笔录是指检验活动中所记载的文字材料，可以直接被当作刑事诉讼的证据，因此十分重要。宋代的检验笔录形式多样，内容完备，见于记载的有三种：

第一种是验状，现知最早出现的检验笔录形式就是验状。最早记载是《宋史》卷二百七十《高防传》：高防为后周刑部郎中时，审理一起杀人案，要求出示医生验状。宋代的验状已经形成了官定的统一格式，内容详备，其主要部分就是《洗冤集录 · 验尸》中记载的“四缝尸首”，即俯、仰、左、右四面各部位：

① （宋）李焘：《续资治通鉴长编》卷 10，开宝二年八月己卯。
② （宋）李焘：《续资治通鉴长编》卷 89，天禧元年四月庚辰。

“正头面：（有无髻子）、发长（若干）、顶心、囟门、发际、额、两眉、两眼（或开或闭，如闭，擘开验眼睛全与不全）、鼻（两鼻孔）、口（或开或闭）、齿、舌（如自缢舌有无抵齿）、颏、喉、胸、两乳（妇人两奶膀）、心、腹、脐、小肚、玉茎、阴囊（次后，撚两肾子全与不全。妇人言产门，女子言阴门。）、两脚大腿、膝、两脚臁肕、两脚腕、两脚面、十指爪。

翻身：脑后、乘枕、项、两胛、背、腰、两臀瓣（有无杖痕）、谷道、后腿、两曲脷、两腿肚、两脚跟、两脚板。

左侧：左顶下、脑角、太阳穴、耳、面脸、颈、肩膊、肘、腕、臂、手、五指爪（全与不全，或拳与不拳。）、曲腋、胁肋、胯外、膝外、臁肕、脚踝。

右侧亦如之。”

以上“四缝尸首”构成了宋代验状的主要内容。如高元常知山阴县时，受命前往复检殴死儿媳一案，即让画史“图俯仰左右四人状，其伤无遗”[①]，就是这种“四缝尸首”的验状。《洗冤集录》卷五《验状说》：“凡验状须开具：死人尸首元在甚处，如何顿放，彼处四至，有何衣服在彼，逐一各检札名件，其尸首有无雕青、灸瘢、旧有何缺折肢体及伛偻、拳跛、秃头，青紫黑色红痣、肉瘤、蹄踵诸般疾状，皆要一一于验状声载，以备证验诈伪，根寻本原推勘；及有不得姓名人尸首，后有骨肉陈理者，便要验状证辨观之。”这样，验状就具有两大作用：一是为刑事诉讼提供证据；二是为无名尸亲认领尸首提供凭据。

第二种是检验格目，这是宋代又一重要的检验笔录形式，南宋孝宗淳熙元年（1174 年）由浙西提刑郑兴裔创制并建议由中央推行全国使用。郑兴裔在推荐此格目的奏言中说：

① （宋）晁补之：《鸡肋集》卷 65，《奉议郎高君墓志铭》。

“检验之制，自有成法。州县视为闲慢，不即差官；或所差官迟延起发；或因道里隔远、惮于寒暑，却作不堪检覆；或承检官不肯亲临，合干人等情弊百端，遂使冤枉不明，狱讼滋繁。今措置格目行下所属州县，每一次检验依立定字号用格目三本：一申所属州县；一付被害之家；一申本司照会，并依格目内所载事理施行。”①

可见，创制格目的目的是约束承检官尽心职事，防止拖延、推避及徇私舞弊，因此检验格目的内容与验状有所不同。《庆元条法事类 · 验尸 · 杂式》中保存了宋代初、复检验尸格目的完整形式：

初检尸格目

某路提点刑狱司照每副排定字号发付某字号

某州或县于某年某月某日某时据某状乞检尸首，本案人吏某承行于某日某时差某赍牒某官初检，本官廨舍至泊尸地头计几里，人吏姓名押，批本案官某官姓名押。

初检官具位姓名

某时承受，将带仵作人某、人吏某，于某日某时到地头，集耆甲某、保正副某、乃已死人亲（原注：如是亲兄即填云亲兄，如是堂兄即填云堂兄之类），初检到已死人痕损数内致命因依，的系要害致命，身死分明，各于验状亲签，于当日某时差某赍初检［军］［单］状保明申某处。仍于当时对众入某字号递具状缴连格目申本司照会。人吏姓名押、批初检官职位姓名押。

右本司措置在前，仰州县照应格目先行实填三本付初检官，候验讫实填并验状仰初检官以一本发赴州县、一本给付血属（原注：如无血属，即将所余格目一本缴回）、一本具日时字号状入急递径申发赴本司。如点检

① 《宋会要辑稿》刑法6之5。

得申缴违时、计程迟滞、勘验不实、仵作行人公吏耆保等辄有情弊及乞受骚扰，并仰诸色人除程限三日赴司陈告，出限更不受理（原注：妄有陈诉亦当勘断施行）。如所告得实，即支赏钱一百贯文，其官员定当按治，吏人等送狱根勘，依法决配，的不容恕，各仰知委。某年某月某日给。

仵作人　耆甲

保正副　人吏

已死人亲　行凶人

初检官职位姓名　押

某官某路提点刑狱公事姓　押

复验尸格目（原注：遇有第三次以后准此）

某路提点刑狱司照每副排定字号发付某字号

某州或县于某年某月某日某时据某人状乞验尸首，已差官初检讫，某月某日某时差某人赍牒某官复检，本官廨舍至泊尸地头计几里，人吏姓名押，批本案官某官姓名押

复检官具位姓名

某时承受，将带仵作人某、人吏某于某日时到地头集耆甲某、保正副某、乃已死人亲（原注：如是亲兄即填云亲兄，如是堂兄即填云堂兄之类），复检到已死人痕损数内致命因依，的系要害致命，身死分明，各于验状亲签毕。其尸即时责付血属买棺木埋瘗。若其家贫乏或无主之家，即合勒行凶人陪备。或其人委实又无力可出，即且令耆保应钱买用，州县依价给还，并不得烧化。如违今来约束，依前烧化，日后致有词诉，其复检官与保正、耆甲、仵作行人吏心有情弊，定当根究施行。仍于当日某时差某人赍牒〔复〕验单状保明申某处，仍于当时对众入某字号递具状缴连格目申本司照会。人吏姓名押，批复检职位姓名押。

右本司措置……（按：以下与初检格目同，从略）

以上两种格目，两检验官都必须如实填写，随同验状一起当日申报完毕。其内容涉及从报检到复检申报的整个检验过程中的每一个环节，相当于检验官随身赍带的监督其检验的考勤簿，又是随时提醒检验官依法定程序有条不紊地进行检验的备忘录，同时又是上级检查检验官工作情况的重要依据。这一措施有效地防止了检验官闲慢、推避、舞弊等行为的出现。

第三种是检验正背人形图，检验正背人形图是南宋宁宗嘉定四年（1211 年）颁布的我国最早的尸图，它的出现标志着宋代检验笔录制度的进一步完善。

这种人形图最先由湖广、广西提刑司刊印，随检验格目一起发给检验官司，嘉定四年十二月，江西提刑徐似道奏言："推鞫大辟之狱，自检验始。其间有因检验官司指轻为重，以有为无，差讹交互，以故吏奸出入人罪，弊幸不一。人命所系，岂不利害。"他建议推广检验正背人形图，颁布全国施行，得到朝廷同意。使用方法是：在检验时令检验官"于损伤去处依样朱红书画横斜曲直，仍仰检验之时唱喝伤痕，令众人同共观看所画图本。众无异词，然后著押，则吏奸难行，愚民易晓。如或不同，许受屈人径经所属诉告"[1]。

检验正背人形图虽然内容上与验状类似，但它是以图象标出其身体部位，更加逼真、直观，即便是不识字者，也能识别。检验时公开唱喝，让众人观看，十分便于罪人及被害人家属辨别真伪，从而达到"吏奸难行、愚民易晓"的目的。

上述三种形式的检验笔录，是宋代司法人员在司法实践中不断总结实践经验的基础上逐步形成的，目的在为刑事诉讼活动提供更为准确和及时的证据。

---

① 《宋会要辑稿》刑法 6 之 7。

为适应检验制度不断完善的需要，宋代相继出现了一些总结和介绍检验实践经验和检验理论的著作，如和氏父子的《疑狱集》、郑克的《折狱龟鉴》、桂万荣的《棠阴比事》等。从检验角度看，成果最大者当首推宋慈的《洗冤集录》，它对宋代检验制度的发展和完善做出了巨大的贡献。

二、民事诉讼制度

民事诉讼制度的主要任务是调整民事诉讼活动，解决平等主体之间的财产关系和人身关系的争端。它的发展与商品经济的发展密切相关，只有在商品经济有相当程度的发展，因财产关系日益复杂而导致民事争端大量出现的前提下，民事诉讼制度的发展才会有其必要性。两宋时期，社会经济结构发生巨大变革，财产关系日益复杂，民事争端大量增多，因而促进了民事诉讼制度的发展。

（一）起诉与受理

起诉是当事人因其民事权益受到侵害或发生争议，而向官府提起诉讼请求，要求官府依法予以保护的诉讼行为；官府对符合法定起诉条件的予以接受的诉讼行为，称之为受理。两宋的民事起诉与受理的有关规定已相当严密、完善，并对后世的民事起诉与受理制度的发展产生了很大的影响。

1. 民事诉讼管辖

司法与行政合一是中国封建司法制度的特点之一。两宋时期，封建专制主义中央集权大为强化，行政对司法的干预比前代更为加强，行政与司法合一的特点也就体现得更为充分：地方各级行政机构相应的也就是各级民事审判机构，中央的户部、御史台、鼓院也受理民事上诉。

两宋的民事诉讼管辖，大致可划分为级别管辖、地域管辖、移送管辖。

（1）级别管辖

两宋的民事诉讼管辖，地方上可分为三级。第一级是县衙。宋律规定：

地方上所有的民事诉讼的起诉都必须首先向县衙陈告。《宋刑统》卷二四准后周广顺敕，民间词诉必须“先经本县”。第二级是州（府、军、监）。如果当事人不服县衙的判决，则可以向县的上级机关即州（府、军、监）提起上诉，“在法：县结绝不当，而后经州”。[①] 北宋京师开封府及南宋京师临安府所属各县受理民事起诉，开封府或临安府受理民事上诉，与地方级别管辖相同。两宋均在京师设厢级公事所，厢与县的行政级别相当，也可以受理民事起诉。但南宋京师临安府的情况有些特殊，绍兴年间于临安府城外设立南北厢公事所，[②] 城内设立左右厢。[③] 临安府每日词讼，十之七八由城内左右厢审理，结果临安府与厢之间互相推诿，以致造成“人户怨嗟”，绍兴二十七年（1157 年）依御史周方崇所请，废罢城内左右厢，所有城内词讼，由临安府直接审理。[④] 第三级是监司。如果当事人不服从州级审判机关的判决，可以向路一级的监司系统提起上诉，监司是地方民事上诉的最高审级。当事人若不服监司所判，即可向中央的户部提起上诉，仍不服者，还可依次向御史台、尚书省、登闻鼓院上诉，没有审级的限制。但是法律严格规定当事人必须逐级上诉。

（2）地域管辖

按照行政机构管辖的区域和当事人的户籍确定的管辖，称之为地域管辖。两宋民事诉讼一般由纠纷发生地官府审理，即“皆于事发之所推断”。[⑤] 如果原告与被告不在同一州、县，按照原告就被告的原则，由被告所在地（一般是被告户籍所在地）的审判机构管辖。如南宋时期，许奉家居安庆府之怀宁县，置有田业，其子许多才从怀宁徙居光州，后来许多才之子许

---

① 《宋会要辑稿》刑法 3 之 32。

② 《乾道临安志》卷 2，《城南北两厢》。

③ 《系年要录》卷 175 记载：绍兴二十六年闰十月乙卯，“初置临安府左右厢”。

④ 《文献通考》卷 63，《职官考》17，《都厢》。

⑤ 《庆元条法事类》卷 73，《刑狱门三 · 决遣》所引《断狱令》。

德裕对许国盗耕怀宁之田提起诉讼，便是由光州“入状怀宁”。[①]

（3）移送管辖

移送管辖是审判机构受理案件之后，发现本机构没有管辖权，则须移送给有管辖权的机构处理。受移送的审判机构，不得无故拒绝接受。仁宗宝元元年（1038 年）规定：“诸路提点刑狱巡所部内，民有诉冤枉者，许受理之。诏听受词状，送转运司施行。”[②]神宗熙宁十年（1077 年）五月规定，诸路监司巡历所到之处，“有词诉及官司违法，虽非本司事，并听关送案治”[③]。从南宋书判中可以看到移送管辖实施的案例。如淳祐元年（1241 年）二月，平江府民妇阿常丧夫，不及半年，改嫁外州人氏张巡检。两年之后，阿常前夫的母亲病故，阿常到平江府“兴讼以取其遗资”。知府胡颖审理此案后，认为阿常之诉是有意在骗胁，同时认为阿常与张巡检婚姻违法，“合五等论罪”，但平江府对此却无管辖权，“张巡检既非本府所辖，难以将阿常遽行取断”，于是将此案移送有管辖权的机构处理，“牒所属径自照条施行，其可其否，听其区处”。[④]

2. 起诉的有关规定

宋代的民事起诉，主要的是由当事人及其家属为了维护自己权益，而直接向司法机构提起请求。为了保障民事诉讼的正常进行，尽量减少对生产与社会秩序及封建伦理道德的影响，宋政府制定了一系列有关民事起诉的规定。

（1）原告人的条件

①宋代民事诉讼的原告人，必须是本案的直接利害关系人，法律禁止非直接关系人提起诉讼。景德二年（1005 年）六月十三日诏：“诸色人自

① 《名公书判清明集》卷 4，《争业上·漕司送许德裕等争田事》。

② （宋）李焘：《续资治通鉴长编》卷 122，宝元元年八月癸酉。

③ （宋）李焘：《续资治通鉴长编》卷 282，熙宁十年五月戊午。

④ 《名公书判清明集》卷 10，《夫妇·妻已改适谋占前夫财物》。

今讼不干己事，即决杖枷项令众十日。情理蠹害屡诉人者具名以闻，当从决配。”[①] 南宋绍兴三年（1133 年）八月诏：上书言事者，“惟不许因书告讦他人过失”。[②] 南宋地方官的司法文告中，也常常对此加以申戒。如朱熹知潭州时所发布的《约束榜》规定：“如告论不干己事，写状书铺与民户一等科罪。”[③] 黄震的《词讼约束》也强调：“事不干己不受。”[④] 禁止“不干己事”者妄诉，是为了防止形成告讦之风。

②老人、病残人及妇女提起的诉讼，可以由家人代理。乾德四年（966 年）六月诏：“七十以上争讼婚田，并令家人陈状。”[⑤] 七十岁以上老人若无家人代理，则“当令宗族中一人同状，官乃得理”[⑥]。真宗大中祥符四年（1011 年）九月，重申上项规定，“自今诉讼，民年七十已上及废疾者，不得投牒，并令以家长代之”。[⑦] 如果孤老无宗族者，不受以上规定限制，即使《宋刑统》的规定，“或虑有悼耄笃疾之人，同居更无骨肉，被人侵损，须至理诉者，请今后官司亦须受理”。[⑧] 妇女的起诉，一般是由父兄或子孙代理，无亲属代理时，才由妇女本人陈告。《黄氏日抄》卷七八《词诉约束》中说：“非单独，无子孙孤孀，辄以妇女出名，不受。”

③亲属之间发生的民事纠纷可以互相论告。中国古代礼制和法律着力强调维护家族的和谐及宗法的统治，禁止亲属之间互相控告。《宋刑统》卷二四“斗讼律·告周亲以下”条，沿袭唐律之旧，有惩治亲属之间相互控告的种种规定，不仅卑属告论尊长是犯罪行为，要给以刑事处罚，同时

---

① 《宋会要辑稿》刑法 3 之 12。

② 《系年要录》卷 67，绍兴三年八月己酉。

③ 《朱文公文集》卷 100，《公移·约束榜》。

④ （宋）黄震：《黄氏日抄》卷 78，《词诉约束》。

⑤ 《宋会要辑稿》刑法 3 之 10。

⑥ 《宋会要辑稿》刑法 3 之 11。

⑦ （宋）李焘：《续资治通鉴长编》卷 76，大中祥符四年九月庚辰。

⑧ 《宋刑统》卷 29，《断狱律·不合拷讯者取众证为定之》，“臣等参详”。

规定尊长告论卑幼（父祖告论子孙除外）也得治告论者之罪，但比卑幼者告论尊长的处罚为轻。封建司法制度这一重要原则性规定，是儒家的家族伦理观念影响封建法律的表现，但是我们必须注意到，这一规定只适用于刑事诉讼，而不适用于民事诉讼。上引《宋刑统》“告周亲以下”条又同时规定：“其相侵犯，自理诉者听（原注：下条准此）。”该条的疏“议”对此加以解释说：“其相侵犯，谓周亲以下，缌麻以上，或侵夺财物，或殴打其身之类，得自理诉，非缘侵犯，不得别告余事。注云：下条准此，谓下条告缌麻以上卑幼，虽有罪名，相侵犯亦得自理。”明确规定凡是“侵夺财物”之类的民事纠纷，尽管有服属关系，当事人也因自己的利益受到损害而可以向官府告论，不受前述禁止亲属之间告论刑事犯罪的规定的限制，这是中国古代法律制度中，民事诉讼与刑事诉讼制度的显著差别之一。宋政府以后又制定新的法令，规定家长若任意处分家产而侵害了法定继承人的合法财产权益时，家庭中的卑属成员也可以向官府告论。“在法：分财产满三年而诉不平，又遗嘱满十年而诉者，不得受理。”[①] 即卑幼告论尊长处分家产不公的诉讼时效为三年，告论遗嘱处分家产不平的诉讼时效为十年。真德秀于南宋嘉定年间在泉州发布司法文告说：“如卑属幼诉分产不平，固当以法断，亦须先喻尊长，自行从公均分，或坚执不从，然后当官监析。”[②] 这段资料也表明宋代官府承认家庭中的卑属成员有告论尊长分产不公的权利，而且并未将尊长区分为“直系尊属”和“旁系尊属”。从现存的宋代案例来看，家庭中的卑属成员告论尊属分产不平的诉讼，在宋代绝非个别现象。卑幼可对家长任意处分家产的做法提起告论，是中国古代民事诉讼法史上的一大变化。

（2）民事起诉的时间

在中国古代社会，以农立国是历朝统治者的基本国策之一。不误农时，

① 《名公书判清明集》卷5，《争业下·侄与出继叔争业》。

② 《名公书判清明集》卷1，《申儆·劝谕事件于后》。

促进农业生产的发展，成为统治者必须考虑的一个重要议题。民间的民事纠纷及诉讼过程，必然会对农业生产与社会安定造成一定的负面影响，特别是农忙时节更是如此。为了减少民事纠纷活动对农业生产的不良影响，在唐律中便有了"务限"的规定，民事诉讼的提起只能在每年的十月二日以后至三月三十日之间的农闲时节。宋初制定的《宋刑统》便沿用了唐朝的这一规定，并且更为详细：

"所有论竞田宅、婚姻、负债之类（原注：债务谓法许征理者），取十月一日以后，许官司受理，至正月三十日住接词状，三月三十日以前断遣须毕。如未毕，具停滞刑狱事由闻奏。如是交相侵夺及诸般词讼，但不干田农人户者，所在官司随时受理断遣，不拘上件月日之限"。[①]

根据这一规定，民事起诉的时间是每年的十月一日以后至次年的正月三十日之前，而官府必须在三月三十日之前审理完毕，但与农业生产无关的民事诉讼仍可随时起诉。在遇有蝗旱之类灾情时，也有暂时将提起民事诉讼的时间延长者。真宗大中祥符九年（1016 年）九月十六日诏："昨缘蝗旱，今始得雨，诸处务开公事比常年更延一月。"[②] 但这只是权宜之计。

务限的规定，虽然可以起到尽量减少追证理对妨碍农业生产的作用，但形势豪右之家亦在典入人家田业之后，往往利用这一规定故意拖延至务限，侵害贫下户的权益。例如，据《宋会要辑稿》刑法三之四六记载，高宗绍兴二年（1132 年）三月十七日，两浙转运司向皇帝奏明这一情况：

"准绍兴令，诸乡村以二月一日后为入务，应诉田宅、婚姻、负债者勿受理。十月一日后为务开。窃详上条入务不受理田宅等词讼，为恐追人

① 《宋刑统》卷 13，《户婚律 · 婚田入务》。
② 《宋会要辑稿》刑法 3 之 43。

理对，妨废农业。其人户典过田产，限满备赎，官司自合受理交还。缘形势、豪右之家交易，故为拖延至务限，便引条法，又贪取一年租课，致细民受害。”

对此，高宗下诏：

“应人户典过田产，如于入务限内年限已满，备到元钱收赎，别无交互不明，并许收赎。如有词诉，亦许官司受理，余依条施行。”

根据以上新规，典田赎还可以不受务限法的限制，这对于务限法是一个很大的改动。是年八月十五日，有臣僚对此提出异议：“法之有务限，要所以大为之防，今若一决其防，不免于争竞。但既在务限前投状，自可申有司严行理赎，或寄钱在官，给据为凭业，今若改法，恐有其弊，至于害民。”事下户部商讨，户部经研究后认为：“人户典田年限已满，于务限前收赎，自有见行条法，若于务限内年限已满或未满，钱、业主两情愿收赎，自听从便。若有论诉，自合依绍兴务限条法。”户部的建议得到皇帝认可，① 务限法对典赎田业仍然适用。隆兴元年（1163 年）又规定：豪强侵夺下户，官司在务限期内亦得受理。“应婚田之讼，有下户为豪强侵夺者，不得以务限为拘。如违，许人户越诉。”② 其后又有新规定，严禁典主故作迁延占据，“在法：诸典卖田产，年限已满，业主于务限前收赎，而典主故作迁延占据者，杖一百”③。这条规定对抑制豪强、维护贫下户的利益有一定的积极作用。

（3）书写诉状

宋律规定民事起诉的形式主要是用起诉状呈控。法律对诉状的书写有

---

① 《宋会要辑稿》刑法 3 之 46—47。

② 《宋会要辑稿》刑法 3 之 48。

③ 《名公书判清明集》卷 9,《取赎・典主迁延入务》。

一定的要求。宋初规定：第一，在起诉状中，“皆须明注年月，指陈实事不得称疑”。[①]第二，“其所陈文状，或自己书，只于状后具言自书，或雇请人书，亦于状后具写状人姓名、居住去处。如不识文字，及无人雇请，亦许通过白纸”。[②]此时对书写诉状的程序要求尚不太严。自书、雇人书甚至用白纸起诉亦可。后来对诉状书写的要求逐渐严格，并出现了经官府批准设立的代写书状的书铺，人户陈状需经书铺代写诉状。对于书状的内容，官府也有明确规定，主要之点是要求简单明了，状词不得超过二百字，不得带论他事而扩大事态等。黄震《词诉约束》对词诉的要求是“不经书铺不受，状无保识不受，状过二百字不受”[③]。诉状格式与内容符合规定的，官府才予受理。

3. 受理民事诉讼的有关规定

（1）应受理而不受理者要治罪

根据宋律的规定，官府对于民事诉讼的管辖有严格的规定，对于符合起诉条件的民事诉讼，有权受理的机构必须受理，应受理而不受理者要处罚。例如，哲宗元祐四年（1089 年）八月，诏刘淑特罢祠部郎中、莫君陈罢两浙提刑与知州差遣，原因就是刘淑知苏州时与莫君陈“不受理章惇强买昆山民田事”[④]。对于不符合起诉条件的民事诉讼，则不允许官司受理。不应受而受理者，也要处罚。

（2）不得受理证佐不明之诉

宋律规定，对于民事诉讼所争之客体年代久远，或因有关当事人已死亡，无法取证的诉讼不得受理。天禧元年（1017 年）十月诏：“自今后所诉事并须干己、证佐明白，官司乃得受理，违者坐之。”[⑤]如据宋律规定，

---

① 《宋刑统》卷 24,《斗讼律 · 犯罪陈告》。

② 《宋刑统》卷 24,《斗讼律 · 越诉》准后周广顺敕文。

③ （宋）黄震:《黄氏日抄》卷 78,《词讼约束》。

④ （宋）李焘:《续资治通鉴长编》卷 431，元祐四年八月辛亥。

⑤ （宋）李焘:《续资治通鉴长编》卷 90，天禧元年十月丙子。

禁止收养年三岁以上异姓养男，结果这一规定往往成为被继承人的宗族人等在被继承人亡殁之后欺压养男的借口。仁宗景祐三年（1036年）七月，淮南转运副使吴遵路言："民被骨肉指论，本父亡殁，原是异姓养男，夺却田业。年岁既远，事理不明，欺罔幼孤，规图贿财。"朝廷根据吴的建议立法："自今论伯叔以上尊亲是违律养男，其被养本身所养父祖并已亡殁，官司不在受理之限。"① 哲宗元祐六年（1091年）十二月规定："应自陈是别宅所生子，未尝同居，其父已死，无案籍及证验者，不得受理。"② 以上二立法例的依据，便是因年岁既远，证佐不明之故。

（3）不得受理越诉

宋代法律规定民事起诉必须从县衙开始，并且可以经本州、转运司、提点刑狱司、尚书本部、御史台、尚书省逐级上诉，禁止越诉。太祖乾德二年（964年）正月二十八日诏："自今应有论诉人等，所在晓喻，不得蓦越陈状，违者先科越诉之罪，却送本属州县依理区分。如已经州县论理不为施行，及情涉阿曲，当职官吏并当课罪。仍令于要路粉壁揭诏书示人。"③ 真宗咸平六年（1003年）规定："其越诉状，官司不得与理，若论县许经州，论州经转运使，或论长吏及转运使，在京臣僚，并言机密事，并许诣鼓司、登闻院进状。若夹带合经州县转运论诉事件不得收接，若所进状内称已经官司断遣不平者，即别取事状与所进状一处进内。"并要求州县："录此诏，当厅悬挂，常切遵禀"。④ 对于越诉者要治罪，"其有蓦越词讼者，所由司不得与理，本犯人准律文科罪"。⑤

（4）不得受理诉事而自毁伤者之诉

在古代的司法诉讼中，时有当事人做出自毁身体，必欲胜诉的举动。

① 《宋会要辑稿》刑法3之18。

② （宋）李焘：《续资治通鉴长编》卷468，元祐六年十二月戊午。

③ 《宋会要辑稿》刑法3之10。

④ 《宋会要辑稿》刑法3之12。

⑤ 《宋刑统》卷24，《斗讼律·越诉》。

这种情况的出现主要有以下两个原因：一种是当事人抱负冤抑，不能自伸，因而自残其躯，以求直于官府；另一种是健讼之人为胁迫官府，自假毁伤，撼动一时之听。①《宋刑统》规定对当事人自毁伤者处以责罚。“自毁伤者杖一百，虽得实而自毁伤者笞五十。”这一规定是继承唐律而来，宋初并作出补充规定，“先决臀杖十下，然后推鞫”。②真宗大中祥符七年（1014年）九月，“忻州民诣登闻检院钉手诉田”。官府对此作出判决是“妄自伤残，当先决杖”。③此时之规定是决杖后再审理，以后的限制又更为严厉，“诉事而自毁伤者，官不受理”。④

（5）不得受理超过法定时效之诉

宋代民事诉讼中的时效制度比之前代有了很大发展。凡超过法定时效之诉，官府不再受理。宋初在建隆三年（926年）曾一度规定，典及倚当庄宅、物业的诉讼时效为三十年，“典、当限外，经三十年后，并无文契，难辨真伪者，不在理论收赎之限，见佃主一任典卖”。建隆四年（963年）颁定的《宋刑统》将上项诉讼时效改为二十年，“经二十年以上不论”，即不在论理之限，但有故留滞在外者，“即与出除在外之年，违者请以不应得为从重科罪”。⑤南宋时期，对于理诉田宅之诉的时效规定又具体划分为以下几种不同的情况，因而更具有可操作性：

①田宅典卖的诉讼时效仍为二十年，“准法：诸理诉田宅，而契要不明，过二十年，钱主或业主死者，官司不得受理”。⑥

②论诉交易田宅以有利债负准折的时效为三年，“诸典卖田宅满三年，

① 《名公书判清明集》卷13，《妄诉 · 钉脚》。
② 《宋刑统》卷24，《斗讼律 · 邀车驾挝鼓上表自诉事》。
③ （宋）李焘：《续资治通鉴长编》卷83，大中祥符七年九月癸巳。
④ 《宋会要辑稿》刑法3之21。
⑤ 《宋刑统》卷13，《户婚律 · 典卖指当论竞物业》。
⑥ 《名公书判清明集》卷4，《争业上 · 吴肃吴镕吴桧互争田产》。

而论有利债负准折，官司并不得受理”。[①]

③典卖田宅适用亲邻法的诉讼时效为三年，“诸典卖田宅满三年，而诉以应问邻而不问者，不得受理”。[②]

④诉分产不平的时效为三年，诉遗嘱不平的时效为十年，“在法：分财产满三年而诉不平，又遗嘱十年而诉者，不得受理”。[③]

⑤对祖父母、父母亡后子孙典卖众分田宅私辄费用者的诉讼时效规定，“准法：诸祖父母、父母已亡，而典卖众分田宅私辄费用者，准分法追还，令元典卖人还价，即典卖满十年者免追，止偿其价，过十年典卖人死，或已二十年，各不在论理之限”。[④]

⑥诉尊长盗卖卑幼产业没有时效的限制，“卑幼产业为尊长盗卖，许其不以年限陈乞”。[⑤]

（6）受理民事起诉的程序

原告人起诉程序的第一步是在“务开”期间内，将状纸递交到县衙，当事人的条件及状纸书写的内容，都必须符合前面所提到的法律规定。县衙有接受词状的吏人，他可以首先“开拆”即检查原告的词状，对于明显不符合法律规定的诉状，该吏人有权拒收或对原告人加以劝阻。南宋时洪迈曾说到过余杭县的吏人何押录兼领“开拆”之职，“每遇受讼牒日，拂旦先坐于门，一一取阅之。有挟诈奸欺者，以忠言反覆劝晓之曰：‘公门不可容易入，所陈既失实，空自贻悔，何益也？’听其言而去者甚众”。[⑥]《清明集》判词中也说，如果起诉不合乎规定要求，“开拆司并不接受”。[⑦]接

① 《名公书判清明集》卷4，《争业上·游成讼游洪父抵当田产》。

② 《名公书判清明集》卷9，《取赎·有亲有邻在三年内者方可执赎》。

③ 《名公书判清明集》卷5，《争业下·侄与出继叔争业》。

④ 《名公书判清明集》卷4，《争业上·漕司送许德裕等争田事》。

⑤ 《名公书判清明集》卷9，《违法交易·卑幼为所生父卖业》。

⑥ （宋）洪迈：《夷坚志》支癸卷1，《余杭何押录》。

⑦ 《名公书判清明集》卷14，《奸恶·一状两名》。

受词状的吏人将合乎规定的词状呈交县令。县令经审查认为词状合乎起诉的有关规定，即可开始审理。

（二）民事诉讼证据

1. 两宋民事诉讼证据制度的发展

对民事诉讼的审理只在查清案件事实，分清是非的基础上，才能作出正确的裁判，要查明案件的事实，则必须依靠证据。因此，诉讼证据在民事诉讼中有着十分重要的意义。早在西周时间，官府在处理民事诉讼时就已经注意到证据的重要性，“凡民讼，以地比正之”，[①] 即审理民讼时要以邻人为证。进入封建社会以后，证据制度在司法审判中越来越受到重视，至迟在唐朝的法律中已有较详细的规定。宋代社会结构的变化及社会经济的发展，促进了民事诉讼制度的发展，作为在诉讼中起着十分关键作用的诉讼证据制度，也相应地有所发展。

首先，契据成为民事诉讼的“证据之王”。两宋时期，土地作为农业社会最主要的生产资料可以自由买卖，造成地权转移空前频繁，由此而促进了商品经济的发展和财产流转关系的更加复杂化，适应社会的需要，契约制度进一步完善，各种契约文书，如货物买卖、借贷、租赁以及产业抵押、典卖、绝卖契约等已相当完备。两宋又称契约为“干照”，田地的交易不仅要订立契约，而且还必须有前一次物权转移的契书，即“上手干照”。民间典卖土地的契约须经官府印押，并向官府纳税。经官府印押的契约称为赤契，是买业人在法律上取得该项财产所有权的依据，“田产典卖，须凭印券交业。若券不印及未交业，虽有输纳钞，不足据凭”。[②] 宋初典卖田宅的契约为一式两本，一付钱主，一付商税院，但历时久远之后，遇有亲邻争占等纠纷发生，钱主多将所执契约隐藏，及问商税院，又检寻不见，

① 《周礼·地官·小司徒》。

② （宋）陈襄:《州县提纲》卷2,《交易不凭钞》。

使得官府难以剖断曲直。因此，乾兴元年（1022 年）立法规定："应典卖倚当庄宅田土，并立合同契四本，一付钱主，一付业主，一纳商税院，一留本县。"[①] 宋政府规定民间田地买卖的契约必须经官府印押，其目的固然主要是征收田地交易税，但同时也有公证的意义，经官府印押的契书，是买业人取得土地所有权的法律依据，也是发生民事纠纷之后最重要的诉讼证据。

以契约作为处断民事诉讼的依据，这在中国有着悠久的传统，《周礼·秋官·司寇》载："凡以财狱讼者，正之以傅别、约剂。"所谓"傅别""约剂"，即后世的契约。到了汉代，亦有"民有私约如律令"之说，私约即当事人双方私自订立的契约。民间私约难免出现各种假伪，其可靠性远远不及经官印押的契书。两宋关于契约的条件、书写格式、保存方式等皆有明确的规定，使其作为民事诉讼证据的意义十分重要，政府官员审理民事诉讼时，往往根据契约便可直接作出裁判，"交易有争，官府定夺，止凭契约"。[②]"大凡官厅财物勾加之讼，考察虚实，则凭文书。"[③]"官司理断交易，且当以赤契为主。"[④] 以契约作为民事诉讼的"证据之王"，是两宋商品经济发展的历史条件下产生的，这也是诉讼证据制度的重大发展，它与封建社会刑事诉讼以口供为最重要证据的特点有着明显的区别。与口供相联系的是刑讯制度，由于口供对定案具有决定性的作用，被告不承认就无法定案，所以在被告不承认的情况下便施以刑讯逼供，往往因之而造成无数冤狱。由于两宋的民事裁判是以契约为主要证据，可以据此直接定案，因而一般不用刑讯逼供。而且，按照两宋法律的规定，民事纠纷不为犯罪，所以拷讯罪囚的刑讯制度便不能用之于民事诉讼，这成为两宋民事诉讼证

---

① 《宋会要辑稿》食货 61 之 57。

② 《名公书判清明集》卷 5，《争业下·物业垂尽卖人故作交加》。

③ 《名公书判清明集》卷 9，《库本钱·质库利息与私债不同》。

④ 《名公书判清明集》卷 6，《抵当·以卖为抵当而取赎》。

据制度的一个主要特点。

两宋的政府官员在审理民事诉讼的过程中，可以根据案件的具体情况，以自己的认识，对各种证据自由判断、取舍运用，而不像西欧封建社会后期那样受法定证据制度的束缚，证据的效力也不因证人的尊卑贵贱而不同。两宋证据制度尽管难免出现法官主观臆断的情况，但在法官责任制度的制约下，可以在相当程度上防止司法官员任意专断地判断证据。

北宋开始出现专事书写法律文书的书铺，作为民间的法律服务机构，这是商品经济发展下的产物。书铺在各种官私文书的鉴别方面具有专门知识，它们在官府的要求下，参与对有争议的书证的辨识鉴定，而这种鉴定结论，往往被用作判案的根据。专业机构参加对民事诉讼证据的鉴定，有利于对证据作出正确的判断，有利于对民事诉讼作出正确的裁决，这是两宋民事诉讼证据制度发展的标志之一。

2. 主要的民事诉讼证据分类

按照两宋司法实践中所采用的民事诉讼证据的来源，可以分为书证、物证、证人证言、当事人陈述、鉴定结论、勘验笔录等。

（1）书证

书证是两宋民事诉讼活动中最常见的一种证据。凡是能够以书面材料的内容或含义来证明案件事实的，都被进行民事诉讼时所采用，主要包括干照、砧基簿、支书、遗嘱、定亲帖子、宗谱等。前面已经说到，由于两宋许多民事行为是作成文书的，而且关于契约的内容、格式、保存等都有明确的法律规定，契约的法制化提高了书证在诉讼证据中的地位。两宋书证如田宅的典买卖契约、租赁合同、遗嘱、定亲帖子等，能够起到发生、变更或者消灭一定的法律关系的作用，相当于现代民事诉讼证据中的处分性书证，官府往往根据这些书证便直接对民事争议作出裁决。另外，有的书证如信件等，虽然仅仅记载了某一事实而不能产生一定的法律后果，但也可以用作诉讼上的证据。如黄榦审理曾潍、赵师渊互论置曾挺田产案，即曾以书信作为该案的关键性证据。“大抵此讼，只要见得曾挺曾与不曾交领得曾潍上期钱耳，若交得曾潍钱，则业当还曾潍，若不曾交得曾潍钱，则业当还赵师渊。今曾潍之所恃以为已曾交钱者，以有曾挺所与三制干亲书耳。”经过对曾挺亲写的书信的仔细判研，最终以此判定曾潍败诉。①

（2）物证

书证属于实物证据的一种，但和物证仍有区别。前者是以物体上所记载的文字或者符号所表达的思想内容来证明案件的事实；后者是以物件的外形、质量、规格、特殊标志等来证明案件的事实。在宋代民事诉讼中，实物证据也是官府判断曲直的重要依据。如端平年间，杨迪功伪作坟墓取赎田产案，杨迪功称所争田业有杨氏祖坟，欲赎回田业，所执伪契为官府识破。杨迪功又称土内有石碑可证，此石碑即为物证之一种。为了辨别杨迪功所举物证之真伪，官府派人亲自到现场勘验，“见田蹊上数块石聚其畔，称有墓铭。当问杨迪功，乃云已经年载，土内有石碑可照。渠令其仆人自掘入一尺土余，见石一片，约长尺四五许，凿数字其上。又无支书具载，土内有石，何缘而知之，此人情不能无疑也”。杨氏所提供的物证不足为信，乃是“暗入石碑”，官府判杨迪功败诉。②

（3）证人证言

见证人向官府提供的与案件有关联的证词，也是两宋民事诉讼中很常见的证据。如北宋时，某州豪吏李甲在其兄去世之后，逼嫂改嫁，并诬称侄子是其兄收养的异姓子，企图赶走侄子，夺取全部家产，其嫂多次上告皆未获申。其后韩亿为该州知州，受理此案，派人寻找到以前的乳医，证明孩子绝非收养子，李甲败诉。③本案即据证人乳医的证词定案。宋代的证人称为“干证人”或“干连证佐”。证人出庭作证，必须作真实的客观

① （宋）黄榦:《勉斋集》卷32,《判语·曾潍赵师渊互论置曾挺田产》。

② 《名公书判清明集》卷9,《取赎·伪作坟墓取赎》。

③ （宋）张方平:《乐全集》卷39,《墓志铭·推诚保德功臣正奉大夫守太子少傅致仕上柱国南阳郡开国公食邑三千三百户食实封八百户赐紫金鱼袋赠太子太保谥忠宪韩公墓志铭并序》。

的陈述，如果故意作伪证，要承担法律责任，所以证人作证之前要在法庭立“罪赏状”。如南宋时乡民聂忠敏与车言可因田邻侵界起争，在法庭审理时，当事人车言可提出田邻皆是聂忠敏的朋友，只有乡民汪彦祥清楚田段的真实情况，表示只有汪彦祥可以作证。官府传到汪彦祥作证，汪出庭时即责立“罪赏状”，结果汪彦祥“亦明言见争田段系聂忠敏之田是的”。官府据此判车言可败诉。[①]

（4）当事人的陈述

当事人就民事诉讼所争议的事实向官府所作的陈诉，是两宋民事诉讼裁判的根据之一。作为案件的当事人，他们对双方争议的事实最为清楚，但因为他们与案件的审理结果有直接的利害关系，因此容易故作虚假陈述或有意无意地夸大或缩小事实。所以，两宋官员在采纳当事人的陈述时，往往要和其他证据综合运用。

在封建刑事诉讼中，被告承认犯罪的口供是最重要的定案根据，因而在“事状疑似，犹不肯实”的情况下，可以依封建刑法的规定予以拷讯，民事诉讼的当事人由于不是犯罪，不合拷讯条件，所以对当事人的陈述不能进行刑讯。

（5）鉴定结论与勘验笔录

两宋地方官员在书证的真实性发生争议时，往往委托对文书鉴定具有专业知识的书铺进行鉴定，书铺所作的鉴定结论，成为两宋司法实践中查明案件事实的证据之一。有些案件的诉讼标的物或其他物证不可能移动时，司法官员往往亲临现场进行勘查检验，对勘查检验的结果所作的记录，亦成为诉讼证据的一种。下文再对此详加分析。

3. 对证据的审查判断

（1）举证责任

现在大陆法系的诉讼理论，将举证责任分为形式的举证责任和实质的

① 《名公书判清明集》卷 5，《争业下 · 田邻侵界》。

举证责任。形式的举证责任是从当事人的角度来说，为获得有利判决，应就其主张提供证据；实质上的举证责任是从诉讼结果的角度来说，当事人如果不能提供证据证明其主张，就要承担败诉的风险。两宋的民事诉讼制度对举证责任并无明确的规定，但在司法实践中，举证责任则被视为当事人的绝对责任，如果不履行这一责任，就要处于败诉的地位。例如，吴革判王直之朱氏争地案，本案当事人双方皆提出证据证明自己的主张，“朱氏执出绍熙、庆元间典买施文霸桑地七契，计二亩一角十九步，该载亩步四至，坦然明白，末后两契且声说除将住屋及屋基，滴水为界，典卖与施文德外，余并系卖与徐宅之数，此朱氏契书也。又直之执出嘉熙三年、四年典买施文德屋地四契，且缴到施文德元置施文霸屋地朱印老契，该载屋宇间架及随屋地基，明即不曾声说有屋外桑地亩角，此文直之契书也。以两家契书考之，朱氏当尽有桑地，直之仅买得屋基，彼此干照，极为分晓”。由于王直之出示之证据不能证明自己的主张，因而败诉。① 再如，罗琦诉罗琛盗去契字卖田案，“赵宅买罗琛庚难字号晚田一亩二角二十二步，既无契字，又缴到受分关书，既无批破，交易已正，纵有不明，亦非知情，理合有之。但罗琦并无片纸执手，考之省簿，又是兄弟合为一户，税钱苗退受复无稽考”。由于原告不能提供证据证明自己的主张，官府认为：“官司将何所凭退回交易”，判定罗琦的主张不能成立，“其田合与照契为业”。②

（2）对证据的审查判断

由于证据特别是书证在民事诉证中的重要作用，有的当事人为利益所驱使，故意伪造、涂改书证，以便获得有利的证据。所以官府在使用书证时，辨别书证的真伪，便成为审查证据的关键。如天禧元年（1017 年），九陇县令章频审理眉州大姓孙延世伪造券契夺取族人田产案，章频对券契仔细辨认，发现券契上的字墨皆在朱印上面，由此判定“悉必先盗印，然

① 《名公书判清明集》卷 6，《争田业 · 王直之朱氏争地》。

② 《名公书判清明集》卷 4，《争业上 · 罗琦诉罗琛盗去契字卖田》。

后书”。孙延世只得承认。[①]官府无法辨验书证的真伪时，往往是委托代写状词的书铺鉴定。如嘉熙三年（1239年）吴革判俞百六娘赎取其父俞梁生前出典之田产案，因契书真伪难辨，吴革遂委书铺辨验。“寻引两词盘问，及索俞梁先典卖契字辨验看详。切惟官司理断典卖田地之讼，法当以契书为主，而所执契书又当明辨其真伪，则无遁情。惟本县但以契书为可凭，而不知契之真伪尤当辨，此所以固士壬执留之心，而激应龙纷纭之争也。今索到戴士壬原典卖俞梁田契，唤上书铺，当厅辨验，典于开禧，卖于绍定，俞梁书押，夐出两手，笔迹显然，典契是真，卖契是伪，三尺童子不可欺也。作伪心劳，手足俱露……所有假伪卖契，当官毁抹。”[②]又如，建阳县民谢迪将女儿许配刘颖，已写定亲帖子，后来谢家欲悔婚，刘颖告论到县衙，以谢家所写定亲帖子为凭，谢迪否认是谢家所写。县令刘克庄乃将定亲帖于交书铺鉴定，“谢迪虽不肯招认定亲帖子，但引上令行书铺辨验，见得上件帖子系谢迪男必洪亲笔书写”。[③]刘颖的主张成立。

然而宋代民事诉讼证据制度中最值得称道的，是官府重视对当事人双方争议的标的物或者其他物证进行现场勘测，实际调查。如对山林、土地、房屋、宅基等进行测绘、丈量，对于物证进行检查等。勘验检查是宋代官府搜集证据的重要方法，在司法实践中，官府决定对诉讼标的物或者有关证据进行勘验检查时，一般是委派文簿或县尉进行。如刘克庄在审理建阳县俞行父、傅三七争山妄指界至一案时，为了查清事实，“遂委县尉定验”，县尉奉命“亲至地头”勘验。[④]勘验的官员到达现场以后，往往召集保正、乡邻、当事人的宗族人等，与双方当事人一起当面查证。前引乡民聂忠敏与车言可因田邻侵界引起诉讼一案，官府曾派人到现场勘验，《清明集》

① 《宋史》卷301,《章频传》。
② 《名公书判清明集》卷9,《取赎·孤女赎父田》。
③ 《名公书判清明集》卷9,《婚嫁·女家已回定帖而翻悔》。
④ 《名公书判清明集》卷5,《争业下·争山妄指界至》。

卷五《田邻侵界》有较详细的记载：

“至正月二十二日，躬亲前去定验，得见其地头田段，计三弓，自北而南，上流下接，总而言之，东至晋门院山，西至黄推官及阿廖与张大宗、嗣宗田，南至阿黄田，北至车言可元买车迪功田，上件四至分明，但内有南畔一至，本是聂仕才田与阿黄田相抵。缘径界之初，聂家开垦土力不具，为两向田邻张大宗、嗣宗兄弟侵占耕作，后来张家兄弟相继倾亡，其家将所侵占田并己田同立契出卖，凡经数年，而后归诸蒙彦隆、韩国威之家。目今与阿黄田相抵者，乃蒙彦隆、韩国威之田也。当遂唤上田宅牙人陈述，同邻保等人，将车言可、聂仕才、蒙彦隆、韩国威四家毗连之田，对众从头打量。”

本案即经过审判官员的实地勘查及听取证人提供的证词之后才作出判决的。

查明和确定证据，是民事诉讼的中心问题，诉讼法律关系从起诉开始，就围绕着提供证据与调查证据，进行一系列诉讼活动。两宋时期的部分官员在审理民事诉讼时，注意对各种证据的搜集、鉴定，甚至于亲自到田间地头实地调查、丈量，广泛听取知情人的意见，重视能证明案件真实情况的各种证据，承认其证明力，对于民事诉讼的正确裁判，无疑起到了积极的作用。这与西欧中世纪采取形式证据制度，将证据的证明力由法律预先加以规定的做法相比较，明显地要领先一筹。

（三）民事诉讼当事人及其代理

两宋以前，国家计口授田，又有伦理道德调整社会关系，形成比较稳定的宗法等级秩序。但均田制度衰落后，旧社会秩序受到冲击，商品经济开始发展起来，人们之间的关系远非过去那种简单的人身关系，而是出现了日益复杂的经济利害关系，传统伦理道德已鞭长莫及。在这种日益复杂的经济关系中，如果没有相适应的调整器，其后果是不堪设想的。为了保护自己的经济利益并协调与他人的经济关系，人们自然想到了法律。于是法律意识在下层民众中萌生并迅速发展，表现在人们开始自发地组织学习法律，称之为“讼学”，人们不再耻于充当民事诉讼的当事人。同时，专门为民众提供法律代理服务的阶层也应运而生，称之为“讼师”。

最早见于记载的民间讼学就是沈括所说的北宋中叶江西民间“邓思贤”之学：“有一书名《邓思贤》，皆讼牒法也。其始则教以侮文；侮文不可得，则欺诬以取之；欺诬不可得，则求其罪以劫之。‘邓思贤’，人名也，始传此术，遂名其书。村校中往往以授生徒。”[①] 这里的“侮文”“欺诬”“劫之”等语乃封建士大夫沈括的偏见，其实书中内容是探讨如何在民事纠纷中争取胜讼的方法，当然免不了有钻法律空子之处，但这在封建士大夫看来是增加了官府的讼累。有些士大夫则对此感到无法理解，如周密曾说：“江西人好讼，是以簪笔之讥，往往有开讼学以教人者。如金科之法，出甲乙对答及诈讦之语。盖专门于此，从之者常数百人，此亦可怪。”浙江处州松阳也“有所谓业嘴社者，亦专以辨捷给利口为能，如昔日张槐应，亦社中之琤琤者焉”。[②] 周密当时不可能理解这是商品经济对法律的呼唤，故曰“此亦可怪”。在东南商品经济发达地区，这种习律学讼之风在民间亦日益盛行，以至于“编户之内，学讼成风；乡校之中，校（学）律为业”。[③] 此风之盛连朝廷也感到震惊，绍兴七年（1137 年）九月的明堂赦即称“访闻虔、吉等州，专有家学教习词诉，积久成风”[④]。更有甚者，有些地方还组织儿童学习词诉，“有号为教书夫子者，聚集儿童，授以非圣之书。有如《四言杂字》，名类非一，方言俚鄙，皆词诉语”。[⑤] 这种所谓《四言杂字》

① （宋）郑克:《折狱龟鉴》卷 8,《严明 · 韩琚考枉》按语引《梦溪笔谈》。

② （宋）周密:《癸辛杂识》续集上,《讼学业嘴社》。

③ 《袁州府志》卷 13,《新建郡小厅记》。

④ 《宋会要辑稿》刑法 2 之 150。

⑤ 《宋会要辑稿》刑法 2 之 150。

应该是专门适合儿童朗读背诵的儿歌，内容“皆词诉语”，而非儒家经义。可见，在商品经济发达地区，从成人到儿童，从学校和社团到家庭，都普遍习律学讼，一旦发生民事纠纷，权利意识和自我保护能力当然大大增强。如袁州百姓，虽“锥刀必争，引条指例而自陈”①，宜春百姓也能不惧官府而“从容应辩”②，广南海丰之民更是“刚悍嚣讼，五尺之童庭白是非，无端恐”③。如此等等不胜枚举。

为人们提供法律服务的“讼师”，在封建官府看来，也是引惹词讼、烦乱官司的顽民，或称之为“健讼之徒”“无图之辈”。李元弼说：“所在多有无图之辈，并事替公人之类，或规求财物，或跨呈凶狡，唆教良民，论诉不干己事；或借词写状，烦乱公私。”④黄榦也说：“照得本县，词讼最多……皆缘坊郭乡村，破落无赖，粗晓文墨，自称士人，辄行教唆。意欲搔扰乡民，因而乞取钱物。”⑤但尽管统治者极尽诋毁之词，“讼师”仍层出不穷，因为民间特别需要他们，所以后来还发展到公然出庭代诉，如胡石壁判龚孝恭诉田案说：“今刘伟自是姓刘，乃出面为龚家论诉田地，可谓事不干己。想其平日在乡，专以健讼为能事”，故对代诉人刘伟也少加惩治。⑥但多数代诉人能够“以恐胁把持为生，与吏囊橐，视官府如私家，肆行不忌”⑦。他们熟悉法律条文，又精通词讼业务，“词熟而语顺，虽譊譊独辩庭下，走吏莫敢谁何”。⑧讼师的活动，有利于打破官府的司法专横，保护当事人的合法权利不受损害，适应了商品经济发展后人们要求保护自身权利

---

① 《袁州府志》卷13，《新建郡小厅记》。

② 《袁州府志》卷14，《新修学记》。

③ 《惠州府志》卷5。

④ （宋）李元弼：《作邑自箴》卷6，《劝谕民庶牓》。

⑤ （宋）黄榦：《勉斋集》卷33，《判语·徐铠教唆徐莘哥妄论刘少六》。

⑥ 《名公书判清明集》卷4，《争业上·妄诉田业》。

⑦ （宋）王栐：《燕翼贻谋录》卷4。

⑧ （宋）陈襄：《州县提纲》卷2，《通愚民之情》。

的普遍需要，所以它与“讼学”一样日益盛行。尽管统治者屡颁禁令，如绍兴敕：“诸聚集生徒，教辞讼文书，杖一百，许人告，再犯者，不以赦前后，邻州编管。从学者各杖八十”，[①] 但仍屡禁不止。于是两宋政府通过“系籍”“立保”“给牌”“给印”等手续设立了一批合法的法律服务场所，称“书铺户”，纳入官府的控制系统中，如果违反了官府的约束，则“断讫毁劈木牌、印子，更不得开张”[②]。官府颁发给书铺户的合法凭证上印有：“某县，今籍定书铺户某人，许令书写状钞诸般文字。”[③] 这类合法的法律服务所的出现与发展，反映了官府对民间民事代理活动的某种认同。

（四）告诉的受理与证据的审查

1. 有权受理控告的机构

中国古代历来都是把县作为最基层的受诉机构，然后按行政等级逐次上告，直至诣阙，各级行政机构都是有权受理控告的机构。宋代在有权受理控诉的机关内设有开拆司专门收受词状，检查后再交长官判押。另外，宋代对于受诉机关还有以下几方面规定：

其一，非所统属不得直接受理，而可通过监司或台省间接受理。陈居仁知徽州时，决事公明，“邻郡有讼，多诣台省乞付公”。[④] 如果直接受理非所统属之狱讼，就要受到处罚。

其二，非长官不得受理词讼。长官即指知县、知州，而其他如丞、簿、尉、镇将和军官等官员则无权受理词讼。王栐《燕翼贻谋录》卷一载：“尉职警盗。村乡争斗，惮经州县者多投尉司，尉司因此置狱，拷掠之苦，往往非法。咸平元年十月己丑，有诏申警，悉毁撤之，词讼悉归之县。……

---

① 《宋会要辑稿》刑法3之26。

② （宋）李元弼：《作邑自箴》卷3，《处事》。

③ （宋）李元弼：《作邑自箴》卷8，《写状钞书铺户约束》。

④ 《翰苑新书·前集》卷53，《太守下》。

此令一行，至今无敢犯者。”

其三，州受理词讼，必须由知州与通判共同受理判押。知州和通判互相牵制，这是宋代“祖宗之法”，收受词诉、上章奏事等都必须同衔，任何一方违背，都要受到处罚。

其四，监司不但有监察之职能，而且可以受理词诉。原则上是先经转运使受理，转运使不受理者方诉于提点刑狱司，除非是人命重案，才允许随处受理。仁宗景祐二年（1035 年）四月，诏诸路提点刑狱司“事有冤滥而系人命者，虽未经转运司，亦听受施行”①。提点刑狱司在巡察的过程中遇有民诉冤枉者，可以将词状受理后转送转运司施行。

其五，官司纠举的案件，由不相关的官司受理，以防挟情用私。一般规定：监司按发的案件由邻路监司选官受理；郡守按发的案件由邻州差官受理：“今后监司、郡守按发官吏合行推勘者，如系本州按发，须申提刑司差别州官；本路按发，须申朝廷差邻路官前来推勘，庶使无观望徇私之弊，则罚必当罪而人无不服矣。”②

2. 有关受理的各项政策

宋代制定了一系列有关受理告诉的政策，受理控告的机构内设有“开拆司”，就是在受理以前对原告人的控告进行检查，看其是否符合有关受理的政策。洪迈《夷坚志》支癸卷一《余杭何押录》载：

“余杭县吏何某，自壮岁为小胥，驯至押录，持心近恕，略无过愆。前后县宰，深所倚信。又兼领开拆之职，每遇受讼牒旧，拂旦先坐于门，一一取阅之。有挟诈奸欺者，以忠言反覆劝晓之曰：‘公门不可容易入，所陈既失实，空自贻悔，何益也？’听其言而去者甚众。”

① （宋）李焘：《续资治通鉴长编》卷 116，景祐二年四月辛酉。

② 《宋会要辑稿》职官 5 之 53—54。

可见，开拆司是受理控告的第一道关口。宋代有关受理的政策主要有以下几方面：

其一，受理词诉须有一定的程序，如地区顺序和等级顺序等。黄震《黄氏日抄》卷七八《公移 · 词诉约束》载：官司受理词诉时，自六月为始，每月初三日受在城坊、厢状；初八日受临川县管下乡、都状；十三日受崇仁县郭及乡、都状。这样，五日一个地区，周而复始，“其有不测紧急事，自不拘此限。但常事不许挟紧急为名”。这是按照地区顺序逐次受理。同时，《日抄》还记载了等级顺序：首先点唤“士人”听状。点唤时还不能单呼姓名。如果是用其仆人听状，可呼姓名，但须有主人保明方受。其次是点唤“农人”，须是种田务本百姓，“农者，国家之本，居士人之次者也”。再次是“工匠”“能为器具、有资民生日用者皆是”。又次是商贾。最后才是其他“杂人”，如伎术、师巫、游手、妓乐、僮仆等社会的最底层人。另外，僧道由于其“超出世俗、不拜君王；恐于官司无关，官司不欲预设此门”。这种规定是封建社会等级制度在受理词诉上的反映。

其二，囚禁人告论他事不得受理，宋代基本没有变化。但对于被告或被按察官纠举之人又反讼者，前后有所变化。明道元年（1032 年）正月，诏“按举官奏劾所部官吏而反之所讼者，自今毋得受理”①。但到北宋中后期，是允许被告官员反讼按察官的，但必须首先将按察官纠举之事审查清楚，对被告的官吏进行处罚后，再将被告反讼之事受理审查。

其三，关于老疾及妇女告论词讼不得受理的规定。按照《唐律》是不得受理的。但《宋刑统》后有“臣等参详”条说：“或虑有悼耄笃疾之人，同居更无骨肉，被人侵损，须至理诉者，请今后官司亦须受理。其家有骨肉，并情涉无赖，即准敕文处分。”② 照顾到了孤寡老人的困难。太宗雍熙

---

① （宋）李焘:《续资治通鉴长编》卷 111，明道元年正月癸巳。

② 《宋刑统》卷 29,《断狱律 · 不合拷讯者取众证为定》。

四年（987年），进一步规定：七十以上老人词诉，当令宗族中一人同状，官司乃得受理，如孤老无宗族者不在此限。[①] 这样孤老无宗族者可以无条件受理，但如有宗族亲人，则必须有另一人同状才能受理，以便让同状人承担责任。妇女起诉一般也是有条件受理的，“非单独、无子孙孤孀，辄以妇女出名，不受”。[②]

其四，诉事而自毁伤者不得受理。《名公书判清明集》有条判语曰：“自今以后，应有此自残之人，例不受理。仍备榜州前与诸县晓谕。”[③] 哲宗绍圣二年（1095年）三月十七日，依江南西路转运副使马瑊所言，规定：“诉事而自毁伤者，官不受理。事干谋叛以上不用此制。”[④]

其五，诉事不干己、证佐不明者，不得受理。真宗大中祥符七年（1014年）七月，诏：“江南、广南伪命日，民田并以见佃人为主，讼者官勿受理。”[⑤] 这是因为年月久远，证佐不明之故。天禧元年（1017年）十月，诏：“自今后所诉事并须干己，证左明白，官司乃得受理，违者坐之。”[⑥] 又如，民被亲属指论是异姓养男者，当时的证据只能是本父。但如本父已去世，则成了无证之诉，不准受理。得到朝廷准可。哲宗元祐六年（1091年）十二月，依刑部言：“应自陈是别宅所生子，未尝同居，其父已死，无案籍及证验者，不得受理。”[⑦]

其六，婚田词诉事干农务者，须在“务限”之内，务限之外不得受理。《宋刑统》引唐“杂令”条规定：“诉田宅、婚姻、债务，起十月一日，至三月三十日检校。”窦仪等“参详”又有以下补充：

---

① 《宋会要辑稿》刑法3之11。
② （宋）黄震：《黄氏日抄》卷78，《公移·词诉约束》。
③ 《名公书判清明集》卷13，《征恶门·妄诉·钉脚》。
④ 《宋会要辑稿》刑法3之21。
⑤ （宋）李焘：《续资治通鉴长编》卷83，大中祥符七年七月辛亥。
⑥ （宋）李焘：《续资治通鉴长编》卷90，天禧元年十月丙子。
⑦ （宋）李焘：《续资治通鉴长编》卷468，元祐六年十二月戊午。

"所有论竞田宅、婚姻、债务之类（原注：债务谓法许征理者），取十月一日以后，许官司受理，至正月三十日住接词状，三月三十日以前断遣须毕。如未毕，具停滞刑狱事由闻奏。如是交相侵夺及诸般词讼，但不干田农人户者，所在官司随时受理断遣，不拘上件月日之限。"[①]

这里规定得比唐《杂令》更详细合理，既保证了农务，又不致使那些不干农务之诉因此受到阻抑。宋代将十月一日至次年正月三十日这期间可以受理婚田词诉的时间称为"务开"："诸乡村以二月一日后为'入务'，应诉田宅婚姻负债者毋受理。十月一日后为'务开'。"[②]但有两种情况是可以例外的：一是像《宋刑统》中规定的"交相侵夺及诸般词讼但不干田农人户者"，可以于"入务"时受理；二是如果有地方豪强侵夺下户者，也可以于"入务"时受理。隆兴元年（1163 年），明确规定："应婚田之讼，有下户为豪强侵夺者，不得以务限为拘。如违，许人户越诉。"[③]这条规定有利于保护一般人民的利益，抑制豪强势力，对稳定宋代社会起着积极的作用。

其七，诉赦前事不得受理。每次赦后，未决罪人赦免，而尚未发现的犯罪也可赦免，所以一般禁止人们控告某人于大赦前犯罪。哲宗元符元年（1098 年）七月，依刑部言："犯罪会赦合原而止，有离正、停降、还俗者，其同犯及干连人非赦后有罪不许首告，官司亦不得受理。"[④]如果是赦后犯罪连及赦前者，也只能追究其赦后的部分责任。

其八，诸越诉不得受理。宋代规定诉讼每经一级都要由官府判给"断由"或"判状"，有了这种"断由"，才能上诉到上一级机关，否则即越诉而不受理。真宗景德二年（1005）七月，诏："诣阙诉事人，须因州县理断

① 《宋刑统》卷 13,《户婚律 · 婚田入务》。
② 《宋会要辑稿》刑法 3 之 46。
③ 《宋会要辑稿》刑法 3 之 48。
④ （宋）李焘：《续资治通鉴长编》卷 500，元符元年七月庚申。

不当，曾经转运使诉理月日，鼓司、登闻院乃得受。”[①]南宋宁宗庆元三年（1197年）十月二日，依司农卿兼知临安府赵师𢍰所言，规定检鼓院“继今遇词诉，虽经由州郡、监司、台部、朝省已为受理而未予夺当否，或已结绝而无给到断由者，不得收接”[②]。索取“断由”，是宋代防止越诉的有效手段。

此外，当事人诉状不合要求也不能受理。《宋刑统》有关状子的规格规定：“皆须注明年月，指陈实事，不得称疑”，否则不予受理，“官司受而为理者减所告罪一等”。[③]

第三节　审判制度

一、刑事审判制度

（一）审判管辖

1. 级别管辖

根据案件的罪刑轻重而划分司法机构上下级之间的分工和权限，是中国古代历朝通例，只是由于各朝机构设置的不同而有所变化。宋代的级别管辖有以下几种情况：

（1）地方级别管辖分三级

第一级是县机关，审判权限为杖以下轻罪，而对徒以上的狱案只能作预审，查清案情，报州审判。宋太宗时规定：“杖罪以下，县长吏决遣。”[④]《庆元条法事类》也规定：“诸犯罪……杖以下县决之，徒以上（原注：编配之

---

① （宋）李焘：《续资治通鉴长编》卷60，景德二年七月己未。

② 《宋会要辑稿》职官3之73。

③ 《宋刑统》卷24，《斗讼律·犯罪陈告》。

④ 《宋会要辑稿》刑法3之11。

类应比徒者同，余条缘推断、录问称‘徒以上’者准此）及应奏者，并须追证勘结园备，方得送州。”①

第二级是州级机关（同级包括府、军、监）。唐代州级只有徒以下的管辖权。宋代赋予州级机关以更大的司法管辖权：“凡徒流罪人，于长吏前对辩无异，听遣决之。”②实际上，州级机关审判权限，在元丰以前，还远不只徒、流罪，有时死刑案件也可由州判决执行。太祖建隆二年（961年）八月诏：“诸大辟送所属州军决判。”③在元丰年后，死刑案子须经路级提刑司详复后才能执行。

第三级是路，设有转运司、提刑司及提举司等官司，是宋设在地方的专职监察区，故又称“监司”。同时也形成地方上最高一级的审判机构，尤其是元丰改制后，将“审刑院、纠察司皆省而归其职于刑部，四方之狱，非奏谳者，则提点刑狱主焉”④。即除疑难案子需上奏中央裁决外，其他一律由提刑司判决执行，“路”始成为地方的最高审级。

（2）中央各级司法机关的审判管辖

宋代中央司法机构除刑部、大理寺和御史台三法司外，又设审刑院于禁中，分担刑部的一部分复审权，以便皇帝控制。另一个重要变化是：宋代将一般的死刑案子的终审权下放到地方，而保留并扩大了对那些刑名疑虑、情理可矜案子的奏裁权。这种奏裁案由大理寺负责断议刑名、刑部、审刑院负责复审上奏，皇帝最后裁决。

御史台虽是一个监察机构，但宋代御史台还握有很大的审判权限，它一方面审理京师地区的重大刑事案件，开封府、大理寺狱的死刑案子需要报御史台差官审核；另一方面可以派官乘传就鞫地方上的重大疑难案件，

① 《庆元条法事类》卷73，《刑狱门三·决遣》所引《断狱令》。

② （宋）李焘:《续资治通鉴长编》卷64，景德三年十月癸巳。

③ 《宋史》卷1，《太祖本纪》1。

④ 《文献通考》卷167，《刑考》6，《刑制》。

特别是官吏犯法，“体大者多下御史台狱，小则开封府、大理寺鞫治焉”。[①]

2. 地区管辖

《宋刑统》沿袭唐律规定：诸犯罪一般由案发之地官司审理，假使犯罪者有同案犯在外地，当地尚未发觉，则罪囚所在地官司可直接移牒当地传讯，当地官司得牒后即须遣送同案犯到案发地官司候审，不即遣者笞五十，扣留三日以上杖一百。若同案犯在外地也已被发觉，并被当地官司收审，两地均为案发之地，如两地相距百里以外者，各由案发地官司分别作单案审理，无须移送，以防走失囚犯、漏泄狱情或拖延时间；如两地相距百里以内，则依次按照轻罪移往重罪地、少囚移往多囚地、后发地移往先发地的原则，将同案犯解送一地并案审理。[②]但有一种情况是例外的，即地方军政长官或朝廷差出之使节在外地有犯罪事发者，当地官司无权擅自审理，必须奏报皇帝敕裁。[③]

南宋宁宗庆元年间修成的《庆元条法事类》仍规定：“诸犯罪，皆于事发之所推断。”[④]说明有宋一代一直沿用着这一原则。

3. 专门管辖

宋代将一些涉及特殊人物或特殊事项的案件，从一般的审判活动中分离出来，划归专门审判机关进行审理。

涉及特权人物的案子，一是指命官犯法，一般司法机构无权审理，须上请皇帝裁决。“凡天下狱事有涉命官者，皆以具狱上请。”[⑤]二是皇族宗室人员犯罪，一般司法机关也不得随意加刑，而是杖以下罪归大宗正司管辖，徒以上罪由皇帝裁决。地方上的宗室人员还专门于西京设置西外宗正司，南京设南外宗正司，其权限与大宗正司一样，可判决杖以下轻案，徒以上

---

① 《宋史》卷200，《刑法志》2。

② 《宋刑统》卷29，《断狱律·不合拷讯者取众证为定》。

③ 《宋刑统》卷10，《职制律·在外长官使人有犯》。

④ 《庆元条法事类》卷73，《刑狱门三·决遣》所引《断狱令》。

⑤ （宋）司马光：《涑水记闻》卷3，“大理寺畏事审刑院”条。

则须通过大宗正司上奏皇帝裁决。

军人犯法案子有专门机关管辖。神宗熙宁二年（1069 年）九月，依审刑院建议，规定：诸路州军人犯罪，“仰逐处具所犯申本路经略安抚或总管钤辖司详酌情理，法外断遣”。[①] 如果是军人和百姓斗讼案件，则由军、民双方机关共同审理。军人犯重罪需要上奏时，也只能由枢密院参酌审定，进奏取旨。大中祥符五年（1012 年）五月诏天下诸路部置司科断军人大辟案，“自今具犯名上枢密院，覆奏以闻”。[②]

宋代的财经机构三司，也掌握一部分经济和民事方面的专门管辖权，但都只限于杖罪以下，徒以上仍须送大理寺或开封府。

（二）推问勘鞫

推问勘鞫又称推鞫、推勘，是审判活动中的关键环节。两宋在唐代已奠定的良好基础上，各种制度进一步完善，审讯程序更加严密。

1. 有关的制度

为使审讯活动正常进行，宋统治者预先设范立制，约束法官的行为，避免出现差误。

（1）回避制度

宋承唐制，规定了法官的回避制度，以防审讯时徇私舞弊。凡法官与犯人有亲友关系或仇嫌者，必须改由其他法官审理。《宋刑统》规定：“诸鞫狱官与被鞫人有五服内亲，及大功以上婚姻之家，并受业师，经为本部都督、刺史、县令，及有仇嫌者，皆须听换。”[③] 即应回避的范围有三：一为亲属关系，包括内亲在五服者、外亲在大功以上者；二为故旧关系，包括受业师、原长官和原部属；三为仇嫌。这些条文只是唐律的翻版，在后来

① 《宋会要辑稿》刑法 7 之 16。
② （宋）李焘:《续资治通鉴长编》卷 77，大中祥符五年五月己丑。
③ 《宋刑统》卷 29,《断狱律 · 不合拷讯者取众证为定》。

的司法实践活动中，宋统治者又有许多重要补充，使宋代回避制更加严密。综合来看，体现在以下几方面：

一是在故旧关系方面，宋代强调同年同科及第的官员必须回避。真宗景德二年（1005 年）九月诏："应差推勘、录问官，除同年同科目及第依元敕回避外，其同年不同科目者不得更有辞避。"①

二是籍贯回避。太宗至道元年（995 年）十一月诏审官院："自今不得差京朝官往本乡里制勘勾当公事。""其推勘官仍令御史台亦依此指挥。"②

三是按发起诉人和捐捕人须回避。因为对于按发人（一般指监司、郡守）和捐捕人（指巡检司、尉司官员）来说，如果此案经审理后证明是冤诬的，他们要负一定责任。为避免刑狱冤滥，宋严格规定按发捐捕人员必须回避审讯。真宗咸平元年（998 年）十月，诏令天下，严禁负责捐捕盗贼的县尉司参与审讯活动，"词诉悉归之县"。③南宋孝宗淳熙三年（1176 年）二月，大理寺评事张维言："县尉职在巡警，及其获盗解县禁系，推鞫属之县令。若捕盗官或暂权县自行鞫狱，即以元捕为当，又欲因以受赏，惟务狱成。而狱卒例是尉司弓手，往往迎合，逼令招承。"于是孝宗申严禁令，即使是县令、丞、簿全缺者，也只能由上级机关另选与此案无关的其他官员权摄，而县尉必须回避。④至于按发官之回避，其制更详：

"今后监司、郡守按发官吏合行推勘者，如系本州按发，须申提刑司差别州官；本路按发，须申朝廷差邻路官前来推勘。庶使无观望徇私之弊，则罚必当罪，而人无不服矣。"⑤

---

① 《宋会要辑稿》刑法 3 之 55。

② 《宋会要辑稿》刑法 3 之 52—53。

③ （宋）王栐:《燕翼贻谋录》卷 1。

④ 《宋会要辑稿》职官 5 之 48。

⑤ 《宋会要辑稿》职官 5 之 53—54。

这就是说，凡是按发的犯罪案，按发官必须申报上级机关另外选差与按发官同级的其他机构的官员审理，而按发官本人必须回避。

四是司法官之间也规定了种种回避制度，主要有以下几方面：第一，上下级之间的回避。“诸职事相干或统摄有亲戚者，并回避（原注：虽非命官而任使臣差遣者亦是），其转运司帐计官于诸州造帐官，提点刑狱司检法官于知州、通判、签判、幕职官、司理司法参军（原注：录事、司户兼鞫狱、检法者同）亦避。”[①] 第二，同级之间的回避。如录问官、检法官与审讯官之间，检法官与录问官之间有亲嫌者均须自陈回避。《庆元条法事类》在规定了法官与罪人有亲嫌须自陈改差后，又令“录问、检法与鞫狱，若检法与录问官吏有亲嫌者，准此”[②]。第三，犯人翻供须重审时，后审法官与前审法官有亲嫌关系者也必须回避。徽宗政和七年（1117 年）四月三日规定：“移勘公事须先次契勘后来承勘司狱与前来司狱有无亲戚，令自陈回避。不自陈者许人告，赏钱三百贯，犯人决配。”[③] 以上几种司法官之间的回避制度，有利于防止审判活动中的官官相护之弊。

（2）长官躬亲审理制

宋以前，刑狱一般由佐官或狱吏代审，长官只是签发有关文书或判决书，临决时审问一下而已。中唐以后至五代，长官甚至在决罚时也不亲临，多以牙校擅行决罚，为奸吏敲诈勒索、高下其手，大开方便之门。宋统治者出于加强中央集权的迫切需要，同时也为保护本阶级的整体利益，开始着手革除五代刑狱冤滥之弊，严格要求长官躬亲折狱听讼，以杜吏奸。

首先，在太宗时恢复了长官亲临决罚罪人之制，至道元年（995 年）六月己亥，“诏诸州长吏，凡决徒罪并须亲临”。[④] 但这只是行刑前由长官

---

① 《庆元条法事类》卷 8，《职制门五 · 亲嫌》所引《职制令》。

② 《庆元条法事类》卷 8，《职制门五 · 亲嫌》所引《断狱令》。

③ 《宋会要辑稿》刑法 3 之 70。

④ （宋）王林：《燕翼贻谋录》卷 3。

亲问犯人是否服罪、有无翻供。至于审讯时是否亲临，尚无要求。仁宗乾兴元年（1022 年）十一月（已即位未改元）下诏："纠察在京刑狱并诸路转运使副、提点刑狱及州县长吏，凡勘断公案，并须躬亲阅实，无令枉滥淹延。"[①] 到徽宗宣和二年（1120 年）进一步立法："州县官不亲听囚而使吏鞫审者，徒二年。"[②] 至此，最终形成了中国古代县太爷亲自坐堂审判的制度。

中央司法机构推鞫狱案，则早在太宗时已严格要求长官躬亲鞫问。太平兴国九年（984 年）七月，诏："御史台推勘公事，其当推御史并须当面推鞫，不得垂帘，只委所司取状。"[③] 淳化四年（993 年）六月，又诏御史台"中丞以下皆亲临鞫问"[④]。宋代这种从中央到地方凡开堂审讯者，都必须长官坐堂的制度，在司法活动中的积极作用是不言而喻的。

（3）各级独立审讯，不受上司干涉制度

为保证州县审讯时能够据状如实勘鞫，宋统治者规定州县独立审讯，不许监司以己私意强迫州县"禀受推鞫"。徽宗宣和五年（1123 年）六月二十日，刑部检会臣僚上言称：

"伏诸州县鞫狱，在法不得具情节申监司，及不得听候指挥结断，此盖朝廷欲使州县尽公据实依断遣，不得观望，且使狱刑无淹延之弊。而比年以来，诸路监司往往狭情偏见，每有公事，必使州县先具情节申禀，听候指挥方得断遣。……（刑部意见）若监司于所部刑狱令承勘官司禀受推鞫，已有《政和敕》科罪。又近降御笔：囚在禁，如监司指挥具情节及令听候指挥结断者，以违制论。仍令监司、廉访使者互察。"[⑤]

---

① （宋）李焘:《续资治通鉴长编》卷 99，乾兴元年十一月戊寅。

② 《文献通考》卷 167，《刑考》6。

③ 《宋会要辑稿》职官 55 之 2。

④ 《宋史》卷 287，《李昌龄传》。

⑤ 《宋会要辑稿》刑法 6 之 61。

可见，严禁监司强迫州县“禀受推鞫”，以便州县据实断遣的制度，早有定法。徽宗既颁行《政和敕》，又降御笔，一再申严，足见对这一问题的重视。

中央一级的司法机构在审判活动中也不能受宰相指挥或皇帝圣旨的约束而不据实推鞫。真宗咸平五年（1002年）六月，规定“御史台勘事不得奏援引圣旨及于中书取意”，必须依案情秉公推鞫。[①]这种在审判活动中放手让下级机关独立审讯的制度，有利于司法官吏据状依实结案，防止冤案的发生。

2. 刑讯

中国古代司法审判历来重视被告人的口供，“口供”成了审判活动的轴心，从而导致其诉讼形式必然是刑讯逼供。中国古代的刑讯，到唐代已形成一整套制度。宋代在此基础上又有进一步完善。

（1）刑讯的条件

刑讯是一种强制性的审讯形式，如果不加以限制，势必造成冤滥。《宋刑统》承袭唐律有关“事状疑似，犹不首实者，然后拷掠”以及验证明白无疑者即“据状断之”不必拷讯的规定，但在司法实践中，又有许多变通措施。《宋刑统》中就引用了太祖建隆三年（962年）十二月六日的一个诏令节文：

“宜令诸道州府指挥推司官吏，凡有贼盗刑狱，并须用心推鞫，勘问宿食行止，月日去处。如无差互，及未见为恶踪绪，即须别设法取情，多方辩听，不得便行鞭拷。如是勘到宿食行止与元通词款异同，或即支证分明及赃验见在，公然拒抗，不招情款者，方得依法拷掠，仍须先申取本处长吏指挥。余从前后制敕处分。”

这里对刑讯条件的规定，与律文已有很大不同。律文说，如果证验分

① 《宋会要辑稿》职官55之4。

明无疑者即据状断之，不必拷讯。而这一敕文则规定“赃验见在”、证据分明无疑而公然拒抗者，即行拷问，而不能“据状断之”。也就是说，宋代更要求证据与口供的一致，这是宋代刑讯条件比唐律发达的地方：唐律强调“事状疑似”时拷问，很容易屈打成招；而宋代强调经过调查证据明白者再拷问，有利于防止冤诬。

（2）官定刑讯工具

杖是宋代官定的刑讯工具，唐朝专门有讯杖，长三尺五寸，大头径三分二厘，小头二分二厘。① 宋常行官杖“长三尺五寸，大头阔不过二寸，厚及小头不得过九分”，重量“勿过十五两”。② 徽宗时还进一步规定：“笞、杖不得留节目，亦不得钉饰及加筋胶之类，仍用官给火印”。③ 这样，刑讯的工具不但长短大小有尺度，而且轻重及表面都有法定标准，制造权也归官府，无官府所加火印者属非法。

刑讯工具虽有严格制度，但使用非法刑具进行逼供的现象却难以避免。对此，宋统治者采取了两种措施：一是严惩违法官吏。如太宗时开封左军巡卒在拷讯王元吉时，用所谓“鼠弹筝”逼供，太宗即令用此刑惩罚狱卒。④ 宋代酷吏比前代殊少，这与宋统治者的严密防范是分不开的。二是毁弃所有非法刑具，如上文所举真宗严惩黄梅县尉潘义方后，下诏：“应有非法讯囚之具，一切毁弃，提点刑狱司察之。”⑤ 南宋高宗绍兴十一年（1141 年）四月诏：“讯囚非法之具并行毁弃，尚或违戾，委御史台弹劾以闻。”⑥

（3）刑讯的施行

为限制刑讯不致泛滥，宋统治者规定刑讯须按一定程序进行，另外对

① 《新唐书》卷 56，《刑法志》。
② 《宋史》卷 199，《刑法志》1。
③ 《宋史》卷 200，《刑法志》2。
④ 《宋史》卷 200，《刑法志》2。
⑤ （宋）李焘：《续资治通鉴长编》卷 67，景德四年十月乙卯。
⑥ 《宋会要辑稿》职官 55 之 20。

施行部位及数量都有严格规定。

其一，刑讯程序。《宋刑统》承袭唐律关于“立案、同判然后拷讯”的规定，但在司法实践中，宋代又有很多变化。太平兴国六年（981 年）又下诏进一步规定：“自今系囚如证佐明白而悍拒不伏合讯掠者，集官属同讯问之，勿令胥吏拷决。”[①] 唐律要求同判，而这时更要求同讯问。后来可能是因为众官同讯不利于速决案件，故雍熙三年（986 年）令“诸州讯囚，不须众官共视，申长吏得判乃讯囚”，[②] 从此形成定制。如果狱吏及捕盗官不请示长官擅自拷讯犯人，要依法定罪。真宗天禧二年（1018 年）三月，法官参详：“自今捕盗、掌狱官不禀长吏而捶囚，不甚伤而得情者，止以违制失公坐。过差而不得情，挟私拷决有所规求者，以违制私坐。”[③] 即便是应该拷囚，但未经长吏批准者也要治罪。仁宗天圣元年（1023 年）十月，重申“诸州典狱者，不先白长吏而榜平民，论如违制律，榜有罪者以失论”。[④] 违制失之罚是杖一百，违制私坐即徒二年。

其二，非刑禁官司不得拷讯。太祖开宝八年（975 年）七月诏：“诸道巡检捕盗使臣，凡获寇盗，不得先行拷讯，即送所属州府。”[⑤] 捕盗官司为非刑禁官司，而且于法应回避审讯，故不许他们拷囚。徽宗政和三年（1113 年）十二月二十七日下诏强调：“自今应内外非刑禁官司，不得辄置小荆杖拷讯。”[⑥] 宋代如此严禁非刑禁官司拷讯犯人，目的在于使刑讯权控制在一定部门的长官手中，以防滥施刑讯。

其三，限制杖数、施刑部位及施刑人。关于杖数，《宋刑统》仍沿袭唐律的规定。关于施刑部位，《宋刑统》规定“决笞者腿、臀分受；决杖者

---

① 《文献通考》卷 166，《刑考》5。
② 《宋史》卷 199，《刑法志》1。
③ （宋）李焘：《续资治通鉴长编》卷 91，天禧二年三月乙卯。
④ （宋）李焘：《续资治通鉴长编》卷 101，天圣元年十月癸未。
⑤ （宋）李焘：《续资治通鉴长编》卷 16，开宝八年七月丙子。
⑥ 《宋会要辑稿》刑法 2 之 61。

背、腿、臀分受，须数等。拷讯者亦同”[①]。太祖乾德元年（963 年）将决罚的部位改作“徒流皆背受，笞杖皆臀受”，“讯杖如旧制”。南宋的考讯制度，据《庆元条法事类》称：“诸讯囚，听于臀、腿及两足底分受，非当行典狱，不得至讯所。其拷讯及行决之人皆不得中易。”[②]在拷讯数上，又有每次三十而止的规定，[③]并按犯人罪之轻重而确定拷讯的轻重程度，如对大辟囚犯，“狱吏用大辟法，加杻锁绷讯”[④]。

（4）拷囚致死的责任

在拷讯囚犯时，如果违反规定滥施刑讯，导致囚犯死亡者，要受不同程度的处罚。唐律规定：如果是拷囚超过三度及杖外以他法拷掠者，杖一百；杖数过者反坐所剩，因而致死者徒二年；拷病囚亦杖一百，因而致死者徒一年半；不按施刑部位拷讯者徒一年；依法拷囚而邂逅致死者勿论。《宋刑统》在承袭以上全部内容之后，又进一步从严补充道：“有挟情托法、枉打杀人者，宜科故杀罪。”窦仪等人参详：

“今后如或有故者，以故杀论。无故者，或景迹显然，支证不谬，坚持奸恶，不招本情，以此致死，请减故杀罪三等。其或妄被攀引，終是平人，以此致死者，请减故杀罪一等。”[⑤]

在追究官吏掠死囚犯责任时，以故意和过失为原则划分轻重：故意挟私情者以故杀论，即“斩”刑，比唐律大大加重；如果是过失，又分两等，一是拷死无罪平人者减故杀一等，二是拷死有罪人者减故杀三等。这种以故意和过失以及被拷人有罪无罪为标准划分轻重的原则，比唐律更加合理，

① 《宋刑统》卷 29，《断狱律·决罚不如法》。

② 《庆元条法事类》卷 73，《刑狱门三·决遣》所引《断狱令》。

③ （宋）陈襄：《州县提纲》卷 3，《勿讯腿杖》。

④ （宋）洪迈：《夷坚志》三志己卷第 6，《赵氏馨奴》。

⑤ 《宋刑统》卷 29，《断狱律·不合拷讯者取众证为定之》，“臣等参详”。

而处罚也更加严重。此后有宋一代基本上就是以这种“故”“失”“公”“私”为标准定罪的。太宗太平兴国九年（984年）大理寺和刑部在审理凤翔司理杨鄴、许州司理张睿掠治平人及亡命卒致死一案中意见不一致，大理寺认为他们本非用情，宜从公过议法；刑部则认为他们擅行掠治，合以私罪定刑。太宗则令依刑部意见重罚，并下诏：“自令诸道敢有擅掠囚致死者，悉以私罪论。”[①] 这条诏令在司法实践中也是颇为认真执行的。如安邑县令刘颉因公事而掠笞人至死，却诬狱吏擅自掠死。监司数次派官推治不服，最后派贾仲通按问。贾仲通劝刘颉说：“君以事掠人死，非故也，不过抵罪；如诬吏自掠之，则吏又死矣。因误为故且不可，况因杀之。一人而杀二人，君其安乎？”刘颉这才服罪认错。[②] 贾仲通所言即指狱吏擅自掠囚死以故杀论，而刘颉以公事掠囚死，可减故杀一等。

宋代另一个比唐律发达的地方，就是拷囚后死亡日限的确定。有时官吏拷囚时，囚犯当时并没有被打死，但被打成重伤，几天后才死亡，这种情况要不要追究官吏拷囚致死的责任，唐律并没有具体规定。徽宗宣和四年（1122年）六月八日，臣僚上言：

> “州县刑禁本以戢奸，而官吏或妄用以杀人。州郡犹以检制，而县令惟意所欲，淹留讯治，垂尽责出，不旋踵而死者，实官吏杀之也。乞依在京通用令，责出十日内死者，验覆。如法重者奏裁，轻者置籍，岁考其不应禁而致死者，亦奏裁。从之。”[③]

可见在此之前已有“在京通用令”：拷讯囚后以十日为限，限内死者则要追究拷讯者的责任。这时又把这一在京通用令推行到全国。

---

① 《文献通考》卷170,《刑考》9。

② （宋）毕仲游:《西台集》卷13,《朝议大夫贾公墓志铭》。

③ 《宋会要辑稿》刑法6之61。

从以上有关刑讯制度中可以看出宋代比唐代立法全面、防范更加严密。

3. 结案

案件依法审问后，即须将口供及各种证据进行整理，以便作为判决的依据，这一环节称“结案”或“结款”。“结案”直接影响判决，因此宋统治者强调凡杀人、伤人案件，并须委派官吏检验，不经检验不得结案。结案时除当事人的供词外，还需要有原告、证人及与案件有关之人的证词等。

所有口供、证据、证言等事项完成后，即需书写供状，最后结款（或“结正”“穿款”）。这种“款”一般根据口供加工而成，贪官奸吏往往借此时机高下其手。宋统治者因而规定了比较详细的结款程序：首先，在审讯犯人时，应让犯人亲自书写供状，不能书写者，则由典狱官代书，但书写完毕后要向犯人读示。“囚辞，皆狱官亲听，令自通状，不能书者，典为书之，书讫读示。”[①]其次，犯人供后，官司集中所有审讯人员，根据犯人所书供状（又称“碎款”）而整理抄录出一份条理清晰的“成款”（或称“狱款”），也必须再向犯人读示，详细辨认，并亲书画押。“辞已穷尽，即官典同以辞状类合成款。唯具要切事情，不得漫录出语。仍示囚，详认书字，能书者，亲书结款。”[②]第三，结款必须依据囚犯所通原状，如实条具，否者，监司纠察治罪。宁宗嘉泰元年（1201 年）正月，臣僚言：

“今日治狱之弊，推鞫之初虽得其情，至穿款之际，则必先自揣摩斟酌之，以为案如某罪，当合某法，或笞或杖或徒流与死刑之类皆文致其辞，轻重其字，必欲以款之情与法意合。……乞行下诸路州军，所隶刑狱应自今圆结案款，但据其所吐实情，明白条具，然后听其议法者定罪。不得仍前傅会牵合，稍有文饰。如有违戾，监司按治施行。庶几情得其实，法当

① 《古今合璧事类备要·外集》卷 23，《刑法门·款辨·刑法总论》。

② 《古今合璧事类备要·外集》卷 23，《刑法门·款辨·刑法总论》。

其罪。诏从之。”①

为有效地防止官吏结案时牵合附会，次年宁宗又依刑部侍郎俞澄建议，规定了大辟犯人书写日历的办法，即正犯和干连证佐人各给一历，让他们各自记下从初入狱到审讯完毕所供之情款，勘官审问时也就历书写。错字不许改动，只能圈记。历纸必须是上级机关预先印制的。② 这样既可以作为结案的依据，防止官吏作弊，而且也是上级随时检查结案是否合法的重要根据。第四，比较重要的案子还需摘抄成款的要点，呈报上级审核，称“录本”或“节状”。再经一次改动，并且未经犯人过目，所以又给奸吏以可乘之机。为防奸赃，太宗雍熙三年（986 年）诏：“诸州所奏大辟案，多抄略疑辨之辞，或至愆误。自今并全录以闻。”③ 但这只限于大辟。其他狱案须奏者或须申上级复审者仍是只抄“录本”。后来大辟也未必全录。如南宋刘克庄在审理饶州一起案件的判词中说：“提刑司亦只见录本，所以蔡提刑信为狱成。当职初亦信之，今索到州县狱款兰亭真本，然后知狱未尝成。”④ 这一案例即因录本与狱款有出入而险些误判，但同时上级在审查录本时还可索取原状对照，这也是补救这一缺陷的有效方法。

（三）检断判决

1. 援法定罪

《宋刑统》完全继承了唐律援法定罪的精神，并在实践中不断补充完善。

首先，宋代所援以定罪的法律已不限于律令格式，皇帝敕令起着越来越重要的作用，条例也逐渐增多，真宗景德四年（1007 年）七月依知制诰

① 《宋会要辑稿》职官 5 之 59。

② 《古今合璧事类备要·外集》卷 23，《刑法门·款辨·刑法总论》。

③ 《通鉴长编纪事本末》卷 14，《听断》。

④ （宋）刘克庄：《后村先生大全集》卷 192，《书判·饶州州院推勘朱超等为趯死程七五事》。

周起建议，规定诸司定夺公事，要明具格敕、律令、条例闻奏。如事不明者或无条可援者，“须件析具事宜从长酌中之道取旨，不得自持两端，逗留行遣。如挟情者，望许人论告，重行朝典；或止是畏避，亦量加责罚”。[①]大中祥符二年（1009年）十一月十九日，又规定大理寺定夺公事并须具有无冲改律令及前后宣敕，开坐以闻。[②]以后发展的趋势是敕的地位越来越高，神宗后则以敕代律。敕令数量很多，为便于法官使用，宋代形成了持续不断编修敕条的传统，并设有专门机构，经过整理后的敕令称为“编敕”，几乎每位皇帝即位或改元时，都要定一册编敕，如《建隆编敕》《太平兴国编敕》《淳化编敕》《咸平编敕》《天圣编敕》等，不仅如此，每个机构及部门又有自己独立适用的敕，称为一司、一路、一州、一县敕。南宋时，除了将编敕分门别类整理为“条法事类”之外，还继承大观旧法，每年春季和秋季各颁布敕令格式一册的制度。宁宗庆元六年（1200年）五月刑部员外郎王资之奏：春秋所颁敕令格式二册，原止颁下州郡，而不及县镇，“夫县镇于民为最近，裁决公事多致抵牾，狱讼以之不息，良民受害不少”。于是进一步规定：“遇春秋一颁镂板，其县镇并同州郡一例颁降。”[③]

其次，敕令格式均无正条可援用的，唐律规定可以比附，或举重以明轻，或举轻以明重。《宋刑统》虽也照录此条，但实践中多是援例而断，“夫例者，出格法之所不该，故即其近似者而仿行之。如断罪无正条，则有比附定刑之文；法所不载，则有比类施行指挥。虽名曰例，实不离于法也”[④]。例在补法之不足方面起着积极作用。但由于灵活性大，故往往成为奸吏高下其手的得力工具，他们往往“徇私忘公，不比法以为例，而因事以起例，甚者自有本法，亦舍而弗用”[⑤]。开了中国古代“以例破条”之大弊。

---

① （宋）李焘：《续资治通鉴长编》卷66，景德四年七月壬午。

② 《宋会要辑稿》刑法1之3。

③ 《宋会要辑稿》职官15之28。

④ 《宋会要辑稿》职官79之6。

⑤ 《宋会要辑稿》职官79之6。

2. 鞫谳分司

鞫谳分司就是将“审”与“判”分开，由专职官员负责检详法律条文，而原来审问案情的官员无权检法断刑，检法断刑的官员也无权过问审讯，使之互相牵制，不易作弊，此即“鞫谳分司”。

宋初将五代时期的“马步院”改为“司理院”，由司理参军掌管，专管狱讼勘鞫，不兼他职。而将原来的司法参军的“鞫狱断刑”职掌变为专管“检法断刑”。这样，司理参军便成为“鞫司”（又称为“推司”“狱司”），司法参军便成为“谳司”（又称为“法司”）。此外，州院里的录事参军也属鞫司官。开封府则以左右军巡院和司录参军为“鞫司”，法曹参军为“谳司”。大理寺则有“断司”和“议司”之分。这里需要说明的是，宋代并不是每个机构、每个州郡都具备这种分工，因为宋代州官“自通判而下，州小事简或不备置”[①]。即行政区划较小州人口少、事务简，往往不全设所有的官职，或只设鞫司而不设谳司，或只设谳司而不设鞫司，这样就出现了兼职的现象，如开宝三年（970年）七月下诏曰：

“西川管内州县官，宜为户口为率，差减其员，旧俸月增给五千。诸州凡二万户者，依旧设曹官三员；户不满二万，止置录事参军、司法参军各一员，司法兼司户；不满万，止置司法、司户各一员，司户兼事参军；不满五千，止置司户一员，兼司法及录事参军事。”[②]

按照这一诏令，凡户口不满五千的州郡，即司法和录事由一人兼任，也就是说鞫司和谳司合二为一了。仁宗天圣五年（1027年）十二月，吏部流内铨提到：“自来高州置司户参军一员，兼录参、司法事；融州置司理、

① 《宋会要辑稿》职官47之1。

② （宋）李焘:《续资治通鉴长编》卷11，开宝三年七月壬子。

司户参军二员，兼录参、司法事……”[①]鞫司兼任谳司，这与“鞫谳分司”的原则似乎发生了矛盾。其实，宋代的“鞫谳分司”是指在具体的审判过程中，负责审问的官员不能同时又去负责检法断刑。如上文所举广南高州只设司户参军一员兼录事、司法事，按照鞫谳分司的原则，这位司户参军在审判案子时，如果他是负责审问的（录事的工作），就须选另外一位官员检断（司法的工作），而不能同时又负责检断，反之亦然。

有宋一代始终是坚持分司原则的，这与宋统治者的极端重视是分不开的。高宗绍兴二十六年（1156年）吏部郎中汪应辰奏称：

“国家累圣相授，民之犯于有司者，常恐不得其情，故特致详于听断之初。……鞫之与谳者，各司其局，初不相关，是非可否，有以相济，无偏听独任之失。此臣所谓特致详于听断之初也。”[②]

从这里可以看到宋统治者对分司原则的重视及其用意，成为“累圣相授”的传统。不但皇帝重视，而且朝中大臣也深谙此道，经常提醒皇帝维护分司精神、革除那些违背这一原则的弊病。高宗时周林上言：

“狱司推鞫，法司检断，各有司存，所以防奸也。然而推鞫之吏，狱案未成，先与法吏议其曲折，若非款状显然，如法吏之意，则谓难以出手。故于结案之时，不无高下迁就，非本情去处。臣愿严立法禁，推司公事，未曾结案之前，不得辄与法司商议。重立赏格，许人告首。”[③]

周琳所要求维护的，正是“鞫狱分司”的基本精神。到宁宗嘉泰元年

① 《宋会要辑稿》职官48之7。

② 《历代名臣奏议》卷217,《慎刑·右司郎中汪应辰论刑部理寺谳决当分职劄子》。

③ 《历代名臣奏议》卷217,《慎刑·周林奏推司不得与法司议事劄子》。

（1201 年）正月十一日，又有臣僚上言：

“今日治狱之弊，推鞫之初虽得其情，至穿款之际，则必先自揣摩斟酌之，以为案如某罪，当合某法……必欲以款之情与法意合。彼议法者亦惟视其成而定其罪，细毫锱铢如出一手。乞行下诸路州军，所隶刑狱应自今圆结案款，但据其所吐实情，明白条具，然后听其议法者定罪。不得仍前傅会牵合，稍有文饰。如有违戾，监司按治施行。庶几情得其实，法当其罪。诏从之。”①

从这里可以看出“鞫谳分司”的另一个基本精神：法司在检断时有驳正的责任。如果法司“惟视其成”“如出一手”，这也不可能达到“各有司存，所以防奸”的目的。

总之，“鞫谳分司”的实施，对于减少刑狱冤滥和官吏作弊，是起着积极作用的。同时，这一制度又是与“援法定罪”相配合的，因为宋代法律形式复杂（有敕、令、格、式、例、申明、看详等），条文繁密，浩如烟海。正如哲宗初司马光所说：当时中书门下各省修成尚书六曹条贯三千六百九十四册，编修诸司敕式所修成敕令格式一千余卷册，“虽有官吏强力勤敏者，恐不能遍观而详览，况于备记而必行之！”② 在这种情况下，设专人检详法条，正确适用法律，是十分必要的。因此，“援法定罪”是借助于“鞫谳分司”的实施而实现的。

3. 差官录问

“录问”是进入判决的第一道手续。一般要求徒刑以上的案子，鞫谳结款以后，必须由没有参加过审讯的、依法不合回避的其他官员前来，再次提审案犯，核实一下供词，这就是“录问”。如果犯人承认所供属实，

① 《宋会要辑稿》职官 5 之 59。

② （宋）李焘：《续资治通鉴长编》卷 385，元祐元年八月丁酉。

无有异同，然后再进行下一道手续。如果犯人在录问耐推翻原来的供词、申诉称冤，那么案子马上交给另一个官司重审。

录问制大概起于五代。后唐天成三年（928 年）七月十七日敕文：

“诸道、州、府，凡有推鞫囚狱，案成后，逐处委观察、防御、团练、军事判官，引所勘囚人面前录问。如有异同，即移司别勘。若见本情，其前推勘官吏，量罪科责。如无异同，即于案后别连一状，云‘所录问囚人与案款同’，转上本处观察、团练使、刺史。如有案牍未经录问过，不得便令详断。”①

宋代继承了这一良法，并制定了更加完善的规则。太宗淳化四年（993 年）十一月，知制诰柴成务言：“应差官勘事及诸州推鞫罪人，案成，差官录问。”② 录问前，录问官须先审查案状，事无可疑，再提审囚犯，读示款状，令“实则书实，虚则陈冤”③。必要时，还要提审证人，因此凡是徒以上案子的证人，如果案犯尚未录问者，则“告示不得远出”，随时准备接受录问时传证。④

关于如何选差官录问，宋代有更详细的规定。县级机关的录问，一般由县令、佐集体进行，“其徒罪以上囚，令佐聚问无异，方得结解赴州”。⑤ 州级机关的录问，从真宗大中祥符九年（1016 年）八月开始规定严禁以所部僚属录问，而必须于“邻州选官”录问。⑥ 京师地区一般选差御史台官

① 《宋刑统》卷 29，《断狱律·不合拷讯者取众证为定》。
② 《宋会要辑稿》刑法 3 之 51。
③ （宋）李焘：《续资治通鉴长编》卷 289，元丰元年四月乙巳。
④ 《古今合璧事类备要·外集》卷 23，《刑法门·款辨·刑法总论》。
⑤ 《宋要会辑稿》职官 5 之 48。
⑥ （宋）李焘：《续资治通鉴长编》卷 87，大中祥符九年八月丙戌。

充录问官。真宗咸平三年（1000 年）五月，诏开封府死罪“选朝官录问”。[①] 次年二月，“诏御史台差朝官录问军巡院大辟罪人，不得与本院官相见”。[②] 而御史台的狱案，则差其他部门官员录问，真宗咸平三年五月，在诏示开封府的同时，即规定“御史台狱流、死罪，令给、谏以上录问”[③]。真宗在京设置纠察刑狱司后，在京之狱“凡大辟皆录问”。“凡在京刑禁，徒以上即时以报。”[④] 发现问题即派官录问：

“纠察刑狱官自今看详日状，如所犯稍重及情理涉疑、禁系稍多，淹延未断，即仰暂勾罪人及碎状就本司审问。若至大辟及密切事务，即委纠察官一员就往审问。如至翻覆异同，即委移司推鞫。”[⑤]

凡徒以上的案子是将犯人及案状提到本司录问，而大辟重罪则由本司派员前往原审机关录问。神宗废纠察司后，其职事划归御史台。

对于地方上州一级处理的重大死刑案犯，宋代则要求必须由长官以下聚录，而不再像五代那样只委判官一人录问。咸平五年（1002 年）十月因遂州观察支使陆文伟上言：“诸州大辟案上，委本判官录问，恐有初官未详法理，虑其枉滥。”于是真宗下诏“自今并须长吏、通判、幕职官同录问详断”[⑥]。这种“聚录”制一直到南宋都相沿不衰，如孝宗乾道四年（1168 年）五月臣僚上言：“民命莫重于大辟。方锻炼时，何可尽察，独在聚录之际，官吏聚于一堂，引囚而读示之，死生之分，决于顷刻。”但负责宣读案款的狱吏不愿平反，故意疾读，不可晓解。因此臣僚要求在聚录时，要

---

① （宋）李焘:《续资治通鉴长编》卷 47，咸平三年五月己亥。
② 《宋会要辑稿》职官 55 之 4。
③ （宋）李焘:《续资治通鉴长编》卷 47，咸平三年五月己亥。
④ 《宋史》卷 163,《职官志》3。
⑤ 《宋会要辑稿》职官 15 之 45。
⑥ （宋）李焘:《续资治通鉴长编》卷 53，咸平五年十月戊寅。

严格依法“令囚自通重情以合其款”，“委长贰点无干碍吏人，先附囚口，责状一通，复视狱案，果无差殊；然后亦点无干碍吏人依句宣读，务要详明，令囚通流，庶几伏辜者无憾，冤枉者获申”。得到孝宗支持。[①] 有些死刑案涉及面广，牵连人犯较多者，在聚录之后还要由邻州官员再录问一次，以防不尽实情。例如，真宗规定了“聚录”制后，于大中祥符三年又令：“诸州大辟罪及五人以上狱具，请邻州通判、幕职官一人再录问讫，决之。”[②] 京师的重大死刑案也一样，大中祥符五年（1012 年）四月九日诏：凡是经纠察司申奏下御史台禁勘的大辟罪人，须“委御史台于郎中已上牒请录问”后，还要于“中书舍人以上，丞郎以上再请录问”[③]。

4. 结绝宣判

（1）法司检断

经录问，犯人如不翻供，承认所供案款，案子就进入了检法书拟程序，即检法议刑，拟定判语。负责检法议刑的法司依据犯罪情节，检出可以适用的法条。从《名公书判清明集》的记载来看，法司检法时还可以提出对本案的处理意见，供长官参考。此书卷十二《结托州县蓄养罢吏配军夺人之产罪恶贯盈》一案，先由法司检法书拟称“在法：以恐惧逼迫人致死者，以故斗杀论。若元吉之犯绞刑，盖亦屡矣。恶贯已盈，岂容幸免，欲将王元吉决脊杖二十，配广南远恶州军”。然后长官宋自牧断罪曰：“王元吉且照检法所定罪名，刺配广州摧锋军，拘监重后，日下押发。”法司检法虽然无权作最后判决，但已将判决限定在所检法条范围内，对长官的判决影响极大。为防止法司检法时高下其手，南宋绍兴十七年（1147 年）依大理少卿许大英之请，令“诸州法司吏人，只许检出事状，不得辄言予夺”[④]。并且由录事参军对其进行监督：“诸州公事应检法者，录事、

① 《文献通考》卷 167，《刑考》6。

② （宋）李焘：《续资治通鉴长编》卷 73，大中祥符三年六月庚午。

③ 《宋会要辑稿》职官 15 之 45—46。

④ 《建炎以来系年要录》卷 156，绍兴十七年十二月己亥。

司法参军连书。”[①]

（2）长官定判

法司检出可以适用的法律条文，或提出处理意见后，至于采用哪一条，如何定罪量刑，最后还是由长官决定。但长官也并非如此简单就可以定判，还须经一定的手续才能正式作出判决。首先，通常由推官或签书判官厅公事等幕职官协助长官作出初步判决意见，称为“拟判”或“书拟”。如孝宗时，陈希点为平江府观察推官，能与固执的太守丘公密屡争狱事，“至于再三，竟不能夺。自尔，公所书拟，望而许之”。[②]但拟判并不只限于推、判官，有时司法参军在检法后即可拟判，如《名公书判清明集》卷七《立继有据不为户绝》就是由司法参军先列举有关的婚姻继承法规，拟出判决意见后称：“管见如此，取台判。”其次，案子拟判后，还要经过本机关内各位官员的集体审核，签署画押。太宗至道元年（995 年）正月诏：“杖罪以下，长吏与通判量罪区分。”[③]这等于是防止长官独断专行的又一道关口。北宋蔡襄曾说：“……狱具，文咨于从事，谋于监郡，上于太守，而又质于掌法者。若文不比，囚不置，则移而谳之。众皆可焉，班而署之，然后乃得已矣。”[④]这种集体审核的顺序是：“诸案呈覆，已得判押，并须以次经由通判、职官签押，方得行遣；文字并须先经职官、次诣通判，方得呈知州取押用印行下。”[⑤]宋统治者不仅严格要求集体审核，调动集体的力量来发现冤情，而且要集体签署，使每一位官员都要承担一定的法律责任。判决公正无冤者，大家都受奖，否则，大家都要受罚。例如，熙宁三年（1070 年），知明州苗振以私怨而故入奉化知县裴士尧赃罪。后经裴士尧出登闻

① 《庆元条法事类》卷 73,《职制门五 · 检断》所引《断狱令》。

② （宋）楼钥:《攻媿集》卷 98,《神道碑 · 中书舍人赠光禄大夫陈公神道碑》。

③ 《宋会要辑稿》刑法 3 之 52。

④ 《宋文鉴》卷 87,《送张总之温州司理序》。

⑤ 《朱文公文集》卷 100,《公移 · 州县官牒》。

鼓自诉而得平反，“于是，尝签书士尧狱事者，虽去官，皆罚铜二十斤”。[①]这种奖罚制度，对于宋代司法机关发挥集体的智慧辨正狱讼，既是一个鼓励又是一个鞭策，促使人人尽心于狱事。

（3）宣判结绝

长官正式定判后，必须向犯人宣读判词，问犯人是否服判，这等于是赋予囚犯的又一次也是最后一次申诉的机会。关于这一制度，唐律已有定制：“诸狱结竟，徒以上，各呼囚及其家属，具告罪名，仍取囚服辩。若不服者，听其自理，更为审详，违者笞五十，死罪杖一百。”[②]《宋刑统》完全承袭这一制度，宣判时准许犯人申诉，犯人服罪无异辞，即可执行，整个案子才算终结，宋人称之为“结绝”。如宋玘在常州时，“每有重辟，必持案谂囚尔罪应死，尽召家人，使之相见”。[③]

宋代的各项判决制度，也和审讯制度一样自成体系，既有如援法定罪、鞫谳分司等原则作为指导，又有严密的程序进行层层把关。宋统治者将判决程序分为若干不同的部分，分别由不相干的各自独立的官员负责，然后还要发挥集体的智慧，集思广益，长官以下人人都有检察狱案的权力和责任，虽然最后由长官定判，但在经过多位官员集议的情况下，长官已不可能再随心所欲，违法判决，有效地防止了长官的个人专断。如宋徽宗时，陈侁调任和州司户参军，“州有狱，不应死，守欲杀之。侁抱牍与辩良久……卒得平反”。[④]司户参军本是负责一州户口等事，但也可以和太守争辩狱情，并且使太守最终改判，避免了一次冤案，像这样的事实在宋代很多。这种周密的判决制度在中国古代实在是首屈一指的。

---

① （宋）李焘：《续资治通鉴长编》卷214，熙宁三年八月辛酉。

② 《唐律疏议》卷30，《断狱·狱结竟取服辩》。

③ （宋）宋祁：《景文集》卷62，《行状·荆南府君行状》。

④ 《福建通志》卷36，《循吏·陈侁传》。

（四）疑狱奏裁

奏裁又称奏谳、谳请等，宋代是指对刑名疑虑、情理可悯的案件必须上奏朝廷敕裁的制度。“狱疑者谳”“原情定罪”，是中国传统的司法原则，它反映了中国古代统治者在严酷镇压人民反抗的同时，也注意防止刑狱冤滥、重视民命的恤刑精神。宋代将这一精神加以发扬光大，特别重视对疑狱的奏谳，即使因奏谳而造成大量滞狱也在所不惜，形成了宋代司法制度上的一大特点。

1. 非死刑疑案及命官案子的奏裁

流刑以下的非死刑案子，如有情轻法重、情重法轻者，须上奏中央裁决。太宗雍熙元年（984 年）八月下诏：诸州当奏疑案，要“骑置以闻”。[①] 真宗大中祥符四年（1011 年）二月，“令法官慎刑名，有情轻法重者以闻”。[②] 到英宗和神宗时，对非死刑的徒流疑案的奏裁开始加以限制，故熙宁九年（1076 年）八月十六日枢密使吴充奏曰：

“在京海行敕：诸犯流以上罪，若情重可为惩戒及情理可矜者，并奏裁。窃详赦书之易，初无中外之别，只缘立文有碍，遂致推［泽］未均。……然天下至广，囹圄实繁，岂无情轻法重之人。而官吏苟避不应奏之罪，一切以重法绳之，恐未副朝廷钦慎仁悯之意。欲今后天下罪人犯徒流罪或该编配者，情轻法重并许本处具犯状申提点刑狱司看详，委是依得赦书，即缴连以闻。所贵罪法相当，中外一体。如恐地远淹系，其川广福建或乞委安抚钤辖司详酌指挥断讫闻奏。仍委中书、枢密院点检。”[③]

神宗把这个建议交给编敕所详定，编敕所称：“本所看详，缘天下州郡

① （宋）李焘：《续资治通鉴长编》卷 25，雍熙元年八月戊寅。
② 《宋史》卷 8，《真宗本纪》3。
③ 《宋会要辑稿》刑法 1 之 9—10。

日有徒、流及编配罪人，若更立情轻法重奏裁之法，不惟淹系刑狱，兼恐案牍繁多，未敢立法。乞朝廷更赐指挥。”这样，关于徒、流罪奏裁的立法，最终仍因担心淹系刑狱而被搁下了。

非死刑的命官案子，有宋一代则始终都是要奏裁的，这是对自汉代以来命官犯罪上请制的继承和发展，“凡天下狱事有涉命官者，皆以具狱上请”。[①]成为宋代的重要司法原则。神宗熙宁七年（1074年）诏：“品官犯罪，按察之官并奏劾听旨，毋得擅捕系、罢其职奉。”[②]哲宗元祐三年（1088年）六月诏：“命官犯罪，有亏名教，虽无特旨者，并申尚书省奏裁。”[③]南宋高宗绍兴二十五年（1155年）十二月又重申：“命官犯罪，勘鞫已成，具案奏裁。比年以来，多是大臣便作已奉特旨一面施行，自今后三省将上取旨。”[④]

2. 死刑疑案的奏裁

大辟疑虑可怜及情法不称者，是宋代奏裁的重点。“在法，大辟情法相当之人，合申提刑司详覆，依法断遣。其有刑名疑虑、情理可悯、尸不经验、杀人无证见四者，皆许奏裁。”[⑤]为了防止奏谳淹延刑狱，宋统治者也制定了一些限制措施，不过由于宋统治者过于重视对死刑疑案的奏裁，而屡屡放宽这些限制。

（1）需要奏裁的死刑案，要先由监司审查是否符合奏裁条件

太宗至道二年（996年）“帝闻诸州所断大辟，情可疑者，惧为有司所驳，不敢上其狱。乃诏死事有可疑者，具狱申转运司，择部内详练格律者令决之，须奏者乃奏”。[⑥]真宗大中祥符六年（1013年）四月诏：“诸州死罪情理可悯及刑名可疑者，报提点刑狱司详察以闻，当付大理寺详覆。

① （宋）司马光:《涑水记闻》卷3，“大理寺畏事审刑院”条。

② 《宋史》卷199,《刑法志》1。

③ （宋）李焘:《续资治通鉴长编》卷412，元祐三年六月壬辰。

④ 《宋会要辑稿》职官1之51。

⑤ （宋）楼钥:《攻媿集》卷27,《奏议·缴刑部札子》。

⑥ 《宋史》卷199,《刑法志》1。

无得顾避举驳，致有幽枉。”[①] 但至仁宗时期就放松了这一限制，天圣四年（1026 年）诏：“自今大辟案情理可悯，而刑名疑虑者，更不申提点刑狱官，并具案闻奏。”[②] 此制在以后的一百多年中基本上没有什么变化，直至高宗绍兴三年（1133 年）才又下诏：“诸州大辟应奏者，从提刑司具因依缴奏。”[③] 但从后来的一些情况分析，死刑奏谳仍没有通过监司审查，如宁宗嘉泰三年（1203 年）三月江西运副陈研言：由于州狱死刑案申报监司复核时，监司人吏必多方驳难，所以州县吏人害怕申报监司，而多教令囚犯故意造作疑虑可悯之状，然后照条奏裁，便可避免监司的驳难。[④] 这说明地方凡死刑疑案需奏裁者，可不经监司而直接上奏。

（2）“不应奏而奏”的责任

宋统治者只要求情法不称、刑名疑虑的死刑案奏裁，如果情法相当、刑名无疑虑者也上奏，势必增加奏裁负担，淹滞刑狱，因此一般禁止“不应奏而奏”。但对“不应奏而奏”者是否应追究法律责任，宋统治者反复无常，时严时宽，宋初是严加禁止的，太祖建隆三年（962 年）二月诏：“诸道州、府依法断狱，毋得避事妄奏取裁，违者量罪停罚。”[⑤] 太宗雍熙元年（984 年）八月诏：“诸州所上疑狱，有司详覆而无可疑之状，官吏并同违制之坐。”[⑥] 真宗咸平六年（1003 年）六月又诏：“律令具有明文，法官不能详处，多以狱情轻重列奏取裁，或再令审定，即复更改。一成之制，岂若是耶？自今无得以情理取旨。”[⑦] 但到仁宗时，此禁大开，原因是：

① （宋）李焘：《续资治通鉴长编》卷 80，大中祥符六年四月丙戌。
② （宋）楼钥：《攻媿集》卷 27，《奏议 · 缴刑部札子》。
③ 《建炎以来系年要录》卷 70，绍兴三年十一月庚辰。
④ 《宋会要辑稿》职官 5 之 59—60。
⑤ （宋）李焘：《续资治通鉴长编》卷 3，绍兴三年十一月庚辰。
⑥ （宋）李焘：《续资治通鉴长编》卷 25，雍熙元年八月戊寅。
⑦ （宋）李焘：《续资治通鉴长编》卷 55，咸平六年六月癸未。

“故事，州郡之狱有疑及情可悯者，虽许上请，而法寺多举驳，则官吏当不应奏之罪。故皆移情就法，不以上请。燕肃判刑部，奏：‘天圣三年天下断大辟二千四百三十六，岂无法疑情可悯者？而州郡无所奏谳，盖畏罪也。请自今奏而不应奏者，不科以罪。’自是左谳者，岁不减千人。”①

以前因追究“不应奏”之罪，而使官吏不敢上奏，导致死刑处决案的增加，这不符合宋统治者的钦恤之意，故在判刑部燕肃的建议下，大开禁令。天圣四年仁宗下诏：“天下死罪有情理可矜及刑名疑虑者，具案以闻，有司勿得举驳。”这一诏令颁下后，“其后虽法不应奏、吏当坐罪者，审刑院贴奏，率以恩释为例，名曰‘帖放’。吏始无所牵制，请谳者多得减死矣”。②“帖放”的结果，又导致奏裁的泛滥和刑狱的淹延。

（3）边远州军不须上奏，由当地监司断讫奏闻

哲宗元祐元年依尚书省建议，“始令川、广、福建、荆南路罪人，情轻法重当奏断者，申安抚或钤辖司酌情决断乃奏”。③有时由于战争或其他缘故而使道路不通者，也不必等待，而由监司处理，如建炎元年（1127年）十一月因战乱而诏：“杂犯死罪有疑及情理可悯者，抚谕官同提刑司酌情减降，先断后闻。”④绍兴元年（1131年）王衣为刑部侍郎时，请朝廷立法：“凡州县大辟当奏谳者，遇防秋道梗，俾守臣即从减等论决，以绝邮传稽缓，待报淹系之弊。”高宗依从之。⑤这些变通措施大大减缓了奏谳淹滞的压力。

（4）奏案回降后，如地方长官认为裁决不当者，还可再奏

孝宗时，岳州发生一起盗案，案犯被判死罪。但知州赵善待认为“法

① （宋）李元纲：《厚德录》卷2。

② 《宋史》卷199，《刑法志》1。

③ 《宋史》卷201，《刑法志》3。

④ 《宋史》卷24，《高宗纪》1。

⑤ 《全宋文》卷3659，《綦崇礼二二·故右中大夫充集英殿修撰提举江州太平观历城县开国男食邑五百户赐紫金鱼袋王公墓志铭》。

当贷命，奏裁”。此案奏上经中央裁决后，认为无须贷命，“乃以死报。吏请奉行，公（赵善待）不可，再为奏谳，卒免死”。[①] 这种来回重复奏谳的情况，在宋代虽比较少见且淹延刑狱，但反映了宋统治者对人命的重视。

3. 奏裁制度之利弊

奏裁制度是根据中国古代罪疑唯轻、原情定罪等司法传统而制定的，对于减少刑狱冤滥、保证法律的准确性、补充法律的局限性等方面，起着积极作用。对于统治者来说，则可借机传扬“钦恤之意”。法官只能依法定罪，至于疑狱减刑，则由皇帝决定，这就形成了“法归有司，恩归其上”的局面，突出了皇帝的“恩慈”形象。但大量的奏裁活动，又带来了许多与统治者意愿相反的结果：

（1）法官推避怠慢。既然疑虑可悯之狱可以奏裁，并且不应奏者也不治罪，官员便可利用这个机会把棘手的案子都推给皇帝裁决。于是纷纷造作疑虑可悯之状，而不再细究狱情。宁宗嘉泰三年（1203 年）三月十一日，江西运副陈研上言：“窃见诸州军大辟公事，到狱之初，不先审定罪人本情，多为迁就之词，求合于疑虑可悯之条，此最今日治狱之大弊。”州县吏人借奏裁而逃避上级驳难，又免于“追呼需索之扰”[②]。地方官由此推诿责任，把可以判决的案子也推给中央，必然不利及时正确解决。

（2）削弱刑罚威力。某些情节恶劣、罪有应得的犯人，反而被官吏出于各种目的以“疑虑可悯”奏裁而获宽贷，造成判决不公，同罪异罚。哲宗绍圣元年（1094 年），权刑部侍郎杜纮上言：“诸州大辟本非疑虑，其间有因奏裁遂获免死，而已决者不得蒙宥。是因之生死惟奏与否。”[③] 徽宗时，翁彦深为都司，入对时历指此弊说：

---

① （宋）袁燮：《絜斋集》卷 17，《朝请大夫赠宣奉大夫赵公墓志铭》。

② 《宋会要辑稿》职官 5 之 59—60。

③ 《文献通考》卷 170，《刑考》9。

“伏见淮东十一州军，政和六年、七年，坐杀人而死者才十有二人，刑几措矣。然计二年之狱，盖一百三十二人，而独此十二人者死。问之有司，则曰：‘不死者，有情理者也。’自五帝、三代至于汉、唐，未有杀人不死之法。”[①]

他又举例说：有人以一骂之故而遭对方殴杀，杀人者反而以可悯奏裁，宽贷不死，这岂不是使骂人之罪反比杀人之罪更重。这种“仁于强暴，而使寡弱者不保其生”的结果势必削弱宋代的刑罚威力。

（3）犯罪率的不断上升。这也是由于刑罚威力下降而带来的必然后果。仁宗时的庞籍上言：

“自朝廷降敕：死罪情可悯者，并令奏取敕裁免，或有不中明言，更不驳勘。自此杀人者得设计谋造作情理，一行上谳，无不容贷者。……所以天下杀人之狱岁益多矣。实恐自此豪强之民有杀人命者，行赂造情以求奏贷，无复偿其死命。此盖欲为宽法以感召和气，臣实以谓不然。”[②]

可见，奏裁制使吞舟之鱼得以漏网，带来“法不胜奸，寇盗益炽”的后果。

（4）地方刑狱留禁待报淹久。孝宗淳熙七年（1180年）朱熹上言曰：州县之狱除情法相当者随时决遣外，其疑虑可悯之案须具案奏，下之刑寺审阅，轻重取自圣裁。“然奏案一上，动涉年岁。且如本军，昨于淳熙四年十一月内申枢密院，乞奏劫贼倪敏忠皋案。其罪状明白，初无可疑，而凡经二年有半，至今年三月内方准敕断行下。”[③]审判时间的拖延，必然要损害许多无辜者的利益。

---

① （宋）胡寅:《斐然集》卷26,《墓志铭·右朝奉大夫集英殿修撰翁公神道碑》。

② 《历代名臣奏议》卷187,《赏罚·侍御史知杂事庞籍论近年赏典太优刑章稍纵疏》。

③ （宋）朱熹:《朱熹集》卷16,《奏状·奏推广御笔指挥二事状》。

奏裁之弊给宋代司法带来了不良的影响，宋统治者虽多方设法限制奏裁，但终归积重难返，无法克服。

（五）申诉复审

1. 申诉时效

申诉时效是为保证犯人的判决已经发生法律效力之后，向上级司法机关提出申诉的权力在有效的期限内不因判决的执行而削减。汉代以来，这种期限定为三个月，而宋代开始大大增加。仁宗天圣九年（1031 年）八月九日，依审刑院之请，规定“自今鞫劾盗贼，如实枉抑者，许于虑问时披诉。若不受理，听断讫半年次第申诉。限内不能翻诉者，勿更受理”。[①] 这时的申诉时效为半年。康定二年（1041 年）正月二十六日又下诏：诸付捕所获盗贼，如经三年不曾进状及披述，“更不在叙述之限”。[②] 这时又宽展为三年，可能是因为付捕所获者冤枉的可能性大的缘故。即便对某些怙恶不悛的惯犯，申诉期限也宽展为一年。皇祐二年（1050 年）十一月十五日，从审刑院、大理寺言：“累作过犯罪人，依条刺配后，却称元初刺配不当者，限一年内许经逐处理诉，如在一年限外，官司不得受理。”[③]

对于命官犯罪判决后的申诉时效，从一开始就规定为三年。仁宗庆历七年（1047 年）十月二十二日规定：“命官犯罪经断后，如有理雪者，在三年外更不施行。”此后则逐渐放宽，至皇祐四年（1052 年）四月九日规定：命官犯罪理雪年限，可以除去丁忧持服月日。[④] 嘉祐四年（1059 年）十月十二日又诏：“今日以前因过犯经断，有司引用刑法差误，后来为碍条贯：‘三年外不许理雪’，致久负冤抑者，并仰经所在投状以闻，当议别委官司

① 《宋会要辑稿》刑法 3 之 17。

② 《宋会要辑稿》刑法 3 之 18。

③ 《宋会要辑稿》刑法 4 之 22—23。

④ 《宋会要辑稿》刑法 3 之 19。

定夺改正。”[①] 这就远远不限于三年了。

南宋的申诉时效不但没有减少，而且每逢大赦还把法定期限由北宋的三年增加到五年。绍兴二年九月四日赦令称：

“应经断人依限三年外不许诉雪。如元因有司勘断委有不当致久负冤抑，在五年限内者，并仰经所属投状以闻，刑部审实改正。”[②]

后来的四年九月、七年九月、十年九月、十三年十一月、十六年十一月、十九年十一月、二十二年十一月、二十五年十一月、二十八年十一月、三十一年九月等多次大赦时均同此制。可见这已成为南宋定制。近年来，学术界不少同人根据绍兴五年二月二十八日尚书省提到的一绍兴令文“事已经断而理诉者，一年内听乞别勘”[③]，认为南宋将申诉期限减少为一年；还有的认为北宋申诉期限为半年，南宋增加为一年。这两种说法都是值得商榷的。其实，这一绍兴令文与诸赦文所说的法定三年限并不矛盾，“旧法，命官诉雪罪犯，一岁别勘，三岁别定，以防枉挠”[④]。由此可知，绍兴令文所指即为“一岁别勘”之制，但这还不是最后期限，三年内还可“别定”。

2. 申诉的方式及程序

宋代申诉的方式主要有两种：一是向原审机关提起申诉，即于录问时翻异或临刑时称冤；二是向上级司法机关提出申诉（即上诉），它又分为通常程序的上诉和非常程序的上诉。前者指一般的自下而上的逐级申诉，后者指向皇帝申诉不服的“直诉”。

关于申诉的程序，主要指向上级司法机关的上诉程序。宋代最基层的

① 《宋会要辑稿》刑法 3 之 19。

② 《宋会要辑稿》刑法 3 之 25。

③ 《宋会要辑稿》刑法 3 之 75。

④ （宋）周必大：《文忠集》卷 65，《墓志铭 · 吏部尚书郑公丙神道碑》。

司法机关是县，犯人上诉从州开始。太宗至道元年（995 年）五月二十八日诏："诸路禁民不得越诉，杖罪以下县长吏决遣，有冤枉者即许诉于州。"[①] 也就是说，州是接受犯人申诉的第一级机关。如果仍不服，则可逐级向监司及中央司法机关上诉，不得越诉。真宗咸平六年（1003 年）详细规定：

"其越诉状，官司不得与理，若论县许经州、论州经转运使，或论长吏及转运使、在京臣僚，并言机密事，并许诣鼓司、登闻院进状。若夹带合经州县转运论诉事件不得收接，若所进状内称已经官司断遣不平者，即别取事状与所进状一处进内。……州县录此诏，当厅悬挂，常切遵禀。"[②]

以上是犯人不服向上级申诉的程序。除此之外，宋代监司每年巡历所部，也为冤民申诉提供了较为方便的条件，如向子忞提点刑湖北路刑狱时，"按部所至，立大榜于前云：'久负抑屈、州县不理者，立其下'，于是积年无告之冤咸得伸雪"[③]。这就大大减少了冤民奔波之苦，而在自己家乡就可以上诉。

与以上申诉程序相配合，宋统治者还规定了逐级上诉的法律依据。真宗景德二年（1005 年）七月规定诣阙诉事人，必须备有经转运使"诉月日因依"[④]。这种"月日因依"到后来即发展为"断由"和"结绝告示"。高宗绍兴二十二年（1152 年）五月七日，臣僚建议："今后民户所讼，如有婚田差役之类，曾经结绝官司须具情与法、叙述定夺因依，谓之'断由'，人给一本。如有翻异，仰缴所给断由于状首。"这样一方面可以参照前断而不失轻重，另一方面可以根据前后断而"痛与惩治"。高宗宣谕："自来应人户陈诉，自县结断不当，然后经州，由州经监司，以至经台，然后到省。

① 《宋会要辑稿》刑法 3 之 11。
② 《宋会要辑稿》刑法 3 之 12。
③ 《古今合璧事类备要 · 后集》卷 70,《监司门 · 提刑》。
④ 《宋会要辑稿》刑法 3 之 13。

今三吴人多是径至省，如此则朝廷多事。”① 高宗同意实行断由制度，是为了维护法定的上诉程序。孝宗乾道二年（1166年）正月五日，又诏凡有人户向上级申诉时，必须有经下级机关审断过的“结绝告示”，“如所断不当，方许缴连告示依法次第经由陈诉。若无结绝告示，及已经理断再行陈状，并不得受理”。② 这种“结绝告示”与“断由”和“月日因依”一样，都是作为逐级申诉的依据，而断由多适用于民事诉讼方面。

关于上诉的非常程序，宋代也有很大发展，其重要表现就是宋代在中央设置了多元并列的受理申诉的机构，以此加强监督，防止非理抑退。太宗时就有了两个并列的机构——登闻院和鼓司。真宗景德四年（1007年）五月改称登闻鼓院和登闻检院，“诸人诉事，先诣鼓院。如不受，诣检院。又不受，即判状付之，许邀车驾。如不给判状，听诣御史台自陈”③。到仁宗天圣七年（1029年）闰二月又置理检使，命御史中丞为之，“其称冤滥枉屈而检院、鼓院不为进者，并许诣理检使审问以闻”④。这就形成鼓院→检院→理检使这样的层层监督机制。

3. 复审

（1）录问或行刑时“翻异别勘”

录问是宋代徒以上罪判决前的例行程序，也是赋予犯人的第一个申诉机会。如错过这个机会，到最后行刑前的“过堂”和行刑时，仍然可以称冤。发生其中的任何一种情况，案子都必须重新审理。这种复审称为翻异别勘制。此制起源于唐末五代，唐长庆元年（821年）十一月敕文开始规定：囚犯临决称冤重推者限三度，“每度推官不同”，⑤ 这是“别勘”的雏形。五代后唐明宗天成三年（928年）七月十七日有一道敕文：

---

① 《宋会要辑稿》刑法3之28。

② 《宋会要辑稿》职官15之22。

③ （宋）李焘:《续资治通鉴长编》卷65，景德四年五月戊申。

④ （宋）李焘:《续资治通鉴长编》卷107，天圣七年闰二月癸丑。

⑤ 《宋刑统》卷29,《断狱律·不合拷讯者取众证为定》。

“诸道、州、府，凡有推鞫囚狱，案成后，逐处委观察、防御、团练、军事判官，引所勘囚人面前录问，如有异同，即移司别勘。”[①]

宋代则在此基础上又有更严密的立法：

①原审机关的“移司别勘”

移司别勘即指同级异司复审，又称“别推”。太宗淳化三年（992年）诏：“诸州决死刑，有号呼不伏及亲属称冤者，即以白长吏移司推鞫。”[②]即由原审机关的长吏派另一个官司复审。仁宗景祐四年（1037年）正月诏：“天下狱有大辟，长吏以下并聚厅虑问。有翻异或其家诉冤者，听本处移司。”[③]这里的“本处移司”也是指原审机关负责将案子交给另一官司复审。宋代从中央到地方各级司法机构中都设有两个或两个以上的法院，如州级设有推判官主管的“当置司”、录事参军主管的“州院”、司理参军主管的“司理院”（大州又分左右司理院）；开封府内设有“府院”（或“府司”）和左、右军巡院等；中央刑部分左、右厅治事，大理寺狱分左、右推。这种多元并列的机构建置特点，其重要目的之一就是准备犯人不服判决而申诉称冤时，可以“移司别推”。如大理寺狱“有翻异即左移右推，右移左推”[④]。开封府“囚自翻变者，并皆移司推勘，左军则移右军、右军则移左军，府司亦然”[⑤]。可见宋代的移司别推就是由原审机关的主管官员将案子由一个法院移往另一个法院进行重审的制度。

②上级机关的“差官别推”

即原审机关必须将案子申报到上级机关，由其负责差派与原审机关不相干的另外一个机关的官员重新审理，或者是令所差官前往原审机关主审，

---

① 《宋刑统》卷29，《断狱律·不合拷讯者取众证为定》。

② 《文献通考》卷166，《刑考》5。

③ （宋）李焘：《续资治通鉴长编》卷120，景祐四年正月丙戌。

④ 《宋会要辑稿》职官24之12。

⑤ （宋）刘敞：《公是集》卷33，《论纠察司》。

更多的是采用前者。

宋初规定：先经移司别推后，仍翻异不已者，即需申上级机关差官别推。如仁宗景祐四年（1037年）的诏令：大辟囚翻异，听本处移司，“又不服，即申转运司或提点刑狱司差官别讯之”。即案子只要经过第二次翻异，原审机关就无权过问，而由上级机关差官别推。哲宗以后，这一制度有所变化，即不再是以翻异的顺序，而是以程序的先后来决定是“别推”还是“移推”。元符元年（1098年）六月，尚书省言：

“大理寺修立到，大辟或品官犯罪，已结案未录问而罪人翻异或其家属称冤者，听移司别推。若已录问而翻异称冤者，仍马递申提刑司审察，若事不可委本州者，差官别推。”从之。[①]

这就是说，以录问为分界线，以前翻异的要移司别推，以后翻异的要申报上级机关差官别推。这种别推法比以前的规定更加合理，因为犯人在录问时或以前翻异，原审机关尚未检断，经手较少，情弊不多，由原审机关移司无妨。如果是在录问后翻异（如在引断或行刑时称冤），原审机关各官司均已经手，如再让原审机关移司，很难会推翻原判，所以要将案子交给上级机关处理。从哲宗以后终南宋，基本遵行此制。如乾道二年（1166年）二月八日知贵州姚孝资言：“在法：诸录囚有翻异者，听别推然后移推。”[②] 即在录问时翻异，仍先移司别推，不服再差官别推。

经过提刑司差官或亲自审理后，犯人仍旧翻异者，还必须由另外一位监司再重新差官复审。宋代在路一级设置了多元并列的官司，如提刑司（宪司）、转运司（漕司）、提举司（仓司）和安抚司（帅司）等，给这种多次差官别推提供了条件。孝宗乾道四年（1168年）正月二十一日接受权刑部

---

① （宋）李焘：《续资治通鉴长编》卷499，元符元年六月辛巳。

② 《宋会要辑稿》刑法3之84。

侍郎姜诜的建议：

“乞自今遇有翻异公事，先须本路提刑、转运、安抚司遍行差官推勘。倘尚伸冤，却于邻路再差，勿复隔路。其已遍经邻路置勘而又翻异者，令后勘官，开具前后所招及翻异因依，申取朝廷指挥。”[①]

本路监司遍行差官后，须由邻路监司差官别推，以防本路诸监司有交结情弊。宁宗庆元四年（1198 年）九月臣僚又言：“州狱翻异，则提刑司差官推勘。提刑司复翻异，则以次至转运、提举、安抚司。本路所差既遍，则又差邻路……”[②] 成为既定的复审法规。

③翻异别勘的次数限制

申诉不服要换官别推，又不服再换官别推。但如果听任囚犯不断翻异下去、不断换官别推，那就必然淹滞刑狱、滋长弊幸了。唐穆宗长庆元年（821 年）开始规定：“应犯诸罪，临决称冤，已经三度断结，不在重推之限。”[③]《宋刑统》也采用此条，实施三推之限。南宋杨万里曾说：“国朝之法，狱成而罪人以冤告者，则改命他郡之有司而鞫焉。鞫止于三而同焉，而罪人犹以冤告也，亦不听。”[④]

但这种三推之限并不是绝对的，这还有两个例外的条件：一是犯人如果告本推官典受贿，因而枉断其罪者，不受三推之限而继续予以别推；二是如果犯人称冤有明显确凿的证据者，即“称冤事状言讫便可立验者”，也不受三推之限而予以重推。[⑤] 在司法实践中，犯人不但可依此例外条件而继续翻异不服，而且上级机关如认为有复审的必要，还主动差官别推，

① 《宋会要辑稿》刑法 3 之 85。

② 《宋会要辑稿》职官 5 之 56—57。

③ 《宋刑统》卷 29,《断狱律 · 不合拷讯者取众证为定》。

④ （宋）杨万里:《诚斋集》卷 88,《千虑策 · 刑法上》。

⑤ 《宋刑统》卷 29,《断狱律 · 不合拷讯者取众证为定 · 准唐长庆元年十一月五日敕节文》。

不受三推之限。这使后来的翻异别勘仍有可能突破三限而不断别推。特别是录问官为逃避不为驳正之责，犯人一有不服，即草率驳正前推，移司重审，“后勘官见累勘不承，虑其翻诉不已，狱情一变，或坐失入之罪，故为脱免”。[①] 从而又导致翻异别勘次数的增加、淹延刑禁。到乾道七年（1171年）开始实行一项比较有效的措施——五推制。淳熙四年（1177年），敕令所作了更为详细的立法：

“自今翻异公事，已经本路监司帅司或邻路监司差官，通及五次勘鞫，不移前勘，又行翻异者，后勘官申本路初差官提刑司，提刑躬亲置司，根勘着实情节，牒邻路提刑司于近便州军差职官以上录问或审问。如依前翻异，即令本路提刑具前后案款，指定闻奏。若元系提刑案发，即从转运司长官指定闻奏，候到，下刑寺看详。如见得干连供证、事状明白，不移前勘，委是惧（罪）妄有翻异，申尚书省取旨断罪。若刑寺见得大情不圆，难以便行处断，须合别行委官，即令邻路未经差官监司，于近便州军差官别推，不得汛追干连人。从之。”[②]

这是一项五推制的完整立法。从这一立法可以看出，宋统治者虽规定了五推之限，但为了防止前、后推官互相包庇、冤诬人罪，仍没有将这五推之限绝对化，而是由中央司法机关审查决定是否可以突破五推之限。从此后，五推之制正式确立，以后虽屡有这方面的诏令，但基本上都是重申其部分内容，没有多大变化。五推之限既避免了三推限太少之弊，又杜绝了无限制翻异之淹延。

（2）上诉案逐级复审

如果犯人于录问或行刑时没有向原审机关申诉不服，或申诉不服而原

① 《宋会要辑稿》刑法3之85。

② 《宋会要辑稿》职官5之48。

审机关不予受理者，犯人及其家属可以在判决后的法定时效内向上级机关申诉冤屈。对于这类申诉案，宋代也有详细的复审法规。

真宗咸平六年（1003 年）十一月十七日，下诏规定了上诉案的受理及复审原则：

“杖罪以下在县断遣，如不当，即经州论理，本州勘鞫若县断不当，返送杖罪，并勘官吏情罪依条施行。若本州区分不当，〔即〕经转运司陈状，专委官员或躬亲往彼取勘，尽理施行。情理重者备录申奏，仍于邻路差官鞫问断遣。若实有不当，干系官吏一处勘讫结案申转运使，流罪以下先次决放，死罪及命官具案闻奏。如转运使收接文状拖延避事，不切定夺，致诣阙陈论，差官制勘，显有不当，即并勘转运司官吏。”①

从这里可知，对上诉案的复审和对录问、临刑时翻异称冤的复审不同，它不能由原审机构进行，而是逐级由上级机关复审；论县勘不当者由州复审；论州勘不当者由监司复审，监司有两种复审方式：一是躬亲往所在地取勘，二是专委邻州法官取勘，即差官别勘。重罪还要申奏中央并于邻路差官录问检断；如上诉中央指论监司勘鞫不当者，则由朝廷差官制勘。但如果诣阙申冤而非指论监司者，则仍送下本路监司审理后闻奏。

（六）死刑复核、复奏制

1. 死刑复核制

宋代死刑复核制不同于唐代的地方是：将判决执行权交给地方掌管。不必申报中央核准。中央刑部只在死刑执行后，依据各州旬申禁状，进行事后复查。太祖建隆三年（962 年），“令诸州自今决大辟讫，录案闻奏，

---

① 《宋会要辑稿》刑法 3 之 11—12。

委刑部详复之”[①]。这里强调的是“决大辟讫”而后由刑部详复。“刑部主复天下大辟已决公按、旬奏狱状。”[②]《宋史·职官三》载：刑部“审覆京都辟囚，在外已论决者，摘案检察”。《历代名臣奏议》卷一五九载至道二年（996年）祠部员外郎、主判都省郎官事王炳上言：“刑部详覆诸州已决大辟案牍及旬奏禁状。”这些确凿史料足可证明宋代初期州级机关拥有死刑执行权而刑部只在事后选择复核的事实。

元丰改制以后，情况有所改变。安鼎为御史时，上奏说：

“按《国朝会要》：淳化初，置详覆官，专阅天下奏到已断案牍。熙宁中始罢闻奏之法，止申刑部。元丰中又罢申省，独委提刑司详覆，刑部但抽摘审核。元祐初始复刑部详覆司，然不专任官属，又有摘取二分之限。”[③]

由此可知，自元丰以后，地方死刑案须由提刑司复核，刑部只抽摘复核。那么提刑司是在死刑执行前还是执行后复核呢？我们看徽宗宣和六年（1124年）的一个诏令：“诏今后大辟已经提刑司详覆，临赴刑时翻异，令本路不干碍监司别推。”[④]很明显，死刑案必须由提刑司详复后才能执行，州级机关不再有终审执行的权力，中央加强了对地方死刑案的监督和控制。南宋宁宗嘉泰三年（1203年）三月十一日，江西运副陈研说：诸路州军大辟公事，“县狱禁勘无翻异，即申解州；州狱覆勘无翻异，即送法司具申提刑司详覆，行下处断”[⑤]。可见，元丰后由提刑司复核地方死刑案一直未变。

综观宋代的死刑复核制：元丰改制前，州拥有终审执行权，而不必申

① （宋）李焘：《续资治通鉴长编》卷3，建隆三年三月丁卯。

② 《宋会要辑稿》职官15之1。

③ （宋）庄绰：《鸡肋编》卷下，《安鼎论大辟人数及详覆沿革》。

④ 《宋会要辑稿》刑法3之72。

⑤ 《宋会要辑稿》职官5之59—60。

奏刑部复核。元丰改制后，才加强控制，须由提刑司复核后才能执行。这一发展过程，是宋代社会的必然产物。因为宋初君主致力于加强中央集权，消灭割据势力，于是尽可能地给州县以最大的权力。地方州县已由皇帝亲自差派的文官掌握，与方镇武人割据是相对立的，提高州县地位就等于削弱方镇割据势力。到了北宋中期，中央集权已经巩固，方镇势力已无威胁，再让州县握有生杀大权，不但不利于中央集权，反而会导致滥刑。于是元丰改制收回了这一权力。但由于宋代犯罪率远远高于唐代，死刑案子大大增加，所以又不可能完全恢复唐代旧制，让所有死刑案都经刑部核准。故让路级提刑司取代刑部负责复核死刑案，既可避免州县专断，又加强了中央对地方的控制，而且不至于淹滞刑狱。另外，宋代制定有诸多防弊的措施，如鞫谳分司、翻异别勘等，不必再由中央机关仔细核准，这也使提刑司复核制成为可能。

2. 死刑复奏制

复奏制度是封建统治阶级对人命大案的最后防滥措施。死刑案虽经多方复查无漏洞，但执行前还必须再上奏皇帝，给皇帝一个最后考虑的机会，然后才能执行。唐代立法京师五复奏、外州三复奏，足见谨慎之至。但宋代由于种种原因而无法恢复唐代旧制。宋初曾两次讨论恢复复奏制未成。一次是真宗时期，咸平四年（1001 年）五月，真宗检视囚簿时，发现仅从正月到三月，天下断死罪达八百人，深感惊异，对宰相说："杂犯死罪，条目至多，官吏倘不尽心，岂无枉滥。故事，死罪狱具，三覆奏，盖其重慎之，自何代罢之？"于是命检讨沿革。但最后"终虑淹系，亦不果行"[①]。另一次是仁宗时期，天圣四年（1026 年）判刑部燕肃上书建议恢复唐代的死刑复奏制度，他说：唐代凡决大辟，京师五复奏，诸州三复奏，贞观四年死罪才二十九人。而仁宗天圣二年断大辟达二千四百三十六人，几乎是唐代的百倍之多，当时"京师大辟虽待复奏，而州郡之狱有疑及情理可悯者，

---

① （宋）李焘：《续资治通鉴长编》卷 48，咸平四年五月甲申。

至上请，而法寺多所举驳”，以至于官吏不敢上谳。他建议依唐故事，“天下死罪皆得一复奏”。[①]但章上奏后，王曾反对说：如果天下皆一覆奏，“则必死之人，徒充满狴犴，而久不得决”。这样仍是因为担心淹延刑禁而无法实施。[②]

而京师地区的死刑案则一直保持一复奏。真宗景德四年（1007 年）闰五月诏“开封府断狱，虽被旨仍覆奏”[③]。仁宗至和元年（1005 年）枢密院曾令开封府：凡军人犯死罪而无可疑者，不须复奏。仁宗则下诏强调：军人和百姓死刑一律要复奏。[④]

可见，宋代死刑复奏制度远远逊于唐代，这并非意味着宋统治者不如唐统治者那样重视人命，而是有其必然的社会原因：一是因为案件积压淹滞，如再实行唐代复奏旧制，就更不利于及时解决；二是因为宋统治者已经扩大了对疑虑可悯案子的奏裁规模，凡应宽贷的死刑案，早在奏裁时得以解决，其他均为证据确凿的死刑案，没有必要再向中央复奏。宋代缩简死刑复奏活动的程序，不但不是轻视人命，而且减缓了刑狱淹滞的压力，是宋统治者适应历史发展趋势而采取的变通措施。

二、民事审判制度

官府在决定受理民事诉讼以后，随即进行开庭审理，开庭审理是受诉官府在当事人及证人参加下，对案件进行实体审讯的诉讼活动过程，是整个审判活动的中心，其目的是明确当事人的诉讼请求及其事实根据，正确运用法律，解决民事争端。两宋的民事审理制度颇具特色，对于保证民事

① 《历代名臣奏议》卷 216，《慎刑·刑部侍郎燕肃上奏》。

② 《宋史》卷 199，《刑法志》1。

③ 《宋史》卷 7，《真宗本纪》2。

④ （宋）李焘：《续资治通鉴长编》卷 177，至和元年九月丁丑。

诉讼活动的正常进行，起到了积极的作用。

（一）州县令长必须亲自听讼制度的确立

秦汉乃至五代时期，司法审判大都由州县佐官甚或牙校进行，长官一般并不躬亲狱讼，于是不法吏人借机上下其手，枉法弄权，这是造成封建司法极其黑暗的原因之一。两宋统治者为了防范吏人在司法活动中的不法行为，规定州县长官必须亲自审理刑、民诉讼。仁宗乾兴元年（1022 年）十一月诏：“纠察在京刑狱并诸路转运使副、提点刑狱及州县长吏，凡勘断公案，并须躬亲阅实，无令枉滥淹延。”[①] 仁宗天圣二年（1024 年）规定：“诸路州军自今常留县令管勾簿书、催督税赋及理婚田词讼，不得差出勾当小可公事。”[②] 强调县令必须亲自审理婚田词讼，而不得轻易差出处理寻常公事。徽宗宣和二年（1120 年）进一步规定：“州县不亲听囚而使吏鞫审者，徒二年。”[③] 至此确立了州县令长必须躬亲狱讼的制度，并为以后的明、清王朝所沿袭。宋代所确立的州县令长必须躬亲狱讼的规定，民刑诉讼全都适用，所以，县衙受理民事起诉之后，县令必须亲自审理。即使是县令的属官主簿或县丞代为审理的，最后的判决仍由县令本人决定。例如，发生在南宋时期的一件财产诉讼案件中，原告当事人王方经县论诉堂弟王子才，该县主簿审理此案后，将其审判意见报请县令定断：“案具定夺事理申县，或恐以各人情理未实，更取自县衙详审断遣施行。”知县在判词中批到：“主簿所拟当矣。”[④] 同时，县令也须对错判承担责任。这对于革除唐至五代以来，司法审判由佐官、狱吏甚至牙校进行以至于造成无数冤案的弊政起到了积极的作用。

---

① （宋）李焘：《续资治通鉴长编》卷 99，乾兴元年十一月戊寅。

② 《宋会要辑稿》职官 48 之 27。

③ 《文献通考》卷 167，《刑考》6。

④ 《名公书判清明集》卷 13，《诬赖 · 假为弟命继为词欲诬赖其堂弟财物》。

（二）法官回避制度

在司法审判中，同案件有某种利害关系或者其他关系的审判人员及其他人员，不得参与本案审理等活动的司法制度，称之为回避。回避是诉讼上的一项重要制度，适用于各种诉讼程序，它的设立，在于排除各种不利于案件客观公正处理的因素，保证审判的公正。中国古代诉讼中回避制度由来已久，至迟在唐律中已有相当详细的规定。两宋承袭了唐律中的回避制，并在唐代的基础上有所发展。根据两宋的法令，回避的条件主要有以下方面：一是与本案的当事人有亲属关系者，包括五服内亲及大功以上婚姻之家；二是与本案当事人有故旧关系者；三是与本案当事人有仇嫌者。符合上述条件之一，审判人员即当依法予以回避，“诸鞫狱官与被鞫人有五服内亲，及大功以上婚姻之家，并受业师，经为本部都督、刺史、县令，及有仇嫌者，皆须听换推”。[①] 以后宋代的回避制度又有发展，规定上下级之间应回避，“诸职事相干或统摄有亲戚者，并回避”。[②] 故旧方面增加了同年同科及第的官员亦须回避。真宗景德二年（1005年）九月诏：“应差推勘、录问官，除同年同科目及第依元敕回避外，其同年不同科目不得更有辞避。”[③] 凡依法应该回避的，就应该回避。南宋后期黄榦作县令，接受知州交发的审理曾潍、赵师渊互论田产一案，黄榦因与曾潍系二十年故旧，“恐有妨嫌，遂申乞回避”。[④] 回避作为一项司法制度，有着防止发生不公正的情况的作用。

（三）民事审理期限

为了防止因民事诉讼活动长期拖延不绝而对社会生活与农业生产所产

---

① 《宋刑统》卷29,《断狱律·不合拷讯者取众证为定》。

② 《庆元条法事类》卷8,《职制门五·亲嫌》所引《职制令》。

③ 《宋会要辑稿》刑法3之55。

④ （宋）黄榦:《勉斋集》卷32,《判语·曾潍赵师渊互论置曾挺田产》。

生的负面影响，宋政府相当注意提高政府的司法效率，对审理民事诉讼制定有词诉结绝的时限规定，以保障民事诉讼及时结案。孝宗乾道二年（1166年）规定民事诉讼在州县半年之内未结绝者，即可上诉，“比来民讼，至有一事经涉岁月，而州县终无予决者。缘在法：县结绝不当，而后经州，州又不当，而后经监司。乞自今词诉，在州县半年以上不为结绝者，悉许监司受理”。[①] 宁宗庆元年间的规定是简单的民事诉讼须当日结绝，需要证人证言的，县衙的审理期限不得超过五天，州郡十日，监司限半月，“诸受理词诉，限当日结绝，若事须追证者，不得过五日，州郡十日，监司限半月，有故者除之，无故而违限者，听越诉”。[②] 朱熹知潭州时发布《约束榜》，规定经县起诉的民事诉讼两月之内必须结断，“今立限约束，自截日为始，应诸县有人户已诉未获，盗贼限一月，斗殴折伤、连保辜通五十日，婚田之类限两月，须管结绝”。[③]

（四）民事审理中的强制措施

官府受理原告的民事起诉之后，便要传唤双方当事人出庭。通常的做法是将传唤文牒交给保正，令保正通知当事人。当事人被传唤之后，就应该出庭受审。若当事人拒绝到庭，通知当事人的保正首先要受责罚。若当事人长期躲避不出，使民事诉讼无由结案，官府可以采取强制措施，缉捕当事人到案。如黄榦判陈睗叔讼龚仪建房侵占坟地一案，龚仪为被告，县衙令其出庭供对，龚仪躲避不出。黄榦指出龚仪的行为违背了国家法令，“人户词诉，官司追逮，虽曲直未可知，自当随时出官供对，今乡村豪民遇有词诉追逮，率是累月以致年岁不肯出官，保正虚受杖责，使人户词诉无由结绝，官吏文移日见壅滞。……使人人皆如龚仪，则国家守令、条法

① 《宋会要辑稿》刑法 3 之 32。

② 《宋会要辑稿》刑法 3 之 40—41。

③ 《朱文公文集》卷 100，《公移 · 约束榜》。

皆为无用矣”。后来采取了强制措施，龚仪方才出庭受审。① 对妨害民事诉讼秩序的强制措施主要有缉捕与关押。南宋后期王方告论王子才一案，当事人王方本当出官供对，但他躲避不出，令其子王用之出庭，官府监追王方正身，采取缉捕的强制措施，“多方差人缉捕，获到王方出官。若非诱使之严明，几为之漏网矣”。② 拒绝到庭等妨害诉讼秩序的行为，虽然是违法行为，但并不构成犯罪，所以对当事人的强制措施与缉捕盗贼有区别，官府禁止轻易缉捕当事人或知证人，以免骚扰百姓，危害地方。胡颖曾在审理一民事诉讼案件时，对巡检、县尉差派士兵轻意勾追证人的做法严加斥责：“弓手、土军等人，自非缉捕盗贼，追捉凶强，及干当紧切事务，巡、尉司皆不应辄差下乡，骚扰百姓。今陈世华等所争，特田业耳，罗闰不过知证人耳。此等词讼，州县之间，无日无之，若合追对，但以文引付之保正足矣。”③ 拒绝到庭而被缉捕到官府的当事人，官府可以将其关押，以便随时审问，谓之“寄收”，胡太初《昼帘绪论·治狱篇第七》云：“两争追会未圆，亦且押下。佐厅亦时有遣至者，谓之寄收。”可知被“寄收”者一般是“两争追会未园”即民事诉讼尚未结案的当事人。州县吏人之贪墨者，也有利用职权，监禁无辜，对于并未妨害诉讼秩序的当事人或干连人亦加以收禁，以便敲诈勒索。绍熙元年（1190 年）七月，有官员对此加以揭发，“事到官，付之吏手，不问曲直，将干连无辜之人，一例收禁，狱犴常满，不止禁历，号为寄收，乞取厌足，旋行疏放”。④

宋代民事诉讼中采取的强制措施，对于强迫拒不到官应诉的当事人，及不愿作证的干证人到庭应诉，以便解决民事纠纷是必要的。但“寄收”之类的规定将民诉当事人或干证人收系于狱的做法，则体现了封建的民事

① （宋）黄榦：《勉斋集》卷 33，《判语·龚仪久追不出》。

② 《名公书判清明集》卷 13，《诬赖·王方再经提刑司钉锢押下县》。

③ 《名公书判清明集》卷 11，《军兵·弓手土军非军紧切事不应辄差下乡骚扰》。

④ 《宋会要辑稿》刑法 6 之 71。

诉讼制度中的落后面。尤其是吏人利用寄收之名行敲诈勒索之实的做法，更加重了封建司法黑暗的程度。

（五）对事实的审理过程

官府在传唤到当事人之后，便进行开庭审理，即审判官在当事人及其他诉讼参与人的参加下，在法庭上对案件进行全面审查，这是宋代民事诉讼程序中的一个主要阶段。案件经官府审理后作出裁判，解决纠纷。

当事人出庭时须带上可以说明其主张的证据，以备审查。当事人到庭之后即由法官开始法庭调查，所谓法庭调查就是主审官员在法庭上查明和了解案件事实的活动。法庭调查是对案件进行实体审理的开始，主要内容是审查各种证据，这是开庭审判的一个重要环节，在现今的民事诉讼程序中，法院在开庭之前即已可以作大量调查工作，但两宋的民事诉讼审理过程中的法庭调查，是从开庭审理之时才开始的。

在法庭调查中，主要是采取纠问式，由审判官就争议事项向当事人问讯，当事人就官府所问作出回答、供述。如黄榦审理陈如椿论房弟妇刘氏不应立异姓子为嗣案，可以清楚地看到庭审的情形。该案原告陈如椿系被告刘氏丈夫的族兄，另一原告陈敏学系刘氏丈夫之侄，原告在被告刘氏的丈夫陈邵死后，意欲立陈敏学之子为陈邵之嗣，遂状告陈邵之妻刘氏不应立异姓子为嗣，刘氏则提出养子陈志学系其夫生前自收养，就此一争议的事实，双方当事人展开法庭辩论，黄榦本人在辩论中对双方的陈述作出判断：

“刘氏以为其夫宁乡知县陈邵于甲寅年在潭州抱养同官遗弃之子，立名志学。经今十六年，即非今方立为嗣。辰溪知县陈敏学及陈如椿却称知县不曾立外人为嗣。今考陈如椿之辞，以为知县癸丑年离任，志学甲寅年始生，则是在潭州时犹未生此收养之子。据刘氏赍出印纸，陈知县乃是癸丑年冬十一月方满，亦安知非其尚留潭州两月间收养志学以为子乎？又考陈如椿之辞，以为知县但有庶生子六三哥，即无收养之子。据刘氏却称六三哥亦是收养之子。及再令陈如椿供对，却是收养吴博士之子。其言词又自反覆。则其所告志学非收养之子，亦是虚妄可知。”

其后刘氏又“赍到自童蒙以来读书学字十数卷皆积年陈旧文字”，又举出教授刘志学识字的老师姓饶，乃请到饶先生供对，则又称去年陈知县已送志学相从读书。经过法庭辩论及当事人刘氏的举证，以及证人饶先生的证言，本案事实清楚，志学乃陈邵在日所立。官府判原告陈如椿、陈敏学败诉。[①] 又如，曾子晦与范僧争论山地案。双方当事人也是在法官主持下展开法庭辩论：

“此山原是杨三六业，卖与范崇，契内具出四至分晓，载钱六贯，乃绍熙九年十二月立契，至绍熙二年四月到官，此范僧之所据也。后来阿黄同男范僧将黄栀园并山卖与曾大机宜，载钱六贯二百文，却不曾具山之四至，以嘉定二年九月日请纸，于绍定二年八月投税，此曾子晦之所执也。在法：交易只凭契照。既是范僧同母亲将此山卖与曾子晦，则既卖之后，寸土株木，自当还曾子晦掌业，纵有元契，岂可复用，在范僧夫复何说？诘其所争者，不无由焉，盖曾子晦所执之契内明言，男将风疾，无钱医治，自是范僧小时阿黄立契，范八依书。范僧亦置于其间。但曾子晦以为范僧亲签，而范僧以为不曾签契立钱；曾子晦以为范僧亲领，而范僧以为不曾领。为曾子晦之说，以为当初果不曾立契，范僧何不争于三十年前，而却争于子晦既论之后；为范僧之说，则以为当初果曾卖与曾子晦，何为半年不肯把契出官，却以假伪文书执出冒占。”[②]

---

① （宋）黄榦:《勉斋集》卷33,《判语·陈如椿论房弟妇不应立异姓子为嗣》。

② 《名公书判清明集》卷5,《争业下·争山各执是非当参旁证》。

双方当事人在审判官的诘问之下陈述自己的意见，根据自己所掌握之证据，提出维护自己诉证请求的意见，并对对方提出的主张进行反驳。上引材料可见双方当事人法庭辩论之激烈。而法官在听取双方反复的互相辩论之后，再结合案件所有的证据，以查明事实的真相。

法庭审理主要也是对诉讼证据的收集与认定，以便根据事实作出正确的判决。为了达到查明事实的目的，两宋官府非常重视对证据的审查，为了辨明书证的真伪，一般要委托具有专业法律文书知识的书铺人员为之鉴定，为了对争议标的物或其他物证作出正确的了解，州县官员往往到现场进行调查勘验，这些都是两宋民事审理制度中特别值得肯定的地方，前面的民事证据制度一章中已有详细的叙述，此处不再赘述。

现代审判制度为了保证审判的客观性与公正性，强调对证据的信凭性、取证方式和因果关系进行仔细的审查考虑，为了有效达到这一目的，因而在认定事实方面，采取在公开法庭进行对抗性辩论。因为当事人双方胜诉的动机促使他们仔细寻找和考虑一切有利于自己的证据、法律规定及其解释，并竭力发现相反观点的漏洞和问题，从而可以使处理某一案件的各种选择都能得到充分的展现和权衡。表面上看，两宋的民事审判制度，是由当事人在官府诘问下供对，陈述事实，并可以参加法庭争辩，使事实的认定具有客观性。但是与现代审判制度最大的差别就是司法官在审判中完全处于支配地位，没有律师制度，由于当事人对法律含义和证据价值缺乏足够的知识，他们的诉讼未必能切中要害。而官府的目的是追求“无讼”理想，主张调处息讼，各自让步，所以未必能让当事人充分辩论。官府还严厉禁止讼师出面直接参与诉讼活动，违者要受到惩治，如胡颖判刘纬妄诉田业案，“今刘纬自是姓刘，乃出面为龚家论诉田地，可谓事不干己，想其平日在乡，专以健讼为能事，今事在赦前，固难追断，然若不少加惩治，将无以为奸狡者戒，从轻决竹篦十下”。[①] 这也是造成中国古代民事诉讼制

① 《名公书判清明集》卷4,《争业上 · 妄诉田业》。

度不够发达的一个原因。

（六）民事与刑事审理程序的区别

现代民事诉讼法和刑事诉讼法作为程序法，是司法机构行使审判权时应当遵守的诉讼原则和程序，所以它们所规定的原则和程序有着不少相同之处。但是司法机构审理民事案件的目的，是确定民事权利义务关系，保护当事人的合法权益；审理刑事案件是为了查明犯罪事实，适用刑罚，以惩罚犯罪，由于它们的任务、目的和调整对象不同，就决定了在诉讼原则和程序方面各自的特殊性。但由于中国古代法典编纂的诸法合体的形式，使得人们产生一种看法，以为在古代司法审判方面是民刑不分的，这实在是一种极大的误解。实际上，在古代司法审判的一些重要原则和制度方面，二者有着明显的差别。

1. 民事审判不得使用刑讯

刑讯逼供是封建司法审判中一项极为重要的制度，但是我们必须注意到这项制度只能适用于刑事审判，而不能适用于审理民事案件。由于中国古代刑事审判非常重视被告人的口供，没有口供便难以定罪，因而刑讯逼供在刑事审判中不仅合法，而且到了唐代，刑讯已形成一套完整的制度，对于刑讯的条件、方式、过程，已有明确的规定。《宋刑统》沿用了这一规定："察狱之官，先备五听，又验诸证信，事状疑似，犹不首实者，然后拷掠。""诸应讯囚者，必先以情审察辞理，反复参验，犹未能决，事须讯问者，立案同判，然后拷讯。违者杖六十。"[①] 太祖建隆三年（962 年）十二月六日下诏，又对刑讯条件作补充规定：

"宜令诸道、州、府指挥推司官吏，凡有贼盗刑狱，并须用心推鞫，勘问宿食行止，月日去处。如无差互，及未见为恶踪绪，即须别设法取情，

① 《宋刑统》卷 29,《断狱律·不合拷讯者取众证为定》。

多方辩听，不得便行鞭拷。如是勘到宿食行止与元通词款异同，或即支证分明及赃验见在，公然拒，不招情款者，方得依法拷掠，仍须先申取本处长吏指挥。余从前后制、敕处分。”①

这道诏令在宋初立法时被编入《宋刑统》之中，成为具有普遍约束力的法规，为进行刑事审判时所必须遵守。以上法律条文表示两宋时期刑讯必须具有的两个条件：第一，刑讯的对象是犯罪（讯囚），并且是贼盗刑狱。第二，经过对罪犯审理之后，支证分明及赃验俱在，而罪犯仍公然拒抗，不招情款者，方得依法拷掠。显见刑讯是因贼盗犯人在赃验俱在仍抗拒不承认而设，其目的是查明犯罪事实，获得口供以便定罪量刑。

以此来考察民事诉讼，民事诉讼的目的是解决当事人之间民事权益纠纷，民事审理的特点是当事人对自己提出的主张有举证责任。而官府不必得到口供，即可根据证据决定当事人的是非曲直，所以民事审理特别重视书证、物证，“交易有争，官司定夺，止凭契约”“考查虚实，则凭文书”。官府根据书证便可直接作出判决。民诉当事人既不是贼盗犯人，也不存在赃验俱在而仍不承认不能定罪的情况，与刑讯规定必须具备的两个条件并不相符，司法官员无权对民讼当事人进行刑讯，如果非法刑讯，主审官要受到“杖六十”的刑罚惩处。这正是我们在两宋的司法判词中难以见到因民讼而进行刑讯的例证的原因。

2. 民事审判不适用“亲属相容隐”的司法原则

在中国古代，孝的观念是儒家伦理道德观的核心价值之一，从这个前提出发，儒家先师孔子提出了“父子相容隐”的著名命题，他说：“父为子隐，子为父隐，直在其中矣。”② 即父子可以相互为对方隐瞒犯罪。孔子的这一思想日后发展成为封建司法制度中的一条重要诉讼原则，即亲属之间

① 《宋刑统》卷 29，《断狱律 · 不合拷讯者取众证为定》。

② 《论语 · 子路》。

不得在法庭上提供对方犯罪的证据，这一规定至迟在唐代即已入律，《宋刑统》加以沿袭："诸同居，若大功以上亲及外祖父母、外孙、若孙之妇、夫之兄弟及兄弟妻，有罪相为隐，部曲、奴婢为主隐，皆勿论。即漏露其事及擿语消息，亦不坐。其小功以下相隐，减凡人三等。若犯谋叛以上者，不用此律。"[①] 这即为中外学者所熟知的"亲属相容隐"的封建刑法原则。这一原则被学界认为是儒家学说在中国封建法律中最具有影响力的表现之一，但是人们在讨论中华法系的这一特殊表现时，却很少注意到它仅仅是适用于刑事诉讼而不适用于民事诉讼。因为按照"亲属相容隐"的司法原则规定，亲属之间可以隐瞒对方的罪行而不属于犯罪行为，并且官府不得令其于律得相容隐者在法庭上提供证词，违者减罪人罪三等治罪，但是犯谋叛以上者不用此律。[②] 民事诉讼既然不属于犯罪，自然不适用这条法律规定。所以，在两宋的民事审判中，也就不乏官府令当事人亲属作证的例证，如端平三年（1236 年）杨迪功与黄秀实诉田业案：

"凡人论诉田业，只凭契照为之定夺。今杨迪功与黄秀实以赎田互相争执，索到两家契照，得见上项田元系杨迪功父时断骨卖与黄琮，黄琮分与男桂子。其后桂子典与吴舜举，桂子兄秀实就吴舜举赎回，嘉定十年，桂子立契断卖兄秀实，四至内并不曾该载杨氏祖墓。而桂子以田卖与其兄秀实，全无祖墓之说，今契与前契相反，何邪？当唤上黄桂子引问，据供，受杨迪功计嘱，一时利于得财，姑从其请，故以杨氏祖墓添入，令书契字。"[③]

杨迪功与黄秀实因赎田争执而引起诉讼，为了查明案件真实情况，官府令黄秀实之弟黄桂子出庭作证，黄桂子向官府提供了证词。

① 《宋刑统》卷 6，《名例律 · 有罪相容隐》。
② 《宋刑统》卷 29，《断狱律 · 不合拷讯者取众证为定》。
③ 《名公书判清明集》卷 9，《取赎 · 伪作坟墓取赎》。

又如，宝祐年间，韩竹坡判一伪冒交易案：

“莫君实之子梦回，同其所生母周八娘，诉论林榕假契盗卖其蒸尝田，追到林榕，初执出所卖青梅园契以为证，继而知其田已转与赵孟锳，又据孟锳赍去莫君实卖契及林榕转卖与孟锳契。周八娘又执出君实临死遗嘱之文，乞与辨验君实押字笔迹。寻与点对，则契上君实押字，与遗嘱笔迹不同，可疑一也，唤到君实母亲赵氏，不特不认签契，而赵氏亦自能书写，笔迹亦自不同，有可疑之二也。”①

本案当事人莫梦回告论林榕假契盗卖其田产，官府令莫梦回的祖母赵氏出庭作证，赵氏出庭作证，“不特不认签契，而赵氏亦自能书写，笔迹亦自不同”。赵氏的证词成为官府判决本案的依据之一。

以上两案出庭作证的证人，一为当事人之弟，二为当事人的祖母，按照刑法规定，都是属于“其于律得相容隐者”，即不得出庭作证。但由于以上两案是民事诉讼，所以当事人的亲属出庭作证也未触犯相容隐的规定。这是民事诉讼与刑事诉讼的重要区别之一。

三、民事调处

两宋时期的地方官员在审理民事诉讼时，非常重视以调处方式结案，这在当时的司法术语中称之为“和对”。调处息讼的产生与发展，与中国特定的国情密切相关。中国传统社会的农业自然经济，以家庭作为最基本的生产与生活单位，从本性上来讲是排斥外力的。但因小生产者微弱的力量实在难以经受天灾人祸的打击，为了自助自卫而不得不格外注意亲邻关系，保守闭塞的地缘、血缘关系的纽带，就很自然地把他们联系在一起，

① 《名公书判清明集》卷6，《争田业 · 伪冒交易》。

并使他们长期保留着安土重迁、家长特权、亲邻相保、互相帮助的观念和习俗，这就使官府有可能通过亲族、邻里的调处，来达到息讼止争，化解民事纠纷的目的。审理民事诉讼时注重调处，在中国古代司法实践中可谓历史悠久，早在西周的铜器铭文中，就已经有了调处的记载，而秦汉以降，调处息讼更为一些官吏在司法实践中所遵行。两宋时期，由于商品经济的发展及民事关系的日益复杂化，民事诉讼大量增多，推动了民事诉讼制度的发展，民事调处也随之发展并出现制度化趋势。

（一）两宋民事调处的指导原则

中国封建社会的民事调处与儒家的“无讼”观密切相联。儒家先师孔子说：“听讼，吾犹人也，必也使无讼乎。”[①] 是将无讼作为一种致怡的理想。在复杂的社会生活中，纠纷与争讼实际上是无法避免的，出现纠纷之后以调解止争，就成为信奉儒家思想的官员们所能采取的最好的解决方法。由于调处息讼为儒家先圣所着力倡导，所以，封建司法实践中的调处息讼所遵循的指导原则便是儒家思想的核心即“礼”。《礼记・曲礼》讲礼的作用是“定亲疏、决嫌疑、别同异、明是非”“分争辩讼，非礼不决”。孔子正是希望通过德礼的教化，“导之以德，齐之以礼，有耻且格”，来达到“无讼”的目的。秦汉以来，已有一些地方官在审理民事诉讼时重视调处息讼。[②] 入宋以后，调处息讼更是常见并出现制度化趋势。两宋的法律规定州县官必须亲自审判民刑案件，而当时的州县官大都是经过科举考试而走上仕途的，因而普遍对孔孟之道造诣较深。他们往往以宣扬维护封建的伦理纲常为己任，追求儒家的“无讼”理想，认为词讼之兴，有损封建的伦理道德，

① 《论语・颜渊》。

② 如《后汉书》卷64，《吴祐传》：“民有争讼者，（吴祐）则闭阁自责，然后断其讼，以道譬之，或身到闾里，重相和解，自是之后，争隙省息。”《隋书・刘旷传》：“人有争讼者，（刘旷）辄丁宁晓以义理，不加绳劾，各自引咎而去。”

伤风败俗，而布宣德化，训迪人心，正是地方官的一种职责。所以，地方官在审理民事诉讼时，特别重视调处息讼，并以此作为教化的一种方式。在两宋士大夫的司法判词中，可以看到不少有关通过教化百姓以达到调处息讼的例证，甚至有全篇判词都是劝告息讼者，如胡颖判周德成叔侄争业一案，力劝双方和解，全文如下：

“听讼，吾犹人也，必也，使无讼乎！当职德望薄浅，不足以宣明德化，表率士风，而使乘争陵犯之习见于吾党，有愧于古人多矣！否则威之，挞以记之，正惧有所不容但已者，而诸友乃能举责善之谊，以启其良心，使其叔侄之情不远而复，岂非区区所望于学校之士者与？示周德成叔侄，仰即日禀听明朋友之教诲，遂为叔侄如初。若或不悛，则玉汝于成者，将不得不从事于教刑矣！”①

再如，黄榦判张运属兄弟互诉墓田案，判词全文曰：

“祖父置立墓田，子孙封植林木，皆所以致奉先追远之意，今乃一变而为兴争起讼之端。不惟辱及祖父，亦且累及子孙。今张解元丑诋运干，而运干痛讼解元，曾不略思吾二人者，自祖而观，本是一气，今乃相诋毁如此，是自毁其身何异。祖父生育子孙，一在仕途，一预乡荐，亦可以为门户之荣矣。今乃相诋毁如此，反为门户之辱。详此事，深为运干、解元惜之。世固有轻财急义，捐千金以资故旧者，不以为吝，今乃于骨肉之中，争此毫末，为乡闾所嗤笑，物论所厌薄，所争者小，所失者大，可谓不思者甚。当职身为县令，于小民之愚顽者，则当推究情实，断之以法，于士大夫则当以义理劝勉，不敢以愚民相待。请运干、解元各归深思，翻然改悔，凡旧所仇隙，一切湔洗，勿置心中，深思同气之义，与门户之重，应

① 《名公书判清明集》卷10，《叔侄·叔侄争业令禀听学职教诲》。

愤闷事一切从公，与族党共之，不必萌一毫私意，人家雍睦，天理昭著，他日自应光大，不必计此区区也。两状之词，皆非县令所愿闻，牒运干，并告示解元，取和对状申。”①

以上判词，可以看到两宋时期州县官审理民讼时重视调解的殷殷之情，劝告息讼的议论大都是直接引用儒家传统的伦理纲常的说教。在两宋士大夫看来，如果百姓都能孝于父母，悌于兄长，人家雍睦，天理昭著，整个社会就会成为一个“无讼”的理想世界。

（二）官府调处

官府的调处程序可以分为官府直接调处与谕令当事人双方亲友乡邻帮助调处两种方式。

1. 官府直接调处

两宋官府对于比较简单的民事诉讼案件，往往在将事实审理清楚之后，便直接加以调处，如胡颖审理奉琮兄弟争论田产诉讼时，在给双方当事人大讲了一番“圣贤教人，皆以睦族为第一事”的道理之后，令二人当厅和解，“在前如果有侵夺，私下各相偿还。自今以后，辑睦如初，不宜再又纷争，以伤风教”。② 再如，南宋时期，百姓沈百二、傅良两家原本邻里关系甚好，后因地界纠纷引起争讼，官府经审理查明是非之后，当堂劝告双方和解：

“傅良绍鲍家产业，沈百二承赁乔宅屋宇，交争地界互诉，委官审究。今详主簿所申，则沈百二之无道理者三。以干照考之，卢永执出乔宅契书，该载四至，其一至鲍家行路。既曰至路，则非至鲍家明矣。今沈百二旋夹

① 《勉斋集》卷 33，《判语·张运属兄弟互诉墓田》。

② 《名公书判清明集》卷 10，《兄弟·兄弟侵夺之争教之以和睦》。

新篱，乃欲曲转钉于鲍家柱上，一也。以地势参之，非但高低不同，鲍家屋侧，古有水沟，直透官街，则一沟直出，皆是鲍家基地明矣。今沈百二转曲新篱，乃欲夹截外沟一半入篱内，二也。以邻里证之，沈百二等供，当来篱道系夹截于沈百二屋柱上，渠口在沈百二篱外，沟属鲍家，篱属沈屋，众所共知，信非一日，今一旦改篱跨沟，曲折包占，纵傅良可诬，而邻里不可诬，三也。考之干照，参之地势，证之邻里，其无道理如此，何为尚欲占据。原其所以，傅良父在日，尝以此地借与沈百二，其时两家情分绸缪，彼疆此界，初不计较。久假不归，认为己物，且欲筑屋其上，傅良乃以秽语肆行抗对，是以力争。事既到官，惟以道理处断，引监沈百二除折新篱，只依干照界至，归还地段，庶可息争。然所争之地不过数尺，邻里之间贵乎和睦，若沈百二仍欲借赁，在傅良亦当以睦邻为念，即仰明立文约，小心情告，取无词状申。再不循理，照条施行。”①

这种官府直接调处，常常能收到较好的息讼效果。如真德秀所言：“遇亲戚骨肉之讼，多是面加开谕，往往幡然而改，各从和会而去。”②

2. 官府谕令亲族乡邻调处

官府虽然重视调处息讼，而且往往也直接加以调处，但在更多的情况下，却是谕令当事人双方的亲族邻里从中劝和。由于亲邻宗族一般比较熟悉当事人的情况，或者与当事人关系密切，他们参与调处更易使当事人达成和解。如刘克庄审理德兴县董党诉立继一案，查明纠纷的是非曲直之后，虽然认为曲在董党养母赵氏一方，但因是养子与继母之间的争讼，事关伦常，“当以恩谊感动，不可以讼求胜”，所以谕令双方亲族从中调解：“帖两县，请董、许二士亦以台牒及当职此判，请二士更为调护。赵氏若能念董党乃夫在日所立，幡然悔悟，复收为子，则子无履霜在野之怨，母无毁室

① 《名公书判清明集》卷6，《争界至 · 争地界》。

② 《名公书判清明集》卷1，《申儆 · 谕州县官僚》。

取子之诮矣。盖见行条令，虽有夫亡从妻之法，亦有父在日所立不得遣逐之文，赵氏若不幡然悔悟，它日续立者恐未得安稳，岂如及今双立，求绝争讼，保守门户乎！董党亦宜自去转恳亲戚故旧从中调停母氏，不可专靠官司。”[①] 另一官员审理曾氏兄弟因葬父起争一案，亦是谕令当事人的亲戚故旧从中调解："两兄弟所执六人，或是士子，或宦家，何若各私所亲，自犯不韪。今请此六人者，以曾氏名家，葬亲大事为念，各持公论，极力调护，使其兄弟名遂天伦之爱，急办葬亲。不惟免被官司督过，抑且永为乡曲美事。官司当以五日为期，坐待回报。”[②] 还规定有亲族调处的日期，一般是以"五日为期"，以防止久调不绝的现象出现，这是因为结案时限的需要。这种由官府谕令当事人亲邻参加的调处，因已经起诉到官府，所以仍属官府调处。

两宋的官府调处，从受理民事起诉开始，到判决前为止，都可以通过调处结案。就审级来讲，官府调处，既可在第一审程序中进行，也可在上诉审判程序中进行，表现了官府对于调处息讼的重视与极大的主动性，甚至于已经作出判决但尚未执行的诉讼，如双方当事人愿意和解撤诉，乞行免追，官府亦同意撤销原判而以调处结案，如蔡杭判程若沔兄弟叔侄交争兴讼案：

"果能消争融隙，变阋为怡，此正当职之本心。特从所请，仰速具无争状并申，如更属转嗾使，定照已判施行。继据程若沔状，兄若泾、弟若庸同状立合同连等文字，乞行印给，所是匣追侄其毅等，乞行免追。外仆金先，詹安罪犯，听自施行。寻责据各人审供事状呈。奉台判，兄弟叔侄交争兴讼，此风俗大不美也。徽为江东名郡，而有此不美，此观风问俗者之罪也。委曲劝谕，导以天理，今若沔、若泾、若庸赍到兄弟了办祥葬合同

① （宋）刘克庄：《后村先生大全集》卷 192，《书判·德兴县董党诉立继事》。

② 《名公书判清明集》卷 10，《兄弟·兄弟争葬父责其亲旧调护同了办葬事》。

文字及无争状赴司，则其兄弟之间，退省静思，良心善性固未泯没也。人谁无过，过而能改，即是好人。案印给合同文字，付各人收执，其大、其毅特与行下免追。仍请若泾、若庸、若沔兄弟念同气之亲，思鹡鸰之义，勿信嗾使教唆之言，辄兴伤风败俗之讼。若再来紊烦，必将无理之人重置典宪，各请改过，毋贻后悔，再责问后再讼罪罚状入案讫。并放。”①

（三）民间调处

两宋的调处息讼还有一种更为常见的情形，是发生纠纷之后，当事人双方并不到官府起诉，而是由亲邻宗族自行调处止争，这可以称之为诉讼外调处。

由于传统社会的民事纠纷，大都发生在宗族邻里之间，所以，一旦民间产生民事纠纷之后，亲族乡邻便能从中加以调处。由于在传统社会中血缘地缘关系在社会关系中所具有的重要作用，所以有相当数量的民事纠纷在起诉到官府之前，就已由亲族邻里化解了。

民事纠纷经民间自行调解之后，既有以口头约定者，也有签订书面协议以为凭由者。如朱司户与族人朱元德因立继之事起争，朱司户不欲争至讼庭，竟从族人和议，捐钱五百贯足与朱元德，双方在族人调解之下，达成和解，并订有正式书面的和议及领钱文约，还规定对于违反协议者处以二千贯的罚款，朱氏全体族人以朱修炳为首作见证人，“一一签字于其后”。对于民间的合法调处，官府承认其效力，并以国家强制力保障其执行。如上引朱司户与朱元德之争既经民间调处并签署协议，事后朱元德悔约，并到官府起诉。官府经审理后认为朱元德系无理妄状，作出判决云：“朱元德已和而复讼，朱修炳又从而曲证之，却谓亲约文书不可照用，有此理否？

① 《名公书判清明集》卷10，《兄弟 · 俾之无事》。

可见族谊恶薄，贪婪无厌，复谋为诈取之地，使朱司户更竭尽资产，亦不足以饱溪壑之欲，未欲将妄状人惩治，仰朱司户遵故父之命，力斥介翁，毋为薄族所摇。今后朱元德再词，定照和议状，追入罚金断罪。"[①]肯定了协议的法律效力，并以法律保障朱司户的权益。

但民间调处由于当事人社会地位与财产状况的差别，故容易造成调处结果的不公平，对于恃强凌弱所签订的协议，或者显失公平的协议，官府不承认其法律效力。如叶岩峰判涂适道谋诈屋业案，乡村教师陈国瑞家贫无房可居，后来典到沈姓房屋三间，有涂适道者欲诈取此房，引致纠纷，乡邻楚汝贤等为之调解，但"乡曲亲戚，略无公论，楚汝贤等皆涂之党，阳与和对，阴行倾陷"，协议内容显失公平，但陈国瑞父子柔懦，"似不能言者，一时为涂之亲戚所迫，竟免首从和"，陈国瑞事后因考虑到实在"无所栖止"，遂不愿遵照协议退赎离业，涂适道经县投词，官府认为协议内容"显见违法背义之甚"，判涂适道败诉，所订协议无效。[②]

（四）调处息讼的制度化趋势

调处息讼虽然并不见于两宋的法律规定，但却为各地官员在司法实践中所遵循，并且在司法文告中亦常常提及。如真德秀在潭州发布的《潭州谕同官咨目》，即向属官强调听讼之际，要重视调处，"继今邑民以事至官者。愿不惮其烦而谆晓之，感之以至诚，持之以悠久，必有油然而兴起者。……至于听讼之际，尤当以正名分，厚风俗为主"[③]。两宋地方官在调处民事诉讼的过程中，已形成一套固定程式，出现了制度化趋势。

首先，官府进行调解的目的，是以"正名分，厚风俗为主"，即以儒家的伦理纲常作为调处的指导原则。

① 《名公书判清明集》卷7，《立继·下殇无立继之理》。
② 《名公书判清明集》卷6，《争屋业·谋诈屋业》。
③ （宋）真德秀：《真文忠公文集》卷40，《文·潭州谕同官咨目》。

其次，在具体的调解程序中，先要查明案件的事实，清楚当事人之间的是非曲直，在此基础上，促使当事人达成调解协议。如刘克庄判建阳县民谢迪之女与刘颖定亲之后而反悔一案，查明案件事实，“谢迪虽不肯招认定亲帖子，但唤上全行书铺辨验，见得上件帖子系谢迪男必洪亲笔书写，谢迪初词亦云勉写回帖”。“况定帖之内，开载奁匣数目，明言谢氏女子与刘教授宅宣教议亲，详悉明白，又非其他草帖之比。”是非既已清楚，于是着力劝告双方和对，“既已兴讼，纵使成婚，有何面目相见，只宜两下对定而已”。[①] 另如前面提到的德兴县董党诉立继案，沈百二、傅良争地界案，都是官府在查明案件真实情况的基础上劝告当事人双方调解，这样容易收到息讼的效果。

复次，官府调处不同于判决，不能强制当事人接受，必须经双方当事人认可，调处方为有效。如果采取强迫方式，违反当事人意愿，便难达成协议。如蔡杭判黄居易兄弟三人争家产案，官府为之达成协议，“示三名取无争状”，在官府宣读协议内容后，三人“并不服”，调处便不成立，结果依然只能照法判决。[②] 即使勉强达成协议，当事人亦可随时提起上诉，反而容易引致矛盾的继续发展，不利于纠纷的解决。

最后，也是最重要的，调处虽以儒家理论为指导思想，但仍需要符合法律的规定。如官府在谕令当事人调处时，常有“务要两平”“不得偏党”等语。对于合法的、公平的协议，官府以国家强制力保障其执行；对于显失公平的协议，则为官府所否认，并且要重新作出判决。

在调处的具体方式上，各地官府均要求将调处结果写成书面的协议，称为“和议状”“无争状”。当事人及知证人均得在上面画押，并需交官府保存一份。而且调处也有时间的限制，一般是定在五天左右，目的是防止

① 《名公书判清明集》卷9，《婚嫁·女家已回定帖而翻悔》。
② 《名公书判清明集》卷10，《兄弟·兄弟之争》。

久调不决，是出于按时结案的需要。

（五）调处的社会作用

两宋封建统治者所着力提倡的调处息讼，对于及时解决社会成员之间的民事纠纷，防止矛盾的激化发挥了积极的作用，特别是对于维护封建家族的伦常秩序更有着特殊的功用。他们认为，“兄弟叔侄交争兴讼，此风俗大不美也”，而亲属之间争讼的发生，与官员教化不力有关，所谓“此观风问俗者（指政府官员）之罪也”。所以，每遇亲属人等的争讼，尤其重视调解，“每遇听讼，于父子之间，则劝以孝慈，于兄弟之间，则劝以爱友，于亲戚、族党、邻里之间，则劝以睦姻任恤。委曲开譬，至再至三，不敢少有一毫忿疾于顽之意”。[①] 调处息讼的依据不仅仅是法律，并且也以封建伦理道德家法族规为依据。而且在司法实践中，官府还往往谕令当事人的亲族、乡邻为之调解，由于血缘地缘关系的作用，宗族、乡邻的调处可以起到官府所难以起到的作用。因此，通常调处比之判决更易于结案，这对于减少积案，提高司法效率，维持社会安定也是有作用的。由于两宋法律规定有严格的民事诉讼的结案时限，并以此作为考核地方官员政绩的一项指标，这也是两宋官员在司法实践中努力推行调处息讼的原因之一。

调处息讼另一个积极作用是可以防止吏胥之侵害。两宋法制建设所取得的成就的确是不容低估的，但它只是比较两宋以前更为落后的法制而言，两宋司法审判中的黑暗面同样不容我们忽视，尤其胥吏在司法诉讼中的舞文弄法、勒索受贿的现象更是司空见惯，以至于胥吏被百姓“目为立地官人”，遇有狱讼，“官司曲直皆出彼之手”，[②] 严重地影响了司法审判的公正。庆元四年（1198 年），臣僚上言批评当时司法审判中的弊端云：“百姓有冤，诉之有司，将以求伸也。今民词到官，例借契钱，不问理之曲直，惟

---

① 《名公书判清明集》卷 10，《母子·母讼其子而终有爱子之心不欲遽断其罪》。

② （宋）陈襄：《州县提纲》卷 1，《防吏弄权》。

视钱之多寡。富者重费而得胜，贫者衔冤而被罚，以故冤抑之事，类皆吞声饮气。”① 所以地方官员常常告诫百姓千万不要轻易涉讼，“且道打官司有甚得便宜处，使了盘缠，废了本业，公人面前陪了下情，着了钱物，官人厅下受了惊吓，吃了打捆，而或输或赢，又在官员笔下，何可必也”。② 正是由于司法黑暗的现实，百姓即使民事权益受到侵害，也不愿轻易提起诉讼，这不仅是面子问题（视涉讼为可耻），而且胥吏之勒索更是应该回避的，所以往往也愿意谋求调解平息纠纷。

两宋时期所出现的调处息讼的制度化趋势，在明清时期有了进一步发展，明初曾设申明亭以调处民间纠纷，清代官府更是积极推行调处息讼，调处结案在清代州县民事审判中占有相当大的比重。调处息讼虽然在减少积案，防止讼累，维护社会安定方面有一定的积极作用，但封建社会的调处息讼，是以法律、封建的伦理道德、家法族规等多种法律渊源为依据。儒家传统伦理道德讲重义轻利，这正是封建官府得以推行调处息讼的一个重要原因。而地方官员为了标榜自己能以德化民，政平讼理，往往也采取种种手段推行调处息讼，甚至压制人民诉权。所以，封建的调处往往也有强迫性质。这些调处程序中存在的副作用，使得人们的民事权利受到忽视，并使一般民众产生了强烈的贱讼、厌讼心理，即使民事权利受到侵害，也不愿轻易到官府寻求司法救济。以致长期以来，在传统中国的民众心中，形成了根深蒂固的重纲常伦义、重义务，轻视个人权利的观念，严重地影响了中国民诉制度的发展，并成为近代中国民事诉讼制度落后于西方的重要原因之一。直到20世纪初年，中华法系受到西方法文化的猛烈冲击，在传统法制已到了非改不可的地步的情况下，清王朝才被迫以西方法典为蓝本修订中国法律，在1906年至1910年编修中国民事诉讼法典，传统的民诉制度才与现代法制接轨，但是重义务、轻权利以及厌讼、贱讼等民族

① 《宋会要辑稿》刑法3之38。

② 《名公书判清明集》卷10，《乡里 · 乡邻之争劝以和睦》。

心理，却在相当长的时间里起着不利于法制发展的负面影响。

四、民事判决

两宋官府对民事诉讼双方当事人的民事实体权利的争议进行审理之后，如果当事人不愿调解，便根据所查明的是非争议，依法作出判决。

（一）民事判决的种类

现代民事审判理论，就其所解决的诉的不同性质，而有给付判决、确认判决、变更判决之分。两宋的民事判决虽然没有这种类型划分的理论，但是在司法实践中，官府所作民事判决的目的是就当事人的民事争议分清是非与责任，保护当事人的合法权益，所以也是可以分为给付、确认、变更判决三种类型的。

先看给付判决。根据现代民事诉讼理论对判决种类的划分，将认定原告的请求权存在，判令被告履行某项义务的判决，称之为给付判决。给付判决的特点在于必须有给付的内容，而且在败诉的当事人拒不履行义务时，权利人有权请求司法机构强制执行。现存的两宋官府审理民事诉讼的司法判词中，有相当部分的给付之判。如刘克庄审理丁瑠、丁增兄弟财产纠纷之讼，便是典型的给付之判：

“丁瑠、丁增系亲兄弟，父死之时，其家有产钱六、七贯文。丁瑠不能自立，耽溺村妇，纵情饮博，家道渐废，逮至兄弟分析，不无偏重之患。既分之后，丁瑠将承分田业典卖罄尽。又垂涎其弟，侵渔不已。丁增有牛二头，寄养丘州八家，丁瑠则牵去出卖。丁增有禾三百余贴，顿留东田仓内，丁瑠则搬归其家。丁增无如兄何，遂经府、县并牵牛搬禾人陈论。追到丁瑠，无以为辞，却称牛是众钱买到，禾系祖母在日生放之物。寻行拖照，丁增买牛自有照据，祖母生死已久，安得有禾留至今日，盖丁增原系东田居住，因出赘县坊，内有少租禾安顿东田仓内。丁瑠挟长而凌其弟，逞强而夺其物，而到官尚复巧辩饰非，以盖其罪。官司不当以法废恩，不欲尽情根究，引监丁瑠，备牛两头，仍量备禾二百贴，交还丁增。如更不体官司宽恤之意，持顽不还，并勒丘州八，仍追搬禾人一并监还。”①

本案当事人丁瑠、丁增兄弟分家析产之后，丁瑠侵凌其弟，将丁增之牛二头及禾三百余贴占为已有，丁增向官府告论，官府作出丁瑠归还丁增财物的给付判决。

再看确认判决。司法机构确认当事人之间某种法律关系是否存在的判决，称之为确认判决，其特点在于司法机构仅需确认当事人之间是否存在某种民事法律关系，而判令败诉一方履行一定的民事义务。如淳祐二年（1242 年）吴恕斋判钱孝良、牛大同争山案：

“牛大同乃钱居茂之婿，钱孝良乃钱居洪之子。居茂、居洪嘉定六年置立分书，异居析产已三十年。淳祐二年，大同葬其母于居茂祥禽乡之山，孝良乃称大同伪作居茂遗嘱，强占山地。有词于县。县不直之，乃词于府。今官合先论其事理之是非，次考其遗嘱之真伪。照得大同所葬之山，居茂之山也。居茂虽死，其妻汪氏，其子孝忠见存，大同若果是伪作遗嘱，强占山地，汪氏、孝忠诉之可也。今汪氏、孝忠俱无词，而孝良有何干涉，乃指为伪而诉之。此无他，小人无知，因其造坟，疑可为风水，始欲含糊阻挠，继于状词载埋亲邻取赎之说，惟欲觊觎而攘之。殊不知同分之产，若卖与外人，则亲邻可以吝赎，今大同为居茂之婿，居茂既以遗嘱与之，而汪氏、孝忠俱不以为非，孝良其何词乎？况将遗嘱辨验，委是居茂生前

① 《名公书判清明集》卷 10,《兄弟 · 兄侵凌其弟》；另外同书卷 7《女受分 · 阿沈高五二争租米》、卷 9《取赎 · 典主迁延入务》《库本钱 · 领库本钱人既贫斟酌监还》等书判亦皆是给付之判。

摽拨，与女舍娘充嫁资，其辞鄙俚恳切，虽未为当理，却是居茂亲笔书押，与嘉定年间亲笔比对，出于一手，真正自无可疑。又况居茂、居洪今同分书内该载，极是分晓，居茂得山而不得田，居洪得田而不得山，孝良虽欲觊觎，无一而可，欲连契案帖县，令牛大同凭遗嘱管业。”①

钱孝良诉牛大同伪作叔父钱居茂遗嘱，强占钱家山地。官府经审理查明事实真相，确认牛大同所持遗嘱并非假伪，乃钱居茂生前“亲笔书押”，因此判牛大同胜诉，“凭遗嘱管业”。确认之判与给付判决有着紧密联系，有的案件在确认了当事人之间存在某种法律关系之后，当事人即可依法提出给付的要求，司法机构也可据此作出给付判决。即如本案的钱孝良状告牛大同伪作遗嘱占据山地，其目的就在于如果官府作出遗嘱为假伪的确认，便可援引亲邻条法将所争议的山地取赎。

最后看变更判决。变更或消灭当事人之间的原有民事法律关系，称之为变更判决。其特点在于双方当事人对现存的法律关系都无争议，但在原告获得胜诉判决之后，原有的法律关系即发生变化，如南宋后期民妇何氏诉养子石岂子案：

“昨来佥厅择状之日，有何氏诉其男石岂子，而石岂子亦诉其弟国子，而上及其母。母子同日有词，已是背理伤道，然虑其母有憎爱之心，而其子有号泣于［ ］天之意，不可使之上达。及佥厅责令面对，乃知石岂子系何氏夫石居敬存日，于本族必先位下命继为子。因去岁何氏三位合充保役半年，何氏轮充六月分、十月分两月，往来听限者有人，岂子止干其大略，及因此为游荡之资，于是擅卖耕牛，私佃田地，盗用银钏、纱罗等物，借

---

① 《名公书判清明集》卷6，《争山·争山》；同书卷9《违法交易·正典既子母通知不得谓之违法》、卷7《遗腹·辨明是非》《遗腹·妄称遗腹以图归宗》《立继·生前抱养外姓殁后难以摇动》等判词皆属确认之判。

会孙客等钱。此犹未足深责，所可罪者，其祖父石韫玉及其父居敬相继亡殁，骨犹未寒，岂子在小祥未除之日，当居丧读礼之日，姿为非理之事。去年九月一出，改岁不归，其母遣仆五千一往取之，犹拒母命，反将五千一行打，何以慰母心乎！乃祖乃父，松楸在望，岂子流荡忘返，不以时拜扫，安用若孙哉！甚至五月十四日，登门挠骂其母，指斥母亲，至于持刃执棒，岂子欲何为邪？唤到陈十、翟七六、周十证对，一一分明，及审会岂子族长石某等状，证据尤白。准令：诸养同宗昭穆相当子孙，而养祖父母、父母不许无理遣逐。若所养子孙破荡家产，不能侍养，及有显过，告官证验，审近亲尊长证验得实，听遣。今来石岂子所犯，委是有伤风教，今照条施行，欲将石岂子押下巴陵县，遣还所生父母。”①

石岂子为何氏养子，因在其养父殁后，流荡不返，改岁不归，甚至“登门挠骂其母，指斥母亲，至于持刃执棒”，委是有伤风教，而为养母何氏所诉，官府审理得实之后，作出变更判决，勒令石岂子归宗。

以上民事判决的内容虽可分为给付、确认、变更等不同类型，但目的都是分清民事争议的是非，维护当事人的权益，这与刑事案件的判决是用刑法惩罚罪犯的目的相比，区别是十分明显的。

（二）判决程序

1. 检详法条

民事诉讼的判决，是司法机构对案件审理后的判断与决定，是司法机构行使审判权的重要表现。宋律要求各级司法审判机构在对案件作出判决时，必须根据和引用法律的条文。为了做到正确适用法律，宋政府制定了“鞫谳分司”的规定，即负责审问案情的官员只能对诉讼中的证据进行收

---

① 《名公书判清明集》卷 7，《归宗 · 出继子不肖勒令归宗》；同书卷 10《乱伦 · 既有暧昧之讼合勒听离》《乱伦 · 弟妇与伯成奸且弃逐其男女盗卖其田业》等书判皆为变更判决。

集和判断，查明案件的真实，而不得过问判决的情况，另外由专门负责检详法律条文的官员，查出与案件判决有关的法律条文，提供给长官作为判决的依据。这种“审”与“判”由不同的机构负责的做法，对于保证判决的客观公正，起到了积极的作用。“鞫谳分司”的原则，对民、刑诉讼皆适用。南宋绍定二年（1229年），平江府学田被人盗耕，官司打到了平江府，审理结束之后，平江府检法官查出适用本案的条文如下：

“律：诸盗耕种公私田者，一亩以下笞三十，五亩加一等，过杖一百，十亩加一等，罪止徒一年半。荒田减一等，强者各加一等，苗子归官主（原注：下条苗子准此）。

律：诸妄认公私田，若盗贸卖者，一亩之下笞五十，五亩加一等，过杖一百，十亩加一等，罪止徒二年。

敕：诸盗耕种及贸易官田（原注：泥田、沙田、逃田、退复田同官荒田），虽不籍系亦是，各论如律。冒占官宅者，计所赁坐赃论，罪止杖一百（原注：盗耕种官荒田、沙田，罪止准此），并许人告。

令：诸盗耕种及贸易官田（原注：泥田、沙田、逃田、退复田同）若冒占官宅，欺隐税租赁直者，并追理。积年虽多，至十年止（原注：贫乏不能全约者，每年理二分），自首者免，虽应召人佃赁仍给首者。

格：诸色人告获盗耕种及贸易官田者（原注：泥田、沙田、逃田、退复田同），准价给五分。

令：诸应备赏而无应贸之人者，理没官。”①

负责检法的官员查出与案情有关的法律条文之后，最后如何判决仍需长官亲自决定。如《名公书判清明集》卷七《立继有据不为户绝》，便是一典型的由司法检法并拟判之后呈报长官决定的判词，该司法参军就一继

① 《江苏金石志》卷15，《给复学田公牒记》。

承案检出有关的法律条文并拟出判决意见后称："所有案官引用户绝与拔女分之拟，本司难以检断，仍乞备申仓台照应。管见如此，取台判。"在县级司法机构，由于机构简单，并无严格的"鞫谳分司"制度，但由主簿或县丞审理的民事诉讼案件，必须报请县令定判，如《名公书判清明集》卷九所载主佃争墓地案，便是由主簿拟判呈请县令定判，"案具定判事理申，更取自县衔斟酌施行"。知县根据主簿的拟判作出判决："主簿言之详矣。阑丧、殴人之罪，合与科判，吴春、吴辉从轻斟杖六十，余照主簿所拟行。"最后判决得由长官亲自决定，且亦由该长官承担错判的责任，这有利于严明吏治，依法办案，防止官府不能公平决断之弊。

2. 发放断由

官府作出民事判决之后，要作出"断由"（判决书）发给当事人，断由要说明案情的原由、诉讼请求、争议的事实和理由、判决认定的事实和适用的法律等内容。宋政府实行断由制度最初的用意，乃在于防止人户轻意越诉，高宗绍兴二十二年（1152 年）五月七日臣僚言："今后民户所讼，如有婚田差役之类，曾经结绝，官司须具情与法，叙述定夺因依，谓之断由，人给一本，如有翻异，仰缴所给断由于状首，不然不受理。使官司得以参照批判，或依法移索，不失轻重，将来事符前断，即痛与惩治。"高宗宣谕宰臣曰："自来应人户陈诉，自县结断不当，然后经州，由州经监司，以至经台，然后到省。今三吴人多是径至省，如此则朝廷事多，可依奏。"[①]断由制度明白地仅适用于"婚田差役之类"的民事诉讼。其立法之用意，最初虽主要是防止人户越诉，其后则是更起到防止官员舞弊，保障民事诉讼正常进行的作用。光宗绍熙元年（1190 年），臣僚的奏言将断由制度的作用说得更明白：

"州县遇民讼之结绝必给断由，非固为是文具，上以见听讼者之不苟

① 《宋会要辑稿》刑法 3 之 28。

简，下以使讼者之有所据，皆所以为无讼之道也。比年以来，州县或有不肯出给断由之处，盖其听讼之际不能公平，所以隐而不给，其被冤之人或经上司陈理，则上司以谓无断由而不肯受理。如此则下不能伸其理，上不为雪其冤，则下民抑郁之情皆无所而诉也。”

为此宋政府再次立法重申，作出民事判决之后，必须当场出据断由：

“诸路监司郡邑，自今后人户应有争讼结绝，仰当厅出给断由，付两争人收执，以为将来凭据。如元官司不肯出给断由，许令人户径诣上司陈理。其上司即不得以无断由不为受理，仍就状判索元处断由，如元官司不肯缴纳，即是显有情弊，自合追上承行人吏，重行断决。”[①]

宁宗庆元三年（1197 年）三月，规定民事诉讼在判决之后的三日内，必须发给断由。“限三日内即与出给断由。如过限不给，许人户陈诉。”[②]

在南宋的司法实践中，断由制度基本上为各级官府所执行。《名公书判清明集》中，有不少书判提到断由之制，如以下例证：

卷四《吕文定诉吕宾占据田产》判：“当厅读示，给断由为据。”

卷八《嫂讼其叔用意立继夺业》判：“瓯宁县寡妇张氏论叔范遇争立继夺业事，看详诸处断由。”

卷一三《挟仇妄诉欺凌孤寡》判：“合给断由付陈兴老收执，以为永远之照。”

卷一三《以累经结断明白六事诬罔脱判昏赖田业》判：“陈铁虽经运司番诉，而未有明证，宜谯运使皆依赵知县所断，给据断由，与黄清仲为业也。”

---

① 《宋会要辑稿》刑法 3 之 37。

② 《宋会要辑稿》刑法 3 之 37—38。

断由制的实行，较为有效地防止了司法官员的司法擅断行为，对于维护民事诉讼当事人的诉讼权利，无疑具有积极作用。由于断由制只适用于民事诉讼，是宋代民事诉讼程序明显进步的标志之一。

（三）民事判决的依据

1. 严格依法判案

两宋的民事判决，是官府对民事案件行使审判权的结果，也是封建国家意志的体现。为了保障民事判决的准确公正，宋律要求各级官府在作出民事判决时，必须以国家法律为依据，审判结束之后必须给当事人发放“断由”，断由的基本要求就是要写明案件争议的事实及适用该事实的法律条文，使封建国家的法律在具体案件中得到贯彻执行，所以，两宋的民事判决的主要依据是国家的制定法。如范西堂对王九诉伯父王四占据田产案的判决：

“王九状论王四擅卖本户田产，欺谩卑幼。今索到游旦买契，系是王九父王昕着押，开禧元年交易，次年投印分明。准法：诸理诉田宅，而契不明，过二十年，钱主或业主死者，不得受理。今业主已亡，而印契亦经十五年，纵曰交易不明，亦不在受理之数。田照元契为业。”①

本案当事人王九告论伯父王四擅卖本户产业，官府经审理，查清所争议的田产买契系王九之父王昕于开禧元年着押，次年到官府输契印押。根据诸理诉契要不明，过二十年，钱主或业主死者，不得受理的法律规定，判决“田照元契为业”，王九败诉。

又如，叶岩峰对一立继案的判决如下：

① 《名公书判清明集》卷4，《争业上 · 王九诉伯王四占去田产》。

“照得阿陈，嫂也，张养中，叔也。嫂欲立遗弃子为孙，叔欲以自己子为嗣，嫂叔相争，族义安在哉？在法：户绝命继，从房族尊长之命。又云：夫亡妻在，则从其妻。阿陈自夫张养直身故之后，已守志三十年，抚养亲生一子颐翁，年二十四岁而夭，遂与颐翁立嗣，以祖母之命，尽可以立幼孙；以寡嫂之分，岂不尊于乃叔。揆之尊长命立之条，委无违碍。又在法：诸遗弃子孙三岁以下收养，虽异姓亦如亲子孙法。张颐翁于绍定三年身故，其母阿陈当年收遗弃三岁小儿为孙，名曰同祖，当厅相验，今方八、九岁，可见不虚。揆以抱养遗弃之条，委为允当。又在法：诸无子孙，许乞立昭穆相当者。阿陈自情愿为颐翁立嗣，庶几自子而孙，枝派甚顺。况法中亦许无子立孙者听。今张养中必欲以次子亚爱为继，殊不知亚爱，颐翁为弟，若以弟为孙，则天伦紊乱。揆之昭穆相当之条，委为不合。今仰阿陈收养同祖为孙，张养中所陈，碍法寄断，今后再词，押上施行。”①

针对阿陈与亡夫之亲弟张养中的立继争议，官府具引有关的几条法律规定，判张养中败诉。

以上两案，司法官作判决时，在查清案件事实的基础上，严格按照民事实体法的规定，确定裁判结果。在民事实体法发达的两宋时期，将法令严格地适用于具体案件，是司法实践中最基本的要求。所以，《名公书判清明集》书判中民事判词大都引用了法令的规定，即使有的书判没有具引法律条文，但声称是依法为断者，实际上往往也是可以找出其所作判决的法律依据的，充分说明两宋的民事判决的主要依据是国家制定法。

2. 援法定判的灵活性

法典化法律要求司法官在审判案件时，必须严格地遵循实体法的规定，不折不扣地以法律条文确定裁判结果。但是，由于社会生活的复杂多变，具有相对稳定性的制定法与现实生活中的法律行为往往有矛盾之处，在许

① 《名公书判清明集》卷 7，《立继·已有养子不当求立》。

多情形下，法律的规定根本不可能得到一成不变的执行。因此，这就要求司法官在司法实践中不能“为法而法”，机械地适用法律，而必须充分考虑到案件的具体情况（即人情）及立法的基本原则（即法意），来作出判决。尤其在审理某些较特殊的案子时，如果机械地适用法律，反而有悖于封建立法的初衷，不利于维护当事人的合法权益，所以必须以立法的基本原则，灵活地变通适用法律作出判决。例如，胡石壁判李边赎田之讼，当事人李边欲以现钱五十贯、官会六十五贯赎回唐仲照现钱一百二十贯典到之业，而唐仲照不愿收李边的会子，要求现钱典现钱赎。会子是南宋时期官府发行的纸币，由于理宗以后因财政困难而发行会子过多，造成会价下跌，所以民间一般不愿使用。对此，朝廷曾严加禁止。李边利用这一规定，讼以唐仲照减落会价，“直欲把持官司，执减落会价为词，一则曰有违圣旨，二则曰有违圣旨，使官司明知其非，瑟缩而不敢加之罪，典主明遭其诬，窒碍而不敢与之争”。对李边的行为，胡石壁指出：

“殊不知法意、人情，实同一体，徇人情而违法意，不可也，守法意而拂人情，亦不可也，权衡于二者之间，使上不违于法意，下不拂于人情，则通行而无弊矣。称提楮币，朝廷之法，固曰断断乎其不可违。州县之赋租，商贾之贸易，已既并同见钱流通行使，独有民户典买田宅，解库收执物色，所在官司则与之参酌人情，使其初交易元是见钱者，以见钱赎，元是官会者，以官会赎，元是钱、官会中半者，以中半赎。自畿甸以至于远方，莫不守之，以为成说。如今日提举司所判颜时升赎李升田之类是也。今李边欲以现钱五十贯、官会六十五贯，而赎唐仲照见钱一百二十贯典到之业，何不近人情之甚邪！”

因此判李边败诉，维护了唐仲照的合法权益。[①]

---

① 《名公书判清明集》卷 9，《取赎 · 典买田业合照当来交易或见钱或钱会中半收赎》。

又如，吴恕斋判毛永成执同分赎屋案。毛汝良典卖屋宇田地与陈自牧、陈潜，皆不止十年，毛永成执众存白约，乃欲取赎于十年之后，已过取赎时效。但官府认为本案“于法意人情”尚有当参酌之处。但据永成诉，汝良所卖与陈自牧屋一间，系与其所居一间连桁共柱，若被自牧毁拆，则所居之屋不能自立，无以避风雨，此人情也。又据永成诉，汝良将大堰桑地一段，黄土坑山一片，又童公沟水田一亩，梅家园桑地一段，典卖与陈潜，内大堰桑地有祖坟一所，他地他田，不许其赎可也，有祖坟之地，其不肖者卖之，稍有人性者赎而归之，此意亦美，其可使之不赎乎？此人情也。使汝良当来已曾尽问，永成已曾批退，则屋虽共柱，地虽有坟，在永成今日亦难言矣。今汝良供吐，既称当来交易，永成委不曾着押批退，则共柱之屋，与其使外人拆毁，有坟之地，与其使他人作践，岂若仍归之有分兄弟乎！今官司从公区处，欲牒唤上毛汝良、陈自牧、陈潜，将屋二间及大堰有祖坟桑地一亩，照原价仍归还毛永成为业，其余黄土坑山、童公沟田、梅家园桑地，并听陈潜等照契管业，庶几法意人情，两不相碍。[①] 本案的毛永成所诉已过诉讼时效，照法令规定不应受理，但官府考虑到所争之屋系与毛永成所居连桁共柱，若被买主陈自牧毁拆，则毛永成所居之屋便不能成立；所争之地有毛氏祖坟，以及当初毛汝良典卖屋地时，永成委实不曾着押批退等具体情况，所以不顾法令不再受理的规定，判决将有祖坟之地及连桁共柱之屋退赎永成为业。

再如，刘克庄“定夺争婚”判。嘉定十三年（1220 年），贫民吴重五妻死之时，偶不在家，同姓人吴千乙兄弟与之折合，并挈其幼女以往。吴重五归来，亦幸其女之有所归，置而不问。未几，吴千乙、吴千二将阿吴卖与翁七七为媳妇，吴重五亦自知之。其后，吴重五取其女归家，复嫁给李三九为妻，致翁七七经府县告论。刘克庄审理此案，“追到吴千二等供对，却称先来系谋聚得阿吴为妻，自知同姓不便。改嫁与翁七七之子。同姓为

---

① 《名公书判清明集》卷 6，《赎屋·执同分赎屋地》。

婚，抵冒法禁，离正之可也，岂应改嫁，接受财礼。吴千二将阿吴嫁与翁七七之子，固是违法，然后已知情，又曾受过翁七七官会二贯文，岂应复夺而嫁之？合将阿吴责还翁七七之子。但阿吴既嫁李三九，已自怀孕，他时生子，合要归着，万一生产之时或有不测，则吴重五、李三九必兴词讼，不惟翁七七之家不得安迹，官司亦多事矣。当厅引上翁七七，喻以此意，亦欣然退归，听不愿理取，但乞监还财礼，别行婚聚。阿吴责还李三九交领。吴千乙、吴千二、吴重五犯在赦前，且与免断，引监三名备元受钱、会，交还翁七七”。[①] 本案若严格按照法律规定，“合将阿吴责还翁七七之子”，但考虑到“阿吴既嫁李三九，已自怀孕”的具体情况，判决阿吴归李三九，令吴千乙等备财礼返还翁七七。

以上案例，如果不顾案件的具体情况，机械地适用法律，便难以公正地作出判决。一些司法官员在司法实践中运用自由裁量权，充分地考虑到法律的规定与案件的特殊情况，可以正确地处理某些疑难案件，但贪官污吏也可因之而不顾法律之规定谋取私利。

援法定判的灵活性，还体现在官府对某些案件的判决时，主要是贯彻律令的精神和原则，并不一定拘泥于法令的规定。例如，范西堂判“熊邦兄弟与阿甘互争财产”案，全文如下：

“熊赈元生三子，长曰邦，次曰贤，幼曰资。熊资身死，其妻阿甘已行改嫁，惟存室女一人，户有田三百五十把。当元以价不满三百贯，从条尽给付女承分。未及毕姻，女复身故。今二兄弟以其子立嗣，而阿甘又谓内田百把系自置买，亦欲求分。立嗣之说，名虽为弟，志在得田。后来续买，亦非阿甘可以自随。律之以法，尽合没官，纵是立嗣，不出生前，亦于绝家财产只应给四分之一。今官司不欲例行籍没，仰除见钱十贯足埋葬女外，余田均作三分，各给其一。此非法意。但官司从厚，听自抛拈。如有互争，

① 《名公书判清明集》卷9，《婚嫁·定夺争婚》。

却当照条施行。”[①]

官府并未严格按照法律规定，将本案所争议财产“例行籍设”，而是平均分给当事人，以便尽快平息争端。

从两宋的司法判词中还可以看到，当时的民事判决所依据的法律规定，大多是单纯的民事法规，如以下例证：

“在法：夫出外三年不归者，其妻听改嫁。”[②]

“在法：祖父母所立之子，苟无显过，虽其母亦不应遣逐。”[③]

“在法：诸户绝人有所生母同居者，财产并听为主。”[④]

“在法：诸典卖田宅，四邻所至有本宗缌麻以上亲者，以帐取问，有别户田隔间者，并其间隔古来河沟及众户往来道路之类者，不为邻。又令：诸典卖田宅满三年，而诉以应问邻而不问者，不得受理。”[⑤]

“在法：诸僧、道犯罪还俗，而本家已分者，止据祖父财产众分见在者均分。”[⑥]

以上皆引自两宋判词，是当时官员审理民事诉讼时所引用的法律依据，这些法令是不附任何刑事惩罚的，如果当事人的行为与以上令文的规定相违，官府即按规定作出维护当事人权益的判决，与刑惩无关。另外在两宋还有一部分民事立法是要附加刑惩的，如以下规定：

① 《名公书判清明集》卷4，《争业上·熊邦兄弟与阿甘互争财产》。

② （宋）黄榦：《勉斋集》卷33，《判语·京宣义诉曾岩叟取妻归葬》。

③ （宋）黄榦：《勉斋集》卷33，《判语·李良佐诉李师膺取唐氏归李家》。

④ （宋）刘克庄：《后村先生大全集》卷193，《书判·建昌县刘氏诉立嗣事》。

⑤ 《名公书判清明集》卷9，《取赎·有亲有邻在三年内者方可执赎》。

⑥ 《名公书判清明集》卷5，《争业下·僧归俗承分》。

"诸养子，所养父母无子而舍去者，徒二年。若自生子及本生无子欲还者，听之。即养异姓男者，徒一年；与者，笞五十。"①

"诸许嫁女已报婚书，及有私约而辄悔者，杖六十。虽无许婚之书，但受聘财亦是。若更许他人者，杖一百；已成者，徒一年半。后娶者知情，减一等，女追归前夫。前夫不娶，还聘财，后夫婚如法。"②

"诸祖父母、父母在，而子孙别籍异财者，徒三年。若祖父母、父母令别籍，及以子孙妄继人后者，徒二年，子孙不坐。"③

这些规定大部分是继承唐律而来，但司法实践中，争议的民事内容主要是用民事手段来解决争端，而刑事惩罚的内容是否要按照规定执行，则由主审官员掌握，而不一定严格按照刑惩的规定，有着相当的灵活性，如刘克庄判建阳县民谢迪之女与刘颖定婚之后又欲翻悔一案，谢迪虽不肯招认定亲帖子，但引上全行书铺辨验，见得上件帖子系谢迪男必洪亲笔书写，谢迪初词亦云勉写回帖。今乃并与回帖隐讳不认，是何胸中扰扰，前后不相照应如此。在法：许嫁女，已投婚书及有私约而辄悔者，杖六十，更许他人者杖一百，已成者徒一年，女追归前夫。定亲帖子虽非婚书，岂非私约乎？律文又云：虽无许婚之书，但受聘财亦是。注云：聘财无多少之限。然则受缣疋岂非聘财乎？况定帖之内，开载奁匣数目，明言谢氏女子与刘教授宅宣教议亲，详悉明白，又非其他草帖之比。官司未欲以文法相绳，仰谢迪父子更自推详法意，从长较议，不可待官司以柱后惠文从事，悔之无及。

书判所引法令即系《宋刑统》卷一三《户婚律》的"婚嫁妄冒"条的规定，乃是沿袭唐律而来。本案如严格按照法令，应将谢迪处以"杖六十"

① 《宋刑统》卷12，《户婚律·养子》。

② 《宋刑统》卷13，《户婚律·婚嫁妄冒》。

③ 《宋刑统》卷12，《户婚律·父母在及居丧别籍异财》。

的刑责，但判决却是："既已兴讼，纵使成婚，有何面目相见，只宜两下对定而已。"[①] 即劝告双方和解息讼，并未依法对违约一方的当事人处以刑惩。又如，胡石壁判李五三兄弟欠负黄公才钱财案：

"在法：债负违契不偿，官为追理，罪止杖一百，并不留禁。今观其（李五三）形容憔悴如此，不惟不当留禁，杖责亦岂可复施，合免监理，仍各于济贫米内各支米一斗发遣。"[②]

李案当事人李五三欠负钱财违契不偿，按照法律规定应处以杖一百，主审官员认为李五三委实贫困无法偿债，因而免于刑惩。

再如，胡石壁判阿龙诉赵端故作迁延占据田产案，审得阿龙所诉属实之后，作出如下判决：

"在法：诸典卖田产，年限已满，业主于务限前收赎，而典主故作迁延占据者，杖一百。赵端本合照条勘断，且以其年老，封案。兼赵端伪写税领，欺罔官司，其奸狡尤甚。今不欲并加之罪，且将两项批领当厅毁抹，勒令日下交钱退业。"[③]

赵端故作迁延占据出典人阿龙田产，按照法律规定应处以杖一百的刑惩。主审官认为赵端年老，免于刑惩，但必须立即履行其民事责任。以上案件反映了两宋官府的民事审判在刑惩问题上具有权变性。从两宋民事判例来看，民事案件的判决主要是给付、确认、变更等方面的内容，一般不判处刑罚，处以刑罚的判例，主要是由于当事人的行为干扰或破坏了诉讼

① 《名公书判清明集》卷9，《婚嫁・女家已回定帖而翻悔》。
② 《名公书判清明集》卷9，《争财・欠负人实无从出合免监理》。
③ 《名公书判清明集》卷9，《取赎・典主迁延入务》。

程序，妨碍了民事诉讼的正常进行，如伪造契据、昏赖诬告、无理缠讼、妨碍执行等，官府对这些行为处以刑惩，是为保障民事诉讼秩序正常进行而采取的强制手段。

（四）民事审判与礼

早在先秦时期，作为维护等级秩序工具的“礼”，就已经对权利义务关系及民事纷争起着实际的调整作用，“分争辩讼，非礼不决，君臣上下、父子兄弟，非礼不定”。[①] 自汉武帝以后，封建统治者以礼入法，礼的精神实质遂成为封建法律的思想基础，使得法律易于渗透到社会的各个层次和角落，以维护封建的纲常伦理秩序。到唐律完成礼法结合以后，国家制定法遂成为司法判决的主要依据。两宋的民事诉讼制度，规定民事判决必须具引法令条文作为判决的依据。对民事审判必须依法判决的要求相当严格。宋人的司法判词《名公书判清明集》中的绝大多数的民事判例，都清楚地表明是以法律作为判决的依据的。但在整个中国封建社会时期，无论是立法还是司法活动，始终贯穿着礼的原则和精神，两宋时期尽管注重以法判案，但在某些案件没有明确具体的法律规定，或者如果严格地依法判案会影响到封建的伦理原则时，审判案件的官员往往也会将礼作为判决的依据。如雷焕诉侄雷以宁不当立仆之子案：

“黄以安不幸早世，无子，雷焕为之叔，以宁为之兄，所当哀矜恻怛，循公协心，为之立继，使嗣真得所托，家业可保勿替，此父兄之责也。今以宁不告其叔，自此继立，为是雷焕力诋其侄，深以所立为非，盖叔侄素有间隙，各有所为而为之，其实非真为亡者计，殊心而论，源头既不正当，宜其纷纷。事既到官，只当以理法处断。详史权县四不可之判，据法甚明，若事实果合法意，则雷焕为名教罪人，当无所容喙矣。但阿袁如果非所生，

① 《礼记·曲礼》。

而谓出于生母之命，曹老如果非姓黄，而欲立为黄氏之子，则是虽有此法，实无此事，何以绝雷焕之词？况曹老父子如果姓徐，又素为黄氏仆，履虽鲜，不可加于枕，名分所在，百世不易。以宁亦何忍以仆之子为弟之子，非特辱其弟，辱其叔，亦自辱其身，而上辱祖先矣。堂堂大族，岂无昭穆相当之人。偏词虽未可信，但立继之时，不使其叔与闻，亦有可疑，合追阿袁、阿汤与曹老父子上官供对，及会问黄氏诸尊长，要见阿袁是不是生母，曹老是不是姓徐，阿汤是不是情愿命继，则曲直可以立判。……万一曹老不当立，雷焕有子无孙，亦无可立之人，请知县再请宗族亲戚识道理者，合谋选立，以尽存亡继绝之义。”①

本案判决的依据，在于如果雷以安果真是以仆人之子为弟之子，则是有悖于封建纲常伦理，“名分所在，百世不易”，之所以作出不当立仆之子的判决，乃是出于维护封建伦常的要求。

再如，韩竹坡判王文植家争立互诉之讼。该案的案情为：

“文植无子，初立其兄文枢次子伯大为己之子，伯大亡，遂命其亲房侄志学之子志道，为伯大继，以嗣以续，出于一家，法甚顺也。文植初立志道之时，文枢之长子伯达者，欲以其弟伯谦争立为文植之子，而不之遂。伯谦，即鹤翁也，文植固尝有词于本司，诉鹤翁之打碎家堂香火矣。志道为文植后者四年，往往此四年间，鹤翁朵颐文植家业，求一染指其间，所以观衅俟隙于志道者，无一日不憧憧往来于怀也，乘文植小疾，即出二婢，以亲药饵，人之高年，悦于人之奉己，文植游其术，而不自知，喜怒爱憎之心，遽从而生焉，于是鹤翁之谋遂也，志道为文植嗣，曾承祖母重服，又已娶妻生子，祖孙相依四年，雍雍无间言也，向使志道常念尔祖之高年，当其有怒，和颜以开解之，有疾，夜不解带，躬尝汤药以侍奉之，则尊者

① 《名公书判清明集》卷 7，《立继·不当立仆之子》。

之心，自然快乐，一家之内，盎然如春，离间何从而来哉！今观文植立嗣之初，有志道可爱之语，遣嗣之际，有初心未忍之言。物之逆其天者，其终必还，而况油然此理之天，本无所间然哉。拖详案卷，凡文植见恶于志道之词，皆鹤翁纵横之笔为之，非出于尊长之本心也。逐志道而立鹤翁，于立嗣遣子孙条无碍也。但鹤翁招文植讼之矣，昔讼之而今立之，文植自为之背驰，未害也。志道已经给据立之矣，久立而遂逐之，鹤翁蹊人之田，而夺其牛，于心果安乎？”

八旬老翁王文植在立志道为嗣四年之后欲遣逐之，并因此而讼之官府，但按照宋代法令，养父不得将养子非理遣还，而王文植遣逐志道的理由并不充分，“观文植诉志道之词，无以甚加之罪，亦惟曰狠戾自用而已。狠戾，可消平也，自用，可训化也”。但王文植逐志道而立鹤翁的决心很大，已经多次诉讼。考虑到本案的复杂性，官府判以两立鹤翁与志道。而作此裁判的根据，在于“古人宗族之恩，百世不绝，盖以服属虽远，本同祖宗，况一家叔伯兄弟之亲，血脉相通，何有内外间隔”。官府还劝诫当事人：

“今两立鹤翁、志道，不许别籍异财，各私其私，当始终乎孝之一字可也。天下万善，孝为之本，若能翻然感悔，劝行孝道，天地鬼神，亦将佑之，家道日已兴矣！”

完全是以儒家纲常伦理作为本案判决的依据。[①]

---

① 《名公书判清明集》卷7，《立继 · 同宗争立》；又据同书卷7，《归宗 · 出继子不肖勒令归宗》。判引宋代法令：“准令：诸养同宗昭穆相当子孙，而养祖父母，父母不许非理遣逐。若所养子孙破荡家产，不能侍养，及有显过，告官验证，审近亲尊长得实，听遣。”显然王文植遣逐志道的理由并不充分。

官府以礼断案，有时还利用天人感应观念，将当事人的纷争“断之以天”，用以维护封建伦常秩序。如吴恕斋判叶容之兄弟争继案，案情如下：

“叶秀发无子，本应援经据法，谓孙与吴皆异姓，不应立，只当于同宗昭穆相当者求之，可谓名正言顺，若论昭穆相当，则容之、詠之皆秀发堂弟，而容之子慧孙、詠之子寄孙皆可立也。今乃各以其子争欲立为秀发后，容之谓已立慧孙三年，詠之亦谓已立寄孙三年。但其亲兄瑞之亦无后，容之谓寄孙系已立为瑞之子，詠之亦谓慧孙系已立为瑞之子。二说交驰，争欲以其子为秀发后，而不愿为瑞之后。及详其母孙氏供，初不曾经官除附，则是所立本无定议，明矣。”

针对以上案情，审判官作出以下分析：

“大义所在，亲兄瑞之之无后，重于堂兄秀发之无后，舍亲求疏，此其意为义乎？为利乎？盖秀发生理颇裕，瑞之家道寖微，容之、詠之徇利忘义，遂阋于墙而不顾，讼于官而不耻，甚至诬其母以偏受（爱），人情至此大不美。官司若不早与平心区处，非特瑞之、秀发身后俱失所托，而容、詠手足之义，参商益深，甚非所以慰母心而厚风俗也。”

于是作出如下判决：

“唤上容之、詠之，当厅以慧、寄二名焚香拈阄，断之以天，以一人为瑞之嗣，以一人为秀发嗣，庶几人谋自息，天理自明，存亡继绝，安老怀少，生死皆可无憾。”①

① 《名公书判清明集》卷 7,《立继・兄弟一贫一富拈阄立嗣》。

叶容之兄弟之间的继承纠纷，“循利忘义”，有悖封建道德的要求，官府作出“焚香拈阄，断之以天”的判决，正是为了“人谋自息，天理自明”，使之合乎礼的要求。

但是，我们也注意到，虽然在两宋的司法审判中，仍然可以将礼作为断案的依据，但毕竟已不同于汉代的经义决狱。《名公书判清明集》中所收集的书判，绝大多数都是出自南宋中后期的一些具有儒学理想的官僚士大夫之手，当时也正是理学成为官方正统思想的时期。宣扬儒家理念，维护礼所主张的纲常伦理，被这些官僚士大夫视为己任，他们在司法活动中，更是以礼作为指导思想。明人盛时选在《清明集后序》中说：“今观集中于民详于劝，于吏详于规，大都略法而崇教。”[①] 指出了两宋官员对礼教的重视，可谓中的之论。但是细研《名公书判清明集》中的判词，绝大多数案件却都是以法断案的，真正以礼断案的事例则很少。究其原因，乃是因为自汉代引礼入法，到唐律的礼法结合之后，中国封建法律与礼在绝大多数情形下并无矛盾之处，以法判案实际上也就贯彻了礼的精神与原则。再加之以礼断案可以蕴含更为深邃的精神，非儒学修养及判案水平都很高的司法官员，则难以很好地把握以礼断案的尺度。如果因追求以礼断案而置律令于不顾，则不仅受损害的一方当事人要提起上诉，而且还要受到上级官府的指责甚至法律的追究。南宋的士大夫范西堂在一篇书判中，详尽地阐述了司法活动中的礼法关系问题，颇值得我们留意。录之如下：

“守令亲民，动当执法，舍法而参用己意，民何所凭？家人一卦，古今不可易之理也，凡人有家，当日置于座侧。然必于天下之家道，尽合乎易之家人，比屋可封矣，岂复有男女之讼更至官府？礼运之说，亦前圣之格言。夫人食味、别声、被色，而生斯世，岂容不知。然断天下之讼，尽

① 《名公书判清明集》附录1,《清明集后序》，第564页。

于合法而用礼，是以周公、孔子之道，日与天下磨砻浸灌，为羲皇之世矣。两造具备，岂复有人？敕令格式之文不必传，详定一司之官不必建，条法事类之书不必编，申明指挥之目不必续，文士儒士固愿为之，何待武弁如知有此。圣主垂训，所以经世，祖宗立法，所以治讼，二者须并行而不悖也。”①

范西堂从维护封建法纪的角度，批评了司法活动中“舍法而用礼”的做法，指出礼的作用是“经世”，法的作用是“治讼”，二者必须“并行而不悖”，强调了听讼之时必须重视法令，表明宋人在司法活动中对礼的重视，主要体现在治讼之际重视礼的精神原则，而不允许机械地以礼断案。

① 《名公书判清明集》卷12,《奸秽·因奸射射》。

第七章　辽金法律制度

第一节　辽国法律

一、立法概况

耶律阿保机在建立契丹国之后，为适应其政治、经济、文化及社会生活各方面统治的需要，一方面着手创制契丹文字，另一方面又命人制定成文法。到辽太宗耶律德光时，又对居住其境内的不同民族采用“以国制治契丹，以汉制待汉人”[①]的分治原则，即对“渔猎以食、车马为家”的契丹人适用契丹族原有的习惯法；而对“耕稼以食、城廓以居”的汉人则适用以《唐律》为代表的汉法，强调“因俗而治”。

辽太祖执政之初，各项法律制度仍处于草创阶段，除继续沿用原契丹部落时期的习惯法外，对一般犯罪者“量轻重决之”，而对重大犯罪则采取“权宜立法”[②]的方式，临事处断。其后，辽太祖在侵蓟州时，俘获了蓟州衙校康默记，因“爱其材、隶麾下”，让他处理“一切蕃、汉相涉事”。“时诸部新附，文法未备，默记推析律意，论决重轻，不差毫厘，罹禁网者，

① 《辽史》卷45，《百官志一》。

② 《辽史》卷61，《刑法志上》。

人人自以为不冤”[①]，可说是开了辽代法制的先河。至神册六年（921年），太祖“乃诏大臣定治契丹及诸夷之法，汉人则断以《律令》”[②]，当时耶律突吕不“受诏撰《决狱法》”[③]，这是辽代第一部成文法。

辽在灭渤海国后，“至太宗时，治渤海人，一依汉法”[④]，扩大了汉法的适用范围。辽初的立法，既以汉法为基础，又“参酌国俗”[⑤]。这正如《辽史·国语解序》中所说：“至太祖、太宗，奄有朔方，其治虽参用汉法，而先世奇首，遥辇之制尚多存者。”

辽圣宗自幼受承天后的影响，重视学习汉族文化，继位之后，即着手改革辽代法律。第一步就是下令翻译南京（今北京）所进律文，以此作为法律改革的基础。接着，又命朝内外大臣对现行法律中的遗缺项目和轻重失中之处，分条疏奏，审议增改了数十项条制。这次改革的重点是解决契丹人与汉人发生冲突时，由于“蕃汉异治”，而适用法律轻重不均的问题，从此，蕃律与汉法逐渐趋于一致。据《契丹国志·圣宗纪》记载，圣宗曾“诏汉儿公事皆须体问南朝法度行事，不得造次举止”。即以宋朝法律作为审理汉人案件的准据。辽代大规模地纂修法典是在兴宗朝。重熙五年（1036年），诏令北院枢密副使萧德、枢密直学士耶律庶成等，纂修太祖以来诸朝法令，参照“古制”，即唐代法制，“审度轻重，从宜修定”，编成《重熙新定条例》，共547条，简称《重熙条制》，颁行诸道，成为辽代的正式成文法典，史称“（耶律）庶成定法令，治民者不容高下其手”[⑥]，可见其法之严谨。辽道宗咸雍六年（1070年），又以“契丹、汉人风俗不同，国法不可异施”[⑦]

① 《辽史》卷74，《康默记传》。
② 《辽史》卷61，《刑法志上》。
③ 《辽史》卷75，《耶律铎臻附弟突吕不传》。
④ 《辽史》卷61，《刑法志上》。
⑤ 《辽史》卷74，《韩知古传》。
⑥ 《辽史》卷89，《耶律庶成传》。
⑦ 《辽史》卷62，《刑法志下》。

为由，命耶律苏、耶律乙辛等更定《条制》，凡合于汉人《律令》者皆载入，其不合者，另行存列。参加校定的官员据《重熙条制》进行删修，同时加以增补，编成《咸雍重定条例》，共 789 条，简称《咸雍条制》。这是一部对契丹人和汉人同样适用的法典，也是辽代法律制度进一步封建化的标志。《咸雍条制》是按类分编，律例并行，可以说是后世《元典章》及明、清律例的雏形。但其“条约既繁，典者不能遍习，愚民莫知所避，犯法者众，吏得因缘为奸”[①]。故道宗又在大安五年（1089 年）“以新定法令太烦，复行旧法”[②]。《咸雍条制》前后行用十九年（1070—1089 年），即被明令停用，又恢复使用《重熙条制》。可以说，《重熙条制》是辽代的基本法典。

二、辽律的基本内容

辽建国前的契丹社会正处于原始部落解体向阶级社会迅速发展的阶段。建国后，又受中原汉族先进生产力及文化传统的影响，得以极快的速度由奴隶社会向封建制转化。故其法律既带有本民族固有习惯法的鲜明色彩，又具汉族唐宋法律的基本模式；既带有奴隶制的痕迹，又有封建化的特征，形成了不同于以往各王朝法律的独特风格。

辽建国前的契丹部落，已出现了不成文的“籍没之法”。痕德堇可汗时，蒲古只等三族谋害于越释鲁，耶律阿保机奉可汗命鞫治凶手，“以其首恶家属没入瓦里”[③]。据《辽史 · 国语解》说：“瓦里，官府名，宫帐、部落皆设之。凡宗室、外戚、大臣犯罪者，家属没入于此。”瓦里成为官奴服役的场所。辽建国后有瓦里 74 个。其后，“内族、外戚及世官之家犯罪者，

---

① 《辽史》卷 62，《刑法志下》。
② 《辽史》卷 25，《道宗纪五》。
③ 《辽史》卷 61，《刑法志上》。

皆没入瓦里”[①]。一般契丹官奴编为“著帐户”，由著帐郎君院、著帐局或著帐户司掌管。著帐户的来源，“本诸斡鲁朵（即宫卫）析出，及诸罪没入者，凡承应小底、司藏、鹰坊、汤药、尚饮、盥漱、尚膳、尚衣、裁造等役，及宫中、亲王祗从、伶官之属，皆充之”[②]。“罪没入者”成为皇室的家务奴隶。凡皇太后、皇太妃、皇后、太子宫帐，皆有著帐诸司局为其充役。对于从汉族居住区域掳掠的“俘户”，以及契丹部落首领的私奴，则建立大大小小的寨堡，称为“投下”或“头下”，设置相应的“投下州”，或“投下军州”，使他们成为各级贵族首领的私属农奴。这些农奴或奴隶不仅要受其“主人”的役使，而且其人身及生命也没有任何保障。主人可以任意惩罚甚至杀害他们，法律对此不作任何限制。辽圣宗统和二十四年（1006年），在实行封建化改革的进程中，下诏：“若奴婢犯罪至死，听送有司，其主无得擅杀。”[③] 这一改定，始正式以法律的形式，制止各级贵族以私刑处决奴婢，使奴婢的生命权得以有所保障。开泰六年（1017 年），公主赛哥擅杀无罪婢，圣宗下诏，“降公主为县主”，同时以“驸马萧国玉不能齐家”，削其同平章事官。[④] 说明这一法律在圣宗时还是从皇室带头认真执行的。但这仅是对擅自杀死奴婢的限制，而对主人以私刑对奴婢进行的各种残酷惩罚、蹂躏，则法律并未对此有所约束。

辽代法律最具自身特点的是“蕃汉异治，右蕃卑汉”。辽太祖时即分别制定了“治契丹及诸夷之法”，对汉人则以唐律为断。而在契丹人与汉人发生争执时，如相互殴斗，则重治汉人，轻罚契丹人。欧阳修说：“往时虏杀汉人则罚，汉人杀虏则死。”[⑤] 晁补之进一步说明，汉人如被契丹人殴死，仅“以牛、马偿之、弗诛也”；反之，若殴死契丹人，“汉人则斩之，

---

① 《辽史》卷 45,《百官志一》。

② 《辽史》卷 31,《营卫志上》。

③ 《辽史》卷 61,《刑法志上》。

④ 《辽史》卷 15,《圣宗纪六》。

⑤ （宋）欧阳修:《六一居士集》卷 6,《请耕禁地札子》。

仍没其亲属为奴婢"。[1]辽圣宗时，已开始认识到这种"贵贱异法""同罪异论"现象的弊害，并在立法上加以纠正，使这一矛盾有所缓解。苏辙在使辽归宋后曾上书说："北朝之政，宽契丹，虐燕人，盖已旧矣。然臣等访闻山前诸州祗候公人，止是小民争斗杀伤之狱，则有此弊。至于燕人强宗富族，似不至如此。"[2]说明此时贵族官僚、强宗富族、"内族、外戚多恃恩行贿"，废法乱政的现象已得到部分整治，虽还不能在"小民"的狱讼上彻底解决这一问题，却也确实取得一定的成效。

"十恶"之罪本是汉族法律中最具有基本特色的罪名，《唐律》将其紧排在"五刑"之后。契丹建国前后，契丹各部落贵族以及皇室宗亲的谋反、谋叛行为一直十分频繁，惩治这些罪行一直是辽律打击的重点。但因辽初实行契丹人与汉人分治的原则，"十恶"并不普遍适用于契丹人。辽圣宗统和十二年（994 年）下诏"契丹人犯十恶者依汉律"[3]，使"十恶"的罪名也同样适用于契丹人。辽律的十恶罪与《唐律》的"十恶"大体相同。这是辽律汉化的突出体现。

"八议"之制是汉族法律中对皇亲国戚、贵族官僚的司法特权。辽代法律也有"八议""八纵"之法。如奚和朔奴，"怙权挞无罪人李浩至死"，皇帝即以"议功"而释其罪，[4]而"所司议贵，请贷其罪，令出钱赡浩家"。[5]耶律乙辛"以禁物鬻入外国"，有司议其罪，据法当死，但其同党耶律燕哥奏其"当入八议"，结果判为"得减死论，击以铁骨朵，幽于来州"。[6]皇室宗亲、贵族官僚犯罪，通过他们依法享有的"议""纵"等司法特权，其应处罚可得到免、减或"听从赎论"，或仅象征性地"击以木剑"。当然

① （宋）李焘：《续资治通鉴长编》卷 72，大中祥符二年十二月己酉。

② （宋）苏辙：《栾城集》卷 42，《翰林学士论时事八首 · 北使还论北边事劄子五道 · 论北朝政事大略》。

③ 《辽史》卷 13，《圣宗纪四》。

④ 《辽史》卷 85，《奚和朔奴传》。

⑤ 《辽史》卷 12，《圣宗纪三》。

⑥ 《辽史》卷 110，《奸臣传上 · 耶律乙辛传》。

对于犯“十恶”者，则理应不在赦免之限。

在其他法律方面，辽律对于官吏失职方面的犯罪，如贪污纳贿、执法不严、泄露机密、贻误公事、奏事失误、诬陷、朋党等，都作了详密的规定。在军事方面，对临阵退却、军事失备、调发稽误、容谍通敌及私藏禁兵器等，也是严惩不贷。在经济法规方面，对赋役差科、公私贸易、冶铁制盐等也有详尽的规定。辽代政府严禁铜钱、铁器、书籍及羊、马等与外国私相交易，对犯禁者惩罚极严。沈括曾说：“契丹书禁甚严，传入中国（即宋朝境内）者，法皆死。”[①] 此外，道宗时还“禁民私刊印文字”[②]，这既反映了辽代统治者对思想文化领域的专制统治，同时也反映了当时民间刻版刊印书籍业的发达。

三、刑罚制度

在辽代的刑罚制度中，由于仍保留参用原部族的习惯法，故其用刑残酷、野蛮，远可与商、周奴隶制刑罚相较，近则比北朝、五代有过之而无不及。

辽的刑罚制度分为四类：死刑、流刑、徒刑和杖刑。

死刑方式法定的有：“绞、斩、凌迟之属。”[③] 绞、斩是沿用《唐律》所规定的法定死刑；凌迟在唐末已经出现，五代时军阀政权已频繁使用，但尚不是法定刑名。至辽代始正式列为法定死刑，专门用以处决谋反、谋叛、恶逆等重罪犯。如太祖六年（912 年），惕隐滑哥与诸弟为乱，事平后，群臣议罪，将滑哥“与其子痕只俱凌迟而死”[④]。牒蜡、盆都、敌猎、萧革等先后参与谋叛，皆被凌迟处死。[⑤] 契丹人还有一些自己特有的死刑方式，

---

① （宋）沈括：《梦溪笔谈》卷 15，《艺文二》。

② 《辽史》卷 22，《道宗纪二》。

③ 《辽史》卷 61，《刑法志上》。

④ 《辽史》卷 112，《逆臣传上 · 耶律滑哥传》。

⑤ 《辽史》卷 113，《逆臣传中》。

显得格外残酷、野蛮，名目繁多。例如，投崖，贵族、亲王犯逆从叛，命自投高崖而死。五车轘杀，淫乱不轨及逆父母者则用之，但也用于处治叛逆者，如太祖七年（913 年），曾一次“轘逆党二十九人”。以熟铁椎椿其口杀之，适用于讪詈犯上者。生瘗、即活埋，又称生埋。太祖时“获逆党雅里、弥里，生埋之铜河南轨下”[①]。射鬼箭，原本为祭祀礼的一种，据《辽史 · 国语解》：“凡帝亲征，服介胄，祭诸先帝，出则取死囚一人，置所向之方，乱矢射之，名射鬼箭，以祓不祥。及班师，则射所俘。后因为刑法之用。”太祖曾“以养子涅里思附诸弟叛，以鬼箭射杀之”[②]。《辽史 · 礼志》军仪：出师以死囚，还师以一谍者，植柱缚其上，于所向之方乱射之，矢集如蝟，谓之“射鬼箭”。其他死刑方式与前朝各代类似，还有：枭磔，钉、割、燎、沈河、炮掷、炮烙、铁梳、脔杀、腰斩、杖决、鞭杀等。此外，辽代对已斩、已死的重罪犯往往还加处支解，分尸五京、锉尸、开棺戮尸等凌辱尸首的酷刑。如天祚帝天庆三年（1113 年），“李弘以左道聚众为乱，支解，分示五京”[③]；五年（1115 年），又有“章奴诈为使者，欲奔女真，为逻者所获，缚送行在，腰斩于市，剖其心以献祖庙，支解以徇五路”[④]。对耶律乙辛、张孝杰、耶律燕哥、萧十三等乱政败国的奸臣，其身虽死，亦“剖棺戮尸”[⑤]，昭示天下。而对谋反、谋逆者，不仅犯者身处显戮，其亲属亦因连坐，或“族”、或“籍没为奴”。

流刑分为三等，量罪轻重，分别判处。一则“置之边城部族之地”，二则“投诸境外”，三则“罚使绝域”。[⑥]据史载，辽之“会同四年，皇族

① 《辽史》卷 1，《太祖纪上》。
② 《辽史》卷 1，《太祖纪上》。
③ 《辽史》卷 27，《天祚皇帝纪一》。
④ 《辽史》卷 28，《天祚皇帝纪二》。
⑤ 《辽史》卷 110，《奸臣传上》。
⑥ 《辽史》卷 61，《刑法志上》。

舍利郎君谋毒通事解里等，命重杖之，及其妻流于厥拔离弭河”。[1]辽之流刑不同于唐、宋之流刑，其多施之于贵族、官僚，是死刑的减刑，或替代刑。如辽兴宗重熙七年（1038年），“南面侍御壮骨里诈取女真贡物，罪死；上以有吏能，黥而流之”。[2]又有耶律裒履以计杀公主婢，“有司以大辟论”，因其善画，“得减，坐长流边戍”。[3]辽世宗天禄二年（948年），“天德、萧翰、刘哥、盆都等谋反，诛天德，杖萧翰，迁刘哥于边，罚盆都使辖戛斯国”。[4]《辽史·刑法志》评论此事：“夫四人之罪均而刑异。辽之世，同罪异论者盖多。”实际上此案的处理应该说是根据案情而有所区别。天德身为太子，谋反伏诛是必然的；萧翰因其“伏辜”，故杖而释之；刘哥与盆都是兄弟，为从犯，刘哥“免死，流乌古部”，盆都“免死，使于辖戛斯国”。[5]对盆都的处罚是辽代的特殊刑罚，《辽史·圣宗纪》说：“国家旧使远国，多用犯徒罪而有才略者，使还，即除其罪。”所以说，辽国的使臣多为犯徒罪者，然盆都则是减死而“罚使异域”者。

辽初徒刑分为三等，分别为终身、五年和一年半。凡判徒刑者，皆附加之杖，“终身者决五百，其次递减百”。圣宗时对“三犯窃盗者，黥额，徒三年”[6]，是对徒刑又加了一等。犯重罪及窃盗至徒者，除加杖外，还得黥面。辽兴宗重熙二年（1033年），对此加以改革，“犯终身徒者，止刺颈”，并禁止奴婢主人擅自黥奴婢之面，犯窃盗者也仅刺臂或颈，至重者则死。

杖刑作为独立的法定刑是“自五十至三百”，实际执行则很滥，“凡杖五十以上者，以沙袋决之”。沙袋是用熟皮缝制，长六寸，宽二寸，盛沙

---

① 《辽史》卷61，《刑法志上》。

② 《辽史》卷18，《兴宗纪一》。

③ 《辽史》卷86，《耶律裹履传》。

④ 《辽史》卷5，《世宗纪》。

⑤ 《辽史》卷113，《逆臣传中》。

⑥ 《辽史》卷61，《刑法志上》。

半升，有一尺左右木柄，“先于脽骨之上及四周击之”。[①]又有木剑、大棒、铁骨朵、鞭、烙等身体刑。木剑、大棒是辽太宗时所定之制。“木剑面平背隆，大臣犯罪者，欲宽宥，则击之。”[②]这是一种告诫、示辱的刑罚。辽太宗会同二年（939 年），“乙室大王坐赋调不均，以木剑背挞而释之”。[③]兴宗重熙六年（1037 年），“南大王耶律信宁故匿重囚及侍婢赃污，命挞以剑脊而夺其官”。[④]铁骨朵是用熟铁打作八片虚合，用三尺长的柳木为柄，击打之数或五、或七。耶律乙辛曾因罪当死，以八议减死论，而击以铁骨朵。审讯犯人时，或用粗杖、细杖，或用鞭、烙之法。“粗杖之数二十；细杖之数三，自三十至于六十。鞭、烙之数，凡烙三十者鞭三百，烙五十者鞭五百。被告诸事应伏而不服者，以此讯之。”[⑤]真是“捶楚之下，何求不得”[⑥]呀！“其余非常用而无定式者，不可殚纪。”[⑦]

辽除死、流、徒、杖刑外，还有不成文的财产刑，重则籍没家财，轻者赎以赀罚。辽太宗会同二年（939 年），“思奴古多里等坐盗官物，籍其家”。[⑧]圣宗统和六年（988 年），“奚王筹宁杀无罪人李浩，所司议贵，请贷其罪，令出钱赡浩家，从之”。[⑨]兴宗重熙五年（1036 年），“耶律把八诬其弟韩哥杀已，有司奏当反坐”，临刑之时。其弟“乞贷其死”“上悯而从之”。[⑩]大贵族、大官僚犯罪，甚至无故杀人，可以钱赎罚、赎刑、贷死。辽之赎罚没有法定制度，皆以皇帝据情议定。

---

① 《辽史》卷 61，《刑法志上》。
② 《辽史》卷 61，《刑法志上》。
③ 《辽史》卷 4，《太宗纪下》。
④ 《辽史》卷 18，《兴宗纪一》。
⑤ 《辽史》卷 61，《刑法志上》。
⑥ 《金史》卷 45，《刑志》。
⑦ 《辽史》卷 61，《刑法志上》。
⑧ 《辽史》卷 4，《太宗纪下》。
⑨ 《辽史》卷 12，《圣宗纪二》。
⑩ 《辽史》卷 18，《兴宗纪一》。

四、司法制度

辽代政制，官分北、南院，所谓“北面治宫帐、部族、属国之政；南面治汉人州县、租赋、军马之事”[①]。故其司法制度亦有北、南之别。

早在契丹部落联盟的遥辇氏时就设立了决狱官，由胡母里担任，其“世为决狱官”。[②]据《辽史·刑法志上》载：“阻午可汗知宗室雅里之贤，命为夷离堇，以掌刑辟。”夷离堇本为部落军事首领，以其掌刑辟，类似商、周时以士、师等军事长官兼理司法。辽司法制度的建立是在太祖建国之后。辽代的北、南枢密院既是总领军政大事的最高机构，同时又是最高司法机关。《辽史·刑法志上》记：“故事：枢密使非国家重务，未尝亲决，凡狱讼惟夷离毕主之，及萧合卓、萧朴相继为枢密使，专尚吏才，始自听讼。”即按制度，枢密使不直接听讼，受理刑案，只对重大狱案进行审议，一般刑狱则由夷离毕掌管。夷离毕是辽太祖于神册五年（920 年）设置的，以康默记为皇都夷离毕。太宗时扩大为夷离毕院，“视刑部”，设夷离毕、左右夷离毕、知左右夷离毕、敞史、选底等属官，分掌部族法令、刑狱及狱政等。

在汉人司法制度方面，辽初本以契丹人掌一切司法大权，对汉人极端歧视，故蕃汉异刑，轻重不均。大同元年（947 年），辽太宗率兵攻入开封，灭后晋。诸将肆意烧杀抢掠，汉官张砺劝太宗道：“今大辽始得中国，宜以中国人治之，不可专用国人及左右近习。苟政令乖失，则人心不服，虽得之亦将失之。”[③]当时太宗不肯采纳。未几，张砺的预言不幸而被言中。太宗只得重新采纳张砺的建议。据《辽史·百官志三》记：“太宗入汴，因晋置枢密院，掌汉人兵马之政，初兼尚书省。”即以汉人枢密院为统治汉人的最高军政机构，兼掌原尚书省事。枢密院下有吏房承旨、兵刑房承旨、

---

① 《辽史》卷 45,《百官志一》。

② 《辽史》卷 73,《萧敌鲁传》。

③ 《辽史》卷 76,《张砺传》。

户房主事、厅房即工部主事等。其兵刑房当主司法之事。辽圣宗时，进一步采用汉制，设大理寺、尚书刑部、御史台，又设有登闻鼓院与匦院，可以说几成唐制的翻版。圣宗力求弥平契丹人与汉人之间的鸿沟，在司法上也力求一致，曾于太平六年（1026年）下诏："朕以国家有契丹、汉人，故以南、北二院分治之，盖欲去贪枉，除烦扰也"；但分治的结果是"蕃汉异治""贵贱异法"，因此改制。"自今贵戚以事被告，不以事之大小，并令所在官司按问，具申北、南院覆问得实以闻；其不按辄申，及受请托为奏言者，以本犯人罪罪之。"[①] 这样，南院汉人也参与审覆契丹人之狱案，以至于其后出现了"契丹人犯法，例须汉人禁勘，受枉者多"的状况。为此，耶律重元要求"请五京各置契丹警巡使"[②]，单独处理契丹人事务。辽兴宗重熙十三年（1044年），"置契丹警巡院"，[③]其官为某京警巡使、某京警巡副使。但五京警巡院的设置并不是按照重元意见的初衷，即免使契丹人受汉人禁戡而蒙冤，而仅仅是为了加强京城的治安。警巡使与副使仍多以汉人充任，对蕃汉冲突的处置，循"一以汉法论"的原则。宋人余靖使辽回宋后说，辽国"凡四姓（即契丹、汉、渤海、奚）相犯，皆用汉法"[④]。由此可见，辽代统治者从司法角度，为消除民族隔阂，促进民族平等方面是作出了一定的贡献的。契丹族在中华法律文明发展史上也有着自己独特的贡献。

辽代中央统治者重视对地方刑狱的司法监督，其参用汉、唐以来的巡使制度，在南院设南面分司官，"平理庶狱，采摭民隐"，其"官不常设，有诏，则选材望官为之"。[⑤] 地方有冤狱、滞狱，则遣分决诸道滞狱使、按察诸道刑狱使、采访使等分道巡察。辽圣宗时重视法治，史称："于是国无

① 《辽史》卷61，《刑法志上》。
② 《辽史》卷112，《逆臣传上·耶律重元传》。
③ 《辽史》卷19，《兴宗纪二》。
④ （宋）余靖：《武溪集》卷18，《契丹官仪》。
⑤ 《辽史》卷48，《百官志四》。

幸民，纲纪修举，吏多奉职。人重犯法。故统和中，南京及易、平二州以狱空闻。至开泰五年（1816年），诸道皆狱空，有刑措之风焉。”[①]

地方司法，包括京、府、州、县、部族、属国等，辽代基本上仍是以行政长官兼理司法的传统方式。如室昉任南京副留守，“决讼平允，人皆便之”。[②]耶律仆里笃“知兴中府，以狱空闻”[③]。

当然，长官之下仍仿唐制，有法曹或司法参军等僚属为专掌狱讼的司法官员。

第二节　金国法律

一、立法概况

（一）女真建国前法制的初创

女真在三国时称作“挹娄”，当时还处于父系氏族部落制阶段，《三国志·魏书·挹娄传》称其：“无大君长，邑落各有大人。”因此，也谈不上什么法律，“唯挹娄不法俗，最无纲纪也”。据《契丹国志·四至邻国地理远近》载：“熟女真国，不属契丹所管……今古以来无有盗贼词讼之事。”大约在辽初，金之始祖从高丽迁徙到仆干水（今之牡丹江）之涯，与女真完颜部相邻。相居既久，两部落之间就难免发生纠纷，引发争斗，甚至互相杀伤他族之人，仇杀械斗不止，“由是两族交恶，哄斗不能解”。经调解，一方面互通婚姻，另一方面达成一旦发生杀人事件，“止诛首乱者一人，部内以物纳偿汝”。用财货赔偿的方式解决杀伤案件，“可以无斗而且获利

① 《辽史》卷61，《刑法志上》。

② 《辽史》卷79，《室昉传》

③ 《辽史》卷91，《耶律仆里笃传》。

焉”。《北风扬沙录》载：“杀人者，仍没其家人为奴婢，亲戚欲得则输牛马赎之。”怨家接受了这一条件，两族定约：“凡有杀伤人者，征其家人口一，马十偶，牸牛十，黄金六两，与所杀伤之家，即两解，不得私斗。”史称：“女真之俗，杀人偿马牛三十自此始。”[①]这是女真部落关于解决部族之间血缘复仇案的最早的刑事立法案例的记载。它对金建国以后的立法具有重大影响。

昭祖石鲁时，以“生女真无书契，无约束、不可检制”[②]，改革女真旧俗，创立新的“条教”，以“约束”“检制”诸部落。石鲁创立条教，可以说是女真部落开始了比较系统的立法。其法，在完颜部落称为“国俗”；金建国后又称“旧俗”，也就是金建国前后的习惯法。有关“国俗”的具体内容。据《三朝北盟会编》卷三载：“杀人剽劫者，掊其脑而死之；其仇家为奴婢，其亲戚欲得者，以牛马财物赎之。其赃以十分为率，六分归主而四分没官。”这与《金史·刑志》的记载大体相同，其文为：“金国旧俗，轻罪笞以柳蔑，杀人及盗劫者，击其脑杀之，没其家赀，以十之四入官，其六偿主，并以家人为奴婢，其亲属欲以马牛杂物赎者从之，或重罪亦听自赎，然恐无辨于齐民，则劓刵以为别。”也就是说，犯重罪者虽可以马牛赎死刑，但仍要受劓（割鼻子）或刵（割耳朵）等肉刑，以为标志。有关“国俗”的其他记载，在《金史》中或有披露。如《谢里忽传》记：“国俗，有被杀者，必使巫觋以诅祝杀之者，乃系刃于杖端，与众至其家，歌而诅之……既而以刃画地，劫取畜产财物而还。其家一经诅祝，家道辄败。”杀人者要受到“诅祝”，其家产也将被众人瓜分。又如，《乌古出传》说，乌古出酗酒，悖母，其母威顺皇古与兄景祖“谋而杀之”，激怒部人，认为乌古出“在国俗当主父母之业”，欲杀景祖，说明在“国俗”中有关于王位继承的规定。

昭祖推行“条教”“国俗”，欲改女真旧俗，也不是一帆风顺的，据《金

---

① 《金史》卷1，《世纪·始祖函普纪》。
② 《金史》卷1，《世纪·昭祖石鲁纪》。

史·世纪》:“昭祖欲稍立条教，诸父、部人皆不悦，欲坑杀之。”经其叔父谢里忽搭救获免。昭祖仍坚持“以条教为治，部落浸强”“诸部犹以旧俗，不肯用条教。昭祖耀武至于青岭、白山，顺者抚之，不从者讨伐之”。用强制、暴力推行其“条教”，使改革、立法得以实行、确立。也正是因为有了“条教”，石鲁之完颜部才开始强盛。如“及来流水乌萨扎部杀完颜部人，昭祖往乌萨扎部以国俗治之，大有所获”[①]。但昭祖时所立“条教”仍是很原始的、初级的，是处于萌芽状态的。史称:“至昭祖时，稍用条教，民颇听从，尚未有文字，无官府。”[②]由此可知，其“条教”尚是不成文法，“国俗”可说是习惯法。

到穆宗盈歌时，又进一步在女真部落推行统一的法令，《金史·世纪》:“初，诸部各有信牌，穆宗用太祖议，擅置牌号者置于法，自是号令乃一，民听不疑矣……一切治以本部法令。”这正如《大金集礼》卷三所说:“穆宗孝平皇帝，法令归一，恢大洪业，尽服四十七部之众。”穆宗用军事征服手段，推行法令，统一了女真诸部落。完颜阿骨打正是在此基础上建立了金国。

（二）金初立法多依本朝旧制

金太祖完颜阿骨打建立金国，即皇帝位之初，为安抚各部贵族，对支持他的部落首领说:“今日成功，皆诸君协辅之力，吾虽处大位，未易改旧俗也。”[③]所谓“旧俗”，即金建国以前的习惯法，也可以说就是昭祖以来的“国俗”。太祖采用这一政策，是因为担心立国未稳，立即改制变法，会触犯某些支持他的奴隶主贵族的现实利益，引起社会动乱，故暂维持旧制，既可满足奴隶主贵族对财产和奴隶占有的欲望，又可使女真平民的财产和人身权利得以保障，不致很快破产而沦为奴隶，保障社会的稳定。事实上，

---

① 《金史》卷65,《谢里忽传》。

② 《金史》卷1,《世纪·昭祖石鲁纪》。

③ 《金史》卷70,《完颜撒改传》。

太祖的这一政策，当即赢得了群臣的支持，使人心得以安定。第二年（1116年）又颁诏正式宣布“除辽法，省税赋，置猛安谋克一如本朝之制”[①]，废除了原来参用的辽国法律，强调一切按“本朝之制”。但金并没有很快地建立起自己的法律制度。《金史·刑志》说：“金初，法制简易，无轻重贵贱之别，刑、赎并行，此可施诸新国，非经世久远之规也。”天辅三年（1119年），金正式颁行了女真文字，却没有像辽那样尽快制定成文法典。仍以“祖宗旧俗法度”[②]为治之本。直到天辅五年（1121年），太祖征辽前，立其弟吴乞买辅政时，还赐诏说：“凡军事违者，阅实其罪，从宜处之。其余事无大小，一依本朝旧制。”[③]

金太宗即位后，基本上依循太祖遗训，继续奉行“一依本朝旧制”的政策，但因在灭辽征宋的战争中，扩大了金国的版图，在原辽、宋地区，又基本上依当地契丹人的辽法或汉人的宋法，于是出现了多种制度并存的局面。《金史·刑志》说：“太宗虽承太祖无变旧风之训，亦稍用辽、宋法。”金在占领汴京后，开始议改礼乐制度。“朝廷议制度礼乐，往往因仍辽旧”，金宗室宗宪对此提出异议，认为：“方今奄有辽、宋，当远引前古，因时制宜，成一代之法。何乃近取辽人制度哉？”[④]这一观点得到部分女真贵族的赞同，其中太宗的儿子斜也和宗干是最主要的支持者。“斜也、宗干当国，劝太宗改女真旧制，用汉官制度。”他们推荐汉化辽人韩企先经办。“于是，方议礼制度，损益旧章。企先博通经史，知前代故事，或因或革，咸取折衷。”在他身死之后，金世宗曾赞道：“丞相企先，本朝典章制度多出斯人之手，至于关决大政，与大臣谋议，不使外人知之，由是无人能知其功。前后汉人宰相无能及者。”[⑤]充分肯定了汉人宰相韩企

① 《金史》卷2，《太祖阿骨打纪》。
② 《金史》卷73，《阿离合懑传》。
③ 《金史》卷3，《太宗吴乞买纪》。
④ 《金史》卷70，《完颜宗宪传》。
⑤ 《金史》卷78，《韩企先传》。

先在立法改制中的功绩。

金初，由于强调以“本国旧制”为立法的宗旨，其最突出的表现就是“无轻重贵贱之别”，仍保持了一些氏族部落时的平等原则。太祖初建国，不易旧俗，“凡臣下宴集，太祖尝赴之，主人拜，上亦答拜。天辅后，始正君臣之礼焉”。① 太宗在位时，“舍屋车马衣服饮食之类，俱无异焉”②“有事集议，君臣杂坐，议毕同歌合舞，携手握臂，略无猜忌”③。在此之时，甚至连皇帝违法或违背君臣之间的“誓约”，也要承担罪责。如太宗曾与臣下缔结誓约，金国设立仓库所收积的财货，只用于发兵打仗。其后太宗“私用过度，谙版告于粘罕（宗翰），请国主违誓约之罪，于是群臣扶下殿，庭杖二十毕；群臣复扶上殿，谙版、粘罕以下谢罪”。④这在儒家君臣、贵贱、尊卑等级观念根深蒂固的中原汉族政权，无论是两汉，还是唐宋，都是想都不敢想的，而金初却仍在实行，说明当时尊卑之间虽已有区别，却并不十分严格。其“本朝制度”“国俗”仍在有效地执行。

（三）金国法制的完备

金熙宗即位后，实行改革，取消多种制度并存的混乱状况，逐步采用汉制来统一金朝的法律制度。首先在天眷三年（1140年），金兵占据河南后，“乃诏其民，约，所用刑法皆从律文”。⑤ 即在金统治下的河南等汉族人居住区域仍沿用宋朝的“律文”。其后，“至皇统间，诏诸臣，以本朝旧制，兼采隋、唐之制，参辽、宋之法，类以成书，名曰《皇统制》，颁行中外”。⑥这是有金一代第一部成文法典，从此金朝有了统一的法制。到海陵王完颜

① 《金史》卷70，《完颜撒改传》。
② （宋）徐梦莘：《三朝北盟会编》卷166，绍兴五年正月十三日，引《金虏节要》。
③ （宋）确庵、耐庵编，崔文印笺证：《靖康稗史笺证·呻吟语》。
④ （宋）徐梦莘：《三朝北盟会编》卷165，绍兴四年十二月三十日癸卯，引《赵子砥燕云录》。
⑤ 《金史》卷45，《刑志》。
⑥ 《金史》卷45，《刑志》。

亮统治期间，“又多变易旧制”，在正隆年间（1156—1161 年），又著《续降制书》“与《皇统制》并行焉”[①]。

金世宗即位之初，正值海陵王之乱初平，典章制度混乱，法令不行，“一时制旨多从时宜，遂集为《军前权宜条理》”，作为临时性的权宜之计。此后，又命将《条理》复加删定，与前《皇统制》《续降制书》兼用，又定“制无正条者皆以律文为准”。多种法令并行，“或同罪异罚，或轻重不伦，或共条重出，或虚文赘意，吏不知适从，夤缘舞法”。[②] 因此，在大定十七年（1177 年），设立专局，“命大理卿移剌慥总中外明法者共校正。乃以皇统、正隆之《制》及大定《军前权宜条理》、后《续行条理》，伦其轻重，删繁正失”。[③] 这次编修法律的原则是，有成例而《条理》未载者，即以判例弥补其不足，制条有缺者，即以律文增其所缺，制条与律文俱缺，及又有疑问而不能参决者，则上奏取旨定夺。凡临时特旨处分的案例，以及前《权宜条理》内可以常行的法条，编为永格，成为定法。经这番校定后，确定一千一百九十条法律，编成十二卷，奏上。于大定二十二年（1182 年）“诏颁重修条制”[④]，史称《大定重修条制》。这次立法，历时五年，是金建国以来规模最大的一次修定法律的活动。自此，金国的法律制度已基本汉化，金末刘祁称，大定以来“尽行中国法”[⑤]。

金章宗完颜璟时，正值金朝社会经济、政治发展的极盛时期，而章宗也是所有金朝皇帝中汉化最彻底的一个。金代的立法也正是在章宗执政期进入高潮，从而使金代的法典完备化。史称：“时金有国七十年，礼乐刑政因辽、宋旧制，杂乱无贯。章宗即位，乃更定修正，为一代法。”[⑥] 章宗即

① 《金史》卷 45，《刑志》。
② 《金史》卷 89，《移剌慥传》。
③ 《金史》卷 45，《刑志》。
④ 《金史》卷 8，《世宗纪下》。
⑤ （金）刘祁：《归潜志》卷 12，《辩亡》。
⑥ 《金史》卷 73，《完颜守贞传》。

位的第二年，明昌元年（1190年），就以制、律混淆，仿宋制，设置详定所，作为专门编修法律的机构，以审定律、令。明昌三年（1192年），右司郎中首先完成《名例律》的刊定工作，其后诸篇皆成，“复命中都路转运使王寂，大理卿董师中等重校之”。完成后，又付详定所，再次对制、律进行钩校。根据当时详定官的上言，这次修律是“用今制条，参酌时宜，准律文修定，历采前代刑书宜于今者，以补遗阙，取《刑统》疏文以释之，著为常法，名曰《明昌律义》。别编榷货、边部、权宜等事，集为《敕条》”。但当时的宰臣认为：所定《明昌律义》及《敕条》仍不完善，要求进一步将其他相关法规都通定后，再统一颁行。这样，又命知大兴府事尼庞古鉴、御史中丞董师中、翰林待制奥屯忠孝等为校定官，大理卿阎公贞、户部侍郎李敬义、工部郎中贾铉为覆定官，重新修定新律。这次修律的实际主编人是阎公贞。《金史·阎公贞传》称其“被命校定律令，多所是正，金人以为法家之祖云”。泰和元年（1201年）十二月，新律完成，共十二篇，分别为：名例、卫禁、职制、户婚、厩库、擅兴、贼盗、斗讼、诈伪、杂律、捕亡、断狱，其篇目与《唐律》完全相同。《金史·刑志》也说其“实《唐律》也”。但在内容上改动很大，条目损益颇多，“附注以明其事，疏义以释其疑”，定名《泰和律义》，共五百六十三条，三十卷；又定令二十九篇，名曰《律令》，分二十卷；又集《制敕》《榷货》《蕃部》三卷为《新定敕条》，又称《泰和敕条》；又定《六部格式》三十卷，于泰和二年（1202年）五月，正式颁行。这次立法从章宗即位不久即开始，历时十二年之久，编删审校数次，可谓慎重缜密，其中《泰和律义》堪称金代最完备的法典。

金自熙宗、世宗、章宗三朝以来，极为重视汲取唐、宋法律的精华，注重立法建设，使其在很短的时间里，不仅比金初法制有了长足的进步，而且在法律的系统与完备方面，远远超过了辽国，甚至与唐、宋法律相比，金律也有自己的特色与新创。《金史·文艺列传序》说：“金用武得国，无以异于辽，而一代制作能自树立唐、宋之间，有非辽世所及，以文而不以武也。”此言用于评价金国的法律，也是十分恰当、公允的。元初，元好问也认为:“金源氏有天下，典章法度，几及汉、唐。”[①] 可惜由于金代始终处于战乱之中，加之统治阶级的腐败和内部权力斗争的激烈，民族歧视与民族压迫政策的主导，使金国的法律往往成为一纸具文，无法得到认真的执行。

二、金律的主要内容与特点

(一)“本朝旧制”与“赎奴、释奴”

金建国初，以“一依本朝旧制”为其立法的指导思想，其目的是确立女真贵族的奴隶制统治。所谓“本朝旧制”，就是以猛安谋克为基础的军事奴隶制。女真人编为猛安谋克户，汉人、渤海人及其他民族的人民不能编入，只能另行编户，或充当猛安谋克之奴婢。同时，女真本部落之平民或因负债、卖妻子成为奴隶；或因无法生存，依附贵族成为奴隶；或因犯罪而无能自赎，折身为奴。金太祖在建国前就下令，对贫而不能自活，须卖妻子以抵债务者，三年内不得催督，缓其债务，以巩固猛安谋克制，不使女真平民迅速分化。建国后，又在收国二年(1116 年)下诏，对各种情况沦为奴者，“并听以两人赎一为良，元约以一人赎者从便”。[②] 金太宗天会二年(1124 年)，又颁诏，对“同姓之人有自鬻及典质其身者，命官为赎”。其后又多次颁诏，禁止内外官、宗室等权势之家“私役百姓”“买贫民为奴”。[③] 这些措施都是为了保护女真猛安谋克户和维护奴隶制度的正常秩序。

金在攻陷汴京，迫使宋朝南迁后，进入中原，开始迅速封建化。尤其是在金熙宗改革，实行汉化政策，猛安谋克南迁，计口授田，其性质也向封建性变化，故从太宗后期，对奴婢的政策也发生变化，国家多次颁令，允许沦为奴隶的良人赎身，甚至官府为其赎身。如太宗天会七年(1129 年)，

① 《金史》卷 126,《元好问传》。

② 《金史》卷 46,《食货志一》。

③ 《金史》卷 3,《太宗纪》。

诏："兵兴以来，良人被略为驱者，听其父母妻子赎之。"指的是宋金之战中被掠去的汉族百姓，其家属可为之赎身。熙宗皇统四年（1144年）诏，对"百姓流落典雇为驱者，官以绢赎为良，丁男三匹，妇人、幼小二匹"。[①]这是对因贫困沦为奴者，官为之赎。世宗、章宗时也多次颁诏对被掠或典质为奴者，官为赎放。值得注意的是，世宗大定十一年（1171年）诏，对在赎放中，"隐匿者，以违制论"。[②]章宗也在泰和七年（1207年）诏，对在赎放中"敢有藏匿者，以违制论"[③]，用立法的形式来确保赎放奴隶的执行。

在赎放奴隶的同时，对原为辽国的"二税户"，以及寺院占有的奴婢，又多次颁诏，释免为良民，总之，金在封建化的过程中，以法律为手段，改变奴隶的身份，使之成为国家的编户，成为国家赋税、兵役的来源。

（二）关于女真贵族的法律特权

封建法律是特权法。但金国的建立是在部落联盟制的基础上迅速进入阶级社会，故早期部落的平等在金初法制中有明显影响，成为金代法律的一项特点。

《金史·刑志》说："金初，法制简易，无轻重贵贱之别。"到金太宗时，大臣还可以"违誓罪"将皇帝扶下金殿行杖罚。"八议"是中国封建法律中维护贵族官僚的特权规定，辽代统治者很快将其吸收到自己的法律制度中。但在金国，对"八议"的接受却并不那么顺利。海陵王时，皇族阿鲁补因"取官舍材木构私第"，于法可以"议勋""议亲"而免死罪。但海陵王说："国家立法，贵贱一也，岂以亲贵而有异也？"否决了"八议"特权，"遂论死"。[④]章宗时，镐王永中犯罪，"诏以永中罪状宣示百官杂议"，除

① 《金史》卷46，《食货志一》。
② 《金史》卷6，《世宗纪上》。
③ 《金史》卷12，《章宗纪四》。
④ 《金史》卷68，《阿鲁补传》。

一人“乞贷其死外”，全都“请论如律”，结果“诏赐永中死”。[①] 在此，并不排除皇帝个人的好恶，但金代百官，稍犯条法，即行杖决，似乎已成家常便饭。海陵王曾对大臣说：“古者大臣有罪，贬谪数千里外，往来疲于奔走，有死道路者。朕则不然，有过则杖之，已杖则任之如初。如有不可恕，或处之死，亦未可知。”[②]

随着皇权的加强，维护皇权统治的法律也不断加强，同时保护皇室、官僚权益的法律也逐步完善。金熙宗天眷元年（1138 年），定禁卫之法，“始禁亲王以下佩刀入宫”。[③] 世宗大定七年（1167 年），有亲军百人长带刀入宫，杀都监，“盗取金珠”，为此，诏自今护卫亲军百人长、五十人长，“非直日不得带刀入宫”。[④] 在罪名方面，完全继承了唐、宋律关于“十恶”的规定，对“谋反”“谋叛”“大逆”等严惩不贷，又沿用“怨望”“谤讪朝政”“语涉不道”“语不逊”“诅祝”等有关思想文字的罪名，以维护皇权统治的神圣尊严。

对于贵族、官僚犯罪，只要不威胁皇帝的自身利益，皇帝可任意为其开脱。如世宗时，宗室子阿琐“坐赃一万四千余贯”，世宗召见他说：“今汝在法当死，朕以亲亲之故，曲为全贷”，结果以“杖八十，削两阶，解职”了事，未几又改“平凉、济南尹”。[⑤] 又如，宗翰之孙斜哥，三次犯赃枉法，当死，皆以除名了之，世宗说：“斜哥祖父秦王宗翰有大功，特免死，杖一百五十，除名。”[⑥] 这说明“八议”已悄悄回到法律中来。世宗时，后族有犯罪者，尚书省即正式引“八议”为奏。世宗说：“法者，公天下持平之器，若亲者犯而从减，是使之恃此而横恣也。”又说：“夫有功于国，议勋可也。至若议贤，既曰贤矣，肯犯法乎？”故在大定二十六年（1186 年）定：“太

① 《金史》卷 85，《世宗诸子传》。
② 《金史》卷 76，《太宗诸子传》。
③ 《金史》卷 4，《熙宗纪》。
④ 《金史》卷 88，《移剌慥传》。
⑤ 《金史》卷 69，《太祖诸子传》。
⑥ 《金史》卷 74，《宗翰附孙斜哥传》。

子妃大功以上亲，及与皇家无服者、及贤而犯私罪者，皆不入议。”到宣宗兴元元年（1217 年）时，宣宗问宰臣：“律有八议，今言者或谓应议之人即当减等，何如？”宰臣回答说，凡犯罪入八议者，都要先将其所犯的罪行及应议的条文写出，奏请，议定后是否减等要由皇帝裁定。宣宗对这一规定表示赞同，说：“若不论轻重而辄减之，则贵戚将恃此以虐民，民何以堪。”① 可见，“八议”已正式入于金律。但其适用范围小于唐、宋律。这在一定程度上抑制了封建特权，具有一定的历史进步意义。

（三）加强对“盗贼”的惩治

女真统治者十分重视对“盗贼”的惩治。“金国旧俗”就有“杀人及盗劫者，击其脑杀之，没其家赀”的规定。② 阿保机在建国前，康宗七年（1109 年）时，正值饥荒，民多为盗，“欢都等欲重其法，为盗者皆杀之”。太祖不同意，认为：“以财杀人，不可。”于是“减盗贼征偿法为征三倍”。③ 近人沈家本对此评说：“‘以财杀人，不可’，此千古名言，向未有表而出之者。金之征偿法不传，减之而犹征三倍，旧法之重可知矣。”④ 金初，用其旧俗“杀人偿马牛三十”⑤，盗则征偿三倍。但这主要适用于女真族人，对汉人、渤海人则要严厉得多。

金统治者发动对宋的战争，掠夺汉人的土地、财富，甚至劫掠汉人为奴，这对女真人来说完全不是犯罪行为。相反，对汉人的反抗斗争则视为“盗贼”，加以捕捉、镇压。金太宗在攻汴京后，即加强了对“盗贼”罪的刑事立法。天会七年（1129 年），发布新的《窃盗制》：“凡窃盗，但得物徒三年；十贯以上徒五年，刺字充下军；三十贯以上徒终身，仍以赃满尽命

① 《金史》卷 45，《刑志》。
② 《金史》卷 45，《刑志》。
③ 《金史》卷 2，《太祖纪》。
④ （清）沈家本：《历代刑法考・律令考》卷 7，《盗贼征偿法》按语。
⑤ 《金史》卷 1，《世纪・始祖函普纪》。

刺字于面；五十贯以上死；征偿如旧制。”[①] 对窃盗不仅仍要征以三倍的赔偿，又要加以徒刑、刺字乃至死刑。在汉人地区则惩治更为严峻。天会九年（1131年）宗翰采用高庆裔的建议，“盗及一钱者罪死”。[②] 云中有人拾遗钱于市，高庆裔立即将其斩首。萧庆知平阳府，有行人因在菜圃中拔葱，亦被处以斩刑。[③] 海陵王于正隆五年（1160年），遣人“分道监视所获盗贼，并凌迟处死，或锯灼、去皮、截手足”[④]，对盗贼的镇压日趋残酷。

章宗时，民族矛盾仍旧激烈，汉人、渤海人的起义、反抗斗争不断发生。大定二十九年（1189年），“制诸盗贼聚集至十人，或骑五人以上，所属移捕盗官捕之，仍递言省部，三十人以上奏闻，违者杖百”，[⑤] 加强了对“群盗”的缉捕。其后又陆续颁布了一系列这类法规，对捕盗有功者赏，不力者罚。承安三年（1198年）又发敕：“随处盗贼，毋以强为窃，以多为少，以有为无。啸聚三十人以上奏闻。违者杖百。”[⑥]说明当时“盗贼”已成为严重的社会问题。

（四）婚姻家庭的法律

在婚姻制度方面，因女真建国前仍处于部落联盟的晚期，还存在着掠夺婚与接续婚制，这些习俗对金代的婚姻法规具有一定的影响，使金的婚姻法具有自己的某些特点。

金建国后，女子作为男子的私有财富受到法律保护，但掠夺婚已从法律上被制止，结婚必须通过一定的手续，由父母包办定婚，或女子自求婚。男子要用“马牛为币”去“拜门”求婚，贫而无人求婚的女子，到了该出嫁的年龄，即“行歌于途，其歌也乃自叙家世、妇工、容色以伸求侣之意”[⑦]。

---

① 《金史》卷45，《刑志》。

② （宋）宇文懋昭：《大金国志》卷7，《太宗纪五》。

③ 《建炎以来系年要录》卷47，高宗绍兴元年九月。

④ 《金史》卷5，《海陵亮纪》。

⑤ 《金史》卷9，《章宗纪一》。

⑥ 《金史》卷11，《章宗纪三》。

⑦ 《大金国志》卷39，《婚姻》。

婚后男女留妇家，婿为仆隶三年，方许携妻归家。这些习俗的实质，仍是买卖婚姻已成为男女嫁娶的主要方式。

接续婚一直为金国法律所肯定。据《三朝北盟会编》卷三，记女真人“父死则妻其母，兄死则妻其嫂，叔伯死则侄亦如之。故无贵贱，人有数妻”。金建国后，“妇女寡居，宗族接续之”的“旧俗”①仍继续实行。金世宗大定九年（1169年）曾颁制：“汉人、渤海兄弟之妻，服阕归宗，以礼续婚者，听”，②将续婚之俗推行到汉人、渤海人的婚姻上。

金在封建化的过程中，受儒家文化影响，也开始改变原有的婚姻习俗。金太祖在建国后不久，天辅元年（1117年）颁诏：“自收宁江州已后同姓为者，杖而离之。”③禁止同姓为婚。太宗时又重申此制。天会八年（1130年），又禁继父继母男女无相嫁娶，④禁止族内通婚。金熙宗改革后，强调“婚姻以礼”，对“攘窃以奔”，“不以礼成婚者”要以“奸罪”论。章宗后，进一步强调居祖父母、父母丧，甚至居妻丧婚娶者，皆须离异，法律不承认这种婚姻的存在。

在家庭制度方面，金统治者也奉行“尊尊、亲亲”的原则。尤其在金后期，对家庭的立法逐渐与汉族合流。金世宗时，司徒张通古死后，其“子孙皆不肖淫荡，破赀产，卖田宅”。世宗听说此事，诏令：“自今官民祖先亡没，子孙不得分割居第，止以嫡幼主之，毋至鬻卖”，并将此诏“著于令”⑤。金章宗承安五年（1200年）又定：“皇族收养异姓男为子者徒三年，姓同者减二等；立嫡违法者徒一年。”泰和元年（1201年）“削尊长有罪卑幼追捕律”⑥，说明此前尊长犯罪逃匿，卑幼有追捕之责，废除此律，意味

① 《金史》卷64，《后妃传下》。
② 《金史》卷6，《世宗雍纪上》。
③ 《金史》卷2，《太祖阿骨打纪》。
④ 《金史》卷3，《太宗吴乞买纪》。
⑤ 《金史》卷81，《赵隳传》。
⑥ 《金史》卷11，《章宗纪三》。

着金统治者接受了儒家“亲亲得相首匿”的刑法原则。金代原规定夫殴妻至死者，若不是用器刃的，不算犯罪。但到世宗大定十八年（1178 年），规定“妻无罪而辄杀者罪”，有利于保障妇女的人身权利，大定二十一年（1181 年），有巩州民马俊妻与人通奸，“俊以斧击杀之，罪当死”，可见妻有罪而杀也当处死刑。此案世宗定：“可减死一等，以戒败风俗者。”[①] 对此，沈家本惊道：“妻犯奸而杀特减一等，可见向不减矣。杀妻之罪，于今为轻……古不尔也。”[②] 金律对擅自杀妻的判罪，应该说是更进步、更文明的法律。

在继承方面，金代仍强调以嫡长子为宗祧继承人，立嫡违法者科以徒刑。但在财产继承方面实行的是诸子均分制。金世宗大定十三年（1173 年）规定：“出继子所继财产不及本家者，以所继与本家财产通数均分制。”[③] 无论是出子、继子皆可与本家子共同均分遗产。女子原则上没有继承权。海陵王曾于天德二年（1150 年）“诏改定《继绝法》”[④]。海陵王立继绝法的具体内容已不得而知，根据当时猛安谋克的“计口授田”制，可以推断为绝户遗产收为官府另行分配，或由猛安谋克组织占有。直到金章宗泰和元年（1201 年），才“初命户绝者田宅以三分之一付其女及女孙”[⑤]，这显然是吸取了宋律的规定。

三、刑罚制度

（一）金初的刑罚

金初的刑罚没有形成统一的法定制度，随意性很大，《金史 · 刑志》说是“刑、赎并行”。主要以金建国前后形成的“国俗”为依据。其“轻

① 《金史》卷 45，《刑志》。
② （清）沈家本：《历代刑法考 · 律令考》卷 7，《杀妻及奴婢》按语。
③ 《金史》卷 7，《世宗纪中》。
④ 《金史》卷 5，《海陵亮纪》。
⑤ 《金史》卷 11，《章宗纪三》。

罪笞以柳蔑，杀人及盗劫者，击其脑杀之，没其家赀，以十之四入官，其六偿主，并以家人为奴婢，其亲属欲以马牛杂物赎者从之。或重罪亦听自赎，然恐无辨于齐民，则劓、刵以为别”。这一旧俗可远溯至相当于中原晋代（3—5世纪）的肃慎氏时期，《晋书·肃慎氏传》称其：“无文墨，以言语为约”；“相盗窃，无多少，皆杀之，故虽野处而不相犯。”到了女真始祖时，部族相约：“凡有杀伤人者，征其家人口一、马十偶、牸牛十、黄金六两，与所杀伤之家，即两解，不得私斗。”这可以说是女真以财物马牛赎刑的开始，史称：“女真之俗，杀人偿马牛三十自此始。”[①]金建国前不久，又制定了盗贼征偿三倍的制条，基本确定了金“刑、赎并行”的“本朝之制”。

金初，仍循旧俗，朝官稍有过失即加以笞杖。“虽一时名士有所不免。”加之统治阶级内部的权力斗争不断，各种残忍酷烈的刑罚手段也随之层出不穷。但在金太宗以后，逐渐吸取了辽、宋法律的刑罚制度，其刑制也渐趋规范化与法律化。金熙宗时定《皇统制》，始对杖刑作出规定，“杖罪至百，则臂、背分决”。因为杖刑是当时最为普遍使用的刑罚，其正刑亦“以杖折徒，累及二百”。海陵王时又“以脊近心腹，遂禁之”[②]。总的来说，金前期的刑罚乃较混乱，没有定制。

（二）刑法制度的确定

金代完整、系统的刑罚制度，是章宗时制定《泰和律义》时，正式以法律的形式加以确定。《泰和律义》今已无存，但元人郑汝翼曾著《永徽法经》一书，将唐律与金律，分类相附，加以比较，故金代的五刑之制得以保留。近人沈家本著《历代刑法考》一书将其录入。

金代五刑与唐、宋五刑大体相当，其中略有变化。笞刑五等，自一十至五十；杖刑五等，自六十至一百。这与唐、宋律同，但其赎铜则各比唐、

① 《金史》卷1，《世纪·始祖函普纪》。

② 《金史》卷45，《刑志》。

宋多一倍。唐、宋笞杖刑赎铜自一斤至十斤，以一斤为等，金律自二斤至二十斤，以二斤为等。徒刑分七等，比唐、宋多二等：一年，赎铜四十斤，决杖六十，加杖一百二十；一年半，赎铜六十，决杖六十，加杖一百四十；二年，赎铜八十斤，决杖七十，加杖一百八十；二年半，赎铜一百斤，决杖七十，加杖一百八十；三年，赎铜一百二十斤，决杖八十，加杖二百；四年，赎铜一百八十斤，决杖九十，加杖二百；五年，赎铜一百八十斤，决杖一百，加杖二百。唐宋徒刑赎铜最高六十斤，金代达一百八十斤；唐代徒刑不加杖，金仿宋制决杖，其加杖为“以杖折徒”也是宋折杖制的移植。世宗时梁肃曾上书反对徒刑决杖，说：“今取辽季法，徒一年者杖一百，是一罪二刑也，刑罚之重，于斯为甚。……自今徒罪之人，止居作，更不决杖”，[①] 但没有得到采纳。流刑，分为三等：二千里，赎铜一百六十斤，配役一年；二千五百里，赎铜一百八十斤，配役一年；三千里，赎铜二百斤，配役一年。除赎铜增多外，与唐、宋律无大区别，但金代罕见判流刑者。明昌五年（1194 年），尚书省上奏说：“缘先谓流刑非今所宜，且代流役四年以上俱决杖。”[②] 说明金原无流刑，因汉化而将律文写进流刑又不适用，徒刑中增加的四年、五年刑实际上是流刑的折代。《泰和律义》为循五刑之体例而将其编入。死刑二等，绞、斩，赎铜二百四十斤，除赎铜增加一倍外，与唐、宋制同。

事实上，金代的刑罚却远比律文上规定得残酷。如杖刑，《金史 · 刑志》称：“州县立威，甚者置刃于杖，虐于肉刑。”世宗大定年间，贾铉曾上书：“亲民之官，任情立威，所用决杖，分径长短不如法式，甚者以铁刃置于杖端，因而致死。”[③] 世宗以诏制认可决杖应依程式的建议，但却禁而不止。

---

① 《金史》卷 89,《梁肃传》。

② 《金史》卷 45,《刑志》。

③ 《金史》卷 99,《贾铉传》。

宣宗贞祐三年（1215 年），又“禁州县置刃于杖以决罪人”。[①] 但上行下效，“宣宗喜刑罚，朝士往往被笞楚，至用刀杖决杀言者”。[②] 他自己就破坏自己的禁令，又如何禁得了下层官吏。《金史·酷吏传》说：“徒单右丞思忠好用麻椎击人。号‘麻椎相公’。李运使特立号‘半截剑’，言其短小锋利也。冯内翰璧号‘冯剑’。雷渊为御史，至蔡州得奸豪，杖杀五百人，号曰‘雷半千’。又有完颜麻斤出，皆以酷闻，而合住、王阿里、李涣之徒，胥吏中尤狡刻者也。”

至于死刑的方式，金代绝非绞、斩二种。可见于正史的有凌迟，海陵王以谟卢瓦、圆福奴谋反，“皆凌迟处死”[③]；还将“盗贼”并“凌迟处死；或锯灼、去皮、截手足”[④]；施宜生获罪被“烹死”[⑤]；甚至对已诛之人还要“焚其骨、掷水中”（或“焚之，弃其骨水中”）。[⑥] 宗翰曾在西京（今山西大同）“坑杀丐者千人”。[⑦] 但比起辽来说，还是要进步、文明一些。

四、司法制度

（一）中央司法机构

金初实行勃极烈辅政制，勃极烈原意“官长”，即部落酋长，建国后成为朝廷最高官，相当于“国相”。在地方实行猛安谋克制，各级军政长官兼理司法，没有专门的司法机构，遇有大案，疑案则诸勃极烈及其他重臣共同详议，而猛安谋克中，则设有“秃里”，“掌部落词讼，防察违

---

① 《金史》卷 14，《宣宗纪上》。
② 《金史》卷 129，《酷吏传·蒲察合住传》。
③ 《金史》卷 76，《太宗诸子传》。
④ 《金史》卷 5，《海陵亮纪》。
⑤ 《金史》卷 79，《施宜生传》。
⑥ 《金史》卷 5，《海陵亮纪》。
⑦ 《金史》卷 6，《世宗纪上》。

背等事”。[1]

金熙宗改革，废除勃极烈制，袭用辽南面官的三省制。至海陵王时，又“罢中书、门下省，止置尚书省”，逐渐完善了中央的专门司法机构。

金朝中央的司法机构多采汉制，同时也具有本族的某些特点。中央司法机关有刑部、大理寺和御史台。

大理寺以卿为长官，少卿为副长官，“掌审断天下奏案，详谳疑狱”，具有慎刑、复核的功能。其下有正、丞、司直、评事、知法、明法等属官，“自少卿至评事，汉人通设六员，女真、契丹各四员”，反映了金国多民族国家的特点。

大理正、司直、评事，“掌参议疑狱，披详法状”；知法“掌检断刑名事”。[2] 可知金代大理寺断狱也依宋制，“审”与“判”分职。

刑部设尚书为长官，侍郎为副贰，郎中一人，员外郎二人分掌其职事，其一“掌律令格式、审定刑名、关津讥察、赦诏勘鞫，追征给没等事”；另一“掌监户、官户、配隶、诉良贱、城门启闭，官吏改正，功赏捕亡等事”。[3] 实际上是将唐代刑部四司：刑部、都官、比部、司门之事由一部掌管，下不分司。尚书省分左右司。其右司察兵、刑、工三部事，以右检法司对刑部进行监察，以司正“掌披详法状”；检法“掌检断各司取法文字”。这是唐、宋所没有的，说明金更重视对司法及其他部门进行日常的行政监督。

御史台，以御史大夫为台长。“掌纠察朝仪、弹劾官邪、勘鞫官府公事。凡内外刑狱所属理断不当，有陈诉者付台治之。”御史中丞为大夫之贰；侍御史、治史侍御史“掌奏事、判台事”；殿中侍御史“专劾朝者仪矩”；监察御史“掌纠察内外非违、刷磨诸司察帐并监祭礼及出使之事”[4]。金世宗

① 《金史》卷57，《百官志三》。
② 《金史》卷56，《百官志二》。
③ 《金史》卷55，《百官志一》。
④ 《金史》卷55，《百官志一》。

时，加强御史台的地位和权力，以整顿吏治，纠察贪官，举荐贤能，其中审治刑狱、平理冤案是御史台的重要职能。

金代三大司法机关的官员、令史皆由女真、汉人、契丹人分任，并设有译史以翻译不同民族的语言，避免因语言不通而误判。金世宗大定八年（1168 年），张汝霖以礼部员外郎、翰林待制除刑部郎中，世宗谕之说："卿以待制除郎中，勿以为降。朕以刑部缺汉官，故以授卿。"① 可见刑部不可缺少汉官。大定二十五年（1185 年），世宗表彰原王大兴说："有女真人诉事，以女真语问之，汉人诉事，汉语问之"，故能"见事甚明，予夺皆不失当"。② 适当调整各民族间的人事关系，合理运用不同民族的语言，成为金代司法机关的特点之一，对元代产生良好影响。

（二）地方司法机关

金代的地方行政参用宋制，分设府、路、州、县，皆以行政长官兼理司法，诸府又设推官，分判刑案之事；知法"掌律令格式，审断刑名"，为专职的司法官员；县有县尉，"专巡捕盗贼"。金朝首都中都（今北京）及五京各设警巡院，其长官称某京警巡使，"掌平理狱讼"，警察所部，总判院事；副使"掌警巡之事"，既是刑事司法机关，又是治安部门。③

金章宗即位当年，大定二十九年（1189 年），"初置提刑司，分按九路，并兼劝农采访事，屯田、镇防诸军皆属焉"。又定"提刑司所掌三十二条"，④ 作为提刑的专法。提刑司是由皇帝直接委派的监察机构，是中央派出的巡察地方官吏善恶，"专纠察黜陟，当时号为外台"。⑤ 提刑司以提刑使为长官，"掌审察刑狱，照刷案牍，纠察滥官污吏豪猾之人，私盐酒曲并应禁之事"，

---

① 《金史》卷 83，《张浩传附子汝霖传》。

② 《金史》卷 8，《世宗纪下》。

③ 《金史》卷 57，《百官志三》。

④ 《金史》卷 9，《章宗纪一》。

⑤ 《金史》卷 98，《完颜匡传》。

其下有副使、签事、判官、提刑、知事、知法等属官。承安四年（1199 年），“改提刑司为按察使司”。[①] 宣宗贞祐三年（1215 年），罢按察使司，其事“委监察采访”[②]。

猛安谋克的司法，仍以秃里掌管。猛安谋克的女真人有自己独立的专门司法机构，掌其诉讼之事。这也是金代司法的特点之一。

（三）监狱制度

金初的监狱，仍用女真“旧俗”“其狱则掘地深广数丈为之”，这与辽之先世“穴地为牢”的记载相一致。关于这种地牢，《大金国志 · 太宗纪》载天会九年（1131 年），宗翰在河南、河东一带，下令诸州县置地牢，深三丈，分三隔，死囚居下，徒、流居中，笞、杖居上，外起夹城，并以壕沟重围。这可能就是女真早期监狱的真实写照。

金熙宗官制改革后，监狱制度也作了相应的改进，中央御史台设有台狱，有检法、狱丞掌管台狱，关押中央要犯，以官员犯罪者为主，在京城诸府、诸节镇及州、县亦皆设狱，各置司狱一员，“提控狱囚”，其下设司吏一人，公使二人，典狱二人，掌“防守狱囚，门禁启闭之事”；又有狱子为“防守罪囚者”。[③]

金世宗时，曾对狱政作了较大改善，大定十一年（1171 年）诏谕各级司狱官，“应司狱廨舍须近狱安置，囚禁之事常亲提控，其狱卒必选年深而信实者轮值”。[④] 其治理期间，狱治也较为清明，如太定四年（1164 年），仅“断死罪十有七人”；大定七年（1167 年），“大兴府狱空”“是岁，断死囚二十人”。[⑤]

① 《金史》卷 11，《章宗纪三》。
② 《金史》卷 57，《百官志三》。
③ 《金史》卷 57，《百官志三》。
④ 《金史》卷 45，《刑志》。
⑤ 《金史》卷 6，《世宗纪上》。

但金代统治者连年发动战争，对内实行民族压迫与民族歧视政策，致使其法多成具文。在狱政方面表现尤为突出。地方州县司法官吏及狱吏皂卒，任意凌虐在押人犯，驱使所囚之人从事繁重劳役，“无所不可，脚腕以铁为镣镰锁之。罪轻者用一，罪重者二之。朝纵暮收。年限满日，则逐使，不得依旧为百姓”[①]。又“许州都统韩常用法严，好杀人，遣介送囚于汴，或道亡，监吏自度失囚恐得罪，欲尽杀诸囚以灭口”[②]。磁州捕盗入狱后“审录官或不时至，系者多以杖杀，或死狱中”[③]。史称：“金法严密，律文虽因前代而增损之，大抵多准重典。”[④]至于到了金末，政治更加黑暗，“君臣好用筐箧故习，由是以深文傅致为能吏，以惨酷办事为长才”[⑤]。此时的监狱，更是“人间魔窟”了。

---

① （宋）宇文懋昭：《大金国志》附录3，《金志·科条》。

② 《金史》卷128，《循吏传·高昌福传》。

③ 《金史》卷96，《黄久约传》。

④ 《金史》卷129，《酷吏传·序》。

⑤ 《金史》卷45，《刑志》。